KURZLEHRBÜCHER
FÜR DAS JURISTISCHE STUDIUM

———

CLAUS ROXIN, STRAFVERFAHRENSRECHT

STRAFVERFAHRENSRECHT

EIN STUDIENBUCH

VON

DR. CLAUS ROXIN

Dr. h. c. L. L. Hanyang Univ.
O. PROFESSOR AN DER UNIVERSITÄT
MÜNCHEN

19., neubearbeitete Auflage
des von Eduard Kern begründeten Werkes

C. H. BECK'SCHE VERLAGSBUCHHANDLUNG
MÜNCHEN 1985

CIP-Kurztitelaufnahme der Deutschen Bibliothek

Roxin, Claus:
Strafverfahrensrecht : e. Studienbuch / von
Claus Roxin. – 19., neubearb. Aufl. d. von
Eduard Kern begr. Werkes. – München : Beck,
1985.
  (Juristische Kurz-Lehrbücher)
  ISBN 3 406 30971 2

NE: Kern, Eduard [Begr.]

ISBN 3 406 30971 2
Satz: Fotosatz Otto Gutfreund, Darmstadt
Druck: C. H. Beck'sche Buchdruckerei, Nördlingen

Vorwort zur neunzehnten, neubearbeiteten Auflage

Seit der Vorauflage, die im Herbst 1983 erschienen war, ist die Straf-prozeßordnung in ihrem Text unverändert geblieben. Um so eifriger haben sich Rechtsprechung und Schrifttum bemüht, mit den zahlreichen Auslegungsproblemen, die durch die Flut der Reformgesetze in den Siebzigerjahren ausgelöst worden sind, fertig zu werden.

Ich habe versucht, diese Fragen und auch alle sonstigen Neuerungen, die sich aus dem Fortschreiten der Wissenschaft oder veränderten Sach-gegebenheiten entwickelt haben, so vollständig einzubeziehen, wie dies in einem auf Lesbarkeit und Lernbarkeit angelegten Studienbuch möglich ist. Die Neuauflage befindet sich auf dem Stande vom 1. Mai 1985; in Einzelfällen konnten auch noch später erschienene Veröffentlichungen berücksichtigt werden.

Ein Wort noch über das Verhältnis dieses Studienbuches zu meinem im selben Verlag in der Reihe „Prüfe Dein Wissen" (Rechtsfälle in Frage und Antwort) publizierten Band „Strafprozeßrecht" (10. Aufl., 1984). Beide Lehrwerke, die sich ihren abweichenden Zielsetzungen entspre-chend in der Stoffabgrenzung, im Aufbau und in der Darstellungsmetho-de wesentlich voneinander unterscheiden, sind in sich abgeschlossen und können unabhängig voneinander benutzt werden. Doch bildet der PdW-Band insofern eine Ergänzung zu dem hier vorliegenden Kurzlehrbuch, als er eine Fallsammlung dazu liefert und namentlich die Rechtsprechung mit den Sachverhalten und Gründen der wesentlichen Entscheidungen sehr viel ausführlicher vorträgt, als es in dieser systematischen Darstel-lung möglich und angebracht ist. Um dieses Material dem interessierten Leser zu erschließen, sind solche Entscheidungen, die im PdW-Band weiterführend behandelt werden, bei der Fundstellenangabe im Kurz-lehrbuch kursiv gedruckt worden; sie sind dann in der Fallsammlung mit Hilfe des ihr beigefügten Entscheidungsregisters mühelos aufzufinden.

Mein herzlicher Dank gilt allen, die mich bei dieser Auflage unterstützt haben: in erster Linie Herrn Dr. Aristotelis Charalambakis, Frau Romy Gebhart und Herrn Manuel Cortes Rosa; sodann Herrn stud. jur. Dietmar Marscholleck und in wichtigen Einzelfragen Herrn Prof. Dr. Hans Achenbach.

München, im Juli 1985   Claus Roxin

Inhaltsverzeichnis

Zweites Buch. Geschichte und Rechtsvergleichung

15. Kapitel. Zur Geschichte

16. Kapitel. Das Strafverfahrensrecht der DDR

17. Kapitel. Rechtsvergleichung

Abkürzungsverzeichnis

Paragraphen, die ohne Bezeichnung eines Gesetzes und ohne besonderen Hinweis angeführt werden, sind, soweit sich nicht aus den Umständen etwas anderes ergibt, solche der StPO.

a.A. . . . . anderer Ansicht
aaO. . . . . am angegebenen Ort
abl. . . . . ablehnend
ABl. . . . . Amtsblatt
abw. . . . . abweichend
AcP . . . . Archiv für die civilistische Praxis
AE . . . . Alternativentwurf
a.F. . . . . alte Fassung
AG . . . . Ausführungsgesetz, Amtsgericht
a.M. . . . . anderer Meinung
Anm. . . . . Anmerkung
Anw.Bl. . . . . Anwaltsblatt
AO . . . . Abgabenordnung
AöR . . . . Archiv des öffentlichen Rechts
arg. . . . . argumentum
Art. . . . . Artikel
ASt. . . . . Antragsteller
Aufsätze . . . . s. Eb. Schmidt, Aufsätze
AuslG . . . . Ausländergesetz
AV . . . . Allgemeine Verfügung

BAnz. . . . . Bundesanzeiger
Baumann/Weber . . . . . Baumann/Weber, Strafrecht, Allgemeiner Teil, 9. Aufl., 1985
Baumann, Grund-
begriffe . . . . Baumann, Grundbegriffe und Verfahrensprinzipien des Strafprozeßrechts, 3. Aufl., 1979
BayBS . . . . Bereinigte Sammlung des bayerischen Landesrechts 1802 bis 1956
BayObLG. . . . . Bayerisches Oberstes Landesgericht
BayObLGSt . . . . Entscheidungen des Bayerischen Obersten Landesgerichts in Strafsachen, amtliche Sammlung
BayPresseG. . . . . Bayerisches Pressegesetz vom 3.10.1949 (BayRS 2250–1-I)
BayVerf. . . . . Verfassung des Freistaates Bayern vom 2.12.1946
BayVerfGH . . . . Sammlung von Entscheidungen des Bayerischen Verwaltungsgerichtshofs mit Entscheidungen des Bayerischen Verfassungsgerichtshofs, neue Folge (Entscheidung des BayVerfGH)

BB................ Betriebsberater
BBG.............. Bundesbeamtengestz i. d. F. vom 27.2.1985 (BGBl. I
                  S. 479)
bestr.............. bestritten
BGB.............. Bürgerliches Gesetzbuch
BGBl.............. Bundesgesetzblatt
BGH.............. Bundesgerichtshof
BGHSt............ Entscheidungen des Bundesgerichtshofs in Strafsachen,
                  amtliche Sammlung
BGHZ .... Entscheidungen des Bundesgerichtshofs in Zivilsachen,
                  amtliche Sammlung
BJM .... Bundesjustizministerium
BKA.............. Bundeskriminalamt
Blei.............. Blei, Strafrecht I, Allgemeiner Teil, 18. Aufl., 1983
BR .... Bundesrat
BRAGO .... Bundesgebührenordnung für Rechtsanwälte vom 26. 7.
                  1957 (BGBl. I S. 861)
BRAK............ Bundesrechtsanwaltskammer
BRAO .... Bundesrechtsanwaltsordnung vom 1. 8. 1959 (BGBl. I
                  S. 565)
BRD.............. Bundesrepublik Deutschland
BremStGH .... Staatsgerichtshof Bremen
BRRG............ Beamtenrechtsrahmengesetz i. d. F. vom 27.2.1985
                  (BGBl. I S. 462)
Bruns, Strafzumes-
sungsrecht......... Bruns, Leitfaden des Strafzumessungsrechts, 1981
BT............... Bundestag
BVerfG........... Bundesverfassungsgericht
BVerfGE.......... Entscheidungen des Bundesverfassungsgerichts, amtli-
                  che Sammlung
BVerfGG .... Bundesverfassungsgerichtsgesetz i. d. F. vom 3. 2. 1971
                  (BGBl. I S. 105)
BVerwGE......... Entscheidungen des Bundesverwaltungsgerichts, amtli-
                  che Sammlung
BVG .... Gesetz über die Versorgung der Opfer des Krieges (Bun-
                  desversorgungsgesetz) i.d.F. vom 22. 1. 1982 (BGBl. I
                  S. 21)
BZRG............ Bundeszentralregistergesetz i. d. F. vom 21.9.1984
                  (BGBl. I S. 1229, ber. 1985 I S. 195)

CCC.............. Constitutio Criminalis Carolina von 1532 (= PGO)

Dalcke-Fuhrmann-   Dalcke-Fuhrmann-Schäfer, Strafrecht und Strafverfah-
Schäfer .... ren, 37. Auflage, 1961
DAR.............. Deutsches Autorecht
DDR.............. Deutsche Demokratische Republik
DJ............... Deutsche Justiz

DJT . . . . Deutscher Juristentag
DJZ . . . . Deutsche Juristenzeitung
DRB . . . . Deutscher Richterbund
Dreher-Tröndle . . . . . . Strafgesetzbuch (Kurzkommentar), 42. Aufl., 1985
DRiG . . . . Deutsches Richtergesetz i. d. F. vom 19. 4. 1972
(BGBl. I S. 713)
DRiZ . . . . Deutsche Richterzeitung
DRZ . . . . Deutsche Rechtszeitschrift
DStrZ . . . . Deutsche Strafrechtszeitung
DÖV . . . . Die Öffentliche Verwaltung
DVBl . . . . Deutsches Verwaltungsblatt

E . . . . Entwurf, Entscheidungssammlung
EG . . . . Einführungsgesetz
EGMR . . . . Europäischer Gerichtshof für Menschenrechte
EGOWiG . . . . Einführungsgesetz zum Gesetz über Ordnungswidrig-
keiten vom 24. 5. 1968 (BGBl. I S. 503)
EGStGB . . . . Einführungsgesetz zum Strafgesetzbuch vom 2. 3. 1974
(BGBl. I S. 469)
Erl . . . . Erlaß; Erläuterung
EKMR . . . . Europäische Kommission für Menschenrechte
EuGRZ . . . . Europäische Grundrechte-Zeitschrift
EuRHÜbK . . . . Europäisches Übereinkommen über die Rechtshilfe in
Strafsachen vom 20. 4. 1959

Festg . . . . Festgabe
Festschr . . . . Festschrift

G . . . . Gesetz
GA . . . . Goltdammers Archiv für Strafrecht
GedSchr . . . . Gedächtnisschrift
GemS . . . . Gemeinsamer Senat der obersten Gerichtshöfe des
Bundes
GenStA . . . . Generalstaatsanwalt
GewO . . . . Gewerbeordnung i. d. F. vom 1. 1. 1978
GG . . . . Grundgesetz für die Bundesrepublik Deutschland vom
23. 5. 1949 (BGBl. S. 1)
GGG . . . . Gesetz über die gesellschaftlichen Gerichte der DDR
vom 11. 6. 1968 (GBl. DDR I S. 229)
GKG . . . . Gerichtskostengesetz i. d. F. vom 15. 12. 1975 (BGBl. I
S. 3047)
Gössel . . . . Gössel, Strafverfahrensrecht, 1977
grds . . . . grundsätzlich
GrS . . . . Großer Senat
GruchBeitr . . . . Gruchots Beiträge zur Erläuterung des deutschen Rechts
GRUR Int . . . . Gewerblicher Rechtsschutz und Urheberrecht, Interna-
tionaler Teil

GS. . . . . Der Gerichtssaal
GVBl. . . . . Gesetz- und Verordnungsblatt
GVG. . . . . Gerichtsverfassungsgesetz i. d. F. vom 9. 5. 1975 (BGBl. I S. 1077)

Hdb. . . . . Handbuch
HeimatlAuslG. . . . . . . Gesetz über die Rechtstellung heimatloser Ausländer im Bundesgebiet vom 25. 4. 1951 (BGBl. I S. 269)
Henkel . . . . Henkel, Strafverfahrensrecht, 2. Aufl., 1968
Henkel[1]. . . . . desgl., 1. Aufl., 1953
Hess.StGH . . . . Hessischer Staatsgerichtshof
HGB. . . . . Handelsgesetzbuch vom 10. 5. 1897 (RGBl. S. 219)
h.L. . . . . herrschende Lehre
h.M. . . . . herrschende Meinung

i.d.F. . . . . in der Fassung
i.d.R. . . . . in der Regel
i.E. . . . . im Ergebnis
i.e. . . . . im einzelnen
i.e.S. . . . . im engeren Sinne
IRG . . . . Gesetz über die internationale Rechtshilfe in Strafsachen vom 23. 12. 1982 (BGBl. I S. 2071)
i.V.m. . . . . in Verbindung mit

JA. . . . . Juristische Arbeitsblätter
Jauernig. . . . . Jauernig, Zivilprozeßrecht, 20. Aufl., 1983
JBl. . . . . Juristische Blätter
Jescheck . . . . Jescheck, Lehrbuch des Strafrechts, Allgemeiner Teil, 3. Aufl., 1978
JGG . . . . Jugendgerichtsgesetz i. d. F. vom 11. 12. 1974 (BGBl. I S. 3427)
JMBl. . . . . Justizministerialblatt
JMBlNRW . . . . Justizministerialblatt für das Land Nordrhein-Westfalen
JR. . . . . Juristische Rundschau
Jura. . . . . Juristische Ausbildung
JuS . . . . Juristische Schulung
Justiz. . . . . Die Justiz, Amtsblatt des Justizministeriums Baden-Württemberg
JVBl. . . . . Justizverwaltungsblatt
JW . . . . Juristische Wochenschrift
JWG . . . . Jugendwohlfahrtsgesetz i. d. F. vom 25. 4. 1977 (BGBl. I S. 633)
JZ . . . . Juristenzeitung

Kern, GVR[4] . . . . Kern, Gerichtsverfassungsrecht, 4. Aufl., 1965
Kern-Wolf . . . . Kern-Wolf, Gerichtsverfassungsrecht, 5. Aufl., 1975
KG . . . . Kammergericht

Kissel . . . . Kissel, Gerichtsverfassungsgesetz, Kommentar, 1981

KK . . . . Karlsruher Kommentar. Strafprozeßordnung. Gerichtsverfassungsgesetz, 1982

Kl./M. . . . . Kleinknecht/Meyer, Strafprozeßordnung (Kurzkommentar), 37. Aufl., 1985

KMR[7] . . . . Müller-Sax-Paulus, Kommentar zur Strafprozeßordnung, 7. Auflage, 1981 (zitiert: KMR-Müller, KMR-Sax, KMR-Paulus)

KO . . . . Konkursordnung vom 10. 2. 1877 (RGBl. S. 351)

KrimJ . . . . Kriminologisches Journal

KritJ . . . . Kritische Justiz

Kühne . . . . Kühne, Strafprozeßlehre. Eine Einführung, 2. Aufl., 1982

KUG . . . . Gesetz, betreffend das Urheberrecht an Werken der bildenden Künste und der Photographie vom 9. 1. 1907 (RGBl. S. 7)

Lackner . . . . Lackner, Strafgesetzbuch mit Erläuterungen, 15. Aufl., 1983

LG . . . . Landgericht

LK . . . . Strafgesetzbuch (Leipziger Kommentar), 10. Aufl., ab 1978

LM . . . . Lindenmaier-Möhring; Nachschlagewerk des BGH

L.-R.[22] . . . . Löwe-Rosenberg, Die Strafprozeßordnung und das Gerichtsverfassungsgesetz, 22. Aufl., 3 Bände, 1971/73

L.-R.[23] . . . . desgl., 23. Aufl., 1976–1980

L.-R.[24] . . . . desgl., 24. Aufl., ab 1984

Maurach-Zipf 1 . . . . . . Maurach-Zipf, Strafrecht, Allgemeiner Teil, Teilband 1, 6. Aufl., 1983

Maurach-Zipf 2 bzw.
Maurach-Gössel 2 . . . . Maurach-Gössel-Zipf, Strafrecht, Allgemeiner Teil, Teilband 2, 6. Aufl., 1984

Maunz-Dürig-
Herzog-Scholz . . . . . . Grundgesetzkommentar, Loseblattsammlung ab 1976

MDR . . . . Monatsschrift für Deutsches Recht

Meurer . . . . Meurer, Strafprozeßrecht, 1981

MiStra . . . . Anordnung über Mitteilungen in Strafsachen vom 15. 11. 1977 (BAnz. Nr. 215)

MRK . . . . Europäische Konvention zum Schutze der Menschenrechte und der Grundfreiheiten vom 4. 11. 1950 (BGBl. 1952 II S. 685; 1954 II S. 14)

MschrKrim. . . . . Monatsschrift für Kriminologie und Strafrechtsreform

MSchrKrimPsych. . . . . Monatsschrift für Kriminalpsychologie (Kriminalbiologie) und Strafrechtsreform

m.w.N. . . . . mit weiteren Nachweisen

nds. . . . . niedersächsisch
nds. Rpfl. . . . . Niedersächsische Rechtspflege
n. F. . . . . neue Fassung, neue Folge
NJ. . . . . Neue Justiz
NJW. . . . . Neue Juristische Wochenschrift
NStZ. . . . . Neue Zeitschrift für Strafrecht

ObLG. . . . . s. BayObLG
OEG. . . . . Opferentschädigungsgesetz i. d. F. vom 7.1.1985 (BGBl. I S. 1)
Ö . . . . Österreich
OLG. . . . . Oberlandesgericht
OLGSt. . . . . Entscheidungen der Oberlandesgerichte zum Straf- und Strafverfahrensrecht (Loseblattsammlung)
OVG. . . . . Oberverwaltungsgericht
OWiG. . . . . Gesetz über Ordnungswidrigkeiten i. d. F. vom 2. 1. 1975 (BGBl. I S. 80, 520)

PAG . . . . Gesetz über die Aufgaben und Befugnisse der Bayerischen Staatlichen Polizei (Polizeiaufgabengesetz) vom 24.8.1978 (BayRS 2012-1-1-I)
PdW . . . . Roxin, Strafprozeßrecht, 10. Aufl., 1984 (Prüfe dein Wissen, Heft 11)
Peters . . . . Peters, Strafprozeß, 3. Aufl., 1981
PflVersG . . . . Gesetz über die Pflichtversicherung für Kraftfahrzeughalter vom 5. 4. 1965 (BGBl. I S. 213)
PGO . . . . Peinliche Gerichtsordnung von 1532 (= CCC)
pr. . . . . preußisch
PVG . . . . Polizeiverwaltungsgesetz

RA . . . . Rechtsanwalt
RAK . . . . Rechtsanwaltskammer
RAO. . . . . Rechtsanwaltsordnung vom 1. 7. 1878 (RGBl. S. 177)
Rdnr. . . . . Randnummer
RG . . . . Reichsgericht
RGBl. . . . . Reichsgesetzblatt
RGSt. . . . . Entscheidungen des Reichsgerichts in Strafsachen
RGZ . . . . Entscheidungen des Reichsgerichts in Zivilsachen
RHilfeG . . . . Gesetz über die innerdeutsche Rechts- und Amtshilfe in Strafsachen vom 2. 5. 1953 (BGBl. I S. 161)
RiStBV . . . . Richtlinien für das Strafverfahren und das Bußgeldverfahren vom 1. 1. 1977
RiVASt. . . . . Richtlinien für den Verkehr mit dem Ausland in strafrechtlichen Angelegenheiten vom 15. 6. 1959 (BAnz. Nr. 9)
RPflG . . . . Rechtspflegergesetz vom 5. 11. 1969 (BGBl. I S. 2065)
ROW . . . . Recht in Ost und West

Rspr. . . . . Rechtsprechung

Rüping . . . . Rüping, Das Strafverfahren, 2. Aufl., 1983

Sarstedt-Hamm . . . . . . Sarstedt-Hamm, Die Revision in Strafsachen, 5. Aufl., 1983

Sartorius . . . . Sartorius I, Verfassungs- und Verwaltungsgesetze der Bundesrepublik (Loseblattsammlung)

Schäfer, Praxis . . . . Schäfer, Die Praxis des Strafverfahrens, 3. Aufl., 1983

Schaffstein . . . . Schaffstein, Jugendstrafrecht, 8. Aufl., 1983

SchlHA . . . . Schleswig-Holsteinische Anzeigen

Schlüchter . . . . Schlüchter, Das Strafverfahren, 2. Aufl., 1983

Eb. Schmidt I . . . . Eberhardt Schmidt, Lehrkommentar zur Strafprozeßordnung und zum Gerichtsverfassungsgesetz; Teil I, Grundlagen, 2. Aufl., 1964

   II. . . . . Teil II, StPO und EGStPO, 1957

   III . . . . Teil III, GVG und EGGVG, 1960

   Nachtr. I . . . . . Nachtragsband I: Nachträge und Ergänzungen zu Teil II, 1967

   Nachtr. II . . . . Nachträge und Ergänzungen zu Teil II, 1969

Eb. Schmidt, Aufsätze   Eb. Schmidt, Strafprozeß und Rechtsstaat, Strafprozeßrechtliche Aufsätze und Vorträge (1952–1969), 1970

Eb. Schmidt, Kolleg. . . Eb. Schmidt, Deutsches Strafprozeßrecht. Ein Kolleg, 1967

Schönfelder . . . . Schönfelder, Deutsche Gesetze (Loseblattsammlung)

Sch.-Schröder . . . . Schönke-Schröder, Strafgesetzbuch (Kommentar), 21. Aufl., 1982

Fr.-Chr. Schroeder . . . Fr.-Chr. Schroeder, Fälle und Lösungen nach höchstrichterlichen Entscheidungen, Strafprozeßrecht, 2. Aufl., 1983

SchwZStr. . . . . Schweizerische Zeitschrift für Strafrecht

SJZ . . . . Süddeutsche Juristenzeitung

st. Rspr. . . . . ständige Rechtsprechung

StA . . . . Staatsanwaltschaft; Staatsanwalt

StAG . . . . Gesetz über die Staatsanwaltschaft der DDR vom 17. 4. 1963 (GBl. I S. 57)

StGB . . . . Strafgesetzbuch i.d.F. vom 2. 1. 1975 (BGBl. I S. 1)

StHG . . . . Staatshaftungsgesetz vom 26. 6. 1981 (BGBl. I S. 553)

StPÄG . . . . Gesetz zur Änderung der Strafprozeßordnung und des Gerichtsverfassungsgesetzes vom 19. 12. 1964 (BGBl. I S. 1067)

StPO . . . . Strafprozeßordnung i. d. F. vom 7. 1. 1975 (BGBl. I S. 129, 650)

str. . . . . strittig

StrRÄndG . . . . Strafrechtsänderungsgesetz

StrEG . . . . Gesetz über die Entschädigung für Strafverfolgungsmaßnahmen vom 8. 3. 1971 (BGBl. I S. 157)

StrRG . . . . Strafrechtsreformgesetz

StrV .... Strafverteidiger

StVÄG .... Strafverfahrensänderungsgesetz 1979 (StVÄG 1979) vom
5. 10. 1978 (BGBl. I S. 1645)

StrVollstrO .... Strafvollstreckungsordnung

StVG.............. Straßenverkehrsgesetz vom 19. 12. 1952 (BGBl. I
S. 837)

StVO.............. Straßenverkehrs-Ordnung vom 16. 11. 1970 (BGBl. I
S. 1565; 1971 I S. 38)

StVollzG........... Strafvollzugsgesetz vom 16. 3. 1976 (BGBl. I S. 581,
2088)

StVRG, 1........... Erstes Gesetz zur Reform des Strafverfahrensrechts vom
9. 12. 1974 (BGBl. I S. 3393)

StVZO .... Straßenverkehrs-Zulassungs-Ordnung i. d. F. vom
15. 11. 1974 (BGBl. I S. 3193, 1975 I S. 848)

Tab. .... Tabelle

U-Haft .... Untersuchungshaft

UrhG .... Gesetz über Urheberrecht und verwandte Schutzrechte
(Urheberrechtsgesetz) vom 9. 9. 1965 (BGBl. I S. 1273)

u. U.............. unter Umständen

UVollzO........... Untersuchungshaftvollzugsordnung i.d.F. vom 1. 12.
1970

UWG .... Gesetz gegen den unlauteren Wettbewerb vom 7. 6.
1909 (RGBl. S. 499)

UZwG .... Gesetz über den unmittelbaren Zwang bei Ausübung
öffentlicher Gewalt durch Vollzugsbeamte des Bundes
vom 10. 3. 1961 (BGBl. I S. 165)

Verh............... Verhandlungen

VerwRspr.......... Verwaltungsrechtsprechung in Deutschland

VO .... Verordnung

VwGO .... Verwaltungsgerichtsordnung vom 21. 1. 1960 (BGBl. I
S. 17)

WDO .... Wehrdisziplinarordnung

Welzel............. Welzel, Das deutsche Strafrecht, 11. Aufl., 1969

Wistra .... Zeitschrift für Wirtschaft, Steuer, Strafrecht, seit 1982.

WV .... Weimarer Verfassung (= Verfassung des Deutschen
Reichs vom 11. 8. 1919, RGBl. S. 1383)

ZAkDR............ Zeitschrift der Akademie für Deutsches Recht

ZPO .... Zivilprozeßordnung i. d. F. vom 12. 9. 1950 (BGBl.
S. 455, 533)

ZRG, Germ. Abt. ..... Zeitschrift der Savigny-Stiftung für Rechtsgeschichte,
Germanistische Abteilung

ZRP .... Zeitschrift für Rechtspolitik

Einleitung

§ 1. Begriff und Aufgabe des Strafverfahrensrechts

Literatur: Wegner, Über die beiden Wurzeln der Selbstverwaltung und ihren Wert für die Strafrechtspflege, Liepmann-Erinnerungsgabe, 1930, 42; Eb. Schmidt, Von Sinn und Notwendigkeit wissenschaftlicher Behandlung des Strafprozeßrechts, ZStW 65, 161 (= Aufsätze, S. 31); Stock, Das Ziel des Strafverfahrens, Mezger-Festschrift, 1954, 429; Eb. Schmidt, Die Sache der Justiz, 1961; Schmidhäuser, Zur Frage nach dem Ziel des Strafprozesses, Eb.-Schmidt-Festschr., 1961, 511; Peters, Die strafrechtsgestaltende Kraft des Strafprozesses, 1963; ders., Individualgerechtigkeit und Allgemeininteresse im Strafprozeß, in: Summum ius – summa iniuria, 1963, 191; Geerds, Strafrechtspflege und prozessuale Gerechtigkeit, SchlHA 1964, 57; J. Meyer, Dialektik im Strafprozeß, 1965; Eb. Schmidt, Der Strafprozeß, NJW 1969, 1137 (= Aufsätze, S. 284); van der Venn, Beweisrecht als Frage nach Wahrheit und Gerechtigkeit, Peters-Festschr., 1974, 463; Krauß, Das Prinzip der materiellen Wahrheit im Strafprozeß, in: Schaffstein-Festschr., 1975, 411; Peters, Die ethischen Grundlagen des Strafprozesses, in: Würtenberger-Festschr., 1977, 77; Kühne, Strafverfahrensrecht als Kommunikationsproblem, 1978; Rieß, Prolegomena zu einer Gesamtreform des Strafverfahrensrechts, Schäfer-Festschr., 1980, 155; Volk, Wahrheit und materielles Recht im Strafprozeß, 1980; Tiedemann, Die Auslegung des Strafprozeßrechts, Peters-Festgabe II, 1984, 131.

A. Strafrecht und Strafverfahrensrecht

Das *materielle Strafrecht*, dessen Grundregeln im StGB enthalten sind, legt die Merkmale der strafbaren Handlung fest und droht die Rechtsfolgen (die Strafen und Maßregeln) an, die an die Tatbegehung geknüpft sind. Wenn diese Normen ihre Funktion, die elementaren Voraussetzungen friedlichen mitmenschlichen Zusammenlebens zu sichern, erfüllen sollen, dürfen sie im Falle der Tatbegehung nicht nur auf dem Papier stehen. Es bedarf vielmehr eines rechtlich geordneten Verfahrens, mit Hilfe dessen das Vorliegen einer strafbaren Handlung ermittelt und ggf. die im Gesetz vorgesehene Sanktion festgelegt und durchgesetzt werden kann. Dabei ist unter einem „rechtlich geordneten" Verfahren dreierlei zu verstehen: Seine Vorschriften müssen darauf abgestellt sein, dem materiellen Strafrecht in einer dem wahren Sachverhalt entsprechenden Weise zur Durchsetzung zu verhelfen; sie müssen aber gleichzeitig die Grenzen festlegen, die dem Eingriffsrecht der Strafverfolgungsbehörden zum Schutze der Freiheit des einzelnen gezogen sind; und sie müssen endlich die Möglichkeit schaffen, durch eine abschließende Entscheidung den gestörten Rechtsfrieden wiederherzustellen. Das *Strafverfahrensrecht* (auch Strafprozeßrecht oder formelles Strafrecht genannt) ist der Inbegriff der diesem Ziel dienenden Normen. Sie sind überwiegend in der StPO zusammengefaßt (vgl. im einzelnen unten § 3).

B. Aufgabe und Ziel des Strafverfahrensrechts

I. Das Recht zu strafen ist heute dem Staat vorbehalten. Aus dieser Monopolisierung der Strafgewalt beim Staat ergeben sich die drei Aufgaben, die dem Strafverfahrensrecht soeben zugewiesen wurden, mit einer gewissen Zwangsläufigkeit. Denn wenn der Staat Privatrachen und Fehden, wie sie im Mittelalter weithin üblich waren, grundsätzlich verbietet, erwächst ihm daraus als Kehrseite die Pflicht, selbst für den Schutz seiner Bürger Sorge zu tragen und Vorschriften zu schaffen, die eine staatliche Verfolgung und Überführung des Rechtsbrechers ermöglichen und den Rechtsfrieden durch endgültigen Abschluß des Verfahrens erneuern. Diese Entwicklung, aus der mit der Ablösung des Fehderechts das neuzeitliche Straf- und Strafprozeßrecht hervorgegangen ist, hat für die Freiheit und Sicherheit des einzelnen sehr segensreiche Wirkungen. Auf der anderen Seite ist aber nicht zu verkennen, daß der Zuwachs an Macht, den der Staat durch die Übertragung der Strafgewalt erhält, für den möglicherweise unschuldig in Verdacht Geratenen oder Mißliebigen auch eine große Gefahr bedeuten kann. Deshalb ergibt sich mit der Entstehung eines staatlichen Strafverfolgungsrechts immer zugleich auch die Notwendigkeit, Schranken gegen die Möglichkeit eines staatlichen Machtmißbrauches zu errichten; wie weit dem Rechnung getragen wird, ist freilich eine Frage der jeweiligen Staatsverfassung (vgl. dazu u. § 2). Die Grenzen der staatlichen Eingriffsbefugnis, die den Unschuldigen vor ungerechten Verfolgungen und übermäßiger Freiheitsbeschränkung schützen und auch dem Schuldigen die Wahrung aller Verteidigungsrechte sichern sollen, kennzeichnen die *Justizförmigkeit* des Verfahrens. Ein Urteil ist, auch wenn es den Schuldigen trifft, nur dann prozeßordnungsgemäß (justizförmig) zustandegekommen, wenn keine formalen Garantien des Verfahrens zum Nachteil des Beschuldigten verletzt worden sind. In einem rechtsstaatlichen Strafverfahren ist die Wahrung der Justizförmigkeit nicht weniger wichtig als die Verurteilung Schuldiger und die Wiederherstellung des Rechtsfriedens. Das bedarf in seinen Auswirkungen auf das Strafverfahrensrecht im folgenden näherer Erläuterung.

II. **Ziel des Strafverfahrens** ist demnach die 1. materiell richtige, 2. prozeßordnungsmäßig zustandekommende, 3. Rechtsfrieden schaffende Entscheidung über die Strafbarkeit des Beschuldigten. Der Spruch des Gerichts – in der Regel das Urteil – soll also nach der Idee des Gesetzgebers drei Qualitäten aufweisen, die in der Realität meist, aber nicht notwendig vereinigt sind: Urteile können justizförmig einwandfrei gewonnen und doch inhaltlich falsch oder zwar im Ergebnis richtig, aber prozeßordnungswidrig zustandegekommen sein; es ist sogar denkbar, daß eine Entscheidung weder in einer der Prozeßordnung entsprechenden Weise erlangt noch inhaltlich richtig ist und daß gleichwohl die Frage auftritt, ob der Gesetzgeber es nicht um des durch die Rechtskraft geschaffenen Rechtsfriedens willen dabei bewenden lassen soll. Daraus folgt: Es ist nicht das Ziel des Strafverfahrens, um jeden Preis ein der materiellen Rechtslage entsprechendes Urteil zu erreichen; eine wesentliche Aufgabe des Strafprozeßrechts liegt gerade darin, bei formell oder inhaltlich fehlerhaften Entscheidungen die drei geschilderten Kriterien gegeneinander abzuwägen und rechtliche Maßstäbe dafür aufzurichten, welchem von ihnen im Einzelfall der Vorrang gebührt.

Dabei kann die Lösung des Konflikts ganz verschieden ausfallen: Wenn etwa ein Geständnis durch verbotene Vernehmungsmethoden erzielt worden ist, darf es nicht verwertet werden (§ 136a III, 2); der Angeklagte muß dann, sofern er nicht auf andere Weise überführt werden kann, freigesprochen werden, auch wenn er schuldig ist. Die Justizförmigkeit des Verfahrens, die in Wahrheit keine bloß formale Kategorie ist, sondern hier unmittelbar dem Schutze der Menschenwürde dient, wird also in diesem Falle dem Ziel materieller Richtigkeit des Urteils übergeordnet. Das ist nicht immer so: Beispielsweise wird die erwähnte Antinomie von der herrschenden Meinung im umgekehrten Sinne gelöst, soweit es sich um die durch verbotene Vernehmungsmethoden mittelbar erlangten Beweise handelt. Wenn also der des Mordes verdächtige Beschuldigte unter dem Einfluß einer Drohung nicht nur gesteht, sondern auch angibt, wo er die Leiche versteckt hat, hält man es für zulässig, dieses Beweisstück zu seiner Überführung zu benutzen; das Ziel materieller Richtigkeit des Urteils gewinnt dann trotz der Prozeßordnungswidrigkeit des Verfahrens den Vorrang (vgl. dazu unten § 24 D IV). Ähnliche Probleme ergeben sich, wenn der erstrebte Rechtsfriede und die sachliche Richtigkeit des Urteils in Widerstreit geraten. So kann eine rechtskräftige Entscheidung zugunsten des Verurteilten bei nachträglicher Entdeckung neuer Tatsachen und Beweismittel wieder aufgenommen werden (§ 359 Nr. 5); es wird insoweit also die Feststellung der Wahrheit der Rechtsbeständigkeit vorgezogen. Dagegen ist im entsprechenden Fall die Wiederaufnahme zuungunsten eines Freigesprochenen nicht ohne weiteres möglich (vgl. § 362); der Gesetzgeber nimmt hier die Straflosigkeit eines vielleicht Schuldigen eher in Kauf als die Rechtsunsicherheit, die durch die Möglichkeit ständig erneuter Aufrollung des einmal abgeschlossenen Verfahrens geschaffen würde.

Auch das isoliert betrachtete Prozeßziel der materiellen Richtigkeit birgt zudem zwei gegenläufige Tendenzen in sich. Denn da die Wahrheit meist nicht von vornherein gegeben ist, Schuld und Unschuld vielmehr erst im Laufe des Prozesses ermittelt werden sollen, muß der Gesetzgeber die Notwendigkeit energischen Zugreifens gegenüber dem möglichen Täter mit dem Erfordernis schonenden Vorgehens gegenüber dem vielleicht Unschuldigen in Einklang bringen: Er muß sich in jeder Prozeßsituation von neuem entscheiden, ob er einen der Überführung förderlichen Eingriff in die Rechtssphäre des Beschuldigten gestatten oder ob er ihn, um den etwa Unschuldigen nicht über Gebühr zu belasten, untersagen oder mit besonderen Kautelen umgeben soll. Viele gesetzliche Regelungen, wie etwa die Untersuchungshaft mit ihren zahlreichen Ausnahmen, Einschränkungen und Gegenausnahmen (§§ 112ff. lesen!), werden überhaupt nur verständlich, wenn man die Aufgabe der prozessualen Nor-

1*

Antinomie = Widerspruch eines Satzes in sich od. zweier Sätze, von denen jeder Gültigkeit beanspruchen kann.

men nicht allein darin sieht, den Schutz des Bürgers vor dem Delinquenten zu gewährleisten, sondern ebenso darin, den Beschuldigten vor einem ungerechten Zugriff der Strafverfolgungsorgane zu bewahren. Das Ziel des Strafverfahrens ist also komplexer Art: Die Verurteilung des Schuldigen, der Schutz des Unschuldigen, die aller Willkür entrückte Justizförmigkeit des Verfahrens und die Rechtsbeständigkeit der Entscheidung – alle diese Forderungen sind für ein rechtsstaatlich verfaßtes Gemeinwesen gleichermaßen bedeutsam. Ihre gleichzeitige Verwirklichung und ihre Abwägung im Konfliktsfall machen den Reiz und die Schwierigkeit dieses Rechtsgebietes aus. Darum kann der Strafprozeß auch nicht wie ein Pfeil geraden Weges das Ziel erreichen. Er ist, weil er gegensätzlichen Ansprüchen Genüge tun muß, von vornherein dialektisch strukturiert und braucht bei gründlicher Berücksichtigung der verschiedenen Möglichkeiten und Standpunkte seine Zeit (vgl. zum Problem einer Beschleunigung des Strafprozesses näher unten § 16 C).

Wenn das BVerfG seit 1972 (E 33, 367, 383) die „Funktionstüchtigkeit der Strafrechtspflege" als Element des Rechtsstaates hervorgehoben und seither in vielen Entscheidungen als prozessualen Argumentationstopos herangezogen hat (BVerfGE 34, 238, 248; 38, 105, 118; 38, 312, 321; 41, 246, 250; 44, 353, 374, 378; 46, 214, 222; 51, 324, 343), so ist das nach der oben dargelegten Prozeßzielbestimmung im Ansatz nicht falsch. Denn die Durchsetzung des materiellen Rechts als eines wesentlichen Prozeßziels ist ohne eine funktionstüchtige Strafrechtspflege nicht möglich; ein Staat aber, in dem das Strafrecht keinen effektiven Schutz gewährt, wäre kein Rechtsstaat mehr. Bedenklich wäre aber die Annahme, daß schon die „Effizienz" der Strafrechtspflege dem Rechtsstaat Genüge täte. Eine rechtsstaatliche Strafrechtspflege muß die Funktionstüchtigkeit mit voller Wahrung der Justizförmigkeit verbinden; nur wenn sie dies tut, kann sie den Rechtsfrieden wieder herstellen. Wenn die Bedürfnisse der Effizienz und des Beschuldigtenschutzes in Widerstreit geraten, gebührt auch keineswegs durchweg der Regelung den Vorzug, die eine Verurteilung möglich macht; vielmehr sind alle Gesichtspunkte gegeneinander abzuwägen und nach ihrer Bedeutung in der konkreten Prozeßsituation zu gewichten. Anderenfalls besteht die Gefahr, daß die „Funktionstüchtigkeit der Strafrechtspflege" zu einem „gegenreformatorischen Argumentationstopos" (Hassemer) wird, mit Hilfe dessen die Beschuldigtenrechte im Interesse einer Entlastung und Vereinfachung des Strafverfahrens allmählich abgebaut werden. Zur Diskussion: Riehle, KritJ 1980, 316; Hassemer, StrV 1982, 275; Niemöller/Schuppert, AÖR, Bd. 107, 1982, 387.

Die genannten Prozeßziele dienen vornehmlich der Verwirklichung des Rechtsstaates. Angesichts der Entwicklung des materiellen Strafrechts wird man die sozialstaatliche Forderung nach resozialisierender Einwirkung auf den zu Verurteilenden schon im Strafverfahren als weiteres Prozeßziel anerkennen müssen. Doch gibt es für die Verwirklichung dieser Forderung im geltenden Strafprozeßrecht erst geringe Ansätze. Ihr Ausbau ist eine wichtige Aufgabe der Strafprozeßreform (vgl. näher § 2 A II, 4 B mit den dortigen Weiterverweisungen).

C. Der Umfang des Strafverfahrensrechts

Das Strafverfahren im weitesten Sinne des Wortes umfaßt nach der Chronologie seines Ablaufs drei Phasen: das *Strafverfahren* i.e.S. (das

Erkenntnisverfahren), in dem über das Vorliegen einer Straftat entschieden und im Falle der Verurteilung die angemessene Sanktion festgesetzt wird. Im Anschluß daran folgt das *Vollstreckungsverfahren*, das in zwei weitere Abschnitte zerfällt: die Einleitung und generelle Überwachung der Urteilsdurchsetzung, die man als *Strafvollstreckung* i. e. S. bezeichnet, und bei Freiheitsstrafen den *Strafvollzug*, der die Durchführung der Strafsanktion im einzelnen betrifft. Diesen drei Abschnitten entsprechen die rechtlichen Disziplinen des *Strafverfahrensrechts* i. e. S., des *Strafvollstreckungsrechts* und des *Strafvollzugsrechts*. Gegenstand des vorliegenden Studienbuches ist im wesentlichen das Recht des Erkenntnisverfahrens, also des Strafverfahrens i. e. S. Das ihm gegenüber in seiner Bedeutung weit zurückstehende Strafvollstreckungsrecht erfährt eine kurze Darstellung (unten § 56). Auf eine selbständige Behandlung des Strafvollzugsrechtes ist verzichtet worden, weil sich dieses Rechtsgebiet in den letzten Jahren immer mehr verselbständigt hat und heute ein eigenes Lehrbuch erfordert. Dagegen greift der nachfolgende Text über den Bereich des Strafverfahrensrechts insofern hinaus, als er auch die für das Verständnis des Strafprozesses wichtigsten Teile des *Strafgerichtsverfassungsrechts*, das den Aufbau und die Zuständigkeit der mit der Strafrechtspflege befaßten Justizbehörden regelt, in den Grundzügen behandelt (s. unten §§ 6–10).

D. Das Strafverfahrensrecht in seinem Verhältnis zum allgemeinen Prozeßrecht und zum materiellen Strafrecht

I. Das Strafprozeßrecht gehört zum großen Komplex des Verfahrensrechts (des „formellen Rechts") und ist daher öffentliches Recht. Es ist vielfach versucht worden, aus den verschiedenen Prozeßrechten allgemeine Grundsätze (eine sog. *Allgemeine Prozeßrechtslehre*) zu entwickeln und daraus dann wieder Folgerungen für das Strafprozeßrecht abzuleiten, doch ist der Gewinn einer solchen Betrachtungsweise bisher gering geblieben.

1. Eine Parallelisierung mit dem *Zivilprozeß* muß daran scheitern, daß der „Strafanspruch" des Staates nicht mit dem Anspruch des Klägers im Zivilprozeß verglichen werden kann, sondern nur eine begriffliche Umschreibung der staatlichen Eingriffsbefugnis darstellt. Zwar lassen sich eine Reihe allgemeiner Prozeßrechtsbegriffe aufstellen, wie z. B. der „Prozeßgegenstand" und die formelle oder materielle „Rechtskraft" (s. dazu u. §§ 20, 50); eine inhaltserfüllte Definition kann aber immer nur im Rahmen des jeweiligen Prozeßrechtes gegeben werden, während ein gemeinsamer Oberbegriff zu abstrakt bleibt und daher für die Rechtsfindung nichts mehr hergibt.

2. Auch ein Vergleich mit dem *Verwaltungsprozeßrecht* führt nicht viel weiter. Denn der Verwaltungsprozeß ist ein Rechtsschutzverfahren, das der Bürger gegen den eingreifenden Staat betreibt, während der Strafprozeß umgekehrt ein vom Staat betriebenes, mit besonderen Kautelen ausgestattetes Eingriffsverfahren darstellt. Anders als im Zivil- und

Verwaltungsrecht, wo „Ansprüche" in der Regel freiwillig erfüllt werden und der Prozeß die Ausnahme ist, kann außerdem der staatliche „Strafanspruch" nur im Strafverfahren verwirklicht werden; selbst wenn sich jemand freiwillig zur Bestrafung meldete, müßte zuvor ein Strafprozeß gegen ihn durchgeführt werden.

II. Weit enger als zu den übrigen Prozeßrechten ist die Beziehung des Strafprozeßrechts zum *materiellen Strafrecht.* Unter den leitenden Aspekten der Kriminalpolitik stehen die beiderseitigen Regelungen in einem notwendigen Ergänzungsverhältnis. Manchmal sind Institute des materiellen Strafrechts und des Strafprozeßrechts sogar funktional gleichwertig (z. B. die objektiven Bedingungen der Strafbarkeit im materiellen Recht und die Prozeßvoraussetzungen im Verfahrensrecht; die Ausscheidung von Bagatelltaten durch Tatbestandsauslegung [„erhebliche Beeinträchtigung" nach § 223 StGB, „empfindliche Drohung" in § 240 StGB] oder durch eine Einstellung wegen Geringfügigkeit nach § 153 StPO – vgl. Schroeder, Peters-Festschr., 1974, 411). Eine Strafrechtsordnung kann in der Praxis immer nur so gut sein, wie das Verfahren zu ihrer Durchsetzung es zuläßt, und umgekehrt ist eine befriedigende Verfahrensregelung nicht möglich, wenn sie nicht auf das materielle Recht (d. h. vor allem auf die danach anzuordnenden Rechtsfolgen) zugeschnitten ist. Wenn z. B. die Sanktion vorwiegend nach spezialpräventiven Gesichtspunkten zu bestimmen ist, muß das Strafprozeßrecht dem durch eine auf die Erforschung der Täterpersönlichkeit zugeschnittene Verfahrensgestaltung Rechnung tragen, wie es die Reformpläne zur Neuregelung der Hauptverhandlung denn auch vorsehen. Deshalb gehören materielles Strafrecht und Strafprozeßrecht in Lehre und Forschung ebenso eng zusammen, wie es in der Rechtspraxis seit eh und je der Fall ist. Zur Wechselbeziehung von strafprozessualem Wahrheitsbegriff und materiellem Strafrecht vgl. Volk aaO.

E. Strafverfahrensrecht und Strafprozeßlehre

Literatur: 1) Zur *Strafprozeßlehre im System des Strafprozeßrechts* grundlegend Peters, Peters-GedSchr., 1967, 891; Maurach-Festschr., 1972, 453; Henkel-Festschr., 1974, 253; Klug-Festschr., 1983, 539.
2) *Allg. Lit. zur Strafprozeßlehre:* Döhring, Die Erforschung des Sachverhalts im Prozeß, 1964; Graßberger, Psychologie des Strafverfahrens, 2. Aufl., 1968; Peters, Der neue Strafprozeß, 1975, 51ff.; Schreiber, Verfahrensrecht und Verfahrenswirklichkeit, ZStW 88 (1976), 117; Roxin, Recht und soziale Wirklichkeit im Strafverfahren, in: Kriminologie und Strafverfahren, 1976, 9; Haberstroh, Strafverfahren und Resozialisierung, 1979; Jäger, Kriminologie im Strafprozeß, 1980; Rieß, Statistische Beiträge zur Wirklichkeit des Strafverfahrens, Festschr. für Sarstedt, 1981, 253; Peters, Strafprozeß, 3. Aufl., 1981; Dahs, Handbuch des Strafverteidigers, 5. Aufl., 1983.
3) Lit. zur *Kriminalistik, ger. Medizin, Psychologie und Psychiatrie* ist unten § 4 D nachgewiesen.
4) Lit. zur *Fehlurteilsforschung:* Sello, Die Irrtümer der Strafjustiz und ihre Ursachen, 1911; Lepmann, Fehlerquellen bei Ermittlung des Sachverhalts durch Sachverständige, 1912; Alsberg, Justizirrtum und Wiederaufnahme,

1913; Hellwig, Justizirrtümer, 1914; Bohne, Zur Psychologie der richterlichen Überzeugungsbildung, 1948; Hirschberg, Das Fehlurteil im Strafprozeß, 1960 (als Taschenbuch 1962); Judex, Irrtümer der Strafjustiz, 1963; Peters, Untersuchungen zum Fehlurteil im Strafprozeß, 1967; ders., Fehlerquellen im Strafprozeß, Bd. I, 1970; Bd. II, 1972; Bd. III, 1974; Schoreit, Fehlurteile im Strafprozeß und Möglichkeiten ihrer Bekämpfung, Recht und Politik 1971, 74; Jagusch, Lehren eines Mordprozesses (zum Fall Brühne), NJW 1971, 2198; Peters, Gescheiterte Wiederaufnahmeverfahren, Gallas-Festschr., 1973, 441.

5) Zur *Psychologie der Urteilstätigkeit:* Reik, Geständniszwang und Strafbedürfnis, und Alexander/Staub, Der Verbrecher und seine Richter, in: Moser (Hrsg.), Psychoanalyse und Justiz, 1971, S. 9ff., 205ff.; Reiwald, Die Gesellschaft und ihre Verbrecher, 1948 (als Taschenbuch mit einer Einleitung von Moser und Jäger, 1973); Bohne, Zur Psychologie der richterlichen Überzeugungsbildung, 1948 (reprogr. Nachdruck 1967); Bendix, Zur Psychologie der Urteilstätigkeit des Berufsrichters 1932, Neudruck 1968; Weimar, Psychologische Strukturen richterlicher Entscheidungen, 1969; H. W. Schünemann, „Soziale Wahrnehmung" und Strafprozeß, DRiZ 1976, 369.

6) Zur *sozialen Herkunft der Berufsrichter:* Dahrendorf, Bemerkungen zur sozialen Herkunft und Stellung der Richter an Oberlandesgerichten, Hamburger Jahrbuch für Wirtschafts- und Gesellschaftspolitik 5 (1960), 260; Feest, Die Bundesrichter usw. in: Zapf, Beiträge zur Analyse der deutschen Oberschicht, 2. Aufl., 1965, 95; Zwingmann, Zur Soziologie des Richters in der Bundesrepublik Deutschland, 1966; Kaupen, Zur Soziologie der deutschen Juristen, Recht und Politik 2 (1966), 21; ders., Die Hüter von Recht und Ordnung, 1969; Richter, Zur Soziologie der deutschen Richterschaft, 1968.

7) Über *weltanschauliche Hintergründe in der Rechtsprechung* s. den gleichnamigen von Böhme, 1968, hrsg. Sammelband; ferner Opp/Peukert, Ideologie und Fakten in der Rechtsprechung, 1971; Opp, KritJ 1970, 383; Rottleuthner, Rechtswissenschaft als Sozialwissenschaft, 1973; Weyrauch, Zum Gesellschaftsbild des Juristen, 1970. S. auch die bei 5) angegebene Lit.

8) *Entscheidungssoziologie und teilnehmende Beobachtung:* Weiss, Die Theorie der richterlichen Entscheidungstätigkeit in den Vereinigten Staaten von Amerika, 1971; Schumann/Winter, Sozialisation und Legitimierung des Rechts im Strafverfahren, zugleich ein Beitrag zur Frage des rechtlichen Gehörs, in: Jahrbuch für Rechtssoziologie und Rechtstheorie, Bd. 3 (1972), 529; dies., Zur Analyse der Hauptverhandlung im Strafprozeß, in: Friedrichs (Hrsg.), Teilnehmende Beobachtung abweichenden Verhaltens, 1973, 174; Lautmann, Justiz – Die stille Gewalt, 1973; ders., Teilnehmende Beobachtungen der Strafjustiz, in: Teilnehmende Beobachtung abweichenden Verhaltens, 1973, 103; Rottleuthner, Richterliches Handeln, 1973; Dorothee Peters, Richter im Dienst der Macht, 1973.

9) *Soziale Beziehungen zwischen Richtern und Angeklagten:* Tausch/Langer, Soziales Verhalten von Richtern gegenüber Angeklagten, Zeitschrift f. Entwicklungspsychologie, 3, (1971), 283; Leodolter, Das Sprachverhalten von Angeklagten bei Gericht, 1975; Dürkop, Der Angeklagte, 1977.

10) *Labeling approach:* Sack, Probleme der Kriminalsoziologie, Handbuch der empirischen Sozialforschung, hrsg. von König, Bd. 2, 1969, 961; Neue Perspektiven der Kriminologie, in: Sack/König, Kriminalsoziologie, 1968, 431; KritJ 1971, 384; KrimJ 1972, 3; Feest/Lautmann, Die Polizei, 1971; Feest/Blankenburg, Die Definitionsmacht der Polizei usw., 1972; Opp, KrimJ 1973, 142; Keckeisen, Die gesellschaftliche Definition abweichenden Verhaltens, Perspektiven und Grenzen des labeling approach, 1974; Rüther, Abweichendes Verhalten und labeling approach, 1975 (zusammenfassende Darstellung); Sessar, Steffen, ZStW 87 (1975) 1033, 1063; Stallberg (Hrsg.), Abweichung und Kriminalität, 1975; „Ausleseprozesse im Strafverfahren", Referate von Ker-

ner, Sessar, Steinert, Blankenburg, H. W. Schünemann, in: Kriminologie und Strafverfahren (Kriminologische Gegenwartsfragen, 12), 1976, 137, 156, 167, 175, 186; Steffen, Analyse polizeilicher Ermittlungstätigkeit aus der Sicht des späteren Strafverfahrens, 1976; Kürzinger, Private Strafanzeige und polizeiliche Reaktion, 1978; Kohlen, Die Objektivität von Rechtsnormen. Zur Kritik des radikalen labeling approach in der Kriminalsoziologie, 1978.

11) *Zur Dunkelfeldforschung:* Popitz, Über die Präventivwirkung des Nichtwissens, 1968; Lüderssen, Strafrecht u. „Dunkelziffer", 1972; Schultz, Von der Bedeutung der Dunkelziffer, Festschr. f. Henkel, 1974, 239; Schwind u.a., Dunkelfeldforschung in Göttingen 1973/74 (BKA – Forschungsreihe Nr. 2), 1975; „Neuere Ergebnisse zur Dunkelfeldforschung in Deutschland", Referate von Remschmidt, Merschmann, Walter, Höhner, Schöch, Schwind, Stephan, in: Kriminologie und Strafverfahren, 1976, 195, 211, 229, 240.

12) *Rechtsmittelforschung:* Haddenhorst, Die Einwirkung der Verfahrensrüge auf die tatsächlichen Feststellungen im Strafverfahren, 1971; Fezer, Die erweiterte Revision – Legitimierung der Rechtswirklichkeit?, 1974; Mikinovic/Stangl, Strafprozeß und Herrschaft, 1978.

In der *Strafprozeßrechtslehre* werden die *Normen*, nach denen das Strafverfahren abläuft, wissenschaftlich untersucht, also typisiert, systematisiert und konkretisiert. Demgegenüber erforscht die *Strafprozeßlehre* die *tatsächlichen Gegebenheiten* des Verfahrensablaufs; sie beschreibt und erklärt sie und sucht so zu einer allgemeinen Theorie der Strafprozeßwirklichkeit zu gelangen.

Ihr Forschungsgebiet ist weit gespannt und erfordert interdisziplinäre Kooperation von Juristen, Kriminologen, Kriminalisten, Soziologen, Psychologen und Medizinern. Klassische Disziplinen der Strafprozeßlehre sind u.a. Kriminaltaktik, -technik und -psychologie, Aussagepsychologie (s. dazu 11. Aufl., § 29) und gerichtliche Medizin. Neuerdings sind auch das Rollenverhalten der Prozeßbeteiligten, die Art und Weise der Entscheidungsfindung, die soziale Herkunft der Richter, die Psychologie der Urteilstätigkeit, die weltanschaulichen Hintergründe der Rechtsprechung sowie eine vermutete schichtenspezifische Differenzierung bei der Strafverfolgung, insbes. durch die Polizei (Labeling approach), Gegenstand intensiver wissenschaftlicher Bemühungen. Besonders wichtig ist ebenfalls die Untersuchung der Fehlerquellen im Strafprozeß, wie sie im Auftrag des Bundesjustizministeriums von der unter der Leitung von Peters stehenden Tübinger Forschungsstelle für Strafprozeß und Strafvollzug vorgenommen worden ist.

Die Bedeutung der Strafprozeßlehre für das Strafverfahrensrecht ist nicht zu unterschätzen: Zum einen trägt sie durch systematische Erforschung der Prozeßtatsachen zur methodisch schon längst als notwendig erachteten Öffnung der Rechtswissenschaft zu den Wirklichkeitswissenschaften bei; und zum anderen kann eine sorgfältige Wirklichkeitsanalyse sowohl die Lebensferne mancher Prozeßprinzipien als auch die möglichen Fehlerquellen von Strafurteilen aufdecken. Damit leistet sie einen unentbehrlichen Beitrag zur Rationalität unseres Kriminal- und Prozeßrechtswesens und ermöglicht eine fundierte Normkritik und Strafprozeßpolitik. Deshalb ist jedem, der sich mit unserem Strafprozeß näher beschäftigen will, die Lektüre der angegebenen Literatur dringend anzuraten, da in diesem Kurzlehrbuch über das deutsche Strafverfahrensrecht eine nähere Darstellung der vielfältigen Forschungsergebnisse, die weitgehend noch der Einarbeitung in das Normensystem harren, nicht möglich ist.

§ 2. Das Strafverfahrensrecht in seiner Abhängigkeit von der Verfassungsordnung

Literatur: Sax, Grundsätze der Strafrechtspflege, in: Bettermann-Nipperdey-Scheuner, Die Grundrechte III, 1959, S. 909 (992 ff.); Rüping, Martin und Böing, Der Schutz der Menschenrechte im Strafverfahren, ZStW Bd 91 (1979), 351, 364, 379; Plötz, Die gerichtliche Fürsorgepflicht im Strafverfahren, Diss. Mannheim, 1980; Ingo Müller, Rechtsstaat und Strafverfahren, 1980; Heubel, Der „fair trial" – ein Grundsatz des Strafverfahrens?, 1981; Müller-Dietz, Sozialstaatsprinzip und Strafverfahren, Dünnebier-Festschr., 1982, 75; Niemöller-Schuppert, Die Rspr. des BVerfG zum Strafverfahrensrecht, AÖR, Bd. 107, 1982, 387; Lenckner, Der Strafprozeß im Dienst der (Re-) Sozialisierung, JuS 1983, 340.

A. Das Strafverfahrensrecht als Seismograph der Staatsverfassung

I. Die Strafe stellt von allen Eingriffen des Staates in den Freiheitsraum des Individuums die einschneidendste und deshalb auch problematischste Maßnahme dar; ihre Verhängung bedeutet eine vollständige Hintansetzung der Freiheitsinteressen des Straftäters zugunsten der Sicherheitsinteressen der Allgemeinheit. Da infolgedessen im Strafverfahren die Kollektiv- und Individualinteressen in nirgendwo sonst anzutreffender Schärfe miteinander in Widerstreit treten, ist die vom Gesetz hier getroffene Interessenabwägung symptomatisch für das in einem Gemeinwesen allgemein gültige Verhältnis von Staat und Individuum: Das Strafverfahrensrecht ist der Seismograph der Staatsverfassung! Seine hierin liegende politische Aktualität bedeutet zugleich, daß jede wesentliche Verschiebung in der politischen Struktur (namentlich eine Veränderung des Staatsgefüges) auch zu Umgestaltungen des Strafverfahrens führt.

II. 1. Im *absolutistischen* Staat der frühen Neuzeit und heute wieder in *totalitären* Staaten ist den *kollektiven* Interessen der unbedingte Vorrang eingeräumt worden. Im früheren absolutistischen Staat lag alle Strafgewalt beim Monarchen, der in die Justiz nach Belieben mit seinen *Machtsprüchen* eingreifen konnte. Im heutigen totalitären Staat ist durch die persönliche und sachliche Abhängigkeit der Richter sichergestellt, daß die Rechtsprechung mit den Direktiven der Partei- oder Militäroligarchie in Einklang steht. Im Absolutismus waren Ankläger und Richter identisch (Inquisitionsprozeß), in den Diktaturen wird die hier besonders weitreichende politische Justiz de facto von der Polizei wahrgenommen (Gestapo, SD), so daß die *Gewaltenhäufung* als Grundkonstitutivum dieser Staatstypen sich im Strafprozeß im kleinen wiederfindet.

Der Beschuldigte ist im absolutistischen oder totalitären Staat lediglich Gegenstand des Verfahrens (Inquisit, Untersuchungsobjekt) oder kann doch zumindest die ihm nach der Verfahrensordnung zustehenden Rechte in der Praxis nicht durchsetzen, wenn sie zu den Machtinteressen der Staatsführung in Widerspruch treten. Das hierfür charakteristischste Strafverfahrensinstitut ist die *Folter* (Tortur, peinliche Befragung), die im Absolutismus von Rechts wegen vorgesehen war und im totalitären Staat aus Gründen der „Staatsräson" immer wieder auch gegen das Gesetz praktiziert wird.

2. Der absolutistische Strafprozeß ist durch die *Aufklärung* und den auf deren Gedankengut aufbauenden *Liberalismus* zerstört worden, wobei die drei Fundamentalprinzipien des neuen Staatsmodells zugleich für die Strafprozeßreform von entscheidender Bedeutung waren: Aus dem *Gewaltenteilungsprinzip* ergab sich die *Unabhängigkeit* der Richter, die dadurch zu einer unvoreingenommenen Abwägung von Kollektivnutzen und Individualinteressen in den Stand gesetzt werden sollten, und die Verlagerung der exekutivischen Verfolgungstätigkeit auf eine neu geschaffene, von den Gerichten organisatorisch und personell getrennte Justizbehörde: die *Staatsanwaltschaft*. Die Anerkennung dem Staat vorgegebener *Grundrechte* hatte zur Folge, daß der Beschuldigte als *Prozeßsubjekt* anerkannt und mit selbständigen Rechten ausgestattet wurde, deren wichtigste das Recht auf Wahrung der Menschenwürde und der unbeschränkbare Anspruch auf Verteidigung waren. Das Prinzip vom *Vorbehalt des Gesetzes* gewährleistete schließlich, daß die Eingriffe des Staates in die Freiheitssphäre des Beschuldigten nur nach *Maßgabe der Gesetze* erfolgten, die deren Voraussetzungen, Inhalte und Grenzen so genau wie möglich festlegten und dadurch die Maßnahmen des Staates für den Bürger vorhersehbar machten.

3. Daneben hat der Liberalismus des 19. Jahrhunderts im Kampf um die Schwurgerichte *demokratischen* Prinzipien Eingang in das Strafprozeßrecht verschafft. Aus Mißtrauen gegen eine befürchtete Obrigkeitshörigkeit der zu dem Monarchen in einem Dienst- und Treueverhältnis stehenden Berufsrichter wurde die *Mitwirkung des Volkes an der Strafjustiz* (in letzter Konsequenz die Selbstrechtsprechung des Volkes durch vom Volk gewählte Volksrichter) verlangt und auch in Gestalt der Schöffen- und Schwurgerichte (zur Unterscheidung s. u. § 7 B I) durchgesetzt. Als weitere Folgerung aus dem demokratischen Gedanken ist die Einführung der Öffentlichkeit des Verfahrens zu nennen, die eine Kontrolle der Rechtspflege durch das Volk ermöglichen und damit einen Mißbrauch der Strafgewalt durch die Justiz verhindern sollte. Die zentrale Bedeutung des Öffentlichkeitsprinzips für einen demokratischen Strafprozeß ist am besten an seiner Unwirksamkeit bzw. Perversion in den totalitären Staaten zu erkennen, wo der politische Gegner meist entweder in einem Geheimverfahren oder in einem das Tribunal zur Szene gestaltenden Schauprozeß abgeurteilt wird.

4. Für die Zukunft liegt die Hauptaufgabe in der Anpassung des Strafverfahrens an das in der Verfassung niedergelegte *Sozialstaatsprinzip* (Art. 20 GG). Jahrhundertelang hat im Strafprozeß die „Repression des Sozialschädlings" im Vordergrund gestanden, nunmehr gilt es der Er-

kenntnis Rechnung zu tragen, daß der Staat dem Gestrauchelten zur Hilfe und zur Förderung seiner (Re)Sozialisation verpflichtet ist. Die wichtigsten Nahziele eines sozialen Strafprozesses sind die Einführung des *Tat-* oder *Schuldinterlokuts* (s. u. § 42 G II) und der Ausbau der *Gerichtshilfe* (s. u. § 10 B III). Beide Einrichtungen sollen dazu beitragen, für die Beurteilung der Täterpersönlichkeit und der für sie geeignetsten Vollzugsmaßnahmen in der Hauptverhandlung bessere Möglichkeiten zu schaffen, als sie bis jetzt bestehen. Auch die Einführung eines kooperativen nichtöffentlichen Verfahrens, wie es der AE einer „Novelle zur Strafprozeßordnung" (1980) für die kleinere und mittlere Kriminalität vorschlägt, würde das Strafverfahren in resozialisierendem Sinne umgestalten können. Vgl. zum Ganzen näher Lenckner aaO., Müller-Dietz aaO. Auch ein ausreichender *Opferschutz* im Strafverfahren, wie überhaupt der Ausbau der *Verletztenstellung* (vgl. § 61 Vorbem.), gehören zu den noch zu verwirklichenden sozialstaatlichen Forderungen.

III. In allen Fällen hängt die Ausgestaltung des Strafprozesses weniger von den geschriebenen Verfassungsnormen als vielmehr von der *Verfassungswirklichkeit* ab. Dafür geben nicht nur die autoritären Staaten ein Beispiel, sondern auch die bundesdeutsche Entwicklung: Durch die Rechtsprechung des BVerfG zum *Verhältnismäßigkeitsprinzip,* die die Einzelfall-Wirksamkeit der Grundrechte in einem noch niemals dagewesenen Umfang (allerdings auf Kosten der Rechtssicherheit) gesteigert hat, sind die generellen Eingriffsbefugnisse des Staates auf das nach den konkreten Umständen des jeweiligen Falles unumgängliche Ausmaß reduziert worden, und der Gesetzgeber hat sich dem beugen müssen (vgl. § 112 I, 2; kritisch zur Rechtsprechung des BVerfG: Eb. Schmidt NJW 1969, 1137 = Aufsätze, S. 284 ff.; ZStW 80 [1968] 567).

IV. Die vorstehende Skizze darf freilich nicht den Eindruck erwecken, als stelle das Strafverfahrensrecht ausschließlich eine Konkretisierung des Verfassungsrechts dar. Seine Ausformung beruht vielmehr mindestens ebenso sehr auf vielfältigen (von der *Strafprozeßgeschichtswissenschaft* und der *Strafprozeßlehre* – s. §§ 1 E, 67 ff. – zu erforschenden) *vorrechtlichen Gegebenheiten,* von denen hier nur die beiden wichtigsten erwähnt werden sollen: die *kriminologischen* und *kriminalätiologischen Voraussetzungen* (z. B. gab es den Inquisitionsprozeß schon lange vor dem Absolutismus, weil der alte germanische Prozeß der gegen Ende des Mittelalters einsetzenden Entwicklung eines Berufsverbrechertums nicht gewachsen war) und die *kriminalistischen Möglichkeiten* (z. B. wurde die Folter durch die Verbesserung der kriminalistischen Methoden als weitgehend entbehrlich und sogar unter dem Gesichtspunkt der Wahrheitserforschung als zweifelhaft erkannt).

B. Das in der Bundesrepublik geltende Strafprozeßrecht stellt im wesentlichen eine Verbindung demokratischer und liberaler Ideen dar, wie sie sich in der vielfach unter französischem Einfluß stehenden, auf dem Gedankengut der Aufklärung beruhenden Reformbewegung der ersten Hälfte des 19. Jahrhunderts in Deutschland durchgesetzt und nach dem zweiten Weltkrieg unter der Herrschaft des Grundgesetzes erneuert und gefestigt haben (vgl. zur Geschichte im einzelnen unten §§ 70 ff.). So haben sich spezifisch *demokratische* Forderungen verwirklicht in der bei den meisten strafrechtlichen Spruchkörpern vorgesehenen Beteiligung von Laienrichtern (vgl. §§ 28 ff., 76 f. GVG); ferner auch darin, daß Urteilsgrundlage nur sein darf, was in mündlicher, öffentlicher und damit der Überprüfung durch das Volk zugänglicher Hauptverhandlung vorgetragen worden ist (vgl. §§ 250, 261 StPO, 169 ff. GVG). Der *liberale* Gedanke, daß die Freiheitssphäre des einzelnen vor willkürlichen oder übermäßigen staatlichen Eingriffen bewahrt bleiben muß, durchwirkt unseren Strafprozeß bis ins Detail hinein. Hier können nur einige maßgebliche Grundsätze genannt werden: z. B. die richterliche Unabhängigkeit, die das Urteil vor allen sachfremden Einflüssen gerade auch von seiten der Exekutive bewahren soll (Art. 97 I GG, §§ 1 GVG, 25 DRiG); das Verbot der Ausnahmegerichte durch das Prinzip des „gesetzlichen Richters" (Art. 101 I GG, § 16 GVG), das den Beschuldigten vor allen justizwidrigen Manipulationen sichert; das Recht auf angemessenes Gehör (Art. 103 I GG, Art. 6 I MRK); die Grundsätze „in dubio pro reo" (Art. 6 II MRK) und „ne bis in idem" (Art. 103 III GG), die die Verurteilung eines möglicherweise Unschuldigen bzw. eine mehrmalige Bestrafung wegen desselben Vorganges verhindern; das Verhältnismäßigkeitsprinzip (vgl. § 112 I, 2), die minutiöse Regelung aller während des Strafverfahrens erforderlichen Eingriffe in die persönliche Freiheit (§§ 81 ff., 94 ff., 112 ff., Art. 104 GG) und die strikte Untersagung aller die autonome Willensentschließung der Verfahrensbeteiligten antastenden Vernehmungsmethoden (§§ 136, 136 a, 163 a III–V). Über die Anforderungen hinaus, die sich aus den genannten Verfahrensgrundrechten ergeben, hat das BVerfG in ständiger Rspr. einen Anspruch des Angeklagten auf ein *faires*, rechtsstaatliches *Strafverfahren* bejaht (BVerfGE 26, 66, 71; *38, 105, 111*; *39, 238, 243*; *40, 95, 99*; 41, 246, 249; *46, 202, 210*; vgl. u. § 11 V). Die Normen des Strafverfahrensrechts müssen sich an diesem allgemeinen Prozeßgrundrecht messen lassen (krit. Heubel, 1981, insbes. 73, 122, 141). Der Anspruch auf ein faires Verfahren garantiert so dem einzelnen Strafverfahren seinen dezidiert rechtsstaatlichen Charakter, untergründet die von der Rspr. vollständig entwickelte Fürsorgepflicht (vgl. unten § 42 III, V; zusammenfassend Plötz, 31) und verknüpft so den rechtsstaatlichen Charakter der geltenden Strafprozeßordnung mit sozialstaatlichem Gedankengut.

Der *sozialstaatlichen Verpflichtung* des Strafverfahrens tragen ferner Rechnung die Bestellung eines Pflichtverteidigers im Erkenntnisverfahren (§§ 140, 141), die Bestellung eines Verteidigers für die Vorbereitung eines Wiederaufnahmeverfahrens (§ 364 b) sowie u. a. die Verpflichtung der Strafverfolgungsorgane, auf die persönlichen Verhältnisse des Beschuldigten Bedacht zu nehmen (vgl. §§ 136 III, 160 III). Freilich bedarf gerade der Sozialstaatsgedanke weiterer gesetzlicher Konkretisierung; so ist z. B. de lege ferenda die Aufhebung der Kostentragungspflicht eines Verurteilten zu erwägen (vgl. unten § 57 C I 2).

dezidiert = entschieden, bestimmt, energisch

§ 3. Die Quellen des deutschen Strafverfahrensrechts

A. Die zentralen Gesetze

1. Die wichtigsten Quellen des Strafgerichtsverfassungs- und Strafprozeßrechts sind das GVG vom 27. 1. 1877 und die RStPO vom 1. 2. 1877, die beide zusammen mit den übrigen sog. Reichsjustizgesetzen (ZPO, RAO und KO) am 1. 10. 1879 in Kraft getreten sind.

2. Die StPO ist in 7 Bücher eingeteilt:
   1. Buch: Allgemeine Vorschriften,
   2. Buch: Verfahren im ersten Rechtszug,
   3. Buch: Rechtsmittel,
   4. Buch: Wiederaufnahme des Verfahrens,
   5. Buch: Beteiligung des Verletzten am Verfahren,
   6. Buch: Besondere Arten des Verfahrens,
   7. Buch: Strafvollstreckung und Kosten.

Die Einteilung der StPO in 7 Bücher läßt eine deutliche *Parallele zur Einteilung der ZPO* erkennen. Auch innerhalb des 1. Buchs: „Allgemeine Vorschriften" sind insoweit Parallelen im Aufbau zu finden, als hier in beiden Prozeßordnungen die örtliche Zuständigkeit und die Ausschließung und Ablehnung der Gerichtspersonen geregelt sind, ebenso die Fristen und die Wiedereinsetzung in den vorigen Stand. Den Bestimmungen der ZPO über Prozeßbevollmächtigte und Beistände entspricht in der StPO der Abschnitt Verteidigung.

Im übrigen geht aber die StPO in ihrem allgemeinen Teil ihre eigenen Wege, indem sie hier einen großen Teil des Beweisrechts: Zeugen, Sachverständige, Augenschein (das die ZPO im 2. Buch regelt) und die der ZPO fremden Mittel zur Sicherung des Prozesses (z.B. Haussuchung, Verhaftung) behandelt.

StPO und GVG sind seit ihrer Verkündung durch zahlreiche Novellen *geändert* worden (vgl. dazu u. §§ 71, 72). Die StPO gilt jetzt i.d.F. der Neubekanntmachung vom 7. 1. 1975 (BGBl. I S. 129, 650).

B. Diese zentralen Gesetze (GVG und StPO) werden ergänzt:

1. durch die *ZPO* i.d.F. vom 12. 9. 1950 (Schönfelder 100), auf die die StPO an mehreren Stellen direkt verweist, z.B. hinsichtlich der Zustellungen, § 37, oder bezüglich des Kostenfestsetzungsverfahrens, § 464b;

2. durch das *Deutsche Richtergesetz* vom 8. 9. 1961 i.d.F. vom 19. 4. 1972 (Schönfelder 97);

3. durch die *Bundesrechtsanwaltsordnung* vom 1. 8. 1959 (Schönfelder 98);

4. durch das *Gerichtskostengesetz* i.d.F. vom 15. 12. 1975 (Schönfelder 115);

5. durch das *Gesetz über die Entschädigung der ehrenamtlichen Richter* i.d.F. vom 1. 10. 1969 (Schönfelder 118);

6. durch das *Gesetz über die Entschädigung von Zeugen und Sachverständigen* i.d.F. vom 1. 10. 1969 (Schönfelder 116);

7. durch die *Bundesgebührenordnung für Rechtsanwälte* vom 26. 7. 1957 (Schönfelder 117);

8. durch das *Gesetz über die Entschädigung für Strafverfolgungsmaßnahmen* vom 8. 3. 1971 (Schönfelder 93);

9. durch das *Gesetz über die internationale Rechtshilfe in Strafsachen* vom 23. 12. 1982 (abgedruckt bei Kl./M., Anhang D 2);

10. durch das *Europäische Auslieferungsübereinkommen* vom 13. 12. 1957 (BGBl. 1964 II S. 1371; 1976 II S. 1778);

11. durch das *Europäische Übereinkommen zur Bekämpfung des Terrorismus* vom 21. 1. 1977 (abgedruckt in EuGRZ 1977, 33);

12. durch das *Gesetz über das Bundeskriminalamt* vom 8. 3. 1951 i.d.F. vom 29. 6. 1973 (Sartorius 450);

13. durch das *Gesetz über die innerdeutsche Rechts- und Amtshilfe in Strafsachen* vom 2. Mai 1953, letztes ÄndG v. 18. 8. 1980 (abgedruckt bei Kl./M., Anhang D 1);

14. durch das *Europäische Übereinkommen über die Rechtshilfe in Strafsachen* (BGBl. 1964 II S. 1386; 1976 II S. 1799);

15. durch das *Gesetz über das Zentralregister und das Erziehungsregister* vom 18. 3. 1971 i.d.F. vom 21. 9. 1984 (Schönfelder 92);

16. durch die *Justizbeitreibungsordnung* vom 11. 3. 1937 (Schönfelder 122), auf die § 459 für die Vollstreckung von Geldstrafen verweist.

C. Endlich finden sich einzelne **strafprozessuale Bestimmungen in anderen Bundesgesetzen**, z.B.

I. im *Grundgesetz*, insbesondere in Art. 46, 92, 96f., den sog. justiziellen Grundrechten der Art. 101 I und 103f. und in dem Grundrechtskatalog der Art. 1–19. Nach der Rechtsprechung des Bundesverfassungsgerichts kann auch die Anwendung des Strafprozeßrechts im Wege der Verfassungsbeschwerde darauf überprüft werden, ob sie den Maßstäben der in den Grundrechten aufgestellten Wertordnung Rechnung trägt (BVerfGE 12, 124; vgl. auch BVerfGE 20, 162);

II. in folgenden *einfachen Bundesgesetzen:*

1. in der Konvention der Mitglieder des Europarates zum Schutze der Menschenrechte und Grundfreiheiten *(Menschenrechtskonvention)* vom 4. 11. 1950, die durch das deutsche Zustimmungsgesetz (BGBl. 1952 II S. 685, 953; Bekanntmachung über das Inkrafttreten BGBl. 1954 II S. 14) den Rang eines einfachen Bundesgesetzes (str., aber h.M., s. Münch, JZ 1961, 153) erhalten hat.

Sie enthält einige grundlegende strafprozessuale Garantien, nämlich:
das Verbot der entwürdigenden Strafe oder Behandlung (Art. 3),
die Einschränkung des staatlichen Festnahmerechts (Art. 5, vor allem Abs. Ic),
die Garantie eines rechtsstaatlichen Gerichtsverfahrens (Art. 6 I),
die Unschuldsvermutung zugunsten des Angeklagten (Art. 6 II),
die Garantie einer wirksamen Verteidigung (Art. 6 III) und

die Einschränkung der staatlichen Eingriffsbefugnisse in das Privatleben (Art. 8).

Die Effektivität dieser Vorschriften ist durch die Möglichkeit einer Anrufung der Menschenrechtskommission gegen konventionswidrige staatliche Akte (Art. 19, 25, 26) gewährleistet; die Kommission kann ggf. den Europäischen Gerichtshof für Menschenrechte (wie diese mit Sitz in Straßburg) anrufen oder die Sache dem Ministerkomitee des Europarats vorlegen. Der EGMR kann die innerstaatlichen Entscheidungen nicht aufheben; die Vertragsstaaten sind aber verpflichtet, sich nach ihnen zu richten (näher Bleckmann, JA 1984, 705; Krey, JA 1983, 638). Über die Rspr. berichtet umfassend die EuGRZ.

Die praktische Bedeutung der MRK für das deutsche Strafprozeßrecht ist allerdings deswegen relativ gering, weil die Garantien der StPO für den Angeklagten zum größten Teil günstiger sind als die der MRK und selbst dort, wo eine der MRK entsprechende Regelung in der StPO fehlt, sich dasselbe doch aus dem Sinnzusammenhang der übrigen Vorschriften ergibt oder schon vor der MRK als Gewohnheitsrecht galt;

2. im *StGB:* über den Strafantrag (§§ 77–77 d);

3. in §§ 385 ff. der *Abgabenordnung* vom 16. 3. 1976 (BGBl. I S. 613);

4. im *Jugendgerichtsgesetz* vom 4. 8. 1953 i.d.F. vom 11. 12. 1974 (Schönfelder 89): Es enthält nicht bloß das materielle Jugendstrafrecht, sondern auch die Bestimmungen über Jugendgerichte und das Verfahren gegen Jugendliche;

5. im *Ordnungswidrigkeitengesetz* vom 24. 5. 1968 i.d.F. vom 2. 1. 1975 (Schönfelder 94), das u.a. die Verbindung von Bußgeld- und Strafverfahren regelt.

D. Bundeseinheitlich geltende Verwaltungsanordnungen

Die StPO enthält die rechtliche Regelung des Strafverfahrens; seine technische Ausgestaltung im einzelnen fällt in die Kompetenz der Justizverwaltungen der Länder und des Bundes. Um dennoch ohne Eingriff in die bundesstaatliche Kompetenzverteilung eine einheitliche Handhabung zu gewährleisten, haben die Länder untereinander und mit dem Bundesjustizministerium bundeseinheitlich geltende Fassungen für die *Verwaltungsanordnungen* beschlossen, die die Details des Strafverfahrens regeln. Es sind dies:

1. die *Richtlinien für das Strafverfahren und das Bußgeldverfahren* in der Fassung vom 1. Januar 1977 (RiStBV; abgedruckt bei Kl./M., Anhang H 1). Vgl. dazu H. C. Schaefer, NJW 1977, 21.

Sie enthalten in einem allgemeinen und einem nach den einzelnen Deliktsarten gruppierten Teil eine umfangreiche und detaillierte Regelung des gesamten Verfahrensablaufs. Ihre Bedeutung liegt generell in der Einengung der Restbereiche staatsanwaltschaftlichen Ermessens, speziell in der Entscheidung der in der StPO weitgehend offengelassenen technischen Fragen der Verfahrenshandhabung;

2. die *Strafvollstreckungsordnung* (StrVollstrO) vom 15. 2. 1956 (BAnz. Nr. 42) mit späteren Änderungen (vgl. i.e. die Fn. zu § 449 StPO bei Schönfelder 90), die den Betrieb der Strafvollstreckung regelt;

3. die *Untersuchungshaftvollzugsordnung* (UVollzO) vom 12. 1. 1953 i. d. F. vom 1. 12. 1970;

4. die „Anordnung über Mitteilungen in Strafsachen" *(MiStra)* vom 15. 11. 1977 (BAnz Nr. 215).

In zahlreichen Strafverfahren werden Vorgänge erörtert, die auch für andere Behörden oder Stellen wichtig sind und ihnen zu Maßnahmen Anlaß geben können (z. B. können die in Strafverfahren gegen Studierende oder Beamte erörterten Tatsachen disziplinarrechtlich bedeutsam sein). Die MiStra will sicherstellen, daß diese Behörden von den Vorgängen Kenntnis erhalten. Zu diesem Zweck werden die Justizbehörden verpflichtet, in Strafsachen durch Mitteilungen andere Behörden und Stellen (in dem genannten Beispiel Hochschulen bzw. vorgesetzte Dienstbehörden) zu unterrichten. In den einzelnen Vorschriften der MiStra sind der Umfang der Mitteilungspflicht, die Form der Mitteilungen und die mitteilungspflichtigen Stellen aufgeführt (vgl. i. e. Engelhardt NJW 1978, 137);

5. die „Richtlinien für den Verkehr mit dem Ausland in strafrechtlichen Angelegenheiten" *(RiVASt)* vom 15. 6. 1959 (BAnz Nr. 9; vgl. Grützner, Internationaler Rechtshilfeverkehr in Strafsachen, Bd. I, A 4), in denen die gegenseitige Rechtshilfe in Strafsachen, vor allem das Auslieferungsverfahren, aber auch z. B. die Vernehmung von Zeugen und die Versendung von Akten geregelt sind; ihre Anpassung an das bereits geltende Strafprozeßrecht ist demnächst zu erwarten.

6. Die „Anordnung über Organisation und Dienstbetrieb der StA" (OrgStA), das sog. Organisationsstatut, regelt die Befugnisse im Rahmen der staatsanwaltschaftlichen Hierarchie und die Geschäftsverteilung bei der StA.

E. Landesrecht

I. In den verschiedenen *Länderverfassungen* finden sich Vorschriften, die das Strafverfahren regeln (besonders in der bayerischen Verfassung, vgl. vor allem Art. 88–91, die weit über das GG hinausgehen). Gemäß Art. 31 GG geht jedoch alles Bundesrecht vor; neben der StPO kommt Landesrecht sogar nur ausnahmsweise ergänzend in Frage (§ 6 EGStPO). Soweit in den Landesverfassungen prozessuale Grundrechte gewährleistet werden, bleiben sie zwar in Kraft (Art. 142 GG), können aber natürlich nicht den Bundesgesetzgeber binden (BVerfGE 1, 281); für das bundesrechtlich geregelte Strafverfahren ist das Landesverfassungsrecht daher ohne jede Bedeutung (BayVerfGH 7, 66).

II. Landesrechtlich sind das Feld- und Forstrügeverfahren geregelt. Zu der Frage, inwieweit die Landespolizei- und -pressegesetze neben der StPO angewendet werden können, vgl. u. §§ 31 A II 3 a, B II 1; 34 C IV 1.

F. Über das Strafprozeßrecht der DDR vgl. unten §§ 73, 74.

§ 4. Schrifttum

(Stand vom Mai 1985)

A. Zum älteren Strafverfahrensrecht von 1879 bis 1933:

I. Handbücher:
v. Holtzendorf, Handbuch des Strafprozeßrechts, Bd. 1, 1877; Bd. 2, 1879; Glaser-Oetker, Handbuch des Strafprozesses, in: Binding, Systematisches Handbuch der Deutschen Rechtswissenschaft, Bd. 1, 1883; Bd. 2, 1885; Bd. 3, 1907.

II. Grundrisse und Lehrbücher:
a) *1879 bis 1919*
Geyer, Lehrbuch des gemeinen deutschen Strafprozeßrechts, 1880; Meves, Das Strafverfahren nach der deutschen Strafprozeßordnung, 1882; Stenglein, Strafprozeßordnung, 2. Aufl., 1889; Hellweg-Dochow, Der Reichsstrafprozeß, systematisch dargestellt, 4. Aufl., 1890; Rintelen, Der Strafprozeß, systematisch bearbeitet, 1891; v. Kries, Lehrbuch des deutschen Strafprozeßrechts, 1892; Ullmann, Lehrbuch des deutschen Strafprozeßrechts, 1893; Birkmeyer, Deutsches Strafprozeßrecht, 1898; Bennecke-Beling, Lehrbuch des Reichsstrafprozeßrechts, 2. Aufl., 1900; Rosenfeld, Der Reichsstrafprozeß, 4./5. Aufl., 1912.
b) *1919 bis 1933*
v. Lilienthal, Strafprozeßrecht, 1923; Rosenfeld, Deutsches Strafprozeßrecht, 2 Bde., 1926; Bumke, Gerichtsverfassung und Strafprozeßordnung, 1927; Doerr, Grundriß des Strafprozeßrechts, 1927; Gerland, Der deutsche Strafprozeß, 1927; Beling, Deutsches Reichsstrafprozeßrecht, 1928; Graf zu Dohna, Das Strafprozeßrecht, 3. Aufl., 1929, mit Nachtrag 1932; P. Merkel, Strafprozeß- und Strafvollzugsrecht, 1931; Fuhrmann, Strafprozeß, 2. Aufl., 1932.

III. Kommentare:
a) *1879 bis 1919*
Voitus, Kommentar zur Strafprozeßordnung für das Deutsche Reich, 1877; v. Schwarze, Kommentar zur Strafprozeßordnung, 1878; Thilo, Die Strafprozeßordnung für das Deutsche Reich, 1878; Dalcke, Die deutsche Strafprozeßordnung und das Gerichtsverfassungsgesetz, 2. Aufl., 1881; Puchelt, Die Strafprozeßordnung für das Deutsche Reich, 1881; Keller, Die Strafprozeßordnung für das Deutsche Reich, 2. Aufl., 1882; John, Das Strafprozeßrecht für das Deutsche Reich, Bd. 1, 1884; Bd. 2, 1888; Bd. 3, 1889; Isenbart-Samter, Die Strafprozeßordnung für das Deutsche Reich, 1893; Stenglein, Kommentar zur Strafprozeßordnung für das Deutsche Reich, 3. Aufl., 1898; Löwe-Hellweg, Die Strafprozeßordnung für das Deutsche Reich, 12. Aufl., 1907.
b) *1919 bis 1933*
Feisenberger, Handkommentar zur Strafprozeßordnung, 1926; Schwarz, Taschenkommentar zur Strafprozeßordnung, 1928; Kohlrausch, Strafprozeßordnung, 22. Aufl., 1930; Löwe-Hellweg-Rosenberg, Strafprozeßordnung für das Deutsche Reich, 18. Aufl., 1929.

IV. Fallsammlungen:
v. Rohland – 1904;
Allfeld – 1919;

Beling (4. Aufl.) – 1920;
Graf zu Dohna (3. Aufl.) – 1929;
Mannheim – 1930;
Alsberg – 1933.

V. Anschauungsmaterial:

R. Schmidt-v. Weber, Aktenstücke aus dem Strafprozeß, 5. Aufl., 1927;
v. Hippel, Aktenstücke zum Strafprozeßrecht, 3. Aufl., 1914; Lucas-Dürr,
Anleitung zur strafrechtlichen Praxis, 5. Aufl., 1931.

B. Für das Strafverfahrensrecht von 1933 bis 1945:

I. Lehrbücher und Grundrisse:

v. Hippel, Der deutsche Strafprozeß, 1941, mit Nachtrag 1943; Henkel,
Das deutsche Strafverfahren, 1943; Graf v. Gleispach, Deutsches Strafverfahrensrecht, 1943.

II. Kommentare:

Gündel-Hartung-Lingemann-Niethammer (Fortführung des Löwe-
Rosenberg), 19. Aufl., 1934; dazu zwei Ergänzungsbände von Gündel, Hartung
und Niethammer, 1936 und 1940; Kohlrausch, StPO und GVG, 24. Aufl.,
1936; Schwarz, Kurzkommentar zur StPO, 12. Aufl., 1943.

C. Schrifttum seit 1945:

I. Lehrbücher und Grundrisse:

Exner, Strafverfahrensrecht, 1947; Henkel, Strafverfahrensrecht (Grundriß), 1950; Stock, Strafprozeßrecht, Ein Grundriß, 1952, Nachtrag 1954; Henkel, Strafverfahren, in: „Die Verwaltung", Heft 41, 1957; Schorn, Der Strafrichter, Ein Handbuch für das Strafverfahren, 1960; Eb. Schmidt, Deutsches
Strafprozeßrecht, Ein Kolleg, 1967, Nachtrag 1968; Henkel, Strafverfahrensrecht, 2. Aufl., 1968; Müller, Einführung in das Strafprozeßrecht, 1973;
K. Schäfer, Strafprozeßrecht, Eine Einführung (Sonderausgabe der Einleitung
zu Löwe-Rosenberg, 23. Aufl., s.u. II), 1976; Gössel, Strafverfahrensrecht,
1977, Bd. II, 1979; Zipf, Strafprozeßrecht, 2. Aufl., 1977; Schmidt/Radatz,
StPO und Grundzüge des Ordnungswidrigkeitenrechts, 1977; Rüping, Das
Strafverfahren, 2. Aufl., 1983; Baumann, Grundbegriffe und Verfahrensprinzipien des Strafprozeßrechts, 3. Aufl., 1979; Peters, Strafprozeß, 3. Aufl., 1981;
Kühne, Strafprozeßlehre, 2. Aufl., 1982; Schlüchter, Das Strafverfahren,
2. Aufl., 1983; Eser, Einführung in das Strafprozeßrecht, 1983; Krey, Grundzüge des Strafverfahrensrechts, JA 1983: 233, 356, 506, 638; 1984: 155, 288, 475,
573; 1985, 61 (wird fortgesetzt).

II. Kommentare:

Erbs, Handkommentar zur StPO, 1950; Eb. Schmidt, Lehrkommentar zur
Strafprozeßordnung und zum Gerichtsverfassungsgesetz, Teil I, 2. Aufl., 1964;
Teil II, 1957; Teil III, 1960; Nachtragsband I: Nachträge und Ergänzungen zu
Teil II (Strafprozeßordnung), 1967; Nachtragsband II zu Teil II, 1969; Dalcke/
Fuhrmann/Schäfer, Strafrecht und Strafverfahren, 37. Aufl., 1961; Löwe/
Rosenberg, Die Strafprozeßordnung und das Gerichtsverfassungsgesetz, Groß-
kommentar, 23. Aufl., 1976–1980 (24. Aufl., ab 1984); Kissel, Gerichtsverfas-
sungsgesetz, Kommentar, 1981; Müller-Sax-Paulus (KMR), Kommentar zur
Strafprozeßordnung, 7. Aufl., 1981; Karlsruher Kommentar, Strafprozeß-
ordnung, Gerichtsverfassungsgesetz, 1982; J. B. Maier, La Ordenanza Procesal

Penal Alemana, Buenos Aires, I, 1978; II, 1982; Kleinknecht/Meyer, Strafprozeßordnung, Kurzkommentar, 37. Aufl., 1985.

III. Fallsammlungen:

Petters/Preisendanz, Praktische Strafprozeßfälle mit Lösungen, 13. Aufl., 1968; Kern, Rechtsfälle aus dem Strafprozeßrecht mit Lösungen, 3. Aufl., 1969; Louven, Höchstrichterliche Rechtsprechung pp., 1969; Schroeder, Fälle und Lösungen pp., Strafprozeßrecht, 2. Aufl., 1983; Roxin, Prüfe Dein Wissen: Strafprozeßrecht, 10. Aufl., 1984.

IV. Praxisbezogene Darstellungen:

Leiss/Weingartner, Strafvollstreckung (Hdb. der Amtsgerichtl. Praxis, Bd. 9), 2. Aufl., 1958; Schweichel/Schmidt, Die strafrechtliche Klausur im Assessorenexamen, 1967; Eikenroth, Strafprozeßrecht für Praxis und Unterricht der Polizeibeamten, 3. Aufl., 1968; Furtner, Das Urteil im Strafprozeß, 1970; Serwe, Musterakte im Strafverfahren, 1972; Schulz/Berke-Müller, Strafprozeßordnung mit Erläuterungen für Polizeibeamte im Ermittlungsdienst (Loseblattausgabe), 6. Aufl., 1975; Kaiser/Karge/Schaefer (Praxis der Juristenausbildung Bd. II), 1976; Helbich, Strafprozeßrecht, Bd. I und II, 1976; Kraß, Anklage und Begleitverfügung, 1977; Kunigk, Prozeßführung und Strafverteidigung, 1977; Marquardt, Strafprozeß (Hdb. der Rechtspraxis, Bd. 8), 3. Aufl., 1977; Ricker/Ohr/Graef, Das Prozeßformular, 1977, S. 93 ff; Krause/Nehring, Strafverfahrensrecht in der Polizeipraxis, 1978; Schäfer, Die Praxis des Strafverfahrens, 2. Aufl., 1980; Barwisch/Klapper, Strafverfahrensrecht für polizeiliche Ausbildung und Praxis, 3. Aufl., 1980; Rahn, Mustertexte zum Strafprozeß, 3. Aufl., 1982; Burchardi/Klemphan/Wetterich, Der Staatsanwalt und sein Arbeitsgebiet, 5. Aufl., 1982; Wieczorek, Strafverfahrensrecht, Kurzlehrbuch zum Ermittlungsverfahren der StPO, 5. Aufl., 1982; Dahs, Hdb. des Strafverteidigers, 5. Aufl., 1983; Kroschel/Meyer-Goßner, Die Urteile in Strafsachen, 24. Aufl., 1983; Kunigk, Die staatsanwaltschaftliche Tätigkeit, 3. Aufl., 1983.

D. Schrifttum von allgemeiner Bedeutung:

I. Allgemeine Prozeßrechtslehre:

Goldschmidt, Der Prozeß als Rechtslage, 1925; Sauer, Grundlagen des Prozeßrechts, 2. Aufl., 1929; Sauer, Allgemeine Prozeßrechtslehre, 1951; Rödig, Die Theorie des gerichtlichen Erkenntnisverfahrens, 1973; Grunsky, Grundlagen des Verfahrensrechts, 2. Aufl., 1974.

II. Forensische Medizin

Ponsold, Lehrbuch der gerichtlichen Medizin, 3. Aufl. 1967; Berg, Grundriß der Rechtsmedizin, 11. Aufl., 1976; Prokop/Göhler, Forensische Medizin, 3. Aufl., 1976; Arbab-Zadeh/Prokop/Reimann, Rechtsmedizin, 1977; Eisen, Handwörterbuch der Rechtsmedizin, 3 Bde., 1973, 1974, 1977; Schwerd (Hrsg.), Rechtsmedizin, 3. Aufl., 1979.

III. Forensische Psychologie

Altavilla, Forensische Psychologie (Deutsche Ausgabe in 2 Bdn.), Bd. I, 1955; Bd. II, 1959; Blau u. Müller-Luckmann (Hrsg.), Gerichtliche Psychologie, 1962; Reps, Einführung in die praktische Kriminalpsychologie, 2. Aufl., 1967; Undeutsch, Forensische Psychologie, 11. Bd. des Handbuchs der Psychologie, 1967; Louwage, Psychologie und Kriminalität, 2. Aufl., 1968; Witter, Grundriß der gerichtlichen Psychologie und Psychiatrie, 1970.

IV. Forensische Psychiatrie

A s c h a f f e n b u r g, Psychiatrie und Strafrecht, 1928; W y r s c h, Gerichtliche Psychiatrie, 2. Aufl., 1955; G r u h l e, J u n g, M a i e r, G r o s s u. M ü l l e r, Psychiatrie der Gegenwart, 1963–1975; W i t t e r, Grundriß der gerichtlichen Psychologie und Psychiatrie, 1970; M o s e r, Repressive Kriminalpsychiatrie, 1971; G ö p p i n g e r u. W i t t e r (Hrsg.), Handbuch der forensischen Psychiatrie, 1972; L a n g e l ü d d e k e / B r e s s e r, Gerichtl. Psychiatrie, 4. Aufl., 1976.

V. Kriminalistik

L o c a r d, Die Kriminaluntersuchung und ihre Methoden, 2. Aufl., 1930; W i l h e l m, Einführung in die praktische Kriminalistik, 2. Aufl., 1947; G r o s s / S e e l i g, Handbuch der Kriminalistik, Bd. II, 8./9. Aufl., 1954; Z b i n d e n, Kriminalistik, 1954; W a l d e r, Kriminalistisches Denken, 4. Aufl., 1975; G r o ß / G e e r d s, Handbuch der Kriminalistik, Bd. I, 10. Aufl., 1977.

VI. Vernehmungstechnik und Zeugenbeurteilung

M o n k e m ü l l e r, Psychologie und Psychopathologie der Aussage, 1930; P l a u t, Der Zeuge und seine Aussage im Strafprozeß, 1931; H e l l w i g, Psychologie und Vernehmungstechnik bei Tatbestandsermittlungen, 4. Aufl., 1951; U n d e u t s c h, Aussagepsychologie, in: P o n s o l d, Gerichtl. Medizin, 2. Aufl., 1957, 191 ff.; D ö h r i n g, Die Erforschung des Sachverhalts im Prozeß, 1964, 92 ff.; M ü l l e r - L u c k m a n n, Aussagepsychologie, in: P o n s o l d, Gerichtliche Medizin, 3. Aufl., 1967, 109; U n d e u t s c h, Beurteilung der Glaubwürdigkeit von Zeugenaussagen, Handbuch der Psychologie, Bd. 11, 1967, 26; T r a n k e l l, Der Realitätsgehalt von Zeugenaussagen, 1971; S z e w c z y k, Kriterien der Beurteilung kindlicher Zeugenaussagen, 1973; G e e r d s, Vernehmungstechnik, 5. Aufl., 1976; A r n t z e n, Vernehmungspsychologie, 1978; B e n d e r / N a c k, Tatsachenfeststellung vor Gericht, Bd. I, 1981; B e n d e r / R ö d e r / N a c k, Tatsachenfeststellung vor Gericht, Bd. II (Vernehmungslehre) 1981; A r n t z e n, Psychologie der Zeugenaussage, 2. Aufl., 1983; U n d e u t s c h, Die Wiedererkennung von Personen, Peters-Festgabe II, 1984, 461.

§ 5. Überblick über den Gang des Verfahrens

Lit.: Dünnebier, Zum Begriff des Verfahrens, Schäfer-Festschr., 1980, 27.

(Vgl. hierzu die Übersicht nach § 5, S. 24).

Der *Schwerpunkt* des Strafverfahrens, der den Laien und die Öffentlichkeit mit Recht am meisten interessiert, liegt in der *Hauptverhandlung*. Die Hauptverhandlung stellt aber zeitlich gesehen nur einen kleinen Ausschnitt aus dem Verfahren dar. Das ist im einzelnen zu erörtern.

A. Wie der Zivilprozeß, so zerfällt auch der Strafprozeß in **2 Hauptteile:** das **Erkenntnisverfahren** (2.–6. Buch) und das **Vollstreckungsverfahren** (7. Buch). Den Einschnitt bildet die Rechtskraft. Vor Eintritt der Rechtskraft gibt es – wenigstens in einem Rechtsstaat – keine Strafvollstreckung.

I. Das *Erkenntnisverfahren* wird durchgeführt

1. entweder im ordentlichen Verfahren (2.–4. Buch der StPO) oder

2. in einer besonderen Verfahrensart (5. und 6. Buch der StPO), also z. B. im Privatklageverfahren oder im Strafbefehlsverfahren.

II. Das *Vollstreckungsverfahren* ist bei beiden Arten des Erkenntnisverfahrens das gleiche (z. B. erfolgt die Vollstreckung eines auf 40 Tagessätze zu 50 DM Geldstrafe lautenden Strafbefehls nicht anders als die Vollstreckung eines Urteils, das die gleiche Strafe ausspricht).

B. Innerhalb des erstinstanzlichen ordentlichen Erkenntnisverfahrens sind 3 Abschnitte zu unterscheiden: Vorverfahren, Zwischenverfahren, Hauptverfahren.

I. Das *Vorverfahren* (auch Ermittlungsverfahren genannt) liegt in der Hand des Staatsanwalts.

1. Es besteht in Ermittlungen, die der Staatsanwalt entweder selbst vornimmt oder durch das Amtsgericht oder die Polizei vornehmen läßt.

2. Es endigt mit der Entscheidung des Staatsanwaltes über das Ergebnis der Ermittlungen. Diese Entscheidung ist entweder

a) positiv: Erhebung der Klage, und zwar

α) der Anklage = Stellung des Antrags auf Eröffnung des Hauptverfahrens, d. h. auf Anberaumung einer Hauptverhandlung, oder

β) Antrag auf Strafbefehl, oder

b) negativ: Einstellung (aus tatsächlichen Gründen, aus Rechtsgründen oder wegen Geringfügigkeit).

Die *Anklage* bildet den Einschnitt zwischen dem Vorverfahren und dem Zwischenverfahren.

II. Das *Zwischenverfahren* (§§ 199–211) liegt in der Hand des Gerichts, das ohne Laienmitwirkung entscheidet.

1. Es liegt zwischen dem Eingang der Anklageschrift beim beschließenden Gericht und der Entscheidung dieses Gerichts über die Zulassung der Anklage. Es besteht in der Mitteilung der Anklageschrift an den Angeschuldigten, in etwaigen Einwendungen des Angeschuldigten gegen die Eröffnung des Hauptverfahrens sowie in etwaigen Beweisanträgen und Beweiserhebungen.

2. Es endet mit der Entscheidung des beschließenden Gerichts über die Zulassung der Anklage, also:

a) entweder mit dem Eröffnungsbeschluß, nämlich dann, wenn der Angeschuldigte einer strafbaren Handlung hinreichend verdächtig erscheint (§ 203);

b) oder mit der Ablehnung der Eröffnung des Hauptverfahrens, also mit einem Einstellungsbeschluß des Gerichts (§ 204).

Der „*Eröffnungsbeschluß*" bildet den Einschnitt zwischen Zwischenverfahren und Hauptverfahren.

III. Im *Hauptverfahren* ist zwischen der Vorbereitung der Hauptverhandlung (§§ 213–225 a) und der Hauptverhandlung selbst (§§ 226–275) zu unterscheiden.

a) Die *Vorbereitung der Hauptverhandlung* besteht in Terminsansetzung, Ladung sowie ggf. der Mitteilung der Gerichtsbesetzung und etwaiger kommissarischer Beweisaufnahme.

b) Die *Hauptverhandlung* ist in der Regel öffentlich. Sie bildet meist ein Teilstück einer mehrere Hauptverhandlungen umfassenden „Sitzung“, deren Tagesordnung vorher durch Aushang an der Gerichtstafel der Öffentlichkeit bekannt gegeben wird. Sie zerfällt in folgende Teile (§§ 243 ff.):

1. Aufruf der Sache. Der Vorsitzende stellt fest, ob der Angeklagte und der Verteidiger anwesend und die Beweismittel herbeigeschafft, insbesondere die geladenen Zeugen und Sachverständigen erschienen sind.

Die Zeugen werden gemeinsam über ihre Zeugenpflicht belehrt und verlassen den Sitzungssaal.

2. Vernehmung des Angeklagten zur Person.

3. Verlesung des Anklagesatzes (gegebenenfalls der auf Verlangen des Gerichts nach § 207 abgeänderten Anklageschrift) durch den Staatsanwalt.

4. Hinweis an den Angeklagten darauf, daß es ihm freistehe, sich zu der Anklage zu äußern oder nicht zur Sache auszusagen; und, wenn er zur Äußerung bereit ist, Vernehmung zur Sache nach §§ 243 IV, 136 II.

5. Beweisaufnahme (§§ 244 bis 257): Zu dieser gehört insbesondere die Vernehmung der Zeugen und Sachverständigen. Sie erfolgt ebenfalls durch den Vorsitzenden. Dieser hat aber dem Staatsanwalt, dem Angeklagten und dessen Verteidiger sowie den Beisitzern (einschließlich der Laienbeisitzer) zu gestatten, unmittelbar Fragen an die Zeugen zu richten. Auf Verlangen ist dem Staatsanwalt und dem Verteidiger Gelegenheit zur Abgabe von Erklärungen zu geben (§ 257). Zur Beweisaufnahme gehört auch die Einnahme eines Augenscheins und die Verlesung von Urkunden (z.B. von Protokollen, Briefen, Straflisten usw.). Eine bestimmte Reihenfolge in der Benutzung der Beweismittel, z.B. erst der Zeugen, dann der Sachverständigen, dann der Urkunden, ist nicht vorgeschrieben und wäre auch nicht sinnvoll; vielmehr bestimmt der Vorsitzende die Reihenfolge nach der Zweckmäßigkeit im einzelnen Fall.

6. Die Ausführungen und Anträge der Staatsanwaltschaft und des Verteidigers, die sog. Plädoyers (§ 258), und zwar hat zuerst der Staatsanwalt, dann der Angeklagte oder sein Verteidiger das Wort; der Staatsanwalt hat das Recht der Erwiderung, aber nur einmal; dann kann der Angeklagte oder sein Verteidiger noch einmal sprechen. Das Gericht kann gestatten, daß die Plädoyers noch weiter fortgesetzt werden; Anspruch darauf haben die Prozeßbeteiligten nicht.

7. Der Angeklagte (oder sein Verteidiger) kann immer das letzte Wort beanspruchen. Wenn der Verteidiger plädiert hat, ist trotzdem der Angeklagte im Anschluß daran stets zu befragen, „ob er selbst noch etwas zu seiner Verteidigung anzuführen habe“ (§ 258 III).

8. Dann folgt die Beratung und Abstimmung (§§ 192 ff. GVG, § 263 StPO).

Zur Beratung und Abstimmung über das Urteil zieht sich das Gericht in der Regel in das Beratungszimmer zurück. Die beschlossene Urteilsformel wird noch im Beratungszimmer schriftlich festgelegt, weil sie nachher „verlesen" werden muß.

9. Nach Wiedereintritt des Gerichts erfolgt die Urteilsverkündung durch Verlesung des Urteilsspruchs und die meist mündliche Verkündung der Urteilsgründe (§ 268).

10. Die Sitzung endet mit der Rechtsmittelbelehrung (§ 35 a).

IV. Wird gegen das Urteil Berufung eingelegt, so kann es zu einer erneuten Hauptverhandlung vor dem Berufungsgericht kommen. Diese gliedert sich in folgende Abschnitte (vgl. § 324):

1. Aufruf der Sache; wie oben III b 1.

2. Vortrag des Berichterstatters über die Ergebnisse des bisherigen Verfahrens (u. a. Verlesung der für die Berufung bedeutsamen Partien des erstinstanzlichen Urteils).

3. Das weitere Verfahren läuft dann mit zwei Ausnahmen wie die Hauptverhandlung in der ersten Instanz ab:

a) Der Staatsanwalt verliest nicht noch einmal den Anklagesatz.

b) Der Beschwerdeführer plädiert zuerst (§ 326).

V. Die Hauptverhandlung vor dem *Revisionsgericht* beginnt mit dem Vortrag des Berichterstatters.

Dann folgen sofort die Plädoyers, und zwar auch wieder zuerst das des Beschwerdeführers (§ 351).

C. Der *Beschuldigte* hat in den verschiedenen Abschnitten des Verfahrens **verschiedene Bezeichnungen.** § 157 sagt darüber:

„Im Sinn dieses Gesetzes ist ‚Angeschuldigter' der Beschuldigte, gegen den die öffentliche Klage erhoben ist, ‚Angeklagter' der Beschuldigte oder Angeschuldigte, gegen den die Eröffnung des Hauptverfahrens beschlossen ist". Der Beschuldigte (weitester Begriff des Verfolgten) heißt also im Ermittlungsverfahren „Beschuldigter", nach Erhebung der Anklage „Angeschuldigter", vom Eröffnungsbeschluß an (also im Hauptverfahren) „Angeklagter".

Das ist auffallend. Man sollte meinen, daß derjenige, gegen den die Anklage erhoben ist, „Angeklagter" heißt. Aber das Gesetz will, daß man erst durch einen Beschluß des Gerichtes „Angeklagter" wird.

Die verschiedenen Abschnitte des Strafverfahrens
(**Zu** § 5: Überblick über den Gang des Verfahrens)

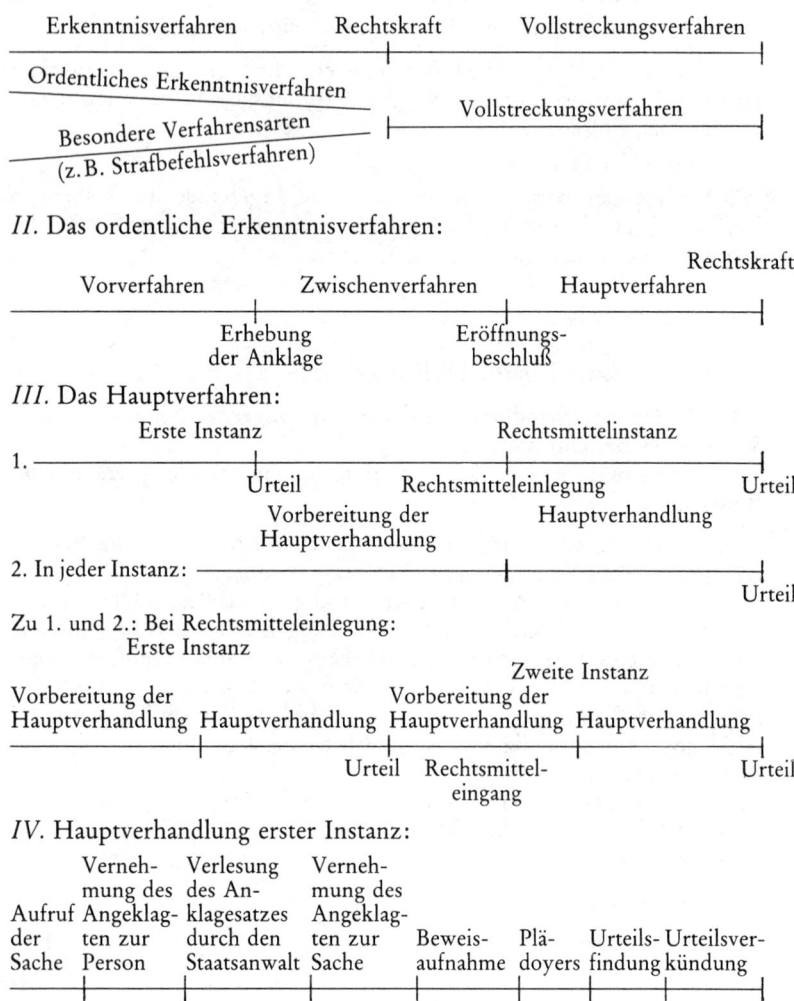

I.

Erkenntnisverfahren   Rechtskraft   Vollstreckungsverfahren

Ordentliches Erkenntnisverfahren

Besondere Verfahrensarten   Vollstreckungsverfahren
(z.B. Strafbefehlsverfahren)

II. Das ordentliche Erkenntnisverfahren:

Rechtskraft

Vorverfahren   Zwischenverfahren   Hauptverfahren

Erhebung   Eröffnungs-
der Anklage   beschluß

III. Das Hauptverfahren:

Erste Instanz   Rechtsmittelinstanz

1.

Urteil   Rechtsmitteleinlegung   Urteil

Vorbereitung der   Hauptverhandlung
Hauptverhandlung

2. In jeder Instanz:

Urteil

Zu 1. und 2.: Bei Rechtsmitteleinlegung:
Erste Instanz

Zweite Instanz

Vorbereitung der   Vorbereitung der
Hauptverhandlung   Hauptverhandlung   Hauptverhandlung   Hauptverhandlung

Urteil   Rechtsmittel-   Urteil
eingang

IV. Hauptverhandlung erster Instanz:

Verneh-   Verlesung   Vernehmung des   des An-   mung des
Aufruf   Angeklag-   klagesatzes   Angeklag-
der   ten zur   durch den   ten zur   Beweis-   Plä-   Urteils- Urteilsver-
Sache   Person   Staatsanwalt   Sache   aufnahme   doyers   findung kündung

Erstes Buch

Das in der Bundesrepublik Deutschland geltende Recht

1. Kapitel

Strafgerichtsverfassungsrecht

Literatur: Kern, Geschichte des Gerichtsverfassungsrechts, 1954; Kern-Wolf, Kurzlehrbuch des Gerichtsverfassungsrechts, 5. Aufl., 1975.

§ 6. Der Umfang der deutschen Strafgerichtsbarkeit

Literatur: Schnorr von Carolsfeld, Straftaten in Flugzeugen, 1965; Krey, Zum innerdeutschen Strafanwendungsrecht de lege lata und de lege ferenda, 1969; Witzsch, Deutsche Strafgerichtsbarkeit über die Mitglieder der US-Streitkräfte und deren begleitende Zivilpersonen, 1970; Roggemann, Strafrechtsanwendung und Rechtshilfe zwischen beiden deutschen Staaten, 1975; Schnorr von Carolsfeld, Probleme des internationalen Strafprozeßrechts, Maurach-Festschr., 1972, 615; Roggemann, Grenzübertritt und Strafrechtsanwendung zwischen beiden deutschen Staaten, ZRP 1976, 243; Woesner, Deutsch-deutsche Strafrechtskonflikte, ZRP 1976, 248; Oehler, Internationales Strafrecht, 2. Aufl., 1983; Vogler/Walter/Wilkitzki, Kommentar zum IRG, 1984; Uhlig/Schomburg, IRG mit Erläuterungen, 1983.

I. Seit der Aufhebung des Besatzungsstatuts im Jahre 1955 liegt die Strafgerichtsbarkeit in Deutschland wieder fast ausschließlich in den Händen deutscher Gerichte (zur Überleitung der Besatzungsgerichtsbarkeit s. Art. 3 ff. Überleitungsvertrag). Eine Ausnahme gilt nur hinsichtlich der Mitglieder der *Nato* streitkräfte, bei denen die Strafgerichtsbarkeit zwischen dem Entsende- und dem Aufnahmestaat geteilt ist (vgl. im einzelnen Art. VII Truppenstatut, und Art. 3 des Zustimmungsgesetzes dazu; näher Schwenk NJW 1963, 1425; Mahrenbach NJW 1974, 394 und 1598).

II. Die deutsche Strafgerichtsbarkeit besteht grundsätzlich für alle Taten, die der deutschen *Strafgewalt* unterliegen. Wann dies der Fall ist, wird vom *Internationalen Strafrecht* bestimmt. Da dessen Normen über die Entstehung und nicht erst über die Durchsetzbarkeit des staatlichen Strafanspruchs entscheiden, gehören sie systematisch nicht zum Prozeßrecht, sondern zum materiellen Recht (str., vgl. Jescheck, § 18 I 3).

1. Das deutsche Internationale Strafrecht ist in den §§ 3–7 StGB geregelt. Anders als das Internationale Privatrecht bestimmt es nicht, welches Recht der deutsche Strafrichter anzuwenden hat (denn er wendet heute nur noch deutsches Recht an, s. Jescheck, § 18 I 1), sondern legt den

Geltungsbereich des deutschen materiellen Strafrechts fest (s.i.e. Maurach-Zipf 1, § 11 II; Jescheck, § 18).

2. Die DDR wurde in der früheren Rspr. als Inland angesehen. Im Verhältnis zu ihr wurde ein weitgehend auf Gewohnheitsrecht beruhendes „Interlokales Strafrecht" angewendet (vgl. zuletzt 16. Aufl., § 6 II, 2). Seit der grundlegenden Entscheidung BGHSt 30, 1 werden dagegen im Verhältnis zur DDR im Anschluß an die schon vorher im Schrifttum überwiegende Meinung die Regeln des Internationalen Strafrechts angewendet. Die DDR gilt also nicht mehr als Inland i.S. des § 3 StGB. Im Falle einer politischen Verdächtigung (§ 241a StGB), die von Bürgern der DDR gegen einen anderen in der DDR lebenden Bürger dieses Landes begangen worden war, hat der BGH die Strafbarkeit nach dem Recht der Bundesrepublik auf § 5 Nr. 6 StGB gestützt. Die Tat sei zwar im „Ausland" begangen, so daß § 5 StGB eingreife; doch sei die DDR „Inland" i.S. des § 5 Nr. 6 StGB, so daß das westdeutsche Strafrecht dafür zuständig sei. Die verschiedene Auslegung des Begriffs „Inland" in § 3 und in § 5 Nr. 6 StGB finde ihre sachliche Rechtfertigung in der Verschiedenheit des jeweiligen Regelungszusammenhanges (d.h. im Wunsche des westdeutschen Gesetzgebers, § 241a StGB auf Taten anwenden zu können, die in der DDR gegen DDR-Bürger begangen werden). Demgegenüber wird im Schrifttum teilweise verlangt, daß der verdächtigte DDR-Bürger in der Bundesrepublik wohne oder – etwa als Zeitungskorrespondent – sich aufhalte (Sch.-Schröder-Eser, § 5 Rdnr. 12) oder daß er wenigstens dorthin geflüchtet sei (LK-Tröndle, § 5, Rdnr. 7), um durch das westdeutsche Strafrecht geschützt zu werden (dagegen ausdrücklich BGH aaO.).

3. *Westberlin* ist in strafverfahrensrechtlicher Hinsicht ein Teil der Bundesrepublik, jedoch mit einer Einschränkung: Bei einem westdeutschen Haftbefehl wegen *Fahnenflucht* dürfen die Berliner Gerichte nur unter engen Voraussetzungen Rechtshilfe leisten (vgl. i.e. Finkelnburg, NJW 1970, 1257, 1281, sowie zur Rechtshilfe allgemein Kern, GVR[4] § 43).

III. Bestimmte Personen sind auf Grund von Völker- oder Verfassungsrecht der deutschen Strafgerichtsbarkeit entzogen.

1. Die *völkerrechtlichen* Beschränkungen sind in den §§ 18–21 GVG wiedergegeben. Die hier statuierte sog. *Exterritorialität* umfaßt den Kreis derjenigen Personen, die nach den allgemein anerkannten Regeln des Völkerrechts oder auf Grund von Staatsverträgen von der deutschen Gerichtsbarkeit befreit sind, z.B. fremde Staatsoberhäupter, Botschafter u.a. (s. Kern-Wolf, § 5 III 2; Maurach-Zipf 1, § 11 II B). Bedingt exterritorial sind auch die Mitglieder der Natostreitkräfte (s.o. I.).

2. Eine verfassungsrechtliche Begrenzung der Strafgerichtsbarkeit findet sich in der *Immunität* der Abgeordneten (s.u. § 21 B III, 3).

§ 7. Die sachliche Zuständigkeit und die Besetzung der Strafgerichte

Literatur: Bettermann, Der gesetzl. Richter in der Rspr. des BVerfG, AöR 94 (1969), 263; Marx, Der gesetzliche Richter im Sinne von Art. 101 I, 2 Grundgesetz, 1969; J. Henkel, England, Rechtsstaat ohne „gesetzlichen Richter", 1971; Kellermann, Probleme des gesetzlichen Richters unter besonderer Berücksichtigung der großen Strafverfahren, 1971; Rieß, Die Bestimmung und Prüfung der sachlichen Zuständigkeit und verwandter Erscheinungen im Strafverfahren, GA 1976, 1; Engelhardt, Staatsanwaltschaft und gesetzlicher Richter, DRiZ 1982, 418; Achenbach, Staatsanwalt und gesetzlicher Richter – ein vergessenes Problem? Wassermann-Festschr., 1985, 849.

A. Die sachliche Zuständigkeit

I. Begriffliches

Die sachliche Zuständigkeit ist die Verteilung der Rechtssachen auf die verschiedenen Spruchkörper des ersten Rechtszugs (Amtsrichter, Schöffengericht, große Strafkammer des LG, Strafsenat des OLG) nach ihrer Art oder ihrer Schwere. Von ihr ist auch der Instanzenzug abhängig. Ihre Regelung findet sich im GVG, während die örtliche Zuständigkeit (n. § 8) in der StPO geregelt ist.

II. Die verschiedenen theoretischen Möglichkeiten

Die Verteilung kann nach verschiedenen Gesichtspunkten erfolgen:

1. entweder *abstrakt* (ohne Rücksicht auf die im konkreten Fall zu erwartende Strafe) *durch das Gesetz*

a) so, daß bestimmt bezeichnete Straftaten bestimmten Spruchkörpern zugewiesen sind (z.B. den Schwurgerichten Mord, Totschlag, Kindestötung, Körperverletzung mit Todesfolge; den Strafkammern Raub und der schwere Diebstahl; den Schöffengerichten der einfache Diebstahl, dem Amtsrichter die Privatklage usw.) oder

b) so, daß für die Zuteilung die im Gesetz angedrohte Höchststrafe maßgebend ist, so daß z.B. alle mit Freiheitsstrafe über 5 (oder 10) Jahren bedrohten Verbrechen vor das Schwurgericht, alle übrigen Verbrechen vor die Strafkammer, alle mit Freiheitsstrafe von über 1 Jahr bedrohten Vergehen vor das Schöffengericht kommen;

2. oder aber *konkret*, d.h. so, daß den Gerichten eine bestimmte Strafgewalt zugewiesen ist (z.B. dem Amtsrichter eine solche bis zu 1 Jahr Freiheitsstrafe, dem Schöffengericht eine solche über 1 Jahr Freiheitsstrafe, der Strafkammer die Zuständigkeit zur Verhängung von Freiheitsstrafe bis zu 5 Jahren und Sicherungsverwahrung, dem Schwurgericht die volle Strafgewalt) und daß nun die Zuteilung davon abhängt, welche Strafe im Einzelfall voraussichtlich höchstens zu erwarten ist. Die Prognose hat der Staatsanwalt vorzunehmen; aber auch das Gericht kann an ihr beteiligt werden, indem es in Fällen, in denen seine Strafgewalt

voraussichtlich nicht ausreicht, die Anordnung der Hauptverhandlung ablehnt.

III. Die gegenwärtige Rechtslage

Die StPO enthält in ihrer augenblicklich geltenden Fassung ein gemischtes System, wonach die Zuständigkeit z. T. abstrakt, z. T. konkret bestimmt ist. Die Einzelheiten sind in der Tabelle auf den Seiten 31–33 zusammengefaßt, um deren Studium ich den Leser an dieser Stelle bitten möchte.

1. Sie können daraus ersehen, daß beim *Amtsgericht* zwei erstinstanzliche Spruchkörper tätig sind, nämlich der Straf(Einzel)richter und das Schöffengericht, deren Zuständigkeit durchaus verschiedenen „Mischregelungen" folgt. So ist der *Strafrichter* zuständig für die Privatklagedelikte (abstrakt: nach Einzeltatbeständen), für alle mit nicht mehr als sechs Monaten Freiheitsstrafe bedrohten Vergehen (abstrakt: nach der Strafdrohung) und auch für Vergehen, bei denen nicht mehr als ein Jahr Freiheitsstrafe zu erwarten ist (konkret). Das *Schöffengericht* kommt als urteilender Spruchkörper für sämtliche Vergehen in Betracht (abstrakt), außerdem aber auch für Verbrechen, sofern nicht die Zuständigkeit eines höheren Gerichts begründet (abstrakt) oder im Einzelfall eine höhere Strafe als drei Jahre Freiheitsstrafe zu erwarten ist (konkret). Auch diese letzte Zuweisung ist aber nach oben wieder abstrakt limitiert insofern, als die Aburteilungszuständigkeit des Amtsgerichts bei drei Jahren Freiheitsstrafe schlechthin endet (§ 24 II GVG); ergibt sich also in der Hauptverhandlung vor dem Einzelrichter oder dem Schöffengericht wider Erwarten, daß eine schwerere Bestrafung notwendig ist, so muß die Sache an das Landgericht verwiesen werden.

2. Auf der *Landgerichts* stufe finden wir mehrere strafgerichtliche Spruchkörper: die kleine Strafkammer, die große Strafkammer, verschiedene Strafkammern mit spezieller sachlicher Zuständigkeit und das Schwurgericht.

a) Davon üben die große Strafkammer und das Schwurgericht eine *erstinstanzliche* Tätigkeit aus. Während die Zuständigkeit des *Schwurgerichts* abstrakt nach Einzeltatbeständen bestimmt ist (lesen Sie § 74 II GVG: Es handelt sich fast ausschließlich um Tötungsdelikte und Delikte mit Todesfolge), besteht für die *große Strafkammer* eine Art „Auffangzuständigkeit", d. h. sie hat als erste Instanz alle Delikte abzuurteilen, für die keine andere (höhere oder niedere) Zuständigkeit begründet ist; praktisch ergibt sich daraus – je nach der Abgrenzung bei den übrigen Spruchkörpern – eine teils abstrakte, teils konkrete Regelung.

b) Die *Berufungs* zuständigkeit, die sich am Landgericht auf die kleine und die große Strafkammer verteilt, ist so geregelt, daß die Berufungen gegen Urteile des Strafrichters an die kleine, die Berufungen gegen Schöffengerichtsurteile hingegen an die große Strafkammer gehen.

c) Die Rechtsentwicklung der Nachkriegszeit hat zur Bildung von *Strafkammern mit spezieller sachlicher Zuständigkeit* geführt. Eine solche besondere Strafkammer ist seit 1975 auch das Schwurgericht (§ 74 II GVG: „eine Strafkammer als Schwurgericht", vgl. näher u. B I, II), daneben gibt es die Sonderstrafkammer für Staatsschutzsachen (§ 74 a GVG), die Wirtschaftsstrafkammer (§ 74 c GVG) und die Jugendschutzkammer (§§ 74 b, 26 I, 1 GVG). Über die Rangordnung bei der sachlichen Zuständigkeit vgl. §§ 74 e GVG, 47 a, 103 II JGG.

3. Die *Oberlandesgerichte* sind teils in erster Instanz, teils als Revisionsgerichte zuständig.

a) In *erster Instanz* sind die Oberlandesgerichte, in deren Bezirk die jeweilige Landesregierung ihren Sitz hat, für *Staatsschutzdelikte* zuständig. Soweit die in Frage kommenden Tatbestände in § 120 I GVG (lesen!) abschließend aufgezählt werden, handelt es sich hierbei um eine abstrakte Regelung; soweit die Zuständigkeit des OLG bei den in § 74 a GVG aufgezählten (leichteren) Delikten durch Übernahme der Verfolgung seitens des Generalbundesanwalts begründet wird (§ 120 II GVG), ist die Regelung konkret.

b) Ferner entscheiden alle Oberlandesgerichte über die *Revisionen* gegen die Urteile des Amtsgerichts (§ 335) sowie gegen die Berufungsurteile der großen und kleinen Strafkammer (s. § 121 GVG). Von einigen aus der Tabelle ersichtlichen Ausnahmefällen abgesehen, kommt das OLG daher nur für die Verfahren als Revisionsgericht in Frage, die auf der Stufe des Amtsgerichts beginnen.

4. Demgegenüber ist der *Bundesgerichtshof* für die *Revisionen* in den Strafsachen zuständig, deren (erste und letzte) Tatsacheninstanz beim Landgericht oder OLG liegt (s. § 135 GVG).

IV. Die „bewegliche" Zuständigkeit und das Problem des gesetzlichen Richters

Sie werden bei der Lektüre unserer Tabelle festgestellt haben, daß die sachliche Zuständigkeit der Strafgerichte durch das Gegensatzpaar „abstrakt – konkret" mit seinen verschiedenen Abwandlungen noch nicht vollständig beschrieben wird, daß vielmehr bei Abgrenzung der Zuständigkeit zwischen Strafrichter, Schöffengericht und großer Strafkammer die *Staatsanwaltschaft* in gewissen Fällen die Möglichkeit hat, die Anklage entweder bei dem einen oder bei dem anderen Spruchkörper zu erheben. So kommen Straftaten, für die eine Freiheitsstrafe bis zu einem Jahr zu erwarten ist, nach § 25 Nr. 3 GVG vor den Strafrichter anstatt vor das Schöffengericht, „wenn die Staatsanwaltschaft Anklage vor dem Strafrichter erhebt"; und Vergehen und Verbrechen, für die an sich das Amtsgericht zuständig ist, werden in erster Instanz von der großen Strafkammer abgeurteilt, „wenn die Staatsanwaltschaft wegen der besonderen Bedeutung des Falles Anklage beim Landgericht erhebt" (vgl. §§ 24 I Nr. 3; 74 I, 2 GVG); damit kann die StA dem Angeschuldigten also sogar die Berufungsinstanz nehmen (vgl. § 312)!

Diese Regelung kommt den Bedürfnissen der Praxis entgegen, weil weder abstrakte Umschreibungen nach Tatbeständen oder der Deliktsqualität noch die Höhe der zu erwartenden Strafe es in allen Fällen gestatten, eine Tat nach ihrem Gewicht in der Zuständigkeitsordnung richtig einzustufen. Unter rechtsstaatlichen Gesichtspunkten ist diese *„bewegliche Zuständigkeit"* gleichwohl problematisch (vgl. dazu Maunz-Dürig-Herzog-Scholz, Art 101 GG Rdnr. 28 ff.). Der Zweck der verhältnismäßig komplizierten und detaillierten gesetzlichen Zuständigkeitsordnung besteht nämlich gerade darin, daß für jede Straftat ein *bestimmter* Spruchkörper *gesetzlich* zur Verfügung gestellt werden soll, damit keinerlei Möglichkeit besteht, die Person des entscheidenden Richters nach sachfremden Gesichtspunkten willkürlich auszuwählen. Daher ist zweifelhaft, ob die bewegliche Zuständigkeit mit dem Grundsatz des *„gesetzlichen Richters"* (Art. 101 GG, § 16 GVG; vgl. dazu Achenbach aaO., m. ausführl. Nachw.) vereinbar ist. Das Bundesverfassungsgericht hat jedoch die Verfassungsmäßigkeit der beweglichen Zuständigkeitsregelung bejaht (BVerfGE *9, 223; 22, 254*).

Das BVerfG beruft sich vor allem darauf, daß das Kriterium der „besonderen Bedeutung des Falles" in § 24 I Nr. 3 GVG keine Ermessensklausel, sondern einen unbestimmten Rechtsbegriff darstelle; wenn seine Voraussetzungen vorlägen, *müsse* die StA beim LG anklagen, so daß eine Wahlfreiheit im eigentlichen Sinne nicht bestehe. Außerdem wird nach Ansicht des BVerfG eine mißbräuchliche Ausnutzung der beweglichen Zuständigkeit durch § 209 I StPO verhindert; nach dieser Vorschrift kann das LG das Verfahren wegen jeder bei ihm eingereichten Anklage auch vor dem Amtsgericht eröffnen, so daß eine gerichtliche Kontrolle der staatsanwaltschaftlichen Anklagepraxis gewährleistet ist. Im Falle des § 25 Nr. 3 GVG, der der StA die Anrufung des Einzelrichters anstelle des Schöffengerichts erlaubt, hat das BVerfG (E *22, 254*) im Wege verfassungskonformer Auslegung eine Begrenzung auf die Fälle „von minderer Bedeutung" sogar erst in das Gesetz hineingelesen und ein Ermessen der StA auch hier verneint.

Damit ist freilich das Problem nicht gelöst, sondern nur eine neue Aufgabe gestellt worden (so schon Eb. Schmidt, JZ 1959, 535), nämlich die einer generalisierenden Bestimmung der Kriterien für die „besondere" bzw. „mindere Bedeutung" einer Sache (Achenbach, 851 f., der im weiteren darauf aufmerksam macht, daß Art. 101 I, 2 GG noch an anderen Stellen zu ähnlichen Problemen führt). Immerhin hat auch das BVerfG nicht verhehlt, daß sich eine Regelung denken ließe, „die dem Grundgedanken des Art. 101 GG besser gerecht" werde.

V. Verbindung

Die strenge Aufteilung der sachlichen Zuständigkeit wird aus verfahrensökonomischen Gründen bei *zusammenhängenden Straftaten* durchbrochen (ebenso bei der örtlichen Zuständigkeit, s. u. § 8 B I). Ein *Zusammenhang* ist gemäß § 3 gegeben, wenn ein Beschuldigter wegen mehrerer Straftaten (zur Auslegung s. L-R[24] – Wendisch, § 3, Rdnr. 8 ff. m. w. N.) verfolgt wird *(persönlicher Zusammenhang)* oder wenn mehrere Personen als Täter oder Beteiligte i. w. S. beschuldigt werden *(sachlicher Zusammenhang);* beide Fälle können ferner kombiniert auftreten (Kl./M., § 3, Rdnr. 4).

Praktisch wichtig sind folgende Fälle: Jemand hat einen Raub (normale Zuständigkeit: große Strafkammer) und einen kleinen Diebstahl (Zuständigkeit: Strafrichter) begangen. Oder: Jemand hat die Bestrafung eines Mörders (Zuständigkeit: Schwurgericht) vereitelt (normale Zuständigkeit: Schöffengericht).

Gericht	Abteilung	Besetzung	Zuständigkeit	Rechtsquelle
Amtsgericht	Strafrichter	1 Berufsrichter	Vergehen 1. wenn sie im Wege der Privatklage verfolgt werden, 2. wenn die Tat mit keiner höheren Strafe als Freiheitsstrafe von 6 Monaten bedroht ist, 3. wenn die Staatsanwaltschaft Anklage zum Einzelrichter erhebt und keine höhere Strafe als Freiheitsstrafe von einem Jahr zu erwarten ist.	§§ 24, 25 GVG
	Schöffengericht	1 oder 2 Berufsrichter 2 ehrenamtliche Richter (Schöffen)	1. Vergehen, soweit nicht die Zuständigkeit des Amtsrichters begründet ist, die Staatsanwaltschaft wegen der besonderen Bedeutung des Falles Anklage beim Landgericht erhebt oder ein Fall der §§ 74a, 120 GVG vorliegt. 2. Verbrechen, wenn nicht die Zuständigkeit des Schwurgerichts oder des OLG begründet oder im Einzelfall eine höhere Strafe als 3 Jahre Freiheitsstrafe oder die Unterbringung des Beschuldigten in einem psychiatrischen Krankenhaus bzw. in der Sicherungsverwahrung zu erwarten ist oder die Staatsanwaltschaft wegen der besonderen Bedeutung des Falles Anklage beim Landgericht erhebt.	§§ 24, 25, 28, 29 GVG
	Strafrichter als Jugendrichter	1 Berufsrichter	Verfehlungen Jugendlicher und Heranwachsender, wenn nur Erziehungsmaßregeln oder Zuchtmittel zu erwarten sind und der Staatsanwalt Anklage beim Einzelrichter erhebt. Der Jugendrichter darf in einem solchen Fall auch auf bestimmte Jugendstrafe bis zu einem Jahr erkennen (§ 39 JGG).	§§ 33, 39 JGG
	Jugendschöffengericht	1 Berufsrichter (Jugendrichter) und 2 ehrenamtliche Richter (Schöffen: 1 Mann und 1 Frau)	Alle Verfehlungen, die nicht zur Zuständigkeit eines anderen Jugendgerichts (Strafrichter als Jugendrichter, Jugendkammer) gehören.	§§ 33, 40, 41 JGG
Landgericht	Kleine Strafkammer	1 Berufsrichter 2 ehrenamtliche Richter (Schöffen)	Berufungen gegen Urteile des Strafrichters.	§§ 74, 76 GVG

Gericht	Abteilung	Besetzung	Zuständigkeit	Rechtsquelle
Noch Landgericht	Große Straf- kammer	3 Berufs- richter 2 ehren- amtliche Richter (Schöffen)	1. Als *Schwurgericht* bei vorsätzlichen Tötungsdelikten (§§ 211 f., 217 StGB), zahlreichen Delikten mit Todesfolge (z.B. §§ 226, 251 StGB usf.) und besonders schweren gemeingefährlichen Straftaten wie §§ 307, 310b I–III, 311 I–III StGB (i. e. s. § 74 II GVG). 2. Als *Wirtschaftsstrafkammer* in den in § 74c GVG genannten Wirtschafts- strafsachen. 3. Als *Staatsschutzkammer* bei den in § 74a GVG aufgezählten leichten Staatsschutzdelikten. 4. *Im übrigen:* a) Als Gericht I. Instanz bei allen Verbrechen, die nicht zur Zuständigkeit des Amtsgerichts, des Schwurgerichts oder des OLG gehören, sowie bei allen Vergehen und Verbrechen, die von der Staatsanwaltschaft wegen der besonderen Bedeutung des Falles bei der Großen Strafkammer angeklagt werden oder vom Amtsgericht an sie verwiesen sind, weil seine Strafgewalt zu ihrer Aburteilung nicht ausreicht;[1] b) Berufungen gegen die Urteile des Schöffengerichts.	§§ 74, 74a, 74c, 76 GVG
	Jugend- kammer	3 Berufs- richter 2 ehren- amtliche Richter (Schöffen: 1 Mann und 1 Frau)	Im ersten Rechtszug: 1. Sachen, die nach den allgemeinen Vorschriften zur Zuständigkeit der Schwurgerichte gehören, 2. besonders umfangreiche Sachen, die die Jugendkammer nach Vorlage durch das Jugendschöffengericht wegen ihres besonderen Umfangs übernimmt. Im zweiten Rechtszug: Berufungen gegen Urteile des Jugendrichters und des Jugendschöffenge- richts.	§§ 33, 41 JGG, 74b GVG

[1] Das Amtsgericht darf nicht auf eine höhere Freiheitsstrafe als 3 Jahre und nicht auf Unterbringung in einem psychiatrischen Krankenhaus oder in der Sicherungsverwahrung erkennen (§ 24 II GVG).

Gericht	Abteilung	Besetzung	Zuständigkeit	Rechtsquelle
Oberlandesgericht	Strafsenat für Revisionen u. Beschwerden	3 Berufsrichter	1. Revisionen gegen die Berufungsurteile der kleinen und großen Strafkammer[1,2]; 2. Revisionen gegen die Urteile der großen Strafkammern, wenn die Revision ausschließlich auf die Verletzung einer in den Landesgesetzen enthaltenen Rechtsnorm gestützt wird.[2]	§§ 121, 122 GVG
	Erstinstanzlicher Strafsenat[3]	5 Berufsrichter	Alle in § 120 I GVG aufgezählten (schweren) Staatsschutzdelikte sowie die (leichten) Staatsschutzdelikte des § 74a GVG, wenn der Generalbundesanwalt wegen der besonderen Bedeutung die Verfolgung übernimmt (§ 74a II GVG).[3]	§§ 120, 122 GVG
Bundesgerichtshof	Strafsenat	5 Berufsrichter	1. Revision gegen die Urteile der Schwurgerichte und die Urteile der großen Strafkammern im ersten Rechtszuge, soweit nicht die Zuständigkeit der Oberlandesgerichte begründet ist. 2. Revisionen gegen die erstinstanzlichen Urteile der Oberlandesgerichte.	

[1] Will ein Oberlandesgericht bei seiner Entscheidung von einer nach dem 1. April 1950 ergangenen Entscheidung eines anderen Oberlandesgerichtes oder von einer Entscheidung des Bundesgerichtshofes abweichen, so hat es die Sache diesem vorzulegen (§ 121 II GVG).

[2] In Bayern ist für alle Revisionen in Strafsachen, die sonst zur Zuständigkeit des OLG gehören, das Bayer. OblG zuständig; Art. 11 Abs. 2 des Bay. AGGVG vom 23. 6. 1981 (vgl. auch § 9 EGGVG).

[3] Gemäß § 120 I GVG ist hier in jedem Bundesland nur das OLG zuständig, in dessen Bezirk die Landesregierung ihren Sitz hat. In Bayern ist auch für diese erstinstanzlichen Entscheidungen das Bayer. OblG zuständig (Art. 11 Abs. 2 des Bay. AGGVG vom 23. 6. 1981 – GVBl. S. 188 – in Verb. mit § 9, 2 EGGVG). Vgl. auch § 120 V GVG.

Fälle dieser Art können von vornherein durch die StA verbunden werden, indem sie eine gemeinschaftliche Anklage vor dem höheren Gericht erhebt (§ 2 I). Wenn sie das unterläßt und für jeden Fall isoliert Klage erhebt, kann die Verbindung immer noch durch Beschluß des höheren Gerichts erfolgen (§ 4 I; II, 1). Das Gericht handelt dabei nach seinem Ermessen und kann auch jederzeit wieder eine *Trennung* der verbundenen Verfahren anordnen.

Das weitere Verfahren richtet sich bei verbundenen Strafsachen stets nach der schwereren Straftat (§ 5), was z.B. für die Fragen von Bedeutung ist, welches Rechtsmittel gegeben ist oder ob ein Fall der notwendigen Verteidigung vorliegt.

Die zuständigkeitsverändernde Verbindung von Strafsachen durch die StA gemäß § 2 unterliegt ähnlichen Bedenken aus dem Grundsatz des gesetzlichen Richters (Art. 101 I, 2 GG) wie die bewegliche Zuständigkeit im Fall der §§ 24 I Nr. 3; 74 I, 2 GVG (vgl. o. A IV; näher Achenbach, 857 f.)

B. Die Besetzung der Strafgerichte

9.11.85

Literatur: Baur, Laienrichter – heute?, Kern-Festschr., 1968, 49; Schwinge, Der Kampf um die Schwurgerichte bis zur Frankfurter Nationalversammlung, 1926, Neudruck 1970 mit Einleitung: Zum Schwurgerichtsproblem heute; Knittel, Mitbestimmung in der Strafjustiz, 1970; Hartung, Um das Schwurgericht, ZStW 82 (1970), 601; Nowakowski, Reform der Laiengerichtsbarkeit in Strafsachen, Verh. d. 4. Österr. Juristentags, 1970, Band I, 5. Teil; Rudolph, Möglichkeiten und Grenzen einer sachkundigen Besetzung der Richterbank, JZ 1975, 316; Hauser, Am Ende von Schwur- und Geschworenengericht?, Festgabe für Hans Schultz, 1977, 252; Jescheck, Das Laienrichtertum in der Strafrechtspflege der Bundesrepublik Deutschland und der Schweiz, ebda., 229; Volk, Der Laie als Strafrichter, Dünnebier-Festschr., 1982, 373; Benz, Zur Rolle der Laienrichter im Strafprozeß, 1982; Deisberg/Hohendorf, Das erweiterte Schöffengericht – ein Stiefkind der Strafrechtspflege? DRiZ 1984, 261.

I. Berufs- und Laienrichter

Die grundsätzlichen Probleme der richterlichen Rechtsstellung, die historische Entwicklung des Berufs- und Laienrichtertums im deutschen Strafverfahren, die sachliche und persönliche Unabhängigkeit des Richters und die persönlichen Voraussetzungen seiner Ernennung werden im Gerichtsverfassungs- und im Richterrecht (GVG und DRiG) behandelt (vgl. Kern-Wolf, §§ 15–23) und bedürfen hier keiner besonderen Darstellung. Nur die Form der für den deutschen Strafprozeß charakteristischen Laienmitwirkung im Hauptverfahren erfordert an dieser Stelle einen ergänzenden Hinweis.

Die StPO kannte ursprünglich zwei verschiedene Arten von Laienrichtern, die Schöffen und die Geschworenen. Während die *Schöffen* von vornherein, wie es heute bei allen ehrenamtlichen Richtern der Fall ist, neben den Berufsrichtern im Spruchkollegium in derselben Funktion und mit denselben Rechten zusammenwirkten, war bei den für die Aburteilung der Kapitalverbrechen zuständigen Schwurgerichten zunächst eine Aufgabenteilung zwischen Berufs- und Laienrichtern (den *Geschworenen*) vorgesehen; die mit zwölf Laienrichtern besetzte sog. „Geschworenenbank" hatte über die Schuldfrage allein zu entscheiden, und der „Richterbank" (den drei Berufsrichtern) blieb neben den Verfahrensfragen im wesentlichen nur die Strafzumessung vorbehalten (vgl. im einzelnen Kern, GVR[4], S. 208 ff.). Diese Gestaltung der Schwurgerichte, die wir in ähnlicher Form noch heute in England und den USA finden (vgl. unten § 75 A), hing mit der spezifisch „demokratischen" Idee des Laienrichtertums zusammen. Man nahm an, daß das Volk als Träger der Staatsgewalt in den Strafgerichten am besten durch den einfachen Staatsbürger repräsentiert werde, der zugleich die beste Gewähr gegen obrigkeitliche Beeinflussungsversuche biete. In der Praxis haben sich die Schwurgerichte alten Stils jedoch nicht bewährt. Denn der rechtsunkundige Laie ist gegen sachfremde Einflußnahmen in Wahrheit weniger gefeit als der durch seine Ausbildung und lange Erfahrung zur Objektivität erzogene Berufsrichter. Vor allem aber ist der Laienrichter angesichts der sich immer mehr verfeinernden Rechtsdogmatik zur treffenden strafrechtlichen Einordnung einer Tat allein auch dann meist nicht mehr in der Lage, wenn er, wie es vorgesehen war, vom Vorsitzenden der Richterbank eine allgemeine Rechtsbelehrung empfangen hat. Die Schwurgerichte sind deshalb im Jahre 1924 durch die sog. Emminger-Verordnung in der bisherigen Form abgeschafft worden; sie unterscheiden sich von den Schöffengerichten jetzt nur noch durch den Namen (zur Besetzung s. u. II.). Der Gesetzgeber hat dem dadurch Rechnung getragen, daß er die alte Bezeichnung „Geschworener", für die seither keine sachliche Notwendigkeit mehr bestand, durch das Gesetz zur Änderung der Richteramtsbezeichnungen vom 26. 5. 1972 (BGBl. I, 841) abgeschafft und durch den einheitlichen Ausdruck „Schöffe" ersetzt hat. Dagegen ist der traditionelle Name „Schwurgericht" erhalten geblieben (vgl. Tab. S. 32).

Demnach üben heute ehrenamtliche Richter „das Richteramt in vollem Umfang und mit gleichem Stimmrecht" aus wie Berufsrichter; sie entscheiden „über die Schuld- und Straffrage gemeinschaftlich" (§§ 30, 77 I GVG). Dabei sind sie „in gleichem Maße wie ein Berufsrichter unabhängig" (§ 45 I, 1 DRiG). In dieser Form ist die Laienmitwirkung in der Strafrechtspflege auch heute noch wertvoll. Ihre Bedeutung für den modernen Rechtsstaat liegt zwar nicht mehr im Schutz gegen obrigkeitliche Übergriffe; aber sie trägt auch jetzt noch dazu bei, das Verständnis der Bevölkerung für die Strafrechtspflege und das Vertrauen in ihre Gerechtigkeit zu stärken (vgl. Schroeder, NJW 1983, 141; sehr kritisch dazu Volk, Dünnebier-Festschr., 373).

II. Die Besetzung der Strafgerichte im einzelnen

Der Strafrichter ist immer ein Berufsrichter (vgl. §§ 28, 29 GVG); für die Kleinkriminalität ist also keine Laienbeteiligung vorgesehen. Das Schöffengericht ist normalerweise mit einem Amtsrichter als Vorsitzendem und zwei ehrenamtlichen Richtern besetzt; bei umfangreichen Sachen kann u. U. ein zweiter Berufsrichter hinzugezogen werden (vgl. § 29 II GVG; eingehend Deisberg/Hohendorf aaO.). Beim Landgericht liegt es so, daß die kleine Strafkammer aus einem Berufsrichter als Vorsitzendem und zwei ehrenamtlichen Richtern, die große Strafkammer dagegen aus drei Berufsrichtern und zwei ehrenamtlichen Richtern besteht (§ 76 GVG). Das Schwurgericht, das mit drei Berufsrichtern und sechs Schöffen früher der umfangreichste Spruchkörper unserer Strafjustiz war, ist seit 1975 nur noch eine große Strafkammer mit besonderer Zuständigkeit (§§ 74 II, 74 e GVG), besteht also ebenfalls aus drei Berufsrichtern und zwei Schöffen (§ 76 II GVG). Dabei ist der Vorsitzende hier wie überall ein Berufsrichter. Die Oberlandesgerichte und der Bundesgerichtshof urteilen stets ohne Laienmitwirkung. Das OLG entscheidet in erster Instanz mit fünf, als Revisionsgericht mit drei Berufsrichtern (§ 122 GVG); der BGH urteilt immer mit fünf Richtern (§ 139 I GVG, zur Besetzung bei Beschwerdeentscheidungen und Entscheidungen über Anträge nach § 161 a III s. § 139 II GVG).

§ 8. Die örtliche Zuständigkeit

Bei der örtlichen Zuständigkeit handelt es sich um die Verteilung der Aufgaben unter die verschiedenen räumlich nebeneinander liegenden Gerichte gleicher Art (z. B. Amtsgericht Tübingen, Amtsgericht Reutlingen; Landgericht Stuttgart, Landgericht Ulm) nach örtlichen Gesichtspunkten (Tatort, Wohnsitz usw.).

Die örtliche Zuständigkeit ist (im Gegensatz zur sachlichen) nicht im GVG, sondern in der StPO geregelt (§§ 7 ff.). Das Gesetz spricht hier wie in der ZPO vom *„Gerichtsstand"*. Man kann zwischen ordentlichen und außerordentlichen Gerichtsständen unterscheiden.

Die Bestimmung des örtlich zuständigen Gerichts obliegt zunächst der StA (§§ 200 I, 212, 407 I). Diese kann nach h. M. zwischen den verschiedenen Gerichtsständen nach ihrem Ermessen wählen. Die Vereinbarkeit einer solchen Wahlmöglichkeit mit dem Grundsatz des gesetzlichen Richters (Art. 101 I, 2 GG) wird aber in letzter Zeit mit Recht zunehmend bezweifelt (Engelhardt, DRiZ 1982, 419; Achenbach, Wassermann-Festschr. 1985, 855 m. w. N.).

A. Die **ordentlichen Gerichtsstände** zerfallen in allgemeine (für alle Arten von Straftaten) und besondere.

I. Die *allgemeinen* Gerichtsstände sind folgende:

1. *primäre:*

a) der Gerichtsstand des *Tatorts* (§ 7): Bei ihm wird die Klage in der Praxis besonders häufig erhoben, denn dort ist der Augenschein einzunehmen; auch werden die Zeugen meist in der Nähe des Tatorts wohnen. Die Tat ist an jedem Ort begangen, an dem der Täter gehandelt hat oder an dem der Erfolg eingetreten ist (oder – bei Versuch – hätte eintreten sollen), also wenn jemand einen beleidigenden Brief von Stuttgart nach München schreibt, sowohl in Stuttgart (Ort der Handlung) wie in München (Ort, an dem die Kenntnisnahme erfolgt ist) (§ 9 I StGB). Diese Bestimmung hat nicht nur materiellrechtliche Bedeutung für das Geltungsgebiet des Strafrechts, sondern auch prozessuale für die Zuständigkeit.

Für den Gerichtsstand bei Straftaten auf Schiffen und Flugzeugen vgl. § 10.

b) der Gerichtsstand des *Wohnsitzes* (§ 8): Der Gerichtsstand ist auch bei dem Gericht begründet, bei dem der Angeschuldigte zur Zeit der Erhebung der Klage (also nicht: zur Zeit der Hauptverhandlung) seinen Wohnsitz hat.

Vgl. auch den fingierten Wohnsitz des § 11.

c) der Gerichtsstand der *Ergreifung* (§ 9). Er kommt praktisch vor allem bei Auslandstaten und solchen Inlandstaten in Frage, bei denen der Tatort nicht ermittelt ist (z. B. Vergewaltigung in einem Wohnwagen; oder: in Tübingen wird ein Heimatloser mit einem Fahrrad ermittelt, das er offenbar irgendwo gestohlen hat; Tübingen ist als Gerichtsstand des Ergreifungsorts zuständig).

d) Für denselben Straffall werden demnach in der Regel *mehrere* Gerichte örtlich zuständig sein. Unter diesen gebührt dem Gericht der Vorrang, das die Untersuchung zuerst eröffnet hat (§ 12).

Die „Eröffnung der Untersuchung" bedeutet die Zulassung der Anklage, also den Eröffnungsbeschluß. *Nach* Eröffnung der Untersuchung entscheidet also nicht die Priorität der Anklageerhebung, sondern die Priorität der Eröffnung. *Vor* Eröffnung der Untersuchung ist dagegen die Priorität der Anklageerhebung maßgebend.

Dieses *Prioritätsprinzip* wird in zwei Fällen durchbrochen:

aa) Ist gegen A wegen eines fortgesetzten Deliktes am 1. 3. 1978 in X-Stadt und wegen einer in diesen Fortsetzungszusammenhang fallenden Einzelhandlung bereits am 1. 2. 1978 in Y-Stadt das Hauptverfahren eröffnet worden, so ist trotz § 12 das Gericht in X-Stadt zuständig, weil diesem dieselbe Sache in umfassenderer Form zur Aburteilung vorgelegt worden ist (RGSt *67, 53, 56;* BGHSt *5, 381, 384*).

bb) Ist eine Sache bei Gerichten verschiedener Ordnung (AG und LG) anhängig, so gebührt gleichfalls in Abweichung vom Grundsatz der Priorität dem höheren Gericht in der Regel der Vorzug (RGSt 70, 337; vgl. i. e. Eb. Schmidt, I, Rdnr. 179/180).

2. subsidiäre:

Wenn der Angeschuldigte keinen Wohnsitz im Geltungsgebiet der StPO hat (§ 8 II), gilt der Gerichtsstand des *gewöhnlichen Aufenthaltsorts* oder, wenn ein solcher nicht bekannt ist, des *letzten inländischen Wohnsitzes;* der Wohnsitz in der DDR schließt also nicht aus, daß der Hilfsgerichtsstand des gewöhnlichen Aufenthalts oder des letzten Wohnsitzes im Westen begründet ist.

Fehlt es im Geltungsbereich der StPO an einem zuständigen Gericht oder ist dieses nicht ermittelt, so bestimmt der BGH das zuständige Gericht (§ 13a).

Ein Gerichtsstand „fehlt" z. B. dann, wenn jemand, der im Ausland wohnt, eine dem deutschen Strafrecht unterfallende Auslandstat begangen und eine Ergreifung i. S. des § 9 nicht stattgefunden hat. Hat jemand unter den genannten Voraussetzungen die Tat zwar in Deutschland begangen, ist der Tatort aber nicht feststellbar, so kann der Gerichtsstand „nicht ermittelt" werden.

II. Besondere Gerichtsstände gelten:

1. für *Staatsschutzdelikte;* hier ist jeweils nur das OLG bzw. LG zuständig, in dessen Bezirk die Landesregierung ihren Sitz hat (§§ 120, 74 a GVG); die Anzahl der zuständigen Oberlandesgerichte kann durch Ländervereinbarung weiter beschränkt werden (§ 120 V GVG).

2. für *Pressedelikte* (z. B. Preisgabe von Staatsgeheimnissen durch eine Zeitschrift): Für sie ist maßgebend der *Erscheinungsort* der Druckschrift (§ 7 II).

Der frühere sog. „fliegende Gerichtsstand" der Presse, der an jedem Ort begründet war, wo das Presseerzeugnis, z. B. eine Nummer einer Zeitung, hingelangt war, ist schon 1902 (durch Beifügung des § 7 II) aufgehoben worden. Nur bei Beleidigungen, die im Weg der Privatklage verfolgt werden, ist außer dem Gerichtsstand des Erscheinungsortes auch das Gericht zuständig, in dessen Bezirk die beleidigte Person ihren Wohnsitz oder gewöhnlichen Aufenthalt hat, sofern die Druckschrift (wenn auch nur in einem Stück) auch im Bezirk dieses Gerichts verbreitet worden ist.

B. Außerordentliche Gerichtsstände sind:

I. Der Gerichtsstand des *Zusammenhangs (§ 13).*

1. Zum Begriff des Zusammenhangs s. o. § 7 A V, 1. Der einmal begründete Gerichtsstand des Zusammenhangs bleibt auch dann bestehen, wenn die vermittelnde Tat nicht abgeurteilt werden kann (wenn z. B. nach einem im Bezirk des Landgerichts Offenburg begangenen Mord dem flüchtigen Täter in München Geld und Paß zur Flucht nach Ungarn gegeben worden sind, kann diese Strafvereitelung auch in Offenburg abgeurteilt werden).

2. Sind zusammenhängende Strafsachen schon bei verschiedenen Staatsanwaltschaften anhängig (z. B. ein Hochstapler hat in Hamburg, Berlin und zuletzt in München Betrügereien begangen; dort ist er ergriffen und verhaftet worden), so kann das Ermittlungsverfahren durch Abgabeerklärung der übrigen bei einer StA konzentriert werden. Sind schon isolierte Klagen erhoben, so empfiehlt sich nachträgliche Verbindung. Diese kann freiwillig durch Vereinbarung der zuständigen Gerichte (aber nur, wenn die StA darauf anträgt!) oder (auf Antrag der StA oder des Angeschuldigten) zwangsweise auf Anordnung des gemeinsamen oberen Gerichts (also u. U. des BGH) erfolgen (§ 13 II). Wenn die zuständigen Gerichte verschiedenen Stufen angehören (etwa Schöffengericht Göttingen und Landgericht Kassel), kommt allerdings eine Vereinbarung, sondern nur die Bestimmung durch das übergeordnete Gericht in Frage (denn in diesem Fall ist nicht § 13 einschlägig, s. BGH NStZ 1982, 294, sondern § 4 II, 2); eine wenig einleuchtende Differenzierung, denn es ist nicht einzusehen, warum das niedrigere Gericht auf seine Zuständigkeit nicht soll „verzichten" können.

3. Eine spätere Aufhebung der Verbindung ist möglich, kann aber nur auf demselben komplizierten Wege wie diese selbst zustande kommen (§ 13 III).

II. Ein Gerichtsstand des *höheren Auftrags* kann (außer bei Zusammenhang) durch das gemeinschaftliche obere Gericht begründet werden:

1. bei rechtlicher oder tatsächlicher Verhinderung des örtlich zuständigen Gerichts (z.B. wenn der einzige Richter eines Gerichts kraft Gesetzes ausgeschlossen ist oder wenn alle Richter eines Gerichts langwierig erkrankt sind), § 15;

2. wenn von der Verhandlung vor dem örtlich zuständigen Gericht (z.B. wegen politischer Unruhen) eine Gefährdung der öffentlichen Sicherheit zu besorgen wäre (§ 15);

3. nach Aufhebung eines Urteils durch die Revisionsinstanz; hier muß eine Verweisung an eine andere Abteilung, Kammer oder einen anderen Senat desselben Gerichts oder an ein benachbartes Gericht erfolgen (§ 354 II);

4. beim inneren Zuständigkeitsstreit oder *Kompetenzkonflikt* (§§ 14, 19).

a) Ein *positiver* Kompetenzkonflikt liegt vor, wenn sich mehrere Gerichte für zuständig halten, ein *negativer* Kompetenzkonflikt, wenn sich alle in Betracht kommenden Gerichte für unzuständig halten.

Nach § 14, der sowohl positive wie negative Kompetenzkonflikte betrifft, entscheidet dann das gemeinschaftliche obere Gericht (z.B. der BGH bei Zuständigkeitsstreit zwischen Gerichten verschiedener Länder).

b) § 14 setzt jedoch voraus, daß noch keine rechtskräftige Entscheidung ergangen ist. Ist das der Fall, dann entscheidet die Priorität; d.h. die Entscheidung des Gerichts, dessen Urteil zuerst die Rechtskraft erlangt hat, ist gültig, die andere fehlerhaft (vgl. dazu u. § 50 C II, 3).

c) Trotz rechtskräftiger Entscheidung gilt das eben Gesagte jedoch dann nicht, wenn bei einem negativen Zuständigkeitsstreit mehrere Gerichte, von denen eines das zuständige ist, rechtskräftig ihre Unzuständigkeit ausgesprochen haben; in diesem Fall entscheidet das gemeinsame höhere Gericht unter Aufhebung einer der rechtskräftigen Entscheidungen (s. § 19). Dadurch soll verhindert werden, daß eine Straftat unverfolgt bleibt.

§ 9. Die Ausschließung und Ablehnung der Gerichtspersonen

Literatur: Arzt, Der befangene Strafrichter, 1969; Teplitzky, Die Richterablehnung wegen Befangenheit, JuS 1969, 318; ders., Auswirkung der neueren Verfassungsrechtsprechung auf Streitfragen der Richterablehnung wegen Befangenheit, MDR 1970, 106; Rainer Hamm, Der gesetzliche Richter und die Ablehnung wegen Besorgnis der Befangenheit, Diss. Frankfurt 1973; Rostek, Ablehnung des Amtsrichters wegen Besorgnis der Befangenheit in der Hauptverhandlung, NJW 1975, 192; Dästner, Bedenken gegen eine Einschränkung des Ablehnungsrechts im Strafverfahren, ZRP 1977, 53; Draber, Zur Neuregelung des Richterablehnungsrechts im Strafverfahren, DRiZ 1977, 330; Brandt-Janczyk, Richterliche Befangenheit durch Vorbefassung im Wiederaufnahmeverfahren, 1978; Schmid, Richterausschluß (§ 22 Nr. 5 StPO) durch „dienstliche Äußerungen"? GA 1980, 285; Schairer, Der befangene Staatsanwalt, 1983; Sieg, Richterausschuß im Wiederaufnahmeverfahren, NJW 1984, 1519.

Die Ausschließung und Ablehnung der Gerichtspersonen (Berufs- und Laienrichter, Urkundsbeamte und sonstige als Protokollführer zugezogene Personen, vgl. § 31) gehört der Sache nach zum Gerichtsverfassungsrecht. Sie ist aber in den Prozeßordnungen (StPO §§ 22–31, ZPO §§ 41–49) im einzelnen unterschiedlich geregelt und ist wegen der engen Verzahnung mit den Bestimmungen des Verfahrensrechts hier zu behandeln. Der Unterschied zwischen diesen beiden Formen der Richterverhinderung liegt darin, daß für die *Ablehnung* eines Richters immer ein Antrag erforderlich ist (§ 24), während die *Ausschließung* unmittelbar kraft Gesetzes eingreift (§§ 22 f.), allerdings auch durch Ablehnungsgesuch geltend gemacht werden kann (§ 24 I). Sämtlichen Vorschriften liegt der Gedanke zugrunde, daß ein Richter, gegen dessen Unvoreingenommenheit in einem bestimmten Verfahren Bedenken bestehen, im Interesse der Beteiligten wie auch zur Erhaltung des Vertrauens in die Unparteilichkeit der Rechtspflege in diesem Verfahren keine Entscheidungen treffen soll; dieser Grundsatz ist in Art. 101 I, 2 GG verfassungsrechtlich verbürgt (BVerfGE 21, 139).

Zur Ausschließung oder Ablehnung des Staatsanwalts s. u. § 10 A III 5.

I. Die Ausschließung des Richters

Die *Ausschließungsgründe* können in vier Gruppen zusammengefaßt werden:

1. Der Richter ist durch die Tat *selbst verletzt* (§ 22 Nr. 1). Anders als beim Klageerzwingungsverfahren (s. u. § 39) hält die Rechtsprechung hier streng an dem Erfordernis unmittelbarer Rechtsbeeinträchtigung fest (BGHSt *1*, 298). Diese Einengung ist nicht unbedenklich, erscheint aber wegen der Möglichkeit einer Ablehnung des nicht ausgeschlossenen Richters (s. II) für die Praxis gerade noch vertretbar.

2. Der Richter steht in einer engen *familiären Beziehung* zu dem durch die Tat *Verletzten* (§ 22 Nr. 2, 3).

3. Der Richter steht in einer engen *familiären Beziehung* zum *Beschuldigten* (§ 22 Nr. 2, 3); a fortiori folgt daraus die Selbstverständlichkeit, daß niemand über eine Anklage gegen sich selbst entscheiden darf.

4. Der Richter ist schon *früher* in der Sache *beteiligt* gewesen, nämlich
a) als Staatsanwalt, Polizeibeamter, Verteidiger oder Anwalt des Verletzten (§ 22 Nr. 4). Die Rechtsprechung (BGHSt *9*, 193) legt hier den Begriff der „Sache" weit aus und läßt jeglichen sachlichen Zusammenhang mit dem jetzigen Verfahren ausreichen, der den Verdacht einer Voreingenommenheit begründen kann, z. B. bei Verurteilung von Anstifter und Täter in verschiedenen Verfahren;
b) als Zeuge oder Sachverständiger (§ 22 Nr. 5). Wie bei § 22 Nr. 4 bedeutet auch hier Sachgleichheit nicht Verfahrensidentität; der Richter

ist also auch dann ausgeschlossen, wenn er in einem anderen Verfahren über denselben Sachverhalt vernommen worden ist (BGHSt *31, 358*). Wie der eindeutige Wortlaut ergibt, reicht hier aber bloße Ladung ohne Vernehmung nicht aus (BGHSt *14, 219*);

Dienstliche Äußerungen eines Richters im Vorverfahren rechtfertigen einen Ausschluß nur, wenn er zur Tat- und Schuldfrage relevante Angaben gemacht hat (Schmid, GA 1980, 285).

c) als Richter einer unteren Instanz (§ 23 I), der aus der Sicht des Angeklagten als befangen gelten könnte;

d) als Richter, der an einer Entscheidung mitgewirkt hat, für die jetzt Wiederaufnahme beantragt wird (§ 23 II), aus denselben Gründen wie bei c). „Mitgewirkt" im Sinne dieser Vorschrift hat nicht nur der Tat-, sondern auch der Revisionsrichter (Sieg aaO.), nicht aber der an der Beratung und Abstimmung unbeteiligte Ergänzungsrichter (vgl. u. § 42 E I 2) und auch nicht der nur bei dem Eröffnungsbeschluß beteiligte Richter (BVerfGE *30, 149, 165* und dazu Arzt NJW 1971, 1112). Ferner ist nach § 23 II, 3 als Richter ausgeschlossen, wer bei Entscheidungen zur Vorbereitung eines Wiederaufnahmeverfahrens mitgewirkt hat.

5. Weitere Ausschließungsgründe sind in der StPO nicht vorgesehen; z. B. hindert eine Tätigkeit als Ermittlungsrichter nicht die spätere Teilnahme an der Hauptverhandlung (BGHSt 9, 233). Auch die Identität von eröffnendem und erkennendem Richter begründet keine Befangenheit. Wegen der bewußt kasuistischen, abschließend aufzählenden Fassung der Ausschlußgründe erscheint tatsächlich in sämtlichen anderen Fällen kein Analogieschluß, sondern ein argumentum e contrario geboten. Das gilt vor allem auch bei der Zurückverweisung durch das Revisionsgericht an eine andere Kammer oder Abteilung nach § 354 II, wo bei zwischenzeitlichem Richtertausch kein Ausschließungsgrund gegeben ist (BGHSt *21, 142*). Statt dessen ist nur ein Ablehnungsgrund wegen Besorgnis der Befangenheit anzunehmen (s. u. II, 2).

6. Die Ausschließung eines Richters bedeutet, daß er sich jeder Amtshandlung zu enthalten hat. Die trotzdem ergangenen Entscheidungen sind mangelhaft (das Ausmaß ist im einzelnen umstritten, vgl. Peters S. 143 f.), bei Urteilen liegt ein absoluter Revisionsgrund vor (§ 338 Nr. 2).

II. Die Ablehnung des Richters

1. Ein Richter, der nicht schon kraft Gesetzes ausgeschlossen ist, kann wegen *Besorgnis der Befangenheit abgelehnt* werden, wenn ein Grund vorliegt, der geeignet ist, Mißtrauen gegen seine Unparteilichkeit zu rechtfertigen (§ 24 I, II). Es ist dafür also nicht erforderlich, daß er tatsächlich voreingenommen ist, vielmehr reicht es aus, wenn ein dahingehender Verdacht bei verständiger Würdigung aufkommen kann (vgl. BGHSt *1, 37*; BGH bei Dallinger, MDR 1972, 571). Dies ist z. B. der Fall, wenn der Richter die Zeugnisverweigerung eines dazu Berechtigten

[Handschriftliche Notiz am unteren Rand:] „Kasuistik" = Versuch u. Methode einer Rechtsfindung, die nicht von allgemeinen, umfassenden, sondern spezifischen, für möglichst viele Einzelfälle gesetzlich geregelten Tatbeständen ausgeht

kritisiert (BGHSt *1, 34*), wenn er einem Angekl., der von seinem
Schweigerecht Gebrauch macht, das Stellen von Fragen verwehrt (BGH
StrV 1985, 2), wenn er vor der Hauptverhandlung der Presse gegenüber
noch nicht bewiesene Tatsachen behauptet (BGHSt *4, 264,* s. aber auch
BGHSt *21, 85*), wenn er außerhalb der Hauptverhandlung häufige Gespräche mit dem Angeklagten führt (BGH StrV 1982, 99) oder energische
Vorhalte für die Hauptverhandlung ankündigt (AG Bremen StrV 1984,
328), wenn er Angeklagte wegen ihrer revolutionären politischen Auffassung für geistesgestört erklärt (LG Freiburg StrV 1982, 111) oder ihre
Darlegungen als politischen Quatsch abtut (LG Freiburg StrV 1982, 112)
oder den Vortrag motivationsrelevanter politischer Auffassungen als
nicht zur Sache gehörig unterbindet (LG Krefeld StrV 1984, 196), wenn
er in einem Gattenmordprozeß äußert, dem Angeklagten möge seine tote
Frau nachts vor Augen treten (BGH MDR 1958, 741) oder wenn ein
Laienrichter in den Diensten des Verletzten steht (BGH MDR 1954,
151). Dagegen liegt ein Ablehnungsgrund nicht schon darin, daß ein
Schöffe tendenziöse Presseberichte über den Prozeß gelesen hat (BGHSt
22, 289; vgl. dazu Hanack, JZ 1971, 91) und auch nicht darin, daß ein
Angeklagter den Richter im laufenden Verfahren beleidigt oder sonstwie
provoziert, wohl auch nicht, wenn dies der Verteidiger tut, denn sonst
hätten diese es in der Hand, jeden ihnen unerwünschten Richter von der
Entscheidung fernzuhalten (vgl. Rabe, NJW 1976, 172; str.). Nach der
Rechtsprechung (BGH *MDR 1957, 16*) ergibt auch die abweichende
politische Einstellung des Richters keinen Ablehnungsgrund, sofern
nicht besondere Anzeichen für die Voreingenommenheit hinzutreten.
Eine bestimmte Rechtsauffassung kann natürlich noch weniger eine
Ablehnung begründen.

2. Umstritten ist, ob im Fall des § 354 II der schon früher tätig
gewesene und jetzt durch zufälligen Austausch wieder zuständige Richter
wenigstens wegen Besorgnis der Befangenheit abgelehnt werden kann.
Im Anschluß an die im Schrifttum h. M. (vgl. nur Dahs NJW 1966, 1691;
Hanack NJW 1967, 580; Arzt aaO. S. 80 ff.) ist dies entgegen BGHSt *21,
142* zu bejahen, auch wenn die Gesetzessystematik dagegen spricht.
Entscheidend dafür spricht jedoch die Überlegung, daß ein Richter, der
schon einmal in dieser Sache auf Grund einer Hauptverhandlung ein
Urteil gefällt hat, sich von seinen früheren Eindrücken unmöglich ganz
frei machen kann. Da dieser „Befangenheitsvermutung" in § 354 II nur
unzureichend Rechnung getragen wurde, sollte dessen Lücke durch eine
Heranziehung des § 24 geschlossen werden. In einem späteren Urteil
(BGHSt *24, 336*) hält der BGH diese Bedenken immerhin dann für
gerechtfertigt, wenn das angefochtene Urteil abträgliche Werturteile
enthielt (kritisch dazu Arzt, JZ 1973, 33).

3. Ablehnungsberechtigt sind gemäß § 24 III, 1 die StA, der Privatklä-
ger und der Beschuldigte sowie nach h. M. über den Wortlaut des
Gesetzes hinaus auch der Antragsteller im Klageerzwingungsverfahren
(OLG Karlsruhe, NJW 1973, 1658; OLG Saarbrücken, NJW 1975, 399).

4. Das Ablehnungsgesuch ist bei dem Gericht anzubringen, dem der abgelehnte Richter angehört (§ 26 I), wobei der Ablehnungsgrund (meist durch eidesstattliche Zeugenerklärungen) glaubhaft zu machen ist (§ 26 II). Es kann grundsätzlich nur bis zum Beginn der Vernehmung des Angeklagten zur Sache vorgebracht werden (§ 25 I), später nur noch dann, wenn die Ablehnungsgründe erst danach eintraten oder bekannt wurden. Sie müssen unverzüglich geltend gemacht werden (§ 25 II), doch muß der Angeklagte Gelegenheit haben, sich mit seinem Verteidiger zu beraten (BGH NStZ 1984, 371). Nach dem letzten Wort des Angeklagten ist eine Ablehnung schlechthin nicht mehr zulässig (§ 25 II, 2). Dienstliche Äußerungen des Richters zu dem Ablehnungsgesuch sind dem Antragsteller vor der Entscheidung bekanntzugeben (BGH StrV 1982, 457; BayObLG 1982, 460. Zur Revisibilität der Unterlassung vgl. BGH, BayObLG aaO.). Wird das Gesuch als unzulässig verworfen (s. § 26 a I), so wirkt der abgelehnte Richter bei dieser Entscheidung mit (§ 26 a II), andernfalls tritt sein Vertreter an seine Stelle (s. §§ 27 I StPO, 21 e, 21 f, 21 g, 70 GVG). Beim Richter des AG entscheidet ein anderer Richter dieses Gerichts (§ 27 III). Würde bei dieser Regelung Beschlußunfähigkeit eintreten, etwa weil das ganze Gericht, d. h. genauer: jeder einzelne Richter, unter Angabe von jeden einzelnen betreffenden Gründen (BremStGH MDR 1958, 901; BGH *MDR 1955, 271;* BGHSt 23, 200), abgelehnt wurde, so entscheidet das nächsthöhere Gericht (§ 27 IV). Bei ehrenamtlichen Richtern und Protokollführern entscheiden der Vorsitzende bzw. die berufsrichterlichen Mitglieder des Gerichts (§ 31 II).

5. Ein abgelehnter Richter darf vor Erledigung des Ablehnungsgesuchs nur noch unaufschiebbare Handlungen (etwa Vernehmung eines todkranken Zeugen) vornehmen, § 29 I. Eine Erledigung im Sinne des § 29 liegt wohl schon mit dem ersten Zurückweisungsbeschluß, d. h. vor dessen Rechtskraft, vor (arg. § 28 II, 2; sonst wäre der zu Unrecht abgelehnte Richter fortdauernd ausgeschlossen, ein unmögliches Ergebnis; das Ganze ist aber str., s. KMR[7]-Paulus, § 29, 5). Würde die erst in der Hauptverhandlung erfolgende Richterablehnung deren Unterbrechung (vgl. dazu u. § 42 C) erfordern, so kann die Hauptverhandlung unter Mitwirkung des betroffenen Richters nach dem durch das *StVÄG 1979* eingeführten § 29 II so lange fortgesetzt werden, bis eine Entscheidung über die Ablehnung ohne Verzögerung der Hauptverhandlung möglich ist; wird die Ablehnung für begründet erklärt, so ist ihr nach der Anbringung des Ablehnungsgesuchs liegender Teil zu wiederholen (i. e. s. § 29 II; krit. zu der Neuregelung Dästner aaO., Draber, aaO.).

6. Die Rechtsmittel gegen den Beschluß über das Ablehnungsgesuch sind stark eingeschränkt (§ 28). Die Zurückweisung der Ablehnung eines erkennenden Richters kann nur zusammen mit dem Urteil angefochten werden (§ 28 II, 2; vgl. auch § 338 Nr. 3). Das setzt aber nach h. M. voraus, daß der Beschluß an sich mit der Beschwerde anfechtbar ist. Hat

Revisibilität = Anfechtbarkeit eines Urteils auf dem Wege der Revision das OLG im ersten Rechtszug ein Ablehnungsgesuch verworfen, so ist dieser Beschluß nach § 304 IV, 2 nicht beschwerdefähig und deshalb nach BGHSt 27, 96 auch nicht mit der Revision anfechtbar (zustimmend BVerfG, NJW 1977, 1815; entschiedene Ablehnung dieser Entscheidungen bei Schmidt-Leichner, NJW 1977, 1804).

7. Die sog. *Selbstablehnung* eines Richters (§ 30) betrifft den Fall, daß ein Richter Umstände, die seine Befangenheit begründen könnten, dem Gericht anzeigt und eine Entscheidung nach § 27 herbeiführt; ein Selbstablehnungsrecht des Richters besteht also nicht. Ob er eine Anzeige nach § 30 macht, steht in seinem pflichtgemäßen Ermessen, so daß das Unterlassen einer Anzeige grundsätzlich nicht überprüft werden kann.

14.11.85

§ 10. Die Staatsanwaltschaft und ihre Gehilfen

Literatur: Otto, Die preußische Staatsanwaltschaft, 1899; Elling, Die Einführung der Staatsanwaltschaft in Deutschland, 1911; Carstens, Die Geschichte der Staatsanwaltschaft in Deutschland bis zur Gegenwart, 1932; Kern, Staatsanwaltschaft und Kriminalpolizei, DRZ 1947, 327; Eb. Schmidt, Die Rechtsstellung der Staatsanwälte im Rahmen der rechtsprechenden Gewalt und ihre Einbeziehung in das Richtergesetz, DRiZ 1957, 273; Dünnebier, Die Grenzen der Dienstaufsicht gegenüber der Staatsanwaltschaft, JZ 1958, 417; Döhring, Die deutsche Staatsanwaltschaft in ihrer geschichtlichen Entwicklung, DRiZ 1958, 288; Börke, Weisungsgebundenheit und Grundgesetz, ZStW 73 (1961) 561; Kohlhaas, Die Stellung der Staatsanwaltschaft als Teil der rechtsprechenden Gewalt, 1963; Wagner, Zur Weisungsgebundenheit der Staatsanwälte, NJW 1963, 8; Eb. Schmidt, Zur Rechtsstellung und Funktion der Staatsanwaltschaft als Justizbehörde, MDR 1964, 629, 713 (= Aufsätze 176); Anterist, Anzeigepflicht und Privatsphäre des Staatsanwalts, 1968; Roxin, Rechtsstellung und Zukunftsaufgaben der Staatsanwaltschaft, DRiZ 1969, 385; J. Blomeyer, Die Stellung der Staatsanwaltschaft, GA 1970, 161; Bruns, Ablehnung eines Staatsanwalts aus den Gründen des § 24 StPO, insbes. wegen Besorgnis der Befangenheit?, in: Aktuelle Probleme des internationalen Strafrechts (Grützner-Festschr.), 1970, 42; Buckert, Der Rechtsanspruch des Bürgers auf Ablösung eines befangenen Staatsanwalts und seine gerichtliche Durchsetzung, NJW 1970, 847; Görgen, Die organisationsrechtliche Stellung der Staatsanwaltschaft zu ihren Hilfsbeamten und zur Polizei, 1973; Günther, Staatsanwaltschaft, Kind der Revolution, 1973; Martin, Zur Weisungsgebundenheit der Staatsanwaltschaft, JZ 1973, 415; W. Wagner, Staatsanwaltschaft oder Polizei?, MDR 1973, 713; W. Wagner, Der objektive Staatsanwalt – Idee und Wirklichkeit, JZ 1974, 212; Bucher, Weisungsgebundenheit der Staatsanwaltschaft, JZ 1975, 105; Lampe, Ermittlungszuständigkeit von Richter und Staatsanwalt nach dem ersten Strafverfahrensreformgesetz, NJW 1975, 195; Kuhlmann, Ausschließung und Ablehnung des Staatsanwalts, DRiZ 1976, 11; ders., Gedanken zum Bericht „Staatsanwalt und Polizei", DRiZ 1976, 265; Görgen, Die Polizei als Staatsanwaltschaft vor der Staatsanwaltschaft?, DRiZ 1976, 296; ders., Strafverfolgungs- und Sicherheitsauftrag der Polizei, ZRP 1976, 59; Seebode, Strafverfolgung nach Polizeirecht?, MDR 1976, 537; Blankenburg/Sessar/Steffen, Die Staatsanwaltschaft im Prozeß sozialer Kontrolle, 1977; Polizei und Justiz, BKA-Vortragsreihe, Bd. 23, 1977; Ulrich, Das Verhältnis Staatsanwaltschaft – Polizei, ZRP 1977, 158; Rupprecht, Keine Bedenken gegen die Leitsätze zum Verhältnis StA – Polizei, ZRP 1977, 275; Weigend, Anklagepflicht und Ermessen, 1978; Frisch, Ausschluß und Ablehnung des StA, Bruns-Festschr., 1978, 385; Kuhlmann, Ohne

Weisungsrecht geht es nicht, Kriminalistik 1978, 196; Denninger/Lüderssen, Polizei und Strafprozeß im demokratischen Rechtsstaat, 1978; Kürzinger, Private Strafanzeige und polizeiliche Reaktion 1978. Jescheck/Leibinger, Hrsg., Funktion und Tätigkeit der Anklagebehörde im ausländischen Recht, 1979; Wendisch, Zur Ausschließung und Ablehnung des Staatsanwalts, Schäfer-Festschr., 1980, 243; Steinke, § 163 Abs. 1 StPO eine Generalermächtigung für „polizeiliche Eingriffe"? MDR 1980, 456; Gössel, Überlegungen über die Stellung der Staatsanwaltschaft, etc., GA 1980, 325; Bottke, Zur Anklagepflicht der Staatsanwaltschaft, GA 1980, 298; Lange, Die Gerichtshilfe und ihr Einbau in das Erkenntnisverfahren des überkommenen Strafprozesses, Diss. Freiburg, 1980; Benfer, Anordnung von Grundrechtseingriffen usw., NJW 1981, 1245; Riegel, Neue Aspekte des polizeilichen Befugnisrechts usw., JR 1981, 229; Geisler, Stellung und Funktion der Staatsanwaltschaft usw., ZStW 93 (1981), 1109; Burchardi/Klempahn, Der StA und sein Arbeitsgebiet, 5. Aufl. 1982; Schoreit, StA und Polizei im Lichte fragwürdiger Beiträge zur Reform des Rechts der StA, ZRP 1982, 288; Ahlf, Der Begriff des „Eingriffes" insbes. bei kriminalpolizeilicher Tätigkeit u.s.w., Die Polizei, 1983, 41; Arloth, Zur Ausschließung und Ablehnung des Staatsanwalts, NJW 1983, 207; Schairer, Der befangene Staatsanwalt, 1983; Renschler-Delcker, Die Gerichtshilfe in der Praxis der Strafrechtspflege, 1983; Rüping, Das Verhältnis von Staatsanwaltschaft und Polizei, ZStW 95 (1983), 894; Walder, Grenzen der Ermittlungstätigkeit, ZStW 95 (1983), 862; Odersky, Staatsanwaltschaft, Rechtspflege und Politik, Bengl-Festschrift, 1984, 57; Schedel, Ausschließung und Ablehnung des befangenen oder befangen erscheinenden Staatsanwalts, Diss. Würzburg, 1984; Keller, Polizeiliche Observation und strafprozessuale Wahrheitsforschung, StrV 1984, 512; Kunert, Wie abhängig ist der Staatsanwalt? Wassermann-Festschr., 1985, 915; Krey-Pföhler, Zur Weisungsgebundenheit des Staatsanwalts, NStZ 1985, 145.

A. Die Staatsanwaltschaft ist die staatliche Behörde, die zur Strafverfolgung berufen ist.

I. Der Aufbau der Staatsanwaltschaft

1. Die StA ist eine hierarchisch aufgebaute Justizbehörde. Das Privileg sachlicher und persönlicher Unabhängigkeit, wie es dem Richter zukommt, genießt der Staatsanwalt also nicht: „Die Beamten der Staatsanwaltschaft haben den dienstlichen Anweisungen ihres Vorgesetzten nachzukommen" (§ 146 GVG). Der einzelne Staatsanwalt tritt nicht in eigener Machtvollkommenheit auf, sondern handelt stets als Vertreter des ersten Beamten der StA (§ 144 GVG), der die Sache jederzeit an sich ziehen (Devolutionsrecht) oder einen anderen Staatsanwalt mit ihrer Wahrnehmung beauftragen kann (Substitutionsrecht, § 145 GVG). Freilich gilt diese Bindung nur im behördlichen Innenverhältnis, ohne daß die Beauftragung nach außen jeweils im Einzelfall nachgewiesen werden müßte (§ 144 GVG). Nimmt also etwa ein Staatsanwalt eine Berufung weisungswidrig zurück oder stimmt er einer vom Gericht angeregten Einstellung eigenmächtig zu, so sind diese prozessualen Willenserklärungen wirksam, auch wenn sie interne Pflichtwidrigkeiten darstellen.

2. Das Amt der Staatsanwaltschaft wird beim Bundesgerichtshof und bei den Oberlandesgerichten im Rahmen ihrer erstinstanzlichen Zuständigkeit durch den *Generalbundesanwalt* ausgeübt, der der Aufsicht und

Leitung des Bundesjustizministers untersteht und seinerseits gegenüber den Bundesanwälten weisungsberechtigt ist (§§ 142 I Nr. 1; 142a; 147 Nr. 1 GVG). In bestimmten Fällen kann der Generalbundesanwalt das Verfahren vor den Oberlandesgerichten an die Landesstaatsanwaltschaften abgeben (und zwar bei geringeren, die Bundesinteressen wenig berührenden Straftaten, s.i.e. § 142a II–IV GVG). Da im übrigen die Organisation der Staatsanwaltschaft Ländersache ist, ist jedoch die Bundesanwaltschaft den Landesstaatsanwaltschaften nicht übergeordnet. Die Dienstaufsicht über den Generalstaatsanwalt, den ersten Beamten der Staatsanwaltschaft bei den Oberlandesgerichten, steht vielmehr dem Landesjustizminister zu. Der Generalstaatsanwalt ist der Vorgesetzte des Leitenden Oberstaatsanwalts bei den Landgerichten seines Bezirks, der wiederum die Staats- und Amtsanwälte des Landgerichts und der diesem zugeordneten Amtsgerichte unter sich hat (§§ 142 I Nr. 2, 3; 147 Nr. 2, 3 GVG)[1]. Dabei ist zu merken, daß die Amtsanwälte anders als die Staatsanwälte (§ 122 DRiG) nicht die Befähigung zum Richteramt zu besitzen brauchen und nur in amtsgerichtlichen Sachen tätig werden dürfen (§§ 142 I Nr. 3, II; 145 II GVG); es handelt sich bei ihnen meist (auf Grund landesrechtlicher Regelungen) um Beamte der gehobenen Justizlaufbahn oder auch um Referendare.

3. Demnach kann also zwar der Generalstaatsanwalt allen Staatsanwälten des OLG-Bezirks Weisungen erteilen, nicht aber die Bundesanwaltschaft. Ebensowenig kann sie eine von der Landesstaatsanwaltschaft beim BGH eingereichte Revision von sich aus zurücknehmen; sie kann nur, wenn sie die Revision nicht vertreten zu können glaubt, deren Verwerfung beantragen.

Eine bundeseinheitlich gelenkte Strafverfolgung findet also von Seiten der Staatsanwaltschaft aus grundsätzlich nicht statt. Immerhin sind in den letzten Jahrzehnten durch vertragliche Abmachung der Länder untereinander für Spezialmaterien erste Ansätze einer überregionalen staatsanwaltschaftlichen Verbrechensaufklärung geschaffen worden.

a) Zur Aufklärung der von den nationalsozialistischen Gewalthabern in den Jahren 1939–1945 im Ausland begangenen Verbrechen ist durch die Vereinbarung der deutschen Landesjustizverwaltungen am 1. 12. 1958 eine *Zentralstelle* in *Ludwigsburg* eröffnet worden. Sie ist selbst keine Staatsanwaltschaft, obwohl sie nach staatsanwaltschaftlichen Grundsätzen arbeitet, sondern eine den Staatsanwaltschaften vorgeschaltete Stelle. Die Staatsanwaltschaften müssen diese Stelle von abgeschlossenen oder anhängigen oder anhängig werdenden Verfahren unterrichten; die Zentrale gibt das von ihr ermittelte Material zur Weiterverfolgung an die zuständigen Staatsanwaltschaften ab. Seit 1965 ist die Zentralstelle auch für die auf dem Gebiet der Bundesrepublik begangenen NS-Gewaltverbrechen zuständig.

b) Eine ähnliche Einrichtung ist die „*Zentrale Erfassungsstelle*" in *Salzgitter*, die auf Grund einer Übereinkunft der Justizminister und Justizsenatoren der Bundesrepublik durch AV des niedersächsischen Ministers der Justiz vom 15. 11.

---

[1] Die StPO kennt die Bezeichnungen „Generalstaatsanwalt" und „Oberstaatsanwalt" nicht; sie entstammen dem Landesrecht.

1961 errichtet worden ist und der Staatsanwaltschaft am OLG Braunschweig untersteht. Sie sammelt Material und sichert Beweise für Gewaltakte von Organen der DDR in Westberlin; seit 1963 registriert sie auch die innerhalb der DDR begangenen Gewaltakte, insbes. Tötungen, Körperverletzungen und Freiheitsberaubungen, die unter Mißachtung der Menschenwürde ohne gerichtliche Verfahren zur Durchsetzung der Ziele der DDR-Regierung aus politischen Gründen angeordnet oder geduldet werden. Ferner werden hier Terrorurteile erfaßt, die aus politischen Gründen zu exzessiven, mit den Grundsätzen der Menschlichkeit und Rechtsstaatlichkeit nicht zu vereinbarenden Strafen gelangen, sowie Mißhandlungen, die im Ermittlungsverfahren oder im Strafvollzug begangen werden. In Hinsicht auf die Bestimmungen des Grundvertrages zwischen der BRD und der DDR bleibt abzuwarten, ob und ggf. mit welchem Aufgabenkreis die Zentrale Erfassungsstelle auch in der Zukunft tätig sein wird.

4. Besondere organisatorische Maßnahmen erfordert schließlich die *Wirtschaftskriminalität*. Während Polizei und Strafjustiz mangels ausreichender betriebswirtschaftlicher Fachkenntnisse den häufig sehr raffinierten Manipulationen der „Täter im weißen Kragen", mit denen erhebliche, z.T. in die Millionen gehende, Schäden angerichtet werden, früher weitgehend verständnis- und hilflos gegenüberstanden, versuchen die Strafverfolgungsbehörden heute mit·Erfolg, durch gezielte Maßnahmen auch dieser Erscheinungsformen kriminellen Handelns Herr zu werden: Einzelne Staatsanwälte und Polizeibeamte werden für die Verfolgung der Wirtschaftskriminalität besonders ausgebildet; bei den landgerichtlichen StAen übernehmen Sonderdezernenten die Bearbeitung der Wirtschaftsstrafsachen; besonders schwierige und umfangreiche Wirtschaftsstrafverfahren werden (auf Weisung des Generalstaatsanwalts gemäß § 145 GVG) bestimmten Schwerpunkt-StAen zugewiesen. Den ermittelnden StA unterstützen Fachleute (Volks-, Betriebswirte, Buchhalter). Eine entsprechende Spezialisierung findet sich auch auf seiten der Gerichte (vgl. auch § 74c GVG).
Zum Ganzen vgl. Tiedemann, Wirtschaftsstrafrecht und Wirtschaftskriminalität, 1976, 2 Bde., insbes. Bd. 2, S. 172ff.; Berckhauer, ZStW 89 (1977), 1015; ders., Wirtschaftskriminalität und StA, Diss. Freiburg i.Br., 1977.

II. Die Tätigkeit der Staatsanwaltschaft

Die verschiedenen *Aufgaben der StA im Strafverfahren*, die später noch im einzelnen zu besprechen sein werden, sind kurz zusammengefaßt folgende: Die StA hat Strafanzeigen und Strafanträge entgegenzunehmen (§ 158), das Ermittlungsverfahren zu führen oder zu leiten (§§ 160ff.), bei Gefahr im Verzug vorläufige Festnahme, Beschlagnahme, Durchsuchung, Errichtung von Kontrollstellen und Sicherstellung anzuordnen (§§ 127 II, 98, 105, 111, 111e, 111n I, 2, 163b, c) und die Entscheidung darüber zu treffen, ob die öffentliche Klage zu erheben ist (§ 170).
In der Hauptverhandlung hat sie die Anklage zu vertreten (§§ 243 III, 226). Der Staatsanwalt hat außerdem darauf zu achten, daß die Prozeßordnung richtig gehandhabt wird, und er hat – anders als der Verteidiger – Verstöße sofort zu rügen. Er kann Rechtsmittel einlegen (§§ 296, 301).
Die StA ist ferner Vollstreckungsbehörde (§ 451); außerdem kann sie nach Landesrecht Gnadenbehörde sein, der die Vorbereitung von Gnadenentscheidungen, z.T. auch die Entscheidung selbst, obliegt.
Vor allen Entscheidungen des Gerichts, gleichviel, ob diese in oder außerhalb der Hauptverhandlung ergehen, ist ihr Gelegenheit zur münd-

lichen oder schriftlichen Äußerung zu geben, z.B. vor der Aufhebung eines Haftbefehls oder vor dem Beschluß, der über einen Antrag auf Wiederaufnahme des Verfahrens entscheidet, usw. (§ 33).

Zum *Rechtsschutz* gegen Maßnahmen der StA s.u. § 29 D I 2, II 2. Die Verweigerung einer Auskunft durch die StA ist ein Justizverwaltungsakt und kann nach §§ 23 ff. EGGVG angegriffen werden (OLG Hamm NJW 1981, 356).

III. Die Rechtsstellung der Staatsanwaltschaft im Strafverfahren

Die StA ist eine Justizbehörde, die weder der Exekutive noch der dritten Gewalt zuzurechnen ist, sondern als *selbständiges Organ der Rechtspflege* zwischen beiden steht. Die StA kann also keineswegs, wie es bisweilen verlangt wird, dem Richter gleichgestellt werden; dagegen sprechen nicht nur der eindeutige Wortlaut des Art. 92 GG und ihre Weisungsgebundenheit, sondern auch der Umstand, daß die spezifisch richterliche Aufgabe Rechtskraft schaffender Entscheidung dem Staatsanwalt entzogen ist. Die StA ist aber ebensowenig eine reine Verwaltungsbehörde. Denn da ihr in Funktionsteilung mit den Gerichten die Strafrechtspflege anvertraut ist, kann ihre Tätigkeit, wie die des Richters, nicht an den Erfordernissen der Verwaltung, sondern nur am Rechtswert, d.h. an den Kriterien der Wahrheit und Gerechtigkeit, orientiert sein (vgl. dazu die vorzüglichen Darlegungen von Eb. Schmidt in MDR 1964, 629 ff., 713 ff.). Das hat weitreichende praktische Konsequenzen:

1. Der Staatsanwalt des deutschen Strafprozesses ist *nicht „Partei"*. Er hat also nicht einseitig Belastungsmaterial gegen den Beschuldigten zusammenzutragen, sondern er hat „auch die zur Entlastung dienenden Umstände zu ermitteln" (§ 160 II); alles andere wäre mit seiner Verpflichtung auf Wahrheit und Gerechtigkeit unvereinbar. Ebenso kann er Rechtsmittel auch zugunsten des Beschuldigten einlegen (§ 296 II) und die Wiederaufnahme mit dem Ziel einer Freisprechung des Verurteilten betreiben (§§ 365, 301). Er muß das sogar tun, wenn auf diese Weise eine richtige Entscheidung herbeigeführt werden kann.

2. Andererseits ist die StA beim Vorliegen strafbarer Handlungen grundsätzlich *zur Anklage verpflichtet* (§ 152 II, sog. *„Legalitätsprinzip"*; vgl. dazu unten § 14). Ein Staatsanwalt etwa, der gegen Wahrheit und Gerechtigkeit einen Diebstahl unverfolgt ließe, würde sich der Strafvereitelung im Amt (§ 258a StGB) schuldig machen. Auch die ministerielle Weisungsbefugnis findet am Legalitätsprinzip ihre Grenze: Ein Generalstaatsanwalt, der von seinem Minister angewiesen würde, einen Bestechungsfall, in den hochgestellte Personen verwickelt sind, auf sich beruhen zu lassen, müßte einer solchen Anordnung den Gehorsam versagen. Anders ist es, soweit eine Entscheidung von den Belangen des öffentlichen Interesses abhängig gemacht wird (§§ 153 ff.); im Bereiche des Opportunitätsprinzips geht es nicht um Fragen der Gerechtigkeit, so daß hier, soweit die Grenzen des Ermessens oder Beurteilungsspielraums eingehalten werden, Weisungen des vorgesetzten Beamten der StA oder des Ministers durchaus zulässig sind (näher Krey-Pföhler aaO.).

3. Die Frage, ob der einzelne Staatsanwalt, wenn er einen Beschuldigten aus tatsächlichen oder rechtlichen Gründen für straflos hält, von seinem Vorgesetzten zur Vertretung der Anklage, zur Beantragung eines Haftbefehls oder zu sonstigen Verfolgungsmaßnahmen gezwungen werden kann, ist umstritten, richtigerweise aber zu verneinen (a. A. z. B. L.-R.-Schäfer, § 169, Rdnr. 11 f.; Kissel, § 146, Rdnr. 5 f.; Krey-Pföhler, aaO. 152, wollen nur das externe Weisungsrecht des Ministers hier enden lassen). Denn wenn auch der einzelne Staatsanwalt immer nur als Vertreter des „ersten Beamten" (§ 144 GVG) handelt, sind Wahrheit und Gerechtigkeit doch keine vertretbaren Größen, sondern Sache gewissenhafter, individueller Entscheidung. Deshalb darf kein Staatsanwalt genötigt werden, gegen seine Überzeugung zu handeln. Die übergeordnete Entscheidungsbefugnis des leitenden Beamten der Staatsanwaltschaft wird dadurch nicht angetastet, weil sein Devolutions- und Substitutionsrecht ihm die Möglichkeit gibt, die Sache an sich zu ziehen oder einen anderen Staatsanwalt damit zu betrauen (§ 145 GVG). Unzulässig sind ferner vor der Hauptverhandlung erteilte Weisungen zur Stellung bestimmter Schlußanträge. Da nach dem Unmittelbarkeitsprinzip (s. u. § 44) das Urteil allein auf den Ergebnissen der Hauptverhandlung beruhen darf und die StA ihre im Plädoyer zu vertretende Überzeugung auf dieselbe Weise zu gewinnen hat, wäre eine den Ausgang der Beweisaufnahme antizipierende Weisung prozeßordnungswidrig und deshalb unbeachtlich.

4. Äußerst umstritten ist die Frage, ob eine Pflicht zur Anklage auch dann besteht, wenn die StA ein Verhalten entgegen der höchstrichterlichen Rspr. für straflos hält. Ein Teil der Literatur bejaht diese Frage unter Hinweis auf die §§ 121 II, 136 GVG schon bei einzelnen verurteilungsgünstigen Präjudizien (L.-R.-Schäfer, Einl. Kap. 13, Rdnr. 37, 38). Der BGH nimmt eine Anklagepflicht nur bei einer ständigen Rspr. an (BGHSt *15, 155*). Mit der in der Literatur h. M. (vgl. zuletzt Bottke, GA 1980, 298 m. N.) ist die Frage jedoch zu verneinen. Die in § 150 GVG ausgesprochene Unabhängigkeit der StA von den Gerichten spricht ebenso gegen ihre Bindung an eine ständige oder vereinzelte höchstrichterliche Rspr. wie der Umstand, daß die absolute Verpflichtung auf Wahrheit und Gerechtigkeit eine selbständig und eigenverantwortlich gewonnene Rechtsüberzeugung voraussetzt. Der Hinweis des BGH auf das Legalitätsprinzip schlägt demgegenüber nicht durch; denn dieser Grundsatz besagt zwar, daß die StA strafbare Handlungen verfolgen muß (§ 152 II), nicht aber, daß sie über die Strafbarkeit nicht nach ihrer eigenen Rechtsauffassung urteilen dürfte. Auch das Gewaltenteilungsprinzip verlangt nicht, daß die StA im Widerspruch zu ihrer eigenen Rechtsauffassung Anklage erheben müßte. Denn zwar ist die Rechtsprechung allein den Gerichten zugewiesen (Art. 92 GG); aber die Einstellung wegen eines von der StA für straflos befundenen Verhaltens ist keine Rechtsprechung im Sinne des Grundgesetzes. Gegen die Bindung läßt sich außerdem die praktische Erwägung geltend machen, daß über die

Voraussetzungen einer „ständigen Rechtsprechung" schwer Einigkeit zu erzielen ist und daß bei ihrem Fehlen die StA der Entscheidung über die Klageerhebung jedenfalls ihre eigene Rechtsüberzeugung zugrunde legen muß. Da die StA auch ein Verhalten anklagen darf, das die Rspr. für straflos hält, ist zudem nicht einzusehen, warum die StA ihre eigene Rechtsauffassung nicht auch zugunsten des Beschuldigten sollte geltend machen dürfen.

Krey, JA 1985, 61, will den StA, der entgegen einer st. Rspr. nicht anklagt, zwar nicht nach § 258a StGB bestrafen, ihn aber disziplinarisch zur Verantwortung ziehen. Doch kann es kein Dienstvergehen sein, wenn ein Rechtspflegeorgan seinem eigenen Rechtsgewissen folgt.

5. Wegen der richtergleichen Bindung des Staatsanwalts an Wahrheit und Gerechtigkeit muß auch seine Ablehnung möglich sein (a. A. Kissel, § 145, Rdnr. 8), obwohl die §§ 22 ff. nicht unmittelbar für die StA gelten (für entspr. Anwendung mit der Wirkung, daß das Gericht ggf. den StA ausschließen oder ablehnen muß, Arloth, NJW 1983, 207). Einem an den Dienstvorgesetzten zu richtenden Antrage des Beschuldigten auf Auswechslung eines Staatsanwalts nach § 145 GVG ist zu entsprechen, „wenn ein Grund vorliegt, der bei einem Richter zur Ausschließung führt oder wenn vom Standpunkt des Beschuldigten aus die Besorgnis der Befangenheit begründet ist" (OLG Hamm NJW 1969, 808). In § 7 nds. AGGVG ist eine solche Regelung, die allgemein als Richtlinie gelten kann, sogar gesetzlich fixiert (ähnlich § 11 des baden-württemberg. AGGVG; verfassungsrechtl. Bedenken b. Frisch, 389). Trotzdem hat die Rechtsprechung einen nach §§ 23 ff. EGGVG im Klagewege durchsetzbaren Rechtsanspruch auf Ablösung eines befangenen Staatsanwalts (dazu OLG Hamm aaO.) bisher in aller Regel ebenso verneint wie die Revisibilität eines Urteils, das unter Mitwirkung eines zu Recht abgelehnten Staatsanwalts zustandegekommen ist (schwankend BGH NJW 1980, 845; vgl. dazu Joos NJW 1981, 100). Beides ist nicht überzeugend: Die Ablehnung der Auswechslung eines Staatsanwalts kann sehr wohl als Justizverwaltungsakt nach § 23 EGGVG angesehen werden (Bruns, 51; Buckert, 848; a. A. Wendisch, 243; Schlüchter, Rdnr. 66, 1); und wenn die Mitwirkung eines durch seine Zeugenrolle ausgeschlossenen Staatsanwalts anerkanntermaßen die Revision begründen kann (s. dazu u. § 26 A III 3), dürfte es hier nicht anders sein (Bruns, 46; Schlüchter, Rdnr. 66, 1; OLG Stuttgart NJW 1974, 1394 mit Anmerkung von Fuchs). Nachdem die Stellung des StA durch das 1. StVRG eine erhebliche Stärkung erfahren hat, ist eine gesetzliche Absicherung seiner Objektivität durch die Möglichkeit seiner Ablehnung noch dringlicher geworden (vgl. Dahs, NJW 1975, 1877; Kuhlmann, DRiZ 1976, 11; Roxin, Schmidt-Leichner-Festschr., 1977, 1490; Frisch, 385; Bruns, JR 1980, 397).

B. Zur Durchführung des Ermittlungsverfahrens stehen der StA eine Reihe **anderer Behörden und Beamter** zur Verfügung.

I. Die Polizei

1. Die größte praktische Bedeutung kommt dabei der Mitwirkung der Polizei zu. Die StA hat keine ausführenden Organe; sie ist ein „Kopf ohne Hände" (Kern, GVR[4], 227). Das Gesetz gleicht dieses Manko aus, indem es ihr zur Unterstützung der Verbrechensverfolgung die Beamten und Behörden des Polizeidienstes zur Verfügung stellt. Die Polizei ist der StA nicht organisatorisch unterstellt, sondern untersteht den Innenministerien der Länder; das Gesetz ordnet sie ihr aber funktional zu. Dabei unterscheidet es die *Hilfsbeamten der Staatsanwaltschaft*, die mit besonderen Zwangsbefugnissen ausgestattet sind, von den übrigen Polizeibeamten; welche Angehörigen der Polizei Hilfsbeamte der StA sind (vgl. § 152 II GVG), ist in inhaltlich übereinstimmenden Rechtsverordnungen der Bundesländer festgelegt (z.B. für Bayern in der VO v. 16. 1. 1976, GVBl. S. 1).

Gemeinsam haben *alle Polizeibeamten* nur drei Zwangsmittel:

das Recht zur vorläufigen Festnahme, §§ 127 I S. 1, 127 II, 163 b I S. 2,

das Recht zur Vornahme erkennungsdienstlicher Maßnahmen, §§ 81 b, 163 b I, 3 sowie

das Recht zur Identitätsfeststellung, § 163 b.

Die *Hilfsbeamten* haben – in dringenden Fällen – fünf weitere Zwangsmittel:

die Anordnung von Beschlagnahmen, §§ 98 I, 111 e I, 2,

die Anordnung von Durchsuchungen, § 105 I,

die Anordnung einer Blutprobe oder einer sonstigen körperlichen Untersuchung des Beschuldigten, § 81 a,

die Anordnung einer körperlichen Untersuchung von Zeugen, § 81 c, und

die Anordnung, Kontrollstellen einzurichten, § 111 II.

2. Die Polizei wird in zweierlei Weise tätig:

a) Sie hat *von sich aus* die Ermittlungen aufzunehmen, sobald sie von einer strafbaren Handlung erfährt. Dabei hat sie jedoch nur das Recht und die Pflicht des *ersten Zugriffs*: Sie hat „alle keinen Aufschub gestattenden Maßnahmen zu treffen" (§ 163 I); danach hat sie ihre Verhandlungen ohne Verzug der StA zu übersenden. Damit soll gesichert werden, daß die Herrschaft über das Ermittlungsverfahren bei der StA bleibt. Nur wenn die Polizei die schleunige Vornahme einer richterlichen Untersuchungshandlung (dazu s.u. II) für erforderlich hält, übersendet sie die Akten unmittelbar an das Amtsgericht (§ 163 II, 2). Dieses hat dann zu entscheiden, ob es nach § 165 tätig werden muß, hat aber so bald wie möglich der StA die weitere Verfügung zu überlassen (§ 167). Das Recht des ersten Zugriffs verleiht der Polizei keine Eingriffsbefugnisse, sondern weist ihr nur ihre Aufgaben zu (vgl. Steinke, MDR 1980, 456).

Allerdings ist die Grenze, jenseits derer eine polizeiliche Ermittlungs-maßnahme zu einem spezieller Ermächtigung bedürftigen Eingriff wird, oft nicht leicht zu ziehen (vgl. Ahlf aaO; grds. zu den „Grenzen der Ermittlungstätigkeit" Walder aaO.). Vielfach wird – vor allem bei der Polizei – die Ansicht vertreten, daß Eingriffe unterhalb einer gewissen Intensitätsschwelle (vor allem solche ohne Zwangs-Charakter) durch § 163 gedeckt seien und keiner weiteren Ermächtigung bedürften (*„Schwellentheorie"*). Mindestens für Eingriffe in Grundrechte kann das aber nicht gelten, wie sich schon aus dem positiven Recht (etwa §§ 100, a, b) entnehmen läßt; sie bedürfen immer einer besonderen gesetzlichen Grundlage.

Das Problem hat bei den modernen Methoden der Verbrechensverfolgung besondere Aktualität erlangt. Bei der sog. *Rasterfahndung* werden bestimmte Datensammlungen nach vorher festgelegten kriminalistischen Merkmalen (Rastern) überprüft. Man hat z.B. festgestellt, daß Terroristen ihre Stromrechnung oft nicht direkt, sondern über ihre Vermieter bezahlen; die Polizei prüft nun die Kundenkartei der Elektrizitätswerke und vergleicht sie mit dem Melderegister, um auf diese Weise an verdächtige Personen heranzukommen. Darin liegt ein Eingriff in das vom BVerfG im Volkszählungsurteil (BVerfGE 65, 1) anerkannte und aus Art. 2 I, 1 GG abgeleitete *informationelle Selbstbestimmungsrecht"*, d.h. das Recht des Bürgers, „grundsätzlich selbst über die Preisgabe und Verwendung seiner persönlichen Daten zu bestimmen" (aaO., 43). Die These der „Schwellentheorie", § 163 gewähre ein solches Eingriffsrecht, wird sich nicht halten lassen. Auch durch § 94 läßt sich die Beschlagnahme ganzer Datensammlungen (z.B. von Kundenkarteien) kaum rechtfertigen, weil die potentielle Beweisbedeutung für die meisten zu beschlagnahmenden Datenträger sich nicht konkret genug begründen läßt. Eine gesetzliche Regelung der Eingriffsbefugnis (in einem neuen § 100c) ist deshalb dringend nötig (Vorschläge bei Rogall aaO., 21 ff.). Auch die Methoden polizeilicher Überwachung und Beobachtung werfen ähnliche Probleme auf.

Literatur: Simon/Traeger, Rasterfahndung, 1981; Rogall, Moderne Fahndungsmethoden im Lichte gewandelten Grundrechtsverständnisses, GA 1985, 1; Wanner, Die negative Rasterfahndung – eine moderne und umstrittene Methode der repressiven Verbrechensbekämpfung, Diss. München 1985.

Weitgehend unbewältigt sind auch die rechtlichen Probleme, die durch den zunehmenden Einsatz verdeckt ermittelnder Polizeibeamter und Polizeispitzel im Milieu der Rauschgiftszene und der organisierten Kriminalität entstehen. Auch wenn auf den Einsatz solcher Spitzel nicht verzichtet werden kann (Rebmann aaO.), muß den dabei auftretenden Mißbräuchen und Übergriffen doch rechtlich wirksamer begegnet werden als bisher (Ostendorf/Meyer-Seitz aaO., Lüderssen aaO.). Zu den Problemen aus diesem Bereich, die die Rspr. schon eingehend beschäftigt habe, vgl. §§ 21 B III, 44 B IV.

Literatur: Rebmann, Der Einsatz verdeckt ermittelnder Polizeibeamter im Bereich der Strafverfolgung, NJW 1985, 1; Ostendorf/Meyer-Seitz, Die strafrechtl. Grenzen des polizeilichen Lockspitzeleinsatzes, StrV 1985, 73; Lüderssen, Die V-Leute-Problematik usw., Jura 1985, 113.

b) Vor allem nimmt die Polizei Ermittlungen auf Grund einer *Weisung* der Staatsanwaltschaft vor. Diese Weisung heißt „Ersuchen", wenn sie an die allgemeinen Polizeibehörden, dagegen „Auftrag", wenn sie an die Hilfsbeamten der StA ergeht; sie ist in beiden Fällen verbindlich (§ 161, 2; für das Ermittlungsverfahren zu Unrecht a. A. Benfer, NJW 1981, 1245).

c) Treffen Gefahrenabwehr und Strafverfolgungsmaßnahmen zusammen, so sollen StA und Polizei tunlichst im Einvernehmen handeln. Kollidieren beide Aufgaben, so ist danach zu entscheiden, ob die Strafverfolgung oder die Gefahrenabwehr das höherwertige Ziel ist. In unaufschiebbaren Eilfällen soll die Polizei entscheiden (RiStBV Anlage A). Streitig ist, ob die Staatsanwaltschaft der Polizei nicht nur ein Einschreiten als solches, sondern auch dessen konkrete Durchführung (z. B. den Schußwaffeneinsatz) vorschreiben kann. Dies ist im Hinblick auf die §§ 161, 2 StPO; 7 UZwG (Sartorius 115); 81 c VI, 2 StPO (e contrario) entgegen Krey, ZRP 1971, 224, zu bejahen, sofern es sich um eine strafprozessuale Maßnahme handelt. Falls die Maßnahme dagegen auf eine polizeiliche Ermächtigungsnorm gestützt wird, läßt sich eine Weisungsbefugnis der StA auch nicht aus dem Gesichtspunkt des Sachzusammenhanges mit (bloß) zeitgleicher Strafverfolgungstätigkeit begründen. Im wesentlichen übereinstimmend RiStBV Anlage A (vgl. dazu Rüping, Rdnr. 90).

3. Nach der Konzeption des Gesetzgebers (zur Geschichte s. Görgen, 1973, 35; Rüping aaO., 894) liegt also die Leitung der Ermittlungen ganz in der Hand der StA, die nur für einzelne begrenzte Ermittlungsaufträge die Polizei heranzieht. In der *Praxis* ist das Ermittlungsverfahren weitgehend in die Hand der Polizei übergegangen. Häufig führt sie die Ermittlungen selbständig und übersendet erst nach ihrem Abschluß die Akten an die StA, die dann nur noch entscheidet, ob sie das Verfahren einstellen oder Anklage erheben will. Das ist bedenklich, weil es die justizbehördliche Leitung des Ermittlungsverfahrens in Frage stellt. Es wird daher künftig notwendig sein, an die StA einen Stab erfahrener Kriminalbeamter derart abzuordnen, daß sie mit der alleinigen Weisungsgewalt des Staatsanwaltes unmittelbar und die Ermittlungsarbeit nach seinen Direktiven unter Zuhilfenahme der übrigen Polizeibehörden unmittelbar in seinem Sinne leiten können (vgl. Roxin aaO., 338; abl. Gössel aaO.; Rüping aaO., 908).

Vorschläge für eine gesetzliche Regelung enthalten die neuerdings von einer Gemeinsamen Kommission der Justiz- und Innenministerkonferenz vorgelegten *Leitsätze über die Neugestaltung des Verhältnisses Polizei – Staatsanwaltschaft*, die von beiden Konferenzen 1975 gebilligt worden sind (der Gesamtbericht der Kommission ist veröffentlicht in: Polizei und Justiz, S. 147–149; nur die Leitsätze ferner in DRiZ 1976, 266). Diese Leitsätze empfehlen, im Rahmen der vom geltenden Recht festgelegten Grundstruktur, insbesondere eines einheitlichen Ermittlungsverfahrens, die rechtlichen Regeln im Detail stärker der Entwicklung der Realität anzugleichen (vgl. i. e. Görgen, ZRP 1976, 59, DRiZ 1976, 296; Kuhlmann, DRiZ 1976, 265; Gemmen, Wendisch, in: Polizei und Justiz, S. 13, 19; Ulrich, ZRP 1977, 158; Rupprecht, ZRP 1977, 275). Hierin zeigt sich eine bedenkliche Tendenz zur Verlagerung staatlicher Ermittlungsaufgaben auf die Exekutive. Für ein Festhalten an der rechtlichen Gesamtverantwortung bei wechselseitiger institutioneller Selbständigkeit Rüping aaO.

4. Nach dem GG sind Einrichtung und Organisation der Polizei grundsätzlich *Ländersache*. Der *Bund* hat demgemäß nur in engen Grenzen eigene Polizeiorgane.

a) Das *Bundesamt für Verfassungsschutz* ist auf Grund des Gesetzes über die Zusammenarbeit des Bundes und der Länder in Angelegenheiten des Verfassungsschutzes (Sartorius 80) eingerichtet worden (Rechtsgrundlage: Art. 73 Nr. 10; 87 I GG) und dient der Bekämpfung politischer Delikte. Es hat jedoch nur die Aufgabe der „Sammlung und Auswertung von Auskünften, Nachrichten und sonstigen Unterlagen" über verfassungsfeindliche Bestrebungen (§ 2 des genannten Gesetzes). Eigentliche polizeiliche Eingriffsbefugnisse stehen dieser Behörde nicht zu.

b) Von besonderer Bedeutung ist das *Bundeskriminalamt* (BKA), das auf Grund des Gesetzes über die Einrichtung eines Bundeskriminalpolizeiamtes (Bundeskriminalamtes) errichtet worden ist (Sartorius 450; Rechtsgrundlage: Art. 73 Nr. 10; 87 I GG). Durch das ÄnderungsG vom 28. 6. 1973 sind seine Befugnisse teilweise erweitert worden. Aufgabe des BKA ist die Bekämpfung des Straftäters, soweit er sich international oder über das Gebiet eines Landes hinaus betätigt oder voraussichtlich betätigen wird; es ist zugleich Nationales Zentralbüro der Internationalen Kriminalpolizeilichen Organisation (Interpol mit Sitz in Paris, gegründet 1923) für die BRD (§ 1). Das BKA, das mit den zentralen Dienststellen der Landeskriminalpolizei (Landeskriminalämtern) zusammenarbeitet, hat insbes. alle Nachrichten und Unterlagen für die polizeiliche Verbrechensbekämpfung zu sammeln und auszuwerten, erkennungsdienstliche Einrichtungen zu unterhalten, kriminaltechnische Untersuchungen und Forschungen durchzuführen, kriminalpolizeiliche Analysen und Statistiken zu erstellen, sowie auf Verlangen der Strafverfolgungsorgane entsprechende Gutachten zu erstatten (§ 2). Zwar bleiben nach § 5 I die vorbeugende Verbrechensbekämpfung und die Verfolgung von Straftaten Sache der Länder; doch ist dieser Grundsatz in folgenden drei Fällen durchbrochen: Das BKA nimmt die polizeilichen Aufgaben auf dem Gebiet der Strafverfolgung selbst wahr bei international organisierten Verbrechen wie Waffenhandel und Falschmünzerei (§ 5 II Nr. 1) sowie bei Angriffen auf Leben oder Freiheit der Mitglieder von Verfassungsorganen der BRD und ihrer ausländischen Gäste bzw. der bei der BRD akkreditierten Diplomaten (s.i.e. § 5 II Nr. 2). Ferner kann das BKA auf Ersuchen einer Landesbehörde, auf Anordnung des Bundesministers des Inneren, die nur aus „schwerwiegenden Gründen" erfolgen kann, oder bei Ermittlungsverfahren, die in die Zuständigkeit des Generalbundesanwalts fallen, die polizeilichen Aufgaben selbst wahrnehmen (§ 5 III). Soweit eine Straftat den Bereich mehrerer Länder berührt, ist das BKA befugt, einem der betroffenen Bundesländer im Einvernehmen mit einem GeneralStA dieses Landes und seiner obersten Landesbehörde die polizeilichen Aufgaben auf dem Gebiet der Strafverfolgung insgesamt zuzuweisen (§ 7 I). In den genannten Fällen dürfen die Vollzugsbeamten des Bundes bzw. des Landes Amtshandlungen im gesamten Bundesgebiet vornehmen; sie sind insoweit Hilfsbeamte der zuständigen StA (§ 8 I). Durch eine Reihe weiterer Vorschriften (vgl. insbes. § 3) wird die Zusammenarbeit des BKA mit den Landeskriminalämtern sichergestellt. Ferner übernimmt das BKA den Schutz der Verfassungsorgane des Bundes und ihrer Gäste (§ 9: „Sicherungsgruppe Bonn").

5. Zum *Rechtsschutz* gegen Strafverfolgungsmaßnahmen der Polizei s.u. § 29 D I 3, II 3.

II. Der Ermittlungsrichter

1. a) Der Staatsanwalt ist Herr des Ermittlungsverfahrens; er hat alle zur Aufklärung des Sachverhalts und zur Verwirklichung des staatlichen Strafanspruchs notwendigen Maßnahmen zu treffen. Eine ganze Reihe von – zumeist besonders einschneidenden – Maßnahmen ist ihm aber verwehrt, weil das Gesetz sie dem Richter vorbehält. Um diese Maßnahmen gleichwohl schon im Ermittlungsverfahren zu ermöglichen, ohne

dem Staatsanwalt die Herrschaft über das Verfahren zu nehmen, sieht das Gesetz die Institution des *Ermittlungsrichters* vor: Die StA beantragt die Vornahme der ihr erforderlich scheinenden richterlichen Untersuchungshandlungen bei dem Richter am AG des Bezirks, in dem diese Handlung vorzunehmen ist, § 162 I, 1 (über die Zuständigkeit für den Fall, daß richterliche Handlungen in mehreren Bezirken erforderlich sind, vgl. § 162 I, 2, 3; II). Der Richter hat lediglich die Zulässigkeit der beantragten Handlung zu prüfen, § 162 III (z. B. die Verhältnismäßigkeit einer beantragten Vorführung, OLG Zweibrücken NJW 1981, 534). Wo allerdings über die Zulässigkeit richterliches Ermessen entscheidet, bleibt es erhalten (z. B. in §§ 65, 94, 102 f., 112). Niemals aber darf der Ermittlungsrichter die bloße Zweckmäßigkeit der beantragten Maßnahme prüfen. Er darf also nicht etwa eine von der StA beantragte richterliche Vernehmung mit der Begründung ablehnen, diese sei überflüssig oder könne auch von der StA selbst durchgeführt werden (vgl. KG JR 1965, 268 u. dazu Fuhrmann JR 1965, 253). In dieser Bindung des Richters an die Entschließung der StA liegt keine Verletzung der richterlichen Unabhängigkeit (Art. 97 GG), denn der Ermittlungsrichter übt insofern keine Rechtsprechungs-, sondern eine Verwaltungstätigkeit aus und wird lediglich in verfassungsrechtlich gebotener Amtshilfe (Art. 35 GG) für die StA tätig (BVerfGE *31*, *43*). Eigene Ermittlungen darf der Ermittlungsrichter nicht anstellen; wenn die ihm von der StA eingereichten Unterlagen für den Erlaß z. B. eines Haft- oder Durchsuchungsbefehls nicht ausreichen, muß er die StA um weiteres Material oder ergänzende Ermittlungen ersuchen. Kommt diese dem Ersuchen nicht nach, so ist der Antrag abzulehnen (LG Stuttgart, NStZ 1983, 520 m. Anm. Rieß).

b) In *Staatsschutzsachen* können neben dem Amtsrichter des Bezirks auch die Ermittlungsrichter des OLG oder des BGH tätig werden, deren Zuständigkeit das gesamte Bundesgebiet umfaßt (s. i. e. §§ 169 StPO, 166 II GVG). Daß bei den Staatsschutzsachen für eine solche Zuständigkeitskonzentration auch schon im Vorverfahren ein Bedürfnis besteht, ist anzuerkennen; die Einrichtung von „Ermittlungsrichtern des BGH beim OLG" ist aber wenig sinnvoll (zutr. Fischer NJW 1969, 449; a. M. Martin NJW 1969, 713), denn über die Anträge des Generalbundesanwalts im Vorverfahren könnte ebensogut der Ermittlungsrichter des OLG entscheiden.

2. Der Ermittlungsrichter wird in folgenden Fällen tätig:
a) *Auf Antrag* der StA (vgl. RiStBV Nr. 10):
α) wenn seine Mitwirkung geboten ist:
zur Unterbrechung der Verjährung, § 78 c StGB, und
zur Sicherung von Beweismitteln, vgl. §§ 251, 254;
b) wenn seine Mitwirkung gesetzlich vorgeschrieben ist:
zur eidlichen Vernehmung von Zeugen und Sachverständigen, §§ 161 a I, 3; 65,
zur vorläufigen Entziehung der Fahrerlaubnis, § 111 a,
zur Anordnung der Untersuchungshaft, § 114, oder der einstweiligen Unterbringung, § 126 a,

im Normalfall zur Anordnung der Beschlagnahme und des Arrests, §§ 98, 111e, 111n, und der Durchsuchung, § 105,
im Normalfall zur Anordnung körperlicher Untersuchungen, §§ 81a, 81c sowie
im Normalfall zur Anordnung, eine Kontrollstelle zu errichten, § 111.

b) Auf *eigene Initiative* wird der Ermittlungsrichter nur bei Gefahr im Verzug tätig. Er handelt dann an Stelle des Staatsanwalts, als sog. *„Notstaatsanwalt"*. In diesem Fall hat er alle unaufschiebbaren Untersuchungshandlungen von Amts wegen vorzunehmen, § 165, und kann sogar von Amts wegen einen Haftbefehl erlassen, § 125. Um die Herrschaft des Staatsanwalts über das Ermittlungsverfahren zu sichern, bestimmt das Gesetz aber, daß er die weitere Verfügung der Staatsanwaltschaft zu überlassen hat, § 167.

III. Die Gerichtshilfe

Gemäß § 160 III, 1 soll die StA bereits im vorbereitenden Verfahren alle Umstände ermitteln, „die für die Bestimmung der Rechtsfolgen der Tat von Bedeutung sind". Zu solchen Umständen zählen neben der Tat auch die Persönlichkeit des Täters und dessen soziale Verhältnisse; sie sind z.B. für die Strafzumessung, die Strafaussetzung zur Bewährung, die Verwarnung mit Strafvorbehalt und die Anordnung etwaiger Maßnahmen entscheidend (vgl. §§ 46, 56, 59f. StGB; Nr. 15 I, 1 RiStBV). Die persönlichen Umstände können aber von StA und Polizei nur unzureichend festgestellt werden, da die ihnen zur Verfügung stehenden Hilfsmittel zu grob sind und psychologische Hemmnisse solche Ermittlungen behindern. Daher sieht § 160 III, 2 vor, daß die StA sich hierzu der Gerichtshilfe bedienen kann. Diese ist weder eine einseitige „Angeklagten-Hilfe" (Dallinger-Lackner, JGG[2], 1965, § 38 Anm. 6), noch soll sie den Beschuldigten überführen. Statt dessen ist es ihre Aufgabe, als „Ermittlungshilfe" StA und Gericht ein „möglichst umfassendes Bild" von der Persönlichkeit des Täters und dessen sozialen Verhältnissen zu verschaffen (Bruns, Strafzumessungsrecht, 1981, 263; Rahn, NJW 1976, 838; Stöckel, Bruns-Festschr., 1978, 299).

Der Bedeutung, die der Gerichtshilfe in einem modernen Strafverfahrensrecht gebührt, entspräche es, ihre Einführung, ihre institutionelle Ausgestaltung und ihr Tätigwerden bundesgesetzlich zu regeln. Leider hat der Gesetzgeber, anders als bei der Jugendgerichtshilfe (vgl. §§ 38, 70 JGG), diese Konsequenz nicht gezogen. § 160 III, 2 stellt es in das Ermessen der StA, ob sie sich der Gerichtshilfe bedienen will, und Art. 294 EGStGB überläßt die Einführung und Regelung aller Einzelheiten den Ländern.

Wie wenig diese Regelung befriedigt, zeigt die derzeitige Situation der Gerichtshilfe: Nicht alle Bundesländer haben bislang eine Gerichtshilfe überhaupt eingerichtet. Wo sie durch Verwaltungsanordnungen geschaffen wurde, ist sie meist in die Justizverwaltung eingebaut und organisatorisch dem LG oder der StA angegliedert; in Berlin ist die Gerichtshilfe institutionell den Sozialbehörden zugeordnet. Zudem wird sie in der

Regel nur bei Verbrechen und Vergehen mittlerer Kriminalität, Jugendschutzsachen, Delikten der Jugend- und Alterskriminalität sowie Straftaten solcher Personen tätig, die auf Grund besonderer Umstände straffällig geworden sind. All dies ist entschieden zu wenig. Angesichts der Bedeutung der Persönlichkeitsermittlungen für ein modernes Resozialisierungsstrafrecht ist die bundeseinheitliche Festlegung inhaltlicher Kriterien zu fordern; dabei sollte die Gerichtshilfe als Justizbehörde ausgebaut und mit hauptamtlich tätigen, sozialpädagogisch ausgebildeten Helfern besetzt werden (umfassend zur Gerichtshilfe Bottke, MSchrKrim. 1981, 62; Lange, 69).

18.11.85

2. Kapitel
Die Grundsätze des Strafverfahrensrechts

§ 11. Übersicht

I. Das heute geltende deutsche Strafverfahrensrecht wird von folgenden Grundsätzen beherrscht:

1. Grundsätze der *Einleitung des Verfahrens:*
a) der Grundsatz der Strafverfolgung durch den Staat (das Offizialprinzip),
b) der Anklagegrundsatz (das Akkusationsprinzip),
c) der Verfolgungs- und Anklagezwang (das Legalitätsprinzip),
d) der Grundsatz des gesetzlichen Richters.

2. Grundsätze der *Durchführung des Verfahrens:*
a) der Ermittlungsgrundsatz (Instruktionsprinzip, Untersuchungsgrundsatz, Prinzip der materiellen Wahrheit),
b) der Grundsatz des rechtlichen Gehörs,
c) der Grundsatz der Beschleunigung, für die Hauptverhandlung der Grundsatz der Konzentration.

3. *Beweisgrundsätze:*
a) der Ermittlungsgrundsatz, s. auch 2 a,
b) der Grundsatz der Unmittelbarkeit der Beweiserhebung,
c) der Grundsatz der freien Beweiswürdigung,
d) der Grundsatz „in dubio pro reo".

4. Grundsätze der *Form:*
a) Mündlichkeit,
b) Öffentlichkeit.

II. Von diesen Grundsätzen sind im *Gesetz* nur folgende ausdrücklich ausgesprochen:

1. im Grundgesetz:
  der Grundsatz des rechtlichen Gehörs, Art. 103 I GG;
  der Grundsatz des gesetzlichen Richters, Art. 101 GG (vgl. auch § 16 GVG);

2. im GVG: der Grundsatz der Öffentlichkeit, § 169;

3. in der StPO:
  der Anklagegrundsatz, §§ 151, 155, 264;
  das Offizialprinzip, § 152 I;
  das Legalitätsprinzip, § 152 II;
  das Instruktionsprinzip, §§ 155, 244 II.

Die übrigen Grundsätze sind im Gesetz nicht ausdrücklich formuliert, lassen sich aber aus seinem Sinnzusammenhang und bestimmten Einzelvorschriften *ableiten;* so ist der Grundsatz der Mündlichkeit in §§ 261,

264, der der Unmittelbarkeit in § 250 und der der Konzentration in § 229 enthalten; der Grundsatz „in dubio pro reo" schließlich ergibt sich aus der in Art. 6 II MRK niedergelegten Unschuldsvermutung.

Der sachliche Gehalt der *Unschuldsvermutung* ist – von dem „Kernbestand" des in-dubio-Satzes abgesehen – bis heute ungeklärt (vgl. etwa die gegensätzlichen Interpretationen von Sax, Grundsätze der Strafrechtspflege, in: Bettermann-Nipperdey-Scheuner, Die Grundrechte, III, 2 [1959], S. 983, und von Krauß, Der Grundsatz der Unschuldsvermutung im Strafverfahren, in: Strafrechtsdogmatik und Kriminalpolitik, hrsg. v. Müller-Dietz, 1971, S. 153). Die auf der bloßen *Verdächtigung* beruhenden strafprozessualen Zwangsmaßnahmen (s. u. 6. Kap.) sind jedenfalls mit ihr ebenso zu vereinbaren wie die Abstufung der staatlichen Eingriffsbefugnisse nach dem Grade des Tatverdachts (zweifelnd Krauß, aaO., S. 172, abl. Köster, Die Rechtsvermutung der Unschuld, Diss. Bonn 1979). Eine nennenswerte Aussagekraft dürfte die Unschuldsvermutung daher erst gewinnen, wenn man sie als Konkretisierung des verfassungsrechtlichen Übermaßverbotes auffaßt: Was einem in Wahrheit Unschuldigen schlechterdings nicht zugemutet werden kann, darf keinem Verdächtigen vor seiner rechtskräftigen Aburteilung auferlegt werden (vgl. Krauß, aaO., 173; vgl. ferner BVerfGE *19, 342*). Außerdem dürfen die Behörden einen noch nicht rechtskräftig Verurteilten nicht als schuldig bezeichnen; zulässig ist nur die öffentliche Bekanntgabe des Verdachtes (näher Frowein, H. Huber-Festschr., 553). Zur Auswirkung der Unschuldsvermutung auf den Rechtsfolgenausspruch Haberstroh, NStZ 1984, 289. Kommt es nicht zu einer Verurteilung (z.B. bei Freispruch und Einstellung), verstößt nach der Rspr. des EGMR zwar noch nicht eine Verdachtsäußerung, wohl aber eine Feststellung der Schuld oder Schuldwahrscheinlichkeit in den Gründen gegen die Unschuldsvermutung (näher Kühl, Unschuldsvermutung, Freispruch und Einstellung, 1983; ders., NJW 1984, 1264).

III. Die Grundsätze sind teils *starr* (sie erleiden keine Ausnahmen), wie der Anklagegrundsatz und der Ermittlungsgrundsatz, teils *nachgiebig*, so alle übrigen, z.B. der Anklagezwang oder die Öffentlichkeit.

IV. Jeder dieser Grundsätze hat seinen *theoretischen Gegensatz*, z.B.:

1. das Offizialprinzip (nur der Staat kann anklagen) in der Popular- und in der Privatklage;

2. das Akkusationsprinzip (das Gericht wird nur auf eine Klage hin tätig) im Inquisitionsprinzip (Klage und Urteil liegen bei derselben Behörde);

3. der Ermittlungsgrundsatz (das Instruktionsprinzip) in der Verhandlungsmaxime;

4. das Prinzip der freien Beweiswürdigung in der gesetzlichen Beweisregelung.

V. Oberster Grundsatz des gesamten Strafprozeßrechts ist schließlich das Gebot eines fairen Verfahrens. Dieses generalklauselartige Prinzip ist eine Konsequenz aus den grundlegenden Wertentscheidungen des Rechts- und Sozialstaats (Art. 1, 20, 28 GG, vgl. BVerfGE 26, 66, 71; *38, 105, 111; 39, 238, 243; 40, 88, 99;* 41, 246, 249; *46, 202, 210*) und nach h. M. durch Art. 6 I, 1 MRK positiviert worden (vgl. Kl./M., Einl. Rdnr. 19; L.-R.[23]-Schäfer, Einl. Kap. 6, Rdnr. 16; BGHSt *24, 131*).

1. Nach dem Wortlaut des Art. 6 I 1 MRK hat jedermann allerdings nur den Anspruch, daß seine Sache in billiger Weise gehört wird (vgl. Guradze, Die Europäische Menschenrechtskonvention, 1968, Art. 6,

Anm. 15; Schorn, Die MRK, 1965, Art. 6, Anm. 68; umfassend Bischofsberger, Die Verfassungsgarantien der MRK in ihrer Einwirkung auf das schweizerische Strafprozeßrecht, Diss. Zürich 1972).

a) Die h. M. sieht durch Art. 6 MRK aber gleichwohl in umfassender Weise den anglo-amerikanischen Rechtsgrundsatz des *fair trial* als garantiert an, der namentlich dem Beschuldigten die Chance sichern soll, sich gegenüber der ihm an Mitteln überlegenen Anklagebehörde bestmöglich zu verteidigen (vgl. EKMR, NJW 1963, 2247; BGHSt 24, 24; Kl./M., Art. 6 MRK Rdnr. 4, m. w. N.). Darüber hinaus hat die h. M. aus Art. 6 MRK auch das „Prinzip der *Waffengleichheit*" hergeleitet, obwohl dieser Ausdruck zumindest irreführend ist, weil eine wirkliche Waffengleichheit weder mit unserer Verfahrensstruktur (vgl. unten 17 C) zu vereinbaren noch auch in einem reinen Parteiprozeß durchführbar wäre (Soll der Beschuldigte etwa das Recht haben, bei einem Entlastungszeugen eine Untersuchung entspr. § 81 c selbst durchzuführen? Vgl. zum Ganzen Rogall, Der Beschuldigte als Beweismittel gegen sich selbst, 1977, 113).

b) Diese Kritik nötigt aber keineswegs dazu, den Grundsatz des „fair trial" völlig für unnütz zu erklären (so aber Heubel, der „fair trial" – ein Grundsatz des Strafverfahrens?, 1981, insbes. 73, 122, 141).

So kann das Gebot des „fair trial" etwa eine durch die sachlogischen Unterschiede von Ankläger- und Verteidigerrolle nicht gedeckte Beschränkung der Informations- und Beteiligungsrechte des Beschuldigten bzw. seines Verteidigers untersagen (vgl. im Ergebnis Kohlmann, Festschr. f. Peters, 1974, S. 311 ff.), ohne daß damit eine *„Waffengleichheit* im formellen Sinne"* gemeint ist.

Speziell zur Waffengleichheit: E. Müller, NJW 1976, 1063; Sandermann, Die „Waffengleichheit" im Strafprozeß, Diss. Köln, 1975.

2. Richtigerweise wird man daher mit der Rechtsprechung grundsätzlich das Prinzip des „*fair trial*" als Anspruch des Angeklagten auf ein faires, rechtsstaatliches Strafverfahren interpretieren müssen, der die einfachen gesetzlichen Normen der StPO auszulegen hilft (a. A. Heubel, aaO.). So fordert das allgemeine Prozeßgrundrecht eines fairen Verfahrens z. B. von Verfassungs wegen, daß in der Verhandlung vor dem Revisionsgericht in „schwerwiegenden Fällen ein Pflichtverteidiger bestellt wird (BVerfGE 46, 202, vgl. unten § 19 B). Bleibt ein Verteidiger in der Hauptverhandlung aus, so muß das Gericht die Hauptverhandlung verschieben, wenn er eine durch widrige Umstände verursachte Verspätung angekündigt hat; ggf. muß das Gericht auf einen verspäteten Verteidiger warten, vgl. § 19 C 2. Es muß ihm auch die Akteneinsicht angemessene Zeit vor der Hauptverhandlung gewähren (KG StrV 1982, 10). Aussagen eines Zeugen vom Hörensagen müssen besonders vorsichtig gewürdigt werden (BVerfGE 57, 250). Beweismittel, die unter bewußter Verletzung der Prozeßnormen gewonnen wurden, sind unverwertbar (vgl. BGHSt 24, 125 sowie unten § 24 D III 2f a. E.). Auf Antragsrechte ist der Rechtsunkundige im Rahmen der Fürsorgepflicht hinzuweisen (vgl. Plötz, Die gerichtliche Fürsorgepflicht im Strafverfah-

ren, Diss. Mannheim, 1979, 36 m. w. N.). Nach dem Grundsatz des „fair trial" kann sogar der staatliche Strafanspruch im Ganzen verwirkt werden, wenn ein polizeilicher Agent den Beschuldigten in unzulässiger Weise vom Wege des Rechts fortgelockt hat (vgl. § 21 B III 4) oder wenn Schlampereien der Justizbehörde das Verfahren übermäßig verzögert haben (§ 16 C). Verschafft sich die StA durch eine unzulässige Beschlagnahmeaktion Einsicht in das Verteidigungskonzept, so entsteht aus diesem Verstoß gegen den Grundsatz des „fair trial" kein Verfahrenshindernis, wohl aber ggf. ein Revisionsgrund (BGH *NStZ 1984, 419* m. Anm. Gössel u. Rieß, JR 1985, 45). Dagegen ist der Grundsatz des „fair trial" noch nicht dadurch verletzt, daß gegen den Angeklagten zur selben Zeit zwei Hauptverhandlungen vor verschiedenen Gerichten durchgeführt werden, wenn ihm nur genügend Zeit bleibt, sich auf die einzelnen Verhandlungen vorzubereiten (BHG NStZ 1984, 274). Im einzelnen harrt freilich das Prinzip des „fair trial" der konkretisierenden Ausarbeitung. Über die gerichtl. Fürsorgepflicht als Ausprägung des fair-trial-Gedankens vgl. § 42 D V.

§ 12. Der Grundsatz der Strafverfolgung durch den Staat (Offizialprinzip)

A. Zur Geschichte

I. Der Grundsatz, wonach der Staat das Verbrechen von Amts wegen verfolgt, ist in *älteren Rechten* nicht zu finden; vielmehr hatte das ältere römische Recht die Popularklage, das germanische Recht die Privatklage ausgebildet.

I. Bei der *Privatklage* wurde das Strafverfahren durch Klage des Verletzten oder seiner Sippe eingeleitet. Diese Regelung fand ihren Grund darin, daß ursprünglich zwischen zivilrechtlichen und strafrechtlichen Folgen einer Tat und somit auch zwischen Zivil- und Strafverfahren nicht unterschieden wurde: Wenn man nämlich eine Körperverletzung durch Zahlung einer Buße an den Verletzten abgelten kann oder einen Totschlag damit, daß man an die Sippe des Erschlagenen einen Geldbetrag bezahlt (Kompositionen-System), so ist die Öffentlichkeit an der Sache wenig interessiert, und das Strafverfahren verläuft nicht anders als ein Zivilprozeß, bei dem auf Schadenersatz wegen unerlaubter Handlung geklagt wird.

2. Die *Popularklage* besteht darin, daß jedermann (quivis ex populo) die Strafklage erheben kann. Sie ist nur sinnvoll, wenn sich jeder Bürger für die Strafrechtspflege mitverantwortlich fühlt.

II. Mit der Erstarkung des Staatsgedankens – in Rom also schon verhältnismäßig früh, nördlich der Alpen zuerst im *Frankenreich* – erwächst ein öffentliches Interesse an der Verbrechensverhütung und -ahndung. Im Laufe der Zeit wird daher die (nach heutiger Terminologie privatrechtliche) Buße zu einer öffentlich-rechtlichen Strafe umgebildet, deren Verhängung ein staatliches Strafverfolgungsverfahren vorauszugehen hat. Das kanonische Recht hat zu dieser Entwicklung viel beigetragen.

III. In der *Peinlichen Gerichtsordnung*, der Constitutio Criminalis Carolina Kaiser Karls V. aus dem Jahre 1532, die in den folgenden Jahrhunderten den deutschen Strafprozeß bestimmt hat, finden wir Verfolgung von Staats wegen (Offizialprinzip) und Klage des Privaten noch nebeneinander; in Wirklichkeit ist aber die Privatklage im Absterben.

IV. Im *absoluten Staat*, der den Staatsgedanken am schärfsten ausprägt, ist das Offizialprinzip streng durchgeführt; der Staat verfolgt den Verbrecher von Amts wegen.

V. In *England* bildet noch heute die Popularklage den theoretischen Ausgangspunkt, wenn auch die private Strafverfolgung zahlreichen Ausnahmen und Beschränkungen unterworfen ist. In der Praxis wird die Verfolgung meist von der Polizei betrieben.

B. Das geltende deutsche Recht

Im heutigen deutschen Recht herrscht das *Offizialprinzip*, d.h. die Strafverfolgung geschieht von Amts wegen (ex officio). Das gilt allerdings nicht ganz ohne Ausnahmen.

I. Der *Grundsatz* besagt folgendes:
Der Staat hat nicht nur den materiellen Strafanspruch, sondern auch das Recht und die Pflicht zur Strafverfolgung; er verwirklicht seinen Strafanspruch selbst, und zwar ohne Rücksicht auf den Willen des Verletzten; er schreitet bei allen Straftaten von Amts wegen ein. Der Verletzte kann als Anzeigeerstatter auftreten oder kann im Prozeß Zeuge sein; aber nicht einmal das ist nötig. Jedenfalls hat er grundsätzlich keinen Einfluß darauf, ob ein Strafverfahren stattfindet. (Wohl kann z.B. der von einem Angestellten bestohlene Kaufmann von einer Anzeige absehen und damit praktisch vielfach das Strafverfahren und damit die Bestrafung unmöglich machen; wenn die Sache aber durch die Anzeige eines Mitangestellten oder sonstwie zur Kenntnis der staatlichen Strafverfolgungsorgane, z.B. der Polizei, gelangt, so wird die Straftat – wenn nicht ein Fall des § 248a StGB vorliegt – verfolgt.) Grund dieser Regelung ist das öffentliche Interesse daran, daß Straftaten nicht unverfolgt bleiben. Privatpersonen sind oft nicht willens oder nicht in der Lage, die Klage selbst zu erheben; sie können namentlich auch aus Furcht vor Rache oder vor irgendwelchen anderen Unannehmlichkeiten geneigt sein, von einer Strafanzeige abzusehen.

II. Der Satz, daß der Staat ohne Rücksicht auf den Willen des Verletzten einschreitet, erleidet folgende zwei *Einschränkungen* und eine *Ausnahme:*

1. Es gibt einmal Straftaten – meist unbedeutende Vergehen –, bei denen die Verfolgung nur auf Antrag des Verletzten eintritt (sog. *Antragsdelikte;* Gegensatz: Offizialdelikte). Hierher gehören insbesondere: Beleidigung (§§ 185ff. StGB), Sachbeschädigung (§ 303 StGB), Haus-

friedensbruch (§ 123 StGB), Haus- und Familiendiebstahl (§ 247 StGB), bagatellarische Eigentumsdelikte (§ 248a StGB), Notbetrug (§ 263 IV StGB); außerhalb des StGB etwa §§ 12, 15, 17f. i. V. m. § 22 UWG und §§ 106ff. UrhG. Bei allen diesen Delikten darf die StA keine öffentliche Klage erheben, das Gericht darf keinen Eröffnungsbeschluß erlassen oder verurteilen, solange kein Strafantrag gestellt ist.

Die StA darf aber schon vor Stellung des Strafantrags Ermittlungen anstellen; sogar ein richterlicher Haftbefehl oder eine vorläufige Festnahme ist zulässig (§§ 127 III, 130); andernfalls wäre oft nach Stellung des Antrags die Aufklärung des Falles nicht mehr möglich oder der Täter entflohen. Andererseits setzt die Stellung des Strafantrages voraus, daß die Tat schon begangen ist; ein „vorsorglich" vor Tatbegehung gestellter Strafantrag ist wegen Fehlens einer „Tat" unzulässig (Ott, StrV 1982, 45).

Durch das Antragserfordernis wird auf das Interesse des Verletzten Rücksicht genommen. Entweder hat der Verletzte wegen der Geringfügigkeit kein Interesse an der Strafverfolgung, z. B. bei einer Beleidigung, dann hat der Staat erst recht keines; oder die Sache liegt so, daß der Verletzte geradezu ein Interesse daran haben kann, daß die Strafverfolgung unterbleibe (so erklärt sich z. B. das Strafantragserfordernis beim Haus- und Familiendiebstahl, § 247 StGB, das auch bei qualifiziertem Diebstahl [§ 244 StGB] gilt, und bei der Verführung, § 182 StGB; bis 1876 sogar bei der Notzucht!), vgl. dazu Maiwald, GA 1970, 33ff.

Bei der Körperverletzung hat die Verordnung vom 2.4.1940 die Neuerung gebracht, daß bei leichter vorsätzlicher und jeder durch Fahrlässigkeit verursachten Körperverletzung, die bisher Antragsdelikte gewesen waren, ein Antrag dann nicht erforderlich ist, wenn die Strafverfolgungsbehörde wegen des besonderen öffentlichen Interesses an der Strafverfolgung ein Einschreiten von Amts wegen für erforderlich erachtet (§ 232 I StGB). Die Erklärung der StA über das Bestehen eines besonderen öffentlichen Interesses an der Strafverfolgung stellt eine Ermessensentscheidung dar und ist nach h.M. (BGHSt 16, 225) der gerichtlichen Nachprüfung entzogen, nach einer neuerdings im Vordringen begriffenen Meinung hingegen vom Gericht im Rahmen des Eröffnungsbeschlusses daraufhin zu prüfen, ob die Grenzen pflichtmäßigen Ermessens (a. M.: des Beurteilungsspielraums) eingehalten sind (Kühne, Rdnr. 136). Sie kann auch konkludent durch Anklageerhebung abgegeben werden (str.) und noch in der Revisionsinstanz nachgeholt werden (BGHSt 6, 282). Damit sind diese Delikte (wie jetzt auch der neue § 248a StGB) den Offizialdelikten stark angenähert, sie sind gewissermaßen Offizialdelikte, für die das Opportunitätsprinzip (dazu s. u. § 14) gilt. Vgl. zum Ganzen ausführlich: Kalsbach, Die gerichtliche Nachprüfung von Maßnahmen der Staatsanwaltschaft im Strafverfahren, 1967, S. 31–59 u. 126–132; Keller, GA 1983, 511.

Der Strafantrag ersetzt die staatsanwaltliche Klage nicht; er muß vielmehr zu ihr hinzutreten.

Wenn der Antrag des Verletzten fehlt, muß das Verfahren eingestellt werden (u. U. auch noch in der Hauptverhandlung, § 260 III); umgekehrt ist bei Vorliegen eines Strafantrags die StA nicht unbedingt verpflichtet, die Klage zu erheben; vielmehr hat die StA auch dann noch die Pflicht zu prüfen, ob hinreichender Verdacht vorliegt; wenn nicht, ist das Verfahren einzustellen.

Über das Strafantragsrecht im übrigen vgl. die Lehrbücher und Kommentare des Strafrechts.

2. Eine weitere Einschränkung bilden die *Ermächtigungsdelikte* (§§ 90, 90b, 97, 194 IV, 353a, 353b StGB). Die Notwendigkeit einer Ermächtigung zur Strafverfolgung stellt es in das Ermessen der zuständigen politischen Organe, ob bei Straftaten von politischer Bedeutung die Strafverfolgung überhaupt stattfinden oder besser unterbleiben soll. Die Ermächtigung ist an keine Frist oder Form gebunden und wird von Amts wegen eingeholt. Bei Straftaten gegen ausländische Staaten (§§ 102 ff. StGB) ist außerdem noch ein *Strafverlangen* der ausländischen Regierung erforderlich (§ 104a StGB).

3. Eine *Ausnahme* bilden die *privatklagefähigen Delikte*, also diejenigen meist weniger wichtigen oder das öffentliche Interesse weniger stark berührenden Straftaten, bei denen der Verletzte die Anklage nicht nur, wie bei den Antragsdelikten, veranlassen, sondern selbst erheben und im Strafverfahren vertreten kann. Das waren ursprünglich nur Beleidigungen und die nur auf Antrag verfolgbaren Körperverletzungen; 1921 sind gefährliche Körperverletzung, Hausfriedensbruch, Bedrohung, Sachbeschädigung, Verletzung des Briefgeheimnisses sowie unlauterer Wettbewerb u.ä. hinzugetreten (§ 374). Während die Privatklagedelikte ursprünglich einen engeren Kreis innerhalb der Antragsdelikte gebildet haben, ist das jetzt nicht mehr der Fall, da Bedrohung und gefährliche Körperverletzung keine Antragsdelikte sind; jetzt bilden also Antragsdelikte und Privatklagedelikte zwei sich schneidende Kreise.

Die Privatklage ist auf die genannten Vergehensarten beschränkt; eine allgemeine subsidiäre Klage des Verletzten (also eine Befugnis des Verletzten, in allen Fällen – z.B. auch bei Diebstahl oder Sittlichkeitsdelikten – die Anklage zu erheben, wenn die StA das ablehnt) kennt das heutige deutsche Strafverfahrensrecht nicht. Soweit die Privatklage überhaupt zugelassen ist, ist sie nicht subsidiär, d.h. der vorherige vergebliche Antrag an die StA auf Erhebung der öffentlichen Klage ist nicht notwendig. Die Privatklage ist auch nicht exklusiv, d.h. ihre Zulässigkeit hindert die Staatsanwaltschaft nicht, die öffentliche Klage zu erheben oder die Verfolgung im späteren Verlaufe des Verfahrens zu übernehmen (§§ 376f.).

§ 13. Der Anklagegrundsatz (Akkusationsprinzip)

A. Grundsätzliches

Soweit die Strafverfolgung Privatpersonen überlassen ist, ist der Strafprozeß ein Parteiprozeß, der notwendig mit der Erhebung der Klage durch einen Kläger gegen einen Beklagten beginnt. Wenn dagegen der Staat die Strafverfolgung selbst in die Hand nimmt, besteht eine doppelte Möglichkeit der Gestaltung des Strafverfahrens: Inquisitionsprozeß oder Akkusations-(= Anklage-)prozeß.

1. Im *Inquisitionsprozeß* greift der Richter von sich aus ein: er verhaftet, vernimmt, untersucht und verurteilt. Es gibt keinen Kläger und keinen Angeklagten, sondern nur den – untersuchenden und urteilenden – Richter (den Inquirenten) und das Objekt seiner Tätigkeit (den Inquisiten). In der Geschichte hat die Anerkennung des Offizialprinzips zunächst zu dieser Form des Strafverfahrens geführt. Gegen diese Gestaltung des Prozesses bestehen aber schwere Bedenken: Einmal ist der Richter im Inquisitionsprozeß nicht unbefangen, sondern fühlt sich überwiegend als Organ der Strafverfolgung, und zum anderen ist der Inquisit nahezu wehrlos; er kann sich nicht genügend verteidigen.

2. Die andere Möglichkeit besteht darin, den Strafprozeß unter Beibehaltung des Offizialprinzips als *Anklageprozeß* auszugestalten, also die Vorzüge der staatlichen Strafverfolgung mit denen des Anklageprozesses zu verbinden, die darin bestehen, daß Richter und Ankläger nicht dieselbe Person sind. Das kann nur in der Weise geschehen, daß der Staat sowohl die Aufgabe des Anklägers wie die des Richters übernimmt, aber diese Aufgabe auf zwei verschiedene staatliche Behörden verteilt – auf eine Anklagebehörde und auf das Gericht.

Das ist nur möglich durch Einrichtung einer besonderen staatlichen Anklagebehörde, der Staatsanwaltschaft.

B. Das geltende Recht

I. Im geltenden Recht *gilt lückenlos der Anklagegrundsatz* (Akkusationsprinzip, Klageformprinzip); die Eröffnung einer gerichtlichen Untersuchung (also des Hauptverfahrens) ist durch die Erhebung einer Klage bedingt (§ 151).

1. Das *Gericht* kann *nie von Amts wegen* vorgehen, selbst dann nicht, wenn eine Straftat (z.B. ein Meineid oder Totschlag) vor den Augen des Gerichts in der Sitzung begangen wird (vgl. aber § 183 GVG: Mitteilung an die StA). Es gilt der Satz: „Wo kein Kläger, da kein Richter."

Eine nur scheinbare Ausnahme enthält die Bestimmung, wonach der Amtsrichter bei Gefahr im Verzug die erforderlichen Untersuchungshandlungen von Amts wegen vorzunehmen hat (§ 165). Hier ist der Amtsrichter aber nur „Notstaatsanwalt". Die weitere Verfügung gebührt der Staatsanwaltschaft (§ 167).

2. Das *Gericht* kann auch ein bei ihm anhängiges Verfahren *nicht* auf *andere Personen* oder auf *andere* rechtlich selbständige *Taten* desselben Täters ausdehnen. Die StPO bestimmt ausdrücklich, daß die Untersuchung und Entscheidung sich nur auf die in der Klage bezeichnete Tat und auf die durch die Klage beschuldigten Personen erstreckt (§ 155). Das ist eine Folgerung aus dem Anklagegrundsatz.

Die Möglichkeit einer *Nachtragsanklage*, bei der der Staatsanwalt *in der Hauptverhandlung* die Anklage auf weitere Taten des Angeklagten erstreckt (§ 266) – s.u. § 46 B II –, ist keine Ausnahme vom Anklageprinzip, sondern seine Bestätigung; sie ist nur eine Ausnahme von dem Grundsatz, daß die Anklage schriftlich erhoben werden muß.

Zum Anklagegrundsatz zwei Beispiele:

1. In der Hauptverhandlung vor dem Strafrichter hat der Angeklagte einem Belastungszeugen einen Schlag ins Gesicht gegeben. – Kann das Gericht dem Angeklagten wegen dieser Tat sofort eine Geldstrafe auferlegen? – Nein; ohne eine Anklage durch die Staatsanwaltschaft ist das Gericht darauf beschränkt, ein sitzungspolizeiliches Ordnungsmittel gemäß § 178 GVG auszusprechen, also lediglich Ordnungsgeld (bis 2000 DM) oder Ordnungshaft (bis zu 1 Woche); eine (kriminelle) Bestrafung wegen Körperverletzung würde zwar wegen des vorliegenden besonderen öffentlichen Interesses an der Strafverfolgung auch ohne Strafantrag des Zeugen zulässig sein, nicht aber ohne Klage des Staatsanwalts. Diese könnte allerdings sofort erhoben werden, und zwar entweder im beschleunigten Verfahren schriftlich oder mündlich gemäß § 212 (der Angeklagte kann hier als „dem Gericht vorgeführt" angesehen werden), oder im Weg der Klageerweiterung (Nachtragsanklage) gemäß § 266, im letzten Fall jedoch nur mit Zustimmung des Angeklagten.

2. Die A. ist verdächtig, in einem anonymen Brief die B. fälschlich angeschuldigt zu haben; sie bestreitet die Urheberschaft, wird aber gleichwohl angeklagt. In der Hauptverhandlung wird die Zeugin Z. vernommen. Auf ernste Ermahnungen zur Wahrheit und Belehrung über die Folgen des Meineids erklärt die Zeugin überraschend, daß sie den Brief selbst geschrieben habe. – Kann der Vorsitzende anordnen, daß die Z. nun an Stelle der A. auf der Anklagebank Platz nimmt, und daß gegen die Z. weiterverhandelt werde? – Nein! Denn einmal muß der Prozeß gegen die A. zu Ende geführt werden, und zwar durch ein freisprechendes Urteil. (Die Freisprechung muß der Staatsanwalt selbst beantragen.) Außerdem ist gegen die Z. noch keine Anklage erhoben. – Das wäre unter den Voraussetzungen des § 212 (vor dem Amtsgericht) auf der Stelle möglich, aber, da die Anklage gegen die Z. noch gar nicht vorbereitet ist (es liegen keinerlei Ermittlungen über ihre Persönlichkeit, Vorstrafen, Vermögensverhältnisse usw. vor), nicht zu empfehlen.

II. Zur *Erhebung der Klage* ist der Staat berufen. Er wird dabei durch die *Staatsanwaltschaft* vertreten. Diese hat grundsätzlich das Anklagemonopol; einzige Ausnahme hiervon sind die Fälle der Privatklage (s. u. § 61).

III. Wird die Bindung der StA an die Rechtsprechung der Gerichte verneint (vgl. oben § 10 A III, 4), so wirkt sich dies auch auf das Verständnis des Akkusationsprinzips aus. Entscheidet nämlich die StA in eigener Verantwortung über Strafbarkeit und Nichtstrafbarkeit eines bestimmten Verhaltens, so tritt sie als selbständiges Organ der Rechtspflege neben die Gerichte. Ihre Funktion erschöpft sich dann nicht darin, der Voreingenommenheit des inquirierenden Richters zu begegnen, sondern sie wird neben dem Gericht und gleichberechtigt mit ihm zum „Wächter des Gesetzes" (v. Savigny).

Eine Verurteilung setzt damit voraus, daß *zwei* Behörden – StA und Gericht – ein Verhalten übereinstimmend, wenn auch nicht notwendig im selben Verfahrensstadium, als strafbar ansehen.

IV. Das Akkusationsprinzip ist formell im deutschen Strafverfahren überall gewahrt. Doch erleidet es materiell eine Ausnahme im Klageerzwingungsverfahren (vgl. dazu u. § 39).

§ 14. Der Verfolgungs- und Anklagezwang (Legalitätsprinzip) und der Grundsatz des gesetzlichen Richters

Literatur: Kohlhaas, Unzulässige Durchbrechung des Legalitätsprinzips, GA 1956, 241; Willms, Offenkundigkeit und Legalitätsprinzip, JZ 1957, 465; Dünnebier, Die Grenzen der Dienstaufsicht gegenüber der Staatsanwaltschaft, JZ 1958, 417; Eb. Schmidt, Rechtsauffassung der Staatsanwaltschaft und Legalitätsprinzip, MDR 1961, 269 (= Aufsätze, S. 99); Heyden, Begriff, Grundlagen und Verwirklichung des Legalitätsprinzips und des Opportunitätsprinzips, 1961; Wagner, Zum Legalitätsprinzip, Festschrift für den 45. Deutschen Juristentag, 1964, 149; Cramer, Ahndungsbedürfnis und staatlicher Sanktionsanspruch. Bemerkungen zu einer Reform der Verfahrenseinstellung aus Gründen der Opportunität, Maurach-Festschr., 1972, 487; Naucke, Der Begriff der geringen Schuld (§ 153 StPO) im Strafatsystem, Maurach-Festschr., 1972, 197; Dreher, Die Behandlung der Bagatellkriminalität, Welzel-Festschr., 1974, 917; Baumann, Minima non curat praetor, Peters-Festschr., 1974, 3; Schroeder, Legalitäts- und Opportunitätsprinzip heute, ebda, 411; Zipf, Kriminalpolitische Überlegungen zum Legalitätsprinzip, ebda, 487; Jeutter, Sinn und Grenzen des Legalitätsprinzips, Diss. München 1976; Kleinknecht, Das Legalitätsprinzip nach Abschluß des gerichtlichen Strafverfahrens, Bruns-Festschr., 1978, 475; Ahrens, Die Einstellung in der Hauptverhandlung gem. §§ 153 II, 153 a II, StPO; Loos, Probleme der beschränkten Sperrwirkung strafprozessualer Entscheidungen, JZ 1978, 592; Weigend, Anklagepflicht und Ermessen, 1978; Rieß, Vereinfachte Verfahrensarten für die kleinere Kriminalität, in: Schreiber, Strafprozeß und Reform, 1979, 113; Hirsch, Zur Behandlung der Bagatellkriminalität in der Bundesrepublik Deutschland, ZStW 92 (1980), 218; Kausch, Der Staatsanwalt – ein Richter vor dem Richter? 1980; Kunz, Die Einstellung wegen Geringfügigkeit durch die Staatsanwaltschaft, 1980; Rieß, Die Zukunft des Legalitätsprinzips, NStZ 1981, 2; Peters, Die Problematik der vorläufigen Einstellung nach § 154 II StPO, StrV 1981, 411; Ostendorf, Das Geringfügigkeitsprinzip als strafrechtliche Auslegungsregel, GA 1982, 333; Gössel, Überlegungen zur Bedeutung des Legalitätsprinzips usw., Dünnebier-Festschr., 1982, 121; Ulrich, Die Durchsetzung des Legalitätsprinzips usw., ZRP 1982, 169; Ries, Legalitätsprinzip – Interessenabwägung – Verhältnismäßigkeit, Dünnebier-Festschr., 149; Hertwig, Die Einstellung des Strafverfahrens wegen Geringfügigkeit, 1982; Hobe, „Geringe Schuld" und „öffentliches Interesse" in den §§ 153 und 153 a StPO, Leferenz-Festschr., 1983, 629.

Zum *Klageerzwingungsverfahren* und zur *Privatklage* vgl. die Angaben vor § 39 und § 61.

A. Grundsätzliches

I. Das *Legalitätsprinzip* besagt einerseits, daß die StA Ermittlungen aufzunehmen hat, wenn ein Tatverdacht vorhanden ist, andererseits, daß sie verpflichtet ist, Anklage zu erheben, wenn ein hinreichender Tatverdacht nach den Ermittlungen bestehen bleibt (BVerfG NStZ 1982, 430). Seinen theoretischen Gegensatz bildet das *Opportunitätsprinzip*, das die StA ermächtigt, zwischen Anklageerhebung und Verfahrenseinstellung auch dann zu wählen, wenn die Ermittlungen zu dem Ergebnis führen, daß der Beschuldigte mit an Sicherheit grenzender Wahrscheinlichkeit eine strafbare Handlung begangen hat.

5*

Das Legalitätsprinzip ist bei Erlaß der StPO durchgesetzt worden, um die Gewähr dafür zu schaffen, daß die als Teil der Exekutive dem Monarchen untergeordnete und daher nicht ohne Mißtrauen betrachtete StA jede Straftat ohne Ansehen der Person verfolgen würde. Es entspricht der damals völlig herrschenden Vergeltungsidee, derzufolge der Staat zur Herstellung absoluter Gerechtigkeit jede Übertretung des Strafgesetzes ohne Ausnahme zu strafen hat. Mit der Ablösung dieser absoluten Straftheorie durch general- und spezialpräventive Auffassungen, die die Bestrafung an ihre gesellschaftliche Notwendigkeit und Zweckmäßigkeit knüpfen, hat das Legalitätsprinzip seine ursprüngliche theoretische Basis teilweise verloren. Es ist gleichwohl heute nicht überholt. Denn Demokratie, Rechtsstaat, der Bestimmtheitsgrundsatz (Art. 103 II GG) und auch der Gleichheitssatz (Art. 3 GG) verlangen, daß der Gesetzgeber die Voraussetzungen strafrechtlicher Ahndung prinzipiell selbst bestimmt und nicht den Strafverfolgungsbehörden die Entscheidung überläßt, wer im konkreten Fall bestraft werden soll. Die Ausnahmen vom Legalitätsprinzip folgen aus dem verfassungsrechtlichen Grundsatz der Verhältnismäßigkeit, d. h. aus dem Gedanken, daß im Einzelfall auf eine Bestrafung verzichtet werden darf, wenn präventive Gründe sie nicht fordern (näher Rieß, 5 f.). Eine an diesen Grundsätzen orientierte Gesamtkonzeption fehlt allerdings bisher im geltenden Recht.

Massenhafte Deliktsbegehungen im Rahmen öffentlicher Krawalle sind grundsätzlich weder ein Anlaß, die Strafverfolgung zu unterlassen oder zu verschleppen noch dürfen sie umgekehrt zur Grundlage besonders rigoroser Verfolgungsmaßnahmen gemacht werden; vgl. näher Rieß, Dünnebier-Festschr., 149; Ulrich aaO.

II. Der *Grundsatz des gesetzlichen Richters* ist in Art. 101 GG und in § 16 GVG ausdrücklich niedergelegt, wo es heißt: „Niemand darf seinem gesetzlichen Richter entzogen werden". Dieses Prinzip, das wir der Reformbewegung des 19. Jahrhunderts verdanken, hat zwar eine große Bedeutung für das *Straf*gerichtsverfassungsrecht, da es auch in diesem Bereich eine wichtige Konkretisierung des Rechtsstaatsgebots darstellt, gilt aber für das ganze Gebiet des Gerichtsverfassungsrechts, wohin sein Studium auch gehört (vgl. Kern-Wolf, § 7).

B. Das geltende Recht im einzelnen

I. Als *Grundsatz* gilt in der StPO nach wie vor das Legalitätsprinzip: Die StA ist prinzipiell zur Aufnahme der Ermittlungen wegen aller verfolgbaren Straftaten verpflichtet, sofern zureichende tatsächliche Anhaltspunkte vorliegen (§ 152 II); wenn die Ermittlungen genügenden Anlaß dazu bieten, muß sie auch Anklage erheben (§ 170 I). Dem Anklagemonopol (Akkusationsprinzip, o. § 13) tritt so der Verfolgungs- und Anklagezwang zur Seite.

Das Legalitätsprinzip wird durch das *Klageerzwingungsverfahren* §§ 172–177, und durch die schwere *Strafdrohung* des § 258a StGB (Strafvereitelung im Amt) gesichert. Auch das Weisungsrecht des Justizministers findet an ihm seine Grenze.

II. Durchbrechungen des Anklagezwanges

1. Der genannte Grundsatz ist nun allerdings von so vielen Ausnahmen durchbrochen, daß im Bereich der kleineren und weitgehend auch der mittleren Kriminalität praktisch das Opportunitätsprinzip gilt. Die StPO kennt heute vier große Gruppen, in denen das Strafverfahren trotz bestehenden Tatverdachts eingestellt werden kann:

a) Wenn der Tatvorwurf *geringfügig* ist und kein Strafverfolgungsinteresse besteht,

b) wenn das Strafverfolgungsinteresse auf andere Weise befriedigt werden kann,

c) wenn ihm vorrangige staatliche Interessen entgegenstehen oder wenn

d) der Verletzte selbst die Strafverfolgung betreiben kann.

2. Im einzelnen ist die Einstellung an folgende Voraussetzungen geknüpft:

a) *Geringfügigkeitsfälle.* Diese Taten sind dadurch gekennzeichnet, daß durch sie die Belange der deutschen Strafrechtspflege nur in geringem Maße berührt werden.

aa) In den Fällen *absoluter Geringfügigkeit*, in denen die Schuld des Täters gering und die Tat in der Regel unbedeutend ist, erscheint ein aufwendiges gerichtliches Verfahren in vielen Fällen wenig zweckmäßig. Daher lockert das Gesetz den Verfolgungszwang bei Vergehen (§ 153), wenn die Schuld des Täters als gering anzusehen wäre und kein öffentliches Interesse an der Durchführung der Strafverfolgung besteht (zur Auslegung dieser Begriffe Hobe aaO.), sowie in den Fällen, bei denen das Gericht von Strafe absehen könnte (§ 153b), z.B. bei §§ 60, 157 StGB. Durch den Wortlaut des § 153 ist nunmehr klargestellt, daß die Einstellung wegen Geringfügigkeit nicht den vollen Schuldnachweis, sondern nur die Wahrscheinlichkeit der Verurteilung voraussetzt.

bb) In den Fällen *relativer Geringfügigkeit* kann schon dann von der Strafverfolgung abgesehen werden, wenn die zu erwartende Strafe oder Maßregel neben einer bereits rechtskräftig verhängten Strafe oder Maßregel nicht beträchtlich ins Gewicht fällt (§§ 154 I Nr. 1; 154a). § 154 setzt dabei voraus, daß mehrere selbständige Taten vorliegen, während § 154a mehrere abtrennbare Teile einer Tat (etwa 10 Einzelakte einer aus 30 Teilakten bestehenden fortgesetzten Handlung) oder einzelne von mehreren Gesetzesverletzungen durch dieselbe Tat (etwa bei einem Verkehrsunfall mit Unfallflucht § 142 StGB gegenüber § 315c StGB) betrifft. Darüber hinaus kann bei der Verfolgung mehrerer prozessual selbständiger Taten gemäß § 154 I Nr. 2 auch dann von der Strafverfolgung abgesehen werden, wenn ein Urteil wegen dieser Tat nicht in angemessener Frist zu erwarten ist und wenn die bereits verhängte oder zu erwartende Strafe zur Einwirkung auf den Täter und zur Verteidigung der Rechtsordnung ausreichend erscheint.

Das StVÄG 1979 hat die Einstellungsmöglichkeiten nach §§ 154, 154a gegenüber dem früheren Rechtszustand wesentlich erweitert. Da jetzt die Einstellung auch im Normalfall nur dann ausgeschlossen ist, wenn die zu erwartende Rechtsfolge „beträchtlich" ins Gewicht fallen, d.h. also nur, wenn die Verurteilung wegen der einzustellenden Tat bzw. Gesetzesverletzung zu einer wesentlichen Erhöhung einer nach §§ 54, 55 StGB zu bildenden Gesamtstrafe führen würde, können Strafverfahren schon danach in erheblich stärkerem Maße als bisher auf die wesentlichen Anklagepunkte konzentriert werden. Selbst wenn einer Tat ein derartiges beträchtliches Gewicht zukommt, erlaubt aber der vor allem auf

Großverfahren zugeschnittene völlig neue § 154 I Nr. 2 bei Verzögerungsgefahr u. U. eine noch weitergehende Konzentration des Prozeßstoffes. Es ist zu hoffen, daß die Praxis von diesen Vorschriften den wünschenswerten regen Gebrauch macht, um der kaum erträglichen Dauer mancher Strafverfahren ein Ende zu bereiten.

Eine Verwertung der nach § 154 oder § 154a ausgeschiedenen Delikte im Rahmen der Strafzumessung ist bedenklich, weil die Begehung dieser Taten nicht gründlich geprüft worden ist. Nach der Rspr. des BGH soll in den Fällen, in denen das *Gericht* an der Einstellung beteiligt ist – sei es gemäß § 154 II (BGHSt 30, 197), § 154a II (BGH StrV 1983, 184) oder mittelbar durch Übernahme der Beschränkung einer staatsanwaltschaftlich nach § 154a verfügten Einstellung im Rahmen des Eröffnungsbeschlusses nach § 207 II Nr. 2, 4 (BGHSt 30, 147) – eine Verwertung der ausgeschiedenen Delikte bei der Strafzumessung oder Beweiswürdigung zulässig sein, sofern der Angeklagte darauf in der Hauptverhandlung hingewiesen worden ist. Entsprechendes muß auch bei einer Einstellung durch die StA nach § 154 I gelten (Terhorst, JR 1982, 247; BGH *StrV 1982, 523;* a. A. BGHSt 30, 165 m. Anm. Bruns, StrV 1982, 18, die in diesem Fall eine Verwertung ohne rechtlichen Hinweis für zulässig erachten). Nach § 154a III kann das Gericht ausgeschiedene Tatteile in jeder Lage des Verfahrens wiedereinbeziehen; auf Antrag der StA ist es dazu sogar verpflichtet. Dies gilt jedoch in der Revisionsinstanz dann nicht mehr, wenn dadurch eine abschließende Entscheidung über das Rechtsmittel verhindert würde (BGHSt 21, 326; BGH NJW 1984, 1365).

cc) Bei den Fällen mit *Auslandsbeziehung* ist das Interesse an der Strafverfolgung deshalb besonders gering, weil die Straftat entweder im Ausland begangen worden ist (vgl. i. e. § 153c I Nr. 1, 2), oder weil wegen der Tat im Ausland eine Strafe gegen den Beschuldigten bereits vollstreckt worden ist (§ 153c I Nr. 3). In diesem Fall wäre also ein deutsches Strafverfahren nicht schon wegen „ne bis in idem" ausgeschlossen! Auf einem ähnlichen Gedanken beruht § 154b: Bei Ausweisung oder Auslieferung des Beschuldigten fehlt der deutschen Strafjustiz das Interesse an der Verfolgung des Täters.

b) Das EGStGB hat die Möglichkeit geschaffen, die Verfolgung von geringfügigen Vergehen auch dann einzustellen, wenn zwar zunächst ein Strafverfolgungsinteresse besteht, dieses aber dadurch beseitigt werden kann, daß dem Beschuldigten *Auflagen und Weisungen* auferlegt werden. Diese bestehen u. a. in Schadenswiedergutmachung und Zahlung eines Geldbetrages zugunsten einer gemeinnützigen Einrichtung oder der Staatskasse; andere als die in § 153a I Nr. 1–4 genannten Auflagen und Weisungen dürfen nicht erteilt werden (OLG Stuttgart NJW 1980, 1009). Erfüllt der Beschuldigte die Auflagen und Weisungen, so kann die Tat nicht mehr als Vergehen verfolgt werden (Verfahrenshindernis, § 153a I, 4; II, 2); unter der „Tat" ist dabei der gesamte historische Vorgang i. S. des § 264 zu verstehen (OLG Nürnberg *NJW 1977, 1787;* Loos, JZ 1978, 597; vgl. u. §§ 20 B I 2, 50 B II 4). Zu Anwendungsbereich und Verfahren im übrigen ausführlich Eckl, JR 1975, 99; Boxdorfer, NJW 1976, 317.

Diese Vorschrift, an der schon vor ihrer Einführung unter dem Gesichtspunkt „Kommerzialisierung der Strafrechtspflege" heftige Kritik geübt worden ist (vgl. Schmidhäuser, JZ 1973, 529; Hanack, Gallas-Festschr., 1973, 339), hat sich in der Praxis durchgesetzt und als wirksames Instrument zur Erledigung der Kleinkriminalität erwiesen (näher Rieß, ZRP 1983, 93). Das ändert aber nichts an den grundsätzlichen Einwänden, die gegen sie zu erheben sind. Besonders bedenklich stimmt, daß die Erfüllung der Auflagen und Weisungen zwar theoretisch freiwillig, praktisch aber wegen des sonst drohenden Strafverfahrens mit einem an § 136a heranreichenden Zwang durchgesetzt wird (Dencker, JZ 1973, 149). Außerdem bestehen gegen die Vorschrift auch schwere verfassungsrechtliche Bedenken. Sie verstößt wegen der Unbestimmtheit der Einstellungsvoraussetzungen gegen Art. 103 II GG (Bestimmtheitsgebot) und verletzt den Grundsatz der Gewaltenteilung (Art. 20 III, 92 GG); denn ein erheblicher Teil der Kriminalität wird hier praktisch der StA zur Entscheidung zugewiesen (näher Kausch, aaO.). Empirische Untersuchungen haben ergeben, daß sich in der bisherigen Praxis die soziale Stellung des Beschuldigten zwar nicht unmittelbar, wohl aber über eine geschickte Verteidigungsstrategie einstellungsförderlich auswirkt (Kaiser, NStZ 1984, 343).

Glücklicher wäre die Lösung, die Einstellungsgründe im einzelnen detailliert zu beschreiben und zu Verfahrenshindernissen auszugestalten (so bereits Zipf, 499); dabei wäre die Leerformel des „öffentlichen Interesses" in objektive Kriterien wie das Ausmaß des Schadens, die Erstmaligkeit der Tat oder die soziale Situation des Täters aufzulösen (zum Ganzen Roxin, in: Kriminologie und Strafverfahren, 1976, 18, 20; Rieß, 1979, 113, 122, 127, 133). Der AE einer Novelle zur StPO (1980) schlägt die Wiederabschaffung des § 153a und seine Ersetzung durch ein nichtöffentliches richterliches Verfahren vor (vgl. u. § 45 A).

c) Die große Gruppe des *weichenden Strafverfolgungsinteresses* zerfällt in vier Untergruppen:

aa) Von besonderer Bedeutung ist dabei das durch das 8. StrafRÄndG v. 25. 6. 1968 (BGBl. I, 741) eingeführte *Opportunitätsprinzip bei Staatsschutzsachen.* Nach § 153d I kann von der Verfolgung derartiger Straftaten abgesehen werden, wenn die Durchführung des Verfahrens die Gefahr eines schweren Nachteils für die BRD herbeiführen würde oder wenn der Verfolgung sonstige überwiegende Interessen entgegenstehen (vgl. auch § 153d II!). Damit wird der Tatsache Rechnung getragen, daß bei bestimmten Delikten, wie z.B. Landesverrat, die Durchführung des Verfahrens die in der Tat selbst liegende Gefährdung der Staatssicherheit übersteigen würde.

bb) § 153e I honoriert bei bestimmten Staatsschutzdelikten die tätige Reue. Hat der Täter (der „plaudernde Agent") durch seinen Beitrag eine Gefahr für den Staat abgewendet, so kann das Verfahren eingestellt werden.

cc) Bei § 154c soll die Einstellungsmöglichkeit die Anzeigebereitschaft des genötigten oder erpreßten Opfers fördern. Ein solcher Fall liegt etwa vor, wenn ein Sittlichkeitsdelinquent wegen seiner Verfehlungen erpreßt wird.

dd) § 154d schließlich soll erstens die Gefahr einander widersprechender Gerichtsentscheidungen mindern und zweitens verhindern, daß der Anzeigende das kostenlose Strafverfahren als Druckmittel oder zur Vorbereitung eines anderen Verfahrens benutzt, etwa wenn jemand ein Verfahren wegen Fischwilderei (§ 293 StGB) beantragt, um sein Fischereirecht feststellen zu lassen. Die erste Zweckbestimmung liegt auch § 154e zugrunde, wonach Hauptverfahren wegen falscher Verdächtigung oder Beleidigung regelmäßig erst nach Abschluß eines Straf- oder Disziplinarverfahrens gegen den Verdächtigten durchgeführt werden sollen.

ee) Umstritten ist, ob der StA die Möglichkeit eingeräumt werden soll, einem Tatbeteiligten Straffreiheit zuzusichern, um ihn als Hauptbelastungszeugen gegen seine Komplizen zu gewinnen (sog. „*Kronzeuge*", vgl. Baumann, JuS 1975, 371; Jahrreiss, Lange-Festschr., 1976, 765; Jung, Straffreiheit für den Kronzeugen?, 1974; Middendorf, ZStW 85, (1973), 1102; Weigend, Jescheck-Festschr. 1985, 1333). Der Beweiswert „erkaufter" Aussagen und die Rechtsstaatlichkeit der dabei angewandten Mittel sind jedoch meist dubios (vgl. Middendorf und Weigend aaO., m. w. N. aus der amerikanischen Praxis). Auch ist es unvertretbar, einen Beschuldigten weiteren Strafverfolgungsmaßnahmen zu unterwerfen, der von seinem Aussageverweigerungsrecht Gebrauch macht, während sein Mitbeschuldigter durch belastende Angaben Strafverfolgungsfreiheit erlangen kann. Ferner würde eine Durchbrechung des Legalitätsprinzips bei schwersten Straftaten das allgemeine Rechtsbewußtsein zu sehr erschüttern und dadurch kriminalitätsfördernd wirken. Eine Art Kronzeugenregelung (jedoch nicht durch Einstellung, sondern durch gerichtliches Absehen von Strafe oder Strafmilderung) sieht allerdings seit 1981 § 31 des BetäubungsmittelG für den Bereich der Rauschgiftkriminalität vor.

d) Die *Privatklagedelikte* bilden zunächst eine Ausnahme vom Offizialprinzip (vgl. oben § 12 B II, 3). Bei diesen Delikten gilt außerdem auch noch das Opportunitätsprinzip (vgl. §§ 376, 377). Es steht im Ermessen der StA, ob sie die Verfolgung dieser Delikte übernimmt.

3. Die *Zuständigkeitsregelung*

a) In vielen Fällen kann die StA das Verfahren *selbst* – also ohne gerichtliche Mitwirkung – einstellen bzw. von Verfolgung absehen: §§ 153 I, 2; 153 c I, II; 153 d I; 154 I; 154 a I; 154 b I–III; 154 c; 154 d; 154 e.

b) In den anderen Fällen bedarf die StA bis zur Erhebung der Klage der Zustimmung des zur Entscheidung über die Eröffnung des Hauptverfahrens bzw. des für die Hauptverhandlung zuständigen Gerichts (§§ 153 I, 1; 153 a; 153 b I; 153 e I).

c) Nach Klageerhebung kann in den meisten Fällen (Ausnahmen s. u. d und e) *nur* noch das *Gericht* (jedoch nur mit Zustimmung oder auf Antrag der StA!) das Verfahren einstellen (§§ 153 II; 153 e II; 154 II; 154 a II; 154 b IV), und zwar in jeder Lage, d. h. solange noch kein rechtskräftiges Urteil vorliegt.

d) Folgende Besonderheiten sind hervorzuheben:

aa) § 153 b II sieht eine Einstellungsmöglichkeit mit Zustimmung der StA und des Angeschuldigten (!) nur bis zum Beginn der Hauptverhandlung vor.

bb) In den Fällen der §§ 153 c, 154 c und 154 d hat nur die StA, nicht aber das Gericht die Einstellungsmöglichkeit.

cc) In den Fällen des § 153 I, 1 ist das Gericht durch das Gesetz ausdrücklich zur Mitverantwortung aufgerufen. Dementsprechend entscheidet es in diesem Fall auch selbst über das Vorliegen eines öffentlichen Interesses, möglicherweise entgegen der Auffassung der StA (zutr. Weber NJW 1966, 1243; s. im einzelnen Kalsbach, Die gerichtliche Nachprüfung von Maßnahmen der Staatsanwaltschaft im Strafverfahren, 1967, m. zahlr. Nachw.).

e) Eine *Ausnahme* von der unter c) geschilderten Zuständigkeitsregelung hat das 8. StrRÄndG gebracht. Nach §§ 153 c III, 153 d II kann die StA die Klage bei *Staatsschutzdelikten* selbst nach Klageerhebung noch in jeder Lage des Verfahrens *ohne* Beteiligung des Gerichts zurücknehmen und das Verfahren einstellen. Darin liegt eine Durchbrechung des Immutabilitätsprinzips (s. u. III.), nach dem die Zurücknahme der Klage nach Eröffnung des Hauptverfahrens nicht möglich ist.

4. *Anfechtbarkeit* und *Rechtskraft* der Verfahrenseinstellung

a) Nach § 153 II, 4 kann der Einstellungsbeschluß des Gerichts nicht angefochten werden; ebenso unanfechtbar ist nach § 153 a II, 4 der

Beschluß des Gerichts, das Verfahren vorläufig einzustellen. Ausnahmsweise kann jedoch Beschwerde eingelegt werden, wenn die nach §§ 153 II, 1, 153a I, II, 1 erforderliche Zustimmung der StA fehlt (Kl./M., Rdnr. 34 zu § 153 u. Rdnr. 57 zu § 153a; OLG Hamm, MDR 1977, 749). Zweifelhaft ist die Rechtslage, wenn irrtümlicherweise bei Vorliegen eines Verbrechens eingestellt worden ist (vgl. dazu Krümpelmann NJW 1966, 1977 und OLG Celle NJW 1966, 1329).

b) Hat die StA das Verfahren gemäß § 153 I mit Zustimmung des Gerichts eingestellt, so kann sie es jederzeit wieder aufnehmen. Neue Beweismittel oder Tatsachen sind insoweit nicht erforderlich.

c) Dagegen erwächst der *gerichtliche* Einstellungsbeschluß nach § 153 II in beschränkte Rechtskraft. In Analogie zu §§ 211, 174 II StPO; § 47 I Nr. 2 i.V.m. § 45 II Nr. 2 und § 47 III JGG wird man verlangen müssen, daß nur auf Grund neuer Tatsachen oder Beweismittel von neuem Anklage erhoben werden kann. Eine Änderung des rechtlichen Gesichtspunktes (etwa eine schwerere Gesetzesverletzung) braucht dagegen nicht vorzuliegen (so zutr. Kleinknecht JR 1965, 350; a.A. BayObLG *JR 1965, 350* sowie Loos, 548, der in analoger Anwendung des § 153a I, 4 erst beim Verdacht eines Verbrechens ein neues Verfahren wegen derselben Tat für zulässig hält). Eine Sonderregelung ist in § 154 III, IV für die Fälle getroffen, daß das Verfahren im Hinblick auf anderweitig angeordnete oder noch zu erwartende Strafen oder Maßregeln eingestellt worden war.

Die Wiederaufnahme erfolgt durch einen Gerichtsbeschluß, für den ein Antrag der StA nicht erforderlich ist (vgl. § 154 V, der im Gegensatz zu § 154 II einen Antrag der Staatsanwaltschaft nicht erwähnt, und BGHSt 13, 447). Der die Wiederaufnahme anordnende Beschluß ist unanfechtbar, desgleichen die Ablehnung der Wiederaufnahme (OLG Düsseldorf, JR 1983, 471 m. zust. Anm. Meyer-Goßner; str.). Strittig ist auch, ob die StA ein Beschwerderecht hat, wenn das Gericht ihren Antrag auf Wiedereinbeziehung ablehnt (dagegen OLG Frankfurt, NStZ 1985, 39 m. differenzierender Anm. Rieß).

Bei einer Beschränkung der Strafverfolgung nach § 154a können die ausgeschiedenen Teile jederzeit wieder einbezogen werden (§ 154a III); dies gilt auch dann, wenn die StA fälschlich nach § 154 anstatt nach § 154a eingestellt hatte (BGHSt 25, 388). Ergibt sich in der Hauptverhandlung, daß wegen der hauptsächlichen Anklagepunkte ein Freispruch erfolgen müßte, so ist vorher der ausgeschiedene Tatteil wiedereinzubeziehen, damit wenigstens er zur Aburteilung kommt (BGHSt 22, 105; 29, 315; *32, 84* m. abl. Anm. Maiwald, JR 1984, 479). Eines förmlichen Gerichtsbeschlusses bedarf es für die Einbeziehung anders als nach § 154 V nicht (BGH, NJW 1975, 1748).

d) Zum Verfahrenshindernis nach § 153a I, 4 s.o. 2b.

III. Eine Folgerung aus dem Legalitätsprinzip ist das sog. *Immutabilitätsprinzip,* wonach die öffentliche Klage von der StA nicht mehr zurückgenommen werden kann, wenn das beschließende Gericht das Hauptver-

fahren eröffnet hat (§ 156). Wenn also das Strafverfahren einmal bei
Gericht anhängig gemacht worden ist und dieses die Eröffnung einer
Untersuchung beschlossen hat, kann die StA es dem Gericht nicht mehr
entziehen (sonst hätte ja der Anklagezwang gar keinen Wert).

Eine Ausnahme gilt im Strafbefehlsverfahren (§ 411, s. u. § 66 B III, 1)
und bei Staatsschutzsachen (s. o. II, 3 e).

Über die Möglichkeit der Zurücknahme einer Privatklage s. u. § 61 F
IV 1.

§ 15. Die Beweisgrundsätze (Ermittlungsgrundsatz, Unmittelbarkeit, freie Beweiswürdigung, in dubio pro reo)

Literatur: Zum *Ermittlungsgrundsatz* vgl. die Angaben vor § 43, zur *Unmittelbarkeit* die vor § 44.

Freie Beweiswürdigung:
Stein, Das private Wissen des Richters, 1893; Bendix, Die freie Beweiswürdigung des Strafrichters, GA 63 (1917), 31; Krieter, Historische Entwicklung des „Prinzips der freien Beweiswürdigung im Strafprozeß", Diss. Gött., 1926; Hellwig, Wahrheit und Wahrscheinlichkeit, GS 88, 417; Sachs, Beweiswürdigung und Strafzumessung, 1932; Bohne, Zur Psychologie der richterlichen Überzeugungsbildung, 1948; Wimmer, Überzeugung, Wahrscheinlichkeit und Zweifel, DRZ 1950, 390; Niese, Zur Frage der freien richterlichen Überzeugung, GA 1954, 148; H. Mayer, Der Sachverständige im Strafprozeß, Mezger-Festschr., 1954, 455; Bockelmann, Strafrichter und psychologischer Sachverständiger, GA 1955, 321; Wessels, Schweigen und Leugnen im Strafverfahren, JuS 1966, 169; Sarstedt, Beweisregeln im Strafprozeß, Berl. Festschr. f. Hirsch, 1968, 171; Ziegler, Zweckmäßigkeitstendenzen in der höchstrichterlichen Auslegung des Beweisrechts im Strafverfahren, 1969; Hanack, Zur Austauschbarkeit von Beweismitteln im Strafprozeß, JZ 1970, 561; Schweling, Die Revisibilität der Erfahrung, ZStW 83 (1971), 435; Rödig, Die Theorie des gerichtlichen Erkenntnisverfahrens, 1973; Volk, Anscheinsbeweis und Fahrlässigkeit im Strafprozeß, GA 1973, 161; Fincke, Die Gewißheit als hochgradige Wahrscheinlichkeit, GA 1973, 266; Käßer, Wahrheitserforschung im Strafprozeß, 1974; Arzt, Zum Verhältnis von Strengbeweis und freier Beweiswürdigung, Peters-Festschr., 1974, 223; Krause, Grenzen richterlicher Beweiswürdigung im Strafprozeß, ebda, 323; Heescher, Untersuchungen zum Merkmal der freien Überzeugung, 1974; Kasper, Freie Beweiswürdigung und moderne Kriminaltechnik, 1975; Hanack, Maßstäbe und Grenzen richterlicher Überzeugungsbildung im Strafprozeß, JuS 1977, 727; Günther, Die Schweigebefugnis des Tatverdächtigen im Straf- und Bußgeldverfahren aus verfassungsrechtlicher Sicht, GA 1978, 193; Rieß, Zur Revisibilität der freien tatrichterlichen Überzeugung, GA 1978, 257; Greger, Beweis und Wahrscheinlichkeit, 1978; Walter, Freie Beweiswürdigung, 1979; Stürner, Strafrechtliche Selbstbelastung und verfahrensförmige Wahrheitsermittlung, NJW 1981, 1757; Albrecht, Überzeugungsbildung und Sachverständigenbeweis in der neueren strafrechtlichen Judikatur zur freien Beweiswürdigung (§ 261 StPO), NStZ 1983, 486; Peters, „Übergänge" im Strafprozeß usw., Gmür-Festschrift, 1983, 311; Niemöller, Die strafrichterliche Beweiswürdigung in der neueren Rechtsprechung des Bundesgerichtshofs, StrV 1984, 431; Küper, Historische Bemerkungen zur „freien Beweiswürdigung" im Strafprozeß, Peters-Festgabe II, 1984, 23.

in dubio pro reo:
W e n g, In dubio pro reo, Tüb. ungedruckte Diss. 1947; S t r e e, In dubio pro reo, 1962; H o l t a p p e l s, Die Entwicklungsgeschichte des Grundsatzes „in dubio pro reo", 1965; S a x, Zur Anwendbarkeit des Satzes „in dubio pro reo" im strafprozessualen Bereich, Festschrift für Stock, 1966, 143; F r i s c h, Zum Wesen des Grundsatzes „in dubio pro reo", Festschrift f. Henkel, 1974, 273; S u l a n k e, Die Entscheidung bei Zweifeln über das Vorhandensein von Prozeßvoraussetzungen und Prozeßhindernissen im Strafverfahren, 1974; W o l t e r, Contra „in dubio pro reo", MDR 1981, 441; M i c h a e l, Der Grundsatz in dubio pro reo im Strafverfahrensrecht, 1981; L e h m a n n, Die Behandlung des zweifelhaften Verfahrensverstoßes im Strafprozeß, 1983.

Beweisgrundsätze sind der Ermittlungsgrundsatz, die Unmittelbarkeit, die freie Beweiswürdigung und der Grundsatz in dubio pro reo.

A. Der Ermittlungsgrundsatz

Im *Zivilprozeß* gilt, da und soweit nur private Interessen auf dem Spiele stehen, die sog. *Verhandlungsmaxime,* d.h. die Parteien haben für die tatsächlichen Urteilsunterlagen zu sorgen und tragen dafür die alleinige Verantwortung (Jauernig, § 25); auf diese Weise wird die hinsichtlich des *Prozeßgegenstandes* kraft der *Dispositionsmaxime* bestehende Verfügungsmacht der Parteien auch auf die *Beweisgewinnung* ausgedehnt (anders als im Verwaltungsprozeß). Nach der Verhandlungsmaxime darf der Richter daher seinem Urteil nur das zugrundelegen, was die Parteien behauptet, unter Beweis gestellt und bewiesen haben:
a) Übereinstimmende Parteierklärungen binden den Richter. So ist der Richter an ein Geständnis gebunden (§ 288 ZPO), es wird dem Urteil ungeprüft zugrunde gelegt. Ferner gelten Tatsachenbehauptungen, die unwidersprochen geblieben sind, als zugestanden (§ 138 III ZPO; auf diesem Satz beruhen das Versäumnisverfahren und das Mahnverfahren).
b) Bestrittene Tatsachen bedürfen zwar des Beweises; das Gericht sucht aber nicht selbst nach Beweismitteln, sondern beschränkt sich auf die Benutzung der Beweismittel, die die Parteien benennen (d.h. die Parteien müssen „Beweis antreten", § 282 ZPO). Dieser Grundsatz ist allerdings schon weitgehend durchbrochen.
Im Zivilprozeß gilt sonach das „Prinzip der formellen Wahrheit".

Im Gegensatz zum Zivilprozeß gilt im *Strafprozeß* der *Ermittlungsgrundsatz,* der auch als Prinzip der materiellen Wahrheit oder als *Instruktions-* bzw. *Inquisitionsprinzip* bezeichnet wird.

Der Ermittlungsgrundsatz *bedeutet,* daß das Gericht den Sachverhalt selber ermittelt (sich selbst „instruiert") und dabei an Anträge und Erklärungen der Prozeßbeteiligten nicht gebunden ist. In der StPO ist das ausgedrückt durch § 155 II: „Innerhalb dieser (d.h.: der durch die Klage gezogenen) Grenzen sind die Gerichte zu einer selbständigen Tätigkeit berechtigt und verpflichtet" und § 244 II: „Das Gericht hat zur Erforschung der Wahrheit die Beweisaufnahme von Amts wegen auf alle Tatsachen und Beweismittel zu erstrecken, die für die Entscheidung von Bedeutung sind." Der Ermittlungsgrundsatz besagt im einzelnen folgendes:

1. Das Gericht ist an die Behauptungen der Prozeßbeteiligten nicht gebunden, insbesondere nicht an das Geständnis des Angeklagten; es steht ihm völlig frei gegenüber (s. u. C).

2. Es kann im Strafprozeß – im Gegensatz zum Zivilprozeß – kein Versäumnisverfahren geben, das aus der Tatsache, daß der Angeklagte nicht erscheint, ohne weiteres den Schluß zieht, daß er sich schuldig bekennt und schuldig ist.

Eine Art Ausnahme enthalten § 329 I für die Berufung und § 391 II für den Privatkläger. Außerdem kann gegen den gänzlich abwesenden Angeklagten ein Beweissicherungsverfahren durchgeführt werden (vgl. u. § 60).

3. Das Gericht ist nicht auf die Beweisanträge beschränkt: Es kann und muß von Amts wegen andere, weder vom Staatsanwalt noch vom Angeklagten verlangte Beweismittel beiziehen. Das gilt für alle Abschnitte des Verfahrens, für das Zwischenverfahren, die Vorbereitung der Hauptverhandlung und namentlich für die Hauptverhandlung selbst.

B. Der Grundsatz der Unmittelbarkeit bedeutet, daß der Richter sich auf Grund des persönlichen Eindrucks, den er vom Angeklagten und von den Beweismitteln gewinnt, sein Urteil bilden soll (§ 261); so darf z.B. die Vernehmung von Zeugen grundsätzlich nicht durch die Verlesung eines Protokolls ersetzt werden, das ein beauftragter oder ersuchter Richter aufgenommen hat (§ 250).

Dieser Grundsatz gilt nur für die Hauptverhandlung, er ist daher erst dort (unten § 44) zu besprechen.

C. Der Grundsatz der freien Beweiswürdigung hat zwar in erster Linie für die Entscheidung Bedeutung, die auf Grund der Hauptverhandlung ergeht; er gilt aber im ganzen Verfahren und für alle Organe der Strafrechtspflege, somit auch für die Staatsanwaltschaft und für die Polizei. Er ist daher schon hier zu erörtern.

I. Zur Geschichte

Das ältere deutsche Recht und der gemeine deutsche Strafprozeß haben mit *gesetzlichen Beweisregeln* gearbeitet; sie haben also ein „formales Beweisrecht" gehabt. Diese Regeln wiesen den Richter an, unter bestimmten Voraussetzungen eine Tatsache als erwiesen anzusehen. So wurde z.B. nach gemeinem Recht ein voller Beweis durch das *Geständnis* des Angeklagten oder durch *zwei* einwandfreie („klassische") Zeugen erbracht. Durch *einen* klassischen Zeugen wurde nur ein halber Beweis erbracht, der aber zur peinlichen Befragung, d.h. zur Anwendung der Folter, berechtigte. Durch solche Regeln hoffte der Gesetzgeber, die richterliche Willkür auszuschließen. Das Mittel war aber zur Erreichung dieses Zweckes ungeeignet. Die gesetzlichen Beweisregeln, nicht nur die peinliche Frage, beruhten auf den schwersten psychologischen Irrtümern. Anfänge der freien Beweiswürdigung finden sich in Preußen auf Grund der Kabinettsordres von 1740 und 1754, die die Folter abschafften. Aber abgesehen hiervon hat sich die freie Beweiswürdigung in Deutschland erst im 19. Jahrhundert in Verbindung mit der Einführung der Schwurgerichte Bahn gebrochen (eingehend Küper aaO.).

II. Das geltende Recht

1. a) Der *Grundsatz* des geltenden Rechts lautet: „Über das Ergebnis der Beweisaufnahme" – also über Tatsachen – „entscheidet das Gericht nach seiner freien, aus dem Inbegriff der Verhandlung geschöpften Überzeugung" (§ 261). Dies bedeutet, daß der Richter einen bestimmten Sachverhalt ohne Zweifel für wahr halten muß (vgl. Henkel, S. 351). Die so gewonnene persönliche Gewißheit ist nach BGHSt 10, 209 für die Verurteilung notwendig, aber auch genügend. Diese richterliche Überzeugung wird auch nicht durch die objektive Feststellung einer an Sicherheit grenzenden Wahrscheinlichkeit ersetzt. Denn „ebensowenig wie der Tatrichter gehindert werden kann, an sich mögliche, wenn auch nicht zwingende Folgerungen aus bestimmten Tatsachen zu ziehen, ebensowenig kann ihm vorgeschrieben werden, unter welchen Voraussetzungen er zu einer bestimmten Schlußfolgerung und einer bestimmten Überzeugung kommen muß" (BGH, aaO., S. 210; BGHSt 29, 18 m. Anm. Peters, JR 1980, 169; BGH *NStZ 1984, 180*). Diese Grundsätze des BGH verdienen Zustimmung insoweit, als es sie verbieten, dem Richter eine bestimmte Überzeugung aufzunötigen. Auf der anderen Seite aber ist zu fordern, daß die bloße subjektive Gewißheit des Richters dort nicht ausreicht, wo das objektive Ergebnis der Beweisaufnahme einen rational einleuchtenden Schluß auf die Täterschaft des Angeklagten nicht zuläßt. Der Angeklagte muß auch vor Fehleinschätzungen des Richters bei der Überzeugungsbildung geschützt werden; wenn z.B. der Graphologe nur eine hohe Wahrscheinlichkeit dafür feststellen kann, daß der Angeklagte eine Urkunde gefälscht hat, darf das Gericht nicht ohne weiteres vom Beweis seiner Schuld ausgehen (BGH *NStZ 1982, 478*). Daher ist zu verlangen, daß der Urteilsbildungsprozeß von anderen Richtern nachvollzogen werden kann (ähnlich Peters, S. 282; wie hier Stree, In dubio pro reo, S. 40; ähnlich auch BGH NStZ *1981, 33*, StrV 1982, 256). Auch muß sich der Richter mit dem Sachverhalt erschöpfend auseinandersetzen; er darf seine Überzeugung nicht allein auf eine mögliche Deutung stützen und andere Möglichkeiten kommentarlos übergehen (BGH StrV 1982, 508). Ferner darf er seiner Überzeugung keine Erfahrungssätze zugrundelegen, die objektiv nicht begründbar sind (BGH JR 1983, 83). Die neuere Rspr. des BGH betont mit Recht in zunehmendem Maße diese objektive Komponente der Überzeugungsbildung, auf deren kontrollierende Funktion gegenüber zu frühzeitiger subjektiver Überzeugung nicht verzichtet werden kann (näher Albrecht aaO.). Eine instruktive Übersicht über die gesamte neuere BGH-Rspr. liefert Niemöller aaO. Andererseits ist „eine absolute, andere Möglichkeiten des Tatablaufs mit Denknotwendigkeit ausschließende Sicherheit" nicht erforderlich; es genügt – mit den genannten Einschränkungen – die „persönliche Gewißheit" der Richter (BGH NStZ 1983, 277). Herbe Kritik am „Umgang der Juristen mit der Wahrscheinlichkeit" üben Bender/Nack, Festschr. Richterakademie Trier, 1983, 263.

Der Beweis des ersten Anscheins (sog. *prima-facie-Beweis*), bei dem an die Stelle der Gewißheit die durch einen typischen Geschehensablauf verbürgte Wahrscheinlichkeit tritt, ist nur im Zivilprozeß zulässig, im Strafprozeß aber ausgeschlossen (s. Louven MDR 1970, 295) – was in der Verkehrsrechtsprechung nicht immer genügend beachtet wird (vgl. dazu ausführlich Volk, aaO.; Bach, MDR 1976, 19). So darf aus der Eigenschaft als Kfz.-Halter nicht ohne weiteres gefolgert werden, daß der Halter das Kfz. beim Unfall geführt hat (BGHSt 25, 365 m. Anm. Gollwitzer, JR 1975, 381; vgl. dagegen beim Flugzeughalter OLG Frankfurt, MDR 1974, 688).

b) Im *einzelnen* bedeutet der Grundsatz der freien Beweiswürdigung:

aa) Bei der Bewertung von *Zeugenaussagen* ist das Gericht frei, d. h. nicht an gesetzliche Beweisregeln gebunden. Auch einer beschworenen Zeugenaussage steht das Gericht frei gegenüber. Der Richter kann sogar bei Widerspruch zwischen einer beeidigten und einer unbeeidigten Aussage der unbeeidigten Aussage Glauben schenken und der beeidigten den Glauben versagen. Das Gericht ist auch nicht an *Sachverständigengutachten* gebunden, selbst wenn es sich um technische oder chemische oder psychiatrische Fragen handelt. Es kann z.B. den Angeklagten entgegen dem Gutachten des psychiatrischen Sachverständigen, das ihn für schuldunfähig erklärt, verurteilen oder umgekehrt.

bb) Der Richter kann den *Aussagen des Angeklagten* gegenüber einer Mehrzahl beeidigter Belastungszeugen glauben. Auch *Urkunden* binden ihn nicht; wenn z.B. in einem Meineidsprozeß ein Protokoll besagt: „Der Zeuge wurde beeidigt", so kann der Richter trotzdem die Beeidigung als nicht erwiesen ansehen. Während früher das *Geständnis* jeden anderen Beweis überflüssig, ja unzulässig machte, unterliegt heute in Deutschland auch das Geständnis der freien Beweiswürdigung. Normalerweise wird das Geständnis starke Beweiskraft haben, u.U. so große, daß auf andere Beweismittel ganz verzichtet werden kann; daher ist auch eine Hauptverhandlung ohne Zeugen möglich und gar nicht selten. Aber das Geständnis erbringt keinen absolut sicheren Beweis; es kann aus den verschiedensten Gründen falsch sein, z.B. weil der Beschuldigte nicht normal oder weil er apathisch ist, weil er ins Gefängnis will oder sich ein Alibi für eine andere schwere Tat schaffen oder weil er sich an Stelle des wirklichen Täters bestrafen lassen will. Auch dem – nicht selten vorkommenden – *Widerruf eines Geständnisses* steht der Richter vollkommen frei gegenüber.

cc) Die Überzeugung des Gerichts kann auch durch einen *Indizienbeweis* begründet werden, d.h. auf Grund von Tatsachen, die einen *Schluß* auf die unmittelbar erhebliche Tatsache zulassen. Ein Indizienbeweis, namentlich ein Beweis mit sachlichen Beweismitteln, kann sogar u.U. einen sichereren Beweis liefern als Aussagen von Tatzeugen. Das Scheitern eines Alibibeweises darf für sich allein aber noch nicht als Indiz für eine Täterschaft des Angeklagten verwertet werden (BGH StrV 1982, 158). Dagegen ist es möglich, daß zahlreiche Indizien, von denen jedes einzelne zum Beweis der Täterschaft nicht ausreicht, in ihrer Gesamtheit dem Richter die Überzeugung von der Schuld des Angeklagten vermitteln können (BGH NStZ 1983, 133).

2. Der Grundsatz der freien Beweiswürdigung gilt von vornherein nur in dem Rahmen, der dem richterlichen Beweisverfahren durch die strengen Regeln des strafprozessualen Beweisrechts (vgl. u. § 24) gezogen ist (zutr. Krause, aaO.; a.M. Arzt, aaO.). Darüberhinaus erfährt er in dreifacher Hinsicht *Einschränkungen* und *Ausnahmen*, nämlich durch bestimmte naturwissenschaftliche Erkenntnisse (a), durch übergeordnete Verfahrensgesichtspunkte (b) und durch positive gesetzliche Normierungen (c).

a) Auch bei der freien Beweiswürdigung ist der Richter unter die Gesetze des Denkens und der Erfahrung gestellt. Daher ist für „eine richterliche Überzeugungsbildung dort kein Raum mehr, wo eine Tatsache auf Grund *wissenschaftlicher* Erkenntnis feststeht" (BGHSt *10, 211*). Der Richter muß vielmehr eine Tatsache, die auf einem von der Fachwissenschaft allgemein anerkannten Weg eindeutig ermittelt wurde, auch dann seiner Beurteilung zugrunde legen, wenn sie ihm persönlich unüberprüfbar oder zweifelhaft erscheint. Dies gilt z.B. bei der Ausschließung der Vaterschaft durch Blutgruppengutachten (BGHSt *6, 72*; s. aber auch OLG Celle NJW 1960, 2258), bei der Feststellung der Fahruntüchtigkeit auf Grund eines bestimmten Blutalkoholgehalts (BGHSt 21, 159; dazu krit. Haffke, JuS 1972, 448) und bei der Geschwindigkeitsmessung durch ein Radargerät (sofern alle denkbaren Fehlerquellen ausgeschaltet sind, vgl. OLG Hamburg NJW 1963, 505; Hamm NJW 1963, 602; Braunschweig NJW 1963, 1120). Umgekehrt dürfen naturwissenschaftlich *nicht* gesicherte Kausalzusammenhänge dem Urteil nicht zugrundegelegt werden; es ist nicht zulässig, den objektiv fehlenden naturwissenschaftlichen Nachweis durch die subjektive Überzeugung des Richters zu ersetzen (so richtig Armin Kaufmann, JZ 1971, 572 gegen LG Aachen, JZ 1971, 516 in der Frage, ob Thalidomid zu Mißbildungen beim Embryo führen kann).

b) Der Grundsatz der freien Beweiswürdigung kann in Kollision geraten mit dem Gesichtspunkt der *Unzumutbarkeit* einer Aussage, wie er im Schweigerecht des Beschuldigten und den Zeugnisverweigerungsrechten seinen Niederschlag gefunden hat. Dabei ergibt sich das Problem, welchem dieser Verfahrensgesichtspunkte der Vorrang zukommt.

aa) Ob ein *Schweigen des Beschuldigten* zu seinen Ungunsten als Indiz verwendet werden darf, ist kontrovers. Die frühere h.M. hielt dies für unbeschränkt zulässig (vgl. BGHSt 1, 366). Ein Teil der Literatur stimmt dem noch heute mit dem Argument zu, die StPO kenne kein Beweisverwertungsverbot, das das Angeklagtenschweigen dem Anwendungsbereich des § 261 entziehe. Allerdings komme dem Schweigen des Angeklagten wenig Beweiskraft zu (so Günther, JR 1978, 89). Demgegenüber ist davon auszugehen, daß nach dem Grundsatz des fair trial niemand zu seiner Überführung selbst beizutragen braucht. Das Schweigerecht des Beschuldigten hat als Ausfluß des Rechtsstaatsprinzips sogar Verfassungsrang (vgl. BVerfG NJW 1981, 1431; Stürner, aaO.). Im einzelnen gilt:

α) Wenn der Beschuldigte *jede Aussage verweigert,* so ist sein Schweigen der Beweiswürdigung überhaupt entzogen. Anderenfalls drohte sein Recht zum Schweigen (vgl. §§ 136 I, 2; 163a III; 243 IV) illusorisch zu werden. Das gleiche gilt, wenn er in einem früheren Verfahrensabschnitt nicht ausgesagt, z. B. gegenüber der Polizei im Ermittlungsverfahren jede Einlassung verweigert hat (BGHSt, *20, 281;* StrV 1983, 321; a. A. OLG Oldenburg NJW 1969, 806 m. abl. Anm. v. Güldenpfennig NJW 1969, 1867). Auch aus einer verweigerten Personalienangabe dürfen keine nachteiligen Schlüsse gezogen werden (BayObLG NJW 1981, 1385).

β) Wenn der Beschuldigte dagegen aussagt und sich lediglich *zu einzelnen Punkten nicht erklärt,* so macht er sich „in freiem Entschluß selbst zu einem Beweismittel und unterstellt sich damit der freien Beweiswürdigung" (BGHSt *20, 300).* Sein *partielles* Schweigen darf daher gegen ihn verwertet werden (BGHSt *20, 298;* OLG Braunschweig *NJW 1966, 214;* OLG Hamm NJW 1974, 1880, wo weitergehend zwischen teilweisem und zeitweisem Schweigen unterschieden wird). Wenn allerdings ein Angeklagter sich zu einer Tat äußert, darf sein Schweigen hinsichtlich *einer anderen Tat* nicht zu seinem Nachteil gewürdigt werden (BGHSt 32, 140 m. Anm. Volk, NStZ 1984, 377 u. Pelchen, JR 1985, 71).

γ) Wird der Beschuldigte in einem anderen Verfahren über den gegen ihn gerichteten Anklagevorwurf als Zeuge vernommen und verweigert er die Aussage nach § 55, so darf dieses Schweigen nicht gegen ihn verwertet werden (OLG Stuttgart NStZ 1981, 272).

Zu den Folgen der Aussageverweigerung im einzelnen: Wessels JuS 1966, 171; Stree JZ 1966, 593; Spendel NJW 1966, 1105; Eser, in: Deutsche strafrechtl. Landesreferate zum IX. Intern. Kongreß für Rechtsvergleichung Teheran, 1974, Beiheft zur ZStW Bd 86 (1974), 159; Dingeldey aaO., 413.

bb) Die *berechtigte Zeugnisverweigerung* darf nicht zum Nachteil des Angeklagten ausgelegt werden (h. M., str.; vgl. KG *NJW 1966, 605),* und zwar auch dann nicht, wenn der Zeuge sich zu unerheblichen Punkten geäußert hat (BGH JR 1981, 432 m. krit. Anm. Hanack) oder nach anfänglicher Zeugnisverweigerung später doch noch ausgesagt hat (BGH NStZ 1985, 87). Die gegenteilige Ansicht verkennt, daß die Möglichkeit der Beweiswürdigung einen mittelbaren Zwang zur Aussage bedeuten würde und daß sie auf eine unzulässige (vgl. BGHSt *6, 279)* Berücksichtigung der Motive der Zeugnisverweigerung hinausliefe; sie ist auch vom BGH aufgegeben worden (BGHSt *22, 113* gegen BGHSt *2, 351).* Desgleichen darf eine berechtigte Zeugnisverweigerung nicht herangezogen werden, um die Unglaubwürdigkeit einer späteren Aussage des Zeugnisverweigerungsberechtigten darzutun (BGH NJW 1980, 794; BayObLG NJW 1969, 200). Dagegen soll es nach BGH StrV 1984, 54 zulässig sein, bei Würdigung einer Aussage, die ein zeugnisverweigerungsberechtigter Zeuge macht, zu berücksichtigen, daß er die Überprüfung seiner Aussage durch Verweigerung einer Blutprobenentnahme unmöglich gemacht hat.

c) Der Grundsatz der freien Beweiswürdigung ist im Strafverfahren nur durch drei positive *gesetzliche Bestimmungen* durchbrochen:

aa) durch § 190 StGB, der Regeln für den Wahrheitsbeweis in bestimmten Fällen der Beleidigung aufstellt;

bb) durch § 274 StPO. Danach gilt für die Frage, ob die wesentlichen Förmlichkeiten der Hauptverhandlung beachtet worden sind, der Inhalt des Sitzungsprotokolls als richtig, solange nicht seine Fälschung nachgewiesen ist; der Nachweis einer bloß objektiven Unrichtigkeit kann die Beweiskraft des Protokolls nicht erschüttern.

Diese gesetzliche Beweisregel gilt jedoch nicht, wenn eine Tatsache *materiellrechtlich* erheblich ist; so könnte z.B. das Gericht einen Angeklagten von der Anklage des Meineids mit der Begründung freisprechen, es sehe nicht als erwiesen an, daß der Angeklagte als Zeuge vereidigt worden sei, auch wenn das im Sitzungsprotokoll gesagt ist (s.o. C II, 1 b bb);

cc) durch § 51 I BZRG, der eine strafschärfende Verwertung einer getilgten oder tilgungsreifen früheren Verurteilung des Beschuldigten in einem neuen Strafverfahren untersagt (vgl. auch unten § 24 D III, 2).

3. Der Grundsatz der freien Beweiswürdigung gilt gemäß § 262 I auch für *Vorfragen aus anderen Rechtsgebieten* (etwa bezüglich des Eigentums an einer Sache), wobei sich aus § 154 d ergibt, daß § 262 sinngemäß auch für öffentlich-rechtliche Vorfragen (z.B. bezüglich der Staatsangehörigkeit) gilt. Das Gericht ist hiernach zwar nicht verpflichtet, wohl aber berechtigt, die Untersuchung auszusetzen und einem der Beteiligten (dem Privatkläger oder dem Beschuldigten) eine Frist zur Erhebung einer Klage vor dem ordentlichen oder dem Verwaltungsgericht zu setzen bzw. die Entscheidung eines dort bereits anhängigen Verfahrens abzuwarten. Aber auch in diesem Fall ist der Strafrichter an die Entscheidung der anderen Gerichte grundsätzlich *nicht* gebunden (BGHSt 5, 106). Etwas anderes gilt lediglich dann, wenn die Strafbarkeit nach dem Gesetz von einem bestimmten *rechtsgestaltenden* Urteil abhängt (*Tatbestandswirkung* der zivilrechtlichen Entscheidung: z.B. bei § 238 II StGB das Nichtigkeits- bzw. Aufhebungsurteil) oder wenn durch entsprechende gesetzliche Normierung außerhalb des StGB (vgl. etwa §§ 1593, 1600 a BGB; dazu BGHSt 26, 111) dem Zivilgericht eine abschließende Entscheidungskompetenz zugewiesen ist.

D. Ein letzter, nicht minder wichtiger Beweisgrundsatz des Strafprozesses ist der, daß im Zweifel zugunsten des Angeklagten zu entscheiden ist (**in dubio pro reo**). Er ist im Gesetz nicht ausdrücklich formuliert, läßt sich jedoch mittelbar aus dem Schuldgrundsatz in Verbindung mit § 261 ableiten; denn wenn danach eine Verurteilung erfordert, daß das Gericht von der Schuld des Angeklagten überzeugt ist, muß jeder Zweifel an dieser Voraussetzung den Strafausspruch verhindern. Auch Art. 6 II MRK („Bis zum gesetzlichen Nachweis seiner Schuld wird vermutet, daß der Angeklagte unschuldig ist") schließt insofern den in-dubio-Satz ein.

1. Die Bedeutung dieses rechtsstaatlichen Fundamentalsatzes liegt z.B. darin, daß nicht der Beschuldigte sein Alibi (lat. = anderswo) nachzuweisen oder glaubhaft zu machen hat, sondern daß umgekehrt ihm

nachgewiesen werden muß, er sei zur Zeit der Tat am Tatort gewesen oder in anderer Form an der Tat beteiligt (irreführend und mißverständlich BGHSt 25, 285 und BGH JR 1978, 348 m. abl. Anm. von Tenckhoff, wonach der Grundsatz „Im Zweifel für den Angeklagten" für den Alibibeweis angeblich nicht gelten soll; abl. auch Stree, JZ 1974, 299, Foth NJW 1974, 1572 und Volk, JuS 1975, 25. Klarstellend jetzt BGH NStZ 1983, 422 m. Anm. Volk). Auch wenn das Vorliegen von Strafausschließungsgründen (wie Notwehr oder Geisteskrankheit) oder von Strafaufhebungsgründen (wie nach h.M. der freiwillige Rücktritt vom Versuch) zweifelhaft bleibt, muß sich das in der Entscheidung zugunsten des Beschuldigten auswirken.

Es darf daher in einem Urteil nicht heißen: „Der Angeklagte hat sich auf Notwehr berufen, einen Beweis hierfür aber nicht erbringen können; er war sonach zu verurteilen", sondern es muß heißen: „Das Gericht hat die Frage der Notwehr (auf die sich auch der Angeklagte berufen hat) geprüft. Die Frage hat sich nicht mit Sicherheit klären lassen (man hat dem Angeklagten nicht widerlegen können, daß er in Notwehr gehandelt hat); er war sonach freizusprechen."

2. Wie weit die *historische Geltung* des Satzes „in dubio pro reo" zurückreicht, ist nicht geklärt. Seine bisher angenommene Geltung im römischen Strafrecht und im Strafprozeß der Rezeption ist durch neuere Arbeiten in Frage gestellt worden (vgl. Holtappels und Sax, aaO.). Das gemeine Recht entwickelte für den Fall der Beweisunsicherheit sogar die Verdachtsstrafe und die absolutio ab instantia (vgl. u. § 69 B), um den eigentlich gebotenen Freispruch zu verhindern. Der Kampf der Aufklärung gegen diese Institutionen bereitete den Boden für die Anerkennung des in-dubio-Satzes. Erst seit Einführung des Prinzips der freien Beweiswürdigung im 19. Jhdt. ist er unstreitig gesichertes Gewohnheitsrecht.

3. Der *Geltungsbereich* des Satzes „in dubio pro reo" ist zum Teil umstritten.

a) Er gilt zunächst für die *Schuld- und Straffrage*; wenn z.B. nicht widerlegt ist, daß ein Totschläger zu seiner Tat gereizt worden ist, so sind nach § 213 StGB mildernde Umstände anzunehmen. Und wenn auch nur die Möglichkeit besteht, daß der wegen Beleidigung Angeklagte vorher beleidigt worden ist, so kann das Gericht ihn gemäß § 199 StGB für straffrei erklären (BGHSt 10, 373 = JZ 1958, 373 mit Anm. Kern). Kann nicht festgestellt werden, ob der Heranwachsende z.Zt. der Tat noch einem Jugendlichen gleichstand oder nicht, so ist das Jugendstrafrecht anzuwenden (BGHSt 12, 116).

Freilich zwingt der Grundsatz in dubio pro reo nicht dazu, jede entlastende Angabe des Angeklagten, für deren Richtigkeit oder Unrichtigkeit kein spezifischer Beweis vorhanden ist, als unwiderlegt zu betrachten. Die richterliche Überzeugung von der Richtigkeit oder Unrichtigkeit der Behauptung des Angeklagten kann sich aus dem gesamten Ergebnis der Beweisaufnahme unter Anwendung des Grundsatzes der freien Beweiswürdigung herausbilden (vgl. dazu BGH Holtz MDR 1979, 637).

Schuldvermutungen, die den Satz „in dubio pro reo" durchbrechen, kennt das materielle Strafrecht heute *nicht mehr*. Bei den dafür genannten

Fällen handelt es sich in Wirklichkeit nur um scheinbare Ausnahmen. So enthält § 186 StGB, obwohl die Nichterbringung des Wahrheitsbeweises zu Lasten des Angeklagten geht, keine Schuldvermutung; vielmehr folgt die Beweisregelung aus der Struktur des Tatbestandes als eines Risikodelikts.

b) Ob oder inwieweit der Satz auch für *Prozeßvoraussetzungen* gilt, ist kontrovers. In der Praxis sind die Hauptfälle die, daß nicht eindeutig festgestellt werden kann, ob eine Tat verjährt oder amnestiert, ob über sie schon einmal rechtskräftig entschieden worden oder ob ein Strafantrag wirksam gestellt ist. Faßt man im Anschluß an die historische Entwicklung den in-dubio-Satz ausschließlich als Kehrseite des Schuldprinzips auf, so muß man in diesen Fällen verurteilen; denn zweifelhaft ist nicht die Schuld des Angeklagten, sondern nur seine Verfolgbarkeit. Anders ist es, wenn man aus dem Rechtsstaatprinzip den weitergehenden Satz herleitet, daß niemand bestraft werden darf, wenn nicht sicher ist, daß seine Tat der staatlichen Strafgewalt (noch) unterliegt. Es ist dann bei Zweifeln das Verfahren einzustellen (vgl. dazu u. § 21 D).

Dieser zweiten billigenswerten Auffassung hat sich der BGH für den Fall der Verjährung unter Abkehr von der bisherigen Rechtsprechung angeschlossen (BGHSt *18, 274*; ebenso bei Zweifeln über den Verbrauch der Strafklage BayObLG *JZ 1969, 153* und bei Zweifeln über die Rechtzeitigkeit der von der StA eingelegten Berufung OLG Hamburg, *NJW 1975, 1750* m. Anm. Foth, JR 1976, 254). Auch bei Zweifeln über die Verhandlungsfähigkeit des Angeklagten darf die Hauptverhandlung nicht durchgeführt werden (BGH NStZ 1984, 520 mit unklaren Ausführungen über die Geltung des in-dubio-Satzes). Der BGH betont jedoch ausdrücklich, daß die Geltung des Satzes „in dubio pro reo" nicht für alle Verfahrensvoraussetzungen einheitlich angenommen, sondern daß über sie nur von Fall zu Fall entschieden werden könne (ebenso Krey, JA 1983, 239). Eine solche Differenzierung, die der BGH an weiteren Beispielen noch nicht durchgeführt hat, überzeugt jedoch wenig; denn der oben dargelegte rechtsstaatliche Gesichtspunkt läßt eine unterschiedliche Behandlung der Prozeßvoraussetzungen kaum zu (wie hier Eb. Schmidt, I, Rdnr. 198 mit Anm. 350; Schlüchter, Rdnr. 389; eingehend zum Ganzen Sulanke, aaO.; Michael, 149).

c) Anders als bei den Prozeßvoraussetzungen soll der Grundsatz „in dubio pro reo" für den Nachweis von *Verfahrensfehlern* nach ganz h. M. *nicht* gelten. Stützt also ein Angeklagter seine Revision darauf, daß ihm eine Aussage durch Mißhandlungen (§ 136 a) abgezwungen worden sei, so entscheidet die Rechtsprechung, wenn der Verstoß nicht nachgewiesen werden kann, contra reum (BGHSt *16, 164*). Ob das allemal richtig ist (vgl. auch Eb. Schmidt JR 1962, 109), erscheint bei Anlegung rechtsstaatlicher Maßstäbe zweifelhaft; angesichts der Bedeutung, die die freie Willensentschließung des aussagenden Beschuldigten de lege lata hat (vgl. Art. 1 I GG), ist die Anwendung des in dubio pro reo-Grundsatzes für Verstöße gegen § 136 a zu befürworten (vgl. Michael, 154). Im allgemeinen ist es wohl richtiger, bei ernstlichen Zweifeln zugunsten des Ange-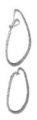

klagten vom Vorliegen eines Verfahrensverstoßes auszugehen (vgl. Lehmann aaO.; Kühne, Rdnr. 575).

d) Auch für die Klärung *rechtlicher Zweifelsfragen* gilt der Satz „in dubio pro reo" nicht. „Er bezieht sich nur auf die Feststellung von Tatsachen und ist im Bereich der Gesetzesauslegung ... nicht anwendbar" (BGHSt *14, 73*). Das Gericht muß sich also bei umstrittenen Rechtsfragen der dem Angeklagten ungünstigeren Auffassung anschließen, wenn sie nach allgemeinen Auslegungsgrundsätzen als die richtige erscheint.

§ 16. Die Grundsätze der Form (Mündlichkeit und Öffentlichkeit) und der Beschleunigung

Literatur: Hanack, Zur überlangen Dauer von Strafverfahren, JZ 1971, 705; Herrmann, Das Versagen des überlieferten Strafprozeßrechts im Monsterverfahren, ZStW 85 (1973) 255; Kramer, Die europäische Menschenrechtskonvention und die angemessene Dauer von Strafverfahren und Untersuchungshaft, Diss. Tübingen 1973; Peters, Beschleunigung des Strafverfahrens und die Grenzen der Verfahrensbeschleunigung, in: Schreiber, Hrsg., Strafprozeß und Reform, 1979, 82; Berz, Möglichkeiten und Grenzen einer Beschleunigung des Strafverfahrens, NJW 1982, 729; Schmidt-Hieber, Beschleunigung des Strafverfahrens durch Kooperation?, Festschr. Richterakademie Trier, 1983, 193; Schroeder, Grenzen der Rationalisierung des Strafverfahrens, NJW 1983, 137; Rebmann, Strafprozessuale Bewältigung von Großverfahren, NStZ 1984, 241; Ulsamer, Art. 6 MRK und die Dauer von Strafverfahren, Faller-Festschr., 373; Keller/Schmid, Möglichkeiten einer Verfahrensbeschleunigung in Wirtschaftsstrafsachen, Wistra 1984, 201.

A. Das Mündlichkeitsprinzip

Dieser Grundsatz besagt: Urteilsgrundlage ist nur das, was mündlich vorgetragen ist. Alles, was im Prozeß geschieht, namentlich die Vernehmung des Angeklagten, die Beweisaufnahme, die Plädoyers, alles das muß mündlich erfolgen – auch die Beratung und Abstimmung und die Verkündung des Urteils; was nicht gesprochen ist, wird nicht beachtet, gilt als nicht geschehen oder als nicht vorhanden – im Gegensatz zum Schriftlichkeitsprinzip: quod non est in actis, non est in mundo –. Das Mündlichkeitsprinzip hat den Vorzug der Lebendigkeit, Frische und Raschheit, hat aber die Gefahren des Überhörens und Vergessens im Gefolge.

Da dieser Grundsatz nur für die Hauptverhandlung gilt, wird er im einzelnen – zusammen mit dem ihm eng verwandten Unmittelbarkeitsprinzip – erst dort (u. § 44) behandelt.

B. Der im GVG §§ 169–175 geregelte **Grundsatz der Öffentlichkeit** gilt nur für die Hauptverhandlung. Er ist daher ebenfalls erst dort (u. § 45) zu behandeln.

C. Da der Strafprozeß in den Rechtskreis des möglicherweise zu Unrecht Beschuldigten empfindlich eingreift und die Güte der Beweismittel (namentlich die Erinnerungskraft der Zeugen) im Laufe der Zeit abnimmt, besteht ein erhebliches Interesse an einer *raschen Strafrechtspflege*. Andererseits darf dadurch die Sorgfalt der Ermittlungen nicht zu sehr beeinträchtigt werden. So sind etwa „Schnellgerichte" nur in besonders einfach gelagerten Ausnahmefällen zulässig (§§ 212ff., dazu s.u. § 59). Ein allgemeiner **Grundsatz der Beschleunigung** ist in der StPO nicht ausgesprochen, liegt aber einer Reihe von Einzelvorschriften zugrunde; insbesondere das 1. StVRG sowie das StVÄG 1979 dienen dem Ziel der Verfahrensbeschleunigung (vgl. i.e. u. § 72 D I sowie § 72 E IV).

Hierher gehören z.B. die §§ 115, 128f. (der Festgenommene ist unverzüglich dem Richter vorzuführen), 121 (regelmäßige Beschränkung der Untersuchungshaft auf sechs Monate), 161a, 163a III (Pflicht von Beschuldigten, Zeugen und Sachverständigen, den Ladungen der StA Folge zu leisten), 163 II, 1 (die Polizei hat ihre Verhandlungen ohne Verzug der Staatsanwaltschaft zu übersenden) und die §§ 222a, 222b (Rügepräklusion vorschriftswidriger Gerichtsbesetzungen).

Die Vorschriften über die Hauptverhandlung lassen das *Konzentrationsprinzip* erkennen: Die ganze Hauptverhandlung soll möglichst in einem Zug durchgeführt werden. Eine Unterbrechung darf im Regelfall höchstens zehn, bei langdauernden Verfahren ausnahmsweise höchstens dreißig Tage dauern (§ 229). Die Verkündung des Urteils hat spätestens am elften Tage nach Verhandlungsschluß zu erfolgen (§ 268 III, 2); vgl. unten § 42 C I.

Die im Vergleich zum Zivilprozeß kürzeren Rechtsmittelfristen tragen ebenfalls zu einer Beschleunigung des Verfahrens bei. Trotzdem dauern unsere Strafprozesse immer noch viel zu lange. Ein wesentlicher Grund dafür liegt vor allem auch darin, daß oft schon die Anberaumung eines Hauptverhandlungstermins wegen der Überlastung unserer Gerichte ungebührlich verzögert wird. Zwar wird man Art. 6 I, 1 MRK („Jedermann hat Anspruch darauf, daß seine Sache . . . innerhalb einer angemessenen Frist gehört wird . . .") so auslegen müssen, daß überlange Verschiebungen einer Verhandlung verboten sind; da diese Vorschrift aber für den Fall ihrer Verletzung keine Sanktion enthält, kann man praktisch allein mit der Dienstaufsichtsbeschwerde oder allenfalls einer Amtshaftungsklage gegen Terminsverzögerungen vorgehen (z.T. abw. Kohlmann, Festschrift für Maurach, 1972, S. 501ff.).

Ein zur Einstellung führendes *Prozeßhindernis* des überlangen Strafverfahrens, wie es einige Landgerichte und ein Teil des Schrifttums herauszubilden versucht haben (LG Frankfurt, JZ 1971, 234; LG Krefeld, JZ 1971, 733; OLG Koblenz NJW 1972, 404; Hillenkamp, JR 1975, 133; Peters JR 1978, 247; Ulsenheimer, Wistra 1983, 12), kann prinzipiell nicht anerkannt werden. Zum einen fehlt es hierfür an einer gesetzlichen Grundlage; zum anderen dienen die zur Verzögerung führende, besonders sorgfältige Prüfung des Sachverhalts sowie die Ausnutzung sämtlicher Rechtsbehelfe auch dem Schutz des Beschuldigten. Deshalb kann nur der Gesetzgeber im Spannungsfeld zwischen Gründlichkeit und Beschleunigung des Strafverfahrens verbindliche Entscheidungen treffen (vgl. BGHSt *24, 239;* BGH NStZ 1983, 135; BGH StrV 1982, 339; Hanack, JZ 1971, 705 ff.; L.-R.-Schäfer[23], Einl. Kap. 12 Rdnrn. 91 ff.). In extrem gelagerten Fällen, bei denen eine überlange Verfahrensdauer hauptsächlich auf justizinternen Unzulänglichkeiten beruht, kann jedoch aus dem Rechtsstaatsgebot (Art. 2 I, 20 III GG) ein Verfahrenshindernis abgeleitet werden (BVerfG, *NStZ 1984, 128*).

Zu beachten ist, daß *prozessuale Zwangsmaßnahmen,* die unter dem Gebot der Verhältnismäßigkeit stehen (wie z.B. die U-Haft, selbst bei Aussetzung ihrer Vollziehung, BVerfG NJW 1980, 1448), im Einzelfall unzulässig sein können, wenn das Recht des Beschuldigten auf Verhandlung innerhalb angemessener Frist verletzt wird (vgl. OLG Stuttgart JZ 1974, 268). Dasselbe gilt für die Aufrechterhaltung eines nach § 116 ausgesetzten Haftbefehls (vgl. BVerfGE 53, 152, wo der Haftbefehl mehr als 12 Jahre lang bestanden hatte). Beruht die Verzögerung des Verfahrens auf dem Verschulden der Justiz, so kann eine Einstellung nach §§ 153 bis 154 a, ein Absehen von Strafe, eine Verwarnung mit Strafvorbehalt oder eine Strafaussetzung zur Bewährung rechtsstaatlich geboten sein (BVerfG, NStZ 1984, 128). Unzulässig ist es aber, wegen einer überlangen Verfahrensdauer eine *Verwarnung mit Strafvorbehalt* (§ 59 StGB) auszusprechen, wenn deren *materiellrechtlichen* Voraussetzungen fehlen (BGHSt *27, 274* m. krit. Anm. von Peters, JR 1978, 247). Außerdem kann in Einzelfällen die übermäßige Verfahrenslänge wegen der nachteiligen Folgen, die sie für den Betroffenen mit sich bringt, unter den Gesichtspunkten der Strafempfänglichkeit und Strafempfindlichkeit bei der *Strafzumessung* berücksichtigt werden (BGHSt *24, 239;* Peters, JR 1978, 247).

Der Beschleunigung des Strafprozesses in Großverfahren (Monsterverfahren), wie sie besonders in Wirtschaftsstrafverfahren und bei Terroristenprozessen vorkommen, haben vor allem die gesetzgeberischen Maßnahmen des StVÄG gedient (vgl. § 72 E IV). Weitere Gesetzesänderungen, die zu einer deutlichen Verkürzung solcher Prozesse führen könnten, sind ohne einen bedenklichen Abbau von Verfahrensrechten kaum noch möglich. Zu den Neuerungen des StVÄG 1979 und zu anderen Vereinfachungsvorschlägen näher Rebmann aaO.

3. Kapitel

Die Rechtsstellung der Verfahrensbeteiligten

§ 17. Die Struktur des deutschen Strafprozesses

Literatur: Eb. Schmidt, Probleme der Struktur des Strafverfahrens unter rechtsstaatlichen Gesichtspunkten, DRiZ 1959, 16; Grünhut, Die Bedeutung englischer Verfahrensnormen für eine deutsche Strafprozeßreform, v. Weber-Festschr., 1963, 343; Hirschberg, Das amerikanische und das deutsche Strafverfahren in rechtsvergleichender Sicht, 1963; J. Meyer, Dialektik im Strafprozeß, 1965, 43 ff.; Küper, Die Richteridee der Strafprozeßordnung und ihre geschichtlichen Grundlagen, 1967, insbes. S. 258 ff.; Dahs, Verteidigung im Strafverfahren – heute und morgen, ZRP 1968, 17; Eb. Schmidt, Der Strafprozeß – Aktuelles und Zeitloses, NJW 1969, 1137 (= Aufsätze, S. 284); Herrmann, Die Reform der deutschen Hauptverhandlung nach dem Vorbild des anglo-amerikanischen Strafverfahrens, 1971.

A. Die Verfahrensbeteiligten, die dem deutschen Strafprozeß sein Gesicht geben, sind der Beschuldigte und sein Verteidiger, die Staatsanwaltschaft und das Gericht; u. U. kommt auch dem Verletzten bzw. seinen Hinterbliebenen eine echte Beteiligtenstellung zu. Man spricht bei diesen Personen von *Prozeßsubjekten*, weil sie über jeweils selbständige Verfahrensrechte verfügen. Von ihnen werden der Beschuldigte und sein Verteidiger in den beiden folgenden Paragraphen erörtert; die Staatsanwaltschaft ist mit ihren Hilfsorganen oben (in § 10) eingehend besprochen worden; die Beteiligung des Verletzten am Verfahren wird im 13. Kapitel dargestellt; die verfassungsrechtlichen Grundlagen und die Erscheinungsformen des Richtertums schließlich werden im Lehrbuch des Gerichtsverfassungsrechts behandelt (lesen: Kern-Wolf, §§ 15–23). An dieser Stelle geht es nicht um eine derart isolierte Betrachtung der einzelnen Verfahrensbeteiligten, sondern um ihre Stellung zueinander, die für das Gefüge und den Ablauf des Strafprozesses von entscheidender Bedeutung ist.

B. Um das aus dem Zusammenwirken der Prozeßsubjekte sich ergebende Strukturmodell unseres Strafverfahrens zu verstehen, tut man gut, sich die beiden extremen Gestaltungsmöglichkeiten zu vergegenwärtigen, die historisch im altdeutschen Inquisitionsprozeß und im anglo-amerikanischen Verfahren ihren Ausdruck gefunden haben.

1. Der gemeinrechtliche *Inquisitionsprozeß* beruht auf dem Prinzip, daß die Wahrheitserforschung in der Hand des Richters liegt: Er sammelt von Anfang an das Beweismaterial, er vernimmt den Beschuldigten, er leitet die Verhandlung und spricht das Urteil. Einer Staatsanwaltschaft bedarf es bei diesem Prozeßtyp nicht, weil der Richter deren Funktionen mitübernimmt. Der Vorzug einer solchen Gestaltung liegt darin, daß der Richter wegen seiner alleinigen Verfahrensherrschaft sich umfassend

informieren kann. Ihr verhängnisvoller Nachteil ergibt sich daraus, daß die Vereinigung zweier Prozeßrollen (des Strafverfolgers und des Urteilers) in der Person des einen Richters eine psychologische Überforderung bedeutet: Wer das Belastungsmaterial selbst gesammelt hat, steht dem Ergebnis der Ermittlungen in der Regel nicht mehr so unbefangen gegenüber, wie es für einen gerecht abwägenden Urteilsspruch erforderlich ist.

2. Der *englische Strafprozeß* in seiner klassischen Form (vgl. im einzelnen unten § 75 A) entgeht diesem Dilemma durch die Ausgestaltung des Strafprozesses als Parteiverfahren. Das staatliche Strafverfolgungsinteresse wird vom Vertreter der Anklage wahrgenommen, die Belange des Beschuldigten vertritt der Verteidiger: Beide zusammen führen im wesentlichen die Vernehmungen des Angeklagten und der Zeugen durch, und zwar vorzugsweise im Wege des für den englischen Strafprozeß charakteristischen Kreuzverhörs. Die Parteien üben also die Verfahrensherrschaft aus und können auch (etwa wie im deutschen Zivilprozeß) durch Rücknahme der Anklage oder ein Schuldbekenntnis des Angeklagten über den Prozeßgegenstand verfügen. Der Richter trägt nicht durch eigene Untersuchungshandlungen die Urteilsgrundlagen zusammen, sondern leitet die Verhandlung – z. B. durch Zulassung oder Zurückweisung von Fragen – nur als eine Art neutraler Schiedsrichter, der schließlich zusammen mit den Geschworenen auf der Basis des von den „Parteien" gesammelten Be- und Entlastungsmaterials das Urteil fällt. Man spricht hier von einem *„reinen Anklageverfahren"*, weil nur die von der Anklage beigebrachten Tatsachen zur Verurteilung führen können.

C. Der *deutsche Strafprozeß*, dessen Grundstruktur auf dem europäischen Kontinent vorherrscht und besonders durch das französische Recht vielfältig beeinflußt ist (vgl. unten §§ 70 C, 75 B), verbindet Prinzipien des Inquisitionsprozesses mit denen des reinen Anklageverfahrens. Er stimmt mit dem reinen Anklageverfahren darin überein, daß Strafverfolgungs- und Urteilstätigkeit auf zwei voneinander unabhängige Behörden (StA und Gericht) verteilt werden, daß das erkennende Gericht von jeder Untersuchungstätigkeit im vorbereitenden Verfahren ferngehalten wird und daß die Eröffnung einer gerichtlichen Untersuchung „durch die Erhebung einer Klage bedingt" ist (§ 151; über das Akkusationsprinzip vgl. im einzelnen oben § 13). Er bewahrt aber Züge des Inquisitionsprozesses insofern, als nach Erhebung der öffentlichen Klage die Verfahrensherrschaft auf den Richter übergeht, der – sei es im Zwischenverfahren oder in der Hauptverhandlung – nicht nur die Vernehmungen durchführt, sondern sämtliche zur Überführung oder Entlastung des Beschuldigten dienenden Beweise in eigener Verantwortung erhebt. Darin liegt auch der tiefere Grund, warum das Kreuzverhör, das theoretisch von der StPO zugelassen wird (§ 239), in der Praxis keinerlei Bedeutung erlangt hat. Es gilt also im deutschen Verfahrensrecht der von uns schon oben (§ 15 A) besprochene Ermittlungsgrundsatz, der es von vornherein ausschließt, daß Staatsanwaltschaft und Verteidigung über den Prozeßstoff verfügen. Man kann auch anders als im englischen Recht den deutschen Strafprozeß nicht als „kontradiktorisches Parteiverfahren" bezeichnen. Eine solche Charakterisierung wäre nicht nur deshalb falsch, weil es nicht die „Parteien" sind, die den Prozeß in den entscheidenden Stadien beherrschen, sondern vor allem, weil die deutsche Staatsanwaltschaft nicht auf die Rolle des belastenden Anklägers beschränkt, sondern von Gesetzes wegen gerade zur Unparteilichkeit und zur Ermittlung auch der entlastenden Umstände verpflichtet ist (§ 160 II; dazu näher schon oben § 10 A III). Man sollte deshalb den Begriff der „Partei" im deutschen Strafprozeßrecht grundsätzlich nicht – auch nicht in einem nur „formellen", möglicherweise aber doch Verwirrung stiftenden Sinne – verwenden (wie hier Eb. Schmidt, Kolleg, § 8, und vor allem Henkel, § 24, dessen eingehende Auseinandersetzung mit dem Parteibegriff Sie nachlesen sollten).

Will man die derart skizzierte Strukturform unseres Strafprozesses, deren Auswirkungen sämtliche Stadien des Verfahrens prägen, zusammenfassend kennzeichnen, so kann man von einem „*Anklageverfahren mit Ermittlungsgrundsatz*" sprechen, das als eigenständiger Prozeßtyp vom gemeinrechtlichen Inquisitionsverfahren ebenso wie vom reinen Anklageverfahren zu unterscheiden ist.

§ 18. Die Stellung des Beschuldigten im Strafverfahren

Literatur: S c h u l z, Die Rechte des Angeklagten im Strafverfahren, 1953; A d o l f A r n d t, Das rechtliche Gehör, NJW 1959, 6; d e r s., Die Verfassungsbeschwerde wegen Verletzung des rechtlichen Gehörs, NJW 1959, 1297; J a g u s c h, Über das rechtliche Gehör im Strafverfahren, NJW 1959, 265; R ö h l, Das rechtliche Gehör, NJW 1964, 273; D a h s jr., Das rechtliche Gehör im Strafprozeß, 1965; R ü p i n g, Zur Mitwirkungspflicht des Beschuldigten und Angeklagten, JR 1974, 135; D. K r a u s e, Anwesenheitsrechte des Beschuldigten bei Vernehmung des Mitbeschuldigten, NJW 1975, 2284; R ü p i n g, Der Grundsatz des rechtlichen Gehörs und seine Bedeutung im Strafverfahren, 1976; R i e ß, Der Beschuldigte als Subjekt des Strafverfahrens in Entwicklung und Reform der Strafprozeßordnung, in: Festschr. ‚Vom Reichsjustizamt zum Bundesministerium der Justiz', 1977, 373; M o n t e n b r u c k, „Entlassung aus der Zeugenrolle" – Versuch einer Fortentwicklung der materiellen Beschuldigtentheorie, ZStW 89 (1977), 878; G i e h r i n g, Rechte des Beschuldigten, Handlungskompetenz und kompensatorische Strafverfolgung, in: Hassemer/Lüderssen, Hrsg., Sozialwissenschaften im Studium des Rechts, III, Strafrecht, 1978, 181; M ü l l e r - D i e t z, Die Stellung des Beschuldigten im Strafprozeß, ZStW 93 (1981), 1177. Im übrigen s. die Literaturnachweise zu § 25.

A. Der Beschuldigte ist *Objekt* staatlichen Zwanges *insofern*, als er das Strafverfahren über sich ergehen lassen und gegebenenfalls wider seinen Willen auch massive Eingriffe in seine persönliche Freiheit oder die körperliche Integrität (wie etwa die Untersuchungshaft oder die Entnahme einer Blutprobe) hinnehmen muß (vgl. dazu das 6. Kapitel dieses Buches). Er ist insofern (z.B. als Gegenstand von Untersuchungen) auch

Beweismittel (dazu näher u. § 25). Seine Stellung hat sich im gemein-rechtlichen Inquisitionsprozeß lange Zeit in dieser Objektrolle nahezu erschöpft, d.h. der Beschuldigte war dem Zugriff der staatlichen Straf-verfolgung fast wehrlos ausgeliefert. Erst mit dem Eindringen liberaler Gedanken im reformierten Strafprozeß des 19. Jahrhunderts (dazu näher unten § 70 C) brach sich allmählich die Vorstellung Bahn, daß der Beschuldigte auch und vor allem als ein mit selbständigen Verfahrens-rechten ausgestattetes *Prozeßsubjekt* anzuerkennen sei. Heute ist die Stellung des Beschuldigten als Prozeßsubjekt durch eine Fülle von (zum Teil sogar im Grundgesetz gewährleisteten) Rechten bis ins einzelne gesetzlich ausgestaltet.

B. Die folgende Übersicht unterscheidet zwischen den Rechten, die der Beschuldigte als Aktiv- (I) und Passivbeteiligter (II) im Strafverfahren besitzt. Ob und ggf. unter welchen Voraussetzungen ein Verzicht des Beschuldigten auf bestimmte Verfahrensrechte im Einzelfall möglich ist und angenommen werden kann, ist Gegenstand einer umfangreichen, dogmatisch noch wenig abgeklärten Kasuistik (näher Bohnert, NStZ 1983, 344).

I. Unter den **aktiven Beteiligungsrechten** des Beschuldigten ist das wichtigste der Anspruch auf rechtliches Gehör (1). Daneben finden wir eine breit gefächerte Skala weiterer Verfahrensrechte (2).

1. Der Anspruch auf *rechtliches Gehör* vor Gericht ist in Art. 103 I GG als Grundrecht gewährleistet und ist auch in Art. 6 MRK enthalten. Danach dürfen gerichtlichen Entscheidungen nur solche Tatsachen und Beweisergebnisse zugrunde gelegt werden, zu denen Stellung zu nehmen den Beteiligten Gelegenheit gegeben war (BVerfGE 6, 12; 7, 278; BGHSt 26, 332).

a) Das richterliche Gehör im Strafverfahren wird allgemein – nicht nur gegen-über dem Beschuldigten – durch § 33 I–III garantiert. § 33a (entspr. § 311a) ermöglicht eine vereinfachte nachträgliche Anhörung, wenn ein mit Rechtsmitteln nicht mehr anfechtbarer Beschluß unter Mißachtung des rechtlichen Gehörs ergangen ist (vgl. BVerfGE 42, 243, 250).

b) Über Art. 103 I GG hinaus ist in der StPO in Verwirklichung des Rechts-staatsprinzips das rechtliche Gehör auch gegenüber der StA eingeräumt (§ 163a).

c) Im Vor- und Zwischenverfahren ist richterliches Gehör durch die §§ 115, 118, 128 dem Festgenommenen oder Verhafteten, durch § 175 dem Beschuldigten im Klageerzwingungsverfahren, und, besonders wichtig, durch § 201 vor der Entscheidung über den Eröffnungsbeschluß gewährleistet.

d) In der Hauptverhandlung konkretisiert die StPO den Art. 103 I GG in den §§ 243 II, IV (der Angeklagte kann sich zur Person und zur Sache äußern) und 257/258 (er kann jederzeit Erklärungen abgeben und hat das letzte Wort, dazu BVerfGE 54, 140). Ferner muß ihm bei jeder Veränderung des rechtlichen Gesichtspunktes unter Hinweis darauf Gelegenheit zur Verteidigung gegeben werden (§ 265).

e) In den Rechtsmittelverfahren wird das rechtliche Gehör durch die §§ 308 I, 311 III, 311a, 324 II, 326, 350, 351 II gewährleistet.

f) Grundsätzlich ist das richterliche Gehör *vor* der Entscheidung zu gewähren. Ausnahmen bestehen einmal für das Strafbefehlsverfahren (§ 407 III), weil in diesem summarischen Verfahren der Beschuldigte durch die Möglichkeit eines Einspruchs (§ 409) als ausreichend geschützt gilt. Ferner ist die vorherige Anhörung dann nicht notwendig, wenn dadurch der Zweck einer nur im Falle der Überraschung erfolgversprechenden Untersuchungsmaßnahme gefährdet würde (§ 33 IV; schon vor seiner Einführung hat BVerfGE 9, 89 dies beim Haftbefehl für verfassungsmäßig erklärt). Hier handelt es sich um eine in der Natur der Sache liegende Einschränkung des rechtlichen Gehörs, das selbstverständlich dann nachträglich gewährt werden muß (s. § 115).

g) Der Anspruch auf rechtliches Gehör gibt über die Möglichkeit, sich zu Tatsachen zu erklären, hinaus auch die Befugnis, dem Gericht rechtliche Ausführungen zu unterbreiten (h.M., s. BVerfGE 12, 110; BayVerfGH JZ 1963, 63; Maunz-Dürig-Herzog-Scholz, GG, Art. 33–38).

h) Art. 103 I GG garantiert nur die *Gelegenheit* zum rechtlichen Gehör; läßt der Beschuldigte sie schuldhaft (s. dazu BGHSt 13, 123) aus, so ist dem Verfassungsgebot gleichwohl Genüge getan, und er muß die dadurch entstandenen prozessualen Nachteile ohne ein Recht auf nochmalige Anhörung tragen.

i) Der Beschuldigte muß so rechtzeitig gehört werden, daß seine Stellungnahme bei der endgültigen Überzeugungsbildung des Gerichts noch berücksichtigt werden kann; nach h.M. ist aber nicht erforderlich, daß er so zeitig vernommen wird, daß er sich an die entscheidungserheblichen Vorgänge noch erinnern kann (zahlr. Nachw. bei KMR[7]-Sax, Einl. XI, Rdnr. 16).

2. Die *weiteren Verfahrensrechte* sind im Vorverfahren noch verhältnismäßig gering und schwach ausgebildet, im Zwischen- und Hauptverfahren dagegen zahlreich und vielfältig. Im einzelnen sind zu nennen:

a) das Recht auf Wahl eines Verteidigers in jeder Lage des Verfahrens (§ 137); dazu zählt auch das Recht auf Gestellung eines notwendigen Verteidigers (§ 140), freilich häufig erst von einer späteren Lage des Verfahrens an (vgl. § 141 und unten § 19 B);

b) das Recht auf Anwesenheit bei Beweisaufnahmen, das im Vorverfahren nur beschränkt gewährleistet, wenngleich bei richterlichen Beweisaufnahmen durch das 1. StVRG erweitert worden ist (vgl. §§ 168 c, d, s. § 24 D III 2 g); zur kommissarischen Zeugenvernehmung und Augenscheinseinnahme während der Vorbereitung der Hauptverhandlung s. §§ 223–225;

c) das Recht auf Vornahme einzelner Beweiserhebungen nach Anklageerhebung (§ 201);

d) das Recht auf Richter- bzw. Richtergehilfenablehnung (§§ 24, 31); vgl. dazu bereits oben § 9 II;

e) das Recht auf Aussetzung bei Nichteinhaltung der Ladungsfrist (§ 217 II); vgl. unten § 41 A;

f) das Recht auf Anwesenheit in der Hauptverhandlung (§ 230); vgl. unten § 42 F;

g) das Recht auf Stellung von Beweisanträgen (§§ 219, 244–246); vgl. unten § 43 B, C; dazu gehört auch das Recht auf unmittelbare Ladung von Zeugen und Sachverständigen durch den Angeklagten (§ 220); s. unten § 41 B II;

h) das Recht auf Stellung von Fragen an Zeugen und Sachverständige (§ 240 II);

i) das Recht auf Rechtsmitteleinlegung (§ 296); s. unten § 51 B II.

Dabei ist zu beachten, daß die StPO häufig Handlungspflichten normiert, ohne ihnen Handlungsrechte anderer Prozeßbeteiligter sichtbar entsprechen zu lassen. So begründet § 201 vom Wortlaut her nur eine Verpflichtung des Vorsitzenden, die Anklageschrift dem Angeschuldigten mitzuteilen. In der Sache handelt es sich auch in diesem Fall um ein Prozeßhandlungsrecht des Angeschuldigten (vgl. dazu Henkel, S. 238 f.).

j) das Recht auf unentgeltliche Beiziehung eines Dolmetschers, wenn der Angeklagte die Verhandlungssprache des Gerichts nicht versteht oder sich nicht darin ausdrücken kann (Art. 6 III e MRK; vgl. EKMR, NJW 1978, 447).

II. Auch soweit der Beschuldigte bloß **passiv** Beteiligter ist, ist seine Rechtsstellung mit zahlreichen Kautelen ausgestattet.

1. Er kommt zwar als Beweismittel in Frage, seine Personautonomie darf dadurch aber nicht angetastet werden. Er darf daher jede Einlassung zur Sache verweigern (§§ 136 I, 2, 3; 163 a IV, 2), und seine Aussagen dürfen nur verwertet werden, wenn sie ohne Zwang und Täuschung zustande gekommen sind (§§ 136 a; 163 a III, IV). Darüber eingehend unten § 25.

2. Auch wenn er Objekt staatlichen Zwanges ist (bei Verhaftung, Beschlagnahme und körperlichen Untersuchungen), müssen die Würde seiner Person (Art. 1 GG) gewahrt und der Verhältnismäßigkeitsgrundsatz beachtet werden (vgl. BVerfGE *16, 194* u. *17, 108*). Auch ist er immer nur zur Duldung von Zwangsmaßnahmen und nie zu aktiver Mitwirkung bei ihrer Durchführung verpflichtet (KG NJW *1979, 1668*). Allgemein ist seine Freiheitssphäre durch die Art. 2, 10, 13 und 104 GG geschützt, deren Vorbehaltsschranken in der StPO verfassungskonform konkretisiert sind (s. im einzelnen u. 6. Kapitel).

C. Der Schutz des Persönlichkeitsrechts

Literatur: L a m p e , Der Straftäter als Person der Zeitgeschichte, NJW 1973, 217; F r a u b e , Die Bildberichterstattung über den Angeklagten und der Öffentlichkeitsgrundsatz im Strafverfahren, 1978; v. B e c k e r , Straftäter und Tatverdächtige in den Massenmedien, 1979; B o r n k a m m , Pressefreiheit und Fairneß des Strafverfahrens, 1980; M a r x e n , Medienfreiheit und Unschuldsvermutung, GA 1980, 365; O s t e n d o r f , Die öffentliche Identifizierung von Beschuldigten durch die Strafverfolgungsbehörden als Straftat, GA 1980, 365; B o t t k e , Strafprozessuale Rechtsprobleme massenmedialer Fahndung, ZStW, Bd. 93 (1981), 425; K e r s c h e r , Gerichtsberichterstattung und Persönlichkeitsschutz, 1982; K o t z , Strafrecht und Medien, NStZ 1982, 14; Z i e l e m a n n , Der Tatverdächtige als Person der Zeitgeschichte, 1982; R ü p i n g , Strafverfahren als Sensation, Dünnebier-Festschr., 1982, 391; B o r n k a m m , Die Berichterstattung über schwebende Strafverfahren und das Persönlichkeitsrecht des Beschuldigten, NStZ 1983, 102.

Das *Persönlichkeitsrecht* des Beschuldigten ist auch von **Presse, Rundfunk** und **Fernsehen** zu beachten. Allgemein gilt, daß in jedem Einzelfall eine am Verhältnismäßigkeitsgrundsatz orientierte Güterabwägung zwischen dem Persönlichkeitsrecht des Straftäters (Art. 1, 2 I GG) und der Freiheit der Berichterstattung vorzunehmen ist. Insbesondere folgt aus den §§ 22–24 KUG kein unumschränktes Recht zur Berichterstattung. Im einzelnen ist zu differenzieren (Lampe, NJW 1973, 217; Ostendorf, GA 1980, 445; Bornkamm, NStZ 1983, 102):

Vor der Verurteilung ist die Unschuldsvermutung des Art. 6 II MRK zu berücksichtigen. Ihr zufolge sind grundsätzlich eine Berichterstattung mit Namensnennung, eine Abbildung oder sonstige Hinweise, die eine Identifizierung ermöglichen, unzulässig (vgl. OLG Braunschweig, NJW 1975, 651 und Nr. 23 RiStBV). Dies gilt auch dann, wenn die Berichterstattung Fahndungszwecken dient; diese können lediglich im Rahmen des § 131 verfolgt werden (vgl. zur Problematik der Fernsehsendung „Aktenzeichen XY-ungelöst" § 32 C). Selbst wenn gegen den Beschuldigten das Hauptverfahren eröffnet worden ist, läßt sich aus § 169 S. 1 GVG nicht die Befugnis der Presse ableiten, auch die Allgemeinheit über alle Einzelheiten zu informieren. Nur bei zeitgeschichtlich bedeutsamen Delikten besteht analog § 23 I, 1 KUG eine Ausnahme vom Gebot der Anonymisierung.

Nach der Verurteilung ist mit dem BVerfG auch in zeitlicher Hinsicht zu unterscheiden: Bei der aktuellen Berichterstattung über schwere Straftaten verdient das Informationsinteresse der Öffentlichkeit im allgemeinen den Vorrang vor dem Persönlichkeitsschutz des Straftäters. Aber auch hier muß die Berichterstattung auf den „unantastbaren innersten Lebensbereich" Rücksicht nehmen; Namensangaben oder andere die Person des Straftäters aufdeckende Hinweise sind danach „nicht immer" zulässig. Die Schilderung einer Straftat, die schon länger zurückliegt, ist dagegen dann unzulässig, wenn sie den Täter von neuem und zusätzlich beeinträchtigt und dadurch dessen Resozialisierung gefährdet. Dies ist z. B. dann der Fall, wenn nach Vollendung des Strafvollzugs der Täter in einem Dokumentarfernsehspiel eingangs im Bild vorgeführt und im Laufe des Spiels immer wieder namentlich genannt wird (*Lebach*-Urteil, BVerfGE 35, 202; dazu allg. Hoffmann-Riem, JZ 1975, 469).

Verletzungen des Persönlichkeitsrechts kann mit einem Unterlassungsanspruch nach §§ 823 I, 1004 BGB (ggf. durch einstweilige Verfügung) und mit einer Schmerzensgeldklage entgegengetreten werden (Bornkamm, NStZ 1983, 107).

Das in § 353 d Nr. 3 StGB enthaltene Verbot, Anklageschriften und andere amtliche Schriftstücke eines Straf- oder Bußgeldverfahrens vor ihrer Erörterung in öffentlicher Verhandlung oder vor Abschluß des Verfahrens zu veröffentlichen, dient in erster Linie dem Schutz der Unbefangenheit der an diesem Verfahren Beteiligten und dadurch erst mittelbar auch dem Schutz der Persönlichkeitsrechte des Beschuldigten. Aus diesem *Publikationsverbot* darf aber ebensowenig wie aus §§ 22 ff. KUG oder § 169, S. 1 GVG die unbeschränkte Veröffentlichungsbefugnis der Presse während und nach der Verhandlung gefolgert werden, da der Persönlichkeitsschutz des Beschuldigten (von zeitgeschichtlich bedeutsamen Ereignissen abgesehen) schon verfassungsrechtlich regelmäßig den Vorrang vor dem Informationsbedürfnis der Öffentlichkeit verdient (Kerscher, 293). Vgl. auch § 353 d Nr. 1 u. 2 StGB u. § 174 III GVG. Zur Kritik des mißglückten § 353 d Nr. 3 StGB Többens, GA 1983, 97.

§ 19. Verteidiger und Beistände

Literatur: v. Liszt, Die Stellung der Verteidigung in Strafsachen, DJZ 1901, 178; Gallas, Grenzen zulässiger Verteidigung im Strafprozeß, ZStW 53 (1934), 256; Lukanow, Der Mißbrauch der Verteidigerstellung im englischen und deutschen Strafprozeß, 1953; Dahs, v. Stackelberg, Der Anwalt im Strafprozeß (Referate für den 30. Deutschen Anwaltstag), Anw.Bl. 1959, 171, 190 (mit Diskussion 204); Ostler, Der Rechtsanwalt als Strafverteidiger, JR 1959, 121; Ackermann, Zur Verschwiegenheit des Rechtsanwalts in Strafsachen, in: Hundert Jahre Deutsches Rechtsleben, DJT–Festschrift, 1960 Bd. I, 479; Müller-Meiningen jr., Der Verteidiger im heutigen Strafrecht, in: Schuld und Sühne, 1960, 49; Güde, Die Verteidigung aus der Sicht der Anklage, Anw.Bl. 1961, 3; Ullers, Der Strafverteidiger, 1962; Krattinger, Die Strafverteidigung im Vorverfahren im deutschen, französischen und englischen Strafprozeß und ihre Reform, 1964; Schorn, Der Strafverteidiger, 1966; Eb. Schmidt, Rechte und Pflichten, Funktionen und Konflikte des Strafverteidigers, JZ 1969, 316; Kalsbach, Das Recht auf Beistand eines Rechtsanwalts während des Verfahrens in der Bundesrepublik Deutschland, in: Dt. strafrechtl. Landesreferate zum 8. Int. Kongreß f. Rechtsvergleichung, 1971, 112; Welp, Die Geheimsphäre des Verteidigers in ihren strafprozessualen Funktionen, Festschr. f. Gallas, 1973, 391; Knapp, Der Verteidiger – ein Organ der Rechtspflege?, 1974; ders., Ausschluß des Verteidigers u. Berufsfreiheit, JuS 1974, 20; ders., Verteidigung des Rechtsstaats durch Bekämpfung der Verteidiger, Anw.Bl. 1975, 373; Baumann, Strafprozeßreform in Raten, ZRP 1975, 25; Dahs, Ausschließung und Überwachung des Strafverteidigers – Bilanz und Vorschau, NJW 1975, 1385; Groß, Der erweiterte Verteidigerausschluß nach § 138 Abs. 2 StPO – eine Fehlentscheidung des Gesetzgebers, NJW 1975, 422; Hahn, Die notwendige Verteidigung im Strafprozeß, 1975; Krämer, Der Rechtsanwalt – ein staatlich gebundener Vertrauensberuf?, NJW 1975, 849; J. Lampe, Anlaufschwierigkeiten des neuen Strafverfahrensrechts, MDR 1975, 529; Quack, Sinn und Grenzen anwaltlicher Unabhängigkeit heute, NJW 1975, 1337; Schmidt-Leichner, Strafverfahrensrecht 1975 – Fortschritt oder Rückschritt?, NJW 1975, 417; Weber, Der Mißbrauch prozessualer Rechte im Strafverfahren, GA 1975, 290; Ulsenheimer, Zur Regelung des Verteidigerausschlusses in § 138a–d, 146 n.F. StPO, GA 1975, 103; Vogel, Sinn und Grenzen anwaltlicher Unabhängigkeit, DRiZ 1975, 179; Wagner, Verteidiger im Zwielicht, AnwBl 1975, 1; Grünwald, Die Strafprozeßreform – Sicherung oder Abbau des Rechtsstaats?, in: Vorgänge 18, 1975, 36; Dahs, Das „Anti-Terroristen-Gesetz" – eine Niederlage des Rechtsstaats, NJW 1976, 2145; Dünnebier, Ausschließung von Verteidigern und Beschränkung der Verteidigung, NJW 1976, 1; Eidt, Verkehr des Gefangenen mit der Außenwelt, insbes. mit RA und Verteidigern, AnwBl 1976, 379; Müller, Der Grundsatz der Waffengleichheit im Strafverfahren, NJW 1976, 1063; Krämer, Die „gemeinschaftliche Verteidigung", NJW 1976, 1664; Röhmel, Die Beschränkung der Verteidigung und Ausschließung des Verteidigers, JA 1976, 447, 519; Schneider, Der Rechtsanwalt, ein unabhängiges Organ der Rechtspflege, 1976; Dahs, Wehrhafter Rechtsstaat und freie Verteidigung – ein Widerspruch?, ZRP 1977, 164; Römer, Pflichtverteidiger neben Wahlverteidiger?, ZRP 1977, 92; Hanack, Aktuelle Probleme der Strafverteidigung in der Bundesrepublik Deutschland, in: Festgabe f. H. Schultz, Bern 1977, 399; Jescheck, Die Ausschließung des Strafverteidigers in rechtsvergleichender Sicht, Dreher-Festschr., 1977, 793; Krekeler, Beeinträchtigungen der Rechte des Mandanten durch Strafverfolgungsmaßnahmen gegen den RA, NJW 1977, 1417; Schneider, Verfassungsrechtliche Grundlagen des Anwaltsberufs, NJW 1977,

873; Römer, Kooperatives Verhalten der Rechtspflegeorgane im Strafverfahren? Schmidt-Leichner-Festschr., 1977, 133; Rudolph, Die jüngsten Änderungen des Strafprozeßrechts und Probleme der Pflichtverteidigung, ebda, 1977, 159; v. Winterfeld, Staatsschutz und Rechtsstaat im Konfliktsfeld des Verteidigers, ebda, 1977, 219; Zoebe, Die Kunst, Ambivalenzen im Strafprozeß zu vermeiden, ebda, 1977, 229; Holtfort, Der Anwalt als soziale Gegenmacht, Vorgänge 1977, 78; Welp, Der Verteidiger als Anwalt des Vertrauens, ZStW 90 (1978), 101; Ostendorf, Strafvereitelung durch Strafverteidigung, NJW 1978, 1345; Welp, Die Rechtsstellung des Strafverteidigers, ZStW 90 (1978), 804; Krekeler, Durchsuchung des Verteidigers beim Betreten des Gerichtsgebäudes, NJW 1979, 185; Holtfort (Hrsg.), Strafverteidiger als Interessenvertreter, 1979; Seelmann, Die Ausschließung des Verteidigers, NJW 1979, 1128; Beulke, Wohin treibt die Reform der Strafverteidigung?, in: Schreiber, Hrsg., Strafprozeß und Reform, 1979, 30; Arbeitskreis Strafprozeßreform, Die Verteidigung, Gesetzentwurf mit Begründung, 1979 (krit. Rezension von Hanack, ZStW 93]1981[, 559); Gössel, Herrmann, Verteidigerbeschränkungen in Terroristenverfahren, in: Rechtsstaat in der Bewährung, Bd. 7, 1979, 19 bzw. 37; Beulke, Der Verteidiger im Strafverfahren, 1980; Rebmann, Das Verbot der Mehrfachverteidigung nach § 146 StPO, NStZ 1981, 41; Rieß, Der Ausschluß des Verteidigers in der Rechtswirklichkeit, NStZ 1981, 328; Schubarth, Zur Problematik des Verbots der Mehrfachverteidigung, Festschr. zur 150-Jahrfeier des Rechtsanwaltsvereins Hannover e.V., 1981; Haffke, Zwangsverteidigung – notwendige Verteidigung – Pflichtverteidigung, StrV 1981, 471; Ernesti, Grenzen anwaltlicher Interessenvertretung im Ermittlungsverfahren, JR 1982, 221; Gössel, Die Stellung des Verteidigers im rechtsstaatlichen Strafverfahren, ZStW 94 (1982), 5; Jolmes, Der Verteidiger im deutschen und österreichischen Strafprozeß, 1982; Lüderssen, Wie abhängig ist der Strafverteidiger u.s.w., Dünnebier-Festschr., 1982, 263; Kaiser, Die Verteidigervollmacht und ihre Tücken, NJW 1982, 1367; Mützelburg, Über Verteidigung im Verständnis der Verteidigung, Dünnebier-Festschr., 1982, 277; Temming, Der Verteidiger als (modifiziertes) Organ der Rechtspflege, StrV 1982, 539; Wassmann, Strafverteidigung und Strafvereitelung, Diss. Hamburg, 1982; Dahs, Handbuch des Strafverteidigers, 5. Aufl., 1983; Krekeler, Probleme der Verteidigung in Wirtschaftsstrafsachen, Wistra 1983, 43; Gerlach, Der Verteidiger in Bagatellverfahren – Ein überflüssiges Organ der Rechtspflege?, Peters-Festgabe II, 1984, 153; Hamm, Wert und Möglichkeiten der „Früherkennung" richterlicher Beweiswürdigung durch den Strafverteidiger, ebda, 1984, 169; Quedenfeld, Beweisantrag und Verteidigung usw., ebda, 1984, 215; Rückel, Die Notwendigkeit eigener Ermittlungen des Strafverteidigers, ebda, 1984, 265; Wasserburg, Strafverteidigung und Zeugenschutz, ebda, 1984, 285; Welp, Probleme des Akteneinsichtsrechts, ebda, 1984, 309; Heinicke, Der Beschuldigte und sein Verteidiger 1984; Pfeifer, Zulässiges und unzulässiges Verteidigerhandeln, DRiZ 1984, 341; Bottke, Wahrheitspflicht des Verteidigers, ZStW 96 (1984), 726; Groh, Zum Recht des Strafverteidigers auf Einsichtnahme in staatsanwaltsch. Ermittlungsakten, DRiZ 1985, 52.

A. Die prozessuale Stellung des Verteidigers

I. Die Struktur des deutschen Strafverfahrens (vgl. o. § 17) weist dem Verteidiger nicht dieselbe zentrale Stellung zu, wie sie ihm im Parteiverfahren des angelsächsischen Strafprozesses zukommt. Man könnte sogar fragen, wozu es eines besonderen Verteidigers überhaupt bedürfe, wenn schon Staatsanwaltschaft und Gericht zur Ermittlung aller entlastenden Umstände von Amts wegen verpflichtet seien. In solchen Erwägungen, die bei der ursprünglich schwachen Ausbildung der Verteidigerrechte in der StPO mitgewirkt haben, steckt eine trügerische Verwechslung von Idee und Erscheinung: Was sein soll, geschieht nicht schon deswegen in jedem Einzelfall. Gerade weil Staatsanwaltschaft und Gericht den Sachverhalt umfassend erforschen müssen, können trotz besten Willens beim Zusammentragen des Untersuchungsmaterials Entlastungsmomente übersehen oder in ihrer Tragweite verkannt werden. Um hier den Ausgleich herzustellen, bedarf es des Verteidigers als eines Gegenpoles zu Richter und Staatsanwaltschaft, der ausschließlich zugunsten des Beschuldigten am Prozeß mitwirkt. Er soll die auf rasche Verfahrensgestaltung und materielle Wahrheitsfindung ausgerichtete Justiz kontrollieren und veranlassen, daß die gefundenen Ergebnisse bis zur Einbeziehung aller Gesichtspunkte immer wieder in Zweifel gezogen werden. Als rechtsstaatlicher Garant der Unschuldsvermutung für den Beschuldigten (Art. 6 II MRK) ist der Verteidiger, wenigstens bei allen schwerwiegenden Deliktsvorwürfen, unverzichtbar (vgl. BVerfGE *38, 105*; 39, 156; *39, 238*). Denn der Beschuldigte selbst ist meist weder nach seiner geistigen und fachlichen Qualifikation noch auf Grund seiner persönlichen Lage (er ist vielfach mittellos oder sitzt in Untersuchungshaft) zur eigenen Verteidigung hinreichend imstande. Hinzu kommt, daß unsere Rechtsordnung auch die Verurteilung des Schuldigen nicht um jeden Preis, sondern nur in justizförmiger Weise, d.h. unter Beachtung aller – dem Schutz seiner Grundrechte und seinem Aktivstatus als Prozeßsubjekt dienenden – Verfahrensvorschriften gestattet. Wenn hier Ankläger und Gericht einen Fehler begehen, kann der Beschuldigte als juristischer Laie seine prozessualen Rechte nur mit Hilfe eines Verteidigers wahrnehmen. Man kann also sagen: Auch bei einem nicht als Parteiprozeß ausgestalteten, auf dem Ermittlungsgrundsatz beruhenden Verfahrenstyp leidet die Rechtsstaatlichkeit Schaden, wenn die Verteidigung nicht mit weitgehenden und selbständigen Befugnissen ausgestattet wird. Deshalb sind Einschränkungen der Verteidigerstellung stets bedenklich.

II. Die StPO regelt die Strafverteidigung nur fragmentarisch in den §§ 137ff. Dem Leitbild, das Rspr. und Lehre zur *Rechtsstellung des Verteidigers* entwickeln, kommt daher besondere Bedeutung zu.

1. Nach h.M. ist der Verteidiger kein einseitiger Interessenvertreter des Beschuldigten, sondern ein als „Beistand" (§ 137) neben ihm stehendes „selbständiges Organ der Rechtspflege" (BGHSt *12, 369*; vgl. § 1 BRAO), das auch den Belangen einer funktionstüchtigen Strafrechtspflege verpflichtet ist (Güde, 3). Inhalte und Grenzen seiner Tätigkeit bestimmen sich danach als Ergebnis einer Abwägung zwischen privaten und öffentlichen Interessen (eingehend Beulke, 1980, 200; Jolmes, aaO.; krit. dazu Heinicke, 1984, 449).

2. Neuere Bestrebungen lehnen diese herkömmliche Konzeption als zu unpräzise und die Rechtsstellung des Verteidigers schwächend ab. Z.T. bemühen sie sich um den Nachweis, daß der Topos „Organ der Rechtspflege" juristisch nicht faßbar sei (Knapp, S. 123). Teilweise stempeln sie

den Verteidiger zum weisungsabhängigen Beschuldigtenvertreter, der lügeberechtigt sei (Ostendorf aaO.), als „soziale Gegenmacht" fungiere (Holtfort, 78) oder dem Beschuldigten bei der Wahrnehmung selbst definierter Interessen aus eigenem Recht helfe (Welp, 101). Der „Arbeitskreis Strafprozeßreform" schlägt in seinem Gesetzentwurf „Die Verteidigung" vor, den Verteidiger strafprozessual auf die Vertretung der Interessen des Beschuldigten zu verpflichten (§ 1 I E).

3. Demgegenüber ist mit Heinicke, 1984, 334, an der Stellung des Verteidigers als eines Rechtspflegeorgans festzuhalten. Er ist danach nicht Vertreter des Beschuldigten, sondern nimmt im Rahmen der Rechtspflege eine öffentliche Funktion wahr. Diese Funktion verpflichtet ihn aber nicht auf die für Gerichte und StA maßgebenden Ziele von Wahrheit und Gerechtigkeit (denn dann dürfte er nie den Freispruch eines Schuldigen beantragen), sondern beschränkt ihn auf die Geltendmachung der für den Beschuldigten sprechenden Umstände und der ihm zustehenden Rechte.

a) Eine selbständige Stellung des Verteidigers dem Beschuldigten gegenüber wird gerade durch die Aufgabe gefordert, für dessen Grund- und Verfahrensrechte einzutreten. Denn wenn ein hilfloser und desorientierter Beschuldigter seine Lage nicht überblicken kann, nützt es ihm, daß der Verteidiger u. U. auch gegen seinen Willen für ihn entlastend tätig werden kann oder muß.

Der Verteidiger ist also grundsätzlich kein Vertreter des Beschuldigten (a. A. Spendel, JZ 1959, 737; dagegen mit Recht Heinicke, 1984, 200). Er kann daher im Regelfall weder im Ermittlungsverfahren noch während der Hauptverhandlung an die Stelle des Beschuldigten treten. Vielmehr bleibt der Beschuldigte zur Anwesenheit verpflichtet (§ 230); er kann sich neben seinem Anwalt selbst verteidigen, Fragen stellen (§ 240 II), Erklärungen abgeben (§ 257) und behält, auch wenn der Verteidiger plädiert hat, stets persönlich das letzte Wort (§ 258). Nur in einigen ausdrücklich geregelten Sonderfällen kann der Beschuldigte sich durch seinen Verteidiger vertreten lassen (§§ 145a, 234, 350 II, 387 I, 411 II; a. A. im Hinblick auf die Einlassung des Angeklagten zur Sache OLG Hamm JR 1979, 82 m. abl. Anm. v. Fezer).

Die Selbständigkeit der Verfahrensrolle des Verteidigers zeigt sich ferner darin, daß er bei Wahrnehmung der Rechte des Beschuldigten nicht – wie ein Vertreter – von dessen Willen abhängig ist. (Über den Einfluß des zivilrechtlichen Vertragsverhältnisses zum Mandanten auf die Befugnisse des Verteidigers vgl. jedoch Lüderssen, Dünnebier-Festschr., 263 und teilw. abw. Heinicke, 1984, 217, 373). So kann er, wenn das der Entlastung dient, Beweisanträge – etwa auf Zeugenvernehmung – auch gegen den Willen des Beschuldigten stellen, der vielleicht den zu Vernehmenden decken möchte; ebenso kann er beantragen, den Beschuldigten auf seinen psychischen Zustand untersuchen zu lassen (§ 81), selbst wenn dieser sich für normal hält und von einer Anstaltsbeobachtung nichts wissen will; er kann sogar Freispruch beantragen, obwohl der Angeklagte sich (aus welchen Gründen immer) zu Unrecht schuldig bekannt hat. Eine Ausnahme von dieser Regel bildet § 297 (keine Rechtsmitteleinlegung durch den Verteidiger gegen den ausdrücklichen Willen des Beschuldigten). Dagegen enthält der Satz, daß der Anwalt Verteidigungsmöglichkeiten stets nur mit Zustimmung des Beschuldigten aufgeben darf – aus ihm folgt § 302 II – eine solche Ausnahme nicht; er ergibt sich allein daraus, daß der Verteidiger überhaupt nur zugunsten seines Mandanten tätig werden darf.

b) Ebenso wie StA und Richter ist der Verteidiger verpflichtet, die Wahrheit zu sagen, soweit er Informationen als im eigenen Wissen begründet ins Verfahren einführt. Das folgt nicht aus einer Bindung an die allgemeinen Prozeßziele, sondern aus seiner Stellung als Rechtspflegeorgan.

Daneben darf der Verteidiger dem Angeklagten auch weder zur Flucht verhelfen noch selbst Beweisquellen trüben oder Verdunkelungsmaßnahmen seines Mandanten ermöglichen oder fördern. Dies geht bereits aus den Haftgründen des § 112 II hervor, die solche Störeinflüsse auf das Verfahren selbst beim Beschuldigten ausschalten wollen, so daß sie erst recht beim Verteidiger prozeßordnungswidrig wären.

Die Pflicht zur Wahrhaftigkeit und das Verbot der Verdunkelung bilden die Grundlagen, aus denen sich die Grenzen zulässiger Verteidigung im Einzelfall bestimmen lassen. Ihre strikte Beachtung dient – aufs Ganze gesehen – vor allem auch dem Beschuldigten. Denn der Verteidiger würde anderenfalls seine Glaubwürdigkeit und Autorität bei Gericht einbüßen und dadurch in seiner Beistandsfunktion entscheidend geschwächt werden. Verstöße gegen die Pflicht zu prozeßordnungsgemäßem Verhalten werden ggf. nach § 258 StGB, sonst standesrechtlich geahndet (vgl. i. e. unten E; Heinicke, 1984, 469). Einen Versuch, die Wahrheitspflicht des Verteidigers (mit i. e. billigenswerten Konsequenzen) aus dem Grundsatz des fair trial abzuleiten, unternimmt Bottke aaO.

c) Als einseitig dem Beschuldigten verpflichtetes Rechtspflegeorgan hat der Verteidiger nur zu dessen Gunsten sprechende Umstände geltend zu machen und ihm bei der umfassenden Wahrnehmung seiner prozessualen Rechte zu helfen; daß in der Praxis diese Bindung nicht immer beachtet wird, bemängeln die verschiedenen Autoren des von Holtfort herausgegebenen Sammelwerkes (1979) zu Recht. Die Pflicht zur Wahrhaftigkeit und das Verbot der Verdunkelung werden also durch eine Fürsprachepflicht ergänzt, die der Gesetzgeber noch durch eine besondere Schweigepflicht strafrechtlich abgesichert hat (§ 203 I 3 StGB).

d) Die Kunst der Verteidigung besteht darin, die bisweilen widerstreitenden Anforderungen dieser vier Pflichten im konkreten Fall miteinander in Einklang zu bringen: Der Verteidiger muß nach besten Kräften fürsprechen, ohne je die Unwahrheit zu sagen oder zu verdunkeln, aber auch ohne seine Schweigepflicht zu verletzen. Wenn also etwa der Angeklagte ihm unter vier Augen ein Geständnis abgelegt hat, so darf er, wenn die dem Gericht vorliegenden Beweise zur Verurteilung nicht ausreichen, unter Hinweis auf diesen Umstand gleichwohl Freispruch beantragen; seine Fürsprachepflicht gebietet ihm das sogar. Darin liegt auch rechtsethisch nichts Bedenkliches: Denn das Gesetz verlangt den Freispruch auch des Schuldigen, wenn er mit prozeßordnungsmäßigen Mitteln nicht überführt werden kann. Der Verteidiger würde deshalb, wenn er das Geständnis dem Gericht gegen den Willen seines Mandanten mitteilte, nicht nur seine Fürsprachepflicht gröblich vernachlässigen, sondern sich auch nach § 203 StGB strafbar machen. (Allenfalls könnte er, wenn sein Gewissen ihm einen Antrag auf Freispruch verbietet, sein Mandat ohne Angabe von Gründen niederlegen). Dagegen darf der Verteidiger in einem solchen Fall nicht etwa in seinem Plädoyer ausführen, auf Grund zahlreicher Gespräche mit seinem Mandanten sei er von dessen Unschuld völlig überzeugt. Das würde seiner Wahrheitspflicht widerstreiten, da er sich damit aktiv in einer das Gericht irreführenden Weise zur Informationsquelle dafür machen würde, daß ihm auch in den Vorbesprechungen mit seinem Klienten nichts Gegenteiliges bekannt geworden sei. Im einzelnen werden Aufgaben und Rechte des Verteidigers im Spannungsfeld der durch seine prozessuale Stellung vorgezeichneten Pflichten später noch näher geschildert werden (vgl. unten E).

B. Notwendige und freiwillige Verteidigung

Ist die Verteidigung auch in jeder Lage eines Verfahrens zulässig (§ 137), so ist die Mitwirkung eines Verteidigers doch nur in einer begrenzten Anzahl von Fällen notwendig. Der Begriff der *notwendigen Verteidigung* bedeutet dabei, daß ein Verteidiger (sei es ein vom Gericht bestellter, sei es ein von dem Beschuldigten selbst gewählter) in bestimmten Verfahrenslagen mitwirken *muß*.

Wann eine Verteidigung notwendig ist, sagt § 140. Der erste Absatz zählt acht Fälle der notwendigen Verteidigung katalogmäßig auf, während Abs. II eine Generalklausel mit unbestimmten Rechtsbegriffen (Schwere der Tat, Schwierigkeit der Rechts- und Sachlage) aufstellt.

Nach § 140 I Nr. 2 ist eine Mitwirkung eines Verteidigers immer dann notwendig, wenn die Hauptverhandlung im ersten Rechtszug vor dem OLG oder LG stattfindet oder dem Beschuldigten ein Verbrechen (sei es auch nur möglicherweise, OLG Bremen, StrV 1984, 13) zur Last gelegt wird.

Für die weiteren Fälle des Abs. I vgl. den Gesetzestext. Andere Fälle der notwendigen Verteidigung finden sich noch in den §§ 117 IV; 118a II, 2, 3; 350 III, 1; 364a, 364b. Im Jugendstrafrecht ist eine Verteidigung darüber hinaus dann notwendig, wenn entweder dem Erziehungsberechtigten und dem gesetzlichen Vertreter ihre Rechte nach dem JGG entzogen sind oder eine Anstaltsunterbringung nach § 73 JGG in Betracht kommt (§ 68 JGG).

Liegen die Voraussetzungen des § 140 I nicht vor, so sind noch die Voraussetzungen der Generalklausel des Abs. II zu prüfen.

Das Merkmal der „*Schwere der Tat*" ist dabei im wesentlichen nach der Härte der zu erwartenden Strafe oder Maßregel (z.B. Entziehung der Fahrerlaubnis für einen Berufsfahrer) oder auch der außerstrafrechtlichen Folgen (Verlust der Beamtenstellung, KG StrV 1983, 186) zu bestimmen, soweit diese aus rechtlichen Gründen mit hinreichender Sicherheit vorhersehbar sind (OLG Hamburg NStZ 1984, 281). Ist z. B. eine Freiheitsstrafe von mehr als sechs Monaten ohne Strafaussetzung zur Bewährung (vgl. § 56 III StGB) zu erwarten, so werden die Voraussetzungen dieses Merkmals in der Regel erfüllt sein (abw. OLG Hamburg NJW 1978, 1172; KG StrV 1982, 412; OLG Düsseldorf, NStZ 1984, 43 ziehen die Grenze bei einem Jahr). Auch bei einer fahrlässigen Tötung ist die Schwere der Tat meist zu bejahen (Herzig, NJW 1980, 164).

Eine *Schwierigkeit* der „*Sach- und Rechtslage*" wird bei Schuldfähigkeitsproblemen und dann gegeben sein, wenn die Verteidigung nur bei Kenntnis des dem Gericht vorliegenden Aktenmaterials (etwa bei Widersprüchlichkeit der Zeugenaussagen) möglich ist. Denn das Akteneinsichtsrecht steht nur dem Verteidiger und nicht dem Beschuldigten zu (§ 147).

Für die Hauptverhandlung vor dem Revisionsgericht gilt § 140 I nicht. Jedoch ist auch hier in „schwerwiegenden Fällen" gemäß § 140 II die Bestellung eines Pflichtverteidigers geboten (BVerfGE 46, 202 m. Anm. Dahs, NJW 1978, 140; Peters JZ 1978, 230; ähnl. EuGMR NStZ 1983, 373 m. Anm. Stöcker); konkretisierende Vorschläge dazu bei Hanack, Dünnebier-Festschr., 301 (vgl. auch § 53 H 2). Ob § 140 II im Vollstreckungs- oder Vollzugsverfahren direkt oder analog oder überhaupt nicht anwendbar ist, ist str. (OLG Bremen, StrV 1983, 187 m. Anm. Schwenn). Die besseren Gründe sprechen für eine analoge Anwendung. So auch KG StrV 1984, 502; Dahs/Feigen, NStZ 1984, 66. Für den Ausbau der notwendigen Verteidigung Müller-Dietz, Dünnebier-Festschr., 75.

Eine *mangelnde Fähigkeit, sich selbst zu verteidigen,* liegt z. B. vor, wenn der Angeklagte des Lesens und Schreibens (OLG Celle StrV 1983, 187) oder der deutschen Sprache (LG Baden-Baden StrV 1983, 236) nicht hinreichend mächtig ist.

Liegen die Voraussetzungen der notwendigen Verteidigung nicht vor, so stehen für Beschuldigte, die sich keinen Verteidiger leisten können, in den meisten Bundesländern unentgeltliche Rechtsberatungen zur Verfügung (Kühne, Rdnr. 89). Der „Arbeitskreis Strafprozeßreform" schlägt darüber hinausgehend vor, allen Beschuldigten das Recht zu geben, bei Sachdienlichkeit eine als Verteidiger wählbare Person *auf Kosten der Staatskasse* mit der Verteidigung zu beauftragen (§ 3 I u. II des Entwurfes). Weitere Vorschläge zum Ausbau der Prozeßkostenhilfe im Strafprozeß bei Rieß, StrV 1981, 460.

Die Bedeutung der notwendigen Verteidigung liegt, wie sich aus § 145 I entnehmen läßt, darin, daß während der ganzen Dauer der Hauptverhandlung einschließlich der Urteilsverkündung ein Verteidiger anwesend sein muß. Dabei ist es nicht notwendig, daß es sich um ein- und denselben Verteidiger handelt. Wirken vielmehr mehrere Verteidiger mit, so dürfen sie auch nacheinander tätig werden. Dies entnimmt die Rspr. aus der Nichterwähnung des Verteidigers in § 226 und seiner Nennung in § 227 (vgl. BGHSt 13, 337). Daraus ergeben sich folgende Konsequenzen:

a) Schon im Vorverfahren hat die StA die Bestellung eines Pflichtverteidigers zu beantragen, sobald erkennbar wird, daß im späteren Verfahren ein Fall der notwendigen Verteidigung vorliegen wird (§ 141 III). Sonst erfolgt die Bestellung des Verteidigers in den Fällen des § 140 I u. II spätestens mit der Aufforderung des Gerichts an den Angeschuldigten, sich zur Anklage zu äußern (§§ 201, 141 I). Erweist sich erst während der Hauptverhandlung, daß eine Verteidigung – etwa wegen der Schwierigkeit der Sachlage – notwendig ist, und wählt sich der

Angeklagte erst jetzt einen Verteidiger bzw. wird ihm erst jetzt ein Verteidiger bestellt, so muß die Hauptverhandlung entweder ausgesetzt (d.h. i.d.R. nach mehr als 11 Tagen völlig von neuem begonnen) oder wenigstens in ihren wesentlichen Verfahrensabschnitten (Vernehmung des Angeklagten zur Person und Sache, Verlesung des Anklagesatzes, Beweisaufnahme) wiederholt werden (vgl. § 145 II und BGHSt 9, 243).

b) Eine Wiederholung der Hauptverhandlung ist dagegen dann nicht nötig, wenn der Angeklagte während eines Teils der Hauptverhandlung von einem notwendigen Verteidiger verteidigt worden ist, dieser dann sein Mandat niederlegt und das Gericht sofort einen neuen Verteidiger bestellt. Denn dann ist immerhin ein Verteidiger anwesend gewesen. Der neue Verteidiger hat allerdings ein Recht auf Gewährung eines genügenden Zeitraums zur Vorbereitung der Verteidigung. Bei sachlich und rechtlich sehr schwierigen und umfangreichen Fällen kann u.U. aus diesem Grunde eine Aussetzung des Verfahrens erforderlich werden (vgl. § 145 II, III und BGHSt 13, 337; NJW 1973, 1985).

c) Wenn gegen mehrere Angeklagte zusammen verhandelt wird, ist ausnahmsweise die Anwesenheit eines notwendigen Verteidigers eines Angeklagten in der Hauptverhandlung während der Verfahrensabschnitte nicht erforderlich, in denen nur Vorgänge erörtert werden, die allein die Mitangeklagten betreffen (zutr. BGHSt 21, 186).

Ist in den Fällen der Notwendigkeit kein Verteidiger zugezogen oder hat er während der Hauptverhandlung auch nur vorübergehend die Sitzung verlassen, so ist die Revision möglich (§ 338 Nr. 5); eine selbständige Beschwerde gegen die Ablehnung einer Pflichtverteidigerbestellung gibt es im Hinblick auf § 305 nicht (OLG Hamburg JZ 1984, 1048; str.).

Ist der Beschuldigte selbst RA, so kann er sich bei notwendiger Verteidigung nicht selbst verteidigen (vgl. BGH NJW 1954, 1415). Ist die Verteidigung freiwillig, so bedarf der beschuldigte RA keines Verteidigers und kann sich – wie jeder andere Beschuldigte – selbst verteidigen. Er hat dann allerdings auch nicht die Rechte eines Verteidigers, z.B. das Akteneinsichtsrecht.

Im Strafvollstreckungsverfahren ist § 140 II analog anzuwenden (OLG Hamm, StrV 1984, 105).

Wird der Pflichtverteidiger als Zeuge vernommen, so ist dies nach BGH NJW 1967, 404 nicht als ein Fall der Abwesenheit zu behandeln; allenfalls könne die Fürsorgepflicht des Gerichts einen vorübergehenden Ersatz dieses Verteidigers erfordern. Zur Vereinbarkeit der Prozeßrollen von Verteidiger und Zeuge s. im übrigen u. § 26 A III, 5.

C. Gewählter und bestellter Verteidiger; die Person des Verteidigers

1. Während die Frage der notwendigen Verteidigung das Problem betrifft, ob der Beschuldigte einen Verteidiger braucht oder auch ohne ihn auskommen kann, geht es bei dem Komplex „gewählter und bestellter Verteidiger" um das Problem, durch wen (den Beschuldigten oder den Vorsitzenden des Gerichts, § 141 IV) jemand in die Verteidigerstellung berufen wird. Wählt der Beschuldigte den Verteidiger selbst, so spricht man von einem *gewählten* Verteidiger. Wird der Verteidiger vom Vorsitzenden berufen, so spricht man von einem *bestellten* Verteidiger. Da die Problemkreise „notwendige – freiwillige Verteidigung" und „gewählter – bestellter Verteidiger" verschiedene Fragen betreffen, kann

dementsprechend ein notwendiger Verteidiger auch vom Beschuldigten gewählt sein. Dagegen korrespondieren notwendige und bestellte Verteidigung, da ein Verteidiger vom Vorsitzenden nur in den Fällen der notwendigen Verteidigung bestellt wird (§ 141). Ein bestellter Verteidiger kann also niemals freiwilliger Verteidiger sein.

2. *Grundsätzlich* kann sich der Angeklagte seinen Verteidiger selbst *wählen.* Hat der Beschuldigte einen gesetzlichen Vertreter, so kann auch dieser selbständig einen Verteidiger wählen (§ 137).

Der Vorsitzende *bestellt* von sich aus einen Verteidiger nur dann, wenn der Beschuldigte selber keinen wählt und die Verteidigung notwendig ist (vgl. i.e. § 141 I). Dabei hat der Beschuldigte zwar keinen Rechtsanspruch auf Beiordnung eines bestimmten Verteidigers. Seinen Wünschen ist aber entgegenzukommen, wenn nicht besondere Gründe, wie z.B. in Verfahren gegen terroristische Gewalttäter (OLG Karlsruhe NJW 1978, 1172), dagegen sprechen (BVerfGE *9, 36, 38*; Hahn, 33); die bloße Verleumdung staatlicher Stellen reicht für eine Ablehnung jedoch noch nicht aus (a.A. KG JR 1978, 346). Auch muß die Bestellung zurückgenommen werden, wenn der Beschuldigte sich nachträglich einen anderen Verteidiger wählt (§ 143). Ist der Wahlverteidiger verhindert, so sollte darauf zunächst Rücksicht genommen werden; wenn das Gericht stattdessen einen Pflichtverteidiger bestellt, verstößt das gegen seine Fürsorgepflicht (a.A. BGH NStZ 1981, 231). Es folgt aber weder aus Art. 103 I GG noch aus dem Gebot des fair trial, daß das Gericht unter allen Umständen die Verhandlung unterbrechen muß, wenn der Wahlverteidiger verhindert ist; vielmehr ist nach Lage des Einzelfalles abzuwägen, was dem Angekl. zugemutet werden kann (BGH, NStZ 1984, 176). Bei einer Verspätung des Wahlverteidigers gebietet es die Fürsorgepflicht, in der Regel mindestens 15 Minuten und bei vorheriger Ankündigung oder unvorhergesehenen Umständen (Unfall, Verkehrsstau) ggf. auch länger (OLG Düsseldorf, StrV 1983, 269; OLG Köln, StrV 1984, 147; OLG Zweibrücken, StrV 1984, 148; BayObLG, StrV 1985, 6) zu warten (§ 265 IV). Zu den Rechtsbehelfen gegen die Beiordnung eines unerwünschten Pflichtverteidigers Schlothauer, StrV 1981, 443.

Die *Reform* wünsche gehen dahin, die Bestellung des notwendigen Verteidigers der freien Verteidigerwahl möglichst anzunähern: Ausbau des Beschuldigtenwahlrechts hinsichtlich des zu bestellenden Verteidigers, sofortige Verteidigerbeiordnung in allen Fällen der Haft, Verteidigerbeiordnung schon im Vorverfahren auch auf Antrag des Beschuldigten (vgl. i.e. Hahn, 100). Welp, 101, will dem Beschuldigten sogar in allen Fällen einen Verteidiger seiner Wahl zugestehen, dem bei Annahme des Mandates das für Wahlverteidiger übliche Honorar vom Staat zu bezahlen wäre. Dagegen lehnt wer jede Verteidigerbeiordnung gegen den Willen des Beschuldigten ab. Aber wohl zu Unrecht (näher Heinicke, 1984, 313, 385): Denn dadurch würde um der Verfahrensautonomie auch des uneinsichtigen Beschuldigten willen die Chance einer ungerechtfertigten Verurteilung erhöht. Das aber widerspricht dem Grundsatz des deutschen Prozeßrechts, die Wahrheit auch zugunsten des Beschuldigten selbst gegen dessen Willen zu erforschen (§§ 160 II, 244 II).

3. Der Kreis der *Personen*, denen die Verteidigung übertragen werden kann, ist bei der Wahlverteidigung und der bestellten Verteidigung (Offizialverteidigung) nicht der gleiche:

a) *Wählbar* sind nach § 138 zunächst alle in der Bundesrepublik zugelassenen *Rechtsanwälte*. Für Strafsachen gilt also das Prinzip der Lokalisierung nicht. Eine einzige Ausnahme gilt für die Rechtsanwälte, die beim BGH zugelassen sind; diese dürfen nur vor dem BGH, den · anderen obersten Gerichtshöfen des Bundes, dem Gemeinsamen Senat der obersten Gerichtshöfe und dem BVerfG auftreten: § 172 BRAO.

Außer in der Hauptverhandlung oder bei Zeugenvernehmungen läßt die h.M. (Schmid, SchlHA, Teil A 1981, 105; Kl./M. vor § 137 Rdnr. 7) auch ohne Genehmigung des Gerichts die Beiziehung privater Bevollmächtigter zu (z.B. bei der Berufungseinlegung).

Der als Verteidiger gewählte RA kann mit Zustimmung des Angeklagten die Verteidigung im Hauptverfahren (nicht aber im Ermittlungsverfahren – s. BGH NJW 1973, 64 mit Anm. von Dünnebier JR 1973, 367 –) einem Referendar übertragen, der seit mindestens 15 Monaten im Justizdienst beschäftigt ist (§ 139).

Wählbar sind ferner die *Rechtslehrer* an deutschen Hochschulen (somit auch an technischen Hochschulen); endlich auch andere Personen, diese aber nur mit Genehmigung des Gerichtes und bei notwendiger Verteidigung nur, wenn der Gewählte auch zum Verteidiger bestellt werden könnte; sonst nur in Gemeinschaft mit einem solchen (§ 138 II).

b) *Bestellbar* sind *Rechtsanwälte*, und zwar möglichst solche, die bei einem Gericht des Gerichtsbezirks zugelassen sind (anders, wenn der Anwalt des Vertrauens in einem anderen Gerichtsbezirk zugelassen ist). Die Bestellung erfolgt durch den Vorsitzenden (§ 142 I). Sie erfaßt grundsätzlich nicht nur das Grundverfahren, sondern auch die gesamte Berufung (RGSt 40, 4; RG JW 1926, 1215; OLG Hamm NJW 1970, 440 m.w.N.), ferner die Einlegung und Begründung der Revision (str.), nicht aber die Hauptverhandlung vor dem Revisionsgericht (BVerfG NJW 1978, 151); vgl. Wasserburg, GA 1982, 304.

Die in § 142 II vorgesehene Möglichkeit, *Referendare*, die seit mindestens 15 Monaten im Vorbereitungsdienst tätig sind, zu Pflichtverteidigern zu bestellen, hat wegen der Verkürzung und Neugliederung des Referendardienstes praktisch keine Bedeutung mehr. Dagegen hat es der BGH für zulässig erklärt, daß ein Referendar, der nach § 53 BRAO zum allgemeinen Vertreter eines RA bestellt worden ist (das ist bereits nach 12 Monaten möglich, § 53 IV, 2 BRAO!), in dieser Eigenschaft auch die Funktion eines Pflichtverteidigers wahrnehmen kann (BGH NJW 1975, 2351). Ein nicht als RA zugelassener Assessor darf aber auch in Untervollmacht eines RA nicht verteidigen (BGHSt 26, 319).

4. Um Interessenkollisionen zu vermeiden, darf ein Verteidiger nicht mehrere Beschuldigte gemeinschaftlich verteidigen (§ 146). Andererseits kann ein Beschuldigter mehrere Verteidiger haben; doch dürfen es, damit nicht der Verfahrensablauf durch zu viele Verteidiger gehemmt wird, höchstens drei sein (§ 137 I, 2, II, 2). Strittig ist, ob die Zahl von drei Verteidigern durch Unterbevollmächtigungen überschritten werden darf

(dafür Schmidt-Leichner, NJW 1975, 420, dagegen KG NJW 1977, 912 u. Schmid, MDR 1979, 804).

Bei einer Sozietät zählt jeder Anwalt als Einzelverteidiger; erforderlich ist nur, daß in Fällen des § 146 und bei Sozietäten mit mehr als drei Anwälten (§ 137 I, 2) deutlich wird, wer welchen Klienten verteidigt (näher BVerfGE *43, 79;* BGHSt 27, 124). Prozeßhandlungen eines nach §§ 137 I, 2 oder 146 unzulässigen Verteidigers werden gleichwohl wirksam, wenn das Gericht den Verteidiger nicht vor oder gemeinsam mit dieser Handlung zurückweist (BGHSt 26, 335). In Ermittlungsverfahren darf auch der StA den Verteidiger zurückweisen (BVerfG *NJW 1976, 231*). Dabei ist die Zurückweisung durch das Gericht vom Verteidiger und seinem Klienten mit der Beschwerde (BGHSt 26, 291), die des StA nach § 23 EGGVG angreifbar. Nur bei zurückweisenden Entscheidungen des BGH oder eines OLG im ersten Rechtszug entfällt nach § 304 IV die Beschwerde (BGH NJW 1976, 156) und damit nach Ansicht von BGHSt 27, 96 auch die Revision (a.A. Gössel, *Verteidigerbeschränkungen,* 35 u. Herrmann, 43 f.).

Diese seit dem 1. 1. 1975 geltenden Neuregelungen, die das BVerfG (E 39, 156) für verfassungsmäßig erklärt hat, sind im Schrifttum mit Recht weitgehend auf Ablehnung gestoßen. Gegen § 137 I, 2 läßt sich geltend machen, daß in Mammutprozessen die Zulassung von mehr als drei Verteidigern sehr wohl auch eine Beschleunigung durch spezialisierte Arbeitsteilung ermöglichen kann. Vor allem aber weckt § 146 Bedenken. Die Interessenkollision, der diese Bestimmung vorbeugen will, wird normalerweise durch § 356 StGB und die eigene Aufmerksamkeit des Angeklagten verhindert werden; tritt sie doch einmal auf, würde ein Ausschluß im Einzelfall genügen, wie § 146 a.F. ihn vorsah. Die Neuregelung führt dazu, daß Angeklagte nunmehr unverteidigt bleiben, die sich nur zusammen einen Verteidiger hätten leisten können. Auch kann, gerade wenn zahlreiche Personen im selben Verfahren angeklagt sind, eine verfahrensverzögernde Verteidigerhäufung eintreten, die dem rechtspolitischen Ziel des § 137 I, 2 widerspricht. Ferner ist oft als Verteidiger nur *ein* hervorragender Spezialist verfügbar; dann nötigt § 146 die Mitangeklagten u.U. dazu, sich durch einen Einzelanwalt weniger kompetent verteidigen zu lassen, als es der Spezialist bei einer Gesamtverteidigung getan hätte. Der Gesetzgeber sollte also zur alten Fassung des § 146 zurückkehren.

Die jüngste Rspr. erstreckt § 146 sogar über seinen Wortlaut hinaus auf Fälle theoretisch denkbarer Interessenkollisionen. So soll die Verteidigung mehrerer Beschuldigter auch in verschiedenen Verfahren untersagt sein, wenn nur den Anklagen ein gemeinsamer Tatkomplex (BVerfG *NJW 1976, 231*) oder Sachzusammenhang (BVerfG *NStZ 1982, 294*) zugrundeliegt; dies selbst dann, wenn das Verfahren gegen den Erstbeschuldigten schon rechtskräftig abgeschlossen oder wegen Geringfügigkeit bzw. nach § 170 II eingestellt worden ist (BGHSt *26, 367;* BGH NStZ 1981, 190; BVerfG, NJW 1977, 800; OLG Koblenz, *NJW 1978, 2608*). Auch bei einer Verbindung verschiedener Taten soll die Verteidigung der wegen verschiedener Taten Angeklagten verboten sein, weil auch hier Interessenkonflikte bei Prozeßhandlungen (z.B. Beweisanträgen, Richterablehnung) möglich seien (BVerfG, NJW 1977, 1767; a.A. BayObLG, MDR 1976, 1039). Selbst wenn ein Verteidiger bei der Übernahme des Mandats eines Mitbeschuldigten das Erstmandat niederlegt, bejaht der BGH einen Interessenwiderstreit in der Person des Verteidigers, den § 146 vermeiden will (BGHSt *27, 155;* BGHSt *28, 67*). Das alles ist abzulehnen. Die Vorschrift sollte, da sie rechtspolitisch verfehlt ist und hart in die anwaltliche Berufsausübung eingreift, einengend und nicht erweiternd ausgelegt werden (näher mit konkreten Vorschlägen Heinicke, NJW 1978, 1497; krit. auch Schubarth, aaO.). Immerhin hat der BGH nunmehr gefordert, das „Bestreben nach möglichster Vermeidung eines beim einzelnen Verteidiger auftretenden Interessenwiderstreits" und das Bedürfnis „nach einer nicht zu weit gehenden Beschränkung der freien Advokatur" maßvoll auszugleichen. Zwar sind bei gleichzeitiger Übernahme mehrerer Mandate alle Vertretungen unzulässig (OLG Hamm NJW 1980, 1059), doch hat der BGH es für zulässig erklärt, daß ein erstes Verteidigerverhältnis nach dem unzulässigen Hinzutritt eines zweiten beibehalten werden kann (BGHSt 27, 148; dagegen OLG Hamm, NStZ 1983, 378) und daß der Tod eines früheren Mandanten eine Zweitverteidigung nicht ausschließt (BGHSt *27, 315*; so auch Rebmann, 42). Außerdem hat BGHSt 27, 22 bei einem Verstoß gegen § 146 für den Erfolg der Revision den Nachweis einer konkreten Interessenkollision verlangt (zust. Anm. K. Meyer JR 1977, 212). Auch wird die Übernahme eines Mandats nicht dadurch ausgeschlossen, daß ein früheres Mandatsverhältnis, das sich auf dieselbe Vereinigung nach § 129 a StGB bezog, bereits beendet war (BGH NStZ 1981, 75). Einzelne Fragen eines Verteidigers zugunsten eines Mitangeklagten verstoßen nicht gegen § 146 (BGH b. Holtz, MDR 1982, 449). Es verstößt nicht gegen § 146, wenn ein Anwalt mit mehreren Beschuldigten Anbahnungsgespräche führt, ohne sich schon entschieden zu haben, wen er verteidigen will (OLG Düsseldorf, StrV 1984, 106).

5. Ein Verteidiger ist in keinem Fall kraft Gesetzes ausgeschlossen oder vom Staatsanwalt ablehnbar. Auch der Angeklagte kann einen ihm bestellten Verteidiger nicht ablehnen; er kann nur einen anderen Verteidiger wählen und auf diesem Weg erreichen, daß die Bestellung zurückgenommen werden muß (§ 143). Ist freilich das Vertrauensverhältnis zwischen dem Beschuldigten und seinem Pflichtverteidiger durch Meinungsverschiedenheiten über die Führung der Verteidigung zerstört (dazu näher OLG Hamm StrV 1982, 510), so ist auf Antrag ein anderer Verteidiger zu bestellen (sonst Revision nach § 338 Nr. 8!); dies gilt auch dann, wenn der Verteidiger (und nicht der Angeklagte!) aus diesem Grunde die Abberufung verlangt (ebenso OLG Hamm, NJW 1975, 1238; a. A. OLG Frankfurt, NJW 1971, 1851; dazu Seibert, ebda., 2274). Eine Ausnahme ist allerdings dann zu machen, wenn die Abberufung des Pflichtverteidigers zu dem Zweck verlangt wird, das Verfahren lahmzulegen, wie namentlich in Terroristenprozessen.

6. Trotz zahlreicher Bedenken im Schrifttum hat es sich in der Gerichtspraxis eingebürgert, in erstinstanzlichen Sachen größeren Umfangs *neben* den Wahlverteidigern noch Pflichtverteidiger zu bestellen oder doch diese nach Auftreten von Wahlverteidigern nicht zu entlassen. Diese Übung wird damit begründet, daß die Pflicht zur Fürsorge für den Angeklagten und zur beschleunigten Verfahrensdurchführung die Bestellung von Pflichtverteidigern schon dann gebiete, wenn sich nur „die Gefahr abzeichne, daß der Verteidiger die zur Durchführung der Hauptverhandlung notwendigen Maßnahmen nicht treffen kann oder ... will" (so unter Hinweis auf § 145 I BGHSt *15, 306, 309*; BGH, NJW 1973, 1985; OLG Frankfurt, NJW 1972, 2055; OLG Hamm, NJW 1979, 1986; a. A. Schmidt-Leichner, aaO., 421). In der Tat wird man nicht zulassen können, daß ein langwieriger Prozeß nur deshalb nicht zu Ende geführt werden kann, weil der Wahlverteidiger kurz vor Abschluß sein Mandat

niederlegt und der dann zu bestellende Pflichtverteidiger (§ 145 I) in die
Materie nicht eingearbeitet ist. Andererseits ist die jetzige Praxis, dem
Beschuldigten trotz Vorhandenseins eines Wahlverteidigers einen im
Prozeß vollberechtigten (!) Pflichtverteidiger aufzuzwingen, mit dem
Wortlaut des § 143 schwer in Einklang zu bringen. Auch hat sie in der
Vergangenheit eine effektive Verteidigung oft eher behindert. Denn
soweit sich der Beschuldigte, sein Wahlverteidiger und der aufgenötigte
Pflichtverteidiger nicht auf eine Strategie einigen können, hat der vom
Vertrauen und Information seines Klienten abgekoppelte Zwangsverteidiger wenig Chancen, dessen Grundrechte effektiv zu schützen. Er hält
lediglich den äußeren Schein einer ordnungsgemäßen Verteidigung aufrecht und begründet für die Gerichte die ständige Versuchung, das
Verfahren auch bei kurzfristigen Verhinderungen des meist besser informierten Wahlverteidigers ohne Unterbrechung fortzuführen. Wird der
Angeklagte freigesprochen, darf der dem Wahlverteidiger entstehende
Erstattungsanspruch nicht um die Pflichtverteidigerkosten gekürzt werden, solange die Bestellung des Pflichtverteidigers nicht auf dem Verschulden des Angeklagten beruht (BVerfG NStZ 1984, 561). Strittig ist,
ob der Wahlverteidiger überhaupt verpflichtet ist, einen während des
Verfahrens hinzutretenden Pflichtverteidiger über den bisherigen Prozeßverlauf zu informieren (dafür KG JR 1981, 86; abl. Beulke, JR 1982,
45).

De lege ferenda schlagen manche Autoren vor, diesen Konflikt durch
Einführung von Ersatzverteidigern zu lösen (ebenso Voraufl.); diese
sollten von vornherein anwesend sein und aus der Staatskasse bezahlt
werden, in das Prozeßgeschehen aber nur in den Fällen des § 145
eingreifen. Sehr befriedigend ist aber diese Lösung nicht. Schon der
prozeßökonomische Vorteil kann zweifelhaft sein, etwa wenn der Ersatzverteidiger wegen ergänzender Fragen die nochmalige Vernehmung
der Zeugen beantragt (Welp, 1978, 122). Ferner kann es für die Verteidigung auch von Nachteil sein, wenn unterschiedliche Strategien sich
nacheinander entfalten. Vor allem aber bleibt die Zweiteilung in Vertrauensanwälte und gerichtlich zur Verfahrenssicherung bestellte Verteidiger
erhalten, womit das durch § 143 geschützte Recht des Beschuldigten
unterlaufen wird, sich in jeder Lage des Verfahrens des ausschließlichen
Beistandes eines oder mehrerer Verteidiger seines Vertrauens notfalls
durch Wahl zu versichern. Heinicke, 1984, 408, schlägt deshalb vor, aus
dem Kreis der vom Beschuldigten gewählten oder akzeptierten Vertrauensverteidiger so viele gerichtlich zu bestellen, wie zur Verfahrenssicherung notwendig sind.

D. Ausschluß des Verteidigers

I. Die frühere Rspr. hatte einen Ausschluß des Verteidigers immer dann
zugelassen, wenn er seine Rolle als Rechtspflegeorgan, namentlich durch Konspiration mit seinem Mandanten, mißbrauchte. Diese Praxis hatte das BVerfG (E 34,
293: Fall Schily) mangels gesetzlicher Grundlage wegen Verstoßes gegen Art. 12 I
GG im Jahre 1973 für unzulässig erklärt, so daß ein Verteidigerausschluß seither

nicht möglich war. Erst das Gesetz zur Ergänzung des 1. StVRG vom 20. 12. 1974 hat die Materie umfassend geregelt (vgl. zum Ganzen 11. Aufl., 87 f., 12. Aufl., 90). Das AntiterrorismusG vom 14. 4. 1978 (BGBl. I S. 497) erweiterte und verschärfte die hierdurch geschaffenen Eingriffsmöglichkeiten (krit. Seelmann, 1128).

1. Danach gibt es jetzt *fünf Fallgruppen*, in denen ein Verteidiger von der Mitwirkung in einem Verfahren auszuschließen ist:

a) wenn er dringend oder in einem die Eröffnung des Hauptverfahrens rechtfertigenden Grade, d. h. zumindest hinreichend (zu den Graden des Verdachtes vgl. u. § 37 B I), verdächtig ist, mit dem Mandanten im Hinblick auf dessen Tat in strafbarer Weise zusammenzuwirken (z. B. als Teilnehmer oder Strafvereiteler), § 138 a I Nr. 1 und 3.

Dabei ist prinzipiell *dringender* Tatverdacht erforderlich; *hinreichender* Tatverdacht genügt nur, wenn ein Verfahren gegen den Verteidiger mindestens anklagereif ist (BGH Holtz MDR 1979, 989; L.-R.[23]-Dünnebier, § 138 a, Rdnr. 13; Kl./M., § 138 a, Rdnr. 8). Wegen der Schwere des Eingriffs darf der dringende Tatverdacht nicht auf unzureichende Anfangsermittlungen, sondern muß auf bestimmte Tatsachen gegründet sein, die eine Verurteilung des Verteidigers hinreichend wahrscheinlich machen (Ulsenheimer, 111; Baumann, 42; für geringere Anforderungen wie bei § 112 Waller, DRiZ 1974, 179; BT-Drucks. 7/2526, 22). Dagegen ist der Begriff der Beteiligung in § 138 a I Nr 1 weit auszulegen, so daß z. B. im Prozeß gegen den Hehler der Dieb nicht als Anwalt auftreten kann. Denn wie § 60 Nr. 2 soll auch § 138 a I über die Beteiligten i. S. d. §§ 25 ff. StGB hinaus jeden erfassen, der bei der Tat in strafbarer Weise in dieselbe Richtung wie der Beschuldigte gewirkt hat (vgl. u. § 26 B III 2 a) und deshalb im Prozeß aus erheblichem Eigeninteresse die Wahrheitsfindung behindern könnte (vgl. BGH Holtz, MDR 1977, 984; a. A. Ulsenheimer, 111; Gössel, Verteidigerbeschränkungen, 29); nach BGH NJW 1984, 316 soll ein Ausschluß auch dann möglich sein, wenn der Anwalt wegen seiner Beteiligung mangels Strafantrag strafrechtlich nicht belangt werden kann. Schon die theoretische Möglichkeit einer ehrengerichtlichen Ahndung soll den Ausschluß rechtfertigen (zw.).

b) wenn er zumindest hinreichend verdächtig ist, den Verkehr mit dem inhaftierten Mandanten zu Straftaten zu mißbrauchen, § 138 a I Nr. 2, 1. Alt.

Diese Vorschrift soll, weitergehend als § 138 a I Nr. 1 u. 3, nicht nur die Wahrheitsfindung schützen, sondern auch den Inhaftierten an weiteren Beeinträchtigungen der Rechtsordnung mit Hilfe seines Anwalts hindern. Die Bestimmung ist jedoch viel zu weit geraten, indem sie ihrem ausdrücklichen Wortlaut nach sämtliche Tatbestände des StGB (z. B. auch einfache Beleidigungen!) erfaßt (so auch Gössel, Verteidigerbeschränkungen, 30);

c) wenn er zumindest hinreichend verdächtig ist, den Verkehr mit dem Mandanten zu erheblicher Gefährdung der Anstaltssicherheit zu mißbrauchen, § 138 a I Nr. 2, 2. Alt.

Wegen der schweren Beeinträchtigung auch der Rechtsstellung des Beschuldigten kann eine erhebliche Gefährdung der Anstaltssicherheit nur angenommen werden, wenn diese Gefahren nicht auf andere Weise beseitigt werden können (vgl. Ulsenheimer, 114; a. A. Groß, 424);

d) wenn seine Mitwirkung bei bestimmten Staatsschutzdelikten die Sicherheit der Bundesrepublik gefährden würde, § 138 b;

e) wenn das Verfahren eine Straftat nach § 129 a StGB zum Gegenstand hat und bestimmte Tatsachen den Verdacht begründen, daß er mit dem Mandanten im Hinblick auf dessen Tat in strafbarer Weise zusammengewirkt hat, § 138 a II.

§ 138 a II äußert sich nicht über die Stärke des erforderlichen Verdachtsgrades. Ließe man aber den einfachen Anfangsverdacht genügen, könnten in rechtsstaatlich bedenklicher Weise auch dann Anwälte ausgeschlossen werden, wenn ihnen nicht einmal soviel nachzuweisen ist, daß ein Hauptverfahren eröffnet werden könnte (vgl. u. § 37 B I). Wenigstens ist daher ein Verdacht zu fordern, der nicht nur die Einleitung, sondern auch noch die Durchführung des Ermittlungsverfahrens wahrscheinlich macht (KG NJW 1978, 1538).

2. Die Rspr. nimmt an, daß §§ 138 a, c, d nur auf Wahlverteidiger anwendbar sind. Pflichtverteidiger sollen unabhängig von den Voraussetzungen der §§ 138 a ff. vom Gerichtsvorsitzenden allgemein aus wichtigem Grunde abberufen werden können (BVerfGE 39, 238). Diese Rechtsprechung, die neuerdings schwankend zu werden beginnt (Rieß, NStZ 1981, 331 m.w.N.), ist abzulehnen. Denn der Pflichtverteidiger unterliegt bei seiner Amtsführung keinen anderen Einschränkungen als ein Wahlverteidiger und darf daher auch nicht leichter abberufen werden können (Rieß, JR 1979, 36; Dencker, NJW 1979, 2176).

3. Die Ausschließungsregelung der §§ 138 a ff. ist abschließend. Keinesfalls darf daher eine Verletzung von Standespflichten zum Ausschluß führen (lehrreich OLG Köln NJW 1975, 459). Auch ist es unzulässig, zur Abwendung von Verfahrenssabotagen einen Verteidiger unter Berufung auf § 34 StGB auszuschließen (Bottke JA 1980, 95 Nr. 3; a.A. Kühne, Rdnr. 114).

4. Der Ausschluß soll für das *ganze Verfahren* gelten; ein ausgeschlossener Verteidiger kann danach also nicht nunmehr einen Mitangeklagten verteidigen (BGHSt 26, 221; zw.!).

5. Über den Ausschluß entscheidet in der Regel das OLG, ggf. auch der BGH (vgl. näher § 138 c), und zwar nach mündlicher Verhandlung, zu der der Verteidiger zu laden, der Beschuldigte und in der Regel der Vorstand der Rechtsanwaltskammer zu benachrichtigen sind (§ 138 d I–V); einer mündlichen Verhandlung bedarf es entgegen dem Wortlaut von § 138 d I nicht, wenn das Gericht eine Ausschließung von vorneherein nicht in Betracht zieht (OLG Bremen NJW 1981, 2711). Die Beweisaufnahme unterliegt nach BGHSt 28, 116 den Regeln des Freibeweises (dagegen m. beachtlichen Gründen L.-R.[23]-Dünnebier, § 138 d, Rdnr. 8). Das Ausschlußverfahren kann nach § 138 c V auch dann weitergeführt werden, wenn der Verteidiger sein Mandat nach Einleitung des Verfahrens gegen ihn freiwillig niederlegt. Wird dabei festgestellt, daß die Mitwirkung des Verteidigers in dem Verfahren unzulässig wäre, so steht dies dem Ausschluß gleich. Die neue Regelung soll verhindern, daß sich der Verteidiger den Wirkungen eines zu erwartenden Ausschlusses durch sein vorzeitiges Ausscheiden aus dem Prozeß entzieht (näher OLG Koblenz, JR 1980, 477 m. Anm. Rieß). Gegen den Ausschluß kann der Verteidiger sofortige Beschwerde einlegen, während eine den Ausschluß ablehnende Entscheidung nicht anfechtbar ist (§ 138 d VI); nicht anfechtbar ist auch die Ablehnung der Wiederaufhebung eines Ausschlusses (BGHSt 32, 231).

Stellt die StA einen Antrag auf Verteidigerausschließung, so ist das erkennende Gericht nicht befugt, die Vorlage an das OLG zu verweigern; denn dadurch würde es sich eine Entscheidungsbefugnis anmaßen, die allein dem höheren Gericht zugewiesen ist (OLG Karlsruhe, NStZ 1983, 281 m. Anm. Bohnert).

Zweifelhaft ist, ob beim Ausschlußverfahren die *Öffentlichkeit* zuzulassen ist. Zwar sieht § 169 GVG Öffentlichkeit sonst nur für die Hauptverhandlung („erkennendes Gericht") vor. Da jedoch der Gesetzgeber das Ausschlußverfahren aus der oft spannungsgeladenen Hauptverhandlung nur ausgegliedert hat, um durch erhöhte Rechtsstaatlichkeit zu befrieden (BT-Drucks. 7/2526, 22), legt der Sinn des Gesetzes eine analoge Anwendung des § 169 GVG nahe (a. A. Lampe, 529; BGH, zit. bei Martin, Dreher-Festschr., 1977, S. 54; OLG Stuttgart, NJW 1975, 1669; krit. zur Zuständigkeit des OLG Peters, Der neue Strafprozeß, 1975, 132).

6. Die Ausschließung ist aufzuheben (§ 138 a III Nr 1–3):

a) sobald ihre Voraussetzungen nicht mehr vorliegen,

b) wenn der Verteidiger in einem Hauptverfahren, das wegen des Ausschließungssachverhalts eröffnet wurde, freigesprochen wurde,

c) wenn ein Ehren- oder Berufsgericht keine schuldhafte Verletzung der Berufspflichten im Hinblick auf den Ausschließungssachverhalt feststellte oder

d) wenn nicht spätestens ein Jahr nach der Ausschließung das strafprozessuale Hauptverfahren oder das ehren- oder berufsgerichtliche Verfahren eröffnet oder ein Strafbefehl erlassen wurde.

Eine Ausschließung ist nicht aufzuheben, weil der Beschuldigte auf freien Fuß gesetzt worden ist. In besonders gelagerten Fällen kann die Ausschließung für die Dauer eines weiteren Jahres aufrechterhalten werden, obwohl kein Hauptverfahren oder kein ehren- oder berufsgerichtliches Verfahren eröffnet wurde (§ 138 a III, 2). Solange ein Verteidiger ausgeschlossen ist, kann er den Beschuldigten auch in anderen gesetzlich geordneten Verfahren nicht verteidigen. Inhaftierte Beschuldigte darf der ausgeschlossene Verteidiger nicht aufsuchen (§ 138 a IV). Darüber hinaus kann ein ausgeschlossener Verteidiger andere Beschuldigte desselben Verfahrens nicht verteidigen; ein Verteidiger mutmaßlicher Terroristen darf auch in anderen Verfahren, die eine Straftat nach § 129 a StGB zum Gegenstand haben, keine Beschuldigten verteidigen (§ 138 a V, 1).

II. Von der Frage der Ausschließung des Verteidigers ist die Frage zu unterscheiden, ob ihm das *Wort entzogen* werden kann, z. B. weil er Zeugen verunglimpft oder weil seine Ausführungen in keinem Zusammenhang mit dem Gegenstand der Verteidigung stehen. Dies ist dem Vorsitzenden kraft seiner Prozeßleitungsbefugnis nach § 238 I gestattet (vgl. BGH MDR 1964, 72 und § 257 II, III). Eine weitere von der Ausschließung des Verteidigers zu unterscheidende Frage ist, ob der Verteidiger aus Gründen der Sitzungspolizei wegen Ungehorsams oder Ungebühr äußerstenfalls aus dem *Sitzungssaal entfernt* werden kann. Da der Verteidiger neben StA und Gericht gleichberechtigtes Rechtspflegeorgan ist, wird man Ordnungsmittel nach §§ 177, 178 GVG und damit eine Entfernung des Verteidigers aus sitzungspolizeilichen Gründen als unzulässig betrachten müssen (h. M., vgl. Kühne Rdnr. 102). Dagegen soll ein Verteidiger ohne Robe zurückgewiesen werden dürfen (BVerfGE 28, 21; zw.!).

E. Aufgaben und Rechte des Verteidigers

Die Pflichten und Befugnisse des Verteidigers sind durch seine prozessuale Stellung vorgezeichnet und in ihren grundsätzlichen Aspekten schon oben (A) dargestellt worden. Sie werden auch, soweit sie ihren Niederschlag in besonderen prozessualen Vorschriften gefunden haben, bei Schilderung des Hauptverfahrens noch jeweils im einzelnen erörtert werden. Es sollen deshalb an dieser Stelle nur eine Reihe übergreifender Gesichtspunkte zusammengefaßt werden (instruktiv Pfeifer aaO.).

Die praktischen Probleme der Verteidigung, vor allem auch Fragen der Taktik und Opportunität, werden umfassend behandelt bei Dahs, Handbuch des Strafverteidigers.

I. Der Verteidiger hat zunächst seinem Mandanten *umfassenden Rechtsrat* zu erteilen. Er soll ihm nicht nur bei der Wahrnehmung seiner prozessualen Rechte zur Seite stehen, sondern ihn auch über die materielle Rechtslage aufklären. Dabei darf er ihm Rechtskenntnisse selbst dann vermitteln, wenn der Beschuldigte sie dazu benutzen kann, sich der Bestrafung zu entziehen, indem er sich etwa auf eine fehlende Zueignungsabsicht, auf Notwehr oder einen unverschuldeten Verbotsirrtum beruft. Gegen das Verbot der Verdunkelung verstößt der Verteidiger erst dann, wenn er selbst die Einlassung seines Klienten erfindet oder in diesen dringt, wahrheitswidrig entsprechende Schutzbehauptungen vorzubringen; denn damit würde er den Beschuldigten als Beweismittel verfälschen und sich zumindest wegen versuchter Strafvereitelung (§ 258 StGB) strafbar machen. Stellt der Beschuldigte von sich aus eine solche Behauptung auf, darf der Verteidiger, der es besser weiß, die Wahrheit freilich dem Gericht nicht bekannt geben (Schweigepflicht); andererseits darf er diese Einlassung nur als diejenige seines Mandanten und nicht als seiner Überzeugung entsprechend darstellen, weil er sonst wahrheitswidrig seine Person als Garanten dafür anbietet, er selbst habe in Vorbesprechungen nichts Gegenteiliges erfahren (Wahrheitspflicht; a.A. Ostendorf, aaO., 1349; wie hier Heinicke, 1984, 485; weitergehend Beulke, 1980, 35).

II. Die Fürsorgepflicht sollte den Verteidiger außerdem veranlassen, seinem Mandanten, wenn die Sachlage es erfordert, auch durch Taten, d.h. durch *eigene Ermittlungen,* zu helfen (näher Rückel aaO.). Zwar stellt die StPO dem Verteidiger keine Zwangsrechte zur Verfügung. Er darf aber den Tatort untersuchen, sich um Entlastungszeugen bemühen und private Sachverständigengutachten zugunsten des Beschuldigten anfertigen lassen. Er darf sogar die Verwandten des Beschuldigten aufsuchen und sie bitten, von ihrem Zeugnisverweigerungsrecht zugunsten seines Mandanten Gebrauch zu machen (BGHSt *10, 393:* keine Strafvereitelung, § 258 StGB); denn das ist ihr gutes Recht, um dessen Ausübung sie jedermann ersuchen darf. Er darf ferner Gedächtnisprotokolle des Beschuldigten und Fotokopien richterlicher Vernehmungen verteilen (BGHSt 29, 99: keine Strafbarkeit gem. §§ 129, 129 a StGB) oder Aussagen des Beschuldigten dem Verteidiger eines Mitbeschuldigten bekannt-

geben (OLG Frankfurt GA 1982, 181). Unzutreffend ist allerdings die
Einschränkung, daß dies nicht gelten soll, wenn der Verteidiger nur
scheinbar Verteidigungszwecke verfolge und in Wirklichkeit der terroristischen Vereinigung helfen wolle. Denn dies läuft auf ein unzulässiges
Gesinnungsstrafrecht hinaus (zust. Bottke JA 1980, 448). Die Grenze zur
Strafvereitelung wird nur dann überschritten, wenn der Verteidiger
durch Täuschung oder Drohung auf die freie Willensentschließung der
Zeugen einwirkt, wenn er sie zu falschen Aussagen veranlaßt oder sonst
zur Verfälschung von Beweismitteln beiträgt (etwa durch Spurenverwi-
schung am Tatort, Veränderung von Urkunden oder Kassiberbeförde-
rung zur Abstimmung mit dem Mittäter, vgl. Ostendorf, 1349); m. a. W.:
Er darf „keine Beweisquellen trüben".

III. Eine wirksame Verteidigung setzt möglichst weitgehende *Anwesenheitsrechte* bei Ermittlungshandlungen anderer Verfahrensbeteiligter
voraus. Die StPO sichert die Anwesenheit des notwendigen Verteidigers
in der Hauptverhandlung umfassend (vgl. dazu u. § 42 E IV), im Vorverfahren aber nur recht unvollkommen. Bei *richterlichen* Untersuchungshandlungen im Vorverfahren ist der Verteidiger seit dem 1. StVRG
allerdings ohne gegenständliche Einschränkung zur Anwesenheit berechtigt (§ 168 c, d). Eine faktische Beschränkung erleidet dieses Recht freilich dadurch, daß er von dem Termin nicht unterrichtet wird, wenn die
Benachrichtigung den Untersuchungserfolg gefährden würde (§ 168 c V,
2; vgl. u. § 37 c II, 2). Die Ermittlungen der *StA* im Vorverfahren sind
dagegen grundsätzlich geheim. Der Verteidiger hat daher kein Recht auf
Anwesenheit bei Zeugenvernehmungen, auch nicht bei der Gegenüberstellung des Angeklagten zum Zwecke der Wiedererkennung durch einen
Zeugen (KG NJW *1979, 1668*). Lediglich bei Vernehmungen des Beschuldigten räumt ihm das Gesetz mit der Beschränkung des § 168 c V, 2
ein Anwesenheitsrecht ein (§§ 163 a III, 2, 168 c I, V). Bei Ermittlungen
durch die *Polizei* schließlich hat der Verteidiger keinerlei Anwesenheitsrecht, also auch nicht bei Beschuldigtenvernehmungen (das ergibt ein
Vergleich von § 163 a III und IV; a. A. Kühne, Rdnr. 104 unter Berufung
auf den Grundsatz des fair trial). Der Beschuldigte kann die Anwesenheit
des Verteidigers allerdings dadurch erzwingen, daß er sich weigert, ohne
ihn auszusagen (§ 163 a IV, 2 i. V. m. § 136 I, 2).

Diese Regelung ist wenig befriedigend; denn die mißtrauische Befürchtung, der
Verteidiger könne, wenn er zuviel erfahre, die Wahrheitserforschung behindern,
wäre angesichts seiner Stellung als Rechtspflegeorgan fehl am Platze. Der Verteidiger könnte im Gegenteil durch ergänzende und kritische Fragen an die Zeugen
Ermittlungsfehler vermeiden helfen, die in späteren Stadien des Verfahrens
manchmal nur noch schwer zu korrigieren sind. Deshalb wird man StA und
Polizei, wenn sie schon dazu nicht verpflichtet sind, wenigstens für berechtigt
halten müssen, dem Verteidiger die Anwesenheit bei Vernehmungen zu gestatten.
Zum Ganzen instruktiv Krause, StrV 1984, 169.

IV. Das Recht des Verteidigers zur *Akteneinsicht* (einschließlich des
Strafregisterauszuges, BVerfG NStZ 1983, 131; Schmidt NStZ 1983, 89)
sowie zur *Besichtigung* amtlich verwahrter Beweisstücke gilt grundsätz-

lich im gesamten Verfahren (§ 147 I). In allen Verfahrensstadien kann dem Verteidiger jedoch die Akteneinsicht verwehrt werden, wenn gegen ihn ein Verteidigerausschlußverfahren nach den §§ 138a, b anhängig (§ 138c III, 1) oder wenn eine Kontaktsperre nach den §§ 31ff. EGGVG verhängt worden ist (§ 34 III Nr. 2 Satz 3 EGGVG). Sonst dürfen Einsicht oder Besichtigung vor Abschluß der Ermittlungen nur dann ausnahmsweise versagt werden, wenn sie den Untersuchungszweck gefährden könnten (§ 147 II), also etwa überraschende Beschlagnahmen oder Verhaftungen durch Mitteilung des Akteninhalts vereitelt würden, oder wenn „dadurch die Bloßstellung einer Privatperson vermieden werden kann" (Nr. 187 I RiStBV). Gegen die Versagung der Akteneinsicht ist eine Klage nach § 23ff. EGGVG nicht gegeben (OLG Hamm, *NStZ 1984, 280*; vgl. auch BVerfG NJW 1985, 1019). Weitergehend kann die Einsicht in Niederschriften über Untersuchungshandlungen, bei denen der Verteidiger ein Anwesenheitsrecht hatte, ihm niemals verwehrt werden (§ 147 III). Geschieht dies doch, ist der Rechtsweg nach §§ 23ff. EGGVG gegeben (OLG Celle, NStZ 1983, 379, str., näher Welp aaO., 1984, 323; Keller GA 1983, 497). Auf seinen Antrag sollen dem Verteidiger die Akten (nicht die Beweisstücke!) auch mit nach Haus gegeben werden, doch kann ein solcher Antrag, wenn „wichtige Gründe entgegenstehen", durch unanfechtbare Entscheidung abgelehnt werden (§ 147 IV). Eine Aushändigung der Akten an den Beschuldigten ist unzulässig; denn dieser hat, wie ein Umkehrschluß aus § 147 ergibt, kein Akteneinsichtsrecht (für seine Gewährung de lege ferenda mit Recht Welp, aaO., 1984, 312). Doch darf der Verteidiger nach zwar umstrittener, aber billigenswerter Ansicht seinem Mandanten aus den Akten mündlich oder durch Überlassung photokopierter Auszüge alles *mitteilen*, was sich auf das Verfahren bezieht und einer sachgemäßen Verteidigung dienlich sein kann; andernfalls könnte er solche Informationen auch in Schriftsätzen an das Gericht, die der Beschuldigte natürlich liest, nicht verwerten.

Über den Begriff der „Akte" näher H. Schäfer, NStZ 1984, 203; über „amtlich verwahrte Beweisstücke" Rieß, Peters-Festgabe II, 1984, 113; H. Schäfer aaO.

Von der Einsicht sind die Handakten, private Notizen von Richtern während der Hauptverhandlung (OLG Karlsruhe NStZ 1982, 299) sowie rein innerdienstliche Vorgänge auszuschließen (Nr. 187 II 1 RiStBV); das sind Schriftstücke über innerbehördliche Vorgänge (Protokollentwürfe, BGHSt 29, 394, Duplikate, Dienstaufsichtsbeschwerden, Schriftverkehr mit anderen Behörden u. ä.), die im Zusammenhang mit der Strafsache entstehen (vgl. dazu Kleinknecht, Dreher-Festschr., 1977, 721). Fühlt sich der Beschuldigte dadurch beschwert, daß die StA ein Schriftstück zu den Handakten genommen hat, steht ihm der Rechtsweg nach §§ 23ff. EGGVG offen (Kleinknecht, aaO., 726).

Gegenstand lebhaften Streites ist das Recht auf Einsicht in die von der Kriminalpolizei angelegten Spurenakten, die manchmal Tausende von Fingerabdrücken, Autonummern oder Hinweisen aus der Bevölkerung umfassen. Soweit solches Material in die Ermittlungsakten der StA integriert wird, unterliegt es dem vollen Akteneinsichtsrecht nach § 147. Soweit es jedoch als unerheblich bei der Polizei belassen oder ihr zurückgegeben wird, ist es nicht Bestandteil der Ermitt-

lungsakten. Stellt der Verteidiger einen Antrag auf Beiziehung solcher Spurenakten, so ist das Gericht dazu nicht nach § 147 verpflichtet (BGHSt 30, 131). Es
handelt sich vielmehr um einen Beweisermittlungsantrag (vgl. § 43 B I), dem das
Gericht im Rahmen der Aufklärungspflicht nach § 244 II stattgeben muß, wenn es
Anhaltspunkte dafür hat, daß die Spurenakten etwas für die Schuld- oder Straffrage Relevantes enthalten (BGHSt 30, 131; Meyer-Goßner, NStZ 1982, 353). Zieht
das Gericht die Spurenakten nicht bei, wird man jedoch dem Verteidiger ein ggf.
nach § 23 EGGVG erzwingbares Recht geben müssen, sie unmittelbar bei der
Polizei oder StA einzusehen; das Gericht muß dafür die Hauptverhandlung
unterbrechen oder sogar aussetzen (Meyer-Goßner aaO.; vgl. auch Bender/Nack,
ZRP 1983, 1; in diesem Sinne ebenfalls BVerfG NStZ 1983, 273 m. Anm. Peters,
275 u. M. Amelung, StrV 1983, 181; OLG Hamm, *NStZ 1984, 423* m. Anm.
Meyer-Goßner). Für ein unmittelbares Einsichtsrecht nach § 147 Wasserburg,
NJW 1980, 2440; Dünnebier StrV 1981, 504; Beulke, Dünnebier-Festschr., 285, von denen die Spurenakten unter Zugrundelegung eines
„materiellen" Aktenbegriffs als Bestandteil der Gerichtsakten angesehen werden.
Am Verfahren nicht beteiligten Personen und Institutionen kann gemäß § 147 V
i.V.m. Nr. 185 RiStBV nach pflichtgemäßem Ermessen Akteneinsicht gewährt
werden (vgl. OLG Düsseldorf NJW 1980, 1293). Die Versagung der Einsicht ist
eine nach § 304 StPO beschwerdefähige Verfügung (OLG Hamburg NStZ 1982,
482).
Wird ein Verfahren eingestellt, so kann der Betroffene bei berechtigtem Interesse Akteneinsicht verlangen und ggf. nach §§ 23 ff. EGGVG einklagen; eine
Einsichtsverweigerung ist dann nur analog § 96 zulässig (OLG Hamm, NJW
1984, 880; vgl. aber H. Schäfer, MDR 1984, 454).
Ob der Verteidiger verpflichtet ist, an der Rekonstruktion verlorengegangener
Akten durch Zurverfügungstellung seiner Abschriften oder Kopien mitzuwirken,
ist str., auf Grund seiner Organstellung aber wohl zu bejahen (Rösmann, NStZ
1983, 446; a.A. Waldowski, NStZ 1984, 448; Mehle, Peters-Festgabe II, 1984,
201).

V. 1. Das Recht des Verteidigers zum schriftlichen und mündlichen
Verkehr mit dem Beschuldigten ist, auch wenn dieser sich in Haft
befindet, grundsätzlich nicht beschränkbar (§ 148 I; lehrreich KG JR
1977, 213; näher § 30 D III 1). Allerdings kann der Schriftverkehr
zwischen einem Mandanten, der einer Straftat nach § 129 a StGB beschuldigt ist, und seinem Verteidiger selbst in Verfahren überwacht
werden, deren Gegenstand keine Straftat nach § 129 a StGB ist (§ 148 II,
1 und 2; vgl. OLG Hamburg NJW 1979, 1724; zu den Einzelheiten
Neufeld, NStZ 1984, 154).

Ist der schriftliche Verkehr zwischen einem solchen Beschuldigten und seinem
Verteidiger zu überwachen, so sind für das Gespräch zwischen Beschuldigtem
und Verteidiger Vorrichtungen vorzusehen, die die Übergabe von Schriftstücken
und anderen Gegenständen ausschließen (§ 148 II, 3). Als eine Vorrichtung dieser
Art kommt vor allem die in der Öffentlichkeit viel diskutierte sog. „*Trennscheibe*" in Betracht. Diese Regelung, die durch das Anti-Terrorismus-Gesetz vom
18. 4. 1978 (BGBl. I 497) eingeführt worden ist, bleibt hinter weitergehenden
Vorschlägen zurück, die in „Terrorismus-Verfahren" eine generelle Überwachung des Gesprächs zwischen Anwalt und Mandanten vorsehen wollten.

De lege lata wird man aus § 148 I, II im Gegenschluß folgern dürfen,
daß bei anderen Straftaten als denen nach § 129 a StGB jede Erschwerung

des mündlichen oder schriftlichen Verkehrs, insbesondere jede Briefkontrolle oder -beschlagnahme sowie eine darauf abzielende Durchsuchung
des Verteidigers oder die Anbringung einer Trennscheibe unzulässig ist
(so grds. auch OLG Hamm NJW 1980, 1404; str.; die Ansicht des
Rechtsausschusses, BT-Dr. 8/1482, 13 ist verfehlt). Dies schließt freilich
eine Durchsuchung des Verteidigers und der von ihm mitgebrachten
Sachen aufgrund von sitzungspolizeilichen Verfügungen (§ 176 GVG)
nicht aus, wenn der Vorsitzende willkürfrei eine Gefahr für die Ordnung
in der Sitzung annimmt (BVerfGE *48, 118;* krit. Krekeler, NJW 1979,
185). Zulässig ist es auch, den Verteidiger bei Besuchen eines inhaftierten
Gefangenen aus Gründen der Erhaltung der Anstaltssicherheit wie jeden
anderen Besucher zu behandeln und auf Waffen und Ausbruchwerkzeu-
ge zu untersuchen (vgl. *BVerfGE 38, 26;* BGH *NJW 1973, 1656* sowie
§§ 24 III, 26 StVollzG, die auf U-Häftlinge analog angewendet werden
können). Gegen solche Maßnahmen ist der Rechtsweg nach §§ 23 ff.
EGGVG gegeben (BGH NJW *1980, 351*).

2. Unter dem Eindruck des Entführungsfalles Schleyer hat der Gesetzgeber in
einem Blitzgesetz (Gesetz zur Änderung des EGGVG vom 30. 9. 1977, BGBl. I
1877) eine vollständige *Kontaktsperre* zwischen Anwalt und Mandanten während
laufender terroristischer Aktivitäten eingeführt (zum „Kontaktsperregesetz" vgl.
Gronau, StVollzG, 1977). Nach den neuen §§ 31, 33 EGGVG können die
Justizbehörden der Länder die Verbindungen „von Gefangenen untereinander
und mit der Außenwelt einschließlich des schriftlichen und mündlichen Verkehrs
mit dem Verteidiger" unterbrechen, wenn eine Landesregierung bzw. eine von ihr
bestimmte oberste Landesbehörde oder der Bundesminister der Justiz (s. § 32
EGGVG) eine dreifache Feststellung treffen: daß eine gegenwärtige Gefahr für
Leib, Leben oder Freiheit einer Person besteht, daß bestimmte Tatsachen den
Verdacht begründen, diese Gefahr gehe von einer terroristischen Vereinigung aus,
und daß zur Abwehr dieser Gefahr die Unterbrechung der Verbindungen mit
Gefangenen, die im Zusammenhang mit Straftaten i. S. von § 129a StGB einsit-
zen, geboten ist (zur Unanwendbarkeit des Kontaktsperregesetzes auf nicht
organisierte terroristische „Einzelgänger" BGHSt 27, 260). Über die Ausführung
und die Auswirkungen der Kontaktsperre s. § 34 EGGVG, über das Außerkraft-
treten, die gerichtliche Bestätigung und die Erneuerung der Feststellung nach § 31
s. §§ 35, 36 EGGVG. Diese gesetzliche Regelung erschien dem Gesetzgeber
notwendig, weil die Stützung solcher Maßnahmen auf den Gesichtspunkt des
rechtfertigenden Notstands (§ 34 StGB) rechtlich zweifelhaft war (für Zulässigkeit BVerfGE *46, 1*; BGHSt 27, 260 m. krit. Anm. v. Amelung NJW 1978, 623;
Sydow JuS 1978, 222). Die Verfassungsmäßigkeit des umstrittenen Kontaktsperregesetzes ist von BVerfGE *49, 24* bejaht worden. Im Bundestag mehren sich die
Initiativen zur Wiederaufhebung des umstrittenen Gesetzes.

F. Beistände

Eine zweite, neben den Verteidigern wenig bedeutungsvolle Kategorie
von Fürsprechern kennt die StPO in Gestalt der *Beistände* (§ 149).
Anders als im Zivil- und Verwaltungsprozeß (§ 90 ZPO, § 67 II VwGO),
müssen im Strafverfahren gegen Erwachsene nur der Ehegatte oder
gesetzliche Vertreter des Beschuldigten in der Hauptverhandlung auf
ihren Antrag zugelassen werden (weitergehend § 69 JGG für das Jugendstrafverfahren); im Vorverfahren unterliegt ihre Zulassung dem Ermessen

des Richters. Der Antrag muß allerdings vom Beistandsberechtigten selbst gestellt werden; ein bloßer Antrag des Angeklagten genügt nicht (OLG Düsseldorf *NJW 1979, 938*). Der Beistand hat ein Fürsprache- und Anhörungsrecht. Zu seiner Ausübung muß er in der Hauptverhandlung, deren Zeit und Ort ihm mitzuteilen sind, anwesend sein; aber auch im Vorverfahren kann ihm eine Teilnahme an Untersuchungshandlungen gestattet werden. Weitergehende Rechte – etwa zur Stellung von Beweisanträgen –, die seine prozessuale Position der des Verteidigers annähern würden, hat der Beistand (anders als im Jugendstrafverfahren nach § 69 JGG) nicht.

4. Kapitel

Gegenstand und Voraussetzungen des Strafverfahrens; Prozeßhandlungen; richterliche Entscheidungen

§ 20. Der Prozeßgegenstand

Literatur: Keetsin L i u, Der Begriff der Identität der Tat im geltenden deutschen Strafrecht, 1927; S c h w i n g e, Identität der Tat im Sinne der StPO, ZStW 52, 203; Oehler, Die Identität der Tat, Rosenfeld-Festschr., 1949, 139; B a u m a n n, Änderung des Prozeßgegenstandes im Zivil- und Strafprozeß, ZZP 69 (1956), 356; G e e r d s, Zur Lehre von der Konkurrenz im Strafrecht, 1961, 359; D e d e s, Der Prozeßgegenstand im Strafverfahren nach Griechischem und Deutschem Recht, GA 1962, 107; d e r s., Die Identität der „Tat" im Strafprozeß, GA 1965, 102; H r u s c h k a, Der Begriff der „Tat" im Strafverfahrensrecht, JZ 1966, 700; B i n d o k a t, Zur Frage des prozessualen Tatbegriffs, GA 1967, 362; B e r t e l, Die Identität der Tat, 1970; H a n a c k, Die Rechtsprechung des Bundesgerichtshofs zum Strafverfahrensrecht, JZ 1972, 355; Wolfgang B a r t h e l, Der Begriff der Tat im Strafprozeßrecht, Diss. Saarbrücken 1972; S c h ö n e b o r n, Alternativität der Handlungsvorgänge als Kriterium des strafprozessualen Tatbegriffs, MDR 1974, 529; P u p p e, Die Individualisierung der Tat in Anklageschrift und Bußgeldbescheid und ihre nachträgliche Korrigierbarkeit, NStZ 1982, 230.
S. ferner die Literaturnachweise zu § 50.

A. Grundlagen

I. Gegenstand des Strafverfahrens ist im weiteren Sinne die Frage, ob sich der Beschuldigte strafbarer Handlungen schuldig gemacht hat und welche Rechtsfolgen gegebenenfalls gegen ihn zu verhängen sind. Der terminus technicus *„Prozeßgegenstand"* (oder „Verfahrensgegenstand") hat demgegenüber eine engere Bedeutung. Er betrifft nur die „in der Anklage bezeichnete Tat" der angeklagten Person(en) (§§ 155 I, 264 I), d. h. nur den Gegenstand des gerichtlichen Verfahrens. Diese Festlegung ist eine Konsequenz des Anklagegrundsatzes (vgl. dazu o. § 13): Wenn die gerichtliche Untersuchung von der Erhebung einer Klage abhängt (§ 151), so muß sie auch thematisch durch die Anklage gebunden sein (s. dazu näher u. § 38 D III). Innerhalb der Grenzen des Prozeßgegenstandes ist das Gericht dagegen zu umfassender Aufklärung der Tat nach ihrer tatsächlichen wie rechtlichen Seite hin verpflichtet (vgl. §§ 155 II, 264 II, 265).

II. Der Prozeßgegenstand hat drei *Aufgaben*: Er bezeichnet den Gegenstand der Rechtshängigkeit (dazu s. u. § 38 D I), er umreißt die Grenzen der gerichtlichen Untersuchung und der Urteilsfindung, und er bestimmt die Ausdehnung der Rechtskraft (dazu s. u. § 50). Sein Umfang ist in allen drei Funktionen gleich (z. T. abw. BGHSt *29, 288;* vgl. auch Peters, S. 263 f.; Oehler, aaO., S. 141 f.; Schöneborn, MDR 1974, 530; Achenbach, ZStW 87 [1975], 84 f., 87 ff.).

B. Ausgestaltung des Prozeßgegenstandes im einzelnen

I. Wegen des hohen Ranges des Akkusationsprinzips (§ 151) und des Grundsatzes ‚ne bis in idem' (Art. 103 III GG) ist die Frage, ob ein und derselbe Prozeßgegenstand (eadem res) vorliegt, von erheblicher Bedeutung. Die *Identität des Prozeßgegenstandes* hat eine persönliche und eine sachliche Komponente, d. h. sie setzt voraus:

1. die *Identität der Person:* Es kann während des Prozesses kein Wechsel in der Person des Beschuldigten eintreten, insbesondere z. B. nicht ein der Tat dringend verdächtiger oder geständiger Zeuge an Stelle des Angeklagten auf die Anklagebank gesetzt werden (vgl. oben § 13 B I, 2).

2. die *Identität der Tat.*

a) Der hierfür maßgebliche *prozessuale Tatbegriff* ist nach Rspr. und h. L. vom materiellen Recht weitgehend unabhängig. Er bezeichnet den durch die Anklage dem Gericht unterbreiteten „*geschichtlichen Vorgang*", soweit er nach der *Lebensauffassung* eine Einheit bildet (vgl. etwa BGHSt 23, 141; NStZ 1984, 469; L.-R.[23]-Gollwitzer, § 264, Rdnr. 4ff., jeweils m. w. N.). Diese Auffassung wird allerdings heftig bestritten; die Einzelheiten dieser Kontroverse sind jedoch erst im Zusammenhang mit der Rechtskraft zu erörtern (s. u. § 50 B II 4).

b) Die Tat wird durch die Anklage in ihrer Identität nicht statisch festgeschrieben, sondern ist in gewissem Umfang *Veränderungen* zugänglich. Das Gericht kann sie nicht nur rechtlich anders würdigen (§§ 155 II, 264 II), es kann auch nachträglich erkannten tatsächlichen Abweichungen von Anklage und Eröffnungsbeschluß im Rahmen des Prozeßgegenstandes Rechnung tragen (vgl. § 265 II), solange nur die Substanz des angeklagten Vorganges erhalten bleibt.

So ist es etwa dieselbe Tat, wenn sich herausstellt, daß der Angeklagte den ihm vorgeworfenen Einbruchsdiebstahl nicht am 12. Juli, sondern schon 5 Tage vorher begangen hatte oder daß er dabei nicht das Fenster entriegelt, sondern die Tür mit einem Nachschlüssel geöffnet hatte (zur Hinweispflicht nach § 265 in einem solchen Fall s. u. § 42 D V, 2). Wenn dagegen ein wegen Diebstahls Angeklagter gesteht, daß das bei ihm gefundene Geld nicht aus dem angeklagten Diebstahl, sondern aus einer früher begangenen Erpressung herrührt, sind die Grenzen der Tat überschritten (es kommt höchstens Nachtragsanklage, § 266, in Betracht; s. dazu u. § 46 B II). Bei folgenlosen Gefährdungsdelikten im Straßenverkehr können dagegen schon geringe zeitliche Verschiebungen wegen der hier bestehenden Verwechslungsgefahr die Tatidentität ausschließen (AG Gemünden NJW 1980, 1477). Leitgedanke muß immer sein, ob der von der Abweichung nicht betroffene Teil des Anklagevorwurfs noch eine eindeutige, Verwechslungen ausschließende, Individualisierung des Prozeßgegenstandes zuläßt (näher Puppe, NStZ 1982, 230).

3. Der prozessuale Tatbegriff ist von den materiellrechtlichen Begriffen der Tateinheit, der fortgesetzten Handlung, der Tatmehrheit und des Kollektivdeliktes zu unterscheiden.

a) Liegt materiellrechtlich *Idealkonkurrenz* vor (z. B. bei einer Ohrfeige: §§ 52, 223, 185 StGB), so ist i. d. R. auch *eine* prozessuale Tat gegeben (instruktiv BGH

NJW 1981, 997). Idealkonkurrenz kann auch durch die sog. Klammerwirkung einer dritten, nicht minderschweren Straftat hergestellt werden (BGH Holtz MDR 1981, 456: § 316 StGB und eine anschließende Vergewaltigung werden durch § 237 StGB zu *einer* prozessualen Tat zusammengeschlossen). Auch ein Fahren ohne Erlaubnis (§ 21 I Nr. 1 StVG) steht mit den während der Fahrt begangenen Raub- und Sexualdelikten im Verhältnis der Tateinheit und bildet mit ihnen eine Tat (BGH, *NStZ 1984, 135*).

Eine Ausnahme gilt nach BGHSt *29, 288* für die Organisationsdelikte der §§ 129, 129a StGB: Wenn jemand Mitglied einer kriminellen oder terroristischen Vereinigung ist, so stehen die im Dienste dieser Vereinigung begangenen Straftaten mit den §§ 129, 129a StGB in Idealkonkurrenz (str., für Realkonkurrenz u.a. Gössel, JR 1982, 111); trotzdem sollen sie selbständige „Taten" i.S. des § 264 sein, wenn sie mit schwererer Höchststrafe bedroht sind, als das Organisationsdelikt (z.B. Mord, Sprengstoffverbrechen). Die dogmatischen und praktischen Konsequenzen dieser Entscheidung sind noch nicht in vollem Umfang absehbar (dazu Rieß NStZ 1981, 74). Das Urteil ist vom BVerfG (E 56, 22) mit der Begründung bestätigt worden, daß eine Tateinheit zwar bei tatsächlichen Handlungseinheiten notwendig zur Annahme eines einheitlichen Geschehens i.S.v. Art. 103 III GG führe; dies gelte jedoch nicht für lediglich rechtliche Handlungseinheiten, wie sie etwa durch eine Dauerstraftat begründet werden.

b) Eine *fortgesetzte Handlung* stellt gleichfalls stets eine prozessuale Tat dar, da sämtliche in den Fortsetzungszusammenhang fallenden Einzeltaten eine soziale Sinneinheit bilden. Deshalb werden auch Akte einer Fortsetzungstat, die nach dem Eröffnungsbeschluß, aber vor der Urteilsverkündung begangen wurden, in den Schuldspruch einbezogen (BGHSt 9, 324, 326; vgl. auch u. § 50 B II 3 b). Um die Identität der Tat zu wahren, muß aber mindestens ein Akt der Fortsetzungstat dem Eröffnungsbeschluß vorausgehen (BGHSt *27, 115*).

c) *Konkurrieren* materiellrechtlich mehrere Delikte *realiter*, so werden in der Regel auch mehrere prozessuale Taten vorliegen. Bei Einheitlichkeit des historischen Vorgangs kann aber ausnahmsweise auch *eine* prozessuale Tat vorliegen (so, wenn der Täter einen Unfall verursacht und dann Unfallflucht begangen hat, vgl. BGHSt *23, 141, 270*; das soll auch dann gelten, wenn § 142 StGB durch Nichtrückkehr zum Unfallort verwirklicht wird, BGH b. Holtz, MDR 1982, 626). Falls auf der Flucht ein weiteres Verkehrsdelikt begangen wird, soll dieses dagegen nach der Rspr. des BGH selbst dann eine prozessual selbständige Tat darstellen, wenn die gesamte Autofahrt zugleich den Tatbestand des § 316 StGB erfüllt (BGHSt *23, 150* unter Hinweis auf den materiellrechtlichen Grundsatz, daß mehrere selbständige strafbare Handlungen durch eine mit ihnen in Tateinheit stehende minderschwere Dauerstraftat nicht zu einer rechtlichen Einheit zusammengefaßt werden könnten; abl. Grünwald JZ 1970, 330f.). Dagegen liegen zwei „Taten" im prozessualen Sinne vor, wenn ein Abtreibungsversuch zur Geburt eines lebenden Kindes führt und dieses anschließend getötet wird (BGHSt *13, 21*); wenn nach dem gescheiterten Versuch, dem Opfer durch Betrug 30.000 DM abzunehmen, die Erlangung des Geldes durch räuberische Erpressung versucht wird (BGH, NStZ 1983, 87); wenn der Täter wegen Strafvereitelung angeklagt wird, weil er die Leiche des Opfers beiseite geschafft habe und sich in der Hauptverhandlung herausstellt, daß er selbst kurz zuvor den Mord begangen hat (BGHSt *32, 215* m. Anm. Roxin, JR 1984, 346). In allen drei Fällen muß, wenn die zweite Tat erst in der Hauptverhandlung bekannt wird, ihretwegen eine neue Anklage erfolgen; wird die zweite Tat erst nach rechtskräftiger Aburteilung der ersten entdeckt, so ist immer noch eine neue Anklage möglich, während ihr, wenn man das Geschehen als eine einheitliche Tat ansähe, der Grundsatz „ne bis in idem" entgegenstünde (vgl. dazu § 50 B, I, II).

d) Die Einzeltaten bei *Kollektivdelikten* (z.B. § 260 StGB) bilden allein wegen ihrer Gewerbs-, Gewohnheits- oder Geschäftsmäßigkeit weder materiellrechtlich eine Handlungseinheit (vgl. Schönke-Schröder-Stree, Vorbem. § 52, Rdnr. 100) noch prozessual eine Tat (a.A. insbes. Eb. Schmidt, I, Rdnr. 309–311). Ebenso- wenig liegt *eine* prozessuale Tat vor, wenn das Mitglied einer strafbaren Vereini- gung auf Grund der Zugehörigkeit zu dieser Gruppe Straftaten begeht (BVerfGE *45, 434*; zust. Bottke, JA 1979, 596; krit. Fleischer, NJW 1979, 1337). Auch sonst führt die planmäßige arbeitsteilige Begehung nicht zur Annahme einer einzigen Tat i.S.v. § 264 (BGHSt 26, 284).

II. Der Prozeßgegenstand ist *grundsätzlich unteilbar.*

1. Aus dem Grundsatz folgt, daß der Prozeß *die Tat in jeder Richtung ergreift.* „Gegenstand der Urteilsfindung ist die in der Anklage bezeich- nete Tat, wie sie sich nach dem Ergebnis der Verhandlung darstellt" (§ 264 I).

a) In *tatsächlicher Hinsicht* umfaßt die Tat alle Vorbereitungs-, Neben- und Nachhandlungen, bei einem fortgesetzten Delikt alle einzelnen Teilhandlungen. Wenn z.B. der Täter angeklagt war, in den Monaten November bis Februar an 12 verschiedenen Tagen fortgesetzt Wilderei begangen zu haben, so können, wenn in der Hauptverhandlung weitere Fälle erwiesen werden, diese mit abgeurteilt werden; sie müssen es sogar. Werden erst nach Rechtskraft eines Urteils, das den Angeklagten wegen fortgesetzter Jagdwilderei verurteilt hat, weitere Einzelfälle (also recht- lich nicht selbständige Teilstücke einer fortgesetzten Handlung) bekannt, so verhindert die Rechtskraft des Urteils eine weitere Anklage (str., s.u. § 50 B II, 3b).

b) In *rechtlicher Hinsicht:* Der Prozeß ergreift die Tat unter jedem rechtlichen Gesichtspunkt.

Das Gericht ist also an die rechtliche Beurteilung der Tat, welche dem Eröffnungsbeschluß zugrunde liegt, nicht gebunden (§ 264 II). Das bedeutet, daß das Gericht Erschwerungs- oder Milderungsgründe be- rücksichtigen kann, die in der Hauptverhandlung hervorgetreten sind, also z.B., wenn die Anklage auf gewöhnlichen Diebstahl lautet, wegen Diebstahls mit Waffen verurteilen kann; das Gericht kann auch unter einem anderen rechtlichen Gesichtspunkt (z.B. wegen Unterschlagung statt wegen Diebstahls oder wegen Beihilfe statt Mittäterschaft und umgekehrt) oder unter weiteren rechtlichen Gesichtspunkten (z.B. we- gen Urkundenfälschung „und eines durch dieselbe Handlung begange- nen Betrugs") verurteilen (vgl. allerdings § 265; s.u. § 42 D V, 2).

c) Im Gegensatz zum Zivilprozeß gibt es hinsichtlich eines und dessel- ben Prozeßgegenstandes *keine Zwischenurteile*, also z.B. kein Urteil, das die Schuldfrage bejaht, die Straffrage oder die Frage nach einer sichern- den Maßnahme aber noch offenläßt (vgl. aber de lege ferenda u. § 42 G II).

2. Die Unteilbarkeit kann aber gewisse *Ausnahmen* erleiden.

a) So, wenn aus prozessualen Gründen die Verfolgung unter einem von mehreren sachlich zutreffenden rechtlichen Gesichtspunkten nicht zuläs- sig ist.

Wenn bei einem tateinheitlichen Zusammentreffen eines Offizialdelikts und eines Antragsdelikts kein Strafantrag gestellt ist, so kann die Tat nur unter dem

Gesichtspunkt des Offizialdelikts verfolgt werden (wenn z.B. jemand einer fremden Katze mit einem Beil ein Bein abgehackt hat, so kann die Tat ohne Strafantrag nur als Tierquälerei, nicht auch als Sachbeschädigung verfolgt werden).

b) Es ist ferner möglich, im Rechtsmittelverfahren logisch abtrennbare Teile eines Urteils getrennt anzufechten, z.B. nur die Straffrage, die Entscheidung über die Aussetzung zur Bewährung oder die Verhängung oder Nichtverhängung einer Maßregel (§ 318); vgl. dazu u. § 51 B III.

III. Es ist durchaus möglich, daß in einem und demselben Verfahren – d.h. in einem und demselben äußeren Rahmen – eine *Mehrheit von Prozeßgegenständen* behandelt werden, z.B. bei Tatmehrheit oder Teilnahme; die Beteiligung jedes einzelnen Angeklagten an der Tat oder an jeder von mehreren rechtlich selbständigen Handlungen (z.B. an mehreren Einbruchsdiebstählen) bildet einen selbständigen Prozeßgegenstand. Auch abgesehen von Tatmehrheit und Teilnahme kann das Gericht bei Gleichartigkeit (z.B. bei Weinfälschungen verschiedener Weinbauern in demselben Dorf) oder bei Gegenseitigkeit (z.B. bei einer Rauferei) oder bei sonstigem Zusammenhang (z.B. der nach § 138 StGB strafbaren Nichtanzeige eines Verbrechens mit diesem Verbrechen) mehrere Strafsachen gemeinsam verhandeln. Eine solche *Verbindung* setzt lediglich einen losen Zusammenhang zwischen den verschiedenen Taten voraus (§ 237); falls die strengeren Voraussetzungen des § 3 (dazu s. o. § 7 A V; § 8 B I) nicht vorliegen, ist sie aber natürlich nur zulässig, wenn das verbindende Gericht für jede einzelne Strafsache sachlich und örtlich zuständig ist (zur Auslegung vgl. BGHSt 26, 271). Die Verbindung wie auch die jederzeit wieder mögliche *Abtrennung* der Verfahren steht im Ermessen des Gerichts, das darüber entscheiden kann, sobald die StA die Strafsachen durch isolierte oder verbundene Klageerhebung bei ihm anhängig gemacht hat (s. § 237). Die Verbindung zusammenhängender Strafsachen hat den Vorteil, daß über das Gesamtgeschehen nur einmal Beweis erhoben werden muß, und gewährleistet daher eine größtmögliche Prozeßökonomie.

§ 21. Die Prozeßvoraussetzungen

Literatur: W u r z e r , Die Prozeßvoraussetzungen, Gruch. Beitr. 64 (1920), 41; O e t k e r , Zur Lehre von den Prozeß- und Urteilsvoraussetzungen im Strafverfahren, GS 104 (1935), 85; R o s e n b e r g , Beiträge zur Lehre von den Prozeßvoraussetzungen, ZStW 36, 522; N i e s e , Prozeßvoraussetzungen und -hindernisse und ihre Feststellung im Strafprozeß, DRZ 1949, 505; E n g i s c h , Prozeßfähigkeit und Verhandlungsfähigkeit, Rosenberg-Festschr., 1949, 101; B o c k e l m a n n , Die Unverfolgbarkeit der Abgeordneten nach deutschem Recht, 1951; M e y e r , Die Immunität der Abgeordneten, GA 1953, 109; M o s e r , Zur Frage der rechtlichen Natur der Strafverfolgungsverjährung, GA 1954, 301; Hilde K a u f m a n n , Strafanspruch – Strafklagerecht, 1968; S u l a n k e , Die Entscheidung bei Zweifeln über das Vorhandensein von Prozeßvoraussetzungen und Prozeßhindernissen im Strafverfahren, 1974; V o l k , Prozeßvoraussetzungen im Strafrecht, 1978; T ö b -

bens, Der Freibeweis und die Prozeßvoraussetzungen im Strafprozeß, Diss. Freiburg 1979; ders., Der Freibeweis und die Prozeßvoraussetzungen im Strafprozeß, NStZ 1982, 184.

A. Begriff und Abgrenzung

Verfahrensvoraussetzungen i.w.S. sind Umstände, von denen die Zulässigkeit des ganzen Verfahrens oder gewisser Verfahrensabschnitte abhängt, z.B. Zuständigkeit des Gerichts, Vorliegen eines Strafantrags, Unterfallen des Beschuldigten unter die deutsche Gerichtsbarkeit usw.

Ein interessanter und weiterführender Versuch, den Begriff und die Funktion von Prozeßvoraussetzungen neu zu bestimmen, findet sich bei Volk, 169. Er orientiert die einzelnen Prozeßvoraussetzungen am Begriff des Prozeßzwecks, den er in der Sicherung des Rechtsfriedens sieht. Bezogen auf diesen Prozeßzweck seien die Prozeßvoraussetzungen typisierte Voraussetzungen der Sicherung des Rechtsfriedens, bei ihrem Fehlen bestehe von Rechts wegen kein Anlaß zur Bewährung der Strafrechtsordnung (Volk, 204).

Die Prozeßvoraussetzungen sind von den *objektiven Bedingungen der Strafbarkeit* zu unterscheiden; solche sind z.B. nach h.M. die Rechtmäßigkeit der Amtsausübung beim Widerstand gegen die Staatsgewalt (§ 113 StGB) und die Begehung der Rauschtat bei der Volltrunkenheit (§ 323a StGB). Die objektiven Bedingungen der Strafbarkeit liegen auf dem Boden des materiellen Rechts; fehlt eine solche Bedingung, so ist auf Freispruch zu erkennen. (Siehe auch u. C).

Die *Prozeßhandlungs-* bzw. *Prozeßgestaltungsvoraussetzungen* betreffen im Gegensatz zu den Prozeßvoraussetzungen nicht die Bedingungen der Zulässigkeit des Prozesses im ganzen, sondern nur die Frage der Zulässigkeit einzelner Verfahrenshandlungen (z.B. der Beweisanträge) im Rahmen eines Prozesses. Vgl. dazu unten § 22 B.

B. Die einzelnen Prozeßvoraussetzungen

I. Aburteilungsbefugnis des *Gerichts*

1. Unterfallen des Beschuldigten unter die *deutsche Gerichtsbarkeit* (§§ 18, 19 GVG); vgl. dazu oben § 6.

2. *Fehlen beschränkender Auslieferungsbedingungen.* Hat eine ausländische Macht einen Beschuldigten der deutschen Gerichtsbarkeit ausgeliefert (sog. Einlieferung) und dabei die Verwertung der Rechtshilfe an eine Bedingung geknüpft, so ist die Bedingung im inländischen Verfahren zu beachten, § 72 IRG.

3. *Zulässigkeit des Strafrechtsweges* (§ 13 GVG); nach § 82 OWiG kann ggf. auch eine Ordnungswidrigkeit im Strafverfahren abgeurteilt werden.

4. *Sachliche und örtliche Zuständigkeit* des Gerichts.

a) Seine *sachliche Zuständigkeit* hat das Gericht grundsätzlich in jeder Lage des Verfahrens von Amts wegen zu prüfen (§ 6). Wird z.B. die Klage beim AG erhoben und hält der Strafrichter die Zuständigkeit eines Gerichts höherer Ordnung für begründet, so legt er die Akten durch Vermittlung der StA diesem Gericht zur Entscheidung vor (§ 209 II);

umgekehrt kann das höhere Gericht (z. B. LG) unmittelbar vor jedem von ihm für zuständig gehaltenen Gericht niedrigerer Ordnung (AG) in seinem Bezirk das Hauptverfahren eröffnen (§ 209 I). Die gleiche Regelung gilt auch im Hauptverfahren (§§ 225 a, 270).

b) Besondere Regeln gelten für die *Zuständigkeit besonderer Strafkammern* i. S. des § 74 e GVG (dazu s. o. § 7 A III, 2 c). Sie prüft das Gericht nur bis zur Eröffnung des Hauptverfahrens von Amts wegen, danach nur noch auf Einwand des Angeklagten, der diesen jedoch nur bis zum Beginn seiner Vernehmung zur Sache (vgl. § 243 IV) geltend machen kann (§ 6 a).

c) Die gleichen Beschränkungen wie unter b) geschildert gelten auch für die Prüfung der *örtlichen Zuständigkeit* (§ 16).

d) Wenn das Gericht seine *Zuständigkeit zu Unrecht angenommen* (z. B. den fristgerecht vorgebrachten Einwand der örtlichen Unzuständigkeit zu Unrecht zurückgewiesen) hat, so ist ein absoluter Revisionsgrund gegeben (§ 338 Nr. 4).

II. Verfolgbarkeit der konkreten *Sache*

1. Die Sache muß noch „*unberührt*", d. h. sie darf noch nicht anderweit rechtshängig oder rechtskräftig entschieden sein (Gebot des „ne bis in idem", s. u. § 50 B I, 1). Erkennt ein Gericht, daß dieselbe Sache schon bei einem anderen Gericht anhängig ist, so hat bei Gerichten verschiedener Ordnung das niedere Gericht die Sache an das höhere Gericht abzugeben; bei Gerichten gleicher Ordnung hat das Gericht den Vorrang, bei dem die Sache zuerst anhängig gemacht worden ist (§ 12; s. dazu oben § 8 A I, 1).

2. Die Strafverfolgung darf nicht *verjährt* sein.

Die frühere h. L. hat die Verjährung teils als materiellrechtlichen Strafaufhebungsgrund, teils als Strafaufhebungsgrund und Verfahrenshindernis (sog. „gemischte Lehre") betrachtet. Nach der neueren Lehre und Rspr. (vgl. BGHSt 2, *300*) wird überwiegend ein rein prozeßrechtlicher Charakter der Verjährung angenommen (dagegen mit beachtlichen Gründen Hilde *Kaufmann* aaO., S. 121, 154). Die Frage ist aktuell geworden anläßlich der Diskussion um die Verlängerung der Verjährungsfristen für NS-Gewaltverbrechen. Zum Teil wird die Ansicht vertreten, daß trotz des prozeßrechtlichen Charakters der Verjährung eine Verlängerung von Verjährungsfristen aus rechtsstaatlichen Gründen unzulässig sei. Vgl. dazu Klug, JZ 1965, 149; Bemmann, JuS 1965, 333;; Baumann, Der Aufstand des schlechten Gewissens, 1965; Grünwald MDR 1965, 521; Schreiber ZStW 80 (1968), 348; für die Zulässigkeit aber zu Recht BVerfGE 25, 269: Der Täter hat, wie auch die Unterbrechungsmöglichkeit des § 78 c StGB zeigt, kein schutzwürdiges Interesse, die Dauer seiner Verfolgbarkeit schon vor der Tatbegehung abschätzen zu können.

3. Die Strafverfolgung darf weder durch *Niederschlagung* im Einzelfall (Abolition) noch durch Niederschlagung ganzer Deliktsgruppen (Amnestie) ausgeschlossen sein.

4. Es müssen eine ordnungsgemäße *Anklage* und ein ordnungsgemäßer *Eröffnungsbeschluß* vorliegen (s. dazu unten § 38 D III d).

5. Ein etwa erforderlicher *Strafantrag* oder eine behördliche *Ermächtigung* (z. B. § 194 IV StGB) müssen vorliegen.

III. Verfolgbarkeit des *Angeklagten*

1. Der Angeklagte muß *leben* und *verhandlungsfähig* sein.

a) Der Tod des Angeklagten ist ein Prozeßhindernis und beendet auch ohne Einstellungsbeschluß das Verfahren von selbst (BGH NStZ 1983, 179; vgl. § 51 B II 1 a). Doch kann vom Verteidiger ein deklaratorischer Einstellungsbeschluß begehrt werden (wichtig wegen der Kostenentscheidung nach § 467, vgl. OLG Frankfurt NStZ 1982, 48 m. Anm. Kühl). Eine noch nach dem Tode des Angeklagten ergehende sachliche Entscheidung ist nichtig und muß aus Gründen der Klarheit zurückgenommen werden (OLG Schleswig *NJW 1978, 1016;* vgl. i. e. Kühl, NJW 1978, 977).

b) Verhandlungsfähigkeit bedeutet die Fähigkeit des Beschuldigten, „seine Interessen vernünftig zu vertreten, seine Rechte zu wahren und seine Verteidigung in verständiger und verständlicher Weise zu führen" (Henkel, S. 233; über die Beurteilungskriterien Cabanis, StrV 1984, 87). Dieser Begriff ist also nicht identisch mit dem zivilprozessualen Begriff der Prozeßfähigkeit. Die Verhandlungsfähigkeit kann einerseits bei einem Geisteskranken oder zivilrechtlich Geschäftsunfähigen (BGH NStZ 1983, 280) u. U. gegeben sein, auf der anderen Seite bei einem voll Schuldfähigen etwa infolge Selbstmordversuches fehlen. Gefährdet die Durchführung der Hauptverhandlung das Leben des Beschuldigten oder ist ernstlich zu befürchten, daß er durch sie irreparable Gesundheitsschäden erleiden würde, gebietet Art. 2 II, 1 GG die Einstellung des Verfahrens (BVerfGE 51, 352). Ist ein Beschuldigter nur vorübergehend verhandlungsfähig, so stellt das Gericht das Verfahren *zeitweilig* ein (§ 205); ist mit einer Wiederherstellung der Verhandlungsfähigkeit nicht zu rechnen, wird das Verfahren *endgültig* eingestellt. Im Sicherungsverfahren (vgl. u. § 64) braucht der Betroffene nicht verhandlungsfähig zu sein (§ 415).

c) Ebenso wie der zivilprozessuale Begriff der Prozeßfähigkeit im Strafverfahren durch den Begriff der Verhandlungsfähigkeit ersetzt wird, ist auch der Begriff der Parteifähigkeit im (Offizial-)Strafverfahren unergiebig, da das Offizialverfahren kein Parteiverfahren darstellt (vgl. oben § 17) und daher für den Begriff der Parteifähigkeit auch kein Raum ist.

d) Von dem zu c) Erörterten gilt eine gewisse Ausnahme für das *Privatklageverfahren,* welches Einschläge eines Parteiverfahrens aufweist (vgl. unten § 61). In diesem Verfahren haben daher auch die Begriffe der Prozeßfähigkeit und Parteifähigkeit eine beschränkte Bedeutung. So sind hier „aktiv parteifähig" alle durch ein Privatklagedelikt Verletzten. u. U. auch Personenvereinigungen (§ 374 III); „prozeßfähig" sind auf der Klägerseite nur Geschäftsfähige; für Geschäftsunfähige bzw. beschränkt Geschäftsfähige kann dagegen nur der gesetzliche Vertreter die Klage erheben, zurücknehmen etc.

e) Gegen *Kinder* bis zum 14. Lebensjahr ist nach h. L. (vgl. Schaffstein, § 6 I 3) das Verfahren einzustellen. Das beruht allerdings nicht auf der fehlenden Verhandlungsfähigkeit des Kindes, sondern darauf, daß der Gesetzgeber hier eine unwiderlegliche Vermutung der Schuldunfähigkeit (§ 19 StGB) zu einem Verfahrenshindernis ausgestaltet hat.

2. Der Angeklagte muß, soweit nicht eine gesetzliche Ausnahme (dazu eingehend unten § 42 F) eingreift, *anwesend* sein (§ 230). Den Charakter der Anwesenheitspflicht als einer von Amts wegen zu berücksichtigenden Prozeßvoraussetzung verneint BGHSt *26, 84* zu Unrecht; denn wenn schon die Verhandlungsunfähigkeit das Verfahren irregulär macht, muß dies erst recht für die völlige Abwesenheit des Angeklagten gelten.

3. der Angeklagte darf nicht durch seine *Immunität* als Abgeordneter (Art. 46 II, IV GG) der Strafverfolgung entzogen sein. Landesgesetzliche Vorschriften über die Voraussetzungen, unter denen gegen Mitglieder eines Organs der Gesetzgebung eine Strafverfolgung eingeleitet oder fortgesetzt werden kann, sind auch für die anderen Länder der Bundesrepublik und für den Bund wirksam (§ 152 a).

4. Seit 1980 beginnt sich in der Rspr. ein neues Verfahrenshindernis herauszubilden. Der BGH hat die Möglichkeit einer Verwirkung des staatlichen Strafanspruchs gegenüber Beschuldigten anerkannt, die durch polizeiliche Lockspitzel in rechtsstaatswidriger Weise zu ihren Straftaten (meist Rauschgiftdelikten) provoziert worden sind (BGH *NJW 1980, 1761; 1981, 1626; StrV 1981, 276; NStZ 1981, 70; NStZ 1982, 126;* MDR 1982, 448 bei Holtz; NStZ 1983, 80; NStZ 1984, 519; StrV 1984, 4; NStZ 1984, 519; 1985, 131, m. Anm. K. Meyer). Eine rechtsstaatswidrige Einwirkung ist vor allem dann anzunehmen, wenn der Angeklagte bisher unbestraft oder rauschgiftabhängig oder die Beeinflussung besonders intensiv war. Die Frage eines Polizisten an eine Prostituierte, ob sie zum Geschlechtsverkehr bereit sei, ist nicht rechtsstaatswidrig (BVerfG NStZ 1985, 131). Die Verwirkung, zu deren Begründung vor allem auf den Rechtsgedanken des § 136 a (Täuschung!) und des venire contra factum proprium (der Staat darf den nicht bestrafen, den er selbst erst zu seiner Straftat veranlaßt hat) zurückgegriffen wird, führt zu einem Strafverfolgungs- und Prozeßhindernis (ein solches hat der BGH als möglicherweise vorliegend angesehen in *NStZ 1981, 70; 1982, 126; 156;* 1984, 519; StrV 1984, 4; ferner OLG Düsseldorf, StrV 1983, 450; LG Stuttgart, StrV 1984, 197; LG Frankfurt, StrV 1984, 415; LG Berlin, StrV 1984, 457). Demgegenüber will der 1. Strafsenat (BGHSt *32, 345;* ähnlich Foth, NJW 1984, 221; gegen diesen Taschke, StrV 1984, 178) die rechtsstaatswidrige Einwirkung eines Lockspitzels nur als „wesentlichen Strafmilderungsgrund" gelten lassen. Gegen die Annahme eines Verfahrenshindernisses wird vor allem eingewandt, daß „die dem Schutz des Staates anvertrauten Rechtsgüter" nicht „zur Disposition des polizeilichen Lockspitzels gestellt" werden dürften. Außerdem müsse ein Verfahrenshindernis an von vornherein feststehenden Tatsachen anknüpfen und dürfe sich nicht erst durch eine Wertung „nach umfassender Prüfung… aufgrund einer Hauptverhandlung" ergeben. Auch sonst führten im Strafprozeß Verstöße gegen rechtsstaatliche Grundsätze zwar zu einem Verfahrensmangel, aber nicht zu einem Prozeßhindernis. Kritisch abwägend zu dem Urteil und zur Diskussion zwischen Taschke und Foth: Bruns, StrV 1984, 388.

Die Diskussion ist noch im Fluß. Wissenschaftlich ist das Problem zuerst von Lüderssen, Verbrechensprophylaxe durch Verbrechensprovokation?, Peters-Festschr. 1974, 349 behandelt worden. Aus dem neueren Schrifttum: Berz, JuS 1982, 416; Mache, StrV 1981, 600; Sieg, StrV 1981, 636; Dencker, Dünnebier-Festschr., 447; Bruns, NStZ 1983, 49.

Auch sonst wird in zunehmendem Maße versucht, aus staatlichen Verstößen gegen rechtsstaatliche Grundsätze – etwa in Extremfällen einer von der Justiz verschuldeten überlangen Verfahrensdauer (BVerfG, NStZ *1984, 128*; vgl. auch § 16 C) oder Verletzungen des fair-trial-Prinzips (vgl. § 11 V) – Verfahrenshindernisse abzuleiten. Ob und inwieweit dies möglich ist, ist wissenschaftlich noch wenig geklärt (vgl. Rieß, JR 1985, 45).

IV. In der *Literatur* werden die Prozeßvoraussetzungen nach von der hier vorgenommenen Einteilung abweichenden, im einzelnen sehr verschiedenartigen Gesichtspunkten gegliedert. Z.B. wird unterschieden zwischen positiven und negativen Prozeßvoraussetzungen (letztere auch Prozeßhindernisse genannt): Jene müssen positiv gegeben sein (z.B. o. I, 1, 3); diese dürfen nicht vorliegen (z.B. o. II, 1, 2; III, 3). Zu weiteren Einteilungen s. auch 8. Aufl., S. 90 ff.; Eb. Schmidt, I, Rdnr. 122 ff. Aus diesen und anderen Einteilungen ergeben sich keine praktischen Konsequenzen.

C. Das Vorliegen aller Prozeßvoraussetzungen i.w.S. ist grundsätzlich (mit einer Beschränkung für die Zuständigkeit besonderer Strafkammern und die örtliche Zuständigkeit, §§ 6a, 16, dazu s.o. I 4) in jedem Abschnitt des Verfahrens von Amts wegen zu prüfen. Prozessuale Einreden, die vom Gericht nur zu berücksichtigen sind, wenn der Beschuldigte sich auf sie beruft, gibt es, von der Ausnahme der §§ 6a, 16 S. 2 abgesehen, nicht. In der Revisionsinstanz werden die Prozeßvoraussetzungen auch dann geprüft, wenn sie vom Beschwerdeführer nicht gerügt sind (st. Rspr. des BGH, s. BGHSt *16, 115* und unten § 53 I).

Für die Feststellung der Prozeßvoraussetzungen wird in Wissenschaft und Praxis allgemein das Verfahren des Freibeweises (vgl. § 24 B) verwendet (vgl. z.B. Kühne, Rdnr. 354). Dem ist jedoch nicht zu folgen: Erstens ist es nicht angängig, die Umstände, von denen die Zulässigkeit des gesamten Prozesses abhängt, in einem formlosen und weniger zuverlässigen Beweisverfahren zu prüfen (Többens, Diss., 90). Zweitens ist zu bedenken, daß Prozeßvoraussetzungen und objektive Strafbarkeitsbedingungen bzw. persönliche Strafausschließungsgründe einander so nahe stehen, daß sie bisweilen vertauschbar sind und die Zuweisung eines Umstandes zum materiellen oder formellen Recht oft von historischen Zufälligkeiten abhängt; angesichts dessen ist es nicht angemessen, an diesen Unterschied so weitreichende prozessuale Konsequenzen zu knüpfen (Volk, 28).

D. Fehlt eine Verfahrensvoraussetzung (oder liegt ein Prozeßhindernis vor), so ist das Verfahren unzulässig; eine Sachentscheidung kann nicht ergehen; das Verfahren ist daher durch Einstellung zu beenden. Die Einstellung geschieht im Ermittlungsverfahren durch Einstellungsverfügung des Staatsanwalts, nach Erhebung der Klage durch gerichtlichen Beschluß (§§ 204, 206a); zeigt sich die Unzulässigkeit erst in der Hauptverhandlung, so ist das Verfahren durch Urteil einzustellen (§§ 206a, 260 III).

Wenn mit der Behebung des Verfahrenshindernisses gerechnet werden kann (z.B. bei Verhandlungsunfähigkeit des Beschuldigten), so erfolgt nach Erhebung der Klage gemäß § 205, ggf. auch noch in der Hauptverhandlung, eine nur vorläufige Einstellung des Verfahrens. Zur Nachholung des Eröffnungsbeschlusses bzw. seiner nachträglichen Verbesserung vgl. § 40 C II, 1 d.

§ 22. Zur Lehre von den Prozeßhandlungen im Strafprozeß im allgemeinen

Literatur: Nußbaum, Die Prozeßhandlungen, ihre Voraussetzungen und Erfordernisse, 1908; Kern, Zur Lehre von den Prozeßhandlungen im Strafprozeß, Lenel-Festschr., 1921, 52; Goldschmidt, Der Prozeß als Rechtslage, 1925; Siegert, Die Prozeßhandlung, ihr Widerruf und ihre Nachholung, 1929; Niese, Doppelfunktionelle Prozeßhandlungen, 1950; Kalthoener, Probleme aus dem strafprozessualen Recht der Wiedereinsetzung in den vorigen Stand, 1957; Herbert Müller, Fehlerhafte prozessuale Willenserklärungen, Tüb. Diss. 1965; Deubner, Die Wiedereinsetzung im Strafverfahren, JuS 1968, 125; Dimitrijevic, Handlungsbegriff und Rechtsverhältnis im Strafprozeß, Festschr. f. K. Peters, 1974, 253; Lässig, Deutsch als Gerichts- und Amtssprache, 1980; J. Meyer, „Die Gerichtssprache ist deutsch" – auch für Ausländer?, ZStW 93 (1981), 507; W. Schmid, Bedingte Prozeßhandlungen im Strafprozeß?, GA 1982, 95.

A. Begriff

I. Das Wort *Prozeßhandlung* kommt in der StPO nicht vor. Da der Prozeß eine Summe von menschlichen Handlungen ist, kann man alle diese Handlungen (z.B. Untersuchungshandlungen, Festnahme, Zeugenaussage, Urteil) als Prozeßhandlungen bezeichnen. Da mit diesem weiten Begriff nicht viel anzufangen ist, empfiehlt es sich, unter Prozeßhandlungen nur solche *Erklärungen* zu verstehen, die eine Rechtsfolge im Prozeß *willensgemäß* auslösen, die also den Prozeß dem erklärten Willen gemäß weiter fördern sollen (wie z.B. Strafantrag, Anklage, Haftbefehl, Anordnung der Hauptverhandlung, Urteil, Rechtsmitteleinlegung).

Man kann die Prozeßhandlungen nach dem Subjekt in richterliche und nichtrichterliche, nach dem Inhalt in *Anträge* und *Entscheidungen* einteilen. Eine Handlung kann zugleich Entscheidung und Antrag sein; so ist die Anklage zugleich eine Entscheidung der Staatsanwaltschaft und ein Antrag an das Gericht auf Eröffnung des Hauptverfahrens.

II. Die *herrschende Meinung* sieht demgegenüber alle prozeßrechtlich relevanten Handlungen der Prozeßsubjekte, auch die Realakte (z.B. eine Festnahme), als Prozeßhandlungen an, wobei die Abgrenzung im einzelnen umstritten ist. Sie unterscheidet im Anschluß an *Goldschmidt* zwischen Erwirkungs- und Bewirkungshandlungen.

1. Die *Erwirkungshandlungen* sind auf die Herbeiführung einer anderen Prozeßhandlung, namentlich einer richterlichen Entscheidung, gerichtet; sie bezwek-

ken also eine Verfahrensgestaltung durch Einflußnahme auf ein anderes Prozeß-subjekt. Als Untergruppen unterscheidet man die Anträge und die Behauptungen.

2. Die *Bewirkungshandlungen* gestalten den Prozeß dagegen unmittelbar aus sich selbst heraus (z. B. Rechtsmittelverzicht, Herbeischaffung von Beweismitteln, Sicherheitsleistung). Mangels positiver Gemeinsamkeiten können sie nur negativ dahin umschrieben werden, daß sie nicht die Prozeßhandlung eines anderen Verfahrensbeteiligten „erwirken" sollen.

III. Von Niese wurde der Begriff der *doppelfunktionellen Prozeßhandlungen* geprägt. Damit soll das Phänomen erfaßt werden, daß eine Prozeßhandlung (z. B. eine Festnahme oder eine Haussuchung) auch materiellrechtliche Auswirkungen haben kann. Ob diese Unterscheidung der prozessualen und der materiellrechtlichen Dimension einer Handlung fruchtbar ist, ist umstritten (bejahend Eb. Schmidt, I, Rdnr. 60ff.; kritisch KMR[7]-Sax, Einl. X, Rdnr. 4).

B. I. So wie die *Verhandlungsfähigkeit* des Beschuldigten Vorausset-zung des Prozesses im ganzen ist (vgl. oben § 21 B III, 1), so ist sie es auch für die Vornahme einzelner Prozeßhandlungen. Ist der sonst ver-handlungsfähige Angeklagte etwa bei Abgabe eines Rechtsmittelverzich-tes unter dem Eindruck der Urteilsverkündung seelisch stark erschüttert, so kann u. U. der Rechtsmittelverzicht mangels Verhandlungsfähigkeit des Angeklagten unwirksam sein; andererseits kann die Ermächtigung zur Rücknahme eines Rechtsmittels durch einen zivilrechtlich Geschäfts-unfähigen wirksam sein, wenn er verhandlungsfähig ist (BGH NStZ 1983, 280). Abweichende Regeln gelten auch hier wieder für das Privat-klageverfahren (vgl. bereits oben § 21 B III, 1 d); so kann hier nur ein Geschäftsfähiger die Privatklage zurücknehmen.

II. Die *Prozeßhandlung* selbst muß bestimmte *Qualitäten* aufweisen, die mit ihrem Charakter als Willenserklärung zusammenhängen:

1. Die Erklärung muß einen *erkennbaren Sinn* besitzen. Ihr objektiver Gehalt ist erforderlichenfalls durch *Auslegung* zu ermitteln, wobei nicht allein auf den Wortlaut, sondern vor allem auf den erkennbar gemeinten Sinn abzustellen ist (OLG Hamburg JR 1982, 36; BGH StrV 1982, 356). Eine solche Auslegung ist bei allen Prozeßhandlungen, also auch bei Urteilen, zulässig und geboten, doch darf der Inhalt sich nicht bloß aus völlig außerhalb der Erklärung liegenden Umständen ergeben; eine Be-zugnahme in einem Urteil auf ein anderes Urteil genügt dem Inhaltser-fordernis daher nicht (vgl. RGSt 66, 8). Hinsichtlich einer Rechtsmittel-einlegung ist in § 300 ausdrücklich gesagt, daß eine falsche Bezeichnung unschädlich ist, woraus gefolgert werden kann, daß eine bloße Unklar-heit in der Bezeichnung das Rechtsmittel erst recht nicht unwirksam macht (vgl. BGHSt 2, 67).

2. Sehr umstritten ist die Behandlung von *Willensmängeln* bei Vornah-me der Prozeßhandlung.

a) Ein *Irrtum* berührt die Gültigkeit der Prozeßhandlung nach h. M. nicht (BGHSt 5, 341), weil Verfahrenserklärungen unanfechtbar sein sollen (zur Kritik vgl. u. § 51 B, V 3, c). Wenn das Gericht aber einen erkennbaren Irrtum des Angeklagten nicht aufgeklärt hat, kann die Erklärung wegen Verletzung der gerichtlichen Fürsorgepflicht ungültig sein (s. Robert Schmidt JuS 1967, 158 und BGHSt *18, 257* u. *19, 101*).

b) Bei einer *Täuschung* des Angeklagten ergibt sich die Unwirksamkeit der Prozeßhandlung aus dem in § 136 a enthaltenen, auf Art. 1 GG zurückgehenden, allgemeinen Rechtsgedanken (a. M. der BGH, vgl. BGHSt *17, 14*, der u. U. wegen Verletzung der gerichtlichen Fürsorgepflicht zu demselben Ergebnis gelangen würde).

c) Auch im Fall der durch *Drohung* erzwungenen Prozeßhandlung ist § 136 a sinngemäß anzuwenden (enger BGHSt *17, 14*).

3. *Formvoraussetzungen:*

a) Alle Erklärungen müssen in der Gerichtssprache (deutsch) abgegeben werden (§ 184 GVG).

Bei Personen, die der deutschen Sprache nicht mächtig sind (Ausländern), sowie bei Tauben und Stummen, ist in jeder Lage des Verfahrens ein Dolmetscher beizuziehen, und zwar kostenlos (EuGH StrV 1984, 273). Damit ist dem Anspruch des Beschuldigten auf ein faires Verfahren Genüge getan, so daß ein Anspruch auf Übersetzung des schriftlichen Urteils in eine dem Angeklagten verständliche Sprache nicht besteht (h. M., ebenso BVerfG JZ 1983, 659 m. w. N. u. Anm. Rüping für den Fall, daß der Angeklagte im Revisionsverfahren anwaltlich vertreten ist). Auch eine Rechtsmittelschrift muß in deutscher Sprache abgefaßt sein. Doch muß ein Ausländer in einer ihm verständlichen Sprache darüber belehrt werden; sonst kann er Wiedereinsetzung (§ 44) beantragen (BGHSt 30, 182). Weitergehend werden fremdsprachige Rechtsmittelschriften entweder stets (Lässig und J. Meyer m. w. N.) oder wenigstens dann für zulässig gehalten, wenn ein Richter die fremde Sprache versteht (Meurer, JR 1982, 517). Dem steht aber § 184 GVG entgegen; auch wäre die Gefahr zu groß, daß es infolge von Mißverständnissen zu Fehlurteilen kommt.

b) Früher waren bestimmte Handlungen (das Erheben der Hand beim Schwur, das Brechen des Stabes bei der Verkündung des Todesurteils) und der Gebrauch bestimmter *Wortformen* (z. B. bei Verkündung des Geschworenenspruchs durch den Obmann: „Auf Ehre und Gewissen bezeuge ich als den Spruch der Geschworenen") vorgeschrieben. Eine solche Wortform finden wir heute nur noch beim Eid: „Ich schwöre es."

c) An *Ausdrucksformen* gibt es heute die *Mündlichkeit* und ihre gesteigerten Formen der *Verlesung* (vgl. § 268 II) und der *Erklärung zu Protokoll* (s. etwa §§ 299, 314), sowie die *Schriftlichkeit* (z. B. §§ 314, 341).

Die Schriftlichkeit verlangt an sich eigenhändige *Unterschrift.* Die Anforderungen an die Schriftform sind aber allmählich immer geringer geworden. Die Rechtsprechung begnügt sich heute damit, daß die Person des Erklärenden aus dem Schriftstück bedenkenfrei hervorgeht. Das kann auch bei unleserlicher und sogar bei fehlender eigenhändiger Unterschrift der Fall sein (vgl. dazu BGHSt 12, 317).

Zur Schriftlichkeit (z. B. einer Rechtsmitteleinlegung) genügt auch ein *Telegramm.* Die maßgebliche Urkunde ist nicht das Aufgabetelegramm, sondern das bei Gericht eingehende Ankunftstelegramm. Deshalb ist z.B. auch ein vom Verteidiger fernmündlich an das Fernmeldeamt aufgegebenes Telegramm wirksam; denn die eigenhändige Unterschrift ist nicht erforderlich, der Verteidiger kann sich vielmehr zur Unterschrift auch einer anderen Person – hier des Telegraphenbeamten – bedienen (RGSt 66, 209; BGHSt *8, 174*). Auch die fernmündliche Durchsage eines Telegramms, das die Rechtsmitteleinlegung enthält, durch das Zustellungspostamt wahrt die Frist, wenn sie von einer zur Entgegennahme befugten und bereiten Person angehört und von ihr wörtlich *zu Protokoll* genommen wird (BGHSt 14, 233). Dasselbe gilt für die Rechtsmitteleinlegung (BayObLG NJW 1981, 1591) und Rechtsmittelbegründung (BGHSt *31, 7,* m. Anm. W. Schmid NStZ 1983, 37) durch Fernschreiben und Telebrief (OLG Koblenz, *NStZ 1984, 236*). Dagegen ist eine telefonische Rechtsmitteleinlegung nicht zulässig (BGHSt *30, 64*); denn hier liegt eine schriftliche Erklärung des Rechtsmittelführers überhaupt nicht vor, so daß die Gefahr von Mißverständnissen zu groß ist (str., abl. Wolter, JR 1982, 211). Aus denselben Gründen ist auch ein telefonischer Rechtsmittelverzicht unwirksam (OLG Stuttgart *NJW 1982, 1472*).

III. Die Verknüpfung von Prozeßhandlungen mit *Bedingungen* ist in der Regel unzulässig, weil über Beginn, Lage und Ende des Strafverfahrens Klarheit bestehen muß. So sind Klageerhebung und Rechtsmitteleinlegung bedingungsfeindlich; ja „schon der Zweifel, ob die Erklärung mit einer Bedingung verbunden ist, macht das Rechtsmittel unzulässig" (BGHSt *5, 183*). Entsprechendes gilt für Strafanträge, Rechtsmittelverzichte und -rücknahmen.

Dagegen sind Beweisanträge als *Eventualanträge* zulässig: der Verteidiger beantragt für den Fall, daß der Angeklagte nicht freigesprochen wird, die Vernehmung eines weiteren Zeugen.

Ebenso hat der BGH (E 29, 396) einen Antrag der StA nach § 154a III, 1 u. 2 für zulässig erklärt, auch wenn er nur unter der Bedingung gestellt wird, daß das Gericht den A freisprechen oder nur zu Strafe bis einer bestimmten Höhe verurteilen will. Bei solchen Eventualanträgen der Verteidigung oder der StA wird keine Unklarheit geschaffen, weil die Gültigkeit des Antrages von einer Entscheidung des Gerichts selbst abhängt. Aus diesem Grund wird man auch sonst bei Bewirkungshandlungen aufschiebende Bedingungen, die an prozeßinterne Umstände anknüpfen, zulassen können. (Vgl. dazu die Darstellung des Meinungsstandes bei W. Schmid aaO.)

IV. Von der Frage der Bedeutung der Willensmängel für die Wirksamkeit der Prozeßhandlung zu unterscheiden ist die Frage der *Widerruflichkeit* von Prozeßhandlungen. Den Prozeßbeteiligten ist es in weitem Umfang gestattet, ihre Prozeßhandlungen zu widerrufen. So können die Beteiligten Anträge (z.B. Beweisanträge) und Behauptungen jederzeit fallenlassen oder abändern. Jedoch enthält die StPO eine Reihe von ausdrücklichen und stillschweigenden Verboten des Widerrufs von Prozeßhandlungen. So sind Eröffnungsbeschlüsse, gerichtliche Urteile, mit sofortiger Beschwerde anfechtbare Beschlüsse (vgl. § 311 II), Klagen vom Zeitpunkt der Eröffnung des Hauptverfahrens an (§ 156), unter bestimmten Voraussetzungen Rechtsmitteleinlegungen (§§ 302 I, 2; 303) nicht frei widerruflich (h.M., vgl. L.-R.[23]-Gollwitzer, § 302, Rdnr. 39 ff.). Ein Beispiel für eine in der StPO nicht ausdrücklich ausgesprochenen Unwiderruflichkeit soll nach BGHSt *10, 245* die Rücknahme eines Rechtsmittels sein (a.A. Specht, GA 1977, 72).

V. *Fristen, Termine, Wiedereinsetzung in den vorigen Stand*

1. Eine *Frist* ist ein Zeitraum, innerhalb dessen eine Prozeßhandlung vorzunehmen ist. Sie endet erst um 24 Uhr des letzten Tages (vgl. §§ 186 ff. BGB) unabhängig vom Dienstschluß der Behörde (BVerfGE 41, 323, 327 f.; 42, 128, 131). Man kann zwischen gesetzlichen Fristen und richterlichen Fristen (z.B. § 201 I) unterscheiden. Die Differenzierung der ZPO zwischen einfachen Fristen und Notfristen kennt die StPO nicht; aber alle von der StPO den Parteien gesetzten Fristen sind sachlich Notfristen, d.h. sie können vom Gericht nicht verlängert werden; ihre Wahrung wird von Amts wegen geprüft. Das stellt jetzt § 37 I, 2 ausdrücklich klar. Über die Einzelheiten der Fristberechnung vgl. §§ 41, 42.

Gegen die Versäumung von Fristen findet die *Wiedereinsetzung in den vorigen Stand* statt (§§ 44–47). Unter „Fristen" sind dabei alle prozessualen Handlungsfristen ohne Rücksicht darauf zu verstehen, ob sie ausschließlich beim Gericht wahrzunehmen sind oder – wie z.B. gemäß § 172 I die Beschwerdefrist im Klageerzwingungsverfahren – bei der StA (OLG Hamm NJW 1973, 1055 m.w.N.). Etwas anderes gilt hingegen für materiellrechtliche Ausschlußfristen wie die Verjährung; gegen ihre Versäumung findet keine Wiedereinsetzung statt. In der Praxis liegt die Bedeutung der Wiedereinsetzung hauptsächlich bei der Versäumung von Rechtsmittelfristen; aber auch gegen die Versäumung einer Wiedereinsetzungsfrist wird nicht selten Wiedereinsetzung begehrt. Zur Wiedereinsetzung zwecks Nachholung einzelner Revisionsrügen vgl. u. § 53 I, I 3.

Voraussetzung der Wiedereinsetzung ist nach § 44, daß der Antragsteller ohne Verschulden (etwa durch Unfall, Erkrankung oder Naturereignisse) an der Einhaltung der Frist verhindert worden ist. Danach ist Wiedereinsetzung zu gewähren, wenn jemand ohne sein Verschulden von einer Zustellung keine Kenntnis erhalten hat, oder wenn sich die Postzustellung ungebührlich verzögert.

Nach st. Rspr. des BVerfG sind insbesondere dann keine überspannten Anforderungen an Vorkehrungen des Beschuldigten gegen eine eventuelle Fristversäumung (oder an die Unverzüglichkeit des Wiedereinsetzungsantrags) zu stellen, wenn es um die Frist für die Einlegung des Einspruchs gegen einen Strafbefehl nach § 409 (oder einen Bußgeldbescheid nach § 66 OWiG) geht; denn in diesen Fällen des „ersten Zugangs" zum Gericht stellt der Einspruch für den Beschuldigten die einzige Möglichkeit dar, das durch Art. 103 I GG gewährte rechtliche Gehör im Straf- (bzw. Bußgeld-)verfahren zu erlangen (vgl. etwa BVerfGE *37, 93, 96; 37, 100, 102; 38, 35, 38; 40, 42, 44; 40, 46, 49 f.; 40, 88, 91; 41, 356, 358; 54, 80, 84*). Dementsprechend ist in solchen Fällen Wiedereinsetzung zu gewähren, wenn die Versäumung der Frist durch eine (wenn auch nicht unvorhersehbare) Verzögerung der Post bei der Beförderung des Einspruchsschreibens (BVerfGE 40, 42; 41, 23; 41, 341; 41, 356; 42, 258; 43, 75; 46, 404; 50, 397; 54, 80, 84), durch eine Verzögerung der Entgegennahme von seiten des Gerichts (BVerfG NStZ 1983, 83) oder durch die Abwesenheit des Beschuldigten – aus Urlaubs- oder Krankheitsgründen – zur Zeit der Zustellung (BVerfGE 40, 88; 43, 95) oder aber dadurch bedingt wurde, daß die Zustellung an einen Ausländer erfolgte, der der deutschen Sprache nicht hinreichend mächtig ist (BVerfGE 40, 95; 42, 120). Sehr wichtig ist, daß auch ein auf die Fristwahrung bezügliches Verschulden des Verteidigers oder seines Büros bei der Anfechtung des Schuld- oder Rechtsfolgenausspruchs (anders bei der Anfechtung der Kostenentscheidung, BGHSt 26, 126) die Wiedereinsetzung begründet, wenn der Beschuldigte nicht die Versäumung durch eigenes Verschulden mitverursacht hat (BGHSt 14, 308, 332; ein Mitverschulden des Beschuldigten soll z. B. darin liegen, daß er sorgfaltswidrig seine Rechtsangelegenheiten einem Anwalt anvertraut hat, der sich in der Behandlung von Fristsachen erkennbar als unzuverlässig erwiesen hat: BGHSt 25, 89; dazu berechtigte Kritik bei Janknecht NJW 1973, 1890). Unrichtige Beratung über die Erfolgsaussichten eines Rechtsbehelfs begründet keine Wiedereinsetzung (OLG Düsseldorf NJW 1982, 60). Dagegen nimmt die h. M. an, obwohl § 85 II ZPO in der StPO keine Entsprechung hat, daß andere Beteiligte (etwa Privat- und Nebenkläger) das Verschulden ihres Anwalts zu vertreten haben (BGHSt 30, 309). Amtliches Verschulden (ein Rechtsmittelschreiben wird etwa von der Strafanstalt verspätet weitergeleitet) begründet immer die Wiedereinsetzung. Zur Wiedereinsetzung bei einem Verstoß gegen § 145 a IV vgl. u. § 51 B IV 2.

Formelle Voraussetzung der Wiedereinsetzung ist ein Antrag, der binnen einer Woche nach Beseitigung des Hindernisses unter Angabe und Glaubhaftmachung des Hinderungsgrundes einzureichen ist (§ 45 I). Die Glaubhaftmachung kann gemäß § 45 II, 1 noch nach Ablauf der genannten Frist bis zum rechtskräftigen Abschluß des Wiedereinsetzungsverfahrens nachgeholt werden (BVerfGE 41, 332 m. abl. Anm. Heyland, JR 1977, 402; BVerfGE 43, 95); sie erfolgt meist durch Urkunden oder eidesstattliche Versicherungen von Zeugen. Eine eidesstattliche Versicherung des Antragstellers selbst genügt (anders als nach § 294 ZPO) nicht; sie kann jedoch in eine einfache Erklärung des Antragstellers umgedeutet werden (BGHSt 25, 92), die zur Glaubhaftmachung dann genügt, wenn ihr, wie etwa bei einem Urlaub in der allgemeinen Ferienzeit, nach der Lebenserfahrung eine nicht unerhebliche Wahrscheinlichkeit innewohnt (vgl. BVerfGE 26, 315; 38, 39; 40, 92). Mit dem Wiedereinsetzungsantrag ist zugleich die versäumte Handlung (z. B. das Rechtsmittel) nachzuholen (§ 45 II, 2); ist dies geschehen, so kann Wiedereinsetzung auch ohne Antrag gewährt werden (§ 45 II, 3).

Der Antrag auf Wiedereinsetzung zerstört die schon eingetretene Rechtskraft nicht; erst wenn die Wiedereinsetzung bewilligt wird, fällt diese rückwirkend weg. Auch die Vollstreckung einer gerichtlichen Entscheidung wird durch den Wiedereinsetzungsantrag nicht gehemmt; doch kann das Gericht Vollstreckungsaufschub anordnen (§ 47).

2. Ein *Termin* ist ein Zeitpunkt, der zum Beginn einer Prozeßhandlung

(z. B. einer Zeugenvernehmung, einer Augenscheinseinnahme, einer Hauptverhandlung) bestimmt ist.

Ausnahmeweise ist auch gegen die Versäumung eines Termins in gesetzlich einzeln aufgezählten Fällen eine *Wiedereinsetzung* möglich. Sie wird hauptsächlich bei Urteilen gewährt, die in Abwesenheit des Angeklagten ergangen sind (§§ 235; 329 III; 412), und führt zur rückwirkenden Beseitigung des Urteils. Auch wenn der Privatkläger die Hauptverhandlung verpaßt, kann die gesetzlich angeordnete Fiktion einer Rücknahme der Privatklage durch Wiedereinsetzung aufgehoben werden (§ 391 II–IV).

War der Angeklagte zu dem Termin nicht oder nicht ordnungsgemäß geladen, so kann er bei schuldloser Unkenntnis des Termins oder bei schuldloser Säumnis trotz erlangter Kenntnis in entspr. Anwendung der §§ 235; 329 III; 412 Wiedereinsetzung verlangen (str.; vgl. Dittmar, NJW 1982, 209).

VI. Über den *Zugang strafprozessualer Willenserklärungen,* ausführlich W. Schmid, Dünnebier-Festschr., 101.

§ 23. Die richterlichen Entscheidungen im allgemeinen

A. Die Arten der richterlichen Entscheidungen

I. Die richterlichen Entscheidungen sind nach ihrer *Form* Urteile, Beschlüsse oder Verfügungen.

1. *Urteile* erläßt das Gericht auf Grund mündlicher und öffentlicher Hauptverhandlung. Sie haben instanzerledigenden Charakter und sind, soweit sie nicht mit dem Erlaß rechtskräftig werden, mit der *Berufung* oder der *Revision* anfechtbar (vgl. über das Urteil im einzelnen unten §§ 46 ff.).

2. *Beschlüsse* werden im Zwischen- und Hauptverfahren vom Gericht erlassen, und zwar während der Hauptverhandlung unter Mitwirkung auch der Laienrichter, außerhalb der Hauptverhandlung ohne sie. Sie dienen in der Regel dazu, den Prozeß in Richtung auf das Urteil weiterzutreiben, etwa durch den Beschluß über die Eröffnung des Hauptverfahrens, den Ausschluß der Öffentlichkeit oder die Verlesung einer Urkunde; (über prozeßerledigende Entscheidungen in Beschlußform vgl. unten III, 1). Beschlüsse sind, wenn überhaupt, mit der (einfachen oder sofortigen) Beschwerde anfechtbar.

3. *Verfügungen* sind Entscheidungen, die ein einzelner Richter in Erfüllung einer besonderen Aufgabe (als Vorsitzender, als Ermittlungsrichter, als beauftragter oder ersuchter Richter) trifft, z. B. die Bestimmung des Termins zur Hauptverhandlung durch den Vorsitzenden. Sie sind entweder gar nicht oder durch Beschwerde (vgl. § 304) oder auch im Wege einer Anrufung des Gerichts (z. B. § 238 II) angreifbar.

II. Eine gerichtliche Entscheidung ist noch nicht mit der Unterschrift der Richter erlassen. Ein Erlaß (mit der Folge der Unabänderbarkeit in derselben Instanz) liegt erst dann vor, wenn die Entscheidung an ge-richtsfremde Personen herausgegeben wird. Dabei ist es nicht erforder-lich, daß die Bekanntgabe der Entscheidung aufgrund richterlicher Ver-fügung erfolgt, BayObLG NJW 1981, 2589 (a. A. OLG Bremen NJW 1956, 435; OLG Hamburg NJW 1963, 874).

III. Nach ihrem *Inhalt* kann man prozeßerledigende und laufende Entscheidungen unterscheiden.

1. *Prozeßerledigende Entscheidungen* erfolgen

a) wenn sie auf Grund einer *Hauptverhandlung* ergehen, grundsätzlich durch *Urteil;* das gilt sowohl für die Sachentscheidungen (Verurteilung oder Freisprechung) wie für die Prozeßentscheidungen (Formalentschei-dungen), die auf Einstellung des Verfahrens lauten, z. B. wegen mangeln-den Strafantrags oder wegen Verbrauchs des Strafklagerechts durch Rechtskraft; im letzten Fall kann man das Urteil auch so fassen: „Die Strafverfolgung wird für unzulässig erklärt."

Ausnahmsweise erfolgt auf Grund der Hauptverhandlung eine prozeß-erledigende Entscheidung durch *Beschluß:* nämlich die Einstellung des Verfahrens wegen Geringfügigkeit (§ 153 II, 3; § 153 a II 3).

b) Ist *keine Hauptverhandlung* vorangegangen, so ergeht die Entschei-dung in *Beschlußform,* z. B. die Entscheidung, die im Klageerzwingungs-verfahren ergeht (§ 175), die Entscheidung, die die Eröffnung des Haupt-verfahrens ablehnt (§ 204 I), oder die Entscheidung über einen Antrag auf Wiederaufnahme des Verfahrens (§ 370).

2. *Laufende Entscheidungen* ergehen grundsätzlich in Beschlußform (z. B. der Verweisungsbeschluß des § 270); eine Ausnahme bildet die Entscheidung des Revisionsgerichts, die ein Urteil der unteren Instanz aufhebt und die Sache zurückverweist: Diese auf Grund einer Hauptver-handlung ergehende laufende Entscheidung ergeht in Urteilsform (§§ 353, 356).

B. Das Gesetz gibt einige gemeinschaftliche Bestimmungen für alle gerichtlichen Entscheidungen (§§ 33–36).

I. Die Entscheidungen des Gerichts, die im Laufe einer Hauptverhand-lung ergehen (z. B. über den Ausschluß der Öffentlichkeit, über die Vereidigung eines Zeugen, über die Verlesung einer Urkunde), werden nach *Anhörung* der Verfahrensbeteiligten erlassen (§ 33 I); Entscheidun-gen außerhalb der Hauptverhandlung erfordern mindestens eine Anhö-rung der Staatsanwaltschaft (§ 33 II), aber auch sonstiger Verfahrensbe-teiligter, soweit es sich um die Verwertung ihnen nachteiliger Tatsachen oder Beweisergebnisse handelt (§ 33 III); davon gilt nur dann eine Ausnahme, wenn, wie bei Anordnung der U-Haft oder einer Beschlag-nahme, eine vorherige Anhörung die Maßnahme vereiteln würde (§ 33 IV, vgl. aber auch § 33 a).

II. Eine *Begründung* ist vorgeschrieben (§ 34):

1. für alle Entscheidungen, die mit Rechtsmitteln anfechtbar sind (damit das Rechtsmittelgericht die Richtigkeit der Entscheidung nachprüfen kann), außerdem

2. für alle Entscheidungen, durch die ein Antrag abgelehnt wird (z.B. die Ablehnung des Beweisantrags). Dabei sind rechtsstaatliche Erwägungen maßgebend: Der Antragsteller soll sehen, daß sein Antrag gründlich geprüft worden ist und daß keine Willkür waltet.

Selbstverständlich bedürfen alle Urteile, auch wenn sie nicht mit Rechtsmitteln anfechtbar sind, der Begründung (§§ 267f.). Keine Begründung enthielt der Spruch der Geschworenen im früheren Schwurgerichtsverfahren.

Die Art der Begründung ist im Gesetz nur für das Urteil (§ 267) und den Haftbefehl (§ 114) vorgeschrieben. In allen Fällen müssen die Gründe insbesondere erkennen lassen, ob die Entscheidung auf rechtlichen oder auf tatsächlichen Erwägungen beruht.

III. Über die *Bekanntmachung* der Entscheidungen bestimmt das Gericht, daß die in Anwesenheit der davon betroffenen Person ergehende Entscheidung (z.B. ein Urteil oder ein Haftbefehl) durch *Verkündung*, die in Abwesenheit derselben ergehende durch *Zustellung* bekanntzugeben ist (§ 35).

Bei der Bekanntmachung einer Entscheidung, die durch ein befristetes Rechtsmittel angefochten werden kann, ist der Betroffene über die Möglichkeit der Anfechtung und die dafür vorgeschriebenen Fristen und Formen zu belehren (§ 35 a).

Im übrigen wird die Zustellung von Entscheidungen durch den Vorsitzenden angeordnet und durch die Geschäftsstelle ausgeführt (§ 36 I). Wenn unklar ist, wie oder an wen eine Entscheidung zuzustellen ist, hat der Richter (nicht die Geschäftsstelle) die erforderliche Anordnung zu treffen; sonst ist die Zustellung unwirksam (OLG Düsseldorf NJW 1982, 590). Entscheidungen, die der Vollstreckung bedürfen, sind der StA zu übergeben (§ 26 II; Ausnahme § 36 II 2). Für das Verfahren bei Zustellungen gilt die ZPO (§ 37).

5. Kapitel

Die Stoffsammlung, insbesondere das Beweisrecht

§ 24. Die Grundlagen des Beweisrechts

Literatur: Beling, Revision wegen „Verletzung einer Rechtsnorm über das Verfahren" im Strafprozeß, Binding-Festschr., Bd. 2, 1911, 87; Ditzen, Dreierlei Beweis im Strafverfahren, 1926; Döhring, Die Erforschung des Sachverhalts, 1964; Sarstedt, Beweisregeln im Strafprozeß, Berl. Hirsch-Festschr., 1968, 171; Willms, Wesen und Grenzen des Freibeweises, Ehrengabe f. Heusinger, 1968, 393; Eb. Schmidt, Revisionsrechtliche Fragen bezüglich der Anrechnung der Untersuchungshaft, MDR 1968, 537; Ziegler, Zweckmäßigkeitstendenzen in der höchstrichterlichen Auslegung des Beweisrechts im Strafverfahren, 1969; Schneider, Beweis und Beweiswürdigung, 2. Aufl., 1971; Lüderssen, Die strafrechtsgestaltende Kraft des Beweisrechts, ZStW 85 (1973), 288; Greger, Beweis und Wahrscheinlichkeit, 1978; Volk, Prozeßvoraussetzungen im Strafrecht, 1978; Többens, Der Freibeweis und die Prozeßvoraussetzungen im Strafprozeß, Diss. Freiburg 1979; ders., Der Freibeweis und die Prozeßvoraussetzungen im Strafprozeß, NStZ 1982, 184; Alsberg/Nüse/Meyer, Der Beweisantrag im Strafprozeß (5), 1983.

Vgl. ferner die Angaben zu § 15.

A. Beweis und Glaubhaftmachung

<u>Beweisen</u> heißt, dem Richter die Überzeugung von dem Vorliegen einer Tatsache verschaffen (die einzelnen Beweisgrundsätze sind oben § 15 eingehend dargestellt).

Demgegenüber genügt für die *Glaubhaftmachung*, die z.B. für die Ablehnung eines Richters (§ 26 II), für die Begründung eines Antrags auf Wiedereinsetzung (§ 45 II) oder für die Begründung eines Zeugnisverweigerungsrechts (§ 56) erfordert wird, ein <u>bloßes Wahrscheinlichmachen.</u>

B. Strengbeweis und Freibeweis

I. Für die Feststellung der Umstände, die für den Hergang der Tat, die Schuld des Täters und die Höhe der Strafe, also für die sog. Schuld- und Straffrage, von Bedeutung sind, schreibt das Gesetz eine strenge Förmlichkeit der Beweiserhebung vor; man spricht hier vom *Strengbeweis.* Dieser ist doppelt eingeschränkt:

1. Er ist begrenzt auf die *gesetzlichen Beweismittel*, d.h. den Beschuldigten, Zeugen (§§ 48–71), Sachverständige (§§ 72–85), Augenschein (§§ 86–93) und Urkunden (§§ 249–256).

2. Diese Beweismittel dürfen nur nach den in den §§ 244ff. genau festgelegten Regeln verwendet werden.

II. Alle übrigen Umstände kann das Gericht nach ständiger <u>Praxis im Wege des *Freibeweises* erforschen,</u> d.h. es kann sich auf jede beliebige

Weise (etwa durch Hinzuziehung von Akten oder eine telefonische Rückfrage) Gewißheit verschaffen; überdies genügt in vielen Fällen bloße Glaubhaftmachung. Das Freibeweisverfahren, das die StPO nicht ausdrücklich nennt, hat sich im Anschluß an Arbeiten von Beling und Ditzen allgemein durchgesetzt, eine theoretisch zureichende Begründung aber bis heute nicht erfahren (vgl. Többens, Diss., 25; Volk, 73).

Das Freibeweisverfahren wird angewandt:

1. für die Feststellung von Tatsachen, die für die Entscheidung nur prozessual erheblich sind, z. B. des Zeitpunktes der Kenntnis von Tat und Täter beim Antragsberechtigten oder für die Feststellung des Alters eines Zeugen (wichtig für die Vereidigung, §§ 60 Nr. 1, 61 Nr. 1);

2. für die Feststellung von Tatsachen (auch materiellrechtlich bedeutsamen) für andere Entscheidungen als Urteile, z. B. für den Erlaß eines Haftbefehls oder für die Eröffnung des Hauptverfahrens.

Zur Anwendung des Freibeweises bei der Feststellung von Prozeßvoraussetzungen vgl. § 21 C. Ist eine Tatsache doppel-relevant, d. h. sowohl für die Schuld- und Straffrage als auch prozessual erheblich, so gilt das Strengbeweisverfahren (BGH StrV 1982, 101).

III. Nach BGHSt *16*, 166 kann auch die Frage, ob bei einer Vernehmung des Beschuldigten verbotene Vernehmungsmethoden (§ 136 a, vgl. u. § 25 III) angewandt worden sind, im Wege des Freibeweises geklärt werden, weil es sich dabei um die Feststellung eines bloßen Verfahrensfehlers handelt (a. A. Peters, S. 316; Schlüchter, Rdnr. 474).

C. Die Beweisbedürftigkeit

I. Während in dem von der Verhandlungsmaxime beherrschten Zivilprozeß nur die bestrittenen Tatsachen beweisbedürftig sind, gilt im Strafprozeß als Ausfluß der Instruktionsmaxime der Grundsatz, daß *alle* für eine gerichtliche Entscheidung irgendwie erheblichen Tatsachen bewiesen werden müssen (s. § 244 II).

Unter den *beweisbedürftigen Tatsachen* kann man unmittelbar erhebliche Tatsachen, Indizien und Hilfstatsachen des Beweises unterscheiden.

1. Zu den *unmittelbar erheblichen Tatsachen* zählen alle Umstände, die durch sich selbst die Strafbarkeit begründen (der Zeuge Z hat den Bauern W beim Wildern beobachtet) oder ausschließen (der Zeuge hat gesehen, daß A, der den B erschlagen hat, von diesem angegriffen wurde).

2. *Indizien* sind Tatsachen, die einen Schluß auf eine unmittelbar erhebliche Tatsache zulassen, also z. B. die Tatsache, daß der des Mordes Verdächtige unmittelbar vor der Tötung des X Todesdrohungen gegen ihn ausgesprochen oder nach der Tat Blutflecken aus seiner Hose entfernt hat oder daß der des Versicherungsbetrugs Verdächtige sich vor der Tat Benzin beschafft und die Versicherungssumme erhöht hat (näher § 15 C II 1 b cc).

3. *Hilfstatsachen des Beweises* sind die Tatsachen, die einen Schluß auf die Güte eines Beweismittels zulassen, z. B. die Wahrheitsliebe oder das Erinnerungsvermögen eines Zeugen.

II. Eine Tatsache braucht aber ausnahmsweise dann nicht bewiesen zu werden, wenn sie offenkundig ist (§ 244 III, 2, 1. Alternative).

1. Offenkundig sind zunächst die sog. allgemeinkundigen Tatsachen. Dazu gehören Naturvorgänge (z. B. der Zeitpunkt einer Mondfinsternis) und historische Ereignisse (z. B. der Bau der Berliner Mauer) wie überhaupt alle Tatsachen, von denen verständige Menschen regelmäßig Kenntnis haben oder über die sie sich aus zuverlässigen Quellen (Lexika, Landkarten u. ä.) sicher unterrichten können (BGHSt 6, *293;* 26, 59). Eine solche Allgemeinkundigkeit kann auch dann noch vorliegen, wenn die Kenntnis auf einen bestimmten Personenkreis (z. B. die Einwohner der Stadt X hinsichtlich lokaler Zustände) beschränkt ist (BGHSt 6, *293*).

2. Offenkundig sind ferner auch die sog. gerichtskundigen Tatsachen, d. h. alles, „was der Richter im Zusammenhang mit seiner amtlichen Tätigkeit zuverlässig in Erfahrung gebracht hat" (BGHSt 6, *293;* abw. Schmidt-Hieber, JuS 1985, 295). Privates Wissen des Richters genügt also nicht (etwa wenn er Zeuge eines Verkehrsunfalls war; vgl. auch u. § 26 A III, 2). Gerichtskundig sind vor allem Vorgänge, die in einer großen Zahl von Strafverfahren in stets gleichbleibender Weise die Grundlage der Entscheidung gebildet haben (BGHSt 6, *296*). Dafür reichen nach Ansicht des BGH auch die in den Urteilen anderer Richter getroffenen Feststellungen aus (vgl. BGHSt 6, *292:* Verfassungsfeindlichkeit der FDJ; krit. dazu Peters, 289). Hat ein Gericht andererseits in bestimmten Fragen eine besondere Sachkunde (z. B. der Kartellsenat des KG auf dem Gebiete des Kartellwesens, BGHSt 26, 58), so ist für die Gerichtskundigkeit diese entscheidend. Die Annahme der Gerichtskundigkeit setzt Einstimmigkeit aller Mitglieder des erkennenden Gerichts, einschließlich der Laienrichter, voraus (str.; wie hier Eb. Schmidt, I, Rdnr. 383; a. A. L.-R.[23]-Gollwitzer, § 261, Rdnr. 36 m. Nachw.).

3. Über eine offenkundige Tatsache braucht zwar kein Beweis erhoben zu werden; wegen der Garantie des rechtlichen Gehörs in Art. 103 I GG muß sie aber zum Gegenstand der Hauptverhandlung gemacht werden (BGHSt 6, *295;* vgl. auch BVerfG *MDR 1960, 24*), es sei denn, daß sie *völlig selbstverständlich* ist und deswegen keiner ausdrücklichen Hervorhebung bedarf.

4. Die Führung eines *Gegenbeweises* ist bei den offenkundigen Tatsachen nicht schlechthin ausgeschlossen. Falls sie gelingt, lag dann genau genommen nur die fälschliche Annahme der Offenkundigkeit vor.

D. Beweisverbote

Literatur: B e l i n g, Die Beweisverbote als Grenzen der Wahrheitserforschung im Strafprozeß, 1903, Neudruck 1968; S e n d l e r, Die Verwertung rechtswidrig erlangter Beweismittel im Strafprozeß mit Berücksichtigung der anglo-amerikanischen und des französischen Rechts, Diss. Berlin 1956; G o s s r a u, Unterbleiben der Zeugenbelehrung als Revisionsgrund, MDR 1958, 468; S p e n d e l, Wahrheitsfindung im Strafprozeß, JuS 1964, 465; d e r s., Beweisverbote im Strafprozeß, NJW 1966, 1102; G r ü n w a l d, Beweisverbote im Strafverfahren, JZ 1966, 489 ff.; Deutscher Juristentag 1966, Band I, Gutachten, Teil 3 A: A n d e n a e s,

Nuvolone, Mueller, Peters, Rupp; Teil 3 B: Jescheck; Teil F: Referate von Sarstedt, S. 8ff., und Klug, S. 30ff.; Diskussionen, S. 73ff.; Kleinknecht, Die Beweisverbote im Strafprozeß, NJW 1966, 1537; Rud. Schmitt, Tonbänder im Strafprozeß, JuS 1967, 19; Honig, Beweisverbote und Grundrechte im amerikanischen Strafprozeß, 1967; Erdmann, Die Ausdehnung der strafprozessualen Garantien der US-Bundesverfassung auf den Strafprozeß der Einzelstaaten, 1969; Kühne, Strafprozessuale Beweisverbote und Art. 1 I GG, 1970; Otto, Grenzen und Tragweite der Beweisverbote im Strafverfahren, GA 1970, 289; Rudolphi, Die Revisibilität von Verfahrensmängeln im Strafprozeß, MDR 1970, 93; J. Blomeyer, Die Revisibilität von Verfahrensfehlern im Strafprozeß, JR 1971, 142; Kohlhaas, Strafprozessuale Beweisverbote im Straßenverkehrsrecht, DAR 1971, 62; Petry, Beweisverbote im Strafprozeß, 1971; Haffke, Schweigepflicht, Verfahrensrevision und Beweisverbot, GA 1973, 65; Krauß, Der Schutz der Intimsphäre im Strafprozeß, Festschrift für Gallas, 1973, 365; Lüderssen, Verbrechensprophylaxe durch Verbrechensprovokation?, Peters-Festschr., 1974, 349; Seiler, Beweismethodenverbote im österreichischen Strafprozeß, 447; Sydow, Kritik der Lehre von den „Beweisverboten", 1976; Dencker, Verwertungsverbote im Strafprozeß, 1977; Fezer, Grundfälle zum Verlesungs- und Verwertungsverbot im Strafprozeß, JuS 1978, 104, 325, 472, 612, 765; Gössel, Die Beweisverbote im Strafverfahren, Bockelmann-Festschrift, 1978, 801; Tiedemann, Privatdienstliche Ermittlungen im Ausland ..., Bockelmann-Festschr., 1978, 819; Rogall, Stand und Entwicklungstendenzen der Lehre von den strafprozessualen Beweisverboten, ZStW 91 (1979), 1; Gössel, Überlegungen zu einer neuen Beweisverbotslehre, NJW 1981, 2217; Bradley, Beweisverbote in den USA und in Deutschland, GA 1985, 99; Herrmann, Aufgaben und Grenzen der Beweisverwertungsverbote, Jescheck-Festschr., 1985, 1291.

Eine einheitliche Terminologie hat sich bei diesem schwierigen Problemkreis noch nicht durchgesetzt. Unter dem Oberbegriff der *Beweisverbote* werden hier alle die Rechtsnormen zusammengefaßt, die eine Einschränkung der Beweisführung im Strafverfahren enthalten. Sie zerfallen in die beiden Gruppen der *Beweiserhebungs-* (I, II) und *Beweisverwertungsverbote* (III), deren Erscheinungsformen im folgenden summarisch geschildert werden. Die Dogmatik befindet sich hier noch im Aufbruch, so daß alle mitgeteilten Ergebnisse nur vorläufigen Charakter besitzen.

I. Beweiserhebungsverbote; Begriff und Arten

1. Die strafprozessuale Aufklärungspflicht (vgl. insbes. §§ 160, 244) gilt nicht unbeschränkt; sie ist durch eine Anzahl von Beweiserhebungs-(Beweisgewinnungs-)verboten begrenzt. Nach ihnen dürfen entweder

a) bestimmte Tatsachen nicht zum Gegenstand der Beweisführung gemacht werden *(Beweisthemaverbote),* oder

b) bestimmte Beweismittel nicht verwendet werden *(Beweismittelverbote),* oder

c) bei der Beweiserhebung bestimmte Methoden nicht angewendet werden *(Beweismethodenverbote),* oder es darf

d) die Beweisgewinnung nur von bestimmten Personen angeordnet oder durchgeführt werden *(relative Beweisverbote).*

2. a) Die gesetzliche Regelung eines *Beweisthemaverbots* findet sich z.B. in den §§ 61f. BBG, 39 BRRG. Danach wird bei Staats- und Amtsgeheimnissen die

gerichtliche Aufklärung für den Fall ausgeschlossen, daß keine Aussagegenehmigung erteilt wird.

b) *Beweismittelverbote* sind in den §§ 52–55; 81 c III aufgestellt. Personen, die das Zeugnis oder die körperliche Untersuchung zu Recht verweigern, sind im Strafverfahren als Beweismittel ausgeschlossen.

c) Ein typisches *Beweismethodenverbot* enthält § 136 a (s. u. § 25 IV).

d) Ein *relatives Beweisverbot* statuiert § 81, der körperliche Eingriffe nur durch einen Arzt und nur auf Anordnung des Richters (bei Gefahr im Verzuge auch des Staatsanwalts und seiner Hilfsbeamten) gestattet; vgl. ferner §§ 98, 100, 105, 111 e, 111 n.

II. Sinn und Grundlagen der Beweiserhebungsverbote

1. Eine an keine Grenzen gebundene Aufklärung von Straftaten würde die Gefahr der Zerstörung vieler gemeinschaftlicher und persönlicher Werte in sich bergen. Die Wahrheitserforschung ist daher im Strafverfahren kein absoluter Wert; der Strafprozeß ist vielmehr selbst in die sittlichen und rechtlichen Rangordnungen unseres Staates eingebettet (vgl. dazu bereits oben § 1 und BGHSt *14, 358,* 365: „Es ist kein Grundsatz der StPO, daß die Wahrheit um jeden Preis erforscht werden müßte.").

2. Dieser Erkenntnis ist bei der Normierung der einzelnen Beweiserhebungsvoraussetzungen Rechnung getragen. Dazu zwei Beispiele:

a) Würde den nahen Angehörigen kein Zeugnisverweigerungsrecht gewährt, so stünde zu befürchten, daß das enge Vertrauensverhältnis innerhalb der Familie empfindlich gestört würde. Der durch Art. 6 I GG gebotene Schutz der Familie wird daher durch § 52 verwirklicht. Ähnliches gilt für die in § 53 genannten Berufskreise.

b) Viele andere die Beweisgewinnung regelnde Vorschriften der StPO sind geradezu Ausführungsgesetze zum Grundgesetz (§ 136 a – Art. 1 GG; §§ 81, 81 a, 81 c – Art. 2, 104 GG). Die Aufklärungspflicht ist hier besonders augenfällig durch die Grund- und Menschenrechte eingeschränkt.

III. Beweisverwertungsverbote

1. Sind die Voraussetzungen, an die die Beweiserhebung geknüpft ist, nicht beachtet worden, so stellt sich die Frage, ob die so erlangten Beweisergebnisse verwertet werden können, d. h. ob den Beweiserhebungsverboten stets Beweisverwertungsverbote entsprechen.

2. Das ist nicht *notwendig* der Fall. Ausdrückliche Regelungen eines Beweisverwertungsverbotes finden sich lediglich in § 136 a III, 2 (danach dürfen die unter Verstoß gegen das Beweismethodenverbot des § 136 a I, II zustande gekommenen Aussagen des Beschuldigten selbst dann nicht verwertet werden, wenn der Beschuldigte damit einverstanden wäre) und in § 51 I BZRG, nach dem getilgte oder tilgungsreife frühere Verurteilungen dem Betroffenen in einem neuen Strafverfahren grundsätzlich nicht mehr vorgehalten und zu seinem Nachteil verwertet werden dürfen (zur Verfassungsmäßigkeit dieser Regelung s. BVerfGE 36, 174).

Demnach ist es in keinem Fall gestattet, die getilgten oder tilgungsreifen oder nach § 19 BZRG entfernten Vorstrafen in dem neuen Strafverfahren strafverschärfend zu berücksichtigen (vgl. BGHSt *24, 378; 28, 338*). Dagegen ist es zulässig, auf eine schon getilgte frühere Verurteilung zurückzugreifen, *soweit* sich der Angeklagte zu seiner *Entlastung* auf diese beruft (vgl. BGHSt 27, 108). Im übrigen wird § 51 I BZRG durch die Rspr. restriktiv ausgelegt, insbes. nicht auf frühere, durch Einstellung beendete Verfahren angewandt (vgl. BGH NJW 1973, 289). Krit. zur gesetzlichen Regelung Dreher, JZ 1972, 618; Terhorst ZRP 1973, 5; s. demgegenüber Götz, JZ 1973, 496.

Alle anderen Fälle sind in der StPO nicht ausdrücklich geregelt und dementsprechend lebhaft umstritten. Den bisher einzigen Versuch einer generellen Lösung der Problematik bietet die vom BGH entwickelte sog. „Rechtskreistheorie" (grundlegend BGHStGrS 11, 213), derzufolge bei der Verletzung von Beweiserhebungsverboten die Revisibilität und damit auch die Verwertbarkeit der erlangten Beweise davon abhängt, ob die „Verletzung den Rechtskreis des Beschwerdeführers wesentlich berührt oder ob sie für ihn nur von untergeordneter oder von keiner Bedeutung ist. Bei dieser Untersuchung sind vor allem der Rechtfertigungsgrund der Bestimmung und die Frage, in wessen Interesse sie geschaffen ist, zu berücksichtigen" (aaO. S. 215). Auch diese Rechtskreistheorie ist aber heftig umkämpft (gegen sie vor allem Eb. Schmidt JZ 1958, 596 = Aufsätze, S. 68 ff.; Rudolphi 93; differenzierend Philipps, Bockelmann-Festschr., 1978, 831) und vielen Einwänden ausgesetzt. Denn einerseits hat der Angeklagte ein Recht darauf, daß nicht nur die speziell zu seinem Schutz bestimmten Vorschriften beachtet werden, sondern daß allgemein die Justizförmigkeit des Verfahrens gewährleistet bleibt; auch Verstöße in diesem Bereich berühren also seinen „Rechtskreis" und können ein Verwertungsverbot rechtfertigen, so daß dieses Kriterium zur Abschichtung wenig geeignet ist. Andererseits ist nicht gesagt und auch vom BGH nicht durchgehend angenommen worden, daß eine inkorrekte und den Rechtskreis des Angeklagten berührende Beweiserhebung ausnahmslos zur Unverwertbarkeit des Beweismittels führt (so jedoch Sydow, aaO.). Man tut daher gut, mit der Verwendung derart allgemeiner Formeln zurückhaltend zu sein und die Lösung für die einzelnen Beweiserhebungsverbote gesondert in einer abwägenden Analyse der jeweils verschiedenen Interessenlagen zu suchen (zust. Fezer, 325; Rogall, 1, 31). Dann ergibt sich für die wichtigsten Fälle folgendes:

a) Ist die nach § 52 erforderliche Belehrung der Angehörigen über ihr Zeugnisverweigerungsrecht unterblieben, so ist die gleichwohl erwirkte Aussage nach einhelliger Meinung unverwertbar; das erfordert der „Schutz der Familie des Angeklagten", den das Beweiserhebungsverbot bezweckt (BGHSt 11, 216). Entgegen dem BGH (E 22, 35) wird man die Aussage auch nach dem Tod des Zeugen für unverwertbar halten müssen, da die Vorschrift des § 52 nicht nur den Pflichtenwiderstreit des Zeugen verhindern will, sondern auch dem Schutz des Angeklagten dient (ebenso Peters JR 1968, 429; Fezer, 33; Michaelis NJW 1969, 730). Entsprechendes gilt für die an die Zeugnisverweigerungsrechte anschließenden Beschlagnahmeverbote des § 97.

b) Dagegen macht ein Verstoß gegen das Beweisthemaverbot des § 54 (ein Beamter hat ohne Aussagegenehmigung ausgesagt) die Aussage nicht unverwertbar (BGH MDR 1951, 275; NJW 1952, 151; Rogall, 31; sehr str., a.A. z.B.: Eb. Schmidt, II, § 54, Nr. 10; Peters, Gutachten zum 46. DJT, S. 108/109; Rudolphi, aaO., S. 98, Fezer, 474). Der BGH stützt diese Annahme auf die Erwägung, daß § 54 ausschließlich der Wahrung des Dienstgeheimnisses und nicht den Verteidigungsinteressen des Angeklagten diene. Das ist zumindest insoweit richtig, als das Geheimnis durch die Aussage bereits bekannt geworden und damit der gesetzgeberische Grund für die Unverwertbarkeit endgültig entfallen ist (vgl. Grünwald JZ 1966, 498); den präventiven Bedürfnissen ist durch die disziplinarrechtliche Verantwortlichkeit des Beamten Rechnung getragen. Sollte allerdings ein Gericht oder die Staatsanwaltschaft einen Beamten über das Bestehen des Zeugnisverweigerungsrechtes täuschen, würde der Grundsatz des „fair trial" die Verwertung der Aussage verbieten.

c) Wenn die nach § 55 II erforderliche Belehrung unterblieben ist, soll die Aussage des Zeugen nach Ansicht des BGH ebenfalls verwertbar bleiben, weil § 55 nur den Zeugen vor Nachteilen schützen solle, den Rechtskreis des Beschuldigten aber nicht berühre (BGHStGrS 11, 213; anläßlich dieses Falles ist die Rechtskreistheorie vornehmlich entwickelt worden). Dem lassen sich nicht nur die anfangs erörterten Einwände gegen die Rechtskreistheorie entgegenhalten; es ist vor allem darauf hinzuweisen, daß § 55 auch den Angeklagten vor der Belastung durch Aussagen schützen soll, deren Wahrheitswert wegen der Selbstbegünstigungstendenz des Zeugen von vornherein sehr zweifelhaft ist. Die besseren Gründe sprechen daher für ein Beweisverwertungsverbot (sehr str.; wie hier: Eb. Schmidt JZ 1958, 596 [= Aufsätze, S. 68]; Peters, Gutachten für den 46. DJT., S. 128/29; Rudolphi, aaO., S. 98; wie der BGH u.a. Grünwald, aaO., S. 498; Otto, aaO., 301).

Ist ein Angeklagter in einem früheren Verfahren als Zeuge vernommen worden und hat er dabei, ohne nach § 55 II belehrt worden zu sein, ihn belastende Aussagen gemacht, so dürfen diese Angaben in einem späteren Verfahren gegen ihn nicht verwendet werden (so wohl auch BayObLG, NJW 1984, 1246).

d) In zwei grundlegenden Entscheidungen (BGHSt 14, 358 – Tonbandfall; BGHSt 19, 325 – Tagebuchfall) hat der BGH ausgesprochen, daß heimliche Tonbandaufnahmen sowie Tagebuchaufzeichnungen, die die Intimsphäre betreffen, als Beweismittel im Strafprozeß grundsätzlich nicht verwendet werden dürfen, und zwar auch nicht mittelbar durch Vernehmung von Zeugen, die von dem Inhalt Kenntnis haben. Nur ausnahmsweise kann eine Güter- und Interessenabwägung zu einem anderen Ergebnis führen. Das ist bei einer Tonbandaufnahme der Fall, wenn sie in einer notwehrähnlichen Situation erfolgt (z.B. wird der erpresserische Anruf des Kindesentführers ohne Verstoß gegen § 201 StGB auf Tonband festgehalten). Bei Tagebuchaufzeichnungen wird man etwa die intimen Aufzeichnungen des Lustmörders über den Tathergang für verwertbar halten müssen, während der BGH die Heranziehung sexueller Tagebuchschilderungen zum Beweise eines Meineides zu Recht verboten hat. Die Kritik an diesen Urteilen (vgl. Heinitz JR 1964, 441;

Händel NJW 1964, 1139; Dünnebier MDR 1964, 965; Sax JZ 1965, 1; Spendel, aaO.) dürfte heute überholt sein, nachdem auch das BVerfG in E *34, 238* unter Berufung auf die Art. 1 und 2 GG heimliche Tonband-aufnahmen für unverwertbar erklärt hat, wenn sie entweder den schlecht-hin unantastbaren Kernbereich privater Lebensgestaltung berühren oder wenn sie zwar nur in die „schlichte Privatsphäre" eingreifen, ihre Benutzung als Beweismittel aber nicht durch ein überwiegendes Interesse der Allgemeinheit gerechtfertigt wird. Auch die Verwertung sog. Raum-gespräche im Zuge einer Telefonüberwachung ist unzulässig (vgl. i. e. § 34 c IV 3).

Entsprechendes gilt auch für heimliche Lichtbildaufnahmen (näher Bonares, Dünnebier-Festschr., 215). Danach sind heimliche Fotos jedenfalls dann verwert-bar, wenn sie nicht den Bereich privater Lebensgestaltung betreffen (OLG Schleswig NJW 1980, 352: ein Revisor des Finanzamtes wird heimlich fotogra-fiert, während er selbst im Spielcasino Geldscheine entwendet).

e) Äußerst umstritten ist auch die Frage, ob ein Verstoß gegen die Be-lehrungspflicht des § 136 zu einem Verwertungsverbot führt. Da § 136 unmittelbar dem Schutz des Beschuldigten dient, würde die Rechts-kreistheorie die Annahme eines Verwertungsverbotes nahelegen. Gleich-wohl hat sich der BGH zunächst auf den Standpunkt gestellt, daß aus einer Verletzung des § 136 kein Verwertungsverbot abgeleitet werden könne, weil auch die Erweiterung der Belehrungspflicht durch das StPÄG (vgl. dazu u. § 25 III 1 c) an der Natur des § 136 als einer irrevisiblen Ordnungsvorschrift (vgl. dazu u. § 53 E I) nichts geändert habe (BGHSt *22, 170*). Unter dem Druck der daran im Schrifttum geäußerten Kritik (vgl. Grünwald JZ 1966, 495; 1968, 752; Eb. Schmidt NJW 1968, 1209 = Aufsätze, S. 219; Schünemann MDR 1969, 101; Hanack JZ 1971, 169), hat er aber später für die die Hauptverhand-lung betreffende, sonst aber gleichlautende Belehrungspflicht des § 243 IV, 1 anerkannt, daß ihre Verletzung grundsätzlich einen revisiblen Verfahrensfehler darstellt und lediglich an den Nachweis, daß das Urteil darauf im Sinne des § 337 beruht, ungewöhnlich strenge Anforderungen gestellt (BGHSt *25, 325;* gegen die vom BGH für den Fall der Anwesen-heit eines Verteidigers befürwortete Verschiebung der Beweislast und gegen die Annahme, daß bei einem Nichtberuhen des Urteils auf der unterlassenen Belehrung bereits ein Gesetzesverstoß i. S. von § 337 fehle, mit Recht Hanack, JR 1975, 340; Dencker, MDR 1975, 359; Seelmann, JuS 1976, 157; Fezer, JuS 1978, 107). Entsprechend dürfen Angaben, die der Angeklagte vor der Belehrung gemacht hat, im Urteil nicht zu seinem Nachteil verwendet werden (OLG Stuttgart, NJW 1975, 703).

Dieser neueren Ansicht ist auch für § 136 zuzustimmen (so auch KK-Boujong, § 136, Rdnr. 27). Dagegen aber wieder BGHSt *31, 395* mit abl. Anm. K. Meyer, NStZ 1983, 564, Grünwald, JZ 1983, 717, Fezer, JR 1984, 341). Denn die Einordnung des § 136 als Ordnungsvorschrift ist, wie nunmehr auch der BGH anerkennt, eine bloße petitio principii (Rudolphi MDR 1970, 99); und das argumentum e contrario aus § 136 a

III, 2, mit dem die Gegenansicht die Verwertbarkeit einer unter Verstoß gegen die Belehrungspflicht des § 136 erlangten Aussage außerdem noch begründet, ist unschlüssig, weil § 136 a III, 2 nur besagt, daß eine Verwertung auch mit Einverständnis des Beschuldigten verboten ist, die Unverwertbarkeit bei Widerspruch des Beschuldigten aber als selbstverständlich voraussetzt (vgl. Schünemann MDR 1969, 101). Für ein Verwertungsverbot bei einer entgegen § 136 unterlassenen Belehrung spricht entscheidend der Vergleich mit dem Fall des § 52 (oben a): Wenn eine ohne Belehrung erlangte Angehörigenaussage unstreitig nicht zu Lasten des Beschuldigten verwertet werden darf, muß das für seine eigene, in Unkenntnis seiner prozessualen Rechte abgegebene Erklärung erst recht gelten (vgl. Fezer, 106). Unverwertbar ist auch eine ihn belastende Aussage, die ein Angeklagter in einem anderen Verfahren als Zeuge gemacht hat, ohne dort gem. § 55 II belehrt worden zu sein (vgl . oben c am Ende).

Ist eine Belehrung bei einer früheren Vernehmung unterblieben und sagt der Beschuldigte später nach Belehrung im selben Sinne aus, wird man zudem die Verwertbarkeit der zweiten Aussage von der zusätzlichen Belehrung abhängig machen müssen, daß die erste Bekundung unverwertbar sei (so Grünwald JZ 1968, 752 und Schünemann MDR 1969, 102, gegen BGHSt 22, 129); denn wenn der Beschuldigte die frühere Aussage nur deshalb wiederholt, weil er glaubt, sie ohnehin nicht mehr aus der Welt schaffen zu können, kann der weiterwirkende Prozeßverstoß nicht als geheilt angesehen werden.

f) Große praktische Bedeutung hat ferner der Fall, daß eine Blutprobe nach § 81 a oder ein sonstiges Untersuchungsergebnis in unzulässiger Weise erlangt wird, sei es, daß die Anordnung von einer unzuständigen Person (etwa einem einfachen Polizisten) getroffen oder der Eingriff von einem Nichtarzt (d.h. praktisch vor allem: von einem Medizinalassistenten) vorgenommen wird. Die ganz überwiegende Meinung hat bei einem solchen Verstoß das rechtswidrig erlangte Beweismittel bisher gleichwohl für verwertbar erklärt (vgl. BGHSt 24, 125 m. zahlr. Nachw.; zust. Schünemann, JA 1972, 635; Schöneborn, GA 1975, 33; Fezer, 613 jeweils m. w. N.; a. M. vor allem Eb. Schmidt, MDR 1970, 462; differenzierend Grünwald, JZ 1966, 496, der die Verwertbarkeit davon abhängig machen will, ob das Beweismittel im konkreten Fall – z. B. wegen bequemer Erreichbarkeit eines Arztes – auch bei ordnungsgemäßem Vorgehen erlangt worden wäre). Der h. M. ist zuzustimmen, denn § 81 a gibt (anders als die §§ 52, 55, 136) kein Recht, das Beweismittel aus dem Verfahren herauszuhalten, und soll auch nicht die Qualität des Beweismittels sichern. Sein Zweck erschöpft sich vielmehr darin, den Beschuldigten vor den Freiheitsbeschränkungen und gesundheitlichen Gefahren leichtfertiger oder unsachgemäßer Eingriffe zu bewahren. Dieser Schutz wird aber schon dadurch erreicht, daß die zum Eingriff unbefugte Person (z.B. der Nichtarzt) sich materiellrechtlich (wegen Freiheitsberaubung und Körperverletzung) strafbar macht; andererseits ist der Schutzzweck des § 81 a mit dessen Verletzung „erschöpft", so daß gegen die spätere Verwertung des rechtswidrig erlangten Beweismittels unter diesem Gesichtspunkt keine Bedenken bestehen. Erst wenn die Vorschrift des § 81a von der anordnenden Person bewußt mißachtet wird, begründet der Grundsatz des *„fair trial"* (s. o. § 11 V) ein Verwertungsverbot (vgl. Fezer, 614; Rogall, 31).

g) Wird das Anwesenheitsrecht des Beschuldigten (§§ 168c II, 168d I) verletzt, so dürfen die Ergebnisse einer richterlichen Zeugenvernehmung oder eines Augenscheins nicht verwertet werden. Das ist auch der Fall, wenn versehentlich eine Benachrichtigung des Beschuldigten unterblieb. Denn hier ist sein Anspruch auf rechtliches Gehör (Art. 103 I GG, 6 MRK) verletzt, da er die Chance verliert, auf das Beweisergebnis Einfluß zu nehmen (BGHSt *26, 332;* BGHSt *31, 140,* m. Anm. Fezer JZ 1983, 355, Temming StrV 1983, 52; Fezer, 330). Bei einer solchen Sachlage darf auch unter den Voraussetzungen des § 251 II die Aussage nicht als Niederschrift über eine „andere Vernehmung" verwertet werden (Peters, JR 1977, 477 gegen BayObLG JR 1977, 475).

h) Neuerdings ist strittig geworden, wie zu verfahren ist, wenn ein anderes Gesetz als die StPO (z. B. die KO) jemandem eine unbeschränkte Aussagepflicht auferlegt, durch deren Erfüllung er gezwungen wäre, eigene Straftaten (etwa Konkursvergehen) zu offenbaren. Nach BVerfGE 56, 37 bleibt in solchen Fällen die Aussagepflicht bestehen, doch darf die Aussage in einem Strafverfahren gegen den Aussagenden nicht ohne seinen Willen gegen ihn verwendet werden, vgl. dazu § 25 III, 6.

IV. „Die Früchte des vergifteten Baumes"

Wird ein Beweisverwertungsverbot bejaht, so stellt sich die weitere Frage, ob dies nur für das unmittelbar auf verbotenem Wege gewonnene Beweismittel gilt, oder ob auch die dadurch bloß mittelbar erlangten Beweismittel nicht verwertet werden dürfen (etwa, wenn der durch Drogen zum Plaudern gebrachte Beschuldigte das Versteck der Leiche preisgegeben hat, die Leiche daraufhin gefunden wird und seine Fingerabdrücke an ihr festgestellt werden; reicht die *Fernwirkung* der Beweisverbote so weit, daß die Fingerabdrücke nicht zu seiner Überführung herangezogen werden dürfen?). Im *amerikanischen* Strafprozeß ist zu diesem Problem die „fruit of the poisonous tree doctrine" entwickelt worden, nach der sich ein Beweisverwertungsverbot auch auf die mittelbar erlangten Beweismittel erstreckt (vgl. Mueller aaO., S. 38, u. Erdmann aaO., S. 137f., 201ff.). Auch im deutschen Strafprozeß ist eine Fernwirkung anzunehmen, denn andernfalls ließen sich die Beweisverbote zu leicht umgehen. Die Frage ist überaus umstritten. Für eine Fernwirkung: OLG Köln, NJW *1979, 1216;* Grünwald, 100; Otto, GA 1970, 293; Spendel, NJW 1966, 1105. Gegen eine Fernwirkung: OLG Stuttgart, NJW *1973, 1941;* Sarstedt, 23; Rogall, 39. Der BGH hat eine generelle Festlegung bisher vermieden. Doch hat er (E *29, 244* m. Anm. Riegel, JZ 1980, 757) immerhin bei einem Verstoß gegen das Gesetz zur Beschränkung des Brief-, Post- und Fernmeldegeheimnisses (G. 10) wegen des damit verbundenen Verstoßes gegen Art. 10 GG eine Fernwirkung bejaht. Dagegen soll nach BGHSt *32, 68* bei unzulässiger Telefonüberwachung (§ 100a) eine Fernwirkung nur insoweit bestehen, als die Geständnisse von Zeugen und Angeklagten unmittelbar auf dem Vorhalt unzulässiger Überwachungsprotokolle beruhen. Es soll für die Unverwertbarkeit nicht genügen, daß die Ermittlungsbehörden wahrscheinlich überhaupt nur aufgrund der unzulässigen Überwachung auf die Spur des Angeklagten gelangt sind. Das ist abzulehnen (ebenso mit differenzierenden Lösungsvorschlägen Wolter NStZ 1984, 276, Schlüchter, JR 1984, 517).

V. Rechtswidrige Beweisermittlungen durch Privatleute

Beweise können nicht nur durch die Strafverfolgungsorgane, sondern auch durch Privatleute gewonnen werden (z. B. ein Verletzter stellt selbst Ermittlungen an, um den Täter zu überführen). Wenn diese Privatpersonen dabei rechtswidrig vorgehen (etwa Urkunden entwenden) und die so gewonnenen Beweise den Ermittlungsbehörden zur Verfügung stellen, fragt es sich, ob die erlangten Beweise im Strafverfahren verwertet werden dürfen. Da die Verfahrensvorschriften der StPO (und vor allem die Beweismethodenverbote!) sich nur an die Strafverfolgungsorgane richten, sind derartige Beweise grundsätzlich verwertbar (a. A. Rogall, 40; ders., Der Beschuldigte als Beweismittel gegen sich selbst, 1977, S. 210f.); eine Ausnahme muß nur für Fälle extremer Menschenrechtswidrigkeit gelten (vgl. Kleinknecht NJW 1966, 1543), z. B. wenn ein Privater durch qualvolle Martern ein Geständnis erpreßt (Gössel, § 23 B II c, will auf die Verwertung privat erlangter Beweise generell § 136a anwenden, vgl. dazu u. § 25 IV). Ferner sind die *Beweismittelverbote* auch hier mit Beweisverwertungsverboten verknüpft, weil es bei ihnen nicht darauf ankommt, wer das Beweismittel erlangt hat. In der Tonbandentscheidung BGHSt *14, 358*, wo es um die heimliche Tonbandaufnahme eines Privaten ging (dasselbe gilt entsprechend auch für den Tagebuchfall!), kam der BGH dadurch zu demselben Ergebnis, daß er die Verwertung der Aufnahme durch die Strafverfolgungsorgane als eine neue, selbständige Menschenrechtsverletzung ansah (zust. Schmitt JuS 1967, 25).

§ 25. Der Beschuldigte im Beweisrecht

Literatur: Engelhard, Die Vernehmung des Angeklagten, ZStW 58, 335; Niederreuther, Die Wahrheitspflicht der Prozeßbeteiligten, GS 109, 64; Niese, Narkoanalyse als doppelfunktionelle Prozeßhandlung, ZStW 63, 199; Siegert, Zur Tragweite des § 136a StPO, DRiZ 1953, 98; Hardwig, Die Persönlichkeit des Beschuldigten im Strafprozeß, ZStW 66, 236; H. W. Schmidt, Ermüdung des Beschuldigten gemäß § 136a StPO, MDR 1962, 358; Eb. Schmidt, Verhaftungsantrag, Rechtsmittelerklärungen und § 136a StPO, JR 1962, 290; Walder, Die Vernehmung des Beschuldigten, dargestellt am Beispiel des zürcherischen und deutschen Strafprozeßrechtes, 1965; Wessels, Schweigen und Leugnen des Beschuldigten, JuS 1966, 169; Eser, Aussagefreiheit und Beistand des Verteidigers im Ermittlungsverfahren, ZStW 79 (1967) 565; Eb.

Schmidt, Sinn und Tragweite des Hinweises auf die Aussagefreiheit des Beschuldigten, NJW 1968, 1209 (= Aufsätze, S. 219); von Gerlach, Die Begründung der Beschuldigteneigenschaft im Strafverfahren, NJW 1969, 776; Seebode, Schweigen des Beschuldigten zur Person, MDR 1970, 185; Haffke, Die Belehrungspflichten der Polizei, Die Polizei 1972, 82; Walder, Einvernahmetechnik, SchwZStr 1972, 361; Eser, Der Schutz vor Selbstbezichtigung im deutschen Strafprozeßrecht, in: Dt. strafrechtl. Landesreferate z. IX. Internat. Kongreß f. Rechtsvergleichung, 1974, 136; Dencker, Belehrung des Angeklagten über sein Schweigerecht und Vernehmung zur Person, MDR 1975, 359; Helgerth, Der „Verdächtige" als schweigeberechtigte Auskunftsperson und selbständiger Prozeßbeteiligter neben dem Beschuldigten und den Zeugen, Diss. Erlangen 1976; Rogall, Der Beschuldigte als Beweismittel gegen sich selbst, 1977; Bruns, Der „Verdächtige" als schweigeberechtigte Auskunftsperson, Schmidt-Leichner-Festschr., 1977, 1; Montenbruck, „Entlassung aus der Zeugenrolle" – Versuch einer Fortentwicklung der materiellen Beschuldigtentheorie, ZStW 89 (1977) 878; Krause, Die informatorische Befragung, Die Polizei 1978, 305; Puppe, List im Verhör des Beschuldigten, GA 1978, 289; Rieß, Die Vernehmung der Beschuldigten im Strafprozeß, JA 1980, 293; Seebode, Über die Freiheit, die eigene Strafverfolgung zu unterstützen, JA 1980, 493; Bringewat, „Der Verdächtige" als schweigeberechtigte Auskunftsperson?, JZ 1981, 289; Wegner, Täterschaftsermittlung durch Polygraphie, 1981; Delvo, Der Lügendetektor im Strafprozeß der U.S.A., 1981; Fincke, Zum Begriff des Beschuldigten und den Verdachtsgraden, ZStW 95 (1983), 919; Prittwitz, Der Lügendetektor im Strafprozeß, MDR 1981, 886; Achenbach, Polygraphie pro reo? NStZ 1984, 350; Dingeldey, Das Prinzip der Aussagefreiheit im Strafprozeß, JA 1984, 407; Eisenberg, Vernehmung und Aussage (insbesondere im Strafverfahren) aus empirischer Sicht, JZ 1984, 912, 961; Gundlach, Die Vernehmung des Beschuldigten im Ermittlungsverfahren, 1984; Wulf, Strafprozessuale und kriminalpraktische Fragen der polizeilichen Beschuldigtenvernehmung usw., 1984.

I. Der Beschuldigte als Beweismittel

Der Beschuldigte ist nicht nur Prozeßsubjekt, d.h. Verfahrensbeteiligter mit selbständigen Verfahrensrechten, sondern auch Beweismittel. Dabei ist zu unterscheiden:

1. Die Aussagen des Beschuldigten und sein Auftreten in der Hauptverhandlung spielen ohne Zweifel für die Urteilsbildung des Gerichts eine große Rolle. Ja, es ist möglich, daß sich ein Urteil ausschließlich auf die Aussage des Beschuldigten, z.B. auf sein Geständnis, stützt. Trotzdem ist der Beschuldigte insoweit nicht Beweismittel im technischen Sinn, wie es der Zeuge ist; der Beschuldigte „darf nicht gezwungen werden, gegen sich selbst als Zeuge auszusagen oder sich schuldig zu bekennen" (Art. 14 III g des Internationalen Paktes über staatsbürgerliche und politische Rechte, den die BRD am 17. 12. 1973 ratifizierte, BGBl. II, 1973, S. 1533). Zum Verbot einer Selbstbelastungspflicht vgl. i. e. Rogall, 104; Helgerth, 156. Gegen jede Bezeichnung der Beschuldigtenaussage als Beweismittel Prittwitz, Der Mitbeschuldigte im Strafprozeß, 1984, 197; er leitet die Verwertbarkeit seiner Aussage aus dem Grundsatz des rechtlichen Gehörs her.

2. Beweismittel im technischen Sinn (Gegenstand des Augenscheins) ist der Beschuldigte nur insoweit, als er auf seinen psychischen Zustand oder körperlich untersucht wird, wenn von ihm Lichtbilder bzw. Finger-

abdrücke usw. aufgenommen werden (§§ 81, 81 a, b) sowie wenn er einem Zeugen gegenübergestellt wird. Dabei verstößt auch eine zwangsweise Gegenüberstellung nicht gegen § 136 a, der lediglich die Vernehmung betrifft (vgl. KG NJW *1979, 1668*).

II. Die Erscheinenspflicht des Beschuldigten

Der Beschuldigte war früher nur zum Erscheinen vor dem Richter verpflichtet. Das 1. StVRG hat nun (gegen das Votum des Juristentages 1974) eine Pflicht auch zum Erscheinen vor dem StA angeordnet (§ 163 a III mit § 161 a und weiteren Verweisungen). Kommt der Beschuldigte nicht, so kann die StA ihn vorführen lassen (zu den Einzelheiten vgl. §§ 163 a III, 133 ff. und u. § 31 B II 2). Die Neuregelung, die im Interesse der Verfahrensbeschleunigung die staatsanwaltschaftlichen Kompetenzen im Ermittlungsverfahren wesentlich verstärkt, wird Vernehmungen durch den Ermittlungsrichter, wie sie bisher in weitem Umfange notwendig und üblich waren, künftig zwar einschränken, aber keineswegs ausschließen. Denn wenn der Beschuldigte erklärt, nur vor dem Richter aussagen zu wollen, bleibt der StA, sofern sie auf die Aussage nicht verzichten will, auch in Zukunft nichts übrig, als nach Maßgabe des § 162 die richterliche Vernehmung zu beantragen. Auch die erhöhte Beweiskraft richterlicher Geständnisprotokolle (§ 254!) wird weiterhin zu Anträgen auf richterliche Vernehmungen im Vorverfahren führen.

III. Die Vernehmung des Beschuldigten

1. Die Vernehmung des Beschuldigten geht in allen Verfahrensstadien im wesentlichen auf die gleiche Art vor sich (s. §§ 136; 163 a III, IV; 243 II, IV):

a) Zuerst ist ihm zu eröffnen, welche *Tat* ihm zur Last gelegt wird und welche Strafvorschriften in Betracht kommen (das letztere ist bei der Polizei entbehrlich).

b) Danach ist er über seine „*persönlichen Verhältnisse*" zu vernehmen. Diese Vernehmung dient grundsätzlich nur der *Feststellung der Identität,* d.h. sie darf sich allein auf die in § 111 OWiG genannten Umstände erstrecken. Alle Fragen persönlicher Natur, welche für die Schuld- oder Straffrage erheblich sind, gehören zur Vernehmung zur Sache. Die abweichende ältere Lehre und Praxis verkennt, daß der Beschuldigte nur bezüglich seiner „Personalien" zur Aussage verpflichtet ist (Einschränkungen s. u. 2), während er zu allen die „Sache" (d.h. Schuld- und Straffrage) betreffenden Umständen schweigen darf und entsprechend zu belehren ist (§§ 136 I, 2; 163 a III, IV; 243 IV, 1). Aussagen zur Sache, die anläßlich der Vernehmung zur Person gemacht werden, ohne daß der Angeklagte über sein Schweigerecht belehrt worden wäre, dürfen nicht verwertet werden, wenn er hernach die Einlassung zur Sache verweigert (OLG Hamburg MDR 1976, 601; BayObLG JZ 1984, 440; vgl. auch o. § 24 D III 2 e). Zulässig ist es freilich, im Rahmen der Vernehmung zur

Person rein prozessual erhebliche persönliche Umstände wie die Verhandlungsfähigkeit (vgl. o. § 21 B III 1) oder die Fähigkeit zur selbständigen Verteidigung (§§ 140 II, 141 II) zu klären, die ohnehin in jeder
Lage des Verfahrens zu berücksichtigen sind (vgl. zum Ganzen Kl./M.,
§ 243, Rdnr. 5–7).

c) Dann ist er darüber zu *belehren,* daß es ihm nach dem Gesetz
freistehe, ob er zur Sache aussagen wolle oder nicht, daß er auch vorher
einen von ihm gewählten Verteidiger befragen oder seine Äußerung ggf.
schriftlich abgeben könne (zu den Folgen eines Verstoßes gegen diese
Belehrungspflicht s. o. § 24 D III, 2 e). Daran schließt sich die weitere
Belehrung an, daß der Beschuldigte zu seiner Entlastung einzelne Beweiserhebungen beantragen könne.

d) Schließlich ist der Beschuldigte *zur Sache* zu vernehmen. Dazu
gehören neben den Einzelheiten der Tat auch alle über die reinen
Personalien hinausgehenden persönlichen Daten, namentlich Vorstrafen
(vgl. § 243 IV, 3), aber auch Familien-, Arbeits- und Vermögensverhältnisse, Ausbildungs- und Entwicklungsgang, schwere Krankheiten, erb-
liche Belastungen, sein Verhältnis zu Mitangeklagten und Zeugen usw.
Analog § 69 ist der Beschuldigte zu veranlassen, seine Aussage zunächst
in Form eines *zusammenhängenden Berichts* zu machen, bevor man ihm
bestimmte Einzelfragen vorlegt. Dabei ist ihm Gelegenheit zu geben, die
gegen ihn vorliegenden Verdachtsgründe zu beseitigen und die zu seinen
Gunsten sprechenden Tatsachen geltend zu machen (zu den empirischen
Problemen von Vernehmung und Aussage Eisenberg aaO).

2. Umstritten ist, ob der Beschuldigte zur Angabe seiner *Personalien*
verpflichtet ist und im Falle der Weigerung nach § 111 OWiG mit
Geldbuße belegt werden kann. Grundsätzlich dürfte eine solche Pflicht
aus § 136 I, 2, wo nur von der Aussage zur Sache die Rede ist, per
argumentum e contrario zu schließen sein. (Zur Befugnis von Polizeibeamten, im Ermittlungsverfahren die Personalien aufzunehmen, vgl.
BGHSt 25, 13; Helgerth, 105). Wenn die Angabe der Personalien aber im
Einzelfall einer Selbstbezichtigung gleichkäme, kann eine Ordnungswidrigkeit nach § 111 OWiG wegen Unzumutbarkeit normgemäßen Verhaltens entfallen (gegen jede Pflicht zur Personalienangabe Seebode aaO.,
Eser aaO., 152, Dingeldey aaO., 412). Dagegen gehört der Beruf nicht zu
den Personalien und braucht deshalb auch nicht angegeben zu werden
(OLG Celle, MDR 1977, 955, BayObLG, NJW 1979, 1054).

3. Uneinigkeit besteht ferner auch darüber, ob den Beschuldigten bei
seiner Aussage zur Sache eine „*Wahrheitspflicht*" trifft (vgl. Eb. Schmidt,
II, § 136 Nr. 10–15). Der Streit ist weitgehend müßig, denn prozessuale
Sanktionen zieht eine Lüge des Beschuldigten auf keinen Fall nach sich.
Sein Leugnen darf ihm daher nicht schon als solches bei der Strafzumessung zum Nachteil gereichen. Die Rechtsprechung kommt aber praktisch
doch zu diesem Ergebnis, wenn sie hartnäckiges Leugnen als Indiz für
Verstocktheit und mangelnde Einsichtsfähigkeit wertet und die Strafe
deswegen schärft (vgl. BGHSt 1, 104, 342).

4. Da nach dem StPÄG auch die Polizei verpflichtet ist, dem Beschuldigten die ihm zur Last gelegte Tat zu eröffnen und ihn über seine Rechte zu belehren, taucht das Problem auf, von welchem *Zeitpunkt* an eine in den Kreis der Ermittlungen einbezogene Person als Beschuldigter anzusehen ist. Eine ausdrückliche Bezichtigung ist dafür wohl nicht nötig (dann hätte es die Polizei in der Hand, den § 163a IV zu umgehen!), doch muß analog § 397 I AO ein Strafverfolgungsorgan eine Maßnahme getroffen haben, die erkennbar darauf abzielt, wegen einer möglichen Straftat gegen diese Person vorzugehen (Rogall, 24 ff.; vgl. ferner v. Gerlach, 776; Helgerth, 11, 37.; Bruns, Schmidt-Leichner-Festschr., 1977, 1). Eine informatorische Vorbefragung, durch die erst geklärt werden soll, ob Ermittlungen gegen eine bestimmte Person aufzunehmen sind, unterliegt deshalb noch nicht der Belehrungspflicht; die dabei gemachten Äußerungen des später Beschuldigten dürfen verwertet werden, auch wenn er nachher die Aussage verweigert (BGH *NStZ 1983, 86*; dazu ter Veen, StrV 1983, 293).

Macht also ein Unfallbeteiligter ohne Befragen von sich aus Äußerungen gegenüber einem Polizeibeamten, so ist er in diesem Zeitpunkt noch nicht Beschuldigter, seine Aussage kann dann in einer späteren Hauptverhandlung gegen ihn verwertet werden, auch wenn er nicht nach § 163a IV, 136 I, 2 belehrt worden war (OLG Stuttgart MDR 1977, 70; Rogall, MDR 1977, 978).

5. In analoger Anwendung der §§ 136 I 2, 163a IV 2, 163a V wird man auch dem Sachverständigen (a. A. BGH JZ 1969, 437) und dem Gerichtshelfer für ihre ermittelnde Tätigkeit eine Belehrungspflicht auferlegen müssen (vgl. für den Gerichtshelfer Bottke, MSchrKrim 1981, 62; ders., ZentralBl. f. JugendR 1980, 12; Lange, Die Gerichtshilfe ..., Diss. Freiburg 1980, 171). Denn was für Richter, Staatsanwalt und Polizei gilt, sollte für die Gehilfen von Richtern und Staatsanwälten nicht weniger maßgebend sein (vgl. Arzt, JZ 1969, 438); zudem hat der BGH selbst die Anwendbarkeit des § 136a auf Sachverständige bejaht (s. u. IV, 1d a. E.; dazu Fincke, ZStW 86 (1974), 656).

6. Ferner wird man § 136 insoweit analog anwenden müssen, als ein Aussageverweigerungsrecht in anderen Gesetzen (z. B. der KO) besteht, wenn der Aussagende (etwa der Gemeinschuldner) durch wahrheitsgemäße Angaben sich der Gefahr der Strafverfolgung aussetzen würde. Nach BVerfGE 56, 37 soll in diesen Fällen allerdings kein Aussageverweigerungsrecht, sondern nur ein strafrechtliches Verwertungsverbot bestehen (vgl. § 24 III, 2, h).

IV. Verbotene Vernehmungsmethoden

1. Aus der Stellung des Beschuldigten als Prozeßsubjekt folgt, daß seine freie Willensentschließung und -betätigung auch in seiner Rolle als Beweismittel nicht beeinträchtigt werden darf. Dem trägt die StPO Rechnung, indem sie in § 136a eine Reihe von *Vernehmungsmethoden* schlechthin *verbietet*.

Danach sind unzulässig:

a) alle Formen körperlich wirkender Beeinflussung (Mißhandlung, Ermüdung, körperlicher Eingriff, Verabreichung von Mitteln),

b) alle Formen unmittelbar seelischer Einwirkung (Täuschung, Hypnose, Drohung, Versprechen eines gesetzlich nicht vorgesehenen Vorteils, Quälerei),

c) prozeßordnungswidriger Zwang und

d) Maßnahmen, die das Erinnerungsvermögen und die Einsichtsfähigkeit beeinträchtigen.

Die Effektivität dieses Verbots wird dadurch garantiert, daß seine Verletzung die Aussage *unverwertbar* macht (§ 136a III, 2); sie scheidet als Beweismittel völlig aus (Beweisverwertungsverbot; vgl. dazu schon oben § 24 D). Dafür genügt nach BGHSt *13, 61* die bloße Möglichkeit, die Verletzung des § 136a könne für die Aussage ursächlich gewesen sein. Das Verwertungsverbot gilt auch, wenn bei einer späteren ordnungsmäßigen Vernehmung die lähmende Wirkung eines vorher angewandten Druckmittels weiter fortwirkt (BGHSt *17, 364*; einschränkend BGHSt *22, 133*).

§ 136a ist eine Ausformung des Art. 1 GG (BGHSt *5, 333*). Deshalb erklärt das Gesetz eine etwaige *Einwilligung* des Beschuldigten in die Vernehmung wie auch in die Verwertung der verbotswidrig zustandegekommenen Aussage (und damit auch seinen ausdrücklichen Wunsch!) für schlechthin *unbeachtlich* (§ 136a III). Daher gilt § 136a auch für das ganze Verfahren, insbesondere die Vernehmung durch StA und Polizei (§ 163a III, IV), aber auch für die Untersuchung durch den Sachverständigen (BGHSt *11, 212*).

2. Im einzelnen wirft § 136a manche Zweifelsfrage auf:

a) Die Aufzählung ist *nicht abschließend*, vielmehr soll jegliche Beeinträchtigung der Aussagefreiheit unzulässig sein. Deshalb hat der BGH auch die Verwendung des Polygraphen *(Lügendetektors)* generell für verboten erklärt, weil die Erforschung unbewußter seelischer Regungen mit Hilfe der Messung von Körpervorgängen in den unantastbaren innersten Bezirk der Persönlichkeit eindringe (BGHSt *5, 332*; krit. dazu Undeutsch, ZStW 87 [1975], 650 mit Antikritik von Peters, ebda. 663). Neuerdings wird vor allem diskutiert, ob nicht wenigstens der Einsatz des Polygraphen zugunsten des Beschuldigten zugelassen werden sollte (Amelung, NStZ 1982, 38; Delvo, S. 213, 373; Prittwitz, MDR 1982, 886; Schwabe, NJW 1982, 367; Wegner, aaO., 184; ablehnend BVerfG *NStZ 1981, 446*). Genauere Befassung mit den Methoden der Polygraphie mahnt indes auch insoweit zur Vorsicht (L.-R.[24]-Hanack, § 136a, Rdnr. 56; zusammenfassend Achenbach, NStZ 1984, 350 m. w. N.

b) Wann eine unzulässige *Ermüdung* vorliegt, kann zweifelhaft sein (vgl. dazu E. Döhring, Die Erforschung des Sachverhalts, 1964, 209ff.). Die Vernehmung (BGHSt *1, 376*), ja selbst die Hauptverhandlung zur Nachtzeit (BGHSt *12, 332*) sind nach Ansicht des BGH nicht grundsätzlich verboten. Es kommt allein darauf an, ob der Beschuldigte tatsächlich so ermüdet ist, daß eine Beeinträchtigung der Willensfreiheit zu besorgen ist (BGHSt *1, 379*), wobei weder erforderlich ist, daß dieser Zustand absichtlich, noch auch nur, daß er überhaupt durch die Vernehmung herbeigeführt worden ist. Deshalb hat der BGH zu Recht § 136a angewendet, als ein Beschuldigter vor seinem Geständnis 30 Stunden nicht geschlafen hatte (BGHSt *13, 60*).

c) Unter die *Verabreichung von Mitteln* fällt vor allem die sog. Narkoanalyse, d. h. die Injektion hemmungslösender Mittel (vgl. OLG Hamm DRZ 1950, 212; BGHSt *11, 211*). Sogar schon die bloße Hingabe von Zigaretten kann bei starken Rauchern Einfluß auf die Willensentschließung nehmen (BGHSt *5, 291*). Erst recht gilt das für die Verabreichung enthemmender Alkoholika. Wenn andererseits der Beschuldigte schon in angetrunkenem Zustand zur Vernehmung erscheint, so ist seine nach Belehrung gemachte Aussage so lange verwertbar, wie seine Zurechnungsfähigkeit nicht vermindert ist und seine Verhandlungsfähigkeit erhalten bleibt (vgl. Eb. Schmidt, NJW 1962, 664 = Aufsätze, S. 113ff. unter II).

d) *Mißhandlung* ist die Zufügung überwiegend körperlich wirkender, *Quälerei* die Zufügung längerdauernder, überwiegend seelischer Schmerzen. Instruktiv BGHSt *15, 187*: Ein der Ermordung seines Sohnes verdächtiger Vater wurde nach mehrmaliger Androhung zur Leiche seines Kindes geführt, brach dort weinend zusammen und legte ein Geständnis ab; der BGH bejahte Quälerei.

e) Mit der h. M. ist anzunehmen, daß der Begriff der *Täuschung* einengend auszulegen ist (näher KK – Boujong, § 136a, Rdnr. 19ff.). Die bloße *List* gilt allgemein als zulässig; dagegen ist die bewußte Lüge als unzulässig anzusehen (zur Interpretation dieser Begriffe vgl. OLG Köln, GA 1973, 119; Puppe, GA 1978, 289). Im übrigen kann nur entscheidend sein, ob die Aussagefreiheit des Beschuldigten im konkreten Fall erhalten geblieben ist (eingehend zum Ganzen L.-R.[24]-Hanack, § 136a, Rdnr. 33ff.).

f) Mittel der *Drohung* müssen *prozeßordnungswidrige Maßnahmen* sein. Deshalb hat der BGH mit Recht die Androhung einer zulässigen vorläufigen Festnahme als erlaubt angesehen (GA 1955, 246).

g) Das Verbot des *Versprechens* „gesetzlich nicht vorgesehener" *Vorteile* ist mißverständlich formuliert (vgl. dazu L.-R.[24]-Hanack, § 136a, Rdnr. 50ff.; Eb. Schmidt, Nachtr. I, Rdnr. 11). Nach der Rechtsprechung des BGH (E *1, 387; 14, 191; 20, 268*) ist nur das ausdrückliche Versprechen (etwa die Zusage, den Angeklagten bei einem Geständnis aus der U-Haft zu entlassen oder ihn bei Preisgabe seiner Komplizen nicht zu verfolgen) verboten; die bloße Belehrung, die dem Beschuldigten nur in Erinnerung ruft, was er sich auch selbst sagen könnte (z.B. der Hinweis, daß sich angesichts der erdrückenden Beweise ein Geständnis für die Strafzumessung günstig auswirken könne), ist dagegen zulässig.

3. Neuerdings wird der Rechtsgedanke des § 136a auch herangezogen, um ein Verwertungs- oder sogar ein absolutes Strafverfolgungsverbot in den Fällen zu begründen, in denen polizeiliche Lockspitzel den Beschuldigten in rechtsstaatswidriger Weise zu Straftaten gedrängt haben (vgl. § 21 B III 4).

§ 26. Der Zeuge

Literatur: Lenckner, Aussagepflicht, Schweigepflicht und Zeugnisverweigerungsrecht, NJW 1965, 321; v. Zezschwitz, Verfassungsrechtliche Problematik administrativer Aussagebeschränkungen im Strafprozeß, NJW 1972, 796; Zipf, Die Problematik des Meineids innerhalb der Aussagedelikte, Festschr. f. Maurach, 1972, 415; Haffke, Schweigepflicht, Verfahrensrevision und Beweisverbot, GA 1973, 65; Welp, Die Geheimsphäre des Verteidigers in ihren strafprozessualen Funktionen, Festschr. f. Gallas, 1973, 391; Lange, Zur Problematik der Eidesverweigerung, ebda. 427; Heimann-Trosien, Zur Beibehaltung und Fassung des Eides, JZ 1973, 609; Lenckner, Mitbeschuldigter und

Zeuge, Festschr. f. K. Peters, 1974, 333; H a u s e r, Der Zeugenbeweis im Strafprozeß etc., Zürich 1974; J u n g, Zeugnisverweigerungsrecht und Wahrheitsfindung, MschrKrim 1974, 285; S t o l l e i s, Eideszwang und Glaubensfreiheit, JuS 1974, 770; S c h ö n e b o r n, Das Problem der Rollenvertauschung und des Zeugnisverweigerungsrechts bei mehreren Mitbeschuldigten in rechtsvergleichender Betrachtung, ZStW 86 (1974), 921; M. J. S c h m i d, Die Aussagegenehmigung für Beamte im Strafprozeß, JR 1978, 8; D o s e, Der Sitzungsvertreter der StA als Zeuge in der Hauptverhandlung, NJW 1978, 349; G ü n t e r, Einführung in das Recht des Zeugenbeweises, JA 1979, 427; R e n g i e r, Die Zeugnisverweigerungsrechte im geltenden und künftigen Strafverfahrensrecht, 1979; N ö l d e k e, Polizeibeamte als Zeugen vor Gericht, NJW 1979, 1644; B a u m a n n, Die Auseinanderentwicklung der Prozeßrechte, Festschr. für Fritz Baur, 1981, 187; H a m m e r s t e i n, Der Anwalt als Beistand „gefährdeter" Zeugen, NStZ 1981, 125; S c h o e n e, Wann ist ein gem. § 51 StPO ergangener Ordnungsbeschluß beschwerdefähig? GA 1980, 418; W u l f, Opferschutz im Strafprozeß, DRiZ 1981, 374; P r i t t w i t z, Der Mitbeschuldigte – ein unverzichtbarer Belastungszeuge?, NStZ 1981, 463; T h o m a s, Der Zeugenbeistand im Strafprozeß, NStZ 1982, 489; D e d e s, Grenzen der Wahrheitspflicht des Zeugen, JR 1983, 99; G r ü n w a l d, Die Verfahrensrolle des Mitbeschuldigten, Klug-Festschr., 1983, D a h s, Zum Persönlichkeitsschutz des „Verletzten" als Zeuge im Strafprozeß, NJW 1984, 1921; E i s e n b e r g, Vernehmung und Aussage (insbesondere im Strafverfahren) aus empirischer Sicht, JZ 1984, 912, 961; M u s c h a l l i k, Die Befreiung von der ärztlichen Schweigepflicht und vom Zeugnisverweigerungsrecht im Strafprozeß, Diss. Köln, 1984; 493; P r i t t w i t z, Der Mitbeschuldigte im Strafprozeß, 1984; B e n d e r, Die „lebendige Erinnerung" und der „gewordene Sachverhalt" in der Zeugenaussage, StrV 1984, 127; Medienfreiheit und Strafverfolgung (Vortragssammlung), 1985.

A. Begriff

Zeuge ist, wer, ohne durch eine andersartige Verfahrensrolle von dieser Position ausgeschlossen zu sein, „vor dem Richter seine Wahrnehmungen über Tatsachen durch Aussage kundgeben soll" (RGSt 52, 289).

I. Zeugnisfähig ist *jedermann;* auch Geisteskranke und Kinder können Zeugen sein, ebenso Verwandte oder Angehörige des Angeklagten (so kann sehr wohl die Frau des Angeklagten Zeugin sein), Personen, die mit ihm befreundet oder verfeindet oder wirtschaftlich von ihm abhängig sind (z.B. Angestellte), endlich auch Personen, die übel beleumdet oder gar wegen Meineids verurteilt sind.

II. Sachverständige Zeugen sagen aus, was sie auf Grund ihrer besonderen Sachkunde wahrgenommen haben; sie sind also Zeugen, nicht Sachverständige (§ 85; vgl. dazu unten § 27 A III). Wenn also z.B. ein Arzt aussagt: Ich habe die X am 15. Januar 1978 untersucht und dabei festgestellt, daß sie im 4. Monat schwanger war, so ist er sachverständiger Zeuge.

III. Verhältnis zu anderen Verfahrensrollen

1. Der *Beschuldigte* kann nicht Zeuge sein.

a) Er kann also nicht, wie im anglo-amerikanischen Strafprozeß, als Zeuge in eigener Sache auftreten.

b) Ebensowenig kann ein *Mitbeschuldigter* als Zeuge über den Tatbeitrag eines anderen Beschuldigten vernommen werden.

Mitbeschuldigter ist dabei jeder der Tatbeteiligung Verdächtige, gegen den wegen derselben Tat ermittelt wird, und zwar unabhängig von seiner formalen Prozeßrolle (Schlüchter, Rdnr. 479). Demgegenüber stellt die h.M. darauf ab, ob die vermutlichen Komplizen *gleichzeitig* in *demselben* Verfahrensabschnitt Beschuldigte sind (vgl. BGHSt 10, 8; NStZ 1984, 464, m. Anm. Prittwitz u. Meyer-Goßner, StrV 1984, 361; 1985, 89). Sie läßt sogar die Trennung der Verfahren zu, die lediglich dazu dienen soll, eine Vernehmung des bisherigen Mitbeschuldigten als Zeugen zu ermöglichen (RGSt 69, 390). Eine solche vorsätzliche *Rollenvertauschung* stellt aber nur eine unwürdige Manipulation dar (instruktiv BGH JR 1969, 148 m.Anm.v. von Gerlach: Abtrennung nur für die Dauer der Vernehmung; einschränkend neuerdings BGHSt 24, 257 – dazu unten § 42 F II 4 –) und hat prozessual bedenkliche Konsequenzen. Denn wenn ein Mitbeschuldigter als Zeuge betrachtet wird, muß er bei einer Falschaussage mit einer Bestrafung nach § 153 StGB rechnen, mit der er vorher nicht bedroht war. Das verschlechtert nicht nur seine Verteidigungsposition, sondern beschwört auch die Gefahr von Fehlurteilen herauf, weil das Gericht im Hinblick auf § 153 StGB einer solchen „Zeugenaussage" eher glauben, sie aber gleichwohl oft falsch sein wird. Grundlegende Bedenken gegen die Verwertung belastender Aussagen von Mitbeschuldigten bei Prittwitz, 1981 und 1984 aaO. Er vertritt konsequent einen rein materiellen Beschuldigtenbegriff. Danach ist es nicht nur unzulässig, bei getrennter Verhandlung einen materiell Mitbeschuldigten als Zeugen zu hören. Vielmehr soll auch bei gemeinsamer Verhandlung die Aussage eines Mitbeschuldigten nicht gegen den Angeklagten verwertet werden dürfen, weil der Mitbeschuldigte dadurch der Sache nach zum Zeugen gemacht werde.

Allerdings ist zuzugeben, daß ein von der formalen Prozeßrolle gelöster materieller Beschuldigtenbegriff mit dem geltenden Recht nicht leicht zu vereinbaren ist (gegen die Vereinbarkeit Grünwald aaO.) Denn wenn § 60 Nr. 2 die Vereidigung eines teilnahmeverdächtigen Zeugen verbietet, scheint er davon auszugehen, daß ein Beteiligter, wenn er nicht im selben Verfahren angeklagt wird, jedenfalls Zeuge ist. Vom hier vertretenen Standpunkt aus wird man jedoch § 60 Nr. 2 so auslegen können, daß er nur eingreift, wenn ein bis dahin unverdächtiger Zeuge im Laufe der Vernehmung in Verdacht gerät, ohne daß gegen ihn selbst als Beschuldigten schon ermittelt wird. Ferner wird man annehmen müssen, daß mit den in §§ 219, 223 erwähnten „Zeugen" auch Mitbeschuldigte gemeint sind. Eine gesetzliche Klarstellung der Prozeßrolle des Mitbeschuldigten wäre wünschenswert (näher Grünwald aaO.).

2. Die Zeugnispflicht geht der Stellung als amtierender *Richter* vor. Wird dieser als Zeuge vernommen, so ist er fortan nach § 22 Nr. 5 von der Ausübung des Richteramts ausgeschlossen und durch seinen regelmäßigen Vertreter (s. §§ 21 e/f/g, 70 GVG) zu ersetzen. Um zu verhindern, daß ein Beschuldigter einen ihm nicht genehmen Richter durch Zeugenbenennung willkürlich ausschaltet, läßt die Rechtsprechung allerdings die Ablehnung des Antrags auf seine Vernehmung zu, wenn er dienstlich erklärt, zur Beweisfrage nichts zu wissen (BGHSt 7, 44, 330).

3. Auch der *Staatsanwalt* ist gänzlich von der weiteren Anklagevertretung ausgeschlossen, wenn er als Zeuge vernommen worden ist (BGHSt. 14, 265; BGH NStZ 1983, 135), weil die „für den Schlußvortrag unentbehrliche Sachlichkeit und Objektivität" (BGHSt 21, 90) dann gefährdet erscheint (vgl. Dose, NJW 1978, 349). Das gilt auch, wenn die Aussage

nur einen von mehreren Mitangeklagten betrifft (bedenklich deshalb BGHSt *21, 85*).

4. a) Der *Privatkläger* kann wegen der Annäherung seiner Stellung an die Parteirolle weder in eigener Sache noch über einen anderen Privatkläger des gleichen Verfahrens (BayObLG NJW 1961, 2318) als Zeuge vernommen werden.

b) Für den *Nebenkläger* ist die Frage kontrovers. Wegen des sonst drohenden Beweisverlusts ist angesichts seiner untergeordneten Verfahrensfunktion mit der h.M. seine Zeugenschaft zuzulassen (a.A. Eb. Schmidt, II, Rdnr. 6 vor § 48; Prittwitz, 1984, 166).

5. Ein *Rechtsanwalt*, der im gleichen Verfahren als Zeuge benötigt wird, kann von der Verteidigung seines Mandanten nach der Neuregelung des Verteidigerausschlusses durch das ErgG – 1. StVRG (vgl. o. § 19 D) nicht mehr ausgeschlossen werden (vgl. BT-Drucks. 7/2989, S. 4f.).

B. Die Pflichten des Zeugen

Der Zeuge hat 3 Pflichten: zum Erscheinen, Aussagen und Schwören.

I. Grundsätzlich hat jedermann, der der deutschen Gerichtsbarkeit untersteht, also auch ein Ausländer, der sich im Inland aufhält, die Pflicht, vor dem Richter (Ermittlungsrichter, beauftragten oder ersuchten Richter, erkennenden Gericht) und seit dem 1. StVRG auch vor dem StA auf ordnungsgemäße Ladung hin zu erscheinen, und zwar auch dann, wenn er ein Zeugnisverweigerungsrecht besitzt (anders als im Zivilprozeß, vgl. § 386 III ZPO). Folgt er einer richterlichen Ladung nicht, so werden vom Richter Ordnungsmittel verhängt (Ordnungsgeld bis 1000,– DM, Ordnungshaft bis zu 6 Wochen, Art. 6 EGStGB); die Verhängung darf einmal wiederholt werden; auch ist zwangsweise Vorführung zulässig (§ 51). Bleibt der Zeuge auf eine staatsanwaltschaftliche Ladung hin unberechtigt aus, so gibt der neue § 161 a II auch dem StA die Ordnungsmittel des § 51 mit Ausnahme der Ordnungshaft, deren Festsetzung dem Richter vorbehalten bleibt. Auch kann gegen die Maßregeln, die von der StA nach § 51 ergriffen werden, das LG angerufen werden (§ 161 a III).

II. Jeder Zeuge hat grundsätzlich auch die Pflicht zur wahrheitsgemäßen Aussage. Weigert er sich auszusagen, so hat der Richter nach § 70 mit Ordnungsgeldverhängung oder Ordnungshaft gegen ihn vorzugehen, während die der StA beim Ausbleiben des Zeugen zu Gebote stehenden Ordnungsmittel nach § 161 a II, III wiederum auf Ordnungsgeld beschränkt sind und außerdem gerichtlicher Kontrolle unterliegen. Eine Falschaussage vor dem Richter ist nach § 153 StGB strafbar. Eine Falschaussage vor dem StA wird durch § 153 StGB nicht erfaßt, kann aber ggf. unter dem Gesichtspunkt der Strafvereitelung (§ 258 StGB) strafrechtlich geahndet werden.

Die Aussagepflicht des Zeugen erleidet allerdings schon nach der StPO eine Reihe von Ausnahmen, denn bestimmte Personen sind befugt, das *Zeugnis* insgesamt oder die Antwort auf einzelne Fragen zu *verweigern* (§§ 52–56). Dabei kann man vier Fallgruppen unterscheiden: das uneingeschränkte (1.), das begrenzte Zeugnisverweigerungsrecht (2.), die Notwendigkeit einer Aussagegenehmigung (3.) und das Auskunftsverweigerungsrecht (4.). Den beiden ersten Fallgruppen korrespondiert ein Beschlagnahmeverbot (s. u. § 34 C II) sowie das Recht zur Verweigerung einer körperlichen Untersuchung (§ 81 c III).

Wenn ein Zeuge durch eine wahrheitsgemäße Aussage in Lebensgefahr geraten würde und das Gericht ihn nicht ausreichend schützen kann, ist das Gericht nach BGH, *NStZ 1984, 31* nach pflichtgemäßem Ermessen zur Anwendung der in § 70 vorgesehenen Zwangsmaßnahmen nicht verpflichtet. Weitergehend wird man sagen müssen, daß es dazu nicht einmal berechtigt ist (§ 34 StGB, § 55 analog).

1. a) Ein *uneingeschränktes Zeugnisverweigerungsrecht* haben der Verlobte des Beschuldigten (die Verlobung muß aber gültig sein; das ist sie nicht, wenn sie mit einem Heiratsschwindler geschlossen, BGHSt 3, 215, und wenn der Angeklagte noch verheiratet ist, BGH *NStZ 1983, 564* m. Anm. Pelchen; BayObLG *NJW 1983, 831*; str.), der Ehegatte (sogar noch nach der Scheidung!) und gewisse nahe Verwandte (s. im einzelnen § 52 I Nr. 3). Der Sinn dieser Regelung liegt darin, daß den nahen Angehörigen der Konflikt zwischen Wahrheitspflicht und Verwandtenliebe erspart bleiben soll. Außerdem wäre der Wert einer von ihnen erzwungenen Aussage so gering, daß er ein Eindringen in die familiäre Intimsphäre nicht rechtfertigen würde (Rengier, 8, 56).

In einem Verfahren gegen mehrere Beschuldigte besteht das Zeugnisverweigerungsrecht nach § 52 auch dann, wenn der Zeuge nur mit einem von ihnen verwandt ist; denn wer hinsichtlich der anderen aussagen müßte, würde dadurch seinen Verwandten möglicherweise ebenfalls belasten, BGH *NStZ 1982, 389*.

Das Zeugnisverweigerungsrecht umfaßt den gesamten historischen Vorgang; wenn also jemand z.B. als Zeuge einer seinem Vater vorgeworfenen Hehlerei vorgeladen ist, braucht er auch zu dem Diebstahl nicht auszusagen (BGH NStZ 1983, 564).

b) Die in § 52 genannten Personen sind vor jeder Vernehmung (zur Frage, wann eine neue Vernehmung vorliegt, vgl. BGH NStZ 1984, 418) über ihr Zeugnisverweigerungsrecht in einer ihnen verständlichen Form zu *belehren* und können, auch wenn sie früher schon ausgesagt haben, bei einer späteren Aussage (z.B. in der Hauptverhandlung) dennoch das Zeugnis verweigern; sie können ihren Verzicht auf das Zeugnisverweigerungsrecht sogar während einer Aussage widerrufen (§ 52 III, 2) oder auch, wenn sie eine Aussage gemacht haben, die Beeidigung verweigern, da diese ein Teilstück der Aussage ist. Nach Beendigung der Aussage kann dagegen der Verzicht auf die Zeugnisverweigerung nicht mehr widerrufen werden (BGH StrV 1984, 326). Umgekehrt ist auch ein Zeuge, der seine Aussage gemäß § 52 verweigert hat, nicht an diese Erklärung gebunden (BGHSt 16, 84; BGH NStZ 1984, 176). Eine Belehrung über eine evtl. spätere Zeugenverwendung der Verhörsperson soll nach BGH NStZ 1985, 36 nicht notwendig sein (vgl. § 44 B III 7).

Bleibt bei der Belehrung zweifelhaft, ob der Zeuge die zum Verständnis des Zeugnisverweigerungsrechts erforderliche geistige Reife besitzt – was vor allem bei Kindern, aber auch bei Entmündigten der Fall sein kann –, so ist neben der eigenen Aussagebereitschaft des Zeugen, über deren Notwendigkeit dieser belehrt werden muß, die Zustimmung des gesetzlichen Vertreters (bei Kindern in der Regel die Eltern, § 1626 I BGB) einzuholen, wobei auch dieser über sein Recht zur Verweigerung der Zustimmung belehrt werden muß. Ist der gesetzliche Vertreter selbst Beschuldigter (z.B. bei Delikten des Vaters gegenüber dem Kind), so darf er über die Ausübung des Zeugnisverweigerungsrechtes nicht entscheiden; aber auch der andere Elternteil darf es nicht, weil er sich meist in einer schwierigen Konfliktslage befinden wird. Vielmehr ist in allen Fällen dieser Art vom Vormundschaftsrichter ein Pfleger zu bestellen (§ 52 II 2, § 1909 I 1 BGB).

2. a) Ein *begrenztes Zeugnisverweigerungsrecht* besitzen gewisse *Vertrauenspersonen* (§ 53), nämlich Geistliche über das, was ihnen in Ausübung der Seelsorge (namentlich bei der Beichte) anvertraut worden oder zugänglich geworden ist, Verteidiger des Beschuldigten über das, was ihnen in dieser ihrer Eigenschaft anvertraut worden oder zugänglich geworden ist (z.B. über ein Geständnis), Rechtsanwälte, Patentanwälte, Notare, Wirtschaftsprüfer und Steuerberater, Ärzte, Zahnärzte, Apotheker und Hebammen über das, was ihnen bei Ausübung ihres Berufs bekannt geworden ist, ebenso ihre Gehilfen und die zur Vorbereitung auf diese Berufe tätigen Personen (§ 53 a). Allerdings entscheiden die Berufshelfer nicht selber über die Ausübung ihres abgeleiteten Zeugnisverweigerungsrechts, sondern der Hauptberufsträger (§ 53 a I, 2).

b) *Rechtsanwälte, Ärzte* mit Ausnahme der Tierärzte (BVerfGE 38, 312) und die übrigen in § 53 Nr. 2, 3, 3 a genannten Personen dürfen das Zeugnis nicht verweigern, wenn sie von der Verpflichtung zur Verschwiegenheit entbunden sind (§ 53 II). Entbindet ein Patient seinen Arzt nicht von der Schweigepflicht oder widerruft er die frühere Entbindung, so ist nach heute einhelliger Meinung die in § 203 I Nr. 1 StGB unter Strafe gestellte Geheimnisoffenbarung nicht allein deshalb gestattet, weil sie in einer Aussage vor Gericht erfolgt; sie soll vielmehr nur unter den engen Voraussetzungen des rechtfertigenden Notstandes (§ 34 StGB) materiellrechtlich erlaubt sein (vgl. Rengier, 19 m.w.N.). Dennoch stehen h.L. und Rspr. auf dem Standpunkt, daß selbst eine vom Gericht erkannte Verletzung des Berufsgeheimnisses die strafprozessuale Verwertbarkeit der Aussage nicht berühre (vgl. BGHSt 9, 59; 15, 200; 18, 147; Eb. Schmidt, II, § 53, Rdnr. 22 ff.). Diese Auffassung läßt sich indes mit der Fürsorgepflicht des Gerichts gegenüber jedem Prozeßbeteiligten (vgl. unten § 42 D V) und der rechtsethischen Funktion staatlicher Strafverfolgungstätigkeit nicht vereinbaren, zumal da bereits die ZPO in § 383 III ein entsprechendes Vernehmungsverbot normiert hat. Mit der Mindermeinung ist daher in solchen Fällen ein Vernehmungs- und ggf. ein Verwertungsverbot anzunehmen (vgl. Lenckner, NJW 1965, 321; Haffke, GA 1973, 65; Welp, Gallas-Festschr., 1973, 401; Fezer, JuS 1978, 472).

Nach der Rspr. des BVerfG kommt ein Zeugnisverweigerungsrecht auch über den engen Katalog des § 53 I Nr. 3 hinaus in Betracht, wenn die durch Art. 1 I, 2 I GG geschützte Privatsphäre gegenüber den Belangen der Strafrechtspflege den Vorrang besitzt. Diese Ergänzung der StPO durch einen unmittelbaren Rückgriff auf die Verfassung soll jedoch nur im Einzelfall und nur unter besonders strengen Voraussetzungen zulässig sein (vgl. BVerfGE 44, 353; BayObLG JR 1980 432 m. Anm. Hanack; LG Hamburg NStZ 1983, 182 m. Anm. Dahs); eine generelle Ausdehnung des § 53 I Nr. 3 auf *Sozialarbeiter* hat das BVerfG daher abgelehnt (BVerfGE 33, 367, 374 ff. m. Anm. von Würtenberger JZ 1973, 784). S. dazu Kühne, JuS 1973, 685; Blau, NJW 1973, 2234; Jung, aaO.; Foth, JR 1976, 7; Schilling, JZ 1976, 617.

c) Alle bei der Vorbereitung (Recherchen!), Herstellung und Verbreitung *periodischer Druckwerke* oder von *Rundfunksendungen* (darunter fällt auch das Fernsehen!) haupt- oder nebenberuflich Mitwirkenden (Verleger, Herausgeber, Intendanten, Sendeleiter und Redakteure ebenso wie das technische und kaufmännische Personal) genießen ein umfassendes Zeugnisverweigerungsrecht über die Person von Verfassern, Einsendern und Informanten und über die „ihnen im Hinblick auf ihre Tätigkeit gemachten Mitteilungen", soweit es sich um Beiträge, Unterlagen und Mitteilungen für den redaktionellen Teil handelt (§ 53 I Nr. 5). Nicht erfaßt von diesem Zeugnisverweigerungsrecht werden also die gesamte Buchpresse, der Inseratenteil bzw. der Werbefunk und alle nur gelegentlich Tätigen, namentlich der Gelegenheitsautor; dagegen gehört ein anonymer Leserbrief zum redaktionellen Teil, so daß die der Redaktion der Zeitschrift bekannte Person des Briefschreibers nicht preisgegeben zu werden braucht (KG *NJW 1984, 1133*). Ein Presseunternehmen verliert außerdem das Zeugnisverweigerungsrecht, wenn es „Bekennermeldungen" terroristischer Organisationen vollständig an die StA weitergegeben hat (BVerfG *NStZ 1982, 253*). Dagegen ist das Zeugnisverweigerungsrecht unabhängig von der Schwere des verfolgten Delikts und auch dann gegeben, wenn gegen den Journalisten oder Mitarbeiter der Verdacht der strafbaren Teilnahme an der verfolgten Tat besteht (insoweit anders bei der Beschlagnahme, s. u. § 34 C II, 1 e). Der Beschuldigte darf selbstverständlich schon auf Grund seines Aussageverweigerungsrechts schweigen (doch ist er nicht gegen Beschlagnahme geschützt, vgl. u. § 34 C II, 1 e).

Zweifelhaft ist, ob die Presse den Wohnsitz eines Informanten verschweigen darf, wenn sie dessen Identität selbst preisgibt (so lag es bei den Interviews, die der Ex-Terrorist Klein dem „Spiegel" gegeben hat). Nach BGHSt 28, 240 soll das, wie es auch dem Wortlaut des § 53 I Nr. 5 entspricht, grundsätzlich nicht zulässig sein. Ausnahmsweise soll aber der Wohnsitz verschwiegen werden dürfen, wenn das Veröffentlichungsbedürfnis das Interesse an der Durchsetzung eines Strafanspruchs von geringem Gewicht deutlich übertrifft oder wenn ein ganz besonderes, außerordentliches Publizitätsinteresse besteht. Ein Fall dieser Art wurde hier angenommen. Richtiger wäre es, auch die Verschweigung des Wohnortes (abgesehen von Mißbrauchsfällen) grundsätzlich als durch § 53 I Nr. 5 gedeckt anzusehen; denn wenn diese Vorschrift es gestattet, Namen und Wohnort eines Informanten geheimzuhalten, entspricht es ihrem Zweck, auch die Verschweigung des Wohnortes allein zuzulassen, wenn nur auf diese Weise die

Anonymität des Informanten, die § 53 I Nr. 5 schützen will, gesichert werden kann (i. E. ebenso Rengier, JZ 1979, 797; Kühl, JA 1980, 683).

Der Schutz von § 53 I Nr. 5 erstreckt sich dagegen nicht auf Material, das die Presse selbst recherchiert hat; Fotos, die Pressereporter von Ausschreitungen bei Demonstrationen gemacht haben, dürfen also in der Redaktion beschlagnahmt werden (BVerfG NStZ 1981, 189; LG Hannover NStZ 1981, 154).

Chiffreanzeigen fallen nicht unter § 53 I Nr. 5, so daß die Presse den Auftraggeber preisgeben muß. Nur dann, wenn ausnahmsweise eine Anzeige einen Beitrag zur öffentlichen Meinungsbildung liefert oder die Kontrollaufgabe der Presse wahrnimmt, kann ggf. ein Zeugnisverweigerungsrecht nach fallbezogener Abwägung der widerstreitenden Interessen unmittelbar aus Art. 5 I, 2 GG abgeleitet werden (BVerfG *NStZ 1983, 515*).

d) Ein ähnlich ausgestaltetes Zeugnisverweigerungsrecht besitzen die *Abgeordneten* des Bundestages nach Art. 47 GG und die der Landtage nach § 53 I Nr. 4. Sie dürfen die Aussage über Personen verweigern, die ihnen in ihrer Eigenschaft als Abgeordnete oder denen sie in dieser Eigenschaft Tatsachen anvertraut haben, sowie über diese Tatsachen selbst (Rengier, 29, 40).

e) Eine *Belehrung* ist bei den in § 53 genannten Personen nicht erforderlich, weil der Gesetzgeber davon ausgegangen ist, daß sie auch ohne Belehrung über ihre Rechte Bescheid wissen.

f) Begrenzt zeugnisverweigerungsberechtigt ist auch der *Bundespräsident*, der nach seinem unüberprüfbaren Ermessen die Aussage verweigern kann, wenn andernfalls dem Wohl des Bundes oder eines deutschen Landes Nachteile bereitet würden (§ 54 III).

g) Kein Zeugnisverweigerungsrecht haben die Inhaber von Banken und ihre Angestellten; ein „*Bankgeheimnis*" im eigentlichen Sinn besteht nach der StPO also *nicht* (anders im Zivilprozeß, § 383 I Nr. 6 ZPO). Kein Zeugnisverweigerungsrecht haben ferner Betriebsräte (BVerfG NJW 1979, 1286 m. Anm. Rengier, BB 1980, 321).

3. a) Für Richter und Beamte gilt ein bedingtes *Aussageverbot* (also eine Zeugnisverweigerungspflicht) hinsichtlich solcher Umstände, auf welche sich ihre Pflicht zur Amtsverschwiegenheit bezieht (§ 54): Sie dürfen über diese Tatsachen nur aussagen, wenn sie von ihrem Dienstvorgesetzten die Genehmigung dazu erhalten haben.

Diese Genehmigung darf nur versagt oder beschränkt werden, wenn die Aussage dem Wohl der Bundesrepublik oder eines Landes Nachteil bereiten oder die Erfüllung öffentlicher Aufgaben wesentlich gefährden oder erheblich erschweren würde (§§ 39 III BRRG, 62 BBG). Die dadurch begründete Gefahr administrativer Verfahrenssteuerung ist prozeß- und verfassungsrechtlich bedenklich (vgl. dazu v. Zezschwitz, NJW 1972, 796; zum Problem der sog. V-Leute s. u. § 44 B IV).

b) Die *Aussagegenehmigung* ist ein Verwaltungsakt. Da es sich dabei nach der Neufassung des § 39 BRRG nicht mehr um eine Ermessensentscheidung handelt, kann der Angeklagte (und jede sonstige in ihren Rechten betroffene Person) gegen die Ablehnung der Genehmigung die *Verpflichtungsklage* vor dem Verwaltungsgericht erheben (M. J. Schmid, JR 1978, 8; BVerwG StrV 1982, 463). Dagegen können Strafrichter und Staatsanwaltschaft die Erteilung einer Aussagegenehmigung nicht mit förmlichen Rechtsbehelfen erzwingen.

c) Bei der Aussage ohne Genehmigung kann sich der betreffende Beamte nach dem § 353 b StGB strafbar machen. Seine Aussage ist dann aber gleichwohl verwertbar (s. o. § 24 D III, 2 b).

4. Jeder Zeuge kann die *Auskunft* über solche Fragen *verweigern*, deren (wahrheitsgemäße!) Beantwortung ihm selbst oder einem nahen Angehörigen die Gefahr zuziehen würde, wegen einer Straftat oder einer Ordnungswidrigkeit verfolgt zu werden (z. B. eine Frau, die in einer Strafsache gegen einen Arzt wegen gewerbsmäßiger Abtreibung als Zeugin darüber geladen ist, ob der Arzt auch bei ihr abgetrieben habe), § 55. Über dieses Recht ist der Zeuge zu belehren (§ 55 II). Ob eine unter Verstoß gegen die Belehrungspflicht erfolgte Aussage verwertbar ist, ist umstritten (s. o. § 24 D III, 2 c). Wenn sich das Auskunftsverweigerungsrecht auf zahlreiche Punkte erstreckt, kann es praktisch einem Zeugnisverweigerungsrecht gleichkommen (BGHSt 10, 104; 17, 245).

III. Jeder Zeuge hat endlich nach Maßgabe der §§ 60–66 b die Pflicht, seine Aussage zu beschwören (*Eidespflicht,* § 59). Allerdings sind eidliche Vernehmungen nach wie vor dem Richter vorbehalten, dürfen also von der StA nicht durchgeführt werden (§ 161 a I, 3).

Der staatliche Eideszwang und der in § 66 c I vorgesehene und nach Art. 140 GG i. V. m. Art. 136, 137 WV verfassungsrechtlich zulässige religiöse Eid sind schon seit langem Gegenstand lebhafter rechtspolitischer Kritik. In der Tat ist es problematisch, wenn ein säkularisierter Staat zur Durchsetzung seiner profanen Interessen auf religiösen Gewissenszwang zurückgreift. Aber auch der weltliche Eid (§ 66 c II), der keinen transzendenten Bezug mehr haben soll (vgl. BVerfGE 33, 27; BGHSt 8, 309), begegnet Bedenken, weil sein Charakter als rein irdische Beteuerung durch die Verwendung der „geschichtlich belasteten" und irrationalen Worte „Ich schwöre es" zumindest in Frage gestellt wird (vgl. BVerfGE 33, 32; Woesner, NJW 1973, 170; Schwarz, ZRP 1970, 79). Das BVerfG (E 33, 23) hatte deshalb aus Art. 4 I GG ein Eidesverweigerungsrecht abgeleitet. Der Gesetzgeber hat dem im Gesetz zur Ergänzung des 1. StVRG durch Einführung des § 66 d Rechnung getragen, demzufolge der Eid aus Glaubens- oder Gewissensgründen auch durch eine eidesgleiche „Bekräftigung" ersetzt werden darf.

Aber auch gegenüber dieser verfassungskonformen Regelung ist kritisch zu bemerken, daß der Eid aller Wahrscheinlichkeit nach nicht geeignet ist, die Wahrheit einer Aussage entscheidend zu fördern (Woesner, aaO.; Zipf, Maurach-Festschr., 421 f.; s. dagegen aber auch Lange und Heimann-Trosien, aaO.); seine inflatorische Verwendung im Strafprozeß nimmt ihm jeden Abschreckungseffekt, und schließlich schafft er unter Umständen (etwa bei erkennbar unglaubwürdigen Zeugen) unnötiges zusätzliches Leid (§ 154 StGB!). De lege ferenda wäre daher am besten auf den Eid zu verzichten; mindestens aber ist die Restriktion des „Eides"-zwanges auf prozeßentscheidende Aussagen zu fordern (vgl. Zipf, aaO., 425 ff.; zu letzterem wegen der Unzulässigkeit antizipatorischer Beweiswürdigung krit. Dahs, NJW 1975, 1877). Der neue § 61 Nr. 5 stellt immerhin einen ersten Schritt in diese Richtung dar.

1. Die Eidespflicht ist in den *einzelnen Verfahrensstadien* verschieden ausgestaltet.

a) Im Vorverfahren ist eine Vereidigung nur in den drei Fällen des § 65 zulässig (Gefahr im Verzug, Erforderlichkeit zur Herbeiführung einer für das weitere Verfahren erheblichen wahren Aussage, Verhinderung des Zeugen am Erscheinen in der Hauptverhandlung).

b) Über die Vereidigung bei kommissarischer Vernehmung s. § 66 b.

c) Erst in der *Hauptverhandlung* hat – anders als im Zivilprozeß – *jeder Zeuge* seine Aussage zu beeiden, soweit nicht einer der in §§ 60–63 detailliert geregelten Ausnahmefälle vorliegt.

2. Diese *Ausnahmen* bilden fünf Gruppen:

a) Die *Vereidigungsverbote* des § 60.

Sie sind auf zwei Personengruppen anwendbar, nämlich auf die Einsichtsunfähigen (Nr. 1) und auf die der Beteiligung an der Tat, der Begünstigung, Strafvereitelung oder Hehlerei Verdächtigen (Nr. 2).

§ 60 Nr. 2 trifft nur auf solche Zeugen zu, deren *Begünstigungs-* oder *Strafvereitelungs*akte vor der Hauptverhandlung liegen, ist dagegen auf eine erst in der Hauptverhandlung im Interesse des Angeklagten begangene Falschaussage nicht anwendbar. Denn nur im ersten Fall befindet sich der Zeuge in einer Zwangslage, in der die Eidespflicht als taugliches Mittel zur Erzwingung einer wahrheitsgemäßen Aussage nicht mehr angesehen werden kann (BGHSt *1, 360*). Nach einem Teil der Rspr. (BGH *NStZ 1981, 268, 309*; OLG Hamburg JR 1981, 158 m. i. E. zust. Anm. Rudolphi; zweifelnd BGH *NStZ 1982, 430*) soll § 60 Nr. 2 auch eingreifen, wenn die begünstigende Aussage zwar erst in der Hauptverhandlung gemacht wird, dem Angeklagten aber schon vorher versprochen war. Dies ist jedoch abzulehnen, weil eine versuchte Strafvereitelung vor der Hauptverhandlung noch nicht vorliegt und der Versprechende sich von einer Strafbarkeit aus §§ 30 II, 154 StGB durch eine wahre Aussage befreien kann (§ 31 I Nr. 2 StGB), KG *NStZ 1981, 449*; BGHSt *30, 332*. Ist der Aussagende vom Versuch der Strafvereitelung (§ 258 StGB) strafbefreiend zurückgetreten, so besteht wegen Wegfalls der Zwangslage kein Vereidigungsverbot mehr (a. A. BGH NStZ 1982, 78). In der Tendenz ebenso BGH JZ 1982, 434.

Unter „*Tat*" i. S. des § 60 Nr. 2 wird nicht nur der gesetzliche Tatbestand des dem Beschuldigten zur Last gelegten Delikts verstanden, sondern der gesamte geschichtliche Vorgang, der den Gegenstand der Anklage bildet (BGHSt *1, 364*; *4, 255*; *6, 382*). Die Beschränkung der Vereidigung auf einen Teil der Anklagevorwürfe (Teilvereidigung) ist nur zulässig, soweit es sich um verschiedene Taten handelt (BGH b. Holtz, MDR 1983, 987).

Beteiligung i. S. des § 60 Nr. 2 ist nicht identisch mit den Teilnahmeformen der §§ 25 ff. StGB; Beteiligter ist vielmehr jeder, der bei der Tat in strafbarer Weise und in derselben Richtung wie der Beschuldigte mitgewirkt hat (BGHSt *4, 257*; *10, 65*; BGH StrV 1982, 342), sei es auch nur durch Unterlassung (BGH b. Holtz, MDR 1982, 626); nicht strafbar ist die Beteiligung eines polizeilichen V-Mannes, BGH NStZ 1982, 127. Für die Frage, ob ein Beteiligungsverdacht besteht, ist auf den Zeitpunkt der Urteilsfällung abzustellen; liegt in diesem Zeitpunkt kein Verdacht mehr vor, so ist eine früher unterbliebene Vereidigung nachzuholen (BGH NStZ 1981, 110). Der Begriff des Verdachtes ist weit auszulegen; es genügt ein entfernter Verdacht (BGH StrV 1982, 342; BGH NStZ 1983, 516). Die Verneinung des Verdachts bedarf nur dann einer Begründung, wenn seine Annahme nach den Gesamtumständen naheliegt (BGH NStZ 1985, 183).

b) Die Fälle erlaubten *Absehens von der Vereidigung* nach § 61.

Hier sind fünf Anwendungsbereiche zu unterscheiden: die 16–18jährigen (Nr. 1); die Verletzten und ihre Angehörigen, sowie die Angehörigen des Beschuldigten (Nr. 2); die Fälle der Unwesentlichkeit (Nr. 3), die wegen Meineids Verurteilten (Nr. 4) und die Fälle, in denen Staatsanwaltschaft (ggf. auch Nebenkläger: BGHSt 28, 272), Verteidiger und Angeklagter übereinstimmend auf die Vereidigung verzichten (Nr. 5).

Der Begriff des *Verletzten* i.S. des § 61 Nr. 2 ist weit auszulegen; demgemäß fällt auch der mittelbar Geschädigte (z.b. der Gesellschafter einer GmbH) unter den Begriff des Verletzten (so auch BGHSt 4, 202; 5, 85; 17, 248 im Gegensatz zu der Rechtsprechung des BGH bei § 22 Nr. 1; vgl. dazu oben § 9 I, 1). Der *Verzicht* nach § 61 Nr. 5 kann nach BGH *NJW 1978, 1815* auch durch schlüssige Handlung (Stillschweigen auf die Frage des Vorsitzenden) erfolgen; er ist für den Angeklagten verteidigungstaktisch meist nicht günstig, weil die Verteidigung aus Vereidigung oder Nichtvereidigung Schlüsse daraus ziehen kann, ob das Gericht einem Zeugen glaubt oder nicht (Strate, StrV 1984, 42; Hamm, Peters-Festgabe II, 1984, 172).

c) Die Fälle der *Privatklagedelikte* nach § 62.

Hier ist die Vereidigung nur in den zwei Fällen der ausschlaggebenden Bedeutung der Aussage und der Erforderlichkeit zur Herbeiführung einer wahren Aussage vorgesehen.

d) Das *Eidesverweigerungsrecht* der zeugnisverweigerungsberechtigten Angehörigen nach § 63 (Belehrungspflicht!).

e) Das vom BVerfG aus Art. 4 I GG abgeleitete und im Wege der verfassungskonformen Auslegung in den § 70 I hineingelesene *Eidesverweigerungsrecht aus religiösen Gründen* (s. BVerfGE *33, 23*). Doch tritt hier die Pflicht zur eidesgleichen Bekräftigung (§ 66 d) an die Stelle des Eides.

IV. Wird das Zeugnis oder die Eidesleistung ohne gesetzlichen Grund schuldhaft *verweigert*, so werden dem Zeugen die durch die Weigerung verursachten Kosten auferlegt und gegen ihn ein Ordnungsgeld sowie für den Fall der Nichtbeitreibbarkeit Ordnungshaft festgesetzt (§ 70 I). Die Höhe des Ordnungsgeldes beträgt mindestens fünf, höchstens 1000,– DM, die Dauer der Ordnungshaft zwischen einem Tag und sechs Wochen (Art. 6 EGStGB). Falls diese Ordnungsmittel nicht ausreichen, kann zur Erzwingung des Zeugnisses nach § 70 II Zwangshaft angeordnet werden, die bis zu sechs Monaten dauern kann, spätestens jedoch mit der Beendigung des Verfahrens in der jeweiligen Instanz und stets bei Erreichung ihres Zweckes aufzuheben ist. Ordnungs- und Zwangsmittel sind nicht zulässig, wenn der Zeuge zwar aussagt, aber nach der Überzeugung des Gerichts die Unwahrheit spricht oder lückenhaft aussagt (BGHSt 9, 362). Auch die Beantwortung der persönlichen Fragen des § 68 darf nicht mit den Mitteln des § 70 erzwungen werden, da es sich insoweit nicht um ein „Zeugnis" i.S. v. § 70 II handelt (KG JR 1977, 295).

C. Die Durchführung der Vernehmung und der Vereidigung

I. Die Vernehmung (§§ 57f., 68–69)

1. Vor ihrer Vernehmung sind die Zeugen zur Wahrheit zu ermahnen und über die Bedeutung des Eides, die Möglichkeit der Wahl zwischen religiöser und nichtreligiöser Beteuerung sowie über die strafrechtlichen

Folgen einer falschen Aussage zu belehren (§ 57; näher Bringewat, MDR 1984, 451, der für eine gemischt mündliche/schriftliche Belehrung eintritt). Gegebenenfalls sind sie, auch von StA und Polizei (§§ 161a I, 2; 163a V), auf ihr Zeugnisverweigerungsrecht nach § 52 und ihr Aussageverweigerungsrecht nach § 55 hinzuweisen (§§ 52 III, 55 II).

2. Die Zeugen sind *einzeln* und in *Abwesenheit* der später zu hörenden Zeugen zu vernehmen (§ 58 I; vgl. auch § 243 II, 1). Diese Regelung soll eine Anpassung späterer Aussagen an die vorhergehenden verhindern.

Eine Ausnahme von der Einzelvernehmung bildet die *Gegenüberstellung* mit anderen Zeugen (oder mit dem Beschuldigten): Sie ist in der Hauptverhandlung immer zulässig, im Vorverfahren nur dann, wenn es für das spätere Verfahren geboten erscheint (§ 58 II); vgl. auch § 33 A III d.

3. Die Vernehmung des Zeugen beginnt mit seiner *Vernehmung zur Person* nach Maßgabe der §§ 68 f. Das Aussageverweigerungsrecht bezüglich der Angabe des Wohnortes (§ 68, 2) dient dem Schutze eines gefährdeten Zeugen; es gilt nicht gegenüber dem Angeklagten (Molketin, MDR 1981, 466). Dabei soll § 68a die Beachtung des Verhältnismäßigkeitsgrundsatzes sicherstellen, indem er Fragen über entehrende Tatsachen und über Vorstrafen an besonders strenge Voraussetzungen knüpft.

Darauf folgt die *Vernehmung zur Sache* nach § 69. Wichtig ist, daß das Gesetz dem Richter vorschreibt, den Zeugen zunächst zu einem zusammenhängenden *Bericht* zu veranlassen (§ 69 I, 1), und nur zur Aufklärung und Vervollständigung der Aussage Einzelfragen (ein *Verhör*) zuläßt (§ 69 II), insbesondere zur Erforschung des Grundes, auf dem das Wissen des Zeugen beruht („Haben Sie das selber gesehen?" – „Von welchem Standpunkt aus?" – „Wie weit war das weg?" – „War es noch hell?" – „Sehen Sie gut?" – „Wer hat Ihnen das erzählt?"). Bei Vernehmungen im Ausland gilt § 69 I nicht; hier kann ein Fragenkatalog benutzt werden (BGH GA 1982, 40).

Zu den empirischen Problemen von Vernehmung und Aussage Eisenberg aaO.

4. Das Verbot des § 136a gilt für jede Vernehmung von Zeugen entsprechend (§§ 69 III, 163a V).

5. Bei der Frage, ob ein Verstoß gegen die dargestellten Verfahrensvorschriften die *Revision* begründet, ist zu unterscheiden:

a) Die §§ 57, 58 und 68a sind nach h.M. bloße Ordnungsvorschriften. Ihre Verletzung als solche führt daher nicht zur Aufhebung des Urteils; nur, wenn darin zugleich ein Verstoß gegen die gerichtliche Aufklärungspflicht liegt, läßt der BGH die Revision nach § 244 II zu (BGH bei Dallinger *MDR 1955, 396*; weitergehend mit beachtlichen Gründen Rudolphi, MDR 1970, 99).

b) Zu § 68 hat der BGH (E *23, 244*) dagegen entschieden, daß die Personalien eines Zeugen, der in der Hauptverhandlung vernommen werden soll, vor dem Angeklagten und dem Verteidiger nicht geheimgehalten werden dürfen (arg. § 222 I). Ein gegenteiliger Gerichtsbeschluß beschränke die Verteidigung in einem für die Entscheidung wesentlichen Punkt und begründe daher die Revision (§ 338 Nr. 8).

c) Der Vorrang des Berichts vor dem Verhör ist in § 69 I, 1 nach allgemeiner Ansicht ebenfalls zwingend vorgeschrieben (BGH *NJW 1953, 35*); hat also der Zeuge keine Gelegenheit zu einer zusammenhängenden Darstellung erhalten, so ist die Revision nach § 337 begründet.

d) Daß auch der Unterrichtungspflicht des § 69 I, 2 zwingender Charakter zukommt, wird von der h. M. zu Unrecht bestritten. „Was logische Voraussetzung für eine dem zwingenden Satz 1 entsprechende prozessuale Verhaltensweise des Gerichts ist, kann unmöglich selbst nur instruktionelle Bedeutung haben" (Eb. Schmidt, II, § 69 Rdnr. 7; ebenso Peters, S. 337).

II. Die Vereidigung (§§ 59, 64, 66 a, 66 c–67)

1. Zur Abnahme von Eiden ist im Strafverfahren nur der *Richter* befugt; der Staatsanwaltschaft (§ 161 a I, 3) und dem Finanzamt (vgl. § 399 I AO) ist sie verwehrt.

2. Die Zeugen sind *einzeln* (anders § 392, S. 2 ZPO) und *nach* ihrer Vernehmung zu vereidigen (§ 59).

3. Die *Form* des Eides ist in §§ 66 c–66 e geregelt. Dabei sind Eidesformel und Eidesnorm zu unterscheiden.
a) § 66 c I geht von der religiösen *Eidesformel* aus: „Sie schwören bei Gott dem Allmächtigen und Allwissenden" ... „Ich schwöre es, so wahr mir Gott helfe."
b) Die *Eidesnorm* geht dahin, daß der Schwörende „nach bestem Wissen die reine Wahrheit gesagt und nichts verschwiegen habe" (§ 66 c I). Der Zeugeneid umfaßt sonach auch die Angaben des Zeugen zur Person.
c) Der Eid kann auch mit anderen Beteuerungsformeln bestimmter Religions- oder Bekenntnisgemeinschaften (§ 66 c III) oder ganz ohne religiöse Beteuerungsformel (§ 66 c II) geleistet werden. Wird der Eid aus Glaubens- oder Gewissensgründen überhaupt verweigert, so hat der Zeuge die Aussage „im Bewußtsein seiner Verantwortung vor Gericht" zu bekräftigen (§ 66 d). Über die Eidesleistung Stummer vgl. § 66 e.

4. Über die Vereidigung von Zeugen entscheidet nach der bestrittenen Ansicht von BGHSt. *1, 216* grundsätzlich der Vorsitzende allein, das Gericht nur auf Gegenvorstellung gemäß § 238 II (einschränkend Eb. Schmidt, II, § 60 Rdnr. 4; ablehnend Peters S. 333). Die Beeidigung in der Hauptverhandlung (für die früheren Verfahrensstadien vgl. § 66 a) bedarf als gesetzlicher Regelfall keiner besonderen Begründung (BGHSt *15, 253; 17, 186*). Dagegen ist die Nichtvereidigung nach § 64 zu begründen.

5. Bei wiederholter Vernehmung in demselben Vorverfahren oder in demselben Hauptverfahren (dieses umfaßt auch die Berufungsinstanz) kann der Richter statt nochmaliger Vereidigung den Zeugen die Richtigkeit seiner Aussage unter Berufung auf den früher geleisteten Eid versichern lassen (§ 67). Eine bloße Verweisung durch den Richter auf den früher geleisteten Eid genügt nicht.

D. Der Zeuge hat drei Rechte:

1. das Recht, einen vollständigen und zusammenhängenden Bericht über den Gegenstand seiner Vernehmung abzugeben (§ 69 I, 1);

2. das Recht auf faire Behandlung (zum fair trial vgl. o. § 11 V), das sich aus dem Rechtsgedanken des § 68 a entnehmen läßt und das auch den Anspruch auf sitzungspolizeilichen Schutz gegen ungebührliche Angriffe und in der Regel die Befugnis in sich schließt, einen Rechtsbeistand zur Vernehmung mitzubringen (vgl. BVerfGE *38, 105*), dessen Befugnisse hingegen umstritten sind (für ein Akteneinsichtsrecht sowie ein Anwesenheitsrecht auch außerhalb der Zeugenvernehmung Hammerstein, NStZ 1981, 127; a.A. Kl./M. § 161 a Rdnr. 10; H. J. Wagner, DRiZ 1983, 21; für ein Rederecht Thomas, NStZ 1982, 489). Dagegen besteht kein Anspruch auf kostenlose Beiordnung eines Verteidigers (BVerfG NStZ 1983, 374).

3. das Recht auf Entschädigung (§ 71) nach dem ZSEG i.d.F. vom 1. 10. 1969 (Schönfelder 116).

Zusammenfassend zum Schutz des Zeugen (vor allem des Tatopfers) im Verfahren: Granderath, MDR 1983, 797.

§ 27. Der Sachverständige

Literatur: Häberlin, Über die Sachverständigen im deutschen Recht, 1911; Mezger, Der psychiatrische Sachverständige, 1918; Marbe, Der Psychologe als Gerichtsgutachter im Straf- und Zivilprozeß, 1926; Manasse, Der Sachverständige (2), 1932; H. Mayer, Der Sachverständige im Strafprozeß, Mezger-Festschr., 1954, 455; Bockelmann, Strafrichter und psychologischer Sachverständiger, GA 1955, 321; Schmidhäuser, Zeuge, Sachverständiger und Augenscheinsgehilfe, ZZP 72 (1959), 365; Kohlhaas, Änderung des Sachverständigenbeweises im Strafprozeß?, NJW 1962, 1329; Bremer, Der Sachverständige, 1963; E. Döhring, Die Erforschung des Sachverhalts etc., 1964, 256; Hepner, Richter und Sachverständiger, 1966; Peters, Die prozeßrechtliche Stellung des psychologischen Sachverständigen, Hdb. d. Psychologie, Bd. 11, 1967, S. 768; Sarstedt, Auswahl und Leitung des Sachverständigen im Strafprozeß (§§ 73, 78 StPO), NJW 1968, 177; dazu Lürken, NJW 1968, 1161; Karpinski, NJW 1968, 1173 und Rauch, NJW 1968, 1173; Wellmann, Der Sachverständige in der Praxis[2], 1968; Tröndle, Der Sachverständigenbeweis, JZ 1969, 374; Heinitz, Zulässigkeit eigener Ermittlungstätigkeit des Sachverständigen, Engisch-Festschr., 1969, 693; Arbab-Zadeh, Des Richters eigene Sachkunde und das Gutachterproblem im Strafprozeß, NJW 1970, 1214; Göppinger u.a., Der Sachverständige: Gutachten und Verfahren, in: Handbuch der forensischen Psychiatrie II, 1972, 1485; Krauß, Richter und Sachverständiger im Strafverfahren, ZStW 85 (1973), 320; Müller, Der Sachverständige im gerichtlichen Verfahren, 2. Aufl. 1978; R. v. Hippel, Pragmatische Aspekte zum Problem der Rollenverkehrung beim Sachverständigenbeweis, Peters-Festschr., 1974, 285; Fincke, Die Pflicht des Sachverständigen zur Belehrung des Beschuldigten, ZStW 86 (1974), 656; Gerchow, Der Sachverständigenbeweis aus rechtsmedizinischer Sicht, Schmidt-Leichner-Festschr., 1977, 67; Sarstedt, Fragen des Sachverständigenbeweises zur Zurechnungsfähigkeit, ebda, 171; Kube/Leineweber, Polizeibeamte als Zeugen und Sachverständige, 1977; Jessnitzer, Der gerichtliche Sachverständige,[8] 1981; Gössel, Behörden und Behördenangehörige als Sachverständige vor Gericht, DRiZ 1980, 363; J.-E. Meyer, Der psychiatrische Sachverständige und seine Funktion im Strafprozeß, MSchrKrim. 1981, 224; Schreiber, Probleme des Beweisrechts, insbes. des Sachverständigenbeweises, Erstes deutsch-sowj. Kolloquium über Strafrecht und Kriminologie (Hrsg. Jescheck/Kaiser), 1982, 153; Leferenz, Probleme des Sachverständigenbeweises, ebda, 173; Krüger, Ablehnungsprobleme bei Polizeibediensteten als Sachverständigen, Die Polizei, 1982, 133; Gschwind/Petersohn/Rautenberg, Die Beurteilung psychiatrischer Gutachten im Strafprozeß, 1982; Barton, Sachverständiger und Verteidiger, StrV 1983, 73; Maisch/Schorsch, Zur Problematik der Kompetenzabgrenzung von psychologischen und psychiatrischen Sachverständigen bei Schuldfähigkeitsfragen, StrV 1983, 73; Plewig, Funktion und Rolle des Sachverständigen aus der Sicht des Strafrichters, 1983; Venzlaff, Die Mitwirkung des psychiatrischen Sachverständigen bei der Beurteilung der Schuldfähigkeit, Festschr. Richterakademie Trier, 1983, 277; Foerster, Der psychiatrische Sachverständige zwischen Norm und Empirie, NJW 1983, 2049; Mickel, Schriftvergleichung im Strafverfahren, StrV 1983, 251; Rauch, Brauchen wir noch eine forensische Psychiatrie? Leferenz-Festschr. 1983, 379; Streng, Richter und Sachverständiger, ebda, 397; Schreiber, Zur Rolle des psychiatrisch-psychologischen Sachverständigen im Strafverfahren, Wassermann-Festschr. 1985, 1007; Krauß, Schweigepflicht und Schweigerecht des ärztlichen Sachverständigen im Strafprozeß, ZStW 97 (1985), 81.

A. Der Begriff

I. Der Sachverständige hilft kraft seiner Sachkunde dem Gericht bei der Beurteilung einer Beweisfrage. Dies kann auf dreierlei Weise geschehen:

1. Er teilt dem Gericht allgemeine Erfahrungssätze (die Ergebnisse seiner Wissenschaft) mit (z. B.: Magen und Darm eines Neugeborenen füllen sich nach etwa 6 Stunden mit Luft).

2. Er stellt Tatsachen fest, die nur aufgrund „besonderer Sachkunde wahrgenommen oder erschöpfend verstanden und beurteilt werden können" (BGHSt 9, *293; z.B.:* der Darm des getöteten Säuglings X enthielt keine Luft).

3. Er zieht aus Tatsachen, die nur kraft seiner Sachkunde ermittelt werden können, nach wissenschaftlichen Regeln Schlußfolgerungen (Kombination von 1. und 2., z.B.: Der Säugling X ist also in den ersten 6 Stunden nach der Geburt getötet worden).

II. Aufgaben und Tätigkeiten des Sachverständigen sind zu unterscheiden von denen des Richters (unten 1.) und denen des Zeugen (unten 2.).

1. Der Sachverständige ist lediglich „*Gehilfe des Gerichts*" (BGHSt 9, *293*). Daraus folgt zweierlei:

Erstens hat sich der Sachverständige selbst auf die unter I. beschriebenen Aufgaben zu beschränken. Etwa eine „Feststellung" der Art, daß der Angeklagte schuldunfähig im Sinne des § 20 StGB sei, ist nicht mehr eine Mitteilung von Tatsachen, Erfahrungsregeln oder Schlußfolgerungen, sondern eine rechtliche Würdigung, die in die Kompetenz des Gerichts fällt.

Zweitens muß das Gericht das Gutachten des Sachverständigen auf seine Überzeugungskraft hin selbständig überprüfen und darf nicht die Ergebnisse des Sachverständigen unkontrolliert in das Urteil übernehmen. Vielmehr müssen die Urteilsgründe erkennen lassen, daß das Gericht eine selbständige Beweiswürdigung vorgenommen hat, so daß dem Revisionsgericht eine rechtliche Nachprüfung möglich ist (BGHSt 12, 311; BGH StrV 1982, 210). Andererseits muß das Gericht, wenn es vom Urteil des Sachverständigen abweichen will, seine Auffassung unter Auseinandersetzung mit dessen Gutachten in nachprüfbarer Weise begründen (BGH NStZ 1983, 377).

2. Sachverständiger ist nur, wer im *Auftrag* des Gerichts *sachkundig* (d. h. in einer der unter I, 1–3 beschriebenen Weisen) tätig wird. Infolgedessen sind keine Sachverständigen, sondern Zeugen:

a) Personen, die über vergangene Tatsachen, zu deren Wahrnehmung besondere Sachkunde erforderlich war, berichten (*sachverständige Zeugen*, vgl. unten III); denn sie haben nicht im Auftrag des Gerichts gehandelt;

b) Personen, die im Auftrag des Gerichts während des Strafverfahrens bestimmte Feststellungen, die keine besondere Sachkunde erfordern, treffen sollen (z. B. ein Wachtmeister wird beauftragt, den Tatort genau abzumessen: sog. *Augenscheinsgehilfe*).

(I) Andere logisch exakte Abgrenzungsmöglichkeiten bestehen nicht. Nur für den Regelfall kann man sagen,

aa) daß der Zeuge Tatsachen feststelle, während der Sachverständige Schlüsse ziehe (Ausnahme: oben I 2) –

bb) daß der Zeuge über vergangene, außerhalb des Prozesses gemachte Wahrnehmungen aussage, während der Sachverständige im *Verfahren* und für das Gericht seine Feststellungen mache (Ausnahme: Augenscheinsgehilfe) –

cc) daß sich der Sachverständige von dem Zeugen durch seine Sachkunde unterscheide (Ausnahme: sachverständiger Zeuge) –

dd) daß der Sachverständige austauschbar und ersetzbar sei, der Zeuge dagegen nicht (Ausnahme: Augenscheinsgehilfe).

(II) Sind die genannten Gesichtspunkte als Abgrenzungsbegriff auch nicht verwertbar, so haben sie als inhaltsbestimmende Kriterien doch großen Erkenntniswert. So läßt sich sagen:

aa) Zeuge ist niemals, wer nur allgemeine Erfahrungssätze mitteilt oder Schlußfolgerungen im Sinne von I 3 zieht.

bb) Sachverständiger ist niemals, wer außerhalb des Verfahrens bestimmte nur durch Sachkunde mögliche Beobachtungen über Tatsachen etc. macht.

cc) Ein Sachverständiger muß stets Sachkunde haben.

dd) Ein Sachverständiger ist (logisch) stets austauschbar und ersetzbar (im Gegensatz zur „praktischen" Unersetzbarkeit – z. B. die einzige lebende Kapazität auf einem wissenschaftlichen Gebiet).

3. Die Unterscheidung von Sachverständigen und Zeugen wird bei der Problematik der Anknüpfungs-, Befund- und Zusatztatsachen bedeutsam (vgl. dazu unten D.).

III. Ein *sachverständiger Zeuge* ist ein Mensch, dessen Aussage sich auf vergangene Tatsachen oder Zustände bezieht, zu deren Wahrnehmung eine besondere Sachkunde erforderlich war (z. B. ein herbeigerufener Kriminalist liest eine rasch verwehende, für einen fachlich nicht ausgebildeten Beobachter unerkennbare Spur). Nach § 85 wird der sachverständige Zeuge sachgerecht den für den Zeugenbeweis geltenden Regeln unterstellt, da eine solche Wahrnehmungsperson im Gegensatz zum Sachverständigen unersetzbar ist.

IV. Die Prozeßrollen als Zeuge, sachverständiger Zeuge und Sachverständiger macht folgendes Beispiel deutlich: Ein Arzt bekundet in der Hauptverhandlung: „Am 31. Dezember, nachts 22 Uhr, wurde mir der inzwischen verstorbene N von zwei Leuten blutüberströmt ins Haus gebracht; er sagte noch aus, er sei von A überfallen und mit einem Prügel über den Kopf geschlagen worden; er habe den A noch bestimmt erkannt, namentlich an seiner Stimme. Dann ist N ohnmächtig geworden. Die Untersuchung hat ergeben, daß die Schädeldecke an der linken Seite durch einen Schlag gesprungen war; diese Verletzung ist unbedingt tödlich gewesen." Hier ist der Arzt Zeuge, soweit er über eigene Wahrnehmungen berichtet; soweit er angibt, daß die Schädeldecke gesprungen gewesen sei, ist er sachverständiger Zeuge – denn diese Wahrnehmung hat er auf Grund seiner besonderen Sachkunde gemacht; seine Angabe, die Verletzung sei tödlich gewesen, ist ein Sachverständigengutachten.

V. Der Sachverständige hat im modernen Strafverfahren, in dem die wissenschaftliche Klärung außerjuristischer Fragen eine immer größere Rolle spielt, eine praktisch vielfach beherrschende Stellung erlangt, die sich namentlich im Bereich der diagnostischen und therapeutischen Täterbeurteilung mit der Konzeption des Gesetzes kaum in Einklang bringen läßt. Denn Tat- und Täterfeststellung stehen unter den Anforderungen formaler Prozeßregeln und rechtsstaatlicher Freiheitsmaximen, denen eine wissenschaftliche Persönlichkeitsanalyse und eine auf ihr aufbauende, an therapeutischen Prinzipien orientierte Rechtsfolgenbestimmung sich der Natur der Sache nach kaum unterwerfen kann (vgl. dazu grundlegend Krauß aaO; zu den daran anknüpfenden Vorschlägen für eine Reform der Sachverständigenrolle Schreiber, aaO., 1985). Auch wegen dieser Schwierigkeiten bedarf es für die Zukunft einer Teilung der Hauptverhandlung, deren zweiter Abschnitt nach aufgelockerten prozessualen Regeln der Tätigkeit des Sachverständigen den gebührenden Raum zu geben hätte (Krauß, aaO.; zur Zweiteilung der Hauptverhandlung s. u. § 42 G II).

B. Die Zuziehung des Sachverständigen und ihre Grenzen

I. Dem Richter (und gegebenenfalls dem StA) ist die Zuziehung von Sachverständigen im allgemeinen nicht vorgeschrieben.

1. Er kann, wenn er genügend Sachverstand besitzt, *auch ohne Sachverständigen* entscheiden (§ 244 IV). Überschätzt das Gericht allerdings die eigene Sachkunde, so kann die Nichtzuziehung des Sachverständigen als Verstoß gegen die richterliche Aufklärungspflicht (§ 244 II) die

Revision begründen (st. Rspr., vgl. BGHSt 2, *164*; *3, 169*). Die Glaubwürdigkeit von Zeugen muß nicht generell, sondern nur unter besonderen Umständen von einem Sachverständigen überprüft werden (BGH NStZ *1981, 400*; NStZ 1982, 432).

2. Das Gesetz stellt eine *Verpflichtung zur Zuziehung* eines Sachverständigen nur in folgenden Fällen auf:

a) bei der Einweisung in ein psychiatrisches Krankenhaus zur Beobachtung auf den psychischen Zustand. Jedoch ist hier nur die Anhörung des Sachverständigen nötig (§ 81);

b) Wenn damit zu rechnen ist, daß Unterbringung in einem psychiatrischen Krankenhaus, einer Entziehungsanstalt oder in der Sicherungsverwahrung angeordnet wird (§§ 80a, 246a). Das gilt natürlich besonders für das Sicherungsverfahren (§ 414). Für die Beurteilung der Schuldfähigkeit kann je nach Lage der Dinge ein psychiatrischer (vor allem bei Psychosen) oder psychologischer Sachverständiger in Frage kommen; ein genereller Vorrang der Psychiatrie ist nicht anzuerkennen (str.; näher Maisch/Schorsch aaO.; Wolff, NStZ 1983, 537).

c) bei Leichenschau und Leichenöffnung (§§ 87ff.). Bei der Leichenöffnung sind zwei Ärzte zuzuziehen; bei der Leichenschau kann die Zuziehung eines Arztes unterbleiben, wenn dies zur Aufklärung des Sachverhalts offensichtlich entbehrlich ist;

d) beim Verdacht einer Vergiftung (§ 91) sowie

e) bei Geld- oder Wertzeichenfälschung (§ 92).

II. Die *Zahl* und die *Person* der Gutachter bestimmt grundsätzlich der *Richter* bzw. der StA, der mit den ausgewählten Sachverständigen dabei eine Frist für die Gutachtenerstattung absprechen soll (§§ 73, 161a I, 2). An einen Vorschlag der anderen Verfahrensbeteiligten ist er dabei nicht gebunden. Allerdings kann der Beschuldigte, wenn der Richter den von ihm benannten Sachverständigen ablehnt, diesen selbst laden lassen und seine Vernehmung durch einen Beweisantrag gemäß § 245 II erzwingen (vgl. dazu u. § 43 C I). Erscheint das Gutachten nicht ausreichend, so kann der Richter eine *neue Begutachtung* durch denselben oder durch einen anderen Sachverständigen oder durch eine Fachbehörde (z.B. ein Medizinalkollegium) anordnen (§ 83).

III. Es besteht *keine* der allgemeinen Zeugenpflicht entsprechende *allgemeine Sachverständigenpflicht.* Einer Ernennung durch Richter oder StA (§ 161a I) muß in den vier Fällen des § 75 (lesen!) Folge geleistet werden. Eine Heranziehung durch die Hilfsbeamten der StA (wichtig im Fall des § 81a!) begründet hingegen keine prozessuale Gehorsamspflicht; sie ist daher nur sinnvoll, wenn der betreffende Sachkundige sich zur Begutachtung allgemein oder für die konkrete Sache bereit erklärt hat, oder wenn er Amtsträger einer öffentlich-rechtlichen Körperschaft ist und infolgedessen der Justiz Amtshilfe (Art. 35 GG) leisten muß (vgl. Jessnitzer, 8. Abschnitt, B II).

IV. Als Sachverständiger gesetzlich *ausgeschlossen* ist (aus naheliegenden Gründen) allein der Arzt, der einen Verstorbenen unmittelbar vor dem Tode behandelt hatte (§ 87 II, 4). Im übrigen sieht das Gesetz nur die *Ablehnung* des Sachverständigen in entsprechender Anwendung der für den Richter geltenden Regelung der §§ 22 Nr. 1–4 (dagegen nicht Nr. 5!) und 24 vor (§ 74); die gesetzlichen Ausschlußgründe des § 22 sind also hier nur Ablehnungstatbestände. Wird als Gutachter in Staatsschutzsachen ein Beamter des BKA berufen, hält BGHSt *18, 214* die Besorgnis der Befangenheit für unbegründet (zust. Krause, Maurach-Festschrift 1972, 549, 555; differenzierend Dästner, MDR 1979, 45); ein Ablehnungsgrund ist dagegen gegeben, wenn der Sachverständige bereits als Privatgutachter des Geschädigten tätig war (BGHSt *20, 245*) oder provokativ fragt, ob der Angeklagte auf einem „bestimmten Paragraphen reisen" wolle (BGH Holtz MDR 1977, 983). Anders als beim Richter (§ 25) ist die Ablehnung nicht befristet, also auch noch nach Erstattung des Gutachtens möglich (so ausdrücklich § 83 II).

C. Die Rechtsstellung des Sachverständigen

I. Der Sachverständige hat bei der Vorbereitung seines Gutachtens *besondere Rechte:* Ihm kann gestattet werden, die Akten einzusehen, der Vernehmung des Beschuldigten und der Zeugen beizuwohnen und unmittelbar an sie Fragen zu richten, also auch während der ganzen Hauptverhandlung anwesend zu sein (§ 80). Wegen der möglichen Beeinflussung des Sachverständigen ist die Akteneinsicht allerdings auf das Notwendigste zu beschränken (vgl. Peters S. 348). Andererseits wird man den Sachverständigen, obwohl das Gesetz schweigt, auch den aus §§ 136, 136 a folgenden Pflichten unterstellen müssen (s. o. § 25 III, 5). Der Sachverständige untersteht bei seiner Tätigkeit der Leitung des Richters bzw. Staatsanwalts (§§ 78, 161 a I, 2).

II. Im übrigen ist seine Rechtsstellung ähnlich der des Zeugen ausgestaltet, vor allem hat nach der Neuregelung des 1. StVRG der Sachverständige ebenfalls die Pflicht, vor der StA zu erscheinen und ein Gutachten zu erstatten (§ 161 a I, 1). Grundsätzlich gelten für den Sachverständigen nach § 72 die §§ 48–71 entsprechend; jedoch enthalten die §§ 73 ff. wesentliche *Abweichungen*, die darauf beruhen, daß der Sachverständige im Gegensatz zum Zeugen vertretbar ist.

1. Der Sachverständige hat ebenso wie der Zeuge die drei *Pflichten* zum Erscheinen, zur Aussage (d. h. zur Erstattung des Gutachtens) und zum Schwören. Daß er sein Gutachten in der Hauptverhandlung vortragen muß, folgt aus dem Grundsatz der Mündlichkeit.

2. Entsprechend der Regelung beim Zeugen (§§ 52–54) hat auch der Sachverständige ein *Gutachtenverweigerungsrecht* (§ 76 I, 1). Darüber hinaus kann er aber auch aus anderen Gründen von der Pflicht zur Erstattung des Gutachtens entbunden werden (§ 76 I, 2).

3. Abweichend von § 51 ist nur der zur Erstattung des Gutachtens verpflichtete Sachverständige auch zum Erscheinen verpflichtet. Bleibt er aus, verweigert er die Gutachtenerstattung oder die Fristabsprache oder

versäumt er die verabredete Frist, so wird er in den ersten beiden Fällen obligatorisch, in den letzten beiden fakultativ (unter vorangehender Androhung und Nachfristsetzung) zur Zahlung von Ordnungsgeld verurteilt (§ 77, wobei in den beiden ersten Fällen auch Kostenersatz zu leisten ist). Die Zwangsmaßnahmen der StA gegenüber dem Sachverständigen unterliegen wie gegenüber Zeugen richterlicher Kontrolle (§ 161 a III).

4. Umgekehrt wie beim Zeugen ist die Nichtvereidigung des Sachverständigen die gesetzliche Regel (BGHSt 21, 227).

Das Gericht kann die *Vereidigung* nach seinem Ermessen anordnen; auf Antrag der Verfahrensbeteiligten ist es sogar dazu verpflichtet (§ 79).

Der Eid des Sachverständigen lautet anders als der Zeugeneid. Er geht dahin, daß der Sachverständige das Gutachten unparteiisch und nach bestem Wissen und Gewissen erstattet habe (§ 79 II); er deckt also die Angaben zur Person nicht (bestr.).

5. Ebenso wie der Zeuge hat auch der Sachverständige gemäß §§ 3 ff. des ZSEG (Schönfelder 116) Anspruch auf *Gebühren* (§ 84).

D. Der Beweiswert des Gutachtens

Bei der Würdigung der von dem Sachverständigen mitgeteilten Tatsachen, auf denen sein Gutachten beruht, der sog. *Anknüpfungstatsachen*, sind zwei Gruppen zu unterscheiden:

1. Die *Befundtatsachen*, d. h. „solche, die der Sachverständige nur auf Grund seiner Sachkunde erkennen kann", und

2. die sog. *Zusatztatsachen*, d. h. „solche, die auch das Gericht mit den ihm zur Verfügung stehenden Erkenntnis- und Beweismitteln feststellen könnte", also die Umstände des eigentlichen Tathergangs, die der Sachverständige von ihrerseits nicht sachkundigen Auskunftspersonen außerhalb der Hauptverhandlung erfahren hat (BGHSt *18, 107* im Anschluß an BGHSt *9, 292; 13, 1, 250*; zur Abgrenzung: BGH *NStZ 1985, 182*; krit. zur Abgrenzbarkeit von Befund- und Zusatztatsachen v. Hippel, aaO., u. Fincke, aaO.).

Nur die Befundtatsachen darf das Gericht nach dieser Rechtsprechung ohne weitere Beweisaufnahme seiner Urteilsbildung zugrundelegen. Dagegen dürfen die Zusatztatsachen nur durch Vernehmung der Auskunftsperson des Gutachters oder durch seine eigene Vernehmung *als Zeuge* in die Hauptverhandlung eingeführt werden (BGH NStZ 1982, 256). In der Rolle als Sachverständiger und damit als bloßes Wahrnehmungsorgan des Gerichts (BGHSt *9, 296*) ist der Gutachter insoweit kein zulässiges Beweismittel. Auch seine zeugenschaftliche Vernehmung ist freilich ausgeschlossen, wenn die Auskunftsperson von einem Zeugnisverweigerungsrecht Gebrauch macht und das Gericht von der zu beweisenden Tatsache nicht bereits anderweitig überzeugt ist (BGHSt *18, 109*; BGH StrV 1984, 453).

E. Für einzelne Fälle bestehen **besondere Bestimmungen,** so namentlich

I. für *Leichenschau* und *Leichenöffnung* (§§ 87–90). Diese sind Augenscheinseinnahmen unter Zuziehung von Sachverständigen (sog. gemischter Augenschein).

II. für die Vorbereitung eines Gutachtens über den *psychischen Zustand* (§ 81); s. u. § 33 A I.

§ 28. Die sachlichen Beweismittel

Die sachlichen Beweismittel sind Augenscheinsobjekte und Urkunden.

A. Augenschein

Literatur: Robert, Der Augenschein im Strafprozeß, Zürich, 1974.

1. Dem Augenscheinsbeweis unterliegen alle Sachen, aber auch der lebende Mensch und der Leichnam, soweit sie durch ihre *Existenz, Lage* oder *Beschaffenheit* auf die richterliche Überzeugung einwirken können; darüber hinaus aber auch *Vorgänge*, wie etwa das Verkehrsgewimmel an einer bestimmten Kreuzung. Die Augenscheinseinnahme kann durch *jeden Sinn* erfolgen: durch Sehen (Besichtigung des Tatortes, der Lage der Leiche, der Wunden und Blutflecken, Fingerabdrücke, Fußspuren), durch Hören (ruhestörender Lärm durch Musikautomaten), durch Riechen (verdorbene Lebensmittel, unverdeckte Dunggrube), durch Befühlen (der Schärfe des Messers).

2. Der Augenschein kann in *allen Stadien* des Verfahrens eingenommen werden. Eine Augenscheinseinnahme durch das erkennende Gericht erübrigt sich jedoch dann, wenn ein Protokoll über die Einnahme eines richterlichen – nicht nur polizeilichen! – Augenscheins existiert. Dieses kann dann anstelle einer Augenscheinseinnahme durch das Gericht selbst verlesen werden (§ 249 I, 2). Die darin liegende weitgehende Durchbrechung des in der Hauptverhandlung geltenden Unmittelbarkeitsprinzips (vgl. dazu u. § 44) erklärt sich daraus, daß bei Augenscheinsbeweisen einmal die Gefahr des Beweisverlustes sehr groß ist und sodann die Aufsuchung eines entfernt liegenden Tatortes in der Hauptverhandlung häufig für die Prozeßbeteiligten zu umständlich und zu kostspielig wäre. Der Gesetzgeber hat diese Durchbrechung des Unmittelbarkeitsgrundsatzes durch eine großzügige Ausgestaltung des Anwesenheitsrechtes bei Augenscheinseinnahmen außerhalb der Hauptverhandlung (§§ 168 d, 225) auszugleichen versucht.

Die Protokolle über richterliche Augenscheinseinnahmen außerhalb der Hauptverhandlung müssen den Erfordernissen des § 86 entsprechen, während sich die Protokollierung einer Augenscheinseinnahme während der Hauptverhandlung nach § 273 richtet. In das Hauptverhandlungsprotokoll braucht danach im Gegensatz zum Augenscheinsprotokoll außerhalb der Hauptverhandlung nicht notwendig das Ergebnis der Augenscheinseinnahme (der „vorgefundene Sachbestand") aufgenommen zu werden.

B. Urkunden

Literatur: Groth, Der Urkundenbeweis im Strafprozeß, 1937; Schneidewin, Der Urkundenbeweis in der Hauptverhandlung, JR 1951, 481; Krause, Zum Urkundenbeweis im Strafprozeß, 1966.

1. Urkunden sind *Schriftstücke* irgendwelcher Art, die einen *Gedankeninhalt* haben, m. a. W. durch Schriftzeichen verkörperte Erklärungen, gleichviel auf welcher stofflichen Unterlage. Der strafprozessuale Urkundenbegriff ist demnach teils enger, teils weiter als der materiellrechtliche des § 267 StGB. Er ist insofern enger, als die Beweiszeichen (d. h. nicht durch Schriftzeichen verkörperte Gedankenerklärungen), deren Fälschung von der h. L. unter § 267 StGB subsumiert wird, keine Urkunden im strafprozessualen Sinne sind. Er ist aber weiter insofern, als die Erkennbarkeit des Ausstellers nicht wie im materiellen Recht Voraussetzung der Urkundenqualität ist; auch ein anonymer Brief kann als Urkunde verlesen werden. Da jedes als Beweismittel dienende Schriftstück sich als prozessuale „Urkunde" darstellt, ist die Formulierung des § 249 I, („Urkunden und andere als Beweismittel dienende Schriftstücke") tautologisch; präziser spricht § 273 I nur von „verlesenen Schriftstücken" (= Urkunden).

Es werden verschiedene Arten von Urkunden unterschieden, ohne daß dieser Unterscheidung besondere praktische Bedeutung zukäme.
*Absichts*urkunden enthalten Erklärungen, die von vornherein zum Beweis bestimmt sind (z. B. ein Schuldschein);
*Zufalls*urkunden werden erst im Laufe eines Prozesses von Bedeutung (z. B. ein Liebesbrief für einen Ehebruch);
*Konstitutiv*urkunden sind Urkunden, die durch ihren gedanklichen Inhalt selbst unmittelbar einen Straftatbestand erfüllen (z. B. der verleumderische Brief), während in
*Berichts*urkunden Beweiserhebliches über eine Straftat mitgeteilt wird (z. B. ein Geständnis in einem Brief).

2. Urkunden- und Augenscheinsbeweis sind zu unterscheiden. Die Urkunde wirkt durch ihren *Gedankeninhalt* auf die richterliche Überzeugungsbildung ein. Geht es dagegen z. B. um die Feststellung, ob an einer Urkunde radiert worden ist, so handelt es sich um einen Augenscheins- und keinen Urkundenbeweis.

3. Urkunden werden in die Hauptverhandlung durch *Verlesung* eingeführt (§ 249). Nach der Rechtsprechung soll es allerdings – solange keiner der Verfahrensbeteiligten die Verlesung ausdrücklich beantragt – genügen, wenn der Vorsitzende den Urkundeninhalt in einer nichtwörtlichen, abgekürzten Darstellung bekannt gibt (BGHSt *1*, 96). Diese Praxis verwischt jedoch den Unterschied zwischen formlosen *Vorhalten* aus der Urkunde und der Feststellung ihres Inhalts zu *Beweiszwecken* (dazu s. u. § 44 B I, 3); sie ist daher mit der im Schrifttum überwiegenden Meinung abzulehnen (vgl. Eb. Schmidt, II, § 249, Nr. 19). Für die Frage der Revisibilität hat dieser Streit freilich keine allzu große Bedeutung, da die Rechtsprechung in den Fällen, in denen es gerade auf den Wortlaut der Urkunde ankommt, den Verlesungszwang aus der gerichtlichen Aufklärungspflicht folgert (so *BGHSt* 11, 29 bei den „Konstitutivurkunden"). Eine Einschränkung des Verlesungsgebotes findet sich in § 249 II.

4. Der Urkundenbeweis ist nicht unbeschränkt zulässig; Einschränkungen finden sich in den §§ 250 ff. (vgl. dazu unten § 44 B I, 2).

C. Die Beweismittelqualität von Tonbandaufnahmen

Literatur: Eb. Schmidt, Die Verwendbarkeit von Tonbandaufnahmen im Strafprozeß, Jellinek-Gdschr. 1955, 630; Kohlhaas, Tonbandaufnahmen im Strafprozeß, DRiZ 1955, 80; Dallinger, Aus der Rechtsprechung des BGH in Strafsachen MDR 1956, 145; Eb. Schmidt, Zulässigkeit und Verwendbarkeit von Tonbandaufnahmen im Strafverfahren, JZ 1956, 206; Henkel, Die Zulässigkeit und die Verwendbarkeit von Tonbandaufnahmen bei der Wahrheitserforschung im Strafverfahren, JZ 1957, 148; ders., in: Tonbandaufnahmen, Zulässigkeit und Grenzen ihrer Verwendung im Rechtsstaat, 1957, 45; Kohlhaas, Die Tonbandaufnahme als Beweismittel im Strafprozeß, NJW 1957, 81; Siegert, Die Grenzen rechtmäßiger Tonbandaufnahmen im Strafprozeß, DRiZ 1957, 101; ders., GA 1957, 265; Feldmann, Das Tonband als Beweismittel im Strafprozeß, NJW 1958, 1166; Roggemann, Das Tonband im Verfahrensrecht, 1962; Eb. Schmidt, Der Stand der Rechtsprechung zur Frage der Verwendbarkeit von Tonbandaufnahmen im Strafprozeß, JZ 1964, 537; Krause, Zum Urkundenbeweis im Strafprozeß, 1966, S. 120 ff.; Rud. Schmitt, Tonbänder im Strafprozeß, JuS 1967, 19; Mönkehaus, Das Tonband im Strafverfahren unter besonderer Berücksichtigung des deutschen und schweizerischen Rechts, Diss. Basel, 1970.

Besondere Schwierigkeiten macht die Frage, ob *Tonbandaufnahmen* den Regeln des Augenscheinsbeweises oder denen des Urkundenbeweises (§§ 249 ff.) unterliegen. Unmittelbar als Urkunde wird das Tonband mangels Schriftlichkeit und Verlesbarkeit (vgl. § 249) freilich nirgends angesehen; einige Autoren (Kohlhaas, Dallinger, Siegert, Rud. Schmitt) wollen aber die §§ 249 ff. im Wege der Analogie heranziehen. Beifall verdient jedoch die auf Eb. Schmidt zurückgehende, in Rechtsprechung (BGHSt *14, 341; 27*, 135) und Lehre (Nachweise bei Krause aaO., S. 124 Anm. 93) herrschende Gegenmeinung, die die Tonbandaufnahme als Augenscheinsobjekt betrachtet. Denn es mangelt an der für die Analogie mit dem Urkundenbeweis erforderlichen Gleichwertigkeit des Regelungsgegenstandes: Das rasch gesprochene Wort ist etwas qualitativ anderes als die abgewogene schriftliche Erklärung; vor allem ist seine Fixierung auf einem Tonband wegen dessen beliebiger Überspielbarkeit gegen Fälschungen weit weniger gesichert als ein Schriftstück. Sieht man Tonbänder als bloße Augenscheinsobjekte an, so scheiden sie freilich – zu Recht! – als Beweismittel für prozessuale, dem Gericht gegenüber abzugebende Erklärungen ganz aus; denn für die Vermittlung von Gedankeninhalten solcher Art sieht die StPO ausschließlich die mündliche Erklärung vor Gericht (sei es durch Zeugen, Sachverständige oder andere Verfahrensbeteiligte) und die Urkundenverlesung nach §§ 251 ff. vor. Das Abspielen von Tonbändern zur Einnahme eines „Augenscheins" kann dann nur noch in Frage kommen, wenn außerprozessuale Bekundungen (etwa der erpresserische Anruf des Kindesentführers) in zulässiger Weise (vgl. o. § 24 D III, 2 d) zu Beweiszwecken auf Tonband aufgenommen worden sind oder wenn nicht Gedankeninhalte, sondern andere Umstände (etwa die Tatsache, daß jemand der deutschen Sprache mächtig war, vgl. BGHSt *14, 340*) bewiesen werden sollen. Allenfalls zur Gedächtnisunterstützung einer Beweisperson dürfen Tonbandaufnahmen im Rahmen der – freilich ihrerseits umstrittenen – Vorhaltpraxis der Rechtsprechung (vgl. u. § 44 B I, 3) herangezogen werden. Gänzlich zu verwerfen ist die Ansicht, der Inhalt einer solchen Aufnahme werde durch Bestätigung zum Bestandteil einer Zeugenaussage (so aber BGHSt *14, 341*). Nach BGHSt 27, 135 sollen Niederschriften der Strafverfolgungsbehörden aus Tonbandaufzeichnungen bei der Telefonüberwachung (§ 100a; vgl. u. § 34 C IV 3) dem Urkundenbeweis unterstehen.

Die Frage der Verwertbarkeit von Tonbandaufnahmen ist allerdings lebhaft umstritten; vgl. im einzelnen die angeführte Literatur. Vgl. weiter o. § 24 D III, 2d; V (zur Verwertung heimlicher Aufnahmen) und u. § 49 VI (zur Zulässigkeit von Tonbandprotokollen).

6. Kapitel

Zwangsmaßnahmen und Grundrechtseingriffe

§ 29. Grundlagen

Literatur: Dähn, Zwangsmittel und Rechtsbehelfe im Ermittlungsverfahren, JA 1981, 7.

A. Zur Durchführung des Strafprozesses sind *Eingriffe in die Individualsphäre* unerläßlich, und zwar sowohl zur Sicherung des Erkenntnisverfahrens wie zur Sicherung der Vollstreckung. Der Sicherung des *Erkenntnisverfahrens* dienen z. B. die Erzwingung der Anwesenheit des Angeklagten in der Hauptverhandlung durch vorläufige Festnahme oder durch zwangsweise Vollstreckung eines Haftbefehls und die etwa notwendige Vorführung eines widerspenstigen Zeugen zu seiner Vernehmung oder die Beschlagnahme von sachlichen Beweismitteln, z. B. von Geschäftsbüchern eines Kaufmanns. Zur Sicherung der *Vollstreckung* dienen z. B. die Verhaftung eines auf freiem Fuß befindlichen Verurteilten, der der Ladung zum Strafantritt nicht gefolgt ist (§ 457), oder der Waffengebrauch bei dem Fluchtversuch eines Strafgefangenen oder die Beschlagnahme von Gegenständen, die der Einziehung unterliegen, z. B. eines Wilderergewehrs.

B. Zwangsmaßnahmen als Grundrechtseingriffe

Die strafprozessualen Zwangsmaßnahmen sind durchweg mit dem Eingriff in ein Grundrecht verbunden. Im einzelnen finden sich:

1. Eingriffe in die persönliche *Freiheit,* insbes. Vorführungsbefehl, Festnahme, Untersuchungshaft, Einweisung in ein psychiatrisches Krankenhaus zur Untersuchung auf den psychischen Zustand, Durchsuchung der Person, Lichtbildaufnahme, aber auch die vorläufige Entziehung der Fahrerlaubnis;

2. Eingriffe in die *körperliche Unversehrtheit* (Entnahme von Blutproben, Enzephalogramm);

3. Eingriffe in das *Eigentum:* die amtliche Sicherstellung von Gegenständen, namentlich die Beschlagnahme;

4. Eingriffe in das *Hausrecht:* Durchsuchung von Räumen (Haussuchung);

5. Eingriffe in das *Post-, Brief-* und *Fernmeldegeheimnis;*

6. Eingriffe in das Grundrecht der *Berufsfreiheit* (vorläufiges Berufsverbot).

C. Die Zuständigkeit zu Eingriffen

Zuständig zu Eingriffen in die Rechtssphäre des einzelnen sind nach der StPO – in der Reihenfolge ihrer Bedeutung – der Richter, der Staatsanwalt, der Hilfsbeamte der Staatsanwaltschaft, jeder Polizeibeamte, jeder Staatsbürger.

1. Dabei ist – entsprechend dem rechtsstaatlichen Charakter der StPO – die Befugnis zu Eingriffen grundsätzlich in die Hand des unabhängigen *Richters* gelegt (vgl. §§ 98, 100, 105, 111, 111a, 111e, 111n, 114). Dies folgt für die Freiheitsentziehungen (z.B. Untersuchungshaft) aus Art. 104 II, 2 GG, nach dem über die Zulässigkeit einer Freiheitsentziehung „nur" der Richter entscheidet (s. § 114).

2. Die *Staatsanwaltschaft* bzw. ihre *Hilfsbeamten* sind grundsätzlich nur bei Gefahr im Verzuge zu Eingriffen in die Rechtssphäre des Staatsbürgers befugt (§§ 81a, 81c, 98, 100, 105, 111, 111e, 127 II).

Dabei räumt das Gesetz teilweise bestimmte Rechte wiederum nur der „Staatsanwaltschaft", nicht aber ihren Hilfsbeamten ein (z.B. §§ 100, 111n).

3. *Polizeibeamte*, die nicht Hilfsbeamte der Staatsanwaltschaft sind, dürfen nach der StPO unter den Voraussetzungen der §§ 127 II, 81b, 163b in die Freiheitssphäre des Bürgers eingreifen.

4. *Jedermann* schließlich hat das Recht zur vorläufigen Festnahme nach § 127 I.

D. Rechtsschutz gegen strafprozessuale Grundrechtseingriffe

Literatur: Kalsbach, Die gerichtliche Nachprüfung von Maßnahmen der Staatsanwaltschaft im Strafverfahren, 1967; Schenke, Rechtsschutz gegen Strafverfolgungsmaßnahmen der Polizei, VerwArch 60 (1969), 332; Genzel, Zulässigkeit des Rechtswegs gegen Maßnahmen der Staatsanwaltschaft nach § 81a StPO, NJW 1969, 1562; Haffke, Zum Rechtsschutz bei bevorstehender richterlicher Durchsicht beschlagnahmefreier Papiere, NJW 1974, 1983; Amelung, Rechtsschutz gegen strafprozessuale Grundrechtseingriffe, 1976; Welp, Zwangsbefugnisse für die Staatsanwaltschaft, 1976, 10; Schenke, Rechtsschutz bei strafprozessualen Eingriffen von Staatsanwaltschaft und Polizei, NJW 1976, 1816; Amelung, Probleme des Rechtsschutzes gegen strafprozessuale Grundrechtseingriffe, NJW 1979, 1687; Benfer, Zur Frage der Rechtmäßigkeit strafprozessualer Grundrechtseingriffe, Die Polizei, 1982, 112; Wendisch, Anfechtung von Beschlüssen, die Verhaftungen oder die Einstweilige Unterbringung betreffen, Dünnebier-Festschr., 1982, 239; Dörr; Rechtsschutz gegen vollzogene Durchsuchungen und Beschlagnahmen im Strafermittlungsverfahren, NJW 1984, 2258.

Der Rechtsschutz gegen noch bevorstehende oder andauernde strafprozessuale Grundrechtseingriffe (u. I) ist für Richter, StA und Polizei unterschiedlich geregelt. Besondere Zweifelsfragen wirft darüber hinaus der Rechtsschutz gegen bereits erledigte Eingriffe auf (u. II).

I. 1. Gegen vom Richter angeordnete Grundrechtseingriffe ist in der Regel die Beschwerde (§§ 304ff. u. § 54) gegeben. Sie ist ausgeschlossen in den Fällen der §§ 161a III, 4, 163a III, 3 und 305 (dazu s.u. § 54 B II,

2), ferner bei gleichzeitigem Antrag auf Haftprüfung in § 117 II, 1 (vgl. u. § 30 G II).

2. Bei Grundrechtseingriffen der *Staatsanwaltschaft* fordert Art. 19 IV GG umfassenden Rechtsschutz. Die StPO sieht in §§ 98 II, 2, 111 e II, 3; 128, 161 a III, 163 a III ausdrücklich die Möglichkeit einer gerichtlichen Überprüfung durch den Amtsrichter bzw. das LG oder das mit der Sache befaßte Gericht vor. Darüber hinaus wendet die h. M. § 98 II, 2 überall dort analog an, wo die StA ermächtigt ist, bei Gefahr im Verzuge anstelle des an sich zuständigen Richters zu handeln; so etwa in §§ 81 a, 81 c, 100, 100 b, 105 (vgl. Amelung, 31 ff. m. w. N.; abw. Genzel, NJW 1969, 1565). In einigen wenigen Fällen (§§ 81 b 1. Alt., 131, 164, 457) ist schließlich der Rechtsweg zum OLG gemäß §§ 23 ff. EGGVG gegeben, dem die vorgenannten als Sonderrechtswege vorgehen (§ 23 III EGGVG; einen derartigen Vorrang ablehnend Schenke, NJW 1976, 1820 m. w. N.; gegen ihn zutreffend Amelung, 28 ff.). Dagegen kann die Einleitung und Fortführung eines Ermittlungsverfahrens nicht nach § 23 EGGVG angegriffen werden, weil der Beschuldigte dadurch nicht in seinen Rechten verletzt ist (vgl. OLG Karlsruhe *NStZ 1982, 434* m. Anm. Rieß). Auch die verzögerliche Bearbeitung eines Ermittlungsverfahrens unterliegt keiner gerichtlichen Überprüfung (OLG Hamm NStZ 1983, 38). Ebenso läßt sich die Bekanntgabe der den Ermittlungen zugrundeliegenden Verdachtsmomente nicht nach §§ 23 ff. EGGVG erzwingen, weil die Ablehnung kein Justizverwaltungsakt, sondern eine Prozeßhandlung im Ermittlungsverfahren ist (vgl. BVerfG NStZ 1984, 228, wo verfassungsrechtliche Bedenken dagegen zurückgewiesen werden). Es verstößt auch nicht gegen Art. 19 IV GG, daß gegen Maßnahmen der StA während des Ermittlungsverfahrens prinzipiell kein Rechtsschutz besteht (BVerfG NStZ 1984, 228).

3. Der Rechtsschutz gegen *strafprozessuale* Verfolgungsmaßnahmen der *Polizei* richtet sich nicht nach §§ 40 ff. VwGO, sondern ebenfalls nach §§ 23 ff. EGGVG; denn da der Bürger nicht wissen kann, ob die Polizei selbständig oder auf staatsanwaltliche Weisung handelte, muß der Rechtsweg gegen StA und Polizei einheitlich sein (h. M., Schenke, VerwArch 60, 1969, 338; D. Meyer, JuS 1971, 295; Amelung, 36 ff.; OVG Hamburg, DVBl. 1971, 283; BVerwGE 47, 255 m. Anm. Amelung, JZ 1975, 526, und Schenke, NJW 1975, 1529 – abw. Götz, aaO., 165; Markworth, DVBl. 1975, 575). Dabei ist zu beachten, daß § 23 III EGGVG die unter 2) erörterten strafprozessualen Sonderrechtswege, die zum großen Teil auch für die Polizei gelten, unberührt läßt. Handelt die Polizei zum Zwecke der *Gefahrenabwehr*, so richtet sich der Rechtsschutz allerdings nach den §§ 40 ff. VwGO (BVerwGE 11, 181; 26, 169; 47, 264).

Zum Rechtsschutz gegen Maßnahmen nach § 81 b s. u. § 33 A III 2.

4. Die Rechtsprechung der Oberlandesgerichte schränkt den Rechtsschutz gegenüber dem oben Dargelegten wesentlich ein, indem sie Maßnahmen der Polizei und der StA im Strafverfahren als *Prozeßhandlungen* bewertet und so vom Anwendungsbereich der §§ 23 ff. EGGVG ausnimmt (OLG Karlsruhe, NJW

1976, 1417 m. w. Nachw., das selbst eine Blutentnahme als unüberprüfbar ansieht). Abgesehen von der viel zu weiten Ausdehnung des Prozeßhandlungsbegriffs (o. § 22 A I) wird diese Auffassung aber dem verfassungsrechtlichen Gebot effektiven Rechtsschutzes gegen jeden Grundrechtseingriff (Art. 19 IV GG) nicht gerecht (Amelung, S. 26; Schenke, NJW 1976, 1818; vgl. auch Kl./M., § 23 EGGVG, Rdnr. 10, der auf den „Eingriffscharakter" der Maßnahme abhebt).

II. Zweifelhaft und umstritten ist die Frage des Rechtsschutzes gegen *erledigte* strafprozessuale Zwangsmaßnahmen.

1. Da die StPO ihrem Wortlaut nach mit ihren Sonderrechtsbehelfen lediglich präventiven Rechtsschutz gewährt (vgl. o. § 29 D I), verneint die Rspr. die Zulässigkeit einer Beschwerde gegen bereits vollzogene Zwangsmaßnahmen aufgrund *richterlicher* Anordnung (BGHSt 28, 57, 160; BVerfGE *49, 329*). Hinsichtlich des Rechtsschutzes gegen erledigte Zwangsakte der *StA* unterscheidet der BGH wie folgt: Kraft der Wirkung des Art. 19 IV GG kann die *Rechtmäßigkeit der Anordnung* einer bereits vollzogenen Ermittlungsmaßnahme durch den Ermittlungsrichter überprüft werden, „wenn wegen der erheblichen Folgen eines Eingriffs oder wegen einer Gefahr der Wiederholung ein nachwirkendes Bedürfnis" dafür besteht.

Davon zu unterscheiden ist die Kontrolle der *Art und Weise der Durchführung* einer Ermittlungsmaßnahme. Hier soll nach ihrer Erledigung die Zuständigkeit wechseln, so daß etwa eine Haussuchung bis zu ihrer Beendigung gemäß § 98 II, 2 beim Ermittlungsrichter, danach gemäß § 28 I, 4 EGGVG beim OLG anzufechten ist (BGHSt 28, 57 und 206; Amelung, NJW 1979, 1687).

2. Der Rechtsschutz, den die Gerichte gewähren, läßt zu wünschen übrig, da er die fortdauernde Diskriminierung des Betroffenen als Verdächtigten nur ungenügend beseitigt. Daher ist allgemein gegen erledigte Zwangsakte, gegen deren Anordnung ein strafprozessualer Rechtsbehelf offenstand (vgl. o. § 29 D I), die Anrufung des ursprünglich zuständigen Gerichts auch zur Feststellung ihrer Rechtswidrigkeit zuzulassen. Dies gilt auch dann, wenn der Grundrechtsträger keine zukünftigen gleichartigen Eingriffe in seine Rechte befürchten muß (vgl. Peters, JZ 1972, 300; ders. JZ 1973, 341; Amelung, 49 ff., 58 f.; ders. NJW 1979, 1687; a. A. BGH DÖV 1978, 730; jede Anfechtbarkeit in polemischer Weise ablehnend K. Meyer, Schäfer-Festschr., 1980, 119).

3. Für erledigte strafprozessuale Verfolgungsmaßnahmen der *Polizei* gilt nach der h. M. (o. II 1) dasselbe wie für die StA.

III. Im Ganzen sind diese Regelungen höchst unübersichtlich und bleiben in ihrer Schutzwirkung hinter dem Verwaltungsprozeßrecht weit zurück. Das gilt insbesondere für den Rechtsschutz gegen die Staatsanwaltschaft und die Polizei. Es ist daher zu wünschen, daß der Rechtsschutz gegen ihre Maßnahmen in einer einheitlichen Regelung dem Amtsrichter übertragen und die Ausgestaltung so weit wie möglich dem Stand des Verwaltungsprozeßrechts angeglichen wird (vgl. dazu Amelung, 65 ff. und JZ 1975, 528).

E. Strafprozessuale Zwangsmaßnahmen können von vornherein rechtswidrig sein (etwa wenn bei ihrer Anordnung die Vorschriften der StPO nicht beachtet worden sind) oder sich später als sachlich nicht gerechtfertigt erweisen (der dringende Tatverdacht wird z.B. später entkräftet). In diesen Fällen stellt sich die Frage, ob der Betroffene für die aus der Maßnahme erwachsenen Schäden eine *Entschädigung* verlangen kann. Dieser Problemkreis wird unten in § 58 zusammenfassend behandelt.

§ 30. Die Untersuchungshaft

Literatur: Lobe-Alsberg, Die Untersuchungshaft, 1927; Hartung, Das Recht der Untersuchungshaft, 1927; Baumann, Neue Haftgründe, JZ 1962, 649, 689; Schmitt, Strafprozessuale Präventivmaßnahmen, JZ 1965, 193; Hengsberger, Untersuchungshaft und StPÄG, JZ 1966, 209; Dünnebier, Bemerkungen zum Verfahren des OLG nach §§ 121, 122 StPO, JZ 1966, 251; Dahs, Verfassungswidrige Untersuchungshaft?, NJW 1966, 761; Dreves, Der dringende Tatverdacht im Haftbefehl, DRiZ 1966, 368; Koch, Das Haftverfahren der StPO, 1966; Schorn, Die Rechtsstellung des Untersuchungsgefangenen, JR 1967, 448; Eb. Schmidt, Die oberlandesgerichtliche Kontrolle der Dauer der Untersuchungshaft, NJW 1968, 2209; Baumann, Wird die Untersuchungshaft umfunktioniert?, JZ 1969, 134; Ender, Zur erneuten Reform des Haftrechts – insbesondere zur Vorbeugehaft, NJW 1969, 167; Veit, Die Rechtsstellung des Untersuchungsgefangenen, dargestellt am Modell des Briefverkehrs, 1971; Jescheck u. Krümpelmann (Hrsg.), Die Untersuchungshaft im deutschen und europäischen Recht, 1971; Grunau, Kommentar zur Untersuchungshaftvollzugsordnung, 2. Aufl., 1972; Diemer-Nicolaus, Das geänderte Haftrecht, NJW 1972, 1693; Gnam, Die Wiederholungsgefahr als Grund für die Anordnung von Untersuchungshaft, 1972; Rupprecht, Verfassungsrechtsprechung zur Untersuchungshaft, NJW 1973, 1633; Schlüchter, Das neue Haftrecht: Bedeutung und Auslegung für die Praxis, MDR 1973, 96; Rotthaus, Unzulänglichkeiten der heutigen Regelung der Untersuchungshaft, NJW 1973, 2001; Rosenthal, § 121 – Die Verkürzung der Dauer der Untersuchungshaft durch Beschleunigung des Verfahrens, Diss. München 1975; Link, Zwangsernährung von Untersuchungsgefangenen, NJW 1975, 18; Vöcking, Die oberlandesgerichtliche Kontrolle der Untersuchungshaft gemäß § 121 StPO, Diss. Mainz 1977; Kleinknecht/Janischowsky, Das Recht der Untersuchungshaft, 1977; Hilte, Die richterliche Praxis der Untersuchungshaft, Diss. Heidelberg, 1977; Pressestelle d. Ev. Akademie, Hessen-Nassau, Hrsg., Probleme der Untersuchungshaft, 1977; Müller-Dietz, Grundlagen der U-Haft, in: Probleme der U-Haft, 1977, 4; Nicklas, Bedarf der Vollzug der U-Haft der Normierung durch ein Gesetz?, in: Probleme der U-Haft, 1977, 19; Binswanger/Brandenberger, Zum Problem langdauernder U-Haft, SchwZStR 90 (1978), 406; Schröder, Zur Kompetenz des Richters beim nächsten Amtsgericht, NJW 1981, 1425; Wolter, Untersuchungshaft, Vorbeugehaft und vorläufige Sanktionen, ZStW 93 (1981), 452; Geerds, Festnahme und Untersuchungshaft bei Antrags- und Privatklagedelikten, GA 1982, 237; Dahs, Apokryphe Haftgründe, Dünnebier-Festschr., 1982, 227; Benfer, Der Haftgrund „Fluchtgefahr", Die Polizei, 1983, 81; Wimmer, Das Anhalten beleidigender Briefe aus der Untersuchungshaft, GA 1983, 146; Anagnostopoulos, Haftgründe der Tatschwere und der Wiederholungsgefahr, 1984; Hassemer, Die Voraussetzungen der Untersuchungshaft, StrV 1984, 38; Kaiser, Die gesetzliche Regelung über den Vollzug der Untersuchungshaft und ihre Reform, Festschrift Juristische Gesellschaft Berlin, 1984, 299.

A. Zweck und Bedeutung der Untersuchungshaft

I. Untersuchungshaft im Strafprozeß ist die Entziehung der Freiheit des Beschuldigten zum Zwecke der Sicherung des Erkenntnisverfahrens oder der Vollstreckung.

Sie dient drei Zielen:

1. Sie will die Anwesenheit des Beschuldigten im Strafverfahren sichern (§ 112 II Nr. 1, 2).

2. Sie will eine ordnungsgemäße *Tatsachenermittlung* durch die Strafverfolgungsorgane gewährleisten (§ 112 II Nr. 3).

3. Sie will die *Strafvollstreckung* sicherstellen (§ 457).

Andere Ziele verfolgt die strafverfahrensrechtliche U-Haft nicht (zu der Systemwidrigkeit der Haftgründe der §§ 112 III, 112a vgl. unten B II 2c, d).

II. Unter den verfahrenssichernden Maßnahmen ist die U-Haft der einschneidendste Eingriff in die persönliche Freiheit; auf der anderen Seite ist sie für eine wirksame Strafrechtspflege in manchen Fällen unentbehrlich.

Die innere Ordnung eines Staates offenbart sich darin, wie diese Konfliktslage geregelt ist: Totalitäre Staaten werden unter der falschen Antithese Staat – Bürger leicht das Interesse des Staates an möglichst erfolgreicher Durchführung der Strafverfahren überbetonen. In einem Rechtsstaat wird die Regelung dieser Konfliktslage dagegen nicht durch die Antithese Staat – Bürger bestimmt; der Staat selbst ist beiden Zielen – Sicherung der Ordnung durch Strafverfolgung und Behütung der Freiheitssphäre des Bürgers – verpflichtet.

III. Dabei gebietet der verfassungsrechtliche Grundsatz der Verhältnismäßigkeit, Maß und Grenzen der Untersuchungshaft auf das Notwendigste zu beschränken. (Für die Gewährung von Integrationshilfe an U-Häftlinge Müller-Dietz, Dünnebier-Festschr., 75.) Als Ausgleich für die Einschränkung der U-Haft durch den Verhältnismäßigkeitsgrundsatz sieht der durch das EGOWiG neu geschaffene § 132 eine „*sonstige Maßnahme*" zur Sicherstellung der Strafverfolgung und -vollstreckung" für die Fälle vor, in denen, weil nur eine Geldstrafe zu erwarten ist, die U-Haft nicht in Frage kommt (§ 112 I, 2!), der Beschuldigte aber, weil er im Bundesgebiet keinen Wohnsitz hat, sich der Strafverfolgung durch Verlassen des Landes zu entziehen droht (etwa: ein Ausländer begeht auf der Durchreise im Bundesgebiet ein Verkehrsdelikt). Hier kann nach § 132 I, II der Richter (bei Gefahr im Verzuge auch die StA und ihre Hilfsbeamten) dem dringend verdächtigen Beschuldigten auferlegen, für die zu erwartende Geldstrafe und die Verfahrenskosten Sicherheit zu leisten und eine im Gerichtsbezirk wohnhafte Person zum Zustellungsbevollmächtigten zu bestellen. Wird diese Anordnung nicht befolgt, können das Auto des Beschuldigten oder seine sonstigen mitgeführten Sachen beschlagnahmt werden (§ 132 III; vgl. dazu Dünnebier, NJW 1968, 1752).

B. Die Verhängung der U-Haft

I. Sie ist in *jedem Abschnitt* des Verfahrens zulässig, auch schon im Ermittlungsverfahren. Mit der *Rechtskraft* eines Urteils geht die U-Haft noch nicht automatisch in Strafhaft über, sondern erst mit der Einlieferung in die Vollzugsanstalt.

II. Die *sachlichen Voraussetzungen* der U-Haft sind (§ 112 I):

1. *Dringender Tatverdacht;* d. h. es muß ein hoher Grad von Wahrscheinlichkeit dafür gegeben sein, daß der Beschuldigte die Tat begangen hat, und daß alle Voraussetzungen der Strafbarkeit und Verfolgbarkeit – nicht aber der Strafantrag bei Antragsdelikten (§ 130) – vorliegen. Wenn die Schuld wegen Zurechnungsunfähigkeit erkennbar fehlt, so kommt ein Unterbringungsbefehl (§ 126 a) in Frage.

2. Außerdem muß ein besonderer *Haftgrund* gegeben sein.

Die StPO hat in ihrer ursprünglichen Fassung nur 2 Haftgründe gekannt: Fluchtverdacht und Verdunkelungsgefahr. Die nationalsozialistische Strafprozeßnovelle von 1935 hatte zwei weitere hinzugefügt, die durch den Zweck der U-Haft nicht gedeckt waren: fortdauernde Gefährlichkeit und Erregung in der Öffentlichkeit. Damit war ein Haftgrund gegeben, wenn es mit Rücksicht auf die Schwere der Tat und auf die durch sie hervorgerufene Erregung nicht erträglich schien, den Angeschuldigten in Freiheit zu lassen. Die erforderliche „Erregung in der Öffentlichkeit" konnte beliebig von politischen Stellen befohlen und durch Organisationen der NSDAP demonstriert werden. Nach 1945 ist dieser Haftgrund wieder beseitigt worden. Das Vereinheitlichungsgesetz von 1950 hat dann auch den Haftgrund der fortdauernden Gefährlichkeit aufgehoben. Das StPÄG 1964 hat – ganz gegen die ursprüngliche, auf Einschränkung der U-Haft abzielende Zwecksetzung der Novelle – den Haftgrund der Gefährlichkeit, allerdings unter Beschränkung auf Sittlichkeitsverbrechen, wieder eingeführt und den Haftgrund des Mordverdachts neu geschaffen. Durch Gesetz vom 7. 8. 1972 sind die Voraussetzungen für die Annahme von Flucht- und Verdunkelungsgefahr, die durch das StPÄG von 1964 verschärft worden waren, wieder etwas gelockert worden; außerdem ist der Haftgrund der Wiederholungsgefahr auf einige Gewalt-, Vermögens- und Rauschgiftdelikte sowie auf gemeingefährliche Straftaten ausgedehnt worden. Das Gesetz vom 18. 8. 1976 erweiterte den Haftgrund der Schwere der Tat dann noch auf das Vergehen nach § 129 a StGB.

Im einzelnen sind die Haftgründe folgende:

a) *Flucht* oder *Fluchtgefahr* (§ 112 II Nr. 1 u. 2). Ein Haftgrund besteht, wenn auf Grund bestimmter Tatsachen

aa) festgestellt wird, daß der Beschuldigte flüchtig ist – z. B. im Ausland ist und einer Ladung vor ein deutsches Gericht nicht Folge leistet – oder sich verborgen hält,

bb) bei Würdigung der Umstände des Einzelfalles die Gefahr besteht, daß der Beschuldigte sich dem Strafverfahren und der Vollstreckung entziehen werde. Ein „Entziehen" bejaht die h. M. auch dann, wenn der Beschuldigte voraussichtlich weder flüchten noch sich verbergen wird, aber die Annahme naheliegt, er werde sich – z. B. durch Drogen (KG JR 1974, 165 m. abl. Anm. von Kohlhaas) – verhandlungsunfähig machen (L.-R.[24]-Wendisch, § 112, Rdnr. 35; Kleinknecht/Janischowsky, Rdnr. 30 unter Berufung auf § 231 a).

Die Fluchtgefahr darf nicht schematisch nach abstrakten Kriterien, sondern nach dem eindeutigen Wortlaut des Gesetzes nur auf Grund der Umstände des Einzelfalles beurteilt werden. So darf aus der Schwere der Beschuldigung und der Höhe der ggf. zu erwartenden Strafe nicht ohne weiteres der Fluchtverdacht gefolgert werden, sondern es sind auch das Gewicht der dem Beschuldigten bekannten Belastungsbeweise sowie seine Persönlichkeit und seine privaten Verhältnisse zu berücksichtigen. Andererseits reicht ein fester Wohnsitz des Beschuldigten – entgegen der vor dem Gesetz vom 7. 8. 1972 üblich gewordenen Praxis – keineswegs allein zur Verneinung der Fluchtgefahr aus. Ebenso ist es unzulässig, aus einer nach Lage des Falles gegebenen Verdunkelungsmöglichkeit automatisch auf eine Verdunkelungsgefahr zu schließen. Vgl. zu solchen „apokryphen" Haftgründen Dahs, Dünnebier-Festschr., 227. Unter dem Gesichtspunkt der Einzelfallprüfung ist es schließlich auch bedenklich, wenn dem Ermittlungsrichter von der StA vorformulierte Haftbefehle zur bloßen Unterschrift vorgelegt werden (gegen eine Verfassungswidrigkeit in den Fällen der Nürnberger Massenverhaftung BVerfG *NStZ 1982, 37*). Zur Kritik an den Massenverhaftungen im sog. Nürnberger KOMM-Prozeß, vgl. Erich, Kempf und Maeffert, StrV 1982, 130, 136, 486; Benfer aaO.

b) *Verdunkelungsgefahr* (§ 112 II Nr. 3). Diese erfordert, daß das Verhalten des Beschuldigten den dringenden Verdacht begründet, er werde

aa) Beweismittel vernichten, verändern, beiseiteschaffen, unterdrücken oder fälschen,

bb) auf Mitbeschuldigte, Zeugen oder Sachverständige in unlauterer Weise einwirken – es genügt also nicht, wenn der Beschuldigte einen zeugnisverweigerungsberechtigten Zeugen bittet, nicht auszusagen – oder

cc) andere zu solchem Verhalten veranlassen,
und wenn deshalb die Gefahr droht, daß er die Ermittlung der Wahrheit erschweren werde.

c) Der Haftgrund der „*Schwere der Tat*" ist auf die Verbrechen des Mordes, Totschlags, Völkermordes und vorsätzlichen, lebens- bzw. leibesgefährdenden Sprengstoffdeliktes beschränkt; 1976 ist noch das Vergehen der Bildung, Unterstützung etc. einer terroristischen Vereinigung nach § 129a StGB dazu gekommen. § 112 III wäre rechtsstaatlich bedenklich, wenn man ihn dahin auslegte, daß bei dringendem Verdacht eines der genannten Verbrechen die Untersuchungshaft ohne Prüfung weiterer Voraussetzungen verhängt werden dürfe (BVerfGE *19, 342* [350]); denn die Untersuchungshaft könnte dann angeordnet werden, ohne daß sie zur Sicherung des Erkenntnis- oder Vollstreckungsverfahrens erforderlich wäre. (Ungenannter) Haftgrund wäre bei dieser Auslegung wieder wie im Dritten Reich die Erregung der Bevölkerung. Das BVerfG (aaO.) hat deshalb § 112 III in folgender Weise verfassungskonform auszulegen versucht: Bei dringendem Verdacht der schweren Straftaten des Abs. 3 könne Untersuchungshaft nur verhängt werden, wenn die Haftgründe der Flucht- oder Verdunkelungsgefahr bestünden; an die Feststellung des Bestehens dieser Haftgründe seien jedoch keine so strengen Anforderungen zu stellen wie in Abs. 2, sondern es genüge schon eine geringere Intensität von Flucht- oder Verdunkelungsgefahr.

In Wirklichkeit handelt es sich dabei weniger um eine Auslegung als um eine Umdeutung des Gesetzes, das nach der Einbeziehung der §§ 311, 129 a StGB in den Kreis der „schweren" Taten vollends fragwürdig geworden ist (Wolter, aaO., 483).

Es ist außerdem geboten, § 112 III restriktiv auszulegen; bei einem Fall des § 213 StGB ist er daher nicht anzuwenden, wie ein Vergleich mit dem ebenfalls in Bezug genommenen § 311 II, III StGB zeigt (a.A. OLG Hamm NJW 1982, 2786).

d) *Wiederholungsgefahr.* Nachdem schon 1964 für bestimmte Sittlichkeitsdelikte der Haftgrund der Wiederholungsgefahr eingeführt worden war, hat das Gesetz vom 7. 8. 1972 diesen Haftgrund auf zahlreiche Delikte ausgedehnt, die nach den Erfahrungen der Praxis vielfach als Serienstraftaten begangen werden und denen man durch frühzeitige Inhaftierung der Beschuldigten wirksamer als bisher vorbeugen zu können glaubt (§ 112 a).

Gegen einen solchen Haftgrund bestehen manche Bedenken: Er stellt im System der Haftvoraussetzungen einen Fremdkörper dar, weil es sich nicht um einen Fall der Verfahrenssicherung, sondern um eine vorbeugende Maßnahme, also um eine Art Sicherungshaft wie in § 126 a, handelt. Er ist ferner rechtsstaatlich problematisch, weil hier eine Freiheitsentziehung auf Grund eines im Hinblick auf die begangene wie die zu erwartende Straftat unbewiesenen Verdachtes verhängt wird. Er ist schließlich kriminalpolitisch schädlich, weil er – unter notorisch sehr ungünstigen Vollzugsbedingungen – die resozialisierungsfeindlichen kurzen Freiheitsstrafen, die das 1. StrRG glücklich zurückgedrängt hat, durch die Hintertür wieder einführt (vgl. Roxin, ZStW 82 [1970], 1125). Das BVerfG hatte schon aus Anlaß der in § 112 III a. F. genannten Sittlichkeitsdelikte den Haftgrund der Wiederholungsgefahr nur in streng begrenzten Ausnahmefällen zugelassen und nur deshalb für noch verfassungsmäßig erklärt, weil er einen besonders schutzwürdigen Kreis der Bevölkerung vor mit hoher Wahrscheinlichkeit drohenden schweren Straftaten schützen sollte (BVerfGE *19, 342* [350]). Obwohl diese Voraussetzungen bei § 112 a I, Nr. 2 nicht vorliegen (hier handelt es sich um massenhaft auftretende Delikte mit beliebigem Opferkreis), hat das BVerfG (E *35, 185*) schließlich auch § 112 a I, Nr. 2 wegen der vom Gesetzgeber eingebauten Sicherungen (erhebliche Kriminalität, konkreter Verdacht einer fortgesetzten und schwerwiegenden Beeinträchtigung des Rechtsfriedens, Wahrung des Verhältnismäßigkeitsgrundsatzes: §§ 116 III, 122 a) für verfassungsgemäß erklärt (wie hier kritisch Rüping, Rdnr. 192; Wolter, aaO., 484).

Im einzelnen gilt folgendes:

aa) Bei Beschuldigten, die bestimmter schwerer Sexualstraftaten (§§ 174, 174 a, 176–179 StGB; nicht z. B. Exhibitionismus, §§ 183, 183 a StGB oder Homosexualität nach § 175 StGB) dringend verdächtig (also nicht notwendig wegen solcher Delikte vorbestraft) sind, darf nach § 112 a I Nr. 1 U-Haft auch angeordnet werden, wenn bestimmte Tatsachen die Gefahr begründen, daß sie vor rechtskräftiger Aburteilung ein weiteres Verbrechen der bezeichneten Art begehen werden – unter der weiteren Voraussetzung, daß die Haft zur Abwendung der drohenden Gefahr erforderlich ist. Nach OLG Hamm NJW 1974, 1667 soll § 112 a I Nr. 1 sogar analog angewandt werden dürfen, wenn eines der in § 112 a I

Nr. 1 genannten Delikte im Rauschzustand begangen worden ist (mit Recht kritisch Blei, JA 1974, StR 198).

bb) Bei Beschuldigten, die dringend verdächtig sind, wiederholt oder fortgesetzt eine die Rechtsordnung schwerwiegend beeinträchtigende Straftat nach den §§ 223a bis 226, nach den §§ 243, 244, 249 bis 255, 260, nach 263, nach den §§ 306–308, 316a StGB oder bestimmte Rauschgiftdelikte begangen zu haben, kann ebenfalls U-Haft verhängt werden, wenn die weiteren, unter aa) genannten Voraussetzungen erfüllt sind und eine Freiheitsstrafe von mehr als einem Jahr zu erwarten ist (§ 112a I Nr. 2). Außerdem setzt die Annahme der Wiederholungsgefahr bei diesen Delikten in der Regel voraus, daß der Beschuldigte innerhalb der letzten fünf Jahre wegen einer Straftat gleicher Art rechtskräftig zu Freiheitsstrafe verurteilt worden ist.

Der Haftgrund der Wiederholungsgefahr ist schließlich *subsidiär:* Liegen die Voraussetzungen für den Erlaß eines Haftbefehls nach § 112 (oben a–c) vor und sind auch nicht die Voraussetzungen für die Aussetzung des Vollzugs dieses Haftbefehls nach § 116 I, II (s. dazu unten E) gegeben, so ist eine Anordnung nach § 112a unzulässig (§ 112a II).

3. Als weitere generelle Voraussetzung für die U-Haft hat das StPÄG 1964 im Anschluß an Art. 5 III, 2 u. 3 MRK den *Grundsatz der Verhältnismäßigkeit* aufgestellt (§ 112 I, 2; s. dazu Seetzen, NJW 1973, 2001): Die Untersuchungshaft darf nicht angeordnet werden, wenn sie „zu der Bedeutung der Sache und der zu erwartenden Strafe oder Maßregel der Besserung und Sicherung außer Verhältnis steht."

Eine Folgerung aus diesem Grundsatz ist die Regelung des § 113. Danach ist im Bereich der *kleinen Kriminalität* die U-Haft wegen Verdunkelungsgefahr überhaupt ausgeschlossen (§ 113 I) und wegen Fluchtgefahr nach Maßgabe von § 113 II beschränkt; vgl. ferner o. A III.

4. In *Privatklagesachen* ist die Untersuchungshaft nach überwiegender und richtiger Lehre nicht zulässig: Wo ein öffentliches Interesse an der Strafverfolgung nicht besteht und die Zurücknahme der Klage von dem Belieben des Klägers abhängt, kann es niemals gerechtfertigt sein, die Freiheit des Angeklagten während des schwebenden Verfahrens zu beschränken.

Bei *Antragsdelikten* sollen die Antragsberechtigten sofort von dem Erlaß des Haftbefehls in Kenntnis gesetzt werden. Der Haftbefehl ist aufzuheben, wenn innerhalb einer kurzen Frist (maximal einer Woche) Strafantrag nicht gestellt wird. Vgl. im einzelnen § 130; ausführlich Geerds aaO.

5. Gegen eine und dieselbe Person ist bei Verdacht mehrerer strafbarer Handlungen ein *mehrfacher Haftbefehl,* namentlich auch durch einen anderen Richter, möglich *(Überhaft).* Das wird dann praktisch, wenn ein Haftbefehl, z.B. wegen Freisprechung oder wegen Wegfalls des Haftgrundes (z.B. der Verdunkelungsgefahr infolge Geständnisses), aufgehoben wird. Auch gegen einen Strafgefangenen ist (wegen einer anderen Tat als der, für die er z.Z. Strafe verbüßt) ein Haftbefehl möglich.

III. Die formellen Voraussetzungen

1. Es muß ein *schriftlicher Haftbefehl* des *Richters* vorliegen (§ 114 I). Darin sind genau anzuführen: a) der Beschuldigte, b) die Tat in ihrer tatsächlichen und rechtlichen Beschaffenheit, c) der Haftgrund und d) die Tatsachen, aus denen sich der dringende Tatverdacht und der Haftgrund ergeben (§ 114 II lesen!). Die Notwendigkeit genauer Angabe der Tatsachen, die den Haftbefehl rechtfertigen, soll dazu dienen, ungerechtfertigte und übereilte Haftbefehle zu verhindern; zur Frage, wie weit auch die Beweismittel angegeben werden müssen, vgl. OLG Düsseldorf, JZ 1984, 540. Von der Angabe dieser Tatsachen darf nur abgesehen werden, wenn durch sie die Staatssicherheit gefährdet werden könnte (§ 114 II Nr. 4; für Streichung dieser Klausel Vogt, NStZ 1982, 21). Blankohaftbefehle sind unzulässig. Liegt die Anwendung des § 112 I, 2 (s. dazu oben II 3) nahe oder hat sich der Beschuldigte auf diese Vorschrift berufen, so muß der Haftrichter die Gründe angeben, warum er sie nicht angewandt hat (§ 114 III).

Ein Haftbefehl könnte z. B. so lauten:

„Amtsgericht Lörrach, den 18. 12. 1984

Haftbefehl

Der am 7. 6. 1941 zu Offenburg geborene, zuletzt in Lörrach, Karlsstraße 5, wohnhafte ledige Kellner Jakob Huber ist zur Untersuchungshaft zu bringen.
Er wird beschuldigt,
am 17. Dezember 1984 in Lörrach
eine fremde bewegliche Sache einem anderen in der Absicht weggenommen zu haben, sich dieselbe rechtswidrig zuzueignen,
nämlich einen dem Bankdirektor Eugen Müller aus Lörrach gehörenden Pelzmantel im Wert von 5000 DM von einem Kleiderhaken im Café Hebeleck weggenommen zu haben, um ihn für sich zu behalten
– Vergehen nach § 242 StGB –.
Er ist dieser Tat dringend verdächtig, weil er von dem Zeugen Müller bei der Wegnahme beobachtet wurde und, obwohl er bis dahin keinen Pelzmantel gehabt hat, am Tag nach der Tat von der Zeugin Elfriede Maier in einem Pelzmantel gesehen worden ist.
Es besteht gegen ihn der Haftgrund des § 112 Abs. 2 Nr. 2 StPO, weil er einschlägig bestraft ist und weil er seit der Tat nicht in seine bisherige Wohnung und an seine Arbeitsstelle zurückgekommen ist. Die Untersuchungshaft steht zu der zu erwartenden Strafe nicht außer Verhältnis. Dr. Kluge
Richter am Amtsgericht."

2. Der Richter muß für den Erlaß des Haftbefehls *zuständig* sein. Haftrichter ist der in dem jeweiligen Verfahrensabschnitt funktionell zuständige Richter; also im Ermittlungsverfahren der Richter beim Amtsgericht, im Zwischenverfahren das beschließende Gericht, in der Hauptverhandlung das erkennende Gericht (im einzelnen s. § 125). Wenn Revision eingelegt ist, entscheidet nicht das Revisionsgericht, sondern das Gericht, dessen Urteil angefochten ist (§ 126 II, 2). Nach Rechtskraft des Urteils sind die erkennenden Gerichte noch bis zur Anordnung der Strafvollstreckung für die Entscheidung über den Haftbefehl zuständig, von da an die StA (§§ 457, 451).

C. Durchführung und Folgen der Verhaftung

I. Die Durchführung

Der Haftbefehl wird vollstreckt durch *Verhaftung*. Sie ist nach § 36 II, 1 Aufgabe der StA, die sich dazu ihrer Hilfsbeamten (§ 152 GVG) oder der Polizei (§ 161) bedienen wird (vgl. o. § 10 B I). Wenn der Beschuldigte durch den Vollzug der U-Haft in Lebensgefahr geraten würde, darf der Haftbefehl nicht vollstreckt werden (OLG Düsseldorf JZ 1984, 248).

Die Verhaftung erfolgt durch *Ergreifung*. Dabei ist dem Beschuldigten, soweit möglich, der Haftbefehl bekanntzugeben (Einzelheiten s. § 114 a).

II. Das weitere Verfahren

1. Der Verhaftete ist nach § 115 I unverzüglich, spätestens am Tage nach der Ergreifung (arg. § 115 a I), dem zuständigen *Richter* (d. h. dem, der den Haftbefehl erlassen hat) *vorzuführen* (ebenso Art. 5 III, 1 MRK; vgl. auch Art. 104 II GG).

2. Der Richter hat nun drei Aufgaben:

a) Er hat die *Benachrichtigung* eines Angehörigen oder einer Vertrauensperson anzuordnen (§ 114 b I als Ausprägung von Art. 104 IV GG); soweit der Untersuchungszweck nicht gefährdet wird, hat er *daneben* dem Verhafteten Gelegenheit zur persönlichen Unterrichtung einer Vertrauensperson zu geben (§ 114 b II).

Die Benachrichtigungspflicht des Abs. I ist *zwingend* und *unbedingt*. Wie sich aus den Materialien zu Art. 104 IV GG (dazu Dünnebier, JZ 1963, 694) ergibt, soll sie vor allem die Rechtsstaatlichkeit des Strafverfahrens sichern, indem sie verhindert, daß jemand „bei Nacht und Nebel" spurlos verschwindet. Deshalb ist die Benachrichtigung auch bei Verzicht, ja selbst gegen den ausdrücklichen Widerspruch des Verhafteten vorzunehmen (die Frage ist str.; erschöpfende Literaturnachweise bei L.-R.[24]-Wendisch, § 114 b, Fußn. 3, 4). Auch eine mögliche Gefährdung des Untersuchungszwecks (arg. § 114 b II) oder der Staatssicherheit kann die Benachrichtigung nicht verhindern (a. A. Wagner, JZ 1963, 686).

b) Er hat den Beschuldigten unverzüglich nach Maßgabe von § 115 III (und bei der ersten Vernehmung nach § 136 I) zu *vernehmen* (§ 115 II).

c) Schließlich hat er zu *entscheiden*, ob der *Haftbefehl aufrechterhalten* werden kann (dann vgl. § 115 IV) oder ob er nach § 120 aufgehoben oder sein Vollzug nach § 116 ausgesetzt werden muß (dazu vgl. u. E, F).

3. Ist der zuständige Richter nicht rechtzeitig zu erreichen (z. B. weil der Beschuldigte schon weit weg vom Sitz des zuständigen Gerichts gewesen und erst an der Grenze verhaftet worden ist), so ist der Verhaftete unverzüglich dem Richter des nächsten Amtsgerichts vorzuführen (§ 115 a; vgl. auch Nr. 54 II RiStBV).

a) Dieser hat wie der zuständige Richter den Ergriffenen unverzüglich zu vernehmen (§ 115 a II, 1, 2) und die Benachrichtigung nach § 114 b zu veranlassen.

b) Dagegen kann er nicht über die Aufhebung des Haftbefehls oder die Aussetzung der U-Haft entscheiden, da er nicht mit dem Sachverhalt vertraut ist. Vielmehr gilt folgendes (vgl. i. e. Seetzen, NJW 1972, 1889):

aa) Nur wenn der Haftbefehl aufgehoben ist oder der Ergriffene einer Personenverwechslung zum Opfer fiel, ist dem Richter des § 115 a die *Freilassung* des Ergriffenen vorgeschrieben; im übrigen ist sie ihm verwehrt (weitergehend bei offensichtlicher Unbegründetheit des Haftbefehls Enzian, NJW 1973, 838; Schröder, NJW 1981, 1426). Einwendungen des Verhafteten und eigene Bedenken hat er auf dem schnellsten Wege (praktisch also meist fernmündlich) dem zuständigen Richter mitzuteilen (§ 115 a II, 3, 4).

bb) In allen übrigen Fällen hat er auf Verlangen des Beschuldigten dessen *Vorführung* vor den zuständigen Richter anzuordnen. Darauf ist der Verhaftete neben der allgemeinen Rechtsbehelfsbelehrung gesondert hinzuweisen (§ 115 a III).

D. Der Vollzug der U-Haft

I. Der Vollzug der U-Haft ist gesetzlich nur bruchstückhaft in § 119 geregelt. Im einzelnen richtet sich die Durchführung nach der von allen Bundesländern übereinstimmend erlassenen UVollzO vom 12. 2. 1953, die als bloße Verwaltungsanordnung zwar den Leiter der Haftanstalt, nicht aber den nur dem Gesetz unterworfenen Richter bindet und auch keine Grundrechtseinschränkungen enthalten darf, die nicht schon in der StPO vorgesehen sind (BVerfGE 15, 294).

II. § 119 regelt die räumliche Unterbringung des Untersuchungshäftlings (1), die Zulässigkeit seiner Fesselung (2) sowie die behördliche Zuständigkeit (3), und hält für alle übrigen Fragen eine Generalklausel bereit (III).

1. Der Verhaftete ist von Strafgefangenen und auch von anderen Untersuchungsgefangenen, sofern er keinen entgegengesetzten Antrag stellt, grundsätzlich *räumlich getrennt* zu halten und darf namentlich nicht mit ihnen in derselben Zelle untergebracht werden, es sei denn, daß sein körperlicher oder geistiger Zustand dies erfordert (§ 119 I, II).

2. Der Untersuchungshäftling darf nur *gefesselt* werden, wenn er Gewalt anwendet oder Widerstand leistet, im Falle eines Fluchtversuches oder bei konkreter Fluchtgefahr (OLG Oldenburg, NJW 1975, 2219) oder wenn Selbstmord- oder Selbstbeschädigungsgefahr besteht (§ 119 V). Bei der Hauptverhandlung soll er (soweit irgend möglich) ungefesselt sein.

Als zusätzliche Einschränkung ist in § 119 V der *Verhältnismäßigkeitsgrundsatz* ausdrücklich aufgeführt (z.B. geht bei Selbstmordgefahr die Unterbringung bei anderen Gefangenen als mildere Maßnahme vor). Nach ihm bestimmt sich auch die Zulässigkeit einer „Glocke" (d. i. eine Spezialzelle zur Ernüchterung tobender Gefangener), in die der Häftling nur im äußersten Fall gesteckt werden darf.

3. a) Die im Laufe der U-Haft erforderlichen *Verfügungen* (z.B. bezüglich der Fesselung, Briefkontrolle und Hausstrafen, s. dazu u. III.) hat der nach § 126 zuständige *Richter* zu treffen. In dringenden Fällen

können von den Aufsichtsbeamten nur vorläufige Maßnahmen ergriffen werden, die zusätzlich nachträglicher richterlicher Genehmigung bedürfen (§ 119 VI).

b) Da der Häftling gegen Anordnungen der Gefängnisverwaltung bereits nach § 119 VI richterliche Entscheidung beantragen kann, steht ihm das subsidiäre Verfahren der §§ 23 ff. EGGVG nur in Ausnahmefällen zur Verfügung (Eb. Schmidt Nachtrag I, § 119, Rdnr. 48 f. und L.-R.[24]-Wendisch, § 119, Rdnr. 159 f.). Anders ist es, wenn ein Anwalt eine generelle Durchsuchungsanordnung beanstanden will (BGHSt 29, 135).

c) Gegen die richterlichen Entscheidungen hat derjenige, dessen Rechte dadurch berührt werden, nach § 304 die einfache Beschwerde, nicht aber die weitere Beschwerde nach § 310, der nur für die Anordnung, nicht aber für den Vollzug der U-Haft gilt (str., aber h. M.). Ein solches Beschwerderecht hat auch derjenige, dem die Erlaubnis zum Besuch eines U-Häftlings vom Haftrichter versagt wird (BGHSt 27, 175 m. abl. Anm. Peters, JR 1978, 84). Zu den erstinstanzlichen Entscheidungen des OLG vgl. § 304 IV, 2 und BGHSt 25, 120; 26, 270; zu denen des Ermittlungsrichters beim BGH § 304 V.

III. Die in § 119 III, IV niedergelegte *Generalklausel* besagt, daß Grundrechtseinschränkungen in der U-Haft nur nach Maßgabe des Haftzwecks und den Bedürfnissen der Anstaltsordnung zulässig sind. Diese unbestimmten Rechtsbegriffe bedürfen im Hinblick auf den grundgesetzlich geschützten Freiheitsbereich des einzelnen näherer Konkretisierung. Dafür einige Beispiele:

1. Der *Briefverkehr* des Häftlings (Art. 2 u. 10 GG) wird *kontrolliert* und unterliegt mit Ausnahme der eingehenden Briefe und der Korrespondenz mit dem Verteidiger (§ 148!) gewissen Beschränkungen, für deren Einzelheiten man § 31 StVollzG heranziehen kann. Für Mitteilungen des U-Häftlings an seinen Ehepartner hat BVerfGE *35, 35; 42, 237* im Hinblick auf Art. 6 GG entschieden, daß beleidigende Briefe nicht angehalten werden dürfen; für Briefe an die Eltern folgt dasselbe aus Art. 2 GG (BVerfG NStZ 1981, 315). Der Briefwechsel mit dem Verteidiger darf nur daraufhin überprüft werden, ob eingehende Schreiben ihren äußeren Merkmalen nach wirklich vom Verteidiger stammen; es verstößt aber gegen § 148 I, wenn die Anstalt zum Zwecke dieser Prüfung die Verteidigerbriefe öffnet (a. A. OLG Koblenz, StrV 1982, 427 m. abl. Anm. Dünnebier) oder in allen Fällen erst dem Gericht zur Untersuchung zuleitet (OLG Düsseldorf, NJW 1983, 186). Fremdsprachige Briefe an eine des Deutschen unkundige Lebensgefährtin sind nur zulässig, soweit die zu Kontrollzwecken erforderliche Übersetzung nicht unverhältnismäßig teuer wird (OLG München, NStZ 1984, 332).

2. Das *Informationsrecht* des Untersuchungsgefangenen (Art. 5 I GG) darf nur bei zwingendem Anlaß und nach durchgeführter Einzelfallprüfung (OLG Frankfurt MDR 1978, 594; a. A. KG NJW 1979, 175) eingeschränkt werden, so daß das grundsätzliche Verbot eines Rundfunkempfanges durch Einzelkopfhörer (Nr. 40 UVollzO) durch § 119 III nicht gedeckt ist (BVerfGE 15, 294). Str. ist auch, ob der U-Häftling in seinem Haftraum ein Fernsehgerät betreiben darf. Vielfach wird das abgelehnt (BGH NStZ 1985, 139; OLG Karlsruhe, NJW *1970, 291;* OLG Stuttgart, MDR *1973, 1036;* OLG Koblenz, NStZ *1982, 46; 1983, 332;* OLG Zweibrücken, NStZ 1985, 45; für die Verfassungsmäßigkeit dieser Rspr. BVerfG, NStZ *1983, 331).* Doch wird diese Beschränkung durch § 119 III nicht

gedeckt, solange mit dem Fernsehen kein Mißbrauch getrieben wird. Daß der „Neid der Besitzlosen" noch kein Versagungsgrund ist, ergibt sich aus § 119 IV (so i. E. auch OLG Koblenz, NStZ *1983, 331;* OLG Düsseldorf, NStZ 1985, 44; Boujong, NStZ 1983, 333). Auch die in Nr. 45 UVollzO angeordnete Beschränkung des Lesestoffs dürfte, im Lichte des Grundrechts gesehen, unhaltbar sein (nach BVerfG NStZ 1982, 132 darf aber der Zeitschriftenbezug auf 4 Titel beschränkt werden). Nach OLG Düsseldorf (NStZ 1984, 333) soll die Benutzung von Cassettenrecordern wegen der damit verbundenen Mißbrauchsgefahr in der Regel unzulässig sein (a. A. OLG Frankfurt, StrV 1984, 339).

3. § 119 IV gestattet dem Häftling Bequemlichkeiten (z. B. eigene Bettwäsche, Nr. 52 UVollzO; Rauchen, nicht aber Alkoholgenuß) und Beschäftigung im Rahmen von Haftzweck und Anstaltsordnung. Arbeits*zwang* ist nirgends vorgesehen und wäre auch schlechthin unzulässig (vgl. AG Zweibrücken, NJW 1979, 1557)!

4. Auch die *Besuchsregelung* muß verfassungsrechtlich besonders geschützten Interessen Raum geben. So folgt z. B. aus Art. 6 I GG ein Recht des Inhaftierten, seinen Ehepartner außerhalb der Besuchszeiten zu empfangen, wenn diesem ihre Einhaltung nicht möglich oder unzumutbar ist (BVerfGE 42, 95, 101 f.).

5. Das *Wahlrecht* des Gefangenen (Art. 38 GG) darf unter keinen Umständen beschränkt werden, vielmehr ist ihm die Möglichkeit der Briefwahl zu geben.

6. In den Nrn. 67–71 UVollzO sind die *Hausstrafen* aufgeführt (u. a. Verweise, Kostschmälerung, hartes Lager, Arrest), die, weil sie niemals unaufschiebbar sind, nur vom Richter angeordnet werden dürfen. Sie sind keine Kriminalstrafen, sondern den Disziplinarstrafen verwandt. Soweit mit ihnen nicht präventive, sondern repressive Zwecke verfolgt werden, begegnet ihre Zulässigkeit im Hinblick auf Art. 2 I GG ernsten Bedenken (vgl. BVerfGE 8, 325).

7. Für die Zulässigkeit einer *Zwangsernährung* bei einem Hungerstreik gelten die Vorschriften des StVollzG entsprechend (§§ 178 I, 101 StVollzG; vgl. OLG Koblenz JR 1977, 471 m. Anm. Wagner, 473).

IV. Der augenblickliche Rechtszustand des Untersuchungshaftvollzuges ist ungewiß und unbefriedigend; ein klärendes, hinreichende Rechtssicherheit bringendes Bundesgesetz ist daher dringend vonnöten. Es müßte darin zugleich Vorsorge gegen die heute weit verbreitete *Vollzugspraxis* getroffen werden, die auf eine Einkapselung der Gefangenen in den unzulänglichsten Räumen der jeweiligen Anstalt hinausläuft und dadurch die U-Haft zu einem größeren Übel als die Freiheitsstrafe macht; daß eine derartige Ausgestaltung mit der Unschuldsvermutung (Art. 6 II MRK) keinesfalls vereinbar ist, braucht nicht besonders betont zu werden (vgl. dazu Rotthaus, NJW 1973, 2269).

Aus der neueren Reformliteratur: B a u m a n n, Entwurf eines U-Haftvollzugsgesetzes, 1981; D ö s c h l u. a., Entwurf eines Gesetzes über den Vollzug der U-Haft, 1982; J u n g / M ü l l e r - D i e t z (Hrsg.), Reform der U-Haft – Vorschläge und Materialien, 1983; A m e l u n g u. a. (Arbeitskreis Strafprozeßreform), Die U-Haft – Gesetzesentwurf mit Begründung, 1983; M ü l l e r - D i e t z, Problematik und Reform des Vollzuges der U-Haft, StrV 1984, 79; K a i s e r, Die gesetzliche Regelung über den Vollzug der U-Haft und ihre Reform, Festschr. Jur. Gesellschaft Berlin, 1984, 299.

E. Aussetzung der U-Haft (Haftverschonung)

I. Soweit der Zweck der U-Haft es zuläßt, muß oder kann der Vollzug des Haftbefehls durch weniger einschneidende Maßnahmen ersetzt werden (§ 116).

1. Bei *Fluchtgefahr muß* der Vollzug ausgesetzt werden, wenn mildere Mittel ausreichen. Solche im Gesetz beispielhaft („namentlich") aufgezählten Mittel sind: Meldepflicht, Aufenthaltsbeschränkung, Hausarrest und Sicherheitsleistung (§ 116 I).

2. Bei *Verdunkelungsgefahr kann* der Vollzug ausgesetzt werden, wenn ein milderes Mittel – vor allem die Anweisung, mit bestimmten Personen (Mitbeschuldigten, Zeugen, Sachverständigen) keine Verbindung aufzunehmen – in Betracht kommt. Da die Wirkung dieser Mittel zweifelhaft ist, ist die Aussetzung hier nur fakultativ („kann", § 116 II). Die Sicherheitsleistung kommt i. d. R. nicht als anderes Mittel in Betracht (OLG Frankfurt, NJW 1978, 838).

3. Läßt sich die *Wiederholungsgefahr* durch bestimmte Weisungen wesentlich herabmindern und wird dadurch der Zweck der Haft voraussichtlich erreicht, so *kann* auch in diesem Falle der Vollzug des Haftbefehls ausgesetzt werden (§ 116 III).

4. Ob auch in den Fällen des § 112 III ausgesetzt werden kann, war nach Einführung des neuen § 116 umstritten. Denn wenn § 112 III keinen verfahrenssichernden oder vorbeugenden Zweck verfolgt, haben „weniger einschneidende Maßnahmen" keinen Sinn. Darauf scheint auch hinzudeuten, daß zwar § 112 II und § 112a in § 116 erwähnt sind, nicht aber § 112 III. Seit das BVerfG (*E 19, 342;* s. o. B II 2c) den § 112 III ausschließlich zu verfahrenssicherndem Zweck für anwendbar erklärt hat, ergibt sich jedoch aus dem Grundsatz der Verhältnismäßigkeit, daß auch bei den in § 112 III genannten Delikten der Vollzug der U-Haft ausgesetzt werden kann, wenn mit milderen Mitteln auszukommen ist.

II. Der praktisch wichtigste Fall der Aussetzung des Untersuchungshaftvollzuges ist die Freilassung gegen *Sicherheitsleistung.* Durch die Sicherheitsleistung („*Kaution*") kann aber nur der Vollzug des Haftbefehls ausgesetzt werden, nicht der Erlaß oder die Aufrechterhaltung des Haftbefehls. Zur Art und Weise, zum Freiwerden und zum Verfall der Sicherheitsleistung vgl. §§ 116a, 123, 124.

III. Die Aussetzung des Vollzuges der U-Haft kann bei Erlaß des Haftbefehls und auch erst nach der Verhaftung angeordnet werden. Sie muß widerrufen werden, wenn die Voraussetzungen des § 116 IV (gröbliches Zuwiderhandeln, Wegfall der Vertrauensgrundlage, Auftauchen neuer, die Verhaftung erfordernder Tatsachen) vorliegen.

IV. Der Grundsatz der Verhältnismäßigkeit verbietet es i. d. R. auch, einen außer Vollzug gesetzten Haftbefehl jahrelang (im konkreten Fall mehr als 12 Jahre) aufrechtzuerhalten (BVerfGE 53, 152).

F. Die Aufhebung des Haftbefehls

I. Der Haftbefehl ist aufzuheben:

1. *allgemein* (§ 120),
a) sobald die *Voraussetzungen* der U-Haft *nicht mehr* vorliegen, also entweder der dringende Tatverdacht oder die Haftgründe wegfallen;
b) wenn sich ergibt, daß die weitere U-Haft zu der Bedeutung der Sache und der zu erwartenden Strafe oder Maßregel *außer Verhältnis* stehen würde (z. B. wenn sich die Urteilsabsetzung nach Erlaß des Urteils zu lange verzögert, OLG Saarbrücken, NJW 1975, 941);
c) wenn der Angeklagte freigesprochen, die Eröffnung des Hauptverfahrens abgelehnt oder das Verfahren nicht nur vorläufig eingestellt wird; rechtskräftige Freisprechung ist nicht nötig. Durch die Einlegung eines Rechtsmittels darf die Freilassung eines Beschuldigten nicht aufgehalten werden. Wenn der Angeklagte z. B. wegen Mordes freigesprochen ist und der Staatsanwalt sofort wegen eines klar zu Tage liegenden Fehlers Revision einlegt, ist gleichwohl der Haftbefehl aufzuheben;
d) wenn der Angeklagte eine Freiheitsstrafe, zu der er rechtskräftig verurteilt worden ist, antritt.

2. Der vor Erhebung der öffentlichen Klage erlassene Haftbefehl ist *außerdem* aufzuheben, wenn der *Staatsanwalt es beantragt:* Er ist ja der Herr des Vorverfahrens (hier ist ausnahmsweise der Richter an eine Entschließung des Staatsanwalts gebunden!). Die StA kann gleichzeitig mit ihrem Antrag (also noch vor der Aufhebung des Haftbefehls durch den Richter) anordnen, daß der Beschuldigte freigelassen wird (§ 120 III); selber aufheben darf sie den vom Richter erlassenen Haftbefehl nicht.

3. Der Haftbefehl ist ferner aufzuheben, wenn die U-Haft wegen *derselben Tat 6 Monate gedauert* hat, und nicht entweder der Vollzug des Haftbefehls durch weniger einschneidende Maßnahmen ersetzt wird oder das OLG (bzw. der BGH in den Sachen der erstinstanzlichen Zuständigkeit des OLG) die Fortdauer der U-Haft anordnet (§ 121 I, IV). Unter „derselben Tat" ist die Tat im prozessualen Sinne (vgl. o. § 20 B I 2, 3) zu verstehen; wird also innerhalb der 6-Monatsfrist eine neue Tat entdeckt, so beginnt eine neue Frist zu laufen. Um zu verhindern, daß der zweite Haftbefehl bis zum Ende der ersten Frist „aufgespart" wird, ist aber davon auszugehen, daß die zweite Frist in dem Zeitpunkt beginnt, in welchem der zweite Haftbefehl erstmals hätte erlassen werden können (Eb. Schmidt, NJW 1968, 2209; Rosenthal, 127 ff.; Schlüchter, Rdnr. 244.4; a. A. Kleinknecht/Janischowsky, Rdnr. 246; abweichend der beachtenswerte Ansatz von Vöcking, 188 ff., der auf die „Ermittlungsrichtung" abhebt).

Der zuständige Haftrichter – z. B. der Ermittlungsrichter – legt zu diesem Zweck die Akten durch Vermittlung der StA dem OLG (bzw. dem BGH, s. § 122 VII) zur Entscheidung vor, wenn er die Fortdauer der U-Haft für erforderlich hält, oder die StA es beantragt. Über 6 Monate hinaus ist der Vollzug der U-Haft nur zulässig, wenn die besondere Schwierigkeit oder der besondere Umfang der Ermittlungen oder ein anderer wichtiger Grund das Urteil noch nicht zulassen und die Fortdauer der Haft rechtfertigen (§ 121 I). Diese Vorschrift muß streng gehandhabt werden, da andernfalls die vom Gerichtshof für Menschenrechte überwachte Garantie des Art. 5 III, 2 MRK (größtmögliche Einschränkung der Haftdauer) verletzt wäre (vgl. Guradze, NJW 1968, 2161; Mahler, NJW 1969, 353; OLG Düsseldorf StrV 1982, 531).

Da nicht die Gegebenheiten des Strafverfolgungsapparates, sondern eine MRK-konforme Auslegung des § 121 die Angemessenheit der Dauer einer U-Haft bestimmen, sind unzureichende Besetzung oder eine sonstige Überlastung der StA bzw. des Gerichts grundsätzlich kein wichtiger Grund, der die Fortdauer der Haft rechtfertigen könnte (zutr. OLG Oldenburg NJW 1968, 808; Rosenthal, aaO., 76). Dem Personalmangel ist durch geeignete organisatorische Maßnahmen zu begegnen; u.U. müssen zugunsten von Haftsachen sogar Zivilprozeßsachen zurückgestellt werden (OLG Köln NJW 1973, 912; OLG Frankfurt StrV 1982, 584; OLG Schleswig, StrV 1985, 115; KG StrV 1985, 116). Solange diese Möglichkeiten nicht ausgeschöpft sind, ist der Haftbefehl aufzuheben, da ein „wichtiger Grund" nicht vorliegt. Die strengen Voraussetzungen des § 121 I mit Hilfe des unbestimmten verfassungsrechtlichen Grundsatzes der Verhältnismäßigkeit (vgl. o. § 2 A III) zu Lasten (!) des Beschuldigten zu korrigieren, ist nicht nur methodisch fragwürdig, sondern steht vor allem in Widerspruch zu der eindeutigen gesetzlichen Intention (vgl. insoweit die zusammenfassende krit. Darstellung von Bartsch, NJW 1973, 1303) und mißachtet das Grundrecht der persönlichen Handlungsfreiheit (BVerfGE *36, 264* mit Anm. Kleinknecht, JZ 1974, 582).

Ob dieser Ausnahmefall vorliegt, entscheidet das OLG (bzw. der BGH) nach Anhörung der Beteiligten (§ 122 II) in fakultativer mündlicher Verhandlung. *Ordnet* das OLG die Fortdauer der U-Haft *an*, so bleibt es auch für die weitere Nachprüfung zuständig, die jeweils spätestens nach drei Monaten wiederholt werden muß (§ 122 IV). In den Fällen der Wiederholungsgefahr (§ 112a) darf allerdings der Vollzug der Haft unter keinen Umständen länger als ein Jahr aufrechterhalten werden (§ 122a). *Hebt* das OLG dagegen den Haftbefehl mangels Verlängerungsgrundes *auf*, so darf auch bei nachträglicher Veränderung der Tatsachengrundlage kein neuer Haftbefehl wegen derselben Tat erlassen und vollzogen werden (zutr. L.-R.[24]-Wendisch, § 122, Rdnr. 38; OLG Stuttgart, NJW 1975, 1573; a.A. OLG Celle NJW 1973, 1988).

Werden dem OLG die Akten erst nach Ablauf der in § 121 vorgeschriebenen Sechsmonatsfrist vorgelegt, so führt dies nicht ohne weiteres zur Aufhebung des Haftbefehls. § 121 II wendet sich nur an den Haftrichter, nicht aber an das OLG, das sich allein an den inhaltlichen Voraussetzungen des § 121 I zu orientieren hat (OLG Bamberg NStZ *1981, 403*; Eb. Schmidt, NJW 1968, 2215; Kleinknecht/Janischowsky, Rdnr. 267 m.w.N.).

II. Zur Aufhebung des Haftbefehls ist immer nur der *Richter* (nie der Staatsanwalt) zuständig, aber nicht unbedingt der Richter, der den Haftbefehl erlassen hat, sondern der je nach dem Verfahrensabschnitt (funktionell) zuständige Richter (s.o. B III, 2). In dringenden Fällen kann auch der Vorsitzende den Haftbefehl aufheben (vgl. § 126 II).

III. Eine Unterbrechung der U-Haft – z.B. wegen Beerdigung eines Angehörigen – ist mit dem Zweck der U-Haft nicht vereinbar. Dem Gefangenen kann aber gestattet werden, unter Bewachung an der Beerdigung teilzunehmen.

Dagegen kann die U-Haft zum Vollzug einer in einem anderen Verfahren rechtskräftig verhängten Freiheitsstrafe unterbrochen werden.

G. Haftprüfung

I. Will der Beschuldigte nach der Verhaftung die Aufhebung des Haftbefehls oder Haftverschonung erreichen, so stellt ihm die StPO zwei verschiedene Rechtsbehelfe zur Verfügung: die Haftbeschwerde (§§ 304ff.) und den Antrag auf Haftprüfung (§§ 117ff.).

1. a) Die *Beschwerde* geht, sofern ihr der Haftrichter nicht abhilft (§ 306), an die Strafkammer des LG als Beschwerdegericht (§ 73 GVG), gegen dessen Entscheidung die weitere Beschwerde an das OLG zulässig ist (§ 310).

Wenn der Haftbefehl vom Ermittlungsrichter des OLG (§ 169 I, 1) erlassen wurde, ist das OLG zuständig (§ 120 III, 2 GVG), gegen dessen Entscheidung die weitere Beschwerde an den BGH gegeben ist (§ 310 I). Wenn der Ermittlungsrichter des BGH (§ 169 I, 2) den Haftbefehl erlassen hat, entscheidet über die Beschwerde von vornherein der BGH (§ 135 II GVG).

b) Über die Haftbeschwerde, die gegen denselben Haftbefehl *nur einmal* eingelegt werden kann, wird nach *fakultativer* mündlicher Verhandlung entschieden (§ 118 II als lex specialis zu § 309 I).

2. Der *Haftprüfungsantrag* hat keinen Devolutiveffekt, d.h. es entscheidet der Haftrichter (§ 126), ggf. nach mündlicher Verhandlung, die der Beschuldigte hier aber durch seinen Antrag *erzwingen* kann (§ 118 I). Der erfolglos gebliebene Haftprüfungsantrag kann, solange die U-Haft dauert, beliebig oft wiederholt werden, auch nach Verwerfung der Haftbeschwerde (§ 117 I!); eine mündliche Verhandlung kann aber nur alle zwei Monate erzwungen werden (§ 118 III).

3. Das *Beschwerdeverfahren* ist im Verhältnis zum Haftprüfungsverfahren *subsidiär* (§ 117 II, 1); sogar eine bereits eingelegte Haftbeschwerde wird unzulässig, wenn der Beschuldigte vor ihrer Erledigung noch einen Haftprüfungsantrag stellt (h.M., s. Kl./M., § 117, Rdnr. 2). Da auch gegen die im Haftprüfungsverfahren ergangene Entscheidung die einfache und die weitere Beschwerde gegeben sind (§§ 117 II, 2; 304; 310), erscheint die durch die Beibehaltung der Haftbeschwerde herbeigeführte Doppelung der Rechtsbehelfe als verwirrend und überflüssig.

II. 1. Wenn die U-Haft mindestens drei Monate gedauert hat, hat der Beschuldigte einen Anspruch auf Bestellung eines *Verteidigers*, sofern er vorher noch keinen gewählt hat (§ 117 IV). Wenn er davon keinen Gebrauch macht (und auch nicht die StA oder sein gesetzlicher Vertreter durch einen Antrag an den Haftrichter die Bestellung veranlassen) und auch keinen Rechtsbehelf gegen den Haftbefehl ergreift, muß die Haftprüfung nach dreimonatiger U-Haft von Amts wegen durchgeführt werden (§ 117 V). Die amtswegige Haftprüfung setzt also eine doppelte Schutzbedürftigkeit des Beschuldigten voraus, der einmal seit mindestens drei Monaten inhaftiert sein muß und zum anderen keinen Verteidiger besitzen darf, durch dessen sachgerechte Beratung er zur eigenen Wahrung seiner Rechte in den Stand gesetzt würde.

2. Nach sechsmonatiger Dauer erfolgt die Haftprüfung von Amts wegen durch das OLG bzw. den BGH (§ 121; s. o. § 30 F I 3). Endlich ist auch bei Erlaß des Eröffnungsbeschlusses und bei der Urteilsfällung von Amts wegen über die Haftfortdauer zu entscheiden (§§ 207 IV; 268 b).

Sitzt jemand wegen mehrerer Taten in U-Haft und wird er wegen einer von ihnen verurteilt, so kann wegen der anderen Taten keine Prüfung nach § 121 mehr erfolgen, wenn im Urteil nach § 268 b die Fortdauer der U-Haft angeordnet wurde; denn die Entscheidung nach § 121 wäre sinnlos, weil die U-Haft ohnehin fortdauert (OLG Koblenz NStZ 1982, 343 m. Anm. Dünnebier).

3. Die mündliche Verhandlung ist im Haftprüfungsverfahren unverzüglich, spätestens zwei Wochen nach Eingang des Antrags anzuberaumen (§ 118 V). Der Beschuldigte hat dabei grundsätzlich ein Recht auf Anwesenheit, was vor allem bei einer etwaigen Beweisaufnahme wichtig ist; notfalls sind seine Rechte durch einen Pflichtverteidiger wahrzunehmen. Am Ende der Verhandlung, spätestens binnen einer Woche, wird die Entscheidung in Beschlußform verkündet (vgl. zur Verhandlung i. e. § 118 a).

§ 31. Vorläufige Festnahme, Identitätsfeststellung und Vorführung

Literatur: Schubert, Die vorläufige Festnahme, Diss. Frankf./M., 1968; Koschwitz, Die kurzfristige polizeiliche Freiheitsentziehung, 1969; Albrecht, Das Festnahmerecht jedermanns nach § 127 I StPO, Kiel, Diss. 1970; Fincke, Darf sich eine Privatperson bei der Festnahme nach § 127 StPO irren?, GA 1971, 41; Geerds, Über die Festnahme von Störern nach § 164 StPO, Festschrift für Maurach, 1972, 517; Buchert, Zum polizeilichen Schußwaffengebrauch, 1975; Seebode, Das Recht zur Festnahme entwichener Strafgefangener, Bruns-Festschr., 1978, 487; Benfer, § 127 I 2 – strafprozessuale Personalienfeststellung, Die Polizei 1978, 249; Kurth, Identitätsfeststellung, Einrichtung von Kontrollstellen und Gebäudedurchsuchung, NJW 1979 1377; Achenbach, Vorläufige Festnahme, Identifizierung und Kontrollstelle im Strafprozeß, JA 1981, 660; Borchert, Die vorläufige Festnahme nach § 127 StPO, JA 1982, 338; Geerds, Festnahme und Untersuchungshaft bei Antrags- und Privatklagedelikten, GA 1982, 237.

A. Vorläufige Festnahme und unmittelbarer Zwang

I. Voraussetzungen

1. In Eilfällen kann eine sofortige Freiheitsentziehung durch die StA, Polizeibeamte oder durch Privatleute notwendig sein, ohne daß es möglich ist, vorher den schriftlichen Haftbefehl des Richters zu erwirken.

Eine solche nicht durch den Richter angeordnete *Festnahme* ist nur als *vorläufige* Maßnahme zulässig (§§ 127 ff., 163 b/c als Ausführungsvorschriften zu Art. 104 III GG). Die StPO kennt drei Typen der vorläufigen Festnahme (Achenbach, JA 1981, 660 f):

– die anwesenheitssichernde und die identifizierungssichernde Flagranzfestnahme (Festnahme auf frischer Tat), § 127 I, 1;
– die identifizierungssichernde amtliche Festnahme durch StA und Polizei, § 127 I, 2 i.V.m. §§ 163 b/c;
– die haftsichernde amtliche Festnahme, § 127 II.

2. Zur *Flagranzfestnahme* gemäß § 127 I, 1 ist *jedermann* befugt, wenn
a) der Täter auf frischer Tat betroffen oder verfolgt wird (die Tat kann noch im strafbaren Versuchsstadium stecken oder auch schon vollendet sein; es reicht aus, wenn die Nacheile in unmittelbarem Anschluß an die strafbare Handlung einsetzt), und wenn
b) die Person des Täters nicht sofort feststellbar ist (identifizierungssichernde Flagranzfestnahme) oder
c) Fluchtverdacht besteht (anwesenheitssichernde Flagranzfestnahme). Die Befugnis zur anwesenheitssichernden Flagranzfestnahme steht auch der *StA und der Polizei* zu; das Recht zur identifizierungssichernden Flagranzfestnahme haben dagegen nur Privatleute (aber keineswegs nur der Verletzte).

aa) Die *Person* des Täters ist *feststellbar,* wenn er amtliche Ausweise (vor allem solche mit Personenbeschreibung und Lichtbild) bei sich führt und vorzeigt. Nach dem Grundsatz der Verhältnismäßigkeit ist daher statt der Festnahme als milderes Mittel auch die Wegnahme eines Ausweises gestattet (str.; a.M. Eb. Schmidt, Nachtrag I, § 127 Rdnr. 26 mit der Begründung, daß darin eine Privatleuten verbotene Beschlagnahme liege); der Ausweis muß aber nach der Identifizierung zurückgegeben werden.

bb) „*Fluchtverdacht*" ist nach bisher h.M. im Unterschied zu der objektiv bestimmten „Fluchtgefahr" in § 112 auf das begrenzte augenblickliche Beurteilungsvermögen des Festnehmenden abgestellt und bei schweren oder typischerweise heimlichen Verbrechen (z.B. Brandstiftung) in der Regel gegeben; dagegen neuerdings mit beachtlichen Gründen L.-R.[24] – Wendisch, § 127, Rdnr. 20 f., der auch für § 127 I Fluchtgefahr im Sinne des § 112 I Nr. 2 fordert, da einem Privaten nicht mehr als der Polizei nach § 127 II erlaubt sein könne.

d) Da das Festnahmerecht nicht (wie Notwehr und Selbsthilfe) dem Eigeninteresse des Privaten, sondern dem öffentlichen Interesse an wirksamer Strafverfolgung dient, und der Private somit bei der Festnahme eine öffentliche Aufgabe erfüllt, wäre es unbillig, ihm das Risiko eines schuldlosen Irrtums (z.B. über die Tätereigenschaft des am Tatort angetroffenen Verdächtigen) aufzuerlegen. Ein Festnahmerecht nach § 127 I besteht infolgedessen schon dann, wenn der Private die in dieser Vorschrift genannten Voraussetzungen ohne Fahrlässigkeit annimmt (sehr str.; vgl. Fincke, GA 1971, 41 m.zahlr. Nachw.; ders., JuS 1973, 87 gegen OLG Hamm NJW 1972, 1826; Borchert aaO. m.w.N.; wie hier BGH NJW 1981, 745; KK – Boujong, § 127, Rdnr. 9).

3. Die *identifizierungssichernde amtliche Festnahme* durch StA und Polizei ist seit 1978 aus dem Anwendungsbereich des § 127 I, 1 herausge-

nommen. Sie ist nach § 127 I, 2 jetzt nur noch im Rahmen des allgemeinen Identifizierungsverfahrens gemäß §§ 163 b/c zulässig (s. u. B).

4. Zur *haftsichernden amtlichen Festnahme* sind gemäß § 127 II die StA und alle Polizeibeamten (nicht nur die Hilfsbeamten der StA) befugt, wenn die Voraussetzungen eines Haftbefehls erfüllt sind (m. a. W. dringender Tatverdacht und ein Haftgrund bestehen) und Gefahr im Verzuge ist (d. h. die in der Erwirkung eines Haftbefehls liegende Verzögerung den Untersuchungszweck gefährden würde).

5. a) Straflose *Vorbereitungshandlungen* rechtfertigen eine Festnahme nach § 127 nicht; allenfalls kann, sofern ein Landesgesetz das gestattet, eine Freiheitsentziehung aus präventivpolizeilichen Gründen erfolgen, aber auch dann nur in den engen zeitlichen Grenzen des Art. 104 GG.

b) Strafmündige Kinder kann man unter Berufung auf § 127 ebensowenig festnehmen (str., wie hier L.-R.[23] – Dünnebier, § 127, Rdnr. 14; Kl./M., § 127, Rdnr. 9; a.M. RGSt 17, 127) wie entlaufene Fürsorgezöglinge.

c) Das Festnahmerecht wird allgemein durch den *Verhältnismäßigkeitsgrundsatz* eingeschränkt. Positiv-rechtliche Ausprägungen finden sich davon in § 127 II (wo auf die Voraussetzungen des Haftbefehls und damit auf §§ 112 I, 2; 113 verwiesen wird), im neuen § 127a, wonach bei leichteren Delikten von einer Festnahme sogar dann abgesehen werden kann, wenn der Beschuldigte zwar keinen festen Wohnsitz hat, aber für die zu erwartende Geldstrafe und die Verfahrenskosten Sicherheit leistet (s. dazu Dünnebier, NJW 1968, 1752), sowie in §§ 163b, 163c (vgl. o. B). Weitere Beschränkungen des Festnahmerechts ergeben sich durch einen unmittelbaren Rückgriff auf den Verhältnismäßigkeitsgrundsatz (vgl. Naucke, SchlHA 1966, 97).

d) Die vorläufige Festnahme kommt auch bei Antragsdelikten in Frage (§ 127 III) sowie bei Privatklagedelikten, weil sonst der Verletzte in den Fällen, wo ihm kein Selbsthilferecht nach § 229 BGB zur Seite steht, nicht einmal zur Feststellung des Täters in der Lage wäre. (Vgl. zu den Antrags- und Privatklagedelikten ausführlich Geerds aaO.).

e) Ein Abgeordneter kann aufgrund des § 127 nur nach Maßgabe des Art. 46 II GG festgenommen werden.

f) Sind die Voraussetzungen des § 127 nicht erfüllt (z.B. ein Privatmann erkennt den steckbrieflich gesuchten Bankräuber eine Woche nach der Tat auf der Straße), ist eine vorläufige Festnahme auch nicht unter Berufung auf § 34 StGB zulässig; sonst würde die Beschränkung des § 127 I auf die „frische Tat" unterlaufen (Borchert, aaO., 345).

6. *Außerhalb der StPO ist eine vorläufige Festnahme in folgenden Spezialgesetzen vorgesehen:*

a) Jedes erkennende Gericht kann (nach § 183, 2 GVG, auf den die anderen Verfahrensordnungen verweisen, z.B. § 55 VwGO) eine vorläufige Festnahme anordnen, wenn in der Sitzung eine strafbare Handlung (etwa ein Meineid) begangen wird. Den endgültigen Haftbefehl kann aber nur der nach § 125 zuständige Richter erlassen!

b) Im Strafverfahren wegen Steuervergehen ergibt sich das Festnahmerecht der mit der Zoll- und Steuerfahndung betrauten Beamten aus § 404 AO.

c) In § 56 der Eisenbahn-Bau- und Betriebsordnung (vom 8. 5. 1967, BGBl. II S. 1563) ist das Festnahmerecht der Bahnpolizeibeamten bei Straftaten auf den Bahnanlagen geregelt.

d) Präventivpolizeilichen Charakter besitzt das Festnahmerecht des Kapitäns nach § 106 III SeemannsG (vom 26. 7. 1957, BGBl. II S. 713).

II. Die Durchführung der Festnahme

1. a) Irgendwelche *Förmlichkeiten* (etwa die Worte „Im Namen des Gesetzes, Sie sind verhaftet!") sind zur Durchführung der vorläufigen Festnahme ebensowenig vorgeschrieben wie bei der Vollstreckung eines Haftbefehls; erforderlich ist allein die *effektive Entziehung* der *Fortbewegungsfreiheit*.

b) Das Festnahmerecht enthält nicht die Befugnis, den Festgenommenen zu *durchsuchen*, sofern dies zu anderen Zwecken als zur sofortigen Feststellung seiner Personalien geschieht (arg. § 127 I, s. o. I 2 c aa).

c) § 127 erlaubt für sich allein weder eine Gefährdung noch gar eine Verletzung des Täters (dazu s. u.), sondern nur seine *Sicherstellung*. Auch die bloß sichernden Maßnahmen müssen aber, gleich ob sie von Beamten oder Privaten vorgenommen werden, in einem *angemessenen Verhältnis* zu ihrem Anlaß und Zweck stehen (so schon RGSt 65, 392 ff., 394).

2. Für die Festnahme seitens einer *Privatperson* gelten folgende Grundsätze:

a) Die Anwendung angemessener *körperlicher Gewalt* ist bei der Festnahme (nicht auch danach, Art. 104 I, 2 GG!) erlaubt, auch wenn sie zu körperlichen Mißhandlungen führt (festes Zupacken, ggf. Fesseln); Gesundheitsbeschädigungen sind dagegen durch § 127 nicht gedeckt (eventuell aber durch § 32 StGB). Der Gebrauch von *Schußwaffen* ist Privaten schlechthin verboten, selbst in den schwersten Fällen (h. M.; RGSt 65, 392; Eb. Schmidt, Nachtrag I, § 127 Nr. 25; Borchert, aaO., 344; a. M. L.-R.[24]-Wendisch, § 127, Rdnr. 29; KMR[7]-Müller, § 127, Rdnr. 16); § 32 StGB bleibt aber auch hier vorbehalten.

b) Benutzt der Täter ein *Kraftfahrzeug*, so darf er verfolgt, aber nur dann (etwa durch Schneiden der Fahrbahn) zum Anhalten gezwungen werden, wenn weder andere Verkehrsteilnehmer noch er selbst dadurch ernstlich gefährdet werden (eingehend L.-R.[24]-Wendisch, § 127, Rdnr. 32 f.).

c) Dagegen läßt sich eine Befugnis, in *fremde Wohnungen* einzudringen, nicht aus § 127 herleiten. Darin läge eine Haussuchung, die nur auf Anordnung der StA oder ihrer Hilfsbeamten (§ 105 I) unter den besonderen Sicherungen des § 105 II vorgenommen werden darf. Wollte die StPO darüber hinaus auch Privatleuten einen solchen Eingriff in das Grundrecht des Art. 13 GG gestatten, so müßte sie dies ausdrücklich bestimmen (Art. 19 I, 13 II GG).

III. Die Anwendung unmittelbaren Zwanges durch die Polizei insbesondere

1) Über die zulässigen Zwangsmittel der *Polizei* bei der Festnahme enthält die StPO keine Regelung. Hier ist daher gemäß Art. 74 Nr. 1, 72 I GG Raum für ergänzende landesrechtliche Vorschriften (instruktiv zum Verhältnis von Strafverfahrens- und Polizeirecht in diesem Bereich Achenbach, JA 1981, 661). Bund und Länder haben Voraussetzungen, Art und Umfang des unmittelbaren Zwanges jeweils für die eigenen Beamten spezialgesetzlich geregelt. Für die *Bundesbeamten* gilt das Gesetz über den unmittelbaren Zwang bei Ausübung öffentlicher Gewalt durch Vollzugsbeamte des Bundes vom 10. 3. 1961 (UZwG, Sartorius 115), für Soldaten der Bundeswehr und zivile Wachpersonen das entsprechende Gesetz vom 12. 8. 1965 (UZwGBw, Sartorius 117); die

Vorschriften für die *Landesbeamten* sind meist in den Polizeigesetzen enthalten (vgl. die Zusammenstellungen bei Drews/Wacke/Vogel/Martens[8], Gefahrenabwehr, Bd. 1, 1975, 323; ferner Ule-Rasch, Allg. Polizei- und Ordnungsrecht, 1965).

2) Umstritten ist, wie konkret die gesetzliche Regelung des unmittelbaren Zwanges sein muß und inwieweit eine Bestimmung durch Gewohnheitsrecht oder Verwaltungsverordnung ausreicht (s. Maunz-Dürig-Herzog-Scholz, GG, Art. 2 II, Rdnr. 18; Ule, DVBl. 1962, 353 und Baumann, ebda. 807). Da stets ein Eingriff in das Grundrecht des Art. 2 II GG vorliegt, müssen dessen Art und Ausmaß in den einschlägigen Rechtsnormen hinreichend bestimmt sein (BVerfGE 8, 276 [326]). Zusätzliche Grundrechtseinschränkungen können daher weder durch Gewohnheitsrecht noch durch eine Verwaltungsverordnung gerechtfertigt werden, und mangels hinreichender Bestimmtheit kann man auch nicht annehmen, daß in der StPO jeglicher unmittelbare Zwang bei der Strafverfolgung inzidenter zugelassen sei.

3a) Die einzelnen Vorschriften über den *unmittelbaren Zwang* sind einander weitgehend ähnlich (vgl. dazu eingehend Drews-Wacke-Vogel-Martens, aaO. und Ule-Rasch). Es werden im allgemeinen einfache körperliche Gewalt, Hilfsmittel der körperlichen Gewalt (z.B. Fesselung) und Waffengebrauch unterschieden, für deren Anwendung der Verhältnismäßigkeitsgrundsatz in seiner doppelten Ausprägung gilt: Es ist stets das mildeste ausreichende Zwangsmittel anzuwenden, das niemals außer Verhältnis zu seinem Anlaß stehen darf (z.B. wäre es rechtswidrig, einen Polizeihund auf einen wegen eines Bagatelldiebstahls Fliehenden zu hetzen).

b) Dies gilt vor allem für das schärfste Mittel, den *Schußwaffengebrauch*. Er ist in den meisten Bundesländern bei der ersten Festnahme nur zulässig, wenn es sich um ein Verbrechen handelt, wenn mildere Mittel unanwendbar sind und wenn ein Anruf vorhergegangen ist („Halt, oder ich schieße!"). Auch dann darf aber nur auf Unschädlichmachung (Angriffs- oder Fluchtunfähigkeit), nicht auf Tötung des Flüchtigen abgezielt werden. Aus der Unschuldsvermutung, dem unersetzbaren Wert des menschlichen Lebens und dem Verhältnismäßigkeitsgrundsatz sowie der grundlegenden Wertentscheidung in Art. 102 GG ergibt sich ferner, daß bei der naheliegenden Gefahr eines tödlichen Ablaufs der Gebrauch einer Schußwaffe zum Zweck der Strafverfolgung zu unterbleiben hat (str.; a.M. Blei, JZ 1955, 631). Bei Vergehen ist der Schußwaffengebrauch z.T. nur gestattet, wenn ein bereits Festgenommener zu entfliehen versucht, nach dem UZwG und den mit ihm übereinstimmenden Landesgesetzen auch dann, wenn der Täter selber mit einer Schußwaffe ausgerüstet ist.

Umstritten ist, ob sich die Polizei über die in Spezialgesetzen geregelten hoheitlichen Eingriffsbefugnisse hinaus bei ihrem Vorgehen auch auf die allgemeinen Rechtfertigungsgründe des Strafrechts (besonders §§ 32, 34 StGB) berufen kann. Die im Strafrecht h.M. bejaht das (vgl. Lange, NJW 1978, 784; Bockelmann, Dreher-Festschr., 1977, 235 m.w.N.; Hummel-Lilyegren, Die Polizei 1978, 373; K. Huber, § 34 StGB als Rechtfertigungsgrund für hoheitliches Handeln, Diss. München, 1982; zum Nothilferecht organisierter privatrechtlicher

Hilfsdienste vgl. Hoffmann-Riem, ZRP 1977, 277). Die öffentlichrechtliche Lehre nimmt teils – was zum selben Ergebnis führen würde – eine ungeschriebene Verweisung der landesrechtlichen Normen auf die strafrechtlichen Notrechte an (vgl. Lerche, v. d. Heydte-Festschr., 1977, 1033), teils beschränkt sie, um das hoheitliche Vorgehen noch disziplinarrechtlich ahnden zu können, die Wirkung dieser Vorschriften auf das Zivil- und Strafrecht (vgl. Schwabe, NJW 1977, 1902 m. N.) oder bestreitet sogar (abgesehen vom reinen Selbstschutzrecht) völlig die Anwendbarkeit der strafrechtlichen Rechtfertigungsgründe auf hoheitliches Handeln (vgl. Amelung, NJW 1977, 833; Seelmann, ZStW 89, (1977), 36), was vor allem auf eine praktisch kaum erträgliche Ausschaltung des Nothilferechts hinausläuft. Recht einleuchtend schlägt neuerdings Schaffstein vor, auf hoheitliches Handeln zwar die strafrechlichen Rechtfertigungsgründe anzuwenden, diese Anwendung aber durch den öffentlich-rechtlichen Grundsatz der Verhältnismäßigkeit einzuschränken (Gedschr. f. Schröder 1978, 97).

IV. Das Verfahren nach der Festnahme

1. Der von einem Privaten Festgenommene wird gewöhnlich zur nächsten Polizeiwache gebracht (was keinen Verstoß gegen § 128 darstellt, RGSt 29, 137) und dann dort erst einmal (unter Beachtung von § 163 a IV!) vernommen. Wenn sich dabei seine Unschuld ergibt, wird er wieder freigelassen. Dasselbe gilt, wenn er nur zur Ermittlung seiner Personalien festgenommen wurde und diese auf der Polizeiwache möglich ist.

2. Wird er nicht wieder in Freiheit gesetzt, so ist er unverzüglich (spätestens – aber nur im Notfall, nicht nach Belieben, Dvorak, StrV 1983, 514 – am nächsten Tage) dem Richter beim AG des Festnahmebezirks vorzuführen (Art. 104 III GG; § 128 I). Dieser vernimmt ihn gemäß §§ 128 I, 2 u. 115 III und ordnet entweder seine Freilassung an oder erläßt einen Haftbefehl (§ 128 II), wodurch das Festnahmeverfahren in das Haftverfahren übergeleitet wird.

3. Eine besondere Zuständigkeitsregelung ist für den Fall getroffen, daß gegen den Festgenommenen bereits die öffentliche Klage erhoben ist; s. i. e. § 129.

V. Exkurs. Die Festnahme bei Störungen der Amtstätigkeit

Ein von § 127 nach Voraussetzungen und Zweckrichtung verschiedener Fall der kurzfristigen Festnahme ist in § 164 geregelt (vgl. dazu Eb. Schmidt, NJW 1969, 393, Geerds, aaO.). Danach darf jeder Beamte, der außerhalb des Amtsgebäudes eine Amtshandlung strafprozessualer Art vornimmt (z. B. eine Haussuchung, entspr. § 177 GVG für Gerichtsverhandlungen), solche Personen festnehmen und notfalls bis zum Ende des nächsten Tages festhalten, die seine amtliche Tätigkeit vorsätzlich stören oder sich seinen rechtmäßigen Anordnungen widersetzen.

B. Die Identitätsfeststellung

Das StPÄG 1978 (Antiterrorismusgesetz) vom 14. 4. 1978 (BGBl. I, 497) hat in den §§ 163 b, 163 c eine neue *allgemeine Ermächtigungsgrundlage* für die *Identifizierung* von Personen im *Strafverfahren* geschaffen (eingehend dazu Kurth und Achenbach, jeweils aaO.). Diese Regelung ist zugleich maßgebend für die identifizierungssichernde amtliche vorläufige Festnahme durch die StA und alle Beamten des Polizeidienstes (§ 127 I, 2).

Danach dürfen – ganz unabhängig vom Betreffen auf frischer Tat und den Voraussetzungen eines Haftbefehls (!) – bei jedem einer Straftat *Verdächtigen* alle zur Feststellung seiner Identität erforderlichen Maßnahmen getroffen werden; dem Verdächtigen ist dabei zu eröffnen, welche Tat ihm zur Last gelegt wird (§ 163 b I, 1; dazu OLG Köln StrV 1982, 359). Kann der Beschuldigte sonst nicht oder nur unter erheblichen Schwierigkeiten identifiziert werden, darf er vorläufig festgehalten, erkennungsdienstlichen Maßnahmen (vgl. u. § 33 A III) unterzogen sowie mitsamt seinen Sachen durchsucht werden (§ 163 b I, 2 u. 3). Selbst *Unverdächtige* dürfen identifiziert werden, wenn dies zur Aufklärung einer Straftat geboten ist; dabei sind ihnen der Gegenstand der Untersuchung sowie die Person des etwaigen Beschuldigten zu bezeichnen (§ 163 b II, 1). Sie dürfen festgehalten werden, wenn dies der Bedeutung der Sache entspricht; die Durchsuchung ihrer Person und der von ihnen mitgeführten Sachen sowie erkennungsdienstliche Maßnahmen sind allerdings nur mit ihrem Einverständnis zulässig (§ 163 b II, 2).

Verdächtige und Unverdächtige dürfen zu Identifizierungszwecken nur so lange festgehalten werden, wie dies unerläßlich ist (§ 163 c I, 1); in jedem Falle ist ihre Festnahme nach spätestens 12 Stunden zu beenden (§ 163 c III). Festgehaltene sind unverzüglich dem Richter vorzuführen, es sei denn, daß die Herbeiführung der richterlichen Entscheidung voraussichtlich längere Zeit in Anspruch nehmen würde, als zur Identifizierung notwendig ist (§ 163 c I, 2). Sie haben ein Recht darauf, daß ein Angehöriger oder eine Vertrauensperson unverzüglich benachrichtigt wird; sie selber dürfen zu ihnen Kontakt aufnehmen, es sei denn, daß sie einer Straftat verdächtig sind und der Untersuchungszweck durch die Benachrichtigung gefährdet würde (§ 163 c II). Sind Unverdächtige identifiziert, sind alle Unterlagen zu vernichten, die zu Identifizierungszwecken angefertigt wurden (§ 163 c IV).

C. Die Vorführung

I. Im weiteren Sinne wird jede zwangsweise Zuführung einer Person an eine Behörde als *Vorführung* bezeichnet (vgl. §§ 115 I, 128 I); im engeren Sinne ist eine Vorführung die im Zwangswege erfolgende *Durchsetzung* einer *Vorladung* (d. i. die Aufforderung, vor einer Behörde zu erscheinen). Eine solche (eigentliche) Vorführung kann sich im Strafverfahren sowohl gegen den Beschuldigten (II.) als auch gegen Zeugen richten (III.).

II. 1. Ein Recht der *Polizei*, den *Beschuldigten* vorzuführen („mit zur Wache zu nehmen"), besteht in anderen als den in §§ 127 I und II, 163 b und c aufgeführten Fällen *nicht*.

a) Eine Vorführung zur Vernehmung kann auf die Polizeigesetze der Länder, die eine solche Maßnahme teilweise vorsehen (etwa § 4 PVG von Rheinland-Pfalz), nicht gestützt werden, weil die Regelung der StPO in diesem Bereich der Strafverfolgung erschöpfend ist und der Landesgesetzgebung keinen Raum läßt (BGH *NJW 1962, 1020;* Koschwitz, aaO., 88 ff.; Schenke, JR 1970, 48; a. M. Peters, 171 f.; vgl. auch H. W. Schmidt, NJW 1962, 2190 u. Hoffmann, DVBl. 1967, 751). Polizeirechtlich ist die Vorführung lediglich zur präventiven Gefahrenabwehr zulässig, nicht aber zum Zweck der repressiven Strafverfolgung!

b) Die zwangsweise Mitnahme zur Wache, um die Personalien festzustellen (sog. *Sistierung*), war früher in ihren Rechtsgrundlagen umstritten. Das AntiterrorismusG vom 14. 4. 1978 (BGBl. I S. 497) erlaubt nunmehr, Verdächtige erkennungsdienstlichen Maßnahmen zu unterwerfen und zum Zwecke ihrer Identifizierung bis zu 12 Stunden festzuhalten (vgl. i. e. o. § 31 A I 3; B).

2. a) Der *Richter* (§ 134) und seit dem 1. StVRG auch der *StA* (§ 163 a III, 2) können den Beschuldigten zur Vernehmung vorführen lassen. Bei Zweifeln über die Rechtmäßigkeit der vom StA angeordneten Vorführung entscheidet auf Antrag des Beschuldigten das Gericht, d. h. i. d. R. das zuständige LG (§§ 163 a III, 3 i. V. m. 161 a III).

Die Bedeutung dieser gerichtlichen Überprüfung ist dunkel (s. dazu L.-R.[23]-Meyer, § 161 a, Rdnr. 71–75; wie hier Kühne, Rdnr. 225). Einen Sinn kann sie nur haben, wenn sie vor dem Vollzug der Vorführung vorgenommen wird (so auch Kl./M., § 163 a, Rdnr. 22). Der damit verbundene erhebliche Zeitverlust läßt es aber sinnvoller erscheinen, sogleich eine richterliche Vorführung nach § 133 f. herbeizuführen. Unklar ist ferner, nach welchen Kriterien das Gericht die angefochtene Maßnahme überprüfen soll. Eine klarstellende Gesetzesänderung erscheint daher wünschenswert. Vgl. zum Ganzen, insbesondere zur Anfechtbarkeit der Ladung, näher Enzian, JR 1975, 277; Amelung, Rechtsschutz gegen strafprozessuale Grundrechtseingriffe, 1976, 31; Gössel, GA 1976, 62; Welp, Zwangsbefugnisse für die Staatsanwaltschaft, 1976, 17 ff., 23 ff. Für Unvereinbarkeit der Regelung mit Art. 104 GG Moritz, NJW 1977, 796.

Die Einzelheiten der Vorführung regeln die §§ 133–135. Danach ist im allgemeinen zunächst schriftliche Ladung und Vorführungsandrohung erforderlich und eine sofortige Vorführung nur zulässig, wenn statt dessen auch ein Haftbefehl erlassen werden könnte.

Umstritten ist, ob nicht im Fernbleiben des Beschuldigten seine stillschweigende Aussageverweigerung zu sehen und dann eine Vorführung nach dem Verhältnismäßigkeitsgrundsatz (Verbot untauglicher Mittel) unzulässig ist (so LG Köln NJW 1967, 1873). Ein Verbot der Vorführung kann daraus aber nicht hergeleitet werden, weil ihre Aufgabe gerade darin besteht, dem Beschuldigten seine Situation klarzumachen, wodurch er in zahlreichen Fällen doch noch zur Aussage veranlaßt wird (LG Nürnberg-Fürth NJW 1967, 2126). Andernfalls würde § 133 auch nicht ausgelegt, sondern praktisch außer Kraft gesetzt werden, wozu kein hinreichender Grund vorliegt, da für die Verfassungswidrigkeit dieser Vorschrift nichts ersichtlich ist (wie hier eingehend Eb. Schmidt, JZ 1968, 354 = Aufsätze, 246).

b) Gemäß § 230 II kann der Richter gegen einen in der *Hauptverhandlung* ohne genügende Entschuldigung ausgebliebenen Angeklagten für die neue Verhandlung die Vorführung schriftlich (Lemke, NJW 1980, 1494) anordnen oder einen Haftbefehl erlassen, wobei die Vorführung, sofern sie ausreichend erscheint, als mildere Maßnahme vor dem Haftbefehl Vorrang hat (vgl. BVerfGE 32, 87, 93). Entsprechend kann gemäß § 231 I bei einer Unterbrechung der Hauptverhandlung die Entfernung des Angeklagten notfalls auch dadurch verhindert werden, daß er für diese Zeit in Gewahrsam genommen wird. § 329 IV läßt auch für die Berufungsverhandlung erforderlichenfalls die Vorführung oder Verhaftung des Angeklagten zu.

c) Nach Durchführung der Vernehmung oder der Hauptverhandlung ist die Vorführungsanordnung erschöpft (im Gegensatz zum Haftbefehl, der besonders aufgehoben werden muß), so daß der Beschuldigte dann wieder frei ist.

III. Zu der Vorführung von *Zeugen* ist die Polizei im Rahmen eines Strafverfahrens ebensowenig befugt wie zur Vorführung des Beschuldigten, wie oben (II 1) näher ausgeführt ist. Ihre Sistierung ist nach Maßgabe des § 163 b II möglich. Richter und StA können dagegen einen ordnungsgemäß geladenen, ohne genügende Entschuldigung ausbleibenden Zeugen vorführen lassen (§§ 51 I, 3; 161 a II). Statt dessen können sie aber auch die Ordnungsmittel des § 51 (Kostenersatz, Ordnungsgeld) verhängen; nur die Festsetzung von Ordnungshaft bleibt dem Richter vorbehalten (§ 161 a II, 2).

§ 32. Der Steckbrief

Literatur: B o t t k e, Strafprozessuale Rechtsprobleme massenmedialer Fahndung, ZStW 93 (1981) 425.

Steckbrief oder Fahndungsausschreiben ist eine öffentliche Aufforderung eines Staatsanwalts oder eines Richters zur Ergreifung und Einlieferung eines flüchtigen oder sich verborgen haltenden Beschuldigten (sog. *Ausschreibung zur Festnahme* im Gegensatz zur Ausschreibung zur Aufenthaltsermittlung; vgl. Nr. 41 RiStBV).

A. Voraussetzung für den Erlaß eines Steckbriefs ist

I. normalerweise: ein *Haftbefehl* (§ 131 I).

II. Ausnahmsweise ist Erlaß eines Steckbriefs zulässig, *ohne* daß ein *Haftbefehl* vorliegt, nämlich

1. wenn ein vorläufig Festgenommener aus dem Untersuchungsgefängnis entweicht oder sich sonst amtlicher Bewachung entzieht (§ 131 II; also nicht bei Festnahme durch einen Privaten nach § 127 I); in diesem Fall ist auch die Polizeibehörde zum Erlaß des Steckbriefs zuständig;

2. auf Grund rechtskräftigen Urteils zur Vollstreckung einer Freiheitsstrafe, wenn der Ladung zum Strafantritt keine Folge geleistet wird (§ 457) oder wenn der Verurteilte aus dem Gefängnis ausgebrochen ist (dazu führt eine analoge Anwendung des § 457). In diesem Fall ist die Vollstreckungsbehörde (also die StA, § 451) zuständig.

B. Der Steckbrief richtet sich in erster Linie an alle öffentlichen Behörden und Polizeibeamten. Er richtet sich aber ebenso an die Öffentlichkeit, also auch an Privatpersonen. Diese müssen sich freilich auf eine Mitteilung an die Polizei beschränken; eine vorläufige Festnahme können sie auf Grund eines Steckbriefs nicht vornehmen, da der Steckbrief weder

Behörden noch Privaten prozessuale Befugnisse überträgt, die sie nicht schon nach der StPO haben (bestr.).

C. Der Steckbrief ist so rasch wie möglich zu verbreiten. Das geschieht in den Fahndungsblättern der Polizei, in Zeitungen, in Rundfunk und Fernsehen, in öffentlichen Anschlägen und durch Nachricht an die Zentralregisterbehörde (§§ 27 ff. BZRG). Er kann die Aufforderung an jedermann enthalten, der Polizei von dem Aufenthalt des Gesuchten Nachricht zu geben; im einzelnen s. Nr. 41 RiStBV.

Die Mitarbeit der Strafverfolgungsbehörden an der Fernsehsendung „Aktenzeichen XY – ungelöst“, in der u. a. die Personalien gesuchter Beschuldigter und Verurteilter bekanntgegeben werden, ist nur im Rahmen des § 131 zulässig (vgl. L.-R.[24]-Wendisch § 131 Rdnr. 33). Die hierüber hinaus gehenden „Richtlinien über die Inanspruchnahme von Publikationsorganen zur Fahndung nach Personen bei der Strafverfolgung“ (abgedruckt bei Kl./M., H 1, Anl. B) können als bloße Verwaltungsanordnungen die in § 131 enthaltenen Grenzen nicht erweitern (vgl. i. e. Bottke, aaO., 441) und sind daher unbeachtlich. Weitergehend will die Rspr. eine Fernsehfahndung nach dem Grundsatz der Wahrnehmung berechtigter Interessen zulassen, wobei dieser Grundsatz durch bestimmte Abwägungsgesichtspunkte konkretisiert wird (dazu o. § 18 C); sie verkennt dabei jedoch, daß § 131 StPO die Inanspruchnahme von Massenmedien durch die Strafverfolgungsorgane abschließend regelt (vgl. Bottke aaO., 437 m. zahlr. N.).

D. Der auf Grund eines Steckbriefs Ergriffene ist dem Richter vorzuführen, und zwar grundsätzlich dem zuständigen oder, wenn das nicht am nächsten Tag nach der Ergreifung möglich ist, dem Richter des nächsten Amtsgerichts. Dieser hat aber nur zu prüfen, ob nicht der Steckbrief inzwischen aufgehoben ist und ob der Ergriffene auch wirklich der steckbrieflich Gesuchte ist (vgl. §§ 115 u. 115 a, auf die § 131 IV verweist).

E. Die Aufhebung des Steckbriefs hat zu erfolgen, wenn der Haftbefehl, der ihm zugrunde liegt, aufgehoben wird, außerdem aber, wenn der Gesuchte ergriffen ist, der Steckbrief also seinen Zweck erreicht hat.

§ 33. Anstaltsbeobachtung, körperliche Untersuchung und erkennungsdienstliche Maßnahmen

Literatur: D z e n d z a l o w s k i , Die körperliche Untersuchung, 1971; F u ß , Rechtsfragen des polizeilichen Erkennungsdienstes, Wacke-Festschr., 1972, 305; D. K r a u s e , Alte Fragen zum neuen § 81 c StPO, JZ 1976, 124; G r ü n w a l d , Probleme der Gegenüberstellung zum Zwecke der Wiedererkennung, JZ 1981, 423; O d e n t h a l , Die Gegenüberstellung im Strafverfahren, 1984.

Das Gesetz unterscheidet zwischen Anstaltsuntersuchung (§ 81), körperlicher Untersuchung (§§ 81 a, 81 c) und Aufnahme von Lichtbildern und Fingerabdrücken (§ 81 b).
Diese Maßnahmen richten sich teils gegen den Beschuldigten (§§ 81, 81 a, 81 b), teils gegen Dritte (§ 81 c). Eingriffe in die persönliche Freiheit

(Art. 2 II, 2; 104 GG) oder die körperliche Unversehrtheit (Art. 2 II, 1 GG), die sich gegen andere als die in den §§ 81 ff. genannten Personen richten oder über das dort genannte Maß hinausgehen, sind nicht gestattet.

A. Maßnahmen gegen den Beschuldigten

I. Anstaltsbeobachtung

1. a) Die Untersuchung in einem öffentlichen psychiatrischen Krankenhaus dient zur Vorbereitung eines Gutachtens über den psychischen Zustand des Beschuldigten (§ 81), bei Jugendlichen und Heranwachsenden auch zur Ermittlung ihres Entwicklungsstandes (§§ 73; 104 I Nr. 12; 109 JGG). Wie der Wortlaut des § 81 ergibt, ist danach nur eine beobachtende Untersuchung gestattet, d.h. es wird nur das Grundrecht der persönlichen Freiheit, nicht aber das der körperlichen Unversehrtheit eingeschränkt. Sollen im Rahmen der Unterbringung körperliche Eingriffe gegen den Willen des Beschuldigten vorgenommen werden, muß daher zusätzlich eine Anordnung nach § 81 a ergehen (BGHSt *8, 144*).

b) Das Gutachten soll dem Gericht lediglich darüber Aufschluß verschaffen, ob der Beschuldigte zur Zeit der Tat schuldfähig war (davon hängt die Sachentscheidung ab) und ob er gegenwärtig verhandlungsfähig ist (andernfalls läge ein Verfahrenshindernis vor). § 81 gewährt dagegen kein Recht, die Glaubwürdigkeit des Beschuldigten feststellen zu lassen.

2. Die Anstaltsuntersuchung ist zum Schutz des Beschuldigten an *fünf* besondere, einschränkende *Voraussetzungen* geknüpft:

a) Die Untersuchung kann zwar auch schon im Vorverfahren angeordnet werden, selbst dann entscheidet darüber aber nicht die Staatsanwaltschaft oder der Ermittlungsrichter, sondern das Gericht, das für die Eröffnung des Hauptverfahrens zuständig wäre (§ 81 III).

b) Wenn der Beschuldigte noch keinen Verteidiger hat, so muß ihm vor Anordnung der Unterbringung ein Pflichtverteidiger bestellt werden (§ 140 I Nr. 6, der über die Kannvorschrift des § 141 III, 1 hinausgeht).

c) Das Gericht darf die Unterbringung erst nach Anhörung eines Sachverständigen anordnen (§ 81 I, 1), der sein Urteil nicht allein auf Grund eines Aktenstudiums treffen darf, sondern den Beschuldigten i.d.R. persönlich untersuchen muß (str., vgl. im hier vertretenen Sinn OLG Karlsruhe, NJW 1973, 573; *StrV 1984, 369*). Wenn der Beschuldigte die Untersuchung verweigert, ist eine Anordnung nach § 81 a erforderlich.

d) Der Unterbringungsbeschluß ist mit sofortiger Beschwerde anfechtbar, die im Gegensatz zu der allgemeinen Regelung des § 307 aufschiebende Wirkung hat (§ 81 IV).

e) Die Unterbringung in der Anstalt darf insgesamt sechs Wochen nicht überschreiten (§ 81 V), d.h. sie darf innerhalb dieser Zeitgrenze u. U. in demselben Verfahren auch mehrfach angeordnet werden.

3. Weitere Einschränkungen ergeben sich aus dem Verhältnismäßigkeitsgrundsatz. Wenn etwa nur eine geringfügige Strafe zu erwarten ist, kommt deswegen eine Unterbringung nicht in Frage (§ 81 II, 2).

II. Körperliche Untersuchung

1. Die körperliche *Untersuchung* des Beschuldigten (§ 81 a) darf zur Feststellung von Tatsachen angeordnet werden, die für das Verfahren von Bedeutung sind (z. B. Blutalkoholgehalt). Sie besteht im Untersuchen des Körpers selbst. Dadurch unterscheidet sie sich von der *Durchsuchung* des Körpers, bei der nach Gegenständen an der Körperoberfläche oder in natürlichen Körperhöhlen oder -öffnungen geforscht wird. Unter den Begriff der körperlichen Untersuchung fallen auch die körperlichen Eingriffe wie Entnahme einer Blutprobe, Lumbalpunktion u. a. (vgl. § 81 a I, 2; z. T. abweichend Eb. Schmidt, Nachtr. I, § 81 a, Rdnr. 4). § 81 a verpflichtet dabei den Beschuldigten nur zum passiven Dulden, nicht auch zum aktiven Mitwirken bei der körperlichen Untersuchung. Die Polizei kann also z. B. niemanden zwingen, in ein Prüfröhrchen zu blasen, um ihn auf diese Weise einem Alkoholtest zu unterziehen.

2. Die körperliche Untersuchung wird in der Regel vom Richter, bei Gefahr im Verzuge auch von der Staatsanwaltschaft und ihren Hilfsbeamten angeordnet (§ 81 a II). Ein Polizeibeamter, der nicht zu den Hilfsbeamten zählt, ist dazu nicht befugt, sondern muß erforderlichenfalls die Anordnung eines zuständigen Beamten herbeiführen. Er hat in diesem Fall auch kein Recht zur vorläufigen Festnahme, wenn sich der Beschuldigte weigert, mit auf die Wache zu kommen. Die dafür erforderliche Verdunkelungsgefahr würde nämlich die Pflicht des Beschuldigten zur Ermöglichung körperlicher Eingriffe voraussetzen, die aber erst mit der Anordnung durch eine nach § 81 a II zuständige Person entsteht. Auch eine Fluchtgefahr wird durch die bloße Weigerung, mit zum Arzt zu kommen, nicht begründet (str., wie hier Kl./M., § 81 a, Rdnr. 19; abw. Schlüchter, Rdnr. 261.1).

3. Das Recht zu einer körperlichen Untersuchung enthält zugleich die Befugnis, den Beschuldigten zum Zwecke einer ärztlichen Untersuchung auf die Wache mitzunehmen oder in ein Krankenhaus einzuliefern (str., folgt aber aus einem Vergleich des § 81 a mit § 81 c VI, 2). Die damit verbundene Freiheitseinschränkung kann aber nicht nach § 51 I, 1 StGB auf eine spätere Strafe angerechnet werden (Waldschmidt, NJW 1979, 1920).

4. a) Körperliche Eingriffe sind ohne Einwilligung des Beschuldigten nur zulässig, wenn kein Nachteil für seine Gesundheit zu befürchten ist (§ 81 a I, 2). Darüber hinaus muß jeder Eingriff in die körperliche Unversehrtheit in einem angemessenen Verhältnis zur Schwere der Tat und der Stärke des Tatverdachtes stehen (Verhältnismäßigkeitsgrundsatz!), so daß selbst gefahrlose Hirnuntersuchungen nur bei schweren Beschuldigungen zu rechtfertigen sind (vgl. BVerfGE *16, 194, 17, 108*; Kuhlmann, NJW 1976, 350). Aber auch bloße körperliche Untersuchungen können gegen das Verhältnismäßigkeitsprinzip verstoßen, wenn sie die Menschenwürde verletzen (vgl. § 136 a; zum Problem phallometrischer Untersuchungen vgl. LG Hannover, NJW 1977, 1110 m. Anm. Jessnitzer). Für die Untersuchung an Frauen s. § 81 d.

b) Ein nach diesen Grundsätzen zulässiger körperlicher Eingriff darf nur durch einen Arzt vorgenommen werden (§ 81 a I, 2), was praktisch vor allem für die Entnahme von Blutproben wichtig ist (zur Verwertbarkeit eines in unzulässiger Weise erlangten Untersuchungsergebnisses s. o. § 24 D III, 2f.). Der Arzt wird hierbei als Sachverständiger tätig; für seine Pflichten und Rechte gelten daher die allgemeinen Regeln der §§ 75ff. (vgl. o. § 27, vor allem B III).

5. Falls die körperliche Untersuchung von der StA oder einem Hilfsbeamten angeordnet wird, kann der Betroffene dagegen analog § 98 II, 2 richterliche

Entscheidung beantragen (s. o. § 29 D I 2, 3; II 2, 3), womit freilich eilbedürftige Maßnahmen (z. B. Blutproben) nicht blockiert werden können. Gegen eine Untersuchungsanordnung des Ermittlungsrichters ist die (einfache) Beschwerde gegeben (§ 304). Hat dagegen das erkennende Gericht selbst die Untersuchung beschlossen, so besteht eine Beschwerdemöglichkeit nur, wenn die Maßnahme eine Freiheitsbeschränkung oder einen Eingriff in die körperliche Unversehrtheit enthält (§ 305, 1 einer- und § 305, 2 in analoger Anwendung andererseits, vgl. OLGe Celle u. Hamm, NJW 1971, 256, 1903).

III. Erkennungsdienstliche Maßnahmen

Um die Identität von Beschuldigten festzustellen, ist es mitunter notwendig, erkennungsdienstliche Maßnahmen (z. B. Aufnahme von Lichtbildern oder Fingerabdrücken) durchzuführen.

a) Die erkennungsdienstlichen Maßnahmen nach § 81 b sind entweder, wenn sie (wenigstens auch) für die Zwecke eines anhängigen Strafverfahrens durchgeführt werden, der repressiven *Strafverfolgung* oder, wenn sie gegenüber dem Beschuldigten nur bei Gelegenheit des Strafverfahrens (allein „für Zwecke des Erkennungsdienstes") vorgenommen werden, der *präventivpolizeilichen* Tätigkeit zuzurechnen. Im ersteren Fall sind die getroffenen Maßnahmen Prozeßhandlungen (i. w. S.), im letzteren Fall Verwaltungsakte.

Aus *strafprozessualen* Gründen sind die in § 81 b angegebenen Maßnahmen etwa dann erforderlich, wenn der Täter an Hand der Fingerabdrücke überführt werden soll. Eine Notwendigkeit für den präventivpolizeilichen *Erkennungsdienst* ist gegeben, wenn nach der Persönlichkeit des Beschuldigten und der Art der ihm zur Last gelegten Tat damit zu rechnen ist, daß er jetzt oder später auch wegen anderer strafbarer Handlungen gesucht werden muß.

b) Für den *Rechtsschutz* gegen Maßnahmen nach § 81 b ist entsprechend dem o. § 29 D I 3 Ausgeführten zu differenzieren: Erfolgen sie zur Durchführung eines konkreten Strafverfahrens, so ist gemäß § 23 EGGVG das OLG anzurufen, dienen sie dagegen dem bloßen präventivpolizeilichen Erkennungsdienst, so ist der Verwaltungsrechtsweg gemäß §§ 40 ff. VwGO gegeben (BVerwGE 47, 255, 264).

c) Nach Abschluß des Strafverfahrens hat der Betroffene einen Anspruch auf *Vernichtung* der Unterlagen, sofern entweder das Strafverfahren seine Unschuld ergeben hat oder aus anderen Gründen ausgeschlossen werden kann, daß er in Zukunft Straftaten begehen wird, für deren Aufklärung die Unterlagen nützlich sein können (BVerwGE 11, 182; 26, 169; BVerwG, DÖV 1973, 752; OVG Saarland, OVGE Rh.-Pf. u. Saar 9, 307; OVG Münster, JZ 1973, 97; vgl. zum Ganzen Fuß, aaO., 322). Gegen die Aufbewahrung der Unterlagen ist, da es sich um eine rein präventiv-polizeiliche Maßnahme handelt, wiederum der Verwaltungsrechtsweg zu beschreiten (BVerfGE 16, 89, 94; BVerwGE 11, 182).

d) Wie bei § 81 a (vgl. o. § 33 II 3) ist auch bei § 81 b unmittelbarer Zwang zur Durchführung erkennungsdienstlicher Maßnahmen gestattet. Zulässig ist daher auch eine (außerdem noch durch § 58 II legitimierte) zwangsweise Gegenüberstellung zum Zwecke der Wiedererkennung (dagegen Grünwald, JZ 1981, 423) sowie die zwangsweise Veränderung der

Haar- und Barttracht eines Beschuldigten zum Zwecke der Identitätsfeststellung (vgl. BVerfGE *47, 239*; strikt dagegen Grünwald, aaO.); auch eine Video-Aufzeichnung der Gegenüberstellung ist kein unverhältnismäßiger Eingriff (BVerfG *NStZ 1983, 84*). Zulässig ist auch eine Wahlgegenüberstellung, bei der der Verdächtige unter mehreren Personen herauszusuchen ist (vgl. dazu OLG Karlsruhe NStZ 1983, 377 m. Anm. Odenthal, NStZ 1984, 137).

e) Ergänzend wird die Zulässigkeit erkennungsdienstlicher Maßnahmen in § 163b I, 3 betont, der die Identitätsfeststellung von Tatverdächtigen durch die StA und die Polizeibeamten regelt (vgl. o. § 31 A I 3; B).

B. Maßnahmen gegen Dritte

In die Rechtssphäre anderer Personen als des Beschuldigten darf nur eingegriffen werden, wenn die Voraussetzungen des § 81c erfüllt sind. Im einzelnen gilt folgendes:

I. 1. Nach dem *Zeugengrundsatz* dürfen Personen, die nicht beschuldigt sind, gegen ihren Willen nur untersucht werden, wenn sie als Zeugen in Betracht kommen. Es muß aber genügen, daß jemand, wenn er vernehmungsfähig wäre, als Zeuge in Betracht käme (Eb. Schmidt, Nachtr. II, Rdnr. 7 zu § 81c). Danach können auch schwer Geisteskranke oder Säuglinge nach Spuren eines Verbrechens untersucht werden (D. Krause, aaO., 125).

2. Nach dem *Spurengrundsatz* dürfen die potentiellen Zeugen nur daraufhin untersucht werden, ,,ob sich an ihrem Körper eine bestimmte Spur oder Folge einer strafbaren Handlung'' befindet (z. B. eine Wunde). Danach sind Untersuchungen von Zeugen auf ihre Glaubwürdigkeit oder ihren allgemeinen Geisteszustand gegen ihren Willen nicht gestattet (vgl. BGHSt *13, 398; 14, 23*). Das Gericht kann ihre Glaubwürdigkeit lediglich dadurch überprüfen, daß es zu ihrer Vernehmung in der Hauptverhandlung einen Sachverständigen hinzuzieht (BGHSt 23, 1; BGH NStZ 1982, 432).

II. 1. § 81c läßt, damit unbeteiligte Dritte nicht über Gebühr belastet werden, im Gegensatz zu § 81a keine körperlichen Eingriffe zu. Denn es dürfen nur Spuren *am* Körper, *nicht im* Körper festgestellt werden. Magenauspumpung etc. ist daher nicht zulässig.

2. Der Grundsatz der *Verhältnismäßigkeit* ist auch bei § 81c zu beachten. Nach § 81c IV sind körperliche Untersuchungen unabhängig von ihrer sonstigen Erlaubtheit unzulässig, ,,wenn sie dem Betroffenen bei Würdigung aller Umstände nicht zugemutet werden können''.

3. Eine *Ausnahme* vom Zeugen- und Spurengrundsatz findet sich in § 81c II, der vornehmlich im Strafverfahren gegen die Mutter, die wegen einer Falschaussage im Unterhaltsprozeß angeklagt ist, bedeutsam wird. In einem solchen Verfahren können bei dem Kinde Blutproben entnommen und Abstammungsuntersuchungen angestellt werden, obwohl es

weder Zeuge der Falschaussage war noch deren Spuren an seinem Körper trägt.

4. *Zeugnisverweigerungsberechtigte* Personen haben das Recht, die Untersuchung zu verweigern und müssen über dieses Recht belehrt werden (§ 81 c III, 1, 2). Für Minderjährige und Entmündigte entscheidet wie bei der Zeugnisverweigerung (vgl. o. § 26 B II 1 b) der gesetzliche Vertreter. Anders als bei § 52 II 1 muß sich der Untersuchte zu der Maßnahme nicht ausdrücklich bereit erklären (§ 81 c III 2, Halbs. 2), wozu er oft auch nicht in der Lage sein wird (z. B. der Säugling). Auch solche Personen haben aber ein eigenes Weigerungsrecht, über das sie, soweit möglich, belehrt werden müssen (§ 81 c III 2, Halbs. 2 i. V. m. § 52 III). Entfällt das Zustimmungsrecht des gesetzlichen Vertreters, weil er selbst Beschuldigter oder dessen Ehegatte ist (sehr bedeutsam bei Fällen der Kindesmißhandlung!) oder ist der gesetzliche Vertreter an einer rechtzeitigen Entscheidung gehindert, so kann in eiligen Fällen der Richter durch unanfechtbaren Beschluß die Untersuchung oder Blutprobenentnahme anordnen (§ 81 c III, 3, 4). Die auf Grund der richterlichen Anordnung erhobenen Beweise dürfen später aber nur verwendet werden, wenn der gesetzliche Vertreter (ggf. also ein Pfleger gemäß § 1909 BGB) nachträglich einwilligt (§ 81 c III, 5).

5. Die *Anordnung* der Untersuchung und der Blutprobenentnahme erfolgt durch den Richter, bei Gefahr im Verzug (abgesehen von den Fällen des § 81 c III, 3) auch durch die StA oder durch ihre Hilfsbeamten (§ 81 c V). Weigert sich der Betroffene, die körperliche Untersuchung zuzulassen, so kann der Richter (nicht dagegen der StA, s. Achenbach, NJW 1977, 1271) gegen ihn die Ordnungs- und Zwangsmittel des § 70 festsetzen (§§ 81 c VI, 70 III). Die Anwendung unmittelbaren Zwanges setzt eine besondere Anordnung des Richters voraus und ist nur zulässig, wenn der Beschuldigte trotz Festsetzung eines Ordnungsgeldes bei seiner Weigerung bleibt oder Gefahr im Verzug ist (§ 81 c VI, 2, 3).

6. § 81 d ist auch hier zu beachten.

7. Da ein Toter nicht Zeuge sein kann, ist die Entnahme einer *Blutprobe* von einem *Verstorbenen* (z. B. einem Unfallopfer) zur Klärung der Schuldfrage nicht nach § 81 c zu beurteilen; vielmehr läßt die h. M. hier eine Beschlagnahme des Blutes und den dazu erforderlichen Eingriff nach § 94 zu (vgl. Schlichting, Blutalkohol 1967, 79).

III. Gegen den Willen von Unverdächtigen dürfen erkennungsdienstliche Maßnahmen nicht getroffen werden (§ 163 b II, 2, 2. Halbs.).

§ 34. Sicherstellung von Gegenständen und Telefonüberwachung

Literatur: Bringewat, Zeugnisverweigerungsrecht und Beschlagnahmeprivileg des Verteidigers, NJW 1974, 1740; Welp, Die strafprozessuale Überwachung des Post- und Fernmeldeverkehrs, 1974; Haffke, Einschränkung des Beschlagnahmeprivilegs des Verteidigers durch den Rechtsgedanken der Verwirkung, NJW 1975, 808; Rudolphi, Grenzen der Überwachung des Fernmeldeverkehrs nach den §§ 100a, b StPO, Schaffstein-Festschr., 1975, 433; Achenbach, Verfahrenssichernde und vollstreckungssichernde Beschlagnahme im Strafprozeß, NJW 1976, 1068; Schuhmacher, Die Überwachung des Fernmeldeverkehrs im Strafverfahren, Diss. Hamburg, 1976; Löffler, Lücken und Mängel im neuen Zeugnisverweigerungs- und Beschlagnahmerecht von Presse und Rundfunk, NJW 1978, 913; Gülzow, Beschlagnahme von Unterlagen der Mandanten usw., NJW 1981, 265; Welp, Zufallsfunde bei der Telefonüberwachung, Jura 1981, 472; Achenbach, Polizeiliche Inverwahrnahme und strafprozessuales Veräußerungsverbot, NJW 1982, 2809; Weinmann, Die Beschlagnahme von Geschäftsunterlagen des Beschuldigten beim Zeugnisverweigerungsberechtigten, Dünnebier-Festschr. 1982, 199; Joecks, Die strafprozessuale Telefonüberwachung, JA 1983, 59; Prittwitz, Die Grenzen der Verwertbarkeit von Erkenntnissen aus der Telefonüberwachung gem. § 100a StPO, StrV 1984, 302; Gössel, Verfassungsrechtliche Verwertungverbote im Strafverfahren, JZ 1984, 361.

A. Übersicht

Der Komplex der amtlichen Sicherstellung von Gegenständen, der im achten Abschnitt des 1. Buchs der StPO unter der zu engen Überschrift „Beschlagnahme" geregelt wird, ist durch das EGStGB vom 2. 3. 1974 einer weitgehenden Neuordnung unterzogen worden. Die StPO unterscheidet seither die Sicherstellung von Gegenständen, die als *Beweismittel* in Frage kommen (§§ 94ff.), und die Sicherstellung von Gegenständen des *Verfalls* und der *Einziehung* (§§ 111bff.). Die Zweckbestimmung beider Institute ist unterschiedlich: Die Sicherstellung von Beweismitteln dient allein der Verfahrenssicherung durch Verhinderung des Beweisverlusts; die Sicherstellung nach §§ 111bff. soll dagegen einerseits die Erfüllung der staatlichen Ansprüche auf den Verfall der aus der Tat erwachsenen Vermögensvorteile (§ 73 StGB) und auf Einziehung der instrumenta vel producta sceleris (§ 74 StGB) gewährleisten, zugleich aber auch der Schadloshaltung des durch die Tat Verletzten dienen.

Eine gesonderte Behandlung erfährt schließlich die Sicherstellung deutscher *Führerscheine*. Obwohl sie der Einziehung unterliegen (§ 69 III, 2 StGB), werden sie in § 94 III nicht den Regeln der §§ 111bff., sondern denen der §§ 94ff. unterstellt, da es bei ihnen allein auf die tatsächliche Sicherstellung der Urkunde und nicht wie in §§ 111bff. auf die Verhinderung rechtsgeschäftlicher Verfügungen ankommt (so die Begründung im Regierungsentwurf des EGStGB, BT-Drucks. 7/550, S. 290).

Zum Verhältnis von verfahrenssichernder und vollstreckungssichernder Beschlagnahme instruktiv Achenbach, NJW 1976, 1068.

B. Die Sicherstellung von Beweismitteln und Führerscheinen im allgemeinen

I. 1. Die Sicherstellung nach §§ 94 ff. erfaßt also
a) Gegenstände, die als Beweismittel von Bedeutung sein können (u. U. also auch die Leiche des Ermordeten; zur Blutprobenentnahme bei einer Leiche vgl. o. § 33 B II 7) und
b) der Einziehung unterliegende, d. h. von einer deutschen Behörde erteilte, Führerscheine (vgl. § 69 III, 2 StGB).

2. Im Unterschied zu § 111 b ist die Anordnung der Sicherstellung nach § 94 obligatorisch und setzt im Rahmen der Verhältnismäßigkeit von Eingriffsintensität und Verdachtsstärke nur den einfachen Anfangsverdacht gemäß § 152 voraus, vgl. i. e. Achenbach, NJW 1976, 1068.

II. Durch die amtliche Sicherstellung wird die staatliche Gewalt über die genannten Gegenstände hergestellt. Die Art der Sicherstellung ist der Praxis überlassen. § 94 I hebt als Unterfall der Sicherstellung die *amtliche Inverwahrnahme* hervor, läßt aber gleichzeitig erkennen („oder in *anderer Weise* sicherzustellen"), daß die Sicherstellung auf verschiedenste Weise erfolgen kann, z. B. auch durch das an den Besitzer der Sache adressierte Verbot, sie zu verändern oder über sie zu verfügen (vgl. auch unten C I 2).
Die StPO kennt drei Formen, in denen die auf diese Weise sicherzustellenden Gegenstände erfaßt werden:
1. Die Sicherstellung von Gegenständen (insbes. die amtliche Inverwahrnahme von beweglichen Sachen), die *freiwillig* herausgegeben werden (vgl. § 94 II) oder gewahrsamslos sind (vgl. Kl./M., § 94, Rdnr. 8). Sie ist die einfachste Form der Sicherstellung; zu ihr sind alle mit der Strafverfolgung befaßten Beamten befugt.
2. Die *Beschlagnahme i. e. S.*, d. h. die amtliche Verwahrung oder sonstige Sicherstellung eines Gegenstandes auf Grund ausdrücklicher Anordnung. Sie ist bei Gegenständen angezeigt, die *nicht freiwillig* herausgegeben werden (§ 94 II), aber für die Strafverfolgungsorgane (notfalls mittels Durchsuchung) auffindbar sind.
3. Schließlich die *Erzwingung der Herausgabe* von (beweglichen) Sachen, die von dem Herausgabepflichtigen (§ 95 I) nicht vorgelegt und ausgeliefert werden, durch Verhängung der in § 70 vorgesehenen Ordnungs- und Zwangsmittel (§ 95 II). Für das Herausgabeverlangen (LG Bonn, NStZ 1983, 327 m. abl. Anm. Kurth) wie für die Verhängung der in § 70 vorgesehenen Sanktionen ist der Richter zuständig (vgl. § 70 III).

a) Ein solches Vorgehen ist angebracht, wenn die Behörden zwar wissen, daß der Betroffene die Gegenstände im Gewahrsam hat, sie aber selbst mittels Durchsuchung nicht finden können. Nach der erzwungenen Herausgabe wird der Gegenstand dann beschlagnahmt.
b) Die Erzwingung der Herausgabe ist gegenüber zeugnisverweigerungsberechtigten Personen (§ 95 II, 2) und dem Beschuldigten selbst (argumentum a fortiori, h. M.), sowie im Fall des § 96 (dazu u. C II, 1 b) ausnahmslos unzulässig.

C. Die Beschlagnahme nach §§ 94 ff. insbesondere

I. 1. Die *Anordnung* der Beschlagnahme, die erkennen lassen muß, wieso die zu beschlagnehmenden Gegenstände beweiserheblich sein können (OLG Düsseldorf, StrV 1983, 407), steht nur dem Richter zu, bei Gefahr im Verzug auch der StA und ihren Hilfsbeamten (§ 98 I), in welchem Fall die Anordnung der Beschlagnahme und ihre Durchführung (u. 2.) meist zusammenfallen werden. Erfolgt eine solche Eilbeschlagnahme in Abwesenheit oder unter Widerspruch des Betroffenen oder seiner Angehörigen, so soll der Beamte binnen drei Tagen die richterliche Bestätigung beantragen (§ 98 II, 1); wenn er dies unterläßt, kann auch der Betroffene die (beschwerdefähige, s. § 305, 2) richterliche Entscheidung herbeiführen (§ 98 II, 2; zur Zuständigkeit s. § 98 II, 3–7).

2. Die *Ausführung* der Beschlagnahme besteht in der (notfalls zwangsweisen) Wegnahme oder der Anordnung einer Verfügungsbeschränkung, was auch bei Räumen und Grundstücken möglich ist (durch Versiegelung und Betretungsverbot; vgl. oben B II a. A.). Die Befugnis dazu besitzen auch die einfachen Polizeibeamten, die zur Anordnung selbst nicht in der Lage sind (s. o. B. II, 1).

3. Die Beschlagnahme entfaltet folgende *Wirkungen:*

a) Sie begründet auch dann, wenn die Gegenstände nicht in den Gewahrsam der Behörde überführt werden, die durch § 136 StGB geschützte öffentlich-rechtliche *Verstrickung*.

b) Zwischen dem Staat und dem Betroffenen entsteht durch die Inbesitznahme ein öffentlich-rechtliches Verwahrungsverhältnis, aus der der Staat zu sorgfältiger Verwahrung verpflichtet ist (RGZ 105, 340; 108, 251).

c) Die in Verwahrung genommenen Gegenstände verbleiben im Ermittlungsverfahren bei der Polizei oder StA, nach Erhebung der öffentlichen Klage sind sie dem Richter zur Verfügung zu stellen (vgl. § 98 III).

4. Die Beschlagnahme *endet* spätestens mit Rechtskraft des das Verfahren abschließenden Urteils, vorher bedarf es dazu ihrer Aufhebung als *contrarius actus* (zur Zuständigkeit s. BGHSt 5, 158); bei der Postbeschlagnahme (s. dazu u. IV, 2 b) tritt die Beschlagnahme u. U. auch von selbst außer Kraft. Die Aufhebung muß erfolgen, sobald die beschlagnahmten Sachen für Zwecke des Strafverfahrens nicht mehr benötigt werden. Bewegliche Sachen sollen dem Verletzten herausgegeben werden, sofern nicht entgegenstehende Ansprüche Dritter bekannt sind (§ 111 k).

II. Beschlagnahmefreie Gegenstände

1. Eine Reihe von Gegenständen sind, auch wenn sie grundsätzlich dem § 94 I unterfallen, von der Beschlagnahme *ausgenommen* (§ 97):

a) Schriftliche Mitteilungen zwischen dem Beschuldigten und den nach §§ 52, 53 I Nr. 1–3 a, 53 zeugnisverweigerungsberechtigten Personen (§ 97 I Nr. 1, IV), ferner Aufzeichnungen (z. B. ärztliche Krankenblätter) der in §§ 53 I Nr. 1–3 a, 53 a Genannten oder andere Gegenstände, auf die sich ihr *Zeugnisverweigerungsrecht* erstreckt (§ 97 I Nr. 2, 3; IV), wie etwa Dokumente oder Blutproben.

(Für eine vorsichtige Einschränkung bei Buchhaltungsunterlagen, Weinmann, Dünnebier-Festschr., 199). Hierdurch werden die Angehörigen und Vertrauenspersonen des Beschuldigten davor bewahrt, trotz ihres Zeugnisverweigerungsrechts mittelbar doch zu seiner Überführung beizutragen. Das Beschlagnahmeprivileg ist allerdings beschränkt: Es besteht nur, solange sich die im Gesetz genannten Gegenstände im Gewahrsam dieser Personen bzw. ihrer Praxisnachfolger (BVerfGE 32, 373, 383) oder in dem einer Krankenanstalt bzw. einer Beratungsstelle nach § 218 b StGB befinden (§ 97 II, 1, 2); die Beschlagnahme ist ferner stets zulässig, wenn der Zeugnisverweigerungsberechtigte einer strafbaren Beteiligung an der Tat verdächtig ist oder wenn es sich um Deliktsgegenstände handelt (§ 97 II, 3) oder wenn nicht der Patient, sondern der Arzt selbst der Beschuldigte ist (LG Hildesheim, NStZ 1982, 394; LG Koblenz, NJW 1983, 2100); nach BGH *NStZ 1983, 85* sollen die Gegenstände auch dann verwertbar bleiben, wenn der Verdacht später entfällt (zw.). Nach h.M. ist schließlich die Beschlagnahme ärztlicher Krankenblätter auch dann gestattet, wenn der Patient den Arzt von der Schweigepflicht entbindet und dadurch dessen Zeugnisverweigerungsrecht entfällt (s. L.-R.[23]-Meyer, § 97, Rdnr. 25; a.A. Eb. Schmidt, Nachtrag I, § 97, Rdnr. 11; Arth. Kaufmann, NJW 1958, 272). Das kann als untunlich erscheinen, weil es sich oft um Aufzeichnungen handelt, die nicht für die Kenntnis des Patienten bestimmt sind. Es wird sich aber, weil die Beschlagnahmefreiheit an das Zeugnisverweigerungsrecht anknüpft, de lege lata kaum ändern lassen. Eine Ausdehnung des Beschlagnahmerechtes über den Gesetzeswortlaut hinaus, etwa in Fällen ,,mißbräuchlicher Verteidigung'', ist abzulehnen (vgl. OLG Frankfurt StrV 1982, 64 m.w.N.).

b) Behördliche *Akten* u.ä., wenn die oberste Dienstbehörde die Herausgabe wegen andernfalls zu erwartender Nachteile für das Staatswohl verweigert (§ 96); darin liegt eine Parallele zu der in § 54 normierten Aussagebeschränkung (vgl. dazu Schneider, Die Pflicht der Behörden zur Aktenvorlage im Strafprozeß, 1970). Gegen die Verweigerung ist der Verwaltungsrechtsweg (§ 40 VwGO) gegeben (BVerwG, DVBl. 1984, 836; NJW 1984, 2233).

c) Schriftstücke in der Hand von zeugnisverweigerungsberechtigten Abgeordneten (§ 97 III i.V.m. Art. 47, 2 GG) und Gegenstände in Parlamentsräumen, sofern keine Genehmigung des Präsidenten vorliegt (Art. 40 II GG).

d) Gegenstände, deren Verwertung zu Beweiszwecken den Art. 1 und 2 GG widersprechen würde, z.B. die Intimsphäre berührende Tagebücher und Briefe, vgl. BGHSt *19, 325,* oder die Klientenakten einer Drogenberatungsstelle, vgl. BVerfGE 44, 353 m. Anm. von Knapp, NJW 1977, 2119; Knauth, JuS 1979, 339, wenn das Geheimhaltungsinteresse das Strafverfolgungsinteresse überwiegt (vgl. o. § 24 D III, 2 d).

e) Schriftstücke, Ton-, Bild- und Datenträger sowie Darstellungen aller Art im Gewahrsam von *Presse* und *Rundfunk* oder ihrer Mitarbeiter sind beschlagnahmefrei, soweit ihr Inhalt von dem Zeugnisverweigerungsrecht nach § 53 I Nr. 5 umfaßt wird (§ 97 V, 1). Wegen der umfassenden Ausgestaltung des Zeugnisverweigerungsrechts seit der Neuregelung vom 1. 8. 1975 (s. dazu o. § 26 B II, 2 c) gewährleistet diese Vorschrift den erforderlichen Beschlagnahmeschutz in sehr viel weitergehendem Maße als das alte Recht (vgl. dazu die 13. Aufl., S. 174 f.). Das Beschlagnahmeprivileg geht über das Zeugnisverweigerungsrecht insoweit sogar noch hinaus, als nicht nur der Gewahrsam des Zeugnisverweigerungsberechtigten, sondern auch derjenige der Redaktion, des Verlages, der Druckerei oder der Rundfunkanstalt geschützt ist. Eine bedeutsame Einschränkung liegt jedoch darin, daß die Beschlagnahmefreiheit, anders als das Zeugnisverweigerungsrecht, entfällt, wenn der Zeugnisverweigerungsberechtigte einer strafbaren Beteiligung an der Tat verdächtig (§ 97 V, 2 i.V.m. II, 3) oder wenn er sogar selbst Beschuldigter ist (Kunert, MDR 1975, 887, 889). Insofern bleibt indes zu beachten, daß wegen des besonderen Ranges der Freiheit der Berichterstattung nach Art. 5 GG eine Beschlagnahme in Presseunternehmungen und Rundfunkanstalten nach dem Grundsatz der Verhältnismäßigkeit nur bei dringendem Anlaß zulässig ist (vgl. dazu das „Spiegel-Urteil", BVerfGE *20, 162;* Klug, Presseschutz im Strafverfahren, 1965, passim; Huppertz, Zeugnisverweigerungsrecht, Beschlagnahme- und Durchsuchungsverbot zu Gunsten des Rundfunks im Strafprozeß, 1971). Über die nach § 97 V, 2 ausnahmsweise zulässige Beschlagnahme entscheidet allein der Richter (§ 98 I, 2).

2. Ein Verstoß gegen die unter 1. dargestellten Beweisgewinnungsverbote (ausgenommen vielleicht § 96) zieht grundsätzlich ein Beweisverwertungsverbot nach sich, während bei einem Verstoß gegen das „relative Beweisverbot" des § 98 nach h.M. (L.-R.[23]-Dünnebier, § 98, Rdnr. 58; a.A. Otto, GA 1970, 305 m.w.N.) der Verwertung nichts im Wege steht (vgl. dazu allg. o. § 24 D).

III. Beschlagnahme des Führerscheins

Den Regeln der §§ 94ff. unterwirft das Gesetz auch die Beschlagnahme *deutscher Führerscheine* (§ 94 III).

1. Allerdings führt der sachliche Zusammenhang dieser Maßnahme mit der vorläufigen Entziehung der Fahrerlaubnis nach § 111a (vgl. u. § 36 C) zu einer *Einschränkung* des Anwendungsbereichs: Da das Beschlagnahmerecht nicht weiter gehen kann als die richterliche Entziehungsbefugnis, setzt auch die Beschlagnahme des Führerscheins dringende Gründe für die Annahme voraus, daß die Fahrerlaubnis endgültig entzogen werde. Zum Verhältnis zwischen der Beschlagnahme nach § 94 III und der vorläufigen Entziehung nach § 111a s. im übrigen u. § 36 C II.

2. Da der Richter also stets auch einen Beschluß nach § 111a erlassen könnte, hat § 94 III praktische Bedeutung nur für die StA und ihre Hilfsbeamten, die nicht zur vorläufigen Entziehung der Fahrerlaubnis nach § 111a befugt sind. Sie dürfen freilich nach § 98 I nur bei *Gefahr im Verzuge* tätig werden; doch ist damit nach Ansicht des BGH nicht nur die selten gegebene Gefahr des Beweismittelverlusts oder der Vereitelung späterer Einziehung, sondern vor allem die Gefahr gemeint, daß der Täter „ohne die Abnahme des Führerscheins weitere Trunkenheitsfahrten unternehmen oder sonst Verkehrsvorschriften in schwerwiegender Weise verletzen werde" (BGHSt *22, 385*). Diese Einbeziehung präventiv-polizeilicher Gründe wird vom BGH aus der Entstehungsgeschichte des § 111a abgeleitet (beachtliche Argumente dagegen bei Hruschka, NJW 1969, 1311, 1634; Ehlers, MDR 1969, 1023; Holly, MDR 1972, 747). Neben der strafprozessualen Sicherstellung nach §§ 94 III, 98 ist nach h.M. auch noch eine Sicherstellung des Führerscheins *nach Polizeirecht* möglich, soweit dadurch eine von dem Fahrer ausgehende akute Gefahr tatsächlich abgewendet werden kann (vgl. L.-R.[23]-Dünnebier, § 111a, Rdnr. 47). Inwieweit diese Differenzierung nach der Übernahme der präventiv-polizeilichen Funktion durch das Beschlagnahmerecht in der neueren Rechtsprechung des BGH sinnvoll ist, bedarf indes noch weiterer Klärung.

3. Da *ausländische Fahrausweise* von den deutschen Strafverfolgungsorganen nicht eingezogen werden können, die vorläufige wie die endgültige Entziehung der Fahrerlaubnis in ihnen vielmehr nur vermerkt wird (§§ 69 III, 2; 69b II StGB; 111a VI), schließt das Gesetz auch ihre Beschlagnahme grundsätzlich aus. Sie ist nur zulässig, um den Entziehungsvermerk in ihnen anzubringen (§ 111a VI).

IV. Sonderformen der Beschlagnahme

1. Besondere Normen gelten für die Beschlagnahme von Postsendungen (2.), für die Telefonüberwachung (3.) und die sog. Verbringungsverbote (4.); in einen völlig anderen Sachzusammenhang gehört die Vermögensbeschlagnahme (s. u. § 65 B).

Ob die bisherigen landesrechtlichen Vorschriften über die Beschlagnahme von *Druckwerken* mit der Einfügung der §§ 111 m/n durch das Bundesgesetz vom 25. 7. 1975 (vgl. u. § 72 E I) außer Kraft getreten sind, wird bezweifelt. Nach Groß, NJW 1976, 170, soll das landesrechtliche Verbreitungs- und Wiederabdruckverbot neben der bundesrechtlichen Regelung weitergelten.

2. a) Für die Beschlagnahme von *Postsendungen*, die sich im Postbetrieb befinden, ist in den §§ 99 f., 101 eine Sonderregelung getroffen (während für außerhalb des Postbetriebes angetroffene Briefe die allgemeine Regelung der §§ 94 ff. gilt). Die Voraussetzungen einer Beschlagnahme sind darin gegenüber § 94 teils erweitert, weil bei einem verschlossenen Brief meist „auf gut Glück" vorgegangen werden muß, teils eingeschränkt, weil damit in den Schutzbereich des Art. 10 GG eingegriffen wird (zur Unzulässigkeit der Beschlagnahme von Verteidigerkorrespondenz s. o. § 19 E V). Der EGMR hat in dieser Regelung keinen Verstoß gegen Art. 6 oder 8 MRK gesehen (EGMR, NJW 1979, 1755 m. zust. Anm. v. Arndt).

b) Die an den Beschuldigten adressierten Briefe dürfen schlechthin, die mutmaßlich von ihm stammenden oder für ihn bestimmten Briefe dürfen nur dann in Beschlag genommen werden, wenn sie auf Grund bestimmter Tatsachen für die Untersuchung von Bedeutung erscheinen (§ 99). Bei Gefahr im Verzuge ist außer dem Richter auch die Staatsanwaltschaft (nicht aber die Kriminalpolizei!) zur Anordnung befugt. Die Öffnung steht dem Richter zu, dem die StA die Postsendungen ungeöffnet vorzulegen hat; doch kann in Eilfällen der Richter die Öffnungsbefugnis der StA übertragen (§ 100 III). Wenn der Richter die Beschlagnahmeanordnung der StA nicht binnen drei Tagen bestätigt, so tritt sie von selbst außer Kraft (§ 100 II, im Unterschied zu § 98 II). Endlich müssen die Beteiligten, sobald der Untersuchungszweck dadurch nicht mehr gefährdet wird, von den getroffenen Maßregeln benachrichtigt werden (§ 101). Bei einer Vernehmung braucht ein Postbeamter über Tatsachen, die dem Postgeheimnis unterliegen, nur insoweit auszusagen, wie eine nach § 99 zulässige Beschlagnahme zu demselben Ergebnis führen würde (Kurth, NStZ 1983, 541).

3. Die Überwachung und Aufnahme des *Fernmeldeverkehrs* auf Tonträger kann unter folgenden Voraussetzungen angeordnet werden (§§ 100a, b):

a) Es müssen *bestimmte Tatsachen* den Verdacht begründen, daß jemand als Täter oder Teilnehmer eine politische bzw. militärische Straftat oder ein Delikt der Schwerstkriminalität (s. i. e. § 100a) begangen hat; bloße Vermutungen oder Schlußfolgerungen reichen daher nicht aus. Vielmehr muß der Verdacht für eine der aufgeführten Straftaten durch schlüssiges Tatsachenmaterial aus der äußeren und inneren Geschehenswelt bereits ein gewisses Maß an Konkretisierung erreicht haben (vgl. BR-Drucksache 163/67, S. 11).

b) Die Überwachung des Fernmeldeverkehrs ist grundsätzlich *subsidiär*, d. h. sie kann nur dann erfolgen, wenn die Erforschung des Sachverhaltes oder die Ermittlung des Aufenthaltsortes des Beschuldigten auf andere Weise aussichtslos oder wesentlich erschwert wäre.

c) Die Anordnung wird sich in erster Linie gegen den Beschuldigten richten. U. U. können von der Anordnung aber auch *unverdächtige dritte Personen* betroffen werden, wenn von ihnen auf Grund bestimmter Tatsachen anzunehmen ist, daß sie für den Beschuldigten bestimmte oder von ihm herrührende Mitteilungen entgegennehmen oder weitergeben oder daß der Beschuldigte ihren Telefonanschluß benutzt. Eine restriktive Auslegung ist hier (entgegen BGHSt 29, 23; vgl. Bottke, JA 1980, 748) schon deshalb geboten, weil § 100a in die grundrechtlich geschützte Sphäre unbeteiligter Dritter eingreift und somit rechtsstaatlichen Bedenken ausgesetzt ist. Zudem folgt die Notwendigkeit einer restriktiven Auslegung daraus, daß höherrangige berufswichtige Vertrauens- und Geheimnisinteressen geschützt werden müssen: generelle Unzulässigkeit der Überwachung des Fernmeldeverkehrs bei Verteidigern (vgl. § 148), Statthaftigkeit der Überwachung bei den anderen in § 53 genannten Berufsträgern nur, wenn sie der Kollusion verdächtig sind (vgl. im einzelnen Rudolphi, aaO. m. w. N.).

Die Anordnung trifft der Richter, bei Gefahr im Verzug die StA (§ 100b I). Sie muß schriftlich erfolgen, Namen und Anschrift des Betroffenen enthalten sowie Art, Umfang und Dauer der Maßnahmen bestimmen (§ 100b II, 1, 2, 3). Die Höchstdauer der Maßnahme ist auf drei Monate befristet; eine Verlängerung der Frist ist jedoch u. U. möglich (§ 100b II, 4).

Die Überwachungsmaßnahmen werden durch den Richter, die StA oder die Hilfsbeamten der StA durchgeführt; die Bundespost beschränkt sich darauf, den betreffenden Telefonanschluß der im Einzelfall zuständigen Strafverfolgungsbehörde zuzuschalten (§ 100b III).

Da sich bei der Überwachung des Fernmeldeverkehrs häufig nicht vermeiden läßt, daß auch Mitteilungen unbeteiligter Dritter, die mit dem Gegenstand des Verfahrens in keiner Beziehung stehen, zunächst auf Tonband fixiert werden, bestimmt § 100b V, daß die so gewonnenen Unterlagen unter Aufsicht der StA zu vernichten sind, sobald sie für die Strafverfolgung nicht mehr benötigt werden.

Zur Zusammenarbeit von Nachrichtendiensten und Strafverfolgungsbehörden im Vorfeld des Strafrechts s. §§ 1–9 des Gesetzes zur Beschränkung des Brief-, Post- und Fernmeldegeheimnisses vom 13. 8. 1968 (dazu BVerfGE *30, 1, 33*) und Welp, DÖV 1970, 267.

Wenn während der zulässigen Überwachung des Fernmeldeverkehrs von den Gesprächspartnern vergessen wird, den Hörer aufzulegen, so daß auch die Unterhaltungen in der Wohnung (Raumgespräche) aufgezeichnet werden, so dürfen diese nicht verwertet werden (BGHSt *31, 296* m. zust. Anm. Geerds, NStZ 1983, 518, Amelung, JR 1984, 256). Eine Verwertung würde nicht nur gegen den Wortlaut der §§ 100a, b, sondern auch gegen Art. 1 I, 2 I GG verstoßen.

4. Das Gesetz äußert sich nicht darüber, wie die nach § 100 a gewonnenen Informationen in den Prozeß eingeführt werden dürfen. Nach BGHSt 27, 135 kann entweder das Tonband im Wege des Beweises durch Augenschein abgespielt oder die Niederschrift über den Inhalt der Tonbandaufzeichnung im Wege des Urkundenbeweises verwertet werden (zust. Gollwitzer, JR 1978, 119).

Voraussetzung einer solchen *Verwertung* ist freilich, daß sich die Überwachung des Fernmeldeverkehrs innerhalb des vom Gesetz gezogenen Rahmens gehalten hat (h. M.; vgl. BGHSt 22, 329). Daher darf eine Gesprächsaufzeichnung nicht verwertet werden, wenn sie ohne richterliche Anordnung (§ 100 b I, 1) gefertigt worden ist (BGHSt 31, 304 m. zust. Anm. J. Meyer, NStZ 1983, 466). Werden bei der rechtmäßigen Überwachung strafbare Handlungen bekannt, deretwegen eine Anordnung gemäß §§ 100 a, 100 b nicht hätte ergehen dürfen (z. B. Urkundenfälschungen), so ist das solchermaßen erlangte Beweismaterial strafprozessual unverwertbar (wird dagegen eine andere Katalogtat bekannt, so dürfen die Überwachungsergebnisse zu deren Nachweis verwendet werden, BGHSt 32, 10 m. zust. Anm. Schlüchter, NStZ 1984, 372). Unverwertbares Material darf daher weder in der Hauptverhandlung als Beweismittel benutzt (BGHSt 26, 298) noch dem Fernsprechteilnehmer vorgehalten werden (BGHSt 27, 355; vgl. aber BGHSt 30, 317 m. abl. Anm. Odenthal, NStZ 1982, 390). Sagt der Abgehörte nach Vorhalt solchen Beweismaterials aus, so ist seine Aussage selbst dann unverwertbar, wenn er ordnungsgemäß belehrt wurde (BGHSt 27, 355 m. Anm. v. Rieß, JA 1979, 167; zur Fernwirkung des Beweisverwertungsverbotes in solchen Fällen vgl. BGHSt 32, 68 sowie § 24 D IV). Die für Zufallsfunde bei Durchsuchungen geltenden Regelungen (§ 108) sind insoweit nicht analogiefähig; denn während Durchsuchungen beim Verdacht jeder Straftat angeordnet werden dürfen, die Zufallsfunde im Falle des § 108 bei einer wiederholten Durchsuchung also ohnehin beschlagnahmt werden könnten, ist dies im Falle des § 100 a bei Taten außerhalb des Kataloges gerade nicht der Fall (instruktiv Welp, Jura 1981, 472; vgl. ferner BGHSt 26, 298; BGHSt 27, 353; Welp, JZ 1973, 288; Weber, NJW 1973, 1056; Schroeder, JR 1973, 252; Maiwald, JuS 1978, 379; Knauth, NJW 1977, 1510; ders., NJW 1978, 741; a. A. W. B. Schünemann, NJW 1978, 406). Immerhin dürfen die Zufallsfunde zum Anlaß genommen werden, nunmehr strafrechtliche Ermittlungen über diese Delikte anzustellen (BGHSt 27, 355).

Anderes soll gelten für die Überwachung nach §§ 129 ff. StGB. In diesem Fall sollen auch Ermittlungen verwertet werden dürfen, die sich auf andere, im Rahmen der kriminellen Vereinigung begangene Straftaten beziehen (BGHSt 28, 122). Dem ist zuzustimmen. Zu weit geht es aber, daß diese Ermittlungen auch dann sollen verwertet werden dürfen, wenn sich die kriminelle Vereinigung als gar nicht existent herausstellt und nicht einmal Anklage nach §§ 129 ff. StGB erhoben wird (so aber BGHSt 28, 122 m. zust. Anm. Rieß, JR 1979, 168). Denn diese Praxis ermöglicht es, Beschuldigungen nach §§ 129 ff. StGB zu konstruieren, um dadurch Delikte erforschen zu können, wegen derer eine Überwachung nach §§ 100 a, 100 b nicht angeordnet werden darf. Aus ähnlichen Gründen ist es auch nicht unbedenklich, die Ergebnisse einer nach § 100a angeordneten Telefonüberwachung in Verfahren gegen Dritte auch dann verwerten zu lassen, wenn die Dritten nicht wegen Katalogtaten angeklagt werden (wie hier BayObLG JR 1983, 124 m. Anm. Rieß; a. A. BGH NJW 1979, 1370; differenzierend Welp, Jura 1981, 472). Kritisch zur extensiven Auslegung des § 100a durch den BGH Prittwitz aaO.

5. Nach dem Gesetz zur Überwachung strafrechtlicher und anderer *Verbringungsverbote* (v. 24. 5. 1961, BGBl. I, 607; zur Verfassungsmäßigkeit s. BVerfGE 33, 52) besitzen die Hauptzollämter besondere Nachprüfungs- und Beschlagnahmebefugnisse, um die Einschleusung *staatsgefährdenden* Materials in die Bundesrepublik zu verhindern.

Hinsichtlich der Einfuhr *pornographischen* Materials bestehen dagegen nur die allgemeinen Beschlagnahmebefugnisse des § 99 (BGHSt 23, 329). Da eine Postbeschlagnahme von Pornographien im objektiven Einziehungsverfahren (vgl. dazu u. § 65 A) unzulässig ist (§ 99 verlangt einen Beschuldigten!), kann die Einfuhr von Pornomaterial also nur dann unterbunden werden, wenn es zum Zwecke der Verbreitung bezogen wird (vgl. § 184 Nr. 8 StGB). Selbst dann dürfen aber Post oder Zoll das Material der StA nicht vor Einleitung eines Ermittlungsverfahrens übersenden (vgl. OLG Karlsruhe, NJW 1973, 208), so daß eine Beschlagnahme nur äußerst selten möglich sein wird.

D. Die Sicherstellung nach §§ 111b ff.

I. 1. Der Sicherstellung nach §§ 111b ff. sind *unterworfen* (§ 111b):

a) Vermögensvorteile und ihre Surrogate, die dem Verfall unterliegen (vgl. §§ 73, 73a StGB);

b) Vermögensvorteile, die nur deshalb nicht dem Verfall unterliegen, weil sonst die Erfüllung eines Ersatzanspruches des Verletzten gefährdet würde (§ 73 I, 2 StGB); für eine Anwendung des § 290 neben § 111b III Hilger, NStZ 1982, 374;

c) Gegenstände, deren Einziehung oder Unbrauchbarmachung in Frage kommt (vgl. §§ 74ff., 92b, 101a, 150, 295 StGB, 375 AO, 21 III StVG).

2. Zu § 94 bestehen drei wesentliche Unterschiede: Die Sicherstellung nach § 111b setzt einen, nicht unbedingt gegen eine bestimmte Person gerichteten, dringenden Tatverdacht sowie die dringend begründete Erwartung voraus, daß Verfall oder Einziehung, sei es im Hauptverfahren, sei es im selbständigen Verfahren nach §§ 430ff. (vgl. dazu u. § 65 A), auch tatsächlich ausgesprochen werden; ihre Anordnung ist schließlich im Rahmen des Sicherstellungsbedürfnisses nur fakultativ (vgl. näher Achenbach, NJW 1976, 1068).

3. In § 111d erstreckt die StPO das Verfahren der §§ 111b ff. außerdem zur Sicherung einer *Geldstrafe* und des Ersatzes der Verfahrenskosten auf das gesamte Vermögen des Beschuldigten.

4. *Schriften,* Ton- und Bildträger, Darstellungen und die zu ihrer Herstellung gebrauchten oder bestimmten Vorrichtungen (§§ 74d I, 11 III StGB) dürfen nur bei striktester Beachtung des Verhältnismäßigkeitsgrundsatzes zur Gewährleistung der Einziehung und Unbrauchbarmachung nach § 111b I sichergestellt

werden (s. i. e. § 111 m). Dabei nennt das Gesetz als wichtigsten Gegengrund „die Gefährdung des öffentlichen Interesses an unverzögerter (!) Verbreitung".

II. 1. Als *Mittel* der Sicherstellung sieht das Gesetz für aussonderbare Gegenstände der Einziehung und des Verfalls, anders als in § 94 (vgl. o. B II) in § 111 b II ausnahmslos die förmliche *Beschlagnahme* vor, deren Anordnung im Hinblick auf das Veräußerungsverbot nach § 111 c V (u. III 2) stets ausdrücklich erklärt werden muß (str.; s. Achenbach, NJW 1982, 2809 m. w. N.); für die Sicherung bloßer Geldansprüche, auch solcher aus einem Urteil (o. I 3), tritt an ihre Stelle die Anordnung des *dinglichen Arrests* (§ 111 d). Zu den Einzelheiten des Verfahrens s. §§ 111 c, 111 d II. Die Beschlagnahme einer Schrift o. ä. (o. I, 4) ist auf das geringstmögliche Maß zu beschränken: ausscheidbare straflose Teile sind von ihr auszunehmen, die Beschlagnahme ist aufzuheben, wenn der Betroffene den strafbaren Teil von der Vervielfältigung und Verbreitung ausschließt (§ 111 m II, IV).

2. *Zuständig* für die Anordnung der Beschlagnahme und des Arrestes ist der Richter, bei Gefahr im Verzuge im allgemeinen auch die StA sowie, wenn es sich um bewegliche Sachen handelt, ihre Hilfsbeamten; bei der Beschlagnahme von Immobilien oder Rechten hat die StA binnen einer Woche um richterliche Bestätigung der Anordnung nachzusuchen (§ 111 e I, II). Die Anordnung ist dem durch die Tat Verletzten zum frühest möglichen Zeitpunkt mitzuteilen (§ 111 e III, s. auch IV). Über die Zuständigkeit bei der Durchführung der Sicherstellung s. §§ 111 f, 111 g II.

3. Die Beschlagnahme eines periodischen *Druckwerkes* (d. h. einer in ständiger Folge und im Abstand von höchstens 6 Monaten erscheinenden Publikation, vgl. z. B. Art. 6 II BayPresseG) und seiner Herstellungsmittel darf nur vom Richter, die anderer Druckwerke kann bei Gefahr im Verzug auch von der StA (nicht von ihren Hilfsbeamten!) angeordnet werden, tritt jedoch außer Kraft, wenn sie nicht binnen drei Tagen vom Richter bestätigt worden ist (§ 111 n I). In der Beschlagnahmeanordnung sind die Textstellen, die zur Beschlagnahme Anlaß geben, genau zu bezeichnen (§ 111 m III). Die Beschlagnahme ist aufzuheben, wenn nicht binnen zwei Monaten Anklage erhoben oder das objektive Einziehungsverfahren (vgl. u. § 65) beantragt ist; diese Frist kann u. U. zweimal um weitere zwei Monate verlängert werden (§ 111 n II, vgl. auch III).

III. Die *Wirkungen* der Sicherstellung sind im Interesse der *Schadloshaltung des Verletzten* abweichend von §§ 94 ff. geregelt. Im Rahmen dieses Kurzlehrbuches ist Folgendes hervorhebenswert:

1. Die Beschlagnahme nach § 111 c wirkt nicht gegen eine Verfügung des Verletzten im Wege der Zwangsvollstreckung oder Arrestvollziehung zur Sicherung eines aus der Straftat erwachsenen Anspruches (§ 111 g I, s. ferner II). Hat der Verletzte wegen eines solchen Anspruches im Wege der Zwangsvollstreckung oder Arrestvollziehung eine dingliche Sicherung erwirkt, so kann er gegenüber einer Sicherungshypothek nach § 111 d II i. V. m. § 932 ZPO den dinglichen Vorrang beanspruchen (§ 111 h I).

2. Die Beschlagnahme führt nicht nur zur Entstehung der öffentlich-rechtlichen Verstrickung und – bei amtlicher Inverwahrnahme beweglicher Sachen – eines öffentlich-rechtlichen Verwahrungsverhältnisses, sie hat vor allem ein um-

fassendes *relatives Veräußerungsverbot* i. S. des § 136 BGB zur Folge (§ 111 c V), das nach Maßgabe von § 111 g III, V auch zugunsten des Verletzten wirkt. 3. Beschlagnahmte bewegliche Sachen, die dem Verletzten durch die Straftat entzogen worden sind, sollen ihm sobald möglich *herausgegeben* werden, sofern nicht entgegenstehende Ansprüche Dritter bekannt sind (§ 111 k). Zur Notveräußerung s. § 111 l.

§ 35. Durchsuchung, Kontrollstelle und Razzia

Literatur: Eggert-Schwan, Identitätsfeststellung, Sistierung und Razzia, AöR Bd 102 (1977), 244; Steinke, Die Problematik des § 111 StPO aus polizeilicher Sicht, NJW 1978, 1962; Benfer, Die Errichtung von Kontrollstellen (§ 111 StPO), Die Polizei 1978, 282; Kurth, Identitätsfeststellung, Einrichtung von Kontrollstellen und Gebäudedurchsuchung, NJW 1979, 1377; Rengier, Praktische Fragen bei Durchsuchungen, insbesondere in Wirtschaftstrafsachen, NStZ 1981, 372; Achenbach, Vorläufige Festnahme, Identifizierung und Kontrollstelle im Strafprozeß, JA 1981, 660; Geerds, Durchsuchungen von Personen, Räumen und Sachen, Dünnebier-Festschr., 1982, 171; Born, Kann auf die Zuziehung von Zeugen bei der Durchsuchung durch Polizeibeamte (§ 105 Abs. 2 StPO) wirksam verzichtet werden?, JR 1983, 52; Baur, Mangelnde Bestimmtheit von Durchsuchungsbeschlüssen, Wistra 1983, 99.

A. Durchsuchung

I. Die *Durchsuchung* ist ein Suchen

1. nach versteckten Gegenständen, die als Einziehungs- bzw. Verfallsobjekte oder Beweismittel in Frage kommen, und

2. nach dem Verdächtigen.

II. Durchsuchungsgegenstände können sein:

1. Wohnungen und andere Räume (sog. *Haussuchung),*

2. die Person des Verdächtigen, des Unverdächtigen und der ihnen gehörigen Sachen (Durchsuchung von Personen im Unterschied zur körperlichen Untersuchung; s. o. § 33 A II).

III. Die *Voraussetzungen* für die Durchsuchung sind bei Verdächtigen (Personen, die als Täter, Teilnehmer, Strafvereiteler, Hehler oder Begünstiger in Frage kommen) und bei Unverdächtigen verschieden.

IV. Die Haussuchung

1. Beim *Verdächtigen:*

a) Die Durchsuchung der Räume des Verdächtigen ist sowohl zum Zweck seiner Ergreifung als auch dann zulässig, wenn zu vermuten ist, daß die Durchsuchung zur Auffindung von Beweismitteln führen werde (§ 102).

b) Auch die Durchsuchung zur Auffindung von Gegenständen des Verfalls oder der Einziehung ist gestattet (§§ 111 b II, 3 i. V. m. 102).

c) Zulässigkeitsvoraussetzung für die Haussuchung ist die schlichte *Vermutung*, daß die Durchsuchung zur Auffindung von Beweismitteln führen werde. Diese Vermutung braucht nicht notwendig durch konkrete Tatsachen gestützt zu werden, muß aber immerhin in gesicherter kriminalistischer Erfahrung begründet sein; eine rein „gefühlsmäßige" Vermutung genügt nicht (Kl./M., § 102, Rdnr. 11). Auch der Begriff des „Verdächtigen" ist in dieser Weise zu begrenzen; ein pauschaler, nicht konkretisierter Verdacht gegen eine Person reicht nicht aus.

d) Der Grundsatz der *Verhältnismäßigkeit* ist auch bei dem Umfang der Durchsuchung zu beachten (BVerfGE 59, 95). Wie aus § 108 hervorgeht, darf sich die Durchsuchung nur auf die Gegenstände erstrecken, die mit der den Gegenstand des Verfahrens bildenden Tat in Beziehung stehen (vgl. aber u. i).

e) Schließlich darf sich die Durchsuchung nicht auf Gegenstände richten, für die eine Beschlagnahmefreiheit (§ 97) besteht (o. § 34 B II). Für Durchsuchungen bei Presseunternehmen ergibt sich eine weitere Einschränkung aus der Notwendigkeit, die Strafverfolgungsbelange gegen die grundgesetzlich geschützte Pressefreiheit abzuwägen (vgl. dazu BVerfGE *20, 162,* 186. – Spiegel-Urteil).

f) Zur Nachtzeit ist die Durchsuchung beschränkt, außer in jedermann zugänglichen Lokalen oder in verrufenen Häusern (vgl. i. e. § 104).

g) Zuständig zur Anordnung ist der Richter, bei Gefahr im Verzug auch der StA oder ein Hilfsbeamter der StA (§ 105). Die Durchsuchung von Presseräumen darf analog § 98 I, 2 dagegen allein der Richter anordnen (so zu Recht Kunert, MDR 1975, 891). Alle richterlichen Durchsuchungsbefehle müssen, soweit dies möglich ist und die Strafverfolgung nicht behindert, die Art des Tatverdachts und die gesuchten Beweismittel bezeichnen (BVerfGE *42, 212*); in der Praxis wird das oft nicht genügend beachtet (Baur aaO.). Aber auch StA und Polizei sind in diesen Fällen und bei Durchsuchungen nach § 103 I (§ 106 II) stets zur Mitteilung der Durchsuchungsgründe verpflichtet (a. A. L.-R.[23]-Meyer, § 106, Rdnr. 11 und h.M.; vgl. aber BVerfGE *42, 212, 220*). Einer eigenen Durchsuchungsanordnung hingegen bedarf es nicht, wenn bei Vollstreckung eines rechtskräftigen Strafurteils sowie bei Haft- und Vorführungsbefehlen nach dem Beschuldigten gesucht wird (Kaiser, NJW 1980, 875).

h) Zur Durchführung der Durchsuchung vgl. § 105 II. Die Durchsuchung kann erforderlichenfalls unter Anwendung unmittelbaren Zwanges durchgeführt werden. Die Zuziehung der vorgesehenen Zeugen darf unterbleiben, wenn die Polizei und der Inhaber der zu durchsuchenden Räume übereinstimmend darauf verzichten (Born, aaO.).

i) Finden sich bei der Haussuchung Sachen, die auf die Verübung einer *anderen* strafbaren Handlung hinweisen (z.B. beim Wilderer gestohlene Sachen oder geschmuggelte Zigaretten), so sind sie einstweilen in Beschlag zu nehmen; der StA ist Kenntnis zu geben (§ 108). Darin liegt eine Erweiterung der Befugnis zur Anordnung der Beschlagnahme auf jeden Beamten, der die Durchsuchung ausführt. Eine solche Erweiterung setzt freilich voraus, daß die Anordnung der Durchsuchung rechtmäßig war (a. A. LG Wiesbaden NJW 1979, 175 m. abl. Anm. von Kühne daselbst, 1053; Schlüchter, Rdnr. 330), und etwa angeordnete Durchsuchungsbeschränkungen eingehalten werden (LG Bonn NJW 1981, 229). Die in Beschlag genommenen Gegenstände sind zu verzeichnen und kenntlich zu machen (§ 109).

j) Der Inhaber der zu durchsuchenden Räume darf der Durchsuchung beiwohnen; ist er abwesend, so ist möglichst ein Vertreter (Angehöriger, Hausgenosse, Nachbar) zuzuziehen (§ 106). Wird die Zuziehung des Inhabers versäumt, so zieht das nicht die Unverwertbarkeit der gefundenen Beweisstücke nach sich (BGH NStZ 1983, 375).

k) Nach der Durchsuchung ist dem Betroffenen auf Verlangen eine Bescheinigung über den Zweck und das Ergebnis der Durchsuchung auszustellen (§ 107).

l) Werden im Rahmen der Durchsuchung Papiere aufgefunden, so dürfen Beamte der Polizei sie nur durchsehen, wenn der Inhaber es genehmigt. Andernfalls müssen sie nach einer – auch ohne Genehmigung zulässigen – Grobsichtung die Papiere, deren Durchsicht sie für geboten halten, in ein Verzeichnis aufnehmen (§ 109) und sie „in einem Umschlag, der in Gegenwart des Inhabers mit dem Amtssiegel zu verschließen ist", an die StA abliefern (§ 110 II). Die Durchsicht der Papiere, die früher im wesentlichen dem Richter vorbehalten war, steht nach der Neuregelung durch das 1. StVRG uneingeschränkt der StA zu (§ 110 I; sehr krit. dazu Grünwald, in: Vorgänge 18, 1975, 38).

2. Beim *Unverdächtigen*:

Die Voraussetzungen der *Haussuchung* bei Unverdächtigen sind strenger. Es müssen Tatsachen vorliegen, aus denen zu schließen ist, daß die gesuchte Person etc. sich in den zu durchsuchenden *Räumen* befindet (§ 103). Die Beweismittel müssen also – stärker als in § 102 – immer schon *konkretisiert* sein (Ausnahme: § 103 II).

Dem Inhaber der Räume ist der Zweck der Durchsuchung vor dem Beginn bekannt zu machen (§ 106 II). Im übrigen gilt grundsätzlich dasselbe wie beim Verdächtigen.

Eine Erweiterung der Durchsuchungsmöglichkeiten bringt der durch das AntiterrorismusG vom 14. 4. 1978 (BGBl. I S. 497) eingeführte § 103 I, 2. Danach dürfen in Fällen des § 129 a StGB oder beim Vorliegen eines der dort genannten Tatbestände ganze *Gebäude* durchsucht werden, wenn Anhaltspunkte dafür vorliegen, daß sich der Beschuldigte darin aufhält.

Zur Anordnung von Gebäudedurchsuchungen sind allerdings Polizisten niemals befugt (§ 105 I, 1); auch dürfen bei Gebäudedurchsuchungen Zufallsfunde nicht verwertet werden (§ 108, 3).

V. *Durchsuchung von Personen*

1. Sowohl der *Verdächtige* als auch der Unverdächtige können durchsucht werden. Für den *Unverdächtigen* ist dies umstritten, weil § 103 im

Gegensatz zu § 102 nur von zu durchsuchenden Räumen handelt. Da aber nach § 81 c die körperliche Untersuchung Unbeteiligter gestattet ist, muß auch die weniger einschneidende Maßnahme der körperlichen Durchsuchung erlaubt sein (zutr. Henkel[1], S. 332, Anm. 6).

2. Die körperliche Durchsuchung erstreckt sich auch auf die dem Betroffenen „gehörenden Sachen" (§ 102). Trotz der ungenauen Formulierung „gehörend" soll nicht auf die Eigentumsverhältnisse, sondern auf die Gewahrsamsinnehabung abgestellt werden.

3. Die körperliche Durchsuchung gestattet *keine* körperlichen *Eingriffe*. Muß also der Magen eines Verdächtigen ausgepumpt werden, um festzustellen, ob Sachen verschluckt worden sind, so ist eine Anordnung nach § 81 a nötig.

B. Kontrollstelle und Razzia

Die Polizei sieht sich – teils zum Zwecke der Strafverfolgung, teils aus präventivpolizeilichen Gründen – häufig vor die Notwendigkeit gestellt, auf öffentlichen Straßen und anderen öffentlich zugänglichen Orten sog. Kontrollstellen einzurichten oder bestimmte verrufene Gegenden oder Lokale und die dort angetroffenen Personen auf ihre Identität zu überprüfen (sog. Razzia).

I. Die Errichtung von *Kontrollstellen* zum Zwecke der Strafverfolgung (eingehend dazu Kurth und Achenbach, jeweils aaO.; ferner Sangenstedt, StrV 1985, 117) kann vom Richter und bei Gefahr im Verzug von der StA oder ihren Hilfsbeamten unter zwei Voraussetzungen angeordnet werden (§ 111 I, 1):

1. Es müssen bestimmte Tatsachen den Verdacht begründen, daß eine Straftat nach § 129 a StGB, einem anderen dort genannten Tatbestand oder nach § 250 I Nr. 1 StGB begangen worden ist (zur Anwendbarkeit auf die räuberische Erpressung mit Schußwaffen gemäß §§ 255 i. V. m. 250 I Nr. 1 StGB s. Achenbach, JA 1981, 665).

2. Diese Tatsachen müssen die voraussichtliche Erfolgseignung der konkreten Kontrollstellenanordnung begründen, d. h. die Annahme rechtfertigen, daß die Errichtung der jeweiligen Kontrollstelle an einem konkreten Ort zur Ergreifung des Täters oder zur Sicherstellung von Beweismitteln führen kann, die der Aufklärung der Straftat dienen.

An einer solchen Kontrollstelle sind Verdächtige und Unverdächtige im Prinzip gleichermaßen verpflichtet, ihre Identität nach Maßgabe von §§ 163 b/c feststellen und sich sowie mitgeführte Sachen (z. B. den PKW) durchsuchen zu lassen (§ 111 I, 2). Für Unverdächtige gilt allerdings nach §§ 111 III i. V. m. 163 b II, 2 die Einschränkung, daß die Durchsuchung zum Zwecke der Identifizierung – im Gegensatz zur Beweismittelsuche – und die erkennungsdienstliche Behandlung nur mit ihrer Einwilligung zulässig sind (str.; vgl. Achenbach, JA 1981, 665 f. m. w. N.).

Entgegen einer weit verbreiteten Auffassung ist § 111 als abschließende Regelung im Strafverfahren zulässiger Kontrollstellen anzusehen; die Errichtung sonstiger „einfacher Kontrollstellen" zum Zwecke der Straf-

verfolgung findet in §§ 127 und 163b keine zureichende Grundlage (L.-R.-Meyer, Erg.Bd. § 111, Rdnr. 2; Achenbach, JA 1981, 666 m. w. N.).
II. Für *Razzien im allgemeinen* kennt die StPO keine spezielle Ermächtigungsgrundlage. Es kommen daher nur die allgemeinen Vorschriften der Durchsuchung (§§ 102ff.), amtlichen Sicherstellung (§§ 94ff., 111bff.), Verhaftung (§§ 112ff.) und vorläufigen Festnahme (§ 127) in Betracht. Seitdem §§ 163b, c für die Feststellung der Identität von Verdächtigen und Unverdächtigen eine neue rechtliche Grundlage geschaffen haben, reichen diese Eingriffsnormen jedoch im allgemeinen für die Durchführung von Razzien aus, ohne daß auf die polizeirechtlichen Notstands- oder Sistierungsvorschriften zurückgegriffen werden müßte. Eine ausdrückliche gesetzliche Regelung der Razzia enthält das bayerische Polizeirecht (Art. 12, 13 PAG).

§ 36. Vorläufige Maßregelverhängung

A. Überblick

I. Neben den vorstehend geschilderten eigentlichen Zwangsmaßnahmen sieht die StPO die Möglichkeit vor, Maßregeln der Besserung und Sicherung (§ 61 StGB) schon vor Urteilsfällung zu verhängen, wenn dringende Gründe ihre Anordnung im Urteil erwarten lassen. Die Fälle einer solchen *vorläufigen Maßregelverhängung* sind:
1. die einstweilige Unterbringung gemäß § 126a (Vorläufer einer Unterbringung nach §§ 63–65 StGB);
2. die vorläufige Entziehung der Fahrerlaubnis gemäß § 111a (Vorläufer einer Maßregel nach § 69 StGB);
3. das vorläufige Berufsverbot gemäß § 132a (Vorläufer einer Maßregel nach § 70 StGB).
Diese vorläufigen Maßregeln dienen nicht, wie die echten strafprozessualen Zwangsmittel, ausschließlich verfahrenssichernden Zwecken, sie haben vielmehr, zumindest überwiegend, *präventiv-polizeiliche* Funktion. Das Gesetz geht bei Vorliegen der übrigen Voraussetzungen davon aus (§§ 111a, 132a) oder erhebt es zum zusätzlichen Erfordernis (§ 126a), daß die Gefährlichkeit des Täters schon vor dem Urteil eine Sicherung der Öffentlichkeit notwendig mache, und stellt daher ein sofort wirksames Sicherungsinstrument bereit.

II. Nicht als vorläufige Maßregelverhängung wird vom Gesetz eine Maßnahme gewertet, die sachlich in den hier zu erörternden Kreis gehört: die *Untersuchungshaft* wegen *Wiederholungsgefahr* nach § 112a (s. dazu o. § 30 B II, 2d). Sie stellt in ihren Auswirkungen eine Art vorläufige Sicherungsverwahrung dar, ist aber in ihren Voraussetzungen von § 66 StGB völlig unabhängig ausgestaltet. Der gegenüber der Sicherungsverwahrung erheblich weiter gezogene Kreis der Anwendungsfälle dieser ‚Sicherungshaft' verdeutlicht ihre schon oben betonte rechtsstaatliche Bedenklichkeit.

III. Nicht in den hier dargelegten Zusammenhang gehört dagegen die vorläufige Festnahme gemäß § 127 (vgl. o. § 31 A). Sie knüpft an keine künftige Maßregel der Besserung und Sicherung an, sondern steht allenfalls im Zusammenhang mit der Untersuchungshaft wegen Fluchtverdachts (§ 112 II Nr. 2). Vor allem aber dient sie allein der Identifizierung des Täters und der Verhinderung seiner Flucht, also der Verfahrenssicherung, und hat keinerlei präventiv-polizeilichen Einschlag.

B. Die einstweilige Unterbringung

I. Die einstweilige Unterbringung in einem psychiatrischen Krankenhaus oder einer Entziehungsanstalt ist in § 126 a an drei *Voraussetzungen* geknüpft:

1. Dringende Gründe müssen dafür sprechen, daß jemand eine rechtswidrige Tat im Zustand der Schuldunfähigkeit oder verminderten Schuldfähigkeit (§§ 20 f. StGB) begangen hat;

2. dringende Gründe müssen seine endgültige Unterbringung in einer der genannten Anstalten erwarten lassen;

3. außerdem muß die öffentliche Sicherheit die Unterbringung schon vor der endgültigen Entscheidung erfordern.

II. Die einstweilige Unterbringung wird durch gerichtlichen *Unterbringungsbefehl* angeordnet; für die Zuständigkeit und das Verfahren gelten die Vorschriften über den Haftbefehl entsprechend (s. § 126 a II). Über die Aufhebung des Unterbringungsbefehls s. § 126 a III.

III. Die endgültige Fassung des § 126 a gemäß Art. 21 Nr. 34 EGStGB sieht außerdem die einstweilige Unterbringung in einer *sozialtherapeutischen Anstalt* (§ 65 StGB) vor. Das Inkrafttreten dieser Vorschrift ist jedoch bis 1. 1. 1985 aufgeschoben worden.

C. Die vorläufige Entziehung der Fahrerlaubnis

I. Sind dringende Gründe für die Annahme vorhanden, daß die Fahrerlaubnis entzogen wird (§ 69 StGB), so kann der Richter (nur er!) dem Beschuldigten durch Beschluß die *Fahrerlaubnis*, d. h. die in dem Führerschein verkörperte materielle Berechtigung zum Führen von Fahrzeugen, *vorläufig entziehen* (§ 111 a). Die Gründe für die vorläufige Entziehung der Fahrerlaubnis müssen dringend sein; d. h. es genügt nicht ein hinreichender Verdacht, vielmehr muß – wie bei § 112 – ein hoher, fast an Gewißheit grenzender Verdacht bestehen (was aber bei zweifelsfreier Begehung einer der in § 69 II StGB genannten Taten, etwa einer Trunkenheitsfahrt, regelmäßig zu bejahen sein wird). Entsprechend § 69 a II StGB können u. U. bestimmte Fahrzeuge von der vorläufigen Entziehung ausgenommen werden (§ 111 a I, 2).

II. Neben der allein dem Richter möglichen vorläufigen Entziehung der Fahrerlaubnis gibt die StPO den Strafverfolgungsorganen auch die

Möglichkeit, den *Führerschein zu beschlagnahmen* (§ 94 III; s. dazu o. § 34 C III). Das Verhältnis beider Maßnahmen zueinander ist wie folgt geregelt:

1. Ist der Führerschein nicht schon von der StA oder einem ihrer Hilfsbeamten nach §§ 94, 98 sichergestellt, so wirkt der Beschluß nach § 111a als Anordnung der Beschlagnahme; ist dies bereits geschehen, wirkt er als ihre Bestätigung (§ 111a III).

2. Ist nach § 98 II eine richterliche Entscheidung über die Beschlagnahme erforderlich, so tritt bei Beschlagnahme des Führerscheins als Einziehungsobjekt an ihre Stelle die Entscheidung über die vorläufige Entziehung der Fahrerlaubnis (§ 111a IV).

III. Über die Aufhebung der vorläufigen Entziehung und die Rückgabe des Führerscheins s. § 111a II, V. Die Behandlung ausländischer Fahrausweise regelt § 111a VI.

D. Das vorläufige Berufsverbot

I. Das EGStGB vom 2. 3. 1974 hat in die StPO die Möglichkeit zur Anordnung eines *vorläufigen Berufsverbots* eingefügt (§ 132a). Es kann vom Richter verhängt werden, wenn dringende Gründe für die Annahme vorliegen, daß dem Beschuldigten die Ausübung seines Berufs oder Gewerbes gemäß § 70 StGB in der endgültigen Entscheidung verboten werden wird. Das vorläufige Berufsverbot knüpft also an sämtliche in § 70 StGB genannten Voraussetzungen an; es fordert allerdings nicht die sichere Überzeugung von ihrem Vorliegen, aber doch einen Verdacht von annähernd großer Stärke. Außerdem ist über § 70 StGB hinaus zu fordern, daß eine konkrete Gefahr schon vor Eintritt der Rechtskraft droht (OLG Karlsruhe, StrV 1985, 49).

II. Die Verhängung des vorläufigen Berufsverbots ist in das gerichtliche *Ermessen* gestellt („kann"). Der Richter hat dabei die wahrscheinliche Gefährlichkeit des Beschuldigten und die Folgen eines sofort wirksam werdenden Berufsverbots für ihn im Lichte des Grundrechts der Berufsfreiheit (Art. 12 GG) gegeneinander abzuwägen. Insbesondere wird er stets prüfen müssen, ob die in § 456c genannten Umstände (erhebliche und vermeidbare zweckfremde Härte) es nicht geboten erscheinen lassen, von der Verhängung des vorläufigen Berufsverbots abzusehen.

III. Um Überschneidungen mit der neben einem vorläufigen Berufsverbot nach § 132a möglichen verwaltungsrechtlichen *Untersagung der Gewerbeausübung* auszuschließen, ordnet § 35 III GewO den Vorrang der strafgerichtlichen Feststellungen an (s. im einzelnen dort).

7. Kapitel

Das Vorverfahren und das Zwischenverfahren

§ 37. Das Ermittlungsverfahren

Den ersten Abschnitt eines Strafverfahrens bildet das *Vorverfahren;* nach Abschaffung der gerichtlichen Voruntersuchung (vgl. dazu 12. Aufl., S. 192 ff.) durch das 1. StVRG besteht es nur noch in dem staatsanwaltschaftlichen Ermittlungsverfahren.

Das *Ermittlungsverfahren* soll die Entschließung der StA darüber, ob die öffentliche Klage zu erheben ist, vorbereiten (§ 160 I). Es dient dem Zweck, einmal bei unbegründetem Verdacht eine Hauptverhandlung zu vermeiden (es führt also zu einer ersten Aussiebung; die zweite bildet die Entscheidung über die Eröffnung des Hauptverfahrens, die dritte das Urteil), zum anderen dazu, das Beweismaterial zu sammeln und zu sichten. Herr des Verfahrens ist der Staatsanwalt (vgl. §§ 163, 167).

A. Die Einleitung eines Ermittlungsverfahrens

Zu einem Ermittlungsverfahren kann es auf dreierlei Weise kommen, nämlich durch amtliche Wahrnehmung (I), durch Strafanzeige (II) und durch einen Antrag auf Strafverfolgung (III).

I. Als *amtliche Wahrnehmung* verpflichtet im Grundsatz jede eigene Beobachtung eines Verfolgungsbeamten (Staatsanwalts oder Polizeibeamten, §§ 160, 163) zur Eröffnung eines Ermittlungsverfahrens.

1. Es ist also gleichgültig, ob der Beamte die Tat selbst miterlebt hat oder ob er von ihr aus Gerichtsakten, Zeitungsnotizen oder gar auf Grund nicht gänzlich unglaubwürdiger Gerüchte (RGSt 70, 252) Kenntnis erhalten hat.

Der Staatsanwalt wird z.B. auf der Straße zufällig Zeuge eines Verkehrsunfalls; oder er liest in der Zeitung, daß eine von ihrem Mann verlassene Frau versucht habe, sich und ihre beiden kleinen Kinder durch Öffnen des Gashahns zu töten; oder er hat an seinem Stammtisch gehört, daß ein Kassierer einer Bank mit 100 000 Mark verschwunden sei.

2. Umstritten ist die Frage, ob der Staatsanwalt verpflichtet ist, eine Straftat auf Grund *außerdienstlich* erworbenen Wissens zu verfolgen, etwa wenn er über einen Lehrer im Kegelklub unter dem Siegel der Verschwiegenheit erfährt, daß dieser Lehrer ein Schulkind unzüchtig berührt habe (vgl. dazu Krause, GA 1964, 110; Eb. Schmidt, I, Rdnr. 398; Anterist, Anzeigepflicht und Privatsphäre des Staatsanwalts, 1968, 63 ff.). Der BGH nimmt eine durch die §§ 152 II, 160, 163 begründete und durch die Strafdrohung des § 258 a StGB sanktionierte Pflicht zum Einschreiten nur bei solchen Straftaten an, die nach Art und Umfang die

Belange der Öffentlichkeit und der Volksgesamtheit in besonderem Maße berühren (BGHSt 5, 225 *[229]; 12, 277 [281]; abw.* Anterist, der in allen Fällen privaten Wissens nur eine beamtenrechtliche Verfolgungspflicht des Staatsanwalts annimmt, deren Verletzung allein disziplinarrechtliche Folgen habe). Zur Konkretisierung dieser Richtlinie kann man auf den Katalog der anzeigepflichtigen Delikte nach § 138 StGB zurückgreifen (Schlüchter, Rdnr. 69).

3. Die Pflicht, eine Straftat zu verfolgen, entfällt samt der Strafdrohung des § 258a StGB, wenn ein untätiger Verfolgungsbeamter dadurch zugleich vereiteln will, daß er selbst bestraft oder einer Maßnahme unterworfen wird oder daß eine gegen ihn verhängte Strafe oder Maßnahme vollstreckt wird (§§ 258a i.V.m. 258 V, 11 I Nr. 8 StGB). Dabei ist es gleichgültig, ob der Beamte als Komplize des Verdächtigen an der Vortat selbst mitwirkte oder ob ihm diese Nachteile wegen anderer Straftaten drohen (BT-Drucks. 7/550, S. 252; Sch.-Schröder-Stree, § 258a, Rdnr. 19 m.w.N.; str.). Die Gefahr bloßer disziplinarrechtlicher Konsequenzen dagegen genügt nicht (RGSt 70, 251; OLG Hamm, HESt 2, 355).

II. Die meisten Ermittlungsverfahren werden aber auf Grund von *Anzeigen* eingeleitet.

1. Diese können von Privatpersonen wie von Beamten oder Behörden ausgehen.

a) *Privatpersonen,* die Kenntnis von einer *begangenen* Straftat erhalten, haben *keine* Rechtspflicht zur Anzeige, auch nicht in den schwersten Fällen.

Anders steht es mit der Verpflichtung zur Anzeige von dem Vorhaben einer strafbaren Handlung, also bei der Kenntnis einer *geplanten* Straftat; hier besteht im Rahmen der §§ 138, 139 StGB eine Rechtspflicht zur Anzeige an den Bedrohten oder die Behörde.

b) Die Frage, ob und inwieweit eine allgemeine Anzeigepflicht für solche *Behörden* besteht, die mit der Strafverfolgung nichts zu tun haben, ob insbesondere die Behördenleiter Straftaten ihrer Untergebenen anzeigen müssen, ist umstritten (vgl. Eb. Schmidt, I, Rdnr. 400), richtigerweise aber zu verneinen; nur besondere Rechtsvorschriften (auch beamtenrechtliche Dienstvorschriften) können eine solche Pflicht statuieren.

c) Eine *amtliche Anzeigepflicht* stellt die StPO in zwei Fällen auf:
aa) für die Gemeindebehörden, wenn Anhaltspunkte für einen unnatürlichen Tod vorliegen oder der Leichnam eines Unbekannten gefunden wird (§ 159; vgl. die eingehende Regelung der Nr. 33–38 RiStBV sowie Maiwald, NJW 1978, 561);
bb) für den Richter bei strafbaren Handlungen in der Sitzung (§ 183 GVG).

d) Dagegen kann man bei Staatsanwalt und Polizei nicht von einer „Anzeigepflicht" sprechen, denn diese geben nicht lediglich den Anstoß zur Einleitung eines Ermittlungsverfahrens, sondern sind selbst unmittelbar zur Aufnahme von Untersuchungen verpflichtet.

15*

2. Die *Form* der Anzeige des Privaten ist nach dem Gesetz so einfach wie möglich; sie kann schriftlich oder mündlich bei der StA, bei der Polizei (auch bei einem einzelnen Polizeibeamten auf der Straße; man muß gar nicht zur Polizeiwache gehen) oder beim Amtsgericht angebracht werden (§ 158).

3. Die Strafverfolgungsbehörden müssen grundsätzlich jeder Anzeige nachgehen (§ 160 I). Insbesondere sind auch *anonyme* Anzeigen zu beachten, wenngleich hier besondere Vorsicht geboten ist (vgl. Nr. 8 RiStBV). Die Zusicherung *vertraulicher* Behandlung einer Anzeige ist ebenfalls zulässig (vgl. Kl./M., § 158, Rdnr. 16).

III. Schließlich kann das Ermittlungsverfahren auch durch einen *Antrag auf Strafverfolgung* in Gang gesetzt werden.

1. Wie § 171 zeigt, versteht die StPO unter einem „Antrag auf Erhebung der öffentlichen Klage" nicht nur den Strafantrag i.S. von §§ 77–77 d StGB, der ausschließlich vom Verletzten gestellt werden kann, sondern jede Anzeige, die – über die bloße Wissensmitteilung hinaus – erkennbar das *Begehren nach Strafverfolgung* enthält. Einen solchen Antrag kann jedermann stellen.

2. Der Strafantrag bei Antragsdelikten (vgl. o. § 12 B II, 1) ist schriftlich zu stellen oder – nur bei Gericht oder StA – zu Protokoll zu nehmen (§ 158 II). Er kann auch in einer Strafanzeige enthalten sein.

3. Die Einleitung eines Ermittlungsverfahrens bei Antragsdelikten ist schon *vor* Stellung des Strafantrages zulässig; sogar ein Haftbefehl kann schon vorher erlassen werden (§ 130; vgl. § 127 III). Nach Nr. 6 RiStBV ist jedoch in der Regel der Eingang des Strafantrages abzuwarten (vgl. i. e. Nr. 6, 7 RiStBV).

B. Ermittlungstätigkeit und Tatverdacht

I. Wie bereits oben (§ 14) erörtert, ist die StA, sofern nicht einer der in §§ 153–154 e geregelten Fälle gegeben ist, bei Vorliegen aller Verfahrensvoraussetzungen (o. § 21) zur Aufnahme der *Ermittlungen* und ggf. zur Anklage verpflichtet, wenn ein entsprechender Tatverdacht besteht. Dabei unterscheidet das Gesetz: Für die Einleitung der Strafverfolgung ist der sog. *einfache Anfangsverdacht* erforderlich und ausreichend („zureichende tatsächliche Anhaltspunkte", § 152 II), d.h. ein durch konkrete Tatsachen belegter (arg. § 100 a), in kriminalistischer Erfahrung begründeter Anhalt dafür, daß eine verfolgbare Straftat vorliegt; bloße Vermutungen reichen dafür nicht aus (vgl. i.e. Kl./M., Rdnr. 4, Müller, KMR, 2 b, jeweils zu § 152). Für die Durchführung des Ermittlungsverfahrens ist ein „*verfahrensträchtiger*" Verdacht zu fordern. Die Erhebung der Anklage setzt ebenso wie der Erlaß eines Eröffnungsbeschlusses einen *hinreichenden Tatverdacht* voraus (§§ 170 I, 203), der dann gegeben ist, wenn eine Verurteilung auf Grund der bisherigen Ermittlungen in der Hauptverhandlung wahrscheinlich ist.

II. Im Bereich der grundrechtsbeschränkenden *Zwangsmaßnahmen*, die teils fakultativ, teils obligatorisch sind, verlangt das Gesetz z.T. nur den einfachen Verdacht (etwa §§ 81a, 81b, 99, 100a, 102), z.T. aber einen *dringenden Tatverdacht* (vor allem für die Verhängung der U-Haft, § 112, s. ferner §§ 127 II, 134), d.h. die nach dem gegenwärtigen Ermittlungsstand begründete hohe Wahrscheinlichkeit einer späteren Verurteilung (vgl. Eb. Schmidt I, Rdnr. 8–10; Kl/M., Rdnr. 6, jeweils zu § 112); einen solchen dringenden Tatverdacht erfordern auch die Sicherungsmaßnahmen nach §§ 111a, 111b ff., 126a, 132a, die zudem von weiteren Voraussetzungen abhängen (vgl. o. §§ 34 D I, 36). Im übrigen ist hier stets der Verhältnismäßigkeitsgrundsatz zu beachten.

Vgl. zum Ganzen Corts/Hege, JA 1976, 303, 379; Kühne, Rdnr. 168ff.

C. Die Durchführung des Ermittlungsverfahrens

I. Die Ermittlungstätigkeit

1. Die StA hat den *Sachverhalt zu erforschen* (§ 160); dabei hat sie das Belastungs- wie das Entlastungsmaterial mit dem gleichen Eifer zu sammeln und namentlich für die Erhebung derjenigen Beweise Sorge zu tragen, deren Verlust zu befürchten ist (§ 160 II), also z.B. für die Vernehmung des Zeugen, der schwer verletzt ist und möglicherweise bald stirbt, oder für die Sicherung von Spuren, die vergehen, z.B. von den Spuren eines Autounfalls oder von Urkunden, die sonst vernichtet werden könnten. Die Ermittlungen sollen sich auch auf die Umstände erstrecken, die für die Bestimmung der Rechtsfolgen der Tat von Bedeutung sind (§ 160 III).

Zur Sachverhaltserforschung kann die StA *Ermittlungen jeder Art* vornehmen oder vornehmen lassen (§ 161). Bei einem Einbruchsdiebstahl z.B. wird der Staatsanwalt (meist wird allerdings die Polizei alles schon getan haben) den Bestohlenen über Art, Menge, Herkunft, Wert, äußere Kennzeichnung und namentlich auch über den Verschluß der gestohlenen Sachen vernehmen, auch darüber, wer von den Sachen und ihrem Aufbewahrungsort Kenntnis hatte, über etwaige Wahrnehmungen (Geräusche, Licht), über den Zeitpunkt der Wegnahme; er wird durch die Polizei nach Spuren, insbes. nach Fingerabdrücken, suchen lassen; er wird Angestellte und andere Hausbewohner über ihre Wahrnehmungen hören, er wird Durchsuchungen bei Verdächtigen, z.B. bei einer Hausangestellten, vornehmen, bei Altwarenhändlern und in Leihhäusern nachforschen, die gestohlenen Gegenstände im Fahndungsblatt ausschreiben usw.

Über die Frage, ob der Schutz von Amtsgeheimnissen gegenüber dem Informationsrecht der Strafverfolgungsbehörden Vorrang hat, vgl. Ostendorf, DRiZ 1981, 4; ein grundsätzlicher Vorrang wird entgegen Ostendorf abzulehnen sein.

2. Die Organe, welche die StA zur Unterstützung ihrer Tätigkeit heranziehen kann (Polizei, Ermittlungsrichter, Ermittlungshilfe), sind eingehend oben § 10 B behandelt worden.

3. *Zwangsgewalt* hat in vollem Umfang allein der Richter, die StA dagegen nur in eingeschränktem Maß (vgl. §§ 161a, 163a III).

a) *Gänzlich versagt* ist ihr:
: aa) die Verhängung von Untersuchungs- und Ordnungshaft (§§ 114, 161a II, 2);
: bb) die Abnahme von Eiden (§ 161a I, 3).

b) Nur *in dringenden Fällen* ist ihr gestattet:
: aa) die vorläufige Festnahme im Fall des § 127 II,
: bb) Sicherstellung und Durchsuchung (§§ 98, 105, 111e, 111n I, 2),
: cc) die Anordnung einer Untersuchung des Beschuldigten (§ 81a II) und anderer Personen (§ 81c V).

II. Vernehmungen und Beteiligungsrechte

1. In jedem Ermittlungsverfahren, das zur Klageerhebung führt, ist die *Vernehmung des Beschuldigten* grundsätzlich vorgeschrieben (§ 163a). Dabei ist er, auch von der Polizei, über sein Schweigerecht zu belehren (§ 163a III, IV i.V.m. § 136; ob der Verstoß gegen diese Belehrungspflicht die Aussage unverwertbar macht, ist str., vgl. o. § 24 D III 2e). Zum Begriff des Beschuldigten im Sinne dieser Vorschrift s.o. § 25 III 4. §§ 168, 168a enthalten über die Protokollierung richterlicher Vernehmungen ins einzelne gehende Vorschriften, während der durch das 1. StVRG eingeführte § 168b erstmals auch die Protokollierung staatsanwaltschaftlicher Vernehmungen wenigstens durch eine Sollvorschrift regelt. Bei derartigen Protokollen außerhalb der Hauptverhandlung ist neben der Verwendung von Kurzschrift neuerdings auch die vorläufige Aufzeichnung durch Tonaufnahmegeräte zulässig (s.i.e. § 168a).

2. Das Ermittlungsverfahren ist grundsätzlich geheim. Jedoch gewährt die StPO auch dem Beschuldigten und seinem Verteidiger gewisse – durch das 1. StVRG erweiterte – *Beteiligungsrechte*. Damit trägt das Gesetz der Tatsache Rechnung, daß schon die Anklageerhebung eine erhebliche soziale Beeinträchtigung bedeutet, deren Abwehr dem zu Unrecht Beschuldigten möglich sein muß.

a) Soweit die StA Ermittlungen vornimmt, stehen dem Beschuldigten und seinem Verteidiger Anwesenheitsrechte nach wie vor nicht zu. Dagegen ist bei der richterlichen Vernehmung eines Zeugen oder Sachverständigen und bei der Einnahme eines richterlichen Augenscheins nach den durch das 1. StVRG eingeführten §§ 168c II, 168d I der StA, dem Beschuldigten und dem Verteidiger die Anwesenheit nunmehr gestattet. Ist der Beschuldigte vom Beweistermin nicht benachrichtigt worden, so sind die Beweisergebnisse nicht verwertbar (BGHSt *26, 332;* vgl. o. § 24 D III, 2f.), da sonst sein Anspruch auf rechtliches Gehör (Art. 103 I GG, 6 MRK) verkürzt wäre. Freilich kann der Beschuldigte bei Gefährdung des Untersuchungszwecks gemäß §§ 168c III, 168d I ausgeschlossen werden (vgl. auch § 168c IV, V). Bei der richterlichen und der staatsanwaltlichen Vernehmung des Beschuldigten hat der Verteidiger, im ersteren Fall außerdem die StA, ebenfalls ein Anwesenheitsrecht (§§ 168c I, 163a III 2). Allerdings wird der Verteidiger vom Termin nicht benachrichtigt, wenn dadurch der Untersuchungserfolg gefährdet würde (§ 168c V 2).

Eine Nichtbenachrichtigung des Beschuldigten und seines Verteidigers wegen einer Gefährdung des Untersuchungserfolges kann nur darauf gestützt werden, daß die mit der Benachrichtigung verbundene zeitliche Verzögerung die Beweisgewinnung zu vereiteln droht (Welp, JZ 1980, 134). Dagegen will BGHSt *29, 1* (m.zust.Anm. Meyer-Gossner, JR 1980, 254) eine Nichtbenachrichtigung auch aus anderen Gründen zulassen, z.b. wenn der Beschuldigte und sein Verteidiger eine Zeugin unter Druck gesetzt haben, so daß zu befürchten ist, diese werde in ihrer Anwesenheit nicht die volle Wahrheit sagen. Gegen diese Auslegung spricht, daß § 168c V nicht das Anwesenheitsrecht, sondern lediglich die Benachrichtigungspflicht einschränkt. Das hat nur Sinn, wenn allein die zeitliche Verzögerung eine Rolle spielen soll.

b) Große Bedeutung kommt auch dem Akteneinsichtsrecht zu, das dem Verteidiger (nicht auch dem Beschuldigten!) grundsätzlich schon im Ermittlungsverfahren zusteht; die Versagung der Einsicht ist nur als Ausnahme bei Gefährdung des Untersuchungszwecks zulässig (s.i.e. § 147 u. Nr. 182–189 RiStBV).

III. Der Abschlußvermerk

Wenn die StA ihre Ermittlungen so weit abgeschlossen hat, daß sie nunmehr erwägt, die Klage zu erheben, so vermerkt sie den Abschluß der Ermittlungen in den Akten (§ 169a). Dieser *Abschlußvermerk* trennt also den Ermittlungteil von dem Entschließungsteil des Vorverfahrens (Kl./M., § 169a, Rdnr. 1). Er ist von Bedeutung für folgende Vorschriften:

a) § 147 II: Der Verteidiger hat nunmehr ein unbeschränktes Akteneinsichtsrecht;

b) § 141 III, 2, 3: In den Fällen notwendiger Verteidigung kommt jetzt die Bestellung eines Verteidigers in Betracht.

§ 38. Abschluß des Ermittlungsverfahrens, Einstellung und Klageerhebung

Literatur: Bloy, Zur Systematik der Einstellungsgründe im Strafverfahren, GA 1980, 161; Puppe, Die Individualisierung der Tat in Anklageschrift und Bußgeldbescheid und ihre nachträgliche Korrigierbarkeit, NStZ 1982, 230; Hilger, Über die Pflicht der StA zur unverzögerten Einstellung gm. § 170 II, JR 1985, 93.

A. Überblick

Das Ermittlungsverfahren wird abgeschlossen, wenn die Sache so weit geklärt ist, daß der Staatsanwalt sich entscheiden kann, ob die Klage zu erheben ist oder nicht. Der Entschluß der StA kann entweder auf Einstellung des Verfahrens oder auf Erhebung der Klage lauten.

Die StA ist dabei dem Beschuldigten gegenüber verpflichtet, nach Abschluß der Ermittlungen entweder Klage zu erheben oder das Verfahren einzustellen, jedenfalls dann, wenn der Beschuldigte unter Hinweis auf ihm drohenden Schaden ausdrücklich um eine Entschließung bittet (BGHZ 20, 178). Bei Einstellungsreife darf die Einstellung nicht hinausgezögert werden (Hilger aaO.).

B. Einstellung des Verfahrens

I. In der Mehrzahl der Fälle endet das Ermittlungsverfahren nicht mit einer Klageerhebung, sondern der Einstellung. Das Verfahren wird eingestellt:

1. aus *prozessualen* Gründen: z.B. wenn sich ein Verfahrenshindernis (etwa Verjährung) herausstellt;

2. aus *materiellrechtlichen* Gründen: z.B. wenn sich ergibt, daß die Tat als solche nicht strafbar ist (beispielsweise Ersatzhehlerei);

3. aus *tatsächlichen* Gründen: sei es, daß sich die Nichtschuld des Beschuldigten ergibt, sei es, daß ihm die Tat nicht nachgewiesen werden kann;

4. ggf. in den Fällen des *Opportunitätsprinzips.*

Die Einstellung erfolgt in den Fällen 1–3 nach § 170 II, 1, in dem Fall 4 nach §§ 153 ff. (vgl. dazu bereits oben § 14 B II).

II. Der Einstellungsbescheid der StA hat (in den Fällen 1–3) *keine Rechtskraft*, d.h. die StA kann das Verfahren jederzeit wieder aufnehmen (teilweise abw. bei Einstellung aufgrund des Opportunitätsprinzips: vgl. oben § 14 B II, 4). Daß irgendwelche neuen belastenden Tatsachen aufgetreten sind, ist dazu nicht nötig.

III. 1. Von der Einstellung ist der *Beschuldigte zu benachrichtigen* (ohne daß ihm die Gründe angegeben werden müssen), wenn er als Beschuldigter vernommen oder ein Haftbefehl gegen ihn erlassen worden war; dazu genügt bereits eine Vernehmung „als Beschuldigter" durch die Polizei. Ein Einstellungsbescheid muß ferner erteilt werden, wenn der Beschuldigte darum gebeten hat oder wenn sonst ein besonderes Interesse daran ersichtlich ist (§ 170 II). Darüber hinaus ist eine Bekanntgabe der Entschließung und der Gründe stets zulässig.

2. Der *Antragsteller* ist in jedem Fall zu bescheiden (§ 171), nicht aber der Anzeigeerstatter, wenn er kein persönliches Interesse an der Strafverfolgung hat (vgl. zu dieser Unterscheidung o. § 37 A III 1). Dieser Bescheid muß im Gegensatz zu 1. begründet werden, damit der Antragsteller prüfen kann, ob er das Klageerzwingungsverfahren (s.u. § 39) betreiben soll oder nicht.

C. Klageerhebung

I. Das Ermittlungsverfahren kann auch durch Erhebung der Klage abgeschlossen werden. Die *Klage* ist das Begehren an das Gericht, in einer Strafsache selbständig tätig zu werden.

II. Die Bedeutung der Klage ergibt sich aus dem Akkusationsprinzip (vgl. oben § 13). Danach darf das Gericht überhaupt nur tätig werden, wenn Klage erhoben worden ist (§ 151).

III. Die Klage wird nach § 170 I durch Einreichung einer Anklageschrift beim zuständigen Gericht erhoben.

IV. Während der Zivilprozeß mit der Klage beginnt, steht im Strafprozeß die Klage mitten im Verfahren. Sie erfolgt erst am Ende des Ermittlungsverfahrens und leitet das Zwischenverfahren (s. u. § 40) ein. Im allgemeinen (Ausnahmen s. u. § 59) gehen der Klageerhebung schon längere staatsanwaltliche oder polizeiliche Ermittlungen voraus.

D. Wirkungen der Klageerhebung

Die Klageerhebung hat folgende fünf Wirkungen:

I. Die Klage begründet die *Rechtshängigkeit* bei einem bestimmten Gericht (bestr., weil die StA die Klage bis zum Eröffnungsbeschluß des Gerichts nach § 156 noch zurücknehmen kann).

Nach dem sog. *Prioritätsprinzip* ist eine Sache, in der schon Klage erhoben ist, von dem zweiten Gericht, bei dem die Strafsache anhängig gemacht worden ist, einzustellen (Einrede der Rechtshängigkeit). Hat allerdings das zweite Gericht, ohne von der früheren Klageerhebung zu wissen, das Verfahren eröffnet, so gebührt ihm der Vorrang, sofern nicht das erste Gericht das Verfahren seinerseits bereits früher eröffnet hat (Grundsatz der Eröffnungspriorität: § 12, s. o. § 8 A I, 1 d).

II. Die *Verfahrensherrschaft* geht auf das Gericht über. Sie kann dem Richter freilich bis zur Eröffnung der Hauptverhandlung wieder entzogen werden (§ 156).

Verfahrensherrschaft bedeutet, daß das Gericht für den weiteren Verfahrensablauf die Verantwortung trägt und bei seinen Entscheidungen in Anwendung des Strafgesetzes nicht an die gestellten Anträge gebunden ist (§ 155 II). Der Übergang der Verfahrensherrschaft auf das Gericht bedeutet nicht, daß die StA für den weiteren Verlauf des Verfahrens an ihre eigenen Auffassungen und Anträge gebunden ist. So kann der Vertreter der StA, der in der Hauptverhandlung von der Unschuld des Angeklagten überzeugt wird, auf Freispruch plädieren – er muß es sogar –, obwohl in der Anklageschrift ein anderer Standpunkt vertreten wird.

III. Der *Prozeßgegenstand* wird festgelegt; d. h. die gerichtliche „Untersuchung und Entscheidung erstreckt sich nur auf die in der Klage bezeichnete Tat und auf die durch die Klage beschuldigten Personen" (§ 155 I; Eb. Schmidt, I, Nr. 353, spricht hier treffend von der „*thematischen Bindung* des Gerichtes").

Diese Wirkung der Klageerhebung ist sehr bedeutsam:

a) Die thematische Bindung des Gerichtes ist eine Konsequenz des Akkusationsprinzips: Der Richter darf sich prinzipiell nur mit Taten und Personen befassen, die bei ihm zuvor angeklagt sind.

b) Der Beschuldigte soll davor geschützt werden, daß das Gericht die Untersuchung willkürlich ausdehnt. Durch die Festlegung des Prozeßgegenstandes soll Mißständen, wie sie aus den früheren Inquisitionsprozessen bekannt sind, vorgebeugt werden.

c) Unter „Tat" i.S. des § 155 I ist nicht ein bestimmter Gesetzestatbestand oder der von der StA unterbreitete Sachverhaltsausschnitt zu verstehen, sondern der gesamte Lebensvorgang, der durch die Klage vorbezeichnet wird (vgl. dazu im einzelnen bereits oben § 20).

d) Folge des Akkusationsprinzips ist auch, daß der von der StA dem Gericht unterbreitete Lebensvorgang möglichst genau umrissen werden muß. Eine mangelhafte Bezeichnung der Tat stellt ein Verfahrenshindernis dar (vgl. BGHSt 10, 137; BGH GA 1973, 111; näher Puppe, NStZ 1982, 230).

IV. Der *Gerichtsstand* des *Wohnsitzes* wird durch den Wohnsitz des Beschuldigten zur Zeit der Klageerhebung festgelegt (§ 8).

V. Durch die Erhebung der Klage wird der „Beschuldigte" zum „Angeschuldigten" (§ 157).

E. Die Anklage im einzelnen

I. Die Anklage ist ihrem *Inhalt* nach das Begehren an das beschließende Gericht, daß eine Hauptverhandlung stattfinden solle (§ 199 II).

II. Die StA ist kraft des Legalitätsprinzips (o. § 14) zur Anklage *verpflichtet*, wenn die Ermittlungen „genügenden Anlaß zur Erhebung der öffentlichen Klage" bieten (§ 170 I), d.h. wenn ein *hinreichender Tatverdacht* i.S. von § 203 vorliegt; das ist der Fall, wenn eine Verurteilung des Beschuldigten mit Wahrscheinlichkeit zu erwarten ist (vgl. zu den Verdachtsgraden i.e.o. § 37 B).

III. Bei welchem Gericht die Klage zu erheben ist, bestimmt sich nach den Normen über die sachliche und örtliche Zuständigkeit (vgl. dazu oben §§ 7, 8).

IV. Für die Anklage gilt in der Regel die Schriftform.
Ausnahmen bestehen im beschleunigten Verfahren (§§ 212, 212 a) und im Klageerweiterungsverfahren (§ 266).

V. Der *Inhalt* der Anklageschrift ist durch § 200 vorgeschrieben. Hiernach hat die Anklageschrift zu enthalten (vgl. im einzelnen Nr. 105 RiStBV):
a) den Namen des Angeschuldigten;
b) die ihm zur Last gelegte Tat, d.h. die Angabe der Tatsachen (der Handlungen und Unterlassungen), aus denen ihm ein Vorwurf gemacht wird (dieser geschichtliche Vorgang = dieser Tatsachenkomplex bestimmt den Prozeßgegenstand!);
c) die gesetzlichen Merkmale der Straftat (etwa diejenigen des Diebstahls);

d) die anzuwendenden Strafvorschriften, z.B.: Vergehen im Sinne des § 242 StGB; auch besondere Rechtsfolgen (z.B. besonders schwere Fälle oder die Sanktionen nach §§ 44, 69 StGB) sollten angeführt werden (Kaiser, NJW 1981, 1028).

Zu a)–d): Dieser Teil der Anklage ist der sog. *Anklagesatz,* den der Staatsanwalt in der Hauptverhandlung vorzutragen hat (§§ 200 I, 243 III).

e) die Beweismittel, z.B.: Zeugnis des Bauern Jakob Hinterhuber in Moosbach;

f) das Gericht, vor welchem die Hauptverhandlung stattfinden soll, also z.B.: „Ich beantrage, das Hauptverfahren vor dem Schöffengericht in Mallersdorf zu eröffnen";

g) den Namen des Verteidigers;

h) endlich ist in der Anklageschrift auch das wesentliche *Ergebnis der Ermittlungen* anzuführen (§ 200 II). Davon kann jedoch abgesehen werden, wenn die Anklage beim Strafrichter als Einzelrichter erhoben wird.

VI. Beispiel einer Anklageschrift

Göttingen, den 2. 2. 1983

Staatsanwaltschaft
bei dem Landgericht
Göttingen
– 9 Js 34/83 –
An das Amtsgericht
– Schöffengericht –
in Herzberg am Harz

Anklageschrift

Der Krankenpfleger K.-B. N., geb. am 25. 3. 1945 in Oyterdam, Kreis Verden, wohnhaft in Bremen-Osterholz, Wiesenstr. 5, Deutscher, verheiratet, nicht bestraft,

– Verteidiger: Rechtsanwalt Dr. K., Göttingen –

wird angeklagt,

am 3. Januar 1983 gegen 18.25 Uhr in Herzberg am Harz durch dieselbe Handlung

a) grob verkehrswidrig und rücksichtslos die Vorfahrt nicht beachtet und dadurch fahrlässig Leib und Leben eines anderen gefährdet zu haben,

b) fahrlässig die Körperverletzung dreier anderer verursacht zu haben, indem er

beim Einbiegen in die Göttinger Straße den vorfahrtsberechtigten Busfahrer I. zu einer scharfen Bremsung veranlaßte, weswegen der dahinter fahrende L. mit seinem Lastwagen auf den vor ihm fahrenden Bus auffuhr und dabei drei Insassen in dem Bus des I. verletzte

– Vergehen, strafbar nach § 315c I Nr. 2a, III Nr. 2; §§ 230; 52, 69 StGB –.

An der Verfolgung der fahrlässigen Körperverletzung (§ 230 StGB) besteht ein besonderes öffentliches Interesse (§ 232 I StGB).

Beweismittel: I. Zeugen: 1) Siegfried I., wohnhaft ...
2) Werner G., wohnhaft ...
3) Gerda K., wohnhaft ...
4) Horst-Helmut K., wohnhaft ...
5) Ella St., wohnhaft ...

II. 1 Verkehrsunfallskizze, Bl. 3 d. A.

Wesentliches Ergebnis der Ermittlungen

Der Angeschuldigte ist Krankenpfleger in der Städtischen Nervenklinik Bremen und verdient monatlich etwa 2000 DM netto. Er ist bisher nicht bestraft. Zur Tatzeit befuhr er in Herzberg die Heidestraße und bog dann links in die Göttinger Straße ein, die gegenüber der Heidestraße vorfahrtsberechtigt ist. Da sich an dieser Kreuzung ein Haus befindet, konnte er die Göttinger Straße nur sehr schwer einsehen. Trotzdem soll er, wie der Zeuge I. angibt, mit ziemlich hoher Geschwindigkeit auf die Kreuzung zugefahren und dann unter Mißachtung der Vorfahrt sofort in die Göttinger Straße eingebogen sein, ohne anzuhalten oder die Geschwindigkeit wesentlich herabzumindern. Der Zeuge I. bekundet weiter, er sei durch das Verhalten des Angeschuldigten gezwungen gewesen, den von ihm gesteuerten Bus sofort abzubremsen, um einen Zusammenstoß mit dem Wagen des Angeschuldigten zu verhindern.

Diese Angaben werden von dem Angeschuldigten zwar bestritten, aber durch die Bekundungen des Zeugen G. bestätigt. Diese Aussage des G., der von dem Fenster seiner Wohnung aus den Vorfall als Unbeteiligter beobachten konnte, stimmt auch hinsichtlich der Geschwindigkeit des Angeschuldigten mit der des I. völlig überein.

Durch die plötzliche Abbremsung des von I. gesteuerten Busses fuhr der dahinter fahrende L. mit seinem Lastwagen auf den Bus auf. Als Folge des Zusammenstoßes wurden die in dem Bus des I. befindlichen Zeugen K., G. K. und E. St. verletzt. Die Zeugin G. K. erlitt Lippenplatzwunden, Schienbeinprellungen und Schulterverletzungen, die Zeugin St. – ebenso wie der Zeuge K. – Schienbeinverletzungen.

Es wird beantragt,
    das Hauptverfahren vor dem Amtsgericht – Schöffengericht – in Herzberg am Harz zu eröffnen.

(Müller)
Staatsanwalt

§ 39. Das Klageerzwingungsverfahren

Literatur: Ostler, Das Klageerzwingungsverfahren, 1931; Dietz, Die Anklageerzwingung, 1933; Oetker, Legalität, Opportunität, Klageerzwingung, GS 105, 370; Niese, Die Anklageerzwingung im Verhältnis zum Legalitäts- und Opportunitätsprinzip, SJZ 1950, 890; Kohlhaas, Das Klageerzwingungsverfahren in seiner neuen Form, GA 1954, 129; H. Mayer, Klageerzwingungsverfahren und Opportunitätsprinzip, JZ 1955, 601; Kohlhaas, Neue Komplikationen im Klageerzwingungsverfahren, NJW 1962, 950; Maiwald, Die Beteiligung des Verletzten am Strafverfahren, GA 1970, 33; Frisch, Der Begriff des „Verletzten" im Klageerzwingungsverfahren, JZ 1974, 7.

A. Sinn und Zweck

I. Das Klageerzwingungsverfahren (§§ 172–177) ermöglicht dem Verletzten, die Einhaltung des Legalitätsprinzips durch die StA von einem unabhängigen Gericht überprüfen zu lassen. Obwohl die Staatsanwaltschaft grundsätzlich nicht an die höchstrichterliche Rechtsprechung gebunden (s. o. § 10 A III, 4) und von den Gerichten in ihren amtlichen Verrichtungen unabhängig ist (§ 150 GVG), kann sie auf diesem Wege ausnahmsweise doch zu einer gegen ihre Überzeugung verstoßenden Anklageerhebung gezwungen werden.

II. Nach seiner konkreten Ausgestaltung bezweckt das Klageerzwingungsverfahren nicht oder zumindest nicht unmittelbar die Gewährleistung des § 152 II als eines objektiven Rechtsprinzips (so Peters, S. 510), sondern stellt ein an Art. 19 IV GG ausgerichtetes Verfahren zum *Schutz* der sich aus dem Legalitätsprinzip und dem Anklagemonopol des Staates ergebenden subjektiven öffentlichen Rechte des durch die Straftat *Verletzten* dar (vgl. Kalsbach, Die gerichtliche Nachprüfung von Maßnahmen der Staatsanwaltschaft im Strafverfahren, 1967, 82 ff.). Dies wird vor allem an den Staatsschutzdelikten deutlich, bei denen keine Einzelperson verletzt und daher kein Klageerzwingungsverfahren möglich ist.

B. Die Ausgestaltung im einzelnen

I. Voraussetzungen

1. Wenn die StA die Erhebung einer öffentlichen Klage ablehnt (sei es, daß sie einer Anzeige von vornherein keine Folge gibt oder aber das Verfahren später einstellt), so ist nach § 171 der Antragsteller (vgl. dazu o. § 37 A III, 1) unter Angabe von Gründen zu *bescheiden.* § 171 ist eine Konkretisierung von Art. 17 GG, geht aber insoweit darüber hinaus, als eine Begründung des Bescheides nach Art. 17 GG nicht erforderlich ist (BVerfGE 2, 230); außerdem ist gemäß § 171, 2 eine Rechtsmittelbelehrung vorgeschrieben, wenn der Antragsteller zugleich der Verletzte ist (näher Solbach, DRiZ 1984, 476).

2. Gegen den ablehnenden Bescheid kann nur derjenige Anzeigeerstatter das Klageerzwingungsverfahren betreiben, der zugleich der durch die Straftat *Verletzte* ist. Der Begriff des Verletzten in § 172 ist umstritten. Früher herrschte die Ansicht vor, daß nur der Träger des durch den Straftatbestand geschützten Rechtsguts dafür in Frage komme. Danach wäre etwa bei Tötungsdelikten kein Klageerzwingungsverfahren möglich. Nach der heute überwiegenden Meinung ist dagegen jeder als verletzt anzusehen, der „durch die behauptete strafbare Handlung in seinen berechtigten Interessen so beeinträchtigt ist, daß sein Verlangen nach Strafverfolgung einem als berechtigt anzuerkennenden Vergeltungsbedürfnis entspringt" (Eb. Schmidt, II, § 171, Rdnr. 12; vgl. auch Kalsbach aaO., 84 ff. m. Nachw.; für eine weitere Ausdehnung, Gössel, Dünnebier-Festschr., 121).

Bei Tötungsdelikten steht danach das Klageerzwingungsverfahren selbst den nicht unterhaltsberechtigten nahen Angehörigen zur Verfügung (arg. § 395 II Nr. 1), bei Körperverletzungen dagegen nur dem an seiner eigenen Gesundheit Beschädigten. Beim Betrug ist im allgemeinen nur der Geschädigte verletzt, der Getäuschte lediglich dann, wenn ihm Ersatzansprüche des Geschädigten drohen. Bei Schädigungen juristischer Personen sind „kraft Durchgriffs" auch deren Mitglieder zu dem Verletztenkreis zu rechnen. Eine auch nach der extensiven Auslegung zu fordernde fühlbare Interessenbeeinträchtigung liegt bei einer Falschaussage nur bei den Beteiligten vor, deren Prozeßlage dadurch verschlechtert wurde. Der Angestiftete ist durch den Anstifter nicht verletzt (OLG Hamburg NJW 1980, 848 mit Anm. Bloy, JR 1980, 480).

3. a) Das gerichtliche Klageerzwingungsverfahren ist nur bei Straftaten zulässig, für die das Legalitätsprinzip gilt (vgl. § 172 II, 3; eine Ausnahme gilt für den darin nicht erwähnten § 154 d, str.). Bei den privatklagefähigen Delikten ist das Klageerzwingungsverfahren nicht erforderlich, weil der Verletzte hier ja selbst die Klage erheben kann. Bedenklich ist aber im Hinblick auf den Verletztenschutz der völlige Ausschluß der Klageerzwingung bei Opportunitätseinstellungen. Da das Legalitätsprinzip immer weiter zurückgedrängt wird, sollte der Verletzte de lege ferenda auch bei Ermessungseinstellungen eine gewisse Kontrollmöglichkeit haben. Die Notwendigkeit gerichtlicher Zustimmung bei einem Teil der Einstellung sichert den Verletzten nicht ausreichend, weil die Zustimmung kaum je verweigert wird. Besser wäre es daher, auf die vorherige gerichtliche Zustimmung ganz zu verzichten und auch bei Opportunitätseinstellungen allgemein ein Klageerzwingungsverfahren zuzulassen, das allerdings auf die Kontrolle eines Ermessensfehlgebrauchs durch die StA zu beschränken wäre (Werner, NStZ 1984, 401; Rieß, Die Rechtsstellung des Verletzten im Strafverfahren, 1984, S. 77 ff., der aber sogar auf die Beschränkung der Kontrolle verzichten will; Weigend, ZStW 96 [1984], 787).

b) Unbenommen bleibt dem Verletzten auch nach geltendem Recht die Beschwerde an den Generalstaatsanwalt nach § 172 I (s. u. II, 1). Außerdem ergibt eine an Art. 19 IV GG orientierte verfassungskonforme Auslegung, daß das gerichtliche Klageerzwingungsverfahren auch dann zulässig ist, wenn die StA sich bei einem Delikt, für das das Legalitätsprinzip gilt, irrig auf das Opportunitätsprinzip beruft.

c) Der ASt. kann nach § 172 grundsätzlich nur die Strafverfolgung an sich, nicht aber die Strafverfolgung unter einem bestimmten gesetzlichen Gesichtspunkt verlangen (so OLG Karlsruhe JR 1977, 215 m. Anm. Meyer-Gossner; a. A. OLG Hamm, NJW 1974, 68).

II. Das „Vorverfahren"

1. Gegen den ablehnenden Bescheid nach § 171 muß der Verletzte binnen zwei Wochen nach der mit Rechtsmittelbelehrung versehenen Bekanntgabe der Einstellungsverfügung bei dem vorgesetzten Beamten der StA *Beschwerde* einlegen (§ 172 I), d. h. bei dem Generalstaatsanwalt, wenn der Einstellungsbeschluß von einem Staatsanwalt unterzeichnet ist (§ 147 Nr. 3 GVG!), dagegen bei dem Oberstaatsanwalt, wenn ein Amtsanwalt einer selbständigen Amtsanwaltschaft unterzeichnet hat.

2. Wenn die StA auf die Beschwerde hin die Ermittlungen zunächst wieder aufgenommen, dann aber das Verfahren erneut eingestellt hat, so braucht der Verletzte nicht noch einmal binnen zwei Wochen Beschwerde einzulegen, vielmehr kann er auf seine alte, von dem Generalstaatsanwalt bisher nicht abschlägig beschiedene Beschwerde ohne Fristbeschränkung jederzeit zurückkommen (str.; vgl. Niese, JZ 1952, 647; Eb. Schmidt, II, § 172, Nr. 10, 11).

III. Das gerichtliche Klageerzwingungsverfahren

1. a) Gegen den ablehnenden Bescheid des Generalstaatsanwalts kann binnen eines Monats *gerichtliche Entscheidung* beantragt werden (§ 172 II, 1).
Dafür zuständig ist das OLG (§ 172 IV). Es ist deswegen gewählt, weil die für das etwaige Hauptverfahren in Frage kommenden Untergerichte nicht der Gefahr einer Vorbefangenheit ausgesetzt werden sollten.

b) Der *Antrag* muß die Gründe und Beweismittel für den hinreichenden Tatverdacht angeben und von einem Rechtsanwalt unterzeichnet sein (§ 172 III); damit soll haltlosen und querulatorischen Anträgen entgegengewirkt werden. Nach OLG München (*NStZ 1984, 281*) soll es auch noch nicht genügen, wenn der Anwalt einen Schriftsatz des Verletzten wörtlich übernimmt und hinzufügt, er übernehme die Verantwortung für den Inhalt. Das geht über die Anforderungen des Gesetzes hinaus. Zu Unrecht verlangt auch die Rspr., daß der Antrag sich mit dem Einstellungsbeschluß der StA auseinandersetzt (so KG NJW 1969, 108; OLG Hamm MDR 1971, 680; OLG Koblenz NJW 1977, 1461; OLG Düsseldorf NJW 1981, 934; GA 1982, 376; kritisch dazu Schulz-Arenstorff, NJW 1978, 1302; für die Verfassungsmäßigkeit eines solchen Verlangens BVerfG NJW 1979, 364). Ein Antrag ohne anwaltliche Unterschrift ist auch dann unzulässig, wenn der Antragsteller keinen zur Unterzeichnung bereiten Anwalt findet; ggf., muß dann das Gericht entspr. § 78 b ZPO einen Notanwalt beiordnen (OLG Koblenz, NJW 1982, 61).

2. a) Das OLG kann zur Aufklärung des Sachverhalts nach seinem pflichtgemäßen Ermessen die Akten der StA hinzuziehen oder auch selbst Ermittlungen anordnen und mit ihrer Vornahme einen beauftragten oder ersuchten Richter betrauen (§ 173 I, III).

b) Gemäß § 173 II *kann* das OLG den Antrag dem Beschuldigten unter Bestimmung einer Erklärungsfrist mitteilen; nach §§ 33 III; 175, 1 *muß* dies geschehen, bevor dem Antrag stattgegeben werden darf. Anderenfalls ist dem Anspruch des Beschuldigten auf rechtliches Gehör (Art. 103 I GG) nicht genügt (BVerfGE 17, 356, 360 ff.; 42, 172 ff.). Soll der Antrag abgelehnt werden, so muß lediglich die StA gehört werden (§ 33 II).

3. Das OLG entscheidet über den Antrag in *Beschluß*form. Wenn kein hinreichender Tatverdacht vorliegt, verwirft es ihn kostenpflichtig (§§ 174 I, 177); wenn der Antrag begründet ist, beschließt es die Erhebung der öffentlichen Klage (§ 175, 1). Hat die StA die Ermittlung von vornherein abgelehnt, so kann das OLG in sinngemäßer Anwendung der §§ 172 ff. auch deren Aufnahme anordnen (OLG Zweibrücken, NStZ 1981, 193 mit abl. Anm. von Kuhlmann).

a) Den Klageerhebungsbeschluß hat die StA durchzuführen, indem sie eine Anklageschrift einreicht (§ 175, 2). Damit wird das Akkusationsprinzip zwar formell gewahrt, ist aber durch die Bindung der StA an die Entscheidung des OLG materiell doch erheblich eingeschränkt.

b) Weitere Pflichten der StA werden durch den Beschluß des OLG *nicht* begründet. Sie ist in der späteren Prozeßführung unabhängig, kann etwa Freispruch beantragen und sogar der vom Gericht beschlossenen Einstellung nach § 153 II zustimmen (L.-R.[23]-Meyer-Goßner, § 153, Rdnr. 64). Zum Ausgleich dafür steht dem Antragsteller gemäß § 395 II Nr. 2 die Befugnis zu, sich nach Erhebung der öffentlichen Klage dem Verfahren als Nebenkläger anzuschließen.

c) Gegen den Klageerhebungsbeschluß des OLG steht dem Beschuldigten kein Rechtsmittel zur Verfügung (§ 304 IV); nur wenn ihm vorher das rechtliche Gehör versagt wurde, kann er sich des in § 33 a bestimmten Rechtsbehelfs bedienen (s. o. § 18 B I, 1 a; vor dem StPÄG war hier nur eine Verfassungsbeschwerde möglich, vgl. BVerfGE 17, 356 ff.).

4. Der Beschluß des OLG, durch den der Klageerzwingungsantrag verworfen wird, hat *beschränkte materielle Rechtskraft.* Gemäß § 174 II kann danach die öffentliche Klage nur auf Grund neuer (d. h. dem OLG noch nicht bekannter) Tatsachen erhoben werden. Dasselbe muß auch für die umstrittene Frage gelten, ob ein erfolgloses Klageerzwingungsverfahren wiederholt werden kann (vgl. OLG Braunschweig, NJW 1961, 934).

§ 40. Das Zwischenverfahren

Literatur: Oetker, Der Übergang vom Vorverfahren zum Hauptverfahren, GS 106, 314; ders., Der Wert des Eröffnungsbeschlusses, GS 106, 66; Nagler, Das Zwischenverfahren, GS 111, 343; Göbel, Sinnwandel des Eröffnungsbeschlusses, MDR 1962, 437; Eb. Schmidt, Anklageerhebung, Eröffnungsbeschluß, Hauptverfahren, Urteil, NJW 1963, 1081 (= Aufsätze, S. 129); ders., Der Strafprozeß, NJW 1969, 1137 (= Aufsätze, S. 284); Nelles, Zur Revisibilität „fehlerhafter" und „unwirksamer" Eröffnungsbeschlüsse, NStZ 1982, 96; Rieß, Eröffnungsentscheidung auf unvollständiger Aktengrundlage, NStZ 1983, 274; Krekeler, Das Zwischenverfahren in Wirtschaftsstrafsachen aus der Sicht der Verteidigung, Wistra 1985, 54.

A. Begriff und Bedeutung

I. Hat das Ermittlungsverfahren nicht zur Einstellung der Strafverfolgung geführt, so ist in aller Regel das sog. Zwischenverfahren vorgeschrieben, in dem die gerichtliche „Entscheidung über die Eröffnung des Hauptverfahrens" herbeigeführt wird (§§ 199–211). Lediglich im beschleunigten Verfahren der §§ 212–212 b wird die Hauptverhandlung unmittelbar nach Abschluß der Ermittlungen durchgeführt.

II. 1. Die hauptsächliche *Bedeutung* des Zwischenverfahrens liegt in seiner *negativen Kontrollfunktion:* Indem Zulässigkeit und Notwendigkeit einer weiteren Strafverfolgung von einem unabhängigen Richter oder richterlichen Gremium in nicht-öffentlicher Sitzung erörtert werden, soll eine weitere Möglichkeit geschaffen werden, die für den Betroffenen stets diskriminierende Hauptverhandlung abzuwenden. Charakteristischerweise entscheiden darüber in allen Gerichten nur die Berufsrichter, denen das Gesetz eine erhöhte Objektivität zumißt.

Im übrigen liegt die Bedeutung des Zwischenverfahrens darin, daß der Beschuldigte nach Mitteilung der Anklageschrift nochmals Gelegenheit erhält, durch Beweisanträge und Einwendungen Einfluß auf die Eröffnung des Hauptverfahrens zu nehmen.

2. Der *Wert* des Zwischenverfahrens ist freilich seit jeher *umstritten*. Hauptargument seiner Gegner ist, daß im Falle einer positiven Entscheidung das Gericht (zumindest nach außen) vorbelastet in die Hauptverhandlung geht, weil es den Angeklagten schon mit dem Eröffnungsbeschluß (u. C II, 1) für hinreichend tatverdächtig erklärt hat (vgl. § 203). Diesem Einwand läßt sich die Berechtigung nicht absprechen. Denn das Gericht identifiziert sich in der Tat bis zu einem gewissen Grade mit der Anklage, wenn es die Berechtigung ihres Vorwurfs schon vor der Hauptverhandlung für wahrscheinlich erklärt. Die jetzige Regelung, wonach das Gericht nicht mehr – wie bis zum StPÄG von 1964 – den hinreichenden Tatverdacht selbst ausspricht, sondern nur noch die Anklage zuläßt (§ 207 I), stellt nur eine verbale Verschleierung dieses Sachverhaltes dar; denn inhaltlich setzt die Zulassung der Anklage nach wie vor die Bejahung des hinreichenden Tatverdachts durch das Gericht voraus (§ 203 I). Die daraus oft gezogene Folgerung, daß der Eröffnungsbeschluß und mit ihm das Zwischenverfahren gänzlich abzuschaffen seien (vgl. Eb. Schmidt II, Rdnr. 4; L.-R.[22]-Kohlhaas, Nr. 5 vor § 198 m. w. Nachw.), gibt andererseits vorschnell den Schutz preis, den die Möglichkeit der Eröffnungsablehnung für den Beschuldigten immerhin bedeutet. Mag auch in der Praxis in vielen Fällen das Hauptverfahren ohne viel Federlesen eröffnet werden, so ist doch zu bedenken, daß gerade in bedeutenden Verfahren (wie seinerzeit im Spiegel-Prozeß) die Eröffnung nicht selten abgelehnt wird, die Kontrollfunktion des Zwischenverfahrens also voll zur Geltung kommt. Die richtige Lösung würde darin liegen, die Eröffnung nicht den Richtern des erkennenden Gerichts, sondern einem anderen Spruchkörper (dem „Eröffnungsgericht") oder einem eigenen „Eröffnungsrichter" zu überantworten; die Personalprobleme, die früher eine solche Regelung verhindert haben, müßten sich nach Abschaffung der gerichtlichen Voruntersuchung durch das 1. StVRG meistern lassen. Zur Gesamtproblematik vgl. mein Referat über „Die Reform der Hauptverhandlung im deutschen Strafprozeß", in: Probleme der Strafprozeßreform (Sammlung Göschen, Bd. 2800), 1975, S. 52ff.

B. Einleitung und Durchführung

I. Das Zwischenverfahren wird dadurch eingeleitet, daß die StA die öffentliche Klage erhebt, indem sie eine Anklageschrift beim zuständigen Gericht einreicht und die Akten (bis auf ihre Handakten) dem Gericht vorlegt (§§ 170, 199 II).

II. Für das *Verfahren* nach Eingang der Anklageschrift gibt das Gesetz folgende Vorschriften:

1. Der Vorsitzende *muß* (s. § 201)
   a) dem Angeschuldigten die Anklageschrift mitteilen,
   b) ihn auffordern, Beweisanträge oder Einwendungen vorzutragen und
   c) ihm, soweit erforderlich, einen Pflichtverteidiger bestellen (§ 141 I).

Bringt der Angeschuldigte Anträge oder Einwendungen vor, so entscheidet nicht der Vorsitzende allein, sondern das Gericht durch unanfechtbaren Beschluß (§ 201 II).

2. Das Gericht (vgl. u. C I) kann von Amts wegen oder auf Antrag nach § 201 ergänzende Ermittlungen anstellen und durch unanfechtbaren Beschluß einzelne Beweiserhebungen anordnen (§ 202); es kann aber auch die StA damit beauftragen (str.; verneinend KG, JR 1966, 230f., bejahend OLG Celle, GA 59, 365; LG Münster, JR 1979, 40 m. zust. Anm. Peters).

C. Die Entscheidung des Gerichts

I. Über die Eröffnung des Hauptverfahrens entscheidet das für die Hauptverhandlung zuständige Gericht (§ 199), jedoch ohne Laienrichter (als sog. „beschließendes Gericht"), also a) beim Amtsgericht und Schöffengericht der Strafrichter (§ 30 II GVG), b) bei der großen Strafkammer und beim Schwurgericht die drei Berufsrichter (§ 76 I GVG) und c) beim OLG jeweils der ganze Senat (§ 122 II, 2 GVG).

II. Der Beschluß des Gerichts kann positiv oder negativ ausfallen:

1. Zur *Eröffnung* des Hauptverfahrens (durch den „*Eröffnungsbeschluß*") ist das Gericht verpflichtet, wenn nach dem Ergebnis des Vorverfahrens der Angeschuldigte einer strafbaren Handlung „*hinreichend verdächtig*" ist (§ 203), d.h. wenn seine Verurteilung mit überwiegender Wahrscheinlichkeit zu erwarten ist. Ein öffentliches Interesse an der Durchführung einer Hauptverhandlung kann diesen Tatverdacht niemals ersetzen (vgl. dazu Bockelmann, NJW 1960, 217; Güde, NJW 1960, 519).

a) In dem Eröffnungsbeschluß „läßt das Gericht die Anklage zur Hauptverhandlung zu" (§ 207 I). Es nimmt also nach außen nicht selbst Stellung; auch in der Hauptverhandlung verliest nicht der Vorsitzende den Eröffnungsbeschluß, sondern der Staatsanwalt den Anklagesatz (§ 243 III).

b) Der Eröffnungsbeschluß *bezeichnet* weiter *das Gericht*, vor dem die Hauptverhandlung stattfinden soll (§ 207 I i.V.m. § 209). In den Fällen der *beweglichen Zuständigkeit* (vgl. o. § 7 A IV) hat das Gericht die Möglichkeit, die Zuständigkeitsentscheidung der StA zu korrigieren, wenn es deren Voraussetzungen anders beurteilt: Hält es ein Gericht niederer Ordnung für zuständig, so kann es von sich aus dort das Hauptverfahren eröffnen (§ 209 I); will es bei einem höheren Gericht eröffnen, so hat es diesem die Akten zur Entscheidung über die Zuständigkeit vorzulegen (§ 209 II).

Im Verhältnis der allgemeinen Strafkammern zu den *Strafkammern mit besonderer Zuständigkeit* (s. o. § 7 A III, 2c) werden diese entsprechend der Rangfolge des § 74e GVG wie Gerichte höherer Ordnung behandelt, können also mit bindender Wirkung eine Sache an die rangniedere Kammer abgeben, während die Kammer niedrigerer Ordnung die Akten der von ihr für zuständig gehaltenen Spezialkammer zur (bindenden) Entscheidung über die Eröffnung vorzulegen hat (§ 209a Nr. 1); der gleiche Vorrang kommt auch den mit Jugend- und Jugendschutzsachen befaßten Kammern zu (§ 209a Nr. 2).

c) Der Eröffnungsbeschluß kann in den vier Fällen des § 207 II (lesen!) auch *inhaltlich* von der *Anklage abweichen*. Soweit der Verfahrensgegenstand gegenüber der Anklage verändert wird (nämlich in den Fällen von § 207 II Nr. 1 und 2), hat die StA eine neue Anklageschrift einzureichen (§ 207 III). In den Fällen des § 207 II Nr. 3 und 4 ist das nicht erforderlich, weil nur die rechtliche Würdigung abweicht (vgl. aber § 243 III, 3, 4); der Eröffnungsbeschluß muß dann aber (zumindest in Verbindung mit der Anklageschrift) erkennen lassen, welcher Tatsachenkomplex nach Auffassung des Gerichts die gesetzlichen Merkmale des neuen Tatbestandes erfüllt (BGHSt 23, 304; vgl. zum entspr. Erfordernis bei der Anklageschrift o. § 38 E V b).

d) Das Fehlen eines Eröffnungsbeschlusses oder ein unzureichender Eröffnungsbeschluß (z. B., wenn die Unterschrift eines Richters fehlt, BGH StrV 1983, 2, 318) ist ein Prozeßhindernis und führt zur Einstellung; auch ein Beschluß, eine von einem unteren Gericht vorgelegte Sache zu übernehmen, ist kein Eröffnungsbeschluß (BGH StrV 1984, 363).

Allerdings können solche Mängel noch in der HV vor Vernehmung des Angeklagten zur Sache geheilt werden. Ist der Eröffnungsbeschluß vergessen worden, so soll er in der HV noch nachgeholt werden können (BGHSt 29, 224; ähnlich OLG Köln, JR 1981, 213 m. abl. Anm. Meyer-Gossner). Angeklagter und Verteidiger haben dann nach den §§ 217, 218 einen Anspruch auf Aussetzung des Verfahrens. Verzichten sie auf Einhaltung der Ladungsfrist, so soll die Verhandlung sogleich weitergeführt werden können (BGHSt 29, 224). Die Gewährung einer solchen Nachholungsmöglichkeit ist nicht unbedenklich, weil das Gericht bei schon begonnener Hauptverhandlung leichter als sonst geneigt sein wird zu eröffnen. Geringere Mängel des Eröffnungsbeschlusses (z. B. fehlerhafte Besetzung des Eröffnungsgerichts) machen diesen jedoch nicht unwirksam und können dann auch nicht mit der Revision gerügt werden (§§ 336 S. 2, 210; BGHSt 29, 351; BGH NStZ 1981, 447 m. Anm. Rieß; gegen die Anwendung des § 336 S. 2 auf Eröffnungsbeschlüsse Nelles, NStZ 1982, 100). Läßt allerdings ein Eröffnungsbeschluß nicht erkennen, welche Variante eines Tatbestandes erfüllt sein soll, so kann die Revision deshalb begründet sein, weil eine sachgerechte Verteidigung nicht möglich war (BGH NStZ 1984, 133). Über Mängel bei der Ausfüllung von formularmäßigen Eröffnungsbeschlüssen vgl. OLG Celle, JR 1978, 347 m. krit. Anm. Peters.

Zum Problem der nachträglichen Rücknahme von Eröffnungsbeschlüssen vgl. § 41 E.

2. Für die negative Entscheidung des Gerichts gibt es mehrere Möglichkeiten:

a) Das Gericht *lehnt die Eröffnung* des Hauptverfahrens *ab*, wenn aus tatsächlichen oder rechtlichen Gründen eine Freisprechung zu erwarten ist (§ 204 I), d. h. wenn kein hinreichender Tatverdacht besteht, wenn ein endgültiges Verfahrenshindernis gegeben ist oder wenn die vom Angeschuldigten begangene Tat nicht strafbar ist.

b) Eine *endgültige Einstellung* aus Opportunitätsgründen kann das Gericht im Zwischenverfahren in den Fällen der §§ 153 II, 153a II und 153b II beschließen, aber nur mit Zustimmung der StA und des Angeschuldigten!

c) Eine *vorläufige Einstellung* des Verfahrens beschließt das Gericht bei Abwesenheit des Angeschuldigten (sofern nicht das Verfahren gegen Abwesende eingreift, §§ 285 ff.) oder sonstigen vorübergehenden Hindernissen in der Person des Angeschuldigten (§ 205), z. B. wenn er nach der Tat in Geisteskrankheit verfallen ist (vgl. auch §§ 154 II, 154 b IV). Darüber hinaus enthält § 205 nach zutreffender, wenn auch bestrittener Auffassung den allgemeinen Rechtsgedanken, daß das Verfahren bei sämtlichen vorübergehenden Prozeßhindernissen (z. B. wenn der erforderliche Strafantrag fehlt, aber noch nachzuholen ist) vorläufig eingestellt werden muß (s. KMR⁷-Paulus, § 205, Rdnr. 2).

Dagegen kommt eine analoge Anwendung des § 205 nicht in Betracht, wenn ein Zeuge unauffindbar oder in absehbarer Zeit nicht vernehmungsfähig ist; denn der Angeklagte hat ein Recht darauf, daß sein Verfahren in angemessener Zeit zu Ende geführt wird (OLG Düsseldorf, StrV 1984, 412; OLG Frankfurt NStZ 1982, 218). Anders ist es aber, wenn das Hindernis bald beseitigt werden kann (Meyer-Goßner, JR 1984, 436).

3. Das Gericht hat gegebenenfalls auch über *U-Haft* oder *vorläufige Unterbringung* zu entscheiden.

a) Bei Eröffnung des Hauptverfahrens muß es über die Anordnung oder Fortdauer der U-Haft etc. beschließen (§ 207 IV).

b) Bei Ablehnung der Eröffnung oder endgültiger Einstellung des Verfahrens muß es den Haft- oder Unterbringungsbefehl sofort *aufheben* (§ 120 I, 2).

III. Rechtsmittel

1. Der *Eröffnungsbeschluß* kann grundsätzlich weder vom Angeklagten (so heißt er jetzt, § 157!) noch von der StA (Ausnahme § 210 II, 2. Fall) angefochten werden (§ 210). Eine weitere Verzögerung wäre – nach dem langwierigen Vor- und Zwischenverfahren – nicht mehr angemessen; beide (Angeklagter und StA) haben in der Hauptverhandlung hinreichend Gelegenheit, ihren Standpunkt zur Geltung zu bringen. Gegen den *ablehnenden Beschluß* steht der StA sofortige Beschwerde zu (§ 210 II).

2. Hat diese *Erfolg,* so kann das Hauptverfahren vom Beschwerdegericht selbst (§ 309 II) vor dem angerufenen Gericht, auch einer anderen Kammer (§ 210 III, 1) bzw. Abteilung (arg. § 354 II) oder einem anderen Senat (§ 210 III, 2) oder vor einem benachbarten Gericht gleicher Ordnung eröffnet werden.

3. Der Beschluß, durch den die Eröffnung des Hauptverfahrens abgelehnt worden ist, entfaltet, sofern er durch Ablauf der Beschwerdefrist oder Zurückweisung der Beschwerde unanfechtbar geworden ist, eine *eingeschränkte Rechtskraft:* Die Klage kann jetzt nur noch auf Grund neuer Tatsachen oder Beweismittel wieder aufgenommen werden (§ 211). Das gilt auch, wenn die Rechtsauffassung, die zur Verwerfung geführt hat, fehlerhaft war (vgl. BGHSt *18, 225*).

8. Kapitel

Das Hauptverfahren in erster Instanz

§ 41. Die Vorbereitung der Hauptverhandlung

Literatur: B o e r g e n , Bindung an die Entscheidung über die Besetzungsrüge usw., MDR 1980, 619; B o h n e r t , Die Einstellungsbeschlüsse nach § 206 a, § 206 b StPO, GA 1982, 166; B r a u n s , Die Besetzungsrüge und ihre Präklusion im Strafprozeßrecht, Diss. Köln, 1984.

Das Hauptverfahren zerfällt in jeder Instanz in zwei Abschnitte, die Vorbereitung der Hauptverhandlung und die Hauptverhandlung selbst. Die *Vorbereitung der Hauptverhandlung* ist in den §§ 213–225 geregelt. Zur Vorbereitung der Hauptverhandlung dienen

1. die Terminsansetzung (§§ 213, 217; u. A);
2. die Ladungen zur Hauptverhandlung (§§ 214, 216, 218–222; u. B);
3. die Herbeischaffung der Beweismittel (§§ 214, 219, 221);
4. bei erstinstanzlichen Verhandlungen vor LG oder OLG die Mitteilung der Gerichtsbesetzung (§ 222 a; u. C.);
5. u. U. vorweggenommene Teile der Beweisaufnahme (§§ 223–225; u. D).

A. Die **Terminsansetzung** erfolgt durch den Vorsitzenden (§ 213). Dieser muß dabei beachten, daß zwischen der Zustellung der Ladung an den Angeklagten und dem Termin eine Frist von einer Woche liegen muß. Diese Frist bezeichnet man als *Einlassungs*frist oder *Ladungs*frist. Ist die Frist nicht eingehalten, so kann der Angeklagte verlangen, daß die Hauptverhandlung ausgesetzt wird (§ 217); der Angeklagte ist nicht ordnungsmäßig geladen. Wenn er nicht erscheint, muß vertagt werden; Vorführung oder Verhaftung gemäß 230 II sind nicht zulässig. Die Revision kann auf die Nicht-Einhaltung der Ladungsfrist freilich nicht gestützt werden (BGHSt 24, 143).

B. Die Ladungen

I. Geladen werden: der Angeklagte, der Verteidiger, die Zeugen und Sachverständigen.

1. Die Ladung des *Angeklagten* ist verschieden, je nachdem, ob er sich auf freiem Fuße befindet oder nicht. Ersterenfalls erfolgt sie schriftlich unter der Warnung, daß im Fall seines unentschuldigten Ausbleibens seine Verhaftung oder Vorführung erfolgen werde; letzterenfalls kann ihm der Termin formlos bekanntgegeben werden (§ 216).

2. Der bestellte *Verteidiger* ist stets zu laden, der gewählte nur dann, wenn die Wahl dem Gericht angezeigt ist (§ 218). Auch der Verteidiger hat Anspruch auf die Wahrung der Einlassungsfrist.

3. Ferner zu laden sind *Zeugen* und *Sachverständige*, und zwar
a) die von der StA in der Anklageschrift oder später benannten,
b) die vom Gericht von Amts wegen gewünschten (§ 221) und
c) die vom Angeklagten verlangten Zeugen. Die Entscheidung über
dessen Anträge trifft der Vorsitzende (§ 219). Er kann sie nur aus
denselben Gründen ablehnen, die auch das erkennende Gericht nach
§ 244 III–V zur Ablehnung berechtigen. Allerdings darf er einen Antrag
nicht mit der Begründung ablehnen, daß die unter Beweis gestellte
Tatsache als wahr unterstellt werde (vgl. unten § 43 C). Denn diese
Entscheidung läßt sich nur aufgrund des Ergebnisses der Beweisaufnahme treffen und steht damit ausschließlich dem erkennenden Gericht zu
(BGHSt 1, 51; Kl./M., § 219, Rdnr. 3).

Die Ablehnung eines Antrages nach § 219 ist stets nur eine *vorläufige* Entscheidung, da endgültig ablehnungsbefugt nur das erkennende Gericht in der Hauptverhandlung (§ 244 VI) ist. Abgelehnte Anträge können daher in der Hauptverhandlung wiederholt werden; u. U. ist der Angeklagte darauf hinzuweisen. (Auf
die Ablehnung von Anträgen, die nur im Stadium der Vorbereitung der Hauptverhandlung gestellt und in der Hauptverhandlung nicht wiederholt worden sind,
kann die Revision folglich nicht gestützt werden!).

II. Die Ladungen werden nach der Neuregelung durch das 1. StVRG
vom Gerichtsvorsitzenden angeordnet und von der Geschäftsstelle des
Gerichts ausgeführt (§ 214 I). Doch kann die StA weitere Personen
unmittelbar laden (§ 214 III); sie bewirkt auch in der Regel die Herbeischaffung der Beweisgegenstände (§ 214 IV).

Der *Angeklagte* hat das Recht, Zeugen und Sachverständige zur
Hauptverhandlung *unmittelbar zu laden,* und zwar nicht bloß dann,
wenn das Gericht den Antrag auf Ladung dieser Person abgelehnt hat
(§ 220). Diese Bestimmung ist in Verbindung mit der Bestimmung des
§ 245 II, 1, daß die vom Angeklagten nach § 220 vorgeladenen und auch
erschienenen Zeugen und Sachverständigen auf einen Beweisantrag hin
grundsätzlich zu vernehmen sind, von großer Bedeutung. Die Ladung
erfolgt in diesem Fall durch den (vom Angeklagten zu beauftragenden)
Gerichtsvollzieher (§ 38). Die unmittelbar Geladenen sind nur dann zum
Erscheinen verpflichtet, wenn ihnen vom Angeklagten ihre Zeugenge-
bühren (durch den Gerichtsvollzieher) bar angeboten oder hinterlegt sind
(§ 220 II). Der Zeuge braucht auch nicht zu erscheinen, wenn die
Ladung ausschließlich seiner Diffamierung oder politischer Agitation
dienen soll und daher rechtsmißbräuchlich ist (vgl. KG, JR 1971, 338 m.
Anm. Peters; kritisch Wagner, JuS 1972, 315).

C. Die Mitteilung der Gerichtsbesetzung

Bei erstinstanzlichen Verhandlungen vor dem LG oder OLG ist für
jede Hauptverhandlung möglichst gleichzeitig mit der Ladung bzw. eine
Woche vor der Hauptverhandlung, spätestens aber zu deren Beginn, dem
Angeklagten und der StA die Besetzung des Gerichts, einschließlich
etwaiger Ergänzungsrichter oder Schöffen (vgl. dazu § 192 II, III GVG

u. u. § 42 E I 2), vom Vorsitzenden mitzuteilen; ändert sich die Besetzung bis zur Hauptverhandlung, so ist auch die Änderung mitzuteilen (§ 222 a). Zugleich ist zu veranlassen, daß die für die Besetzung erheblichen Unterlagen von der Geschäftsstelle zur Einsichtnahme bereitgehalten werden (vgl. § 222 a III).

Diese Mitteilungspflicht gehört zu einem Bündel gesetzgeberischer Maßnahmen, durch die das StVÄG 1979 die Zahl der Strafverfahren reduzieren will, die allein wegen fehlerhafter Gerichtsbesetzung (Mängel oder Nichteinhaltung des Geschäftsverteilungsplanes, Fehler bei der Auswahl der Schöffen) auf eine erfolgreiche Besetzungsrüge (vgl. § 338 Nr. 1 a. F.) hin wiederholt werden müssen: § 222 b legt den Beteiligten die prozessuale Last auf, ihrerseits die Besetzung auf ihre Korrektheit zu überprüfen und etwaige Einwände mitsamt den sie begründenden Tatsachen bis zum Beginn der Vernehmung des ersten Angeklagten zur Sache geltend zu machen (§ 222 b I). Nur wenn die Beteiligten einen solchen Einwand form- und fristgerecht vorbringen und nur soweit sie ihn mit Tatsachen belegt haben, können sie eine spätere Revision auf die Rüge vorschriftswidriger Besetzung des Gerichts stützen (Rügepräklusion, § 338 Nr. 1, s. dazu u. § 53 E II, 2a). Hält das Gericht, das in der Besetzung als beschließendes Gericht (§§ 76 I, 122 I GVG) entscheidet, den Einwand für begründet, „so stellt es fest, daß es nicht vorschriftsmäßig besetzt ist"; es ist dann Sache der nach Gerichtsverfassungsrecht zuständigen Organe, eine Änderung herbeizuführen. Hält das Gericht den Einwand für unzulässig oder unbegründet, so verwirft es ihn durch unanfechtbaren (§ 305) Beschluß. Stellt sich im Laufe der Hauptverhandlung heraus, daß das Gericht dennoch unvorschriftsmäßig besetzt ist, so ist es an diesen Beschluß gebunden mit der Folge, daß das Verfahren fortzusetzen ist. Der Angeklagte hat dann aber das Recht, die fehlerhafte Besetzung mit der Revision zu rügen (vgl. L.-R.[24]-Gollwitzer, § 222b, Rdnr. 38; Wagner, JR 1980, 50; Boergen, aaO.; a. A. KG, MDR 1980, 688). Über die Handhabung der neuen Vorschriften, die nicht gegen den Grundsatz des gesetzlichen Richters verstoßen (BVerfG NStZ 1984, 370); vgl. im übrigen Rieß JR 1981, 89.

D. Außerdem erfolgt möglicherweise in diesem Zeitabschnitt als vorweggenommenes Stück der Hauptverhandlung eine **Beweisaufnahme vor dem beauftragten oder ersuchten Richter** (vgl. über diese Begriffe die §§ 361, 362 ZPO), also die Vernehmung von Zeugen oder Sachverständigen, die z. B. wegen Erkrankung oder Auslandsaufenthalts zur Hauptverhandlung voraussichtlich nicht erscheinen können. Während die Zeugenvernehmung vor der Hauptverhandlung nur in den Ausnahmefällen des § 223 zulässig ist, steht die Vorwegnahme eines Augenscheins im Ermessen des Gerichts (arg. §§ 225, 224). Bei dieser **kommissarischen Beweisaufnahme** sind die Verfahrensbeteiligten zur Anwesenheit zwar berechtigt, aber nicht verpflichtet (s. i. e. § 224). Beobachtungen des beauftragten Richters zur Glaubwürdigkeit eines kommissarisch vernommenen Zeugen dürfen durch mündlichen Bericht in die Hauptverhandlung eingeführt werden; eine Zeugenaussage des Richters (mit der Wirkung des § 22 Nr. 5) liegt darin nicht (Foth, MDR 1983, 716; str.). Anstatt eine kommissarische Beweisaufnahme anzuordnen, kann das Gericht aber auch nach der nicht unbedenklichen h.M. die gesamte Hauptverhandlung oder Teile davon ohne Rücksicht auf die Grenzen seines Gerichtsbezirks am Aufenthaltsort des Zeugen, Sachverständigen oder Angeklagten durchführen (BGHSt 22, 250, 253 unter Hinweis auf § 166 GVG; a.M. Kl./M., § 166 GVG, Rdnr. 1).

E. Der zur Hauptverhandlung führende Verfahrensablauf kann in diesem Stadium auch dann i.d.R. nicht mehr „angehalten" werden, wenn sich etwa nunmehr die Unschuld des Angeklagten herausstellt; der Angeklagte erlangt mit der Eröffnung des Hauptverfahrens ein Recht darauf, sich in öffentlicher Verhandlung zu rehabilitieren! Von diesem Grundsatz gelten allerdings mehrere Ausnahmen: Falls ein Verfahrenshindernis jetzt erst entsteht oder offenbar wird, kann das Gericht das Verfahren außerhalb der Hauptverhandlung durch Beschluß einstellen (§ 206a); tritt durch Gesetzesänderung jetzt Straflosigkeit ein, so ist es dazu sogar verpflichtet (§ 206b); sodann kann die Einstellung aus Opportunitätsgründen auch noch vor Beginn der Hauptverhandlung erfolgen (vgl. §§ 153 II, 153a II, 153b II). Nach LG Nürnberg-Fürth, *NStZ 1983, 136* soll ein Eröffnungsbeschluß auch zurückgenommen werden können, wenn er auf unvollständiger Aktengrundlage ergangen war und nach Vervollständigung der Akten kein hinreichender Tatverdacht mehr besteht. Dies ist jedoch abzulehnen, weil dadurch dem Angekl. der rechtskräftige Freispruch vorenthalten wird, der ihn vor erneuter Verfolgung besser schützt als § 211 (Rieß, NStZ 1983, 247; K. Meyer, JR 1983, 257; LG Lüneburg, NStZ 1985, 41). Höchstens könnte man erwägen, in analoger Anwendung des § 206a aus prozeßökonomischen Gründen und zur Ersparung einer auch bei einem Freispruch für den Angeklagten lästigen Hauptverhandlung eine Rücknahme des Eröffnungsbeschlusses mit gleichzeitiger Nichteröffnung dann zuzulassen, wenn der Tatverdacht schon vor Beginn der Hauptverhandlung entfallen ist (Ulsenheimer, NStZ 1984, 440); hier erscheint ein Verzicht auf die Rechtskraftwirkung des Freispruchs vielleicht als vertretbar.

§ 42. Die Hauptverhandlung

Literatur: Koeniger, Die Hauptverhandlung in Strafsachen, 1966; Schorn, Die Fürsorgepflicht im Strafverfahren, MDR 1966, 639; W. Schmid, Die „Verwirkung" von Verfahrensrügen im Strafprozeß, 1967; W. Schmid, Zur Heilung gerichtlicher Verfahrensfehler durch den Instanzrichter, JZ 1969, 757; Fezer, Die Funktion der mündlichen Verhandlung im Zivilprozeß und im Strafprozeß, 1970; Rieß, Die Durchführung der Hauptverhandlung ohne Angeklagten, JZ 1975, 265; Röhmel, Die Hauptverhandlung ohne den Angeklagten (Die vorsätzlich herbeigeführte Verhandlungsunfähigkeit), JA 1976, 587; Röhmel, Verhandlung ohne den sich ordnungswidrig verhaltenden Angeklagten, § 231 StPO, JA 1976, 663; Kumlehn, Die gerichtliche Fürsorgepflicht im Strafverfahren, Diss. Göttingen, 1976; Warda, Hauptverhandlung mit dem verhandlungsunfähigen, aber verhandlungswilligen Angeklagten?, Bruns-Festschr. 1978, 415; Rieß, Die Hauptverhandlung in Abwesenheit des Angeklagten in der BRD, in: Dt. Strafr. Landesreferate zum X. Int. Kongreß f. Rechtsvergleichung, 1978, 179; Plötz, Die gerichtliche Fürsorgepflicht im Strafverfahren, Diss. Mannheim, 1980; Weißmann, Die Stellung des Vorsitzenden in der Hauptverhandlung, 1982; Schild, Der Strafrichter in der Hauptverhandlung, 1983; ter Veen, Die Beschneidung des Fragerechts usw., StrV 1983, 167; Bohnert, Beschränkungen der strafprozessualen Revision durch Zwischenverfahren, 1983, 137; Hübner, Allgemeine Verfahrensgrundsätze, Fürsorgepflicht oder fair trial?, 1983; Jung, Der sog. Grundsatz der gerichtlichen Fürsorgepflicht, Recht und Gesetz im Dialog II, Saarbrücker Vorträge, 1985, 107.

A. Bedeutung

I. Die Hauptverhandlung stellt das Kernstück des Hauptverfahrens und den Höhepunkt des gesamten Strafprozesses dar. Während in den vorangegangenen Verfahrensabschnitten festgestellt wird, ob die Durchführung einer Hauptverhandlung wegen hinreichenden Tatverdachts geboten ist, und für diesen Fall die dazu notwendigen Vorbereitungen getroffen werden, ergeht erst in der Hauptverhandlung der endgültige, Rechtskraft schaffende Ausspruch über Schuld oder Unschuld des Angeklagten. Unabhängig von den vorangegangenen Ermittlungen werden hier noch einmal sämtliche Beweise erhoben; das Urteil wird allein auf Grund der in der Hauptverhandlung gewonnenen Ergebnisse gefunden (§ 261).

II. Aus diesem Grunde erlangen die dem Schutz des Beschuldigten dienenden Verfahrensprinzipien erst in der Hauptverhandlung ihre volle Bedeutung. Nur hier gelten die Grundsätze der Öffentlichkeit (s.u. § 45), der Mündlichkeit und der Unmittelbarkeit (s. dazu u. § 44), und das rechtliche Gehör des Angeklagten (s.o. § 18 B I, 1) ist nirgends so umfassend ausgestaltet wie in der Hauptverhandlung (Vernehmung zur Person und zur Sache, Recht auf Zeugenbefragung und Abgabe von Erklärungen, letztes Wort, §§ 243, 240 II, 257, 258).

B. Ablauf

I. Der *Gang der Hauptverhandlung* sowie die Vernehmung des Angeklagten sind bereits oben (§ 5 B III, 25 III) geschildert worden. Eine für die Rechte des Angeklagten erhebliche Zäsur liegt vor dem Beginn der Vernehmung zur Sache (§ 243 IV): Mit der sachlichen Einlassung auf die Anklage verliert er grundsätzlich die Befugnis, die örtliche Unzuständigkeit des Gerichts (§ 16) bzw. die Unzuständigkeit der Strafkammer gemäß § 6a oder in den Fällen des § 222a (vgl. dazu o. § 41 C) die vorschriftswidrige Besetzung des Gerichts zu rügen (§ 222b I, s. auch II) oder einen Richter wegen Befangenheit abzulehnen (§ 25 I, s. aber auch II; zum Rügeverlust s.u. D II).

Die Unzuständigkeit nach § 6a, 3 kann nachträglich auch dann nicht mehr geltend gemacht werden, wenn erst durch den Tod des Opfers während der Hauptverhandlung die Zuständigkeit des Schwurgerichts begründet wird (BGHSt 30, 187 m.Anm. Schlüchter, JR 1982, 511).

II. Läßt das Gericht einen im § 243 vorgeschriebenen Verfahrensabschnitt fort (z.B. die Verlesung des Anklagesatzes; vgl. BGHSt *8, 283;* BGH *NStZ 1982, 170, 431, 518; NStZ 1984, 521*) oder weicht es von der dort vorgesehenen Reihenfolge des Verfahrensablaufs ab (vgl. BGH,

NStZ 1981, 111 StrV 1982, 457), so liegt prinzipiell ein revisibler Prozeßverstoß vor. Nur in sog. *Punktesachen,* d.h. in Strafverfahren, die eine Mehrzahl von Einzeltaten zum Gegenstand haben, ist es u.U. gestattet, den gesamten Prozeßstoff in einzelne, abschnittsweise zu erörternde Tatkomplexe aufzugliedern. Nach einer allgemein gehaltenen Einlassung des Angeklagten zur Sache wird hier die Vernehmung zunächst auf das jeweilige Teilgeschehen beschränkt; nach deren Abschluß findet dann sofort die Beweisaufnahme statt (vgl. BGHSt *10, 342*). Freilich darf dieses bei umfangreichen Sachen durchaus zweckmäßige Vorgehen nicht zu einer Beeinträchtigung des Rechts des Angeklagten führen, „seine Verteidigung vorweg zusammenhängend zu führen und das Gericht zu veranlassen, daß bei der nachfolgenden Beweisaufnahme die von ihm geltend gemachten Gesichtspunkte berücksichtigt werden" (vgl. BGHSt *19, 93, 97*). Deshalb ist bei Einzeltaten eine von § 243 abweichende Verfahrensgestaltung gegen den Willen des Angeklagten oder seines Verteidigers niemals zulässig.

III. Das *letzte Wort* in der Hauptverhandlung gebührt stets dem Angeklagten. Ist er nicht verteidigt, so erhält er nach dem StA das Wort zum Plädoyer (§ 258 I); erwidert der StA darauf, so ist dem Angeklagten eine erneute Stellungnahme zu ermöglichen (§ 258 II). Ist der Angeklagte verteidigt, so spricht sein Verteidiger nach dem StA (vgl. auch BGH, NJW 1976, 1951); bei schwierigen Fällen oder umfangreichen Beweisaufnahmen ist die Hauptverhandlung auf Antrag des Verteidigers für eine angemessene Zeit zur Vorbereitung seines Plädoyers zu unterbrechen (KG *NStZ 1984, 523*). Auch wenn ein Verteidiger plädiert hat, ist der Angeklagte stets „zu befragen, ob er selbst noch etwas zu seiner Verteidigung anzuführen habe" (§ 258 II). Das „letzte Wort" konkretisiert einerseits den Grundsatz des rechtlichen Gehörs (vgl. o. § 18 B I, 1), geht aber andererseits zugunsten des Angeklagten über diese verfassungsrechtliche Minimalgarantie hinaus. Denn Art. 103 I GG verlangt nur, daß der Angeklagte überhaupt gehört wird, nicht, daß er in jedem Fall das letzte Wort hat. Der weitergehende Zweck des § 258 II, III liegt darin, daß der Angeklagte sich zum gesamten Prozeßstoff abschließend soll äußern dürfen und daß die Richter sich unter dem frischen, letzten Eindruck seiner Person und seiner Sicht des Geschehens ins Beratungszimmer begeben sollen.

Deshalb muß auch bei einem späteren Wiedereintritt in die Hauptverhandlung (BGH b. Holtz, MDR 1984, 799) das letzte Wort stets von neuem erteilt werden (BGHSt 20, 273; 22, 278). Entfallen darf das letzte Wort nur bei ausdrücklichem Verzicht des Angeklagten; wenn dieser die Nichterteilung des letzten Wortes unbeanstandet läßt, ist es also nicht zulässig, daraus einen Verzicht mit der Folge einer Verwirkung der Revisionsrüge herzuleiten, wie es die Rechtsprechung sonst zu tun pflegt, wenn kein Gerichtsbeschluß nach § 238 II herbeigeführt wird (vgl. u. D II, 2 und BGHSt 3, 268). War der Angeklagte wegen ordnungswidrigen Benehmens nach § 231b aus dem Gerichtssaal entfernt worden, so muß er, wenn das nicht von vornherein völlig aussichtslos ist, wenigstens versuchsweise zum letzten Wort wieder vorgelassen werden (BGHSt 9, 77). Bei einem Verstoß gegen

§ 258 II, III sollte die Revision nach § 337 stets zur Aufhebung führen, weil sich nie ausschließen läßt, daß ein letzter Auftritt des Angeklagten mindestens das Strafmaß hätte beeinflussen können; § 337 wirkt insoweit also wie ein absoluter Revisionsgrund (vgl. dazu BVerfGE 54, 140). Anders und bedenklich BGHSt 22, 278; NStZ 1984, 521 für „besondere Ausnahmefälle", in denen der Angeklagte nichts mehr zur Verbesserung seiner Lage hätte vorbringen können; eine solche Möglichkeit nachträglich als von vornherein nicht bestehend zu erklären, widerspricht dem Zweck des Gesetzes. Zum Ganzen: Milhahn, Das letzte Wort des Angeklagten, Diss. München 1971; Hanack, JZ 1972, 275 f.; Schlothauer, NStZ 1984, 134.

C. Unterbrechung und Aussetzung

I. Die Hauptverhandlung soll möglichst in einem Zug, d. h. ohne Unterbrechung bis zur Urteilsverkündung, durchgeführt werden (sog. *Konzentrationsmaxime,* s. o. § 16 C).

Dieses Erfordernis beruht auf den Prinzipien der Unmittelbarkeit und Mündlichkeit, denn wenn die mündliche Verhandlung zu lange zurückliegt oder zu oft unterbrochen wird, geraten die Richter in die Gefahr, ihr Wissen nicht mehr aus der Erinnerung, sondern aus den Protokollen der früheren Verhandlungen zu schöpfen. Deswegen schreibt § 268 III, 2 vor, daß die Urteilsverkündung „spätestens am elften Tage" nach dem Schluß der Hauptverhandlung zu erfolgen habe, andernfalls mit der Hauptverhandlung von neuem zu beginnen sei. Der Begriff der „Verhandlung" schließt dabei die Beratung nicht ein; denn bei zu langer Dauer der Beratung würde die Frische der Erinnerung auch dann getrübt werden, wenn die Verkündung schließlich innerhalb von elf Tagen nach Schluß der Beratung erfolgte.

II. Erweist sich eine Aussetzung der Verhandlung gleichwohl als erforderlich, so ist zwischen der kürzeren, im Regelfall (§ 229 I!) höchstens zehn Tage dauernden Unterbrechung und der in ihrer Dauer über die zulässige Unterbrechungsfrist hinausgehenden Vertagung zu unterscheiden.

1. Eine kürzere Unterbrechung (bis zu zehn Tagen) wird vom Vorsitzenden angeordnet (§ 228 I). Nach der Neuregelung durch das 1. StVRG sind in Ausnahmefällen auch längere Unterbrechungen zulässig, die dann aber nur das Gericht anordnen kann (§§ 228 I, 1; 229 II). Durch die Verlängerung der Unterbrechungsfrist sollen die Schwierigkeiten ausgeräumt werden, die die bisher ausnahmslos geltende Zehntagefrist bei Großverfahren bereitet hatte (vgl. dazu aber Herrmann, ZStW 85, [1973], 284 f.). Nunmehr kann nach § 229 II, 1 eine Hauptverhandlung auch einmal bis zu dreißig Tagen unterbrochen werden, wenn schon an zehn Tagen verhandelt worden ist; weitere Unterbrechungen bis zu zehn Tagen sind daneben ohne weiteres zulässig. Ist nach der dreißigtägigen Unterbrechung erneut an mindestens zehn Tagen verhandelt worden, so ist nach § 229 II, 2 sogar eine zweite dreißigtägige Unterbrechung statthaft. Nach Ablauf der Unterbrechung wird die Verhandlung an der Stelle fortgesetzt, an der sie abgebrochen wurde. Dauert die

Unterbrechung wider Erwarten länger als zehn bzw. im Ausnahmefall 30 Tage, so wirkt sie wie eine Aussetzung (s. u. 2), führt also zur Wiederholung des gesamten Verfahrens (§ 229 III, 1; bei Fristablauf am Samstag sowie an Sonn- und Feiertagen kann die Verhandlung gemäß § 229 III, 2 am nächsten Werktag fortgesetzt werden).

2. Die *Aussetzung* ist von der kürzeren Unterbrechung nicht nach dem Ausspruch des Gerichts, sondern nur nach der tatsächlichen Dauer abzugrenzen (RGSt 58, 358; BGH NJW 1982, 248). Sie erfordert einen Gerichtsbeschluß (§ 228 I, 1) und hat zur Folge, daß die Hauptverhandlung später von neuem begonnen werden muß (§§ 228 u. 229). Die Verletzung dieser Vorschriften stellt einen relativen Revisionsgrund nach § 337 dar (s. u. § 53 E I 1).

3. Zu einer Unterbrechung oder Aussetzung der Hauptverhandlung ist das Gericht teils von Amts wegen, teils nur auf Antrag verpflichtet.

a) Einen Anspruch darauf hat der Angeklagte z. B. bei der Nachtragsanklage (§ 266 III: Unterbrechung), bei Nichteinhaltung der Ladungsfrist (§ 217 II: Aussetzung) und beim Hervortreten neuer belastender Umstände (§ 265 III: Aussetzung); vgl. ferner § 246 II–IV.

b) Eine Unterbrechung oder Aussetzung ist von Amts wegen anzuordnen, wenn eine Mittagspause angezeigt erscheint oder die Fortsetzung am folgenden Tag notwendig wird (Unterbrechung), wenn erst in der Hauptverhandlung ein Pflichtverteidiger bestellt wird (§ 145; je nach Sachlage Unterbrechung oder Aussetzung, s. BGHSt *13, 337*) oder sich die Herbeischaffung weiterer Beweismittel als erforderlich erweist, und schließlich allgemein auf Grund der gerichtlichen Fürsorgepflicht, wenn die Unterbrechung oder die Aussetzung zur genügenden Vorbereitung der Verteidigung erforderlich erscheinen (vgl. § 265 IV, wo die Aussetzung im Ermessen des Gerichts steht). Eine Hinausschiebung der Frist über elf Tage hinaus (entspr. § 229 II) ist nicht zulässig (BGH b. Holtz, MDR 1982, 283).

D. Leitung

I. 1. Die Leitung der Hauptverhandlung und die Beweisaufnahme erfolgen *grundsätzlich* durch den *Vorsitzenden* des erkennenden Gerichts (§ 238 I; zur Bedeutung dieser Regelung für die Verfahrensstruktur vgl. schon o. § 17, zu ihrer Problematik u. G I); ihm obliegt auch die Ausübung der *Sitzungspolizei* (§ 176 GVG). Nur einzelne, besonders wichtige Akte der Verhandlungsleitung sind von vornherein dem Kollegium vorbehalten; vgl. §§ 27 I; 228 I, 1; 231 a/b; 236; 237; 244 IV; 247; 251 IV; 266; 270 StPO; 172; 178 GVG.

2. Bei den Maßnahmen des Vorsitzenden ist zwischen der *Sachleitung* und der *formellen Verhandlungsleitung* zu unterscheiden (dazu i. e. KMR[7]-Paulus, § 238, Rdnr. 3 ff.).

a) Während die Beteiligten (d. h. nicht nur die StA und der Angeklagte, sondern auch die Beisitzer) gegen eine auf die *Sachleitung* bezogene Anordnung des Vorsitzenden das Gericht als Kollegium anrufen können, das dann durch begründeten Beschluß entscheidet (§§ 238 II, 34), steht gegen eine Maßnahme der *formellen Verhandlungsleitung* kein Rechtsbehelf zur Verfügung, so daß die im einzelnen umstrittene Abgrenzung außerordentlich wichtig ist. Während früher alle die äußere Verfahrensgestaltung betreffenden Maßnahmen zur formellen Verhandlungsleitung gerechnet wurden, gehören nach heute herrschender Ansicht sämtliche nach *rechtlichen* Kategorien überprüfbaren Anordnungen zur Sachleitung, so daß für die formelle Verhandlungsleitung lediglich die allein unter dem Gesichtspunkt der *Zweckmäßigkeit* beanstandbaren Maßnahmen übrig bleiben (a. A. Gössel, § 21 A II a 1, der eine Unterscheidung von formeller Verhandlungsleitung und Sachleitung überhaupt ablehnt).

b) Praktisch bedeutet das, daß *sämtliche* von Beteiligten gerügten Anordnungen des Vorsitzenden vom Gericht überprüft werden können, aber nur auf ihre Rechtmäßigkeit, nicht auf ihre Zweckmäßigkeit. Z. B. ist die Fortsetzung der Verhandlung in den späten Abendstunden an und für sich nur eine formelle Maßnahme; sobald der Angeklagte dies aber unter Berufung auf seine Übermüdung nach § 136 a rügt, muß darüber als einer zur Sachleitung gehörigen Anordnung vom Gericht beschlossen werden. Ebenso kann u. U. auch die Entlassung von Zeugen und Sachverständigen durch den Vorsitzenden nach § 248, die zur formellen Verhandlungsleitung gehört, rechtliche Relevanz erlangen (str.; s. Eb. Schmidt, II, § 248, Rdnr. 3; KMR⁷-Paulus, § 248, Rdnr. 9). Dagegen gehören etwa die Entscheidungen über Zeugenvereidigung oder Protokollverlesungen schon von Natur aus zur Sachleitung, sind also in jedem Falle vom Gericht überprüfbar.

II. Sehr umstritten ist die Bedeutung des § 238 im Falle einer *Anfechtung* des späteren Urteils.

1. Gegen einen rechtswidrigen Beschluß nach § 238 II kann zwar keine Beschwerde eingelegt werden (§ 305!), dafür entsteht daraus aber u. U. ein absoluter Revisionsgrund (§ 338 Nr. 8). Deswegen muß ein solcher Gerichtsbeschluß auch im Verfahren vor dem Strafrichter (§ 25 GVG) herbeigeführt werden können (str.; a. A. OLG Köln *MDR 1955, 311*).

2. Nach der ständigen Rechtsprechung des BGH (BGHSt *1, 325; 3, 368*; einschränkend BGH *NStZ 1984, 371*) geht das Recht zur Rüge einer fehlerhaften Sachleitungsanordnung im Rechtsmittelverfahren verloren, wenn kein Gerichtsbeschluß nach § 238 II herbeigeführt wird. Im Gesetz findet dies keine Stütze. Eine *Verwirkung des Rügerechts* kann nur dann angenommen werden, wenn der Maßnahme des Vorsitzenden absichtlich nicht widersprochen wurde, um das Urteil revisionsanfällig zu machen; eine solche Arglist kommt aber allenfalls beim Verteidiger und kaum beim rechtsunkundigen Angeklagten vor. Wenn auch kein ausdrücklich oder konkludent erklärter *Rügeverzicht* ersichtlich ist, entfällt daher bei Nichtanrufung des Gerichts für die Revision zwar der absolute Grund des § 338 Nr. 8, sie kann aber gleichwohl auf § 337 gestützt werden (vgl. i. e. Schmid, aaO., 248 ff.; ausführl. u. teilw. abw. Bohnert, 166 ff.).

3. Da die formelle Verhandlungsleitung rechtlich überhaupt nicht nachprüfbar ist, kann ein Revisionsgrund daraus niemals hergeleitet werden.

III. 1. Die Vernehmung des Angeklagten und der Zeugen erfolgt zwar grundsätzlich durch den Vorsitzenden (§ 238 I), daneben haben aber die

Beisitzer, die StA, der Angeklagte und sein Verteidiger ein ausgedehntes *Fragerecht* (§ 240); lediglich die gegenseitige Befragung von Mitangeklagten ist untersagt (§ 240 II, 2).

a) Das Fragerecht im ganzen darf nach der neueren Rspr. nur unter engsten Voraussetzungen bei fortgesetztem erheblichen Mißbrauch und nur für bestimmte Abschnitte entzogen werden (BGH, StrV 1983, 139; OLG Karlsruhe, NJW 1978, 436). Aber selbst in dieser eingeschränkten Form stößt eine pauschale Entziehung des Fragerechts auf Bedenken, weil sie in § 241 nur für das Kreuzverhör, im übrigen aber gerade nicht zugelassen ist (vgl. ter Veen, aaO.). Nach § 241 II kann der Vorsitzende nur einzelne ungeeignete oder nicht zur Sache gehörige Fragen zurückweisen; dagegen kann nach § 238 II ein Gerichtsbeschluß herbeigeführt werden. Gemäß § 242 ist ein solcher Beschluß ferner auch dann erforderlich, wenn eine Frage des Vorsitzenden oder die nicht vom Vorsitzenden zurückweisbare Frage eines Beisitzers (arg. §§ 241 II, 240 I) beanstandet wird.

b) Eine Frage ist nur dann *sachfremd*, wenn damit verfahrensfremde Zwecke verfolgt werden und sie sich nicht auf den Prozeßstoff bezieht; entscheidungserheblich i. S. d. § 244 III 2 braucht die Frage nicht zu sein (BGH *NStZ 1984, 133;* 1985, 183). Sie ist *ungeeignet,* wenn sie gegen Vorschriften der StPO verstößt, z. B. eine dem Zeugen zur Unehre gereichende Frage, die nicht unerläßlich (d. h. zur Wahrheitserforschung notwendig) ist, § 68 a (vgl. dazu i. e. BGHSt 2, 284; 13, 252; BGH *NStZ 1982, 170*).

Nur bei der Vernehmung von Zeugen unter 16 Jahren besteht grundsätzlich kein Fragerecht (§ 241 a; zum Fragerecht eines Sachverständigen vgl. Kl./M., § 241 a, Rdnr. 2; krit. zur gesetzlichen Regelung Undeutsch, Lange-Festschr., 1976, S. 720).

2. Das aus dem anglo-amerikanischen Rechtskreis übernommene *Kreuzverhör* (cross examination), in dem die gesamte Zeugenvernehmung von der StA und dem Verteidiger erledigt wird, paßt, weil es den Vorsitzenden aus der Verhandlungsleitung verdrängt, nicht in die Struktur des deutschen Strafprozesses. Es muß zwar auf übereinstimmenden Antrag von StA und Verteidigung durchgeführt werden (§ 239 I; gewisse Einschränkungen in §§ 239 II, 241 II), hat sich aber in der Praxis nicht durchgesetzt. Zum „Wechselverhör" in der Strafprozeßreform vgl. u. G I.

IV. Dem Fragerecht des Angeklagten, der StA und des Verteidigers bei der Beweiserhebung korrespondiert das Recht dieser Personen, nach jeder Beweiserhebung *Erklärungen* dazu abzugeben, die freilich den Schlußvortrag nicht vorwegnehmen dürfen (§ 257); der Angeklagte soll danach jedesmal eigens befragt werden. § 257 ist nach h. M. als bloße Sollvorschrift nicht revisibel; das erscheint bedenklich, wenn zugleich das rechtliche Gehör vorenthalten wurde (Art. 103 I GG!).

V. Über die bisher besprochenen Fälle hinaus besteht eine umfassende *gerichtliche Fürsorgepflicht* (s. KMR[7]-Sax, Einl. XII; Maiwald, Lange-Festschr., 1976, 745; Kumlehn aaO.; Plötz aaO.; Hübner aaO.; zurückhaltend Kühne, Rdnr. 133; Jung aaO.; abl. von Löbbecke, GA 1973, 200), die vor allem gegenüber dem rechtsunkundigen Angeklagten das wichtigste Regulativ für eine fair gehandhabte Inquisitionsmaxime ist. Sie ist die Quelle aller jener zahlreichen Hinweis-, Belehrungs-, Frage- und

Schutzpflichten, die teils in der StPO ausdrücklich normiert sind (s. die Zusammenstellung bei Müller-Sax, aaO., Schorn, aaO.), teils von der Rechtsprechung und Rechtslehre entwickelt wurden (s. u. § 51 B V, 3 b). Die Fürsorgepflicht ist eine der wichtigsten Auswirkungen des Anspruchs auf ein faires Strafverfahren (fair trial); vgl. dazu §§ 2 B; 11 V.

2. Ihre wichtigste Auswirkung ist die in § 265 aufgestellte *Hinweispflicht* bei einer *Veränderung des rechtlichen Gesichtspunktes*, die zugleich eine Konkretisierung des Art. 103 I GG darstellt. Da das Gericht innerhalb desselben Prozeßgegenstandes die Möglichkeit hat, die ihm unterbreitete Tat anders aufzufassen, als dies in der zugelassenen Anklage geschehen ist (vgl. §§ 155 II u. 264 II), soll der Angeklagte vor Überraschungen, auf die er seine Verteidigung nicht einrichten konnte, bewahrt bleiben. Im Interesse einer erschöpfenden Sachaufklärung soll ihm Gelegenheit gegeben werden, sich zu dem veränderten Vorwurf zu äußern.

a) *Voraussetzung* dieser Hinweispflicht ist nach der Gesetzesfassung allein eine Änderung der *Rechtsauffassung*, die auch auf einer Änderung der Tatsachengrundlagen beruhen kann. Aus Art. 103 I GG und der Fürsorgepflicht wird man aber über den Wortlaut des § 265 hinaus folgern müssen, daß auch bei bloßer Änderung der *Tatsachengrundlage* – ohne Veränderung des rechtlichen Vorwurfs – ein Hinweis zu erfolgen hat (z. B. bei veränderten Feststellungen zur Tatzeit, BGH NStZ 1984, 422; BGH StrV 1984, 368, oder bei anderen für die Verteidigung relevanten Veränderungen gegenüber der Anklageschrift). Wegen der gleichen Bedeutung für die Verteidigungsführung muß der Hinweis in allen Fällen förmlich erfolgen, d. h. protokolliert werden (zutr. BGHSt *19, 88;* and. BGHSt *19, 144; 28, 196,* wo allerdings betont wird, es sei auf jeden Fall unerläßlich, daß der Angeklagte von Gerichtsseite zu dem neuen tatsächlichen Gesichtspunkt befragt wird; BGH NStZ *1981, 190).*

b) Für die Hinweispflicht ist es gleichgültig, ob das Gericht im Vergleich zur Anklage ein schwereres oder ein leichteres Delikt annimmt, denn auch ein leichteres Delikt wird i. d. R. eine veränderte Verteidigung erfordern (z. B. beim Übergang von § 221 III zu § 222 StGB, BGH NStZ 1983, 424). Nur in seltenen Fällen wird es anders sein; so beim Wegfall eines in Idealkonkurrenz angewendeten Gesetzes (RGSt 37, 102) oder beim Übergang auch dann, wenn ein qualifizierendes Tatbestandsmerkmal ausscheidet (so RGSt *53, 100,* vgl. aber auch RGSt 51, 125) oder gegen ein anderes, wesensgleiches Tatbestandsmerkmal ausgetauscht wird (vgl. hierzu RGSt *30, 176* auf der einen und BGHSt *23, 95; 25, 287;* BGH *NStZ 1984, 328* auf der anderen Seite). Soll ein als Mittäter Angeklagter als Alleintäter verurteilt (BGH NStZ 1983, 569) oder von der Annahme der Alleintäterschaft zur Mittäterschaft übergegangen werden (BGH bei Holtz, MDR 1984, 800), so ist ein Hinweis erforderlich. Dasselbe gilt beim Übergang von einem Mordmerkmal zum anderen, wenn dadurch eine andere Verteidigung erforderlich werden kann (BGH StrV 1984, 367).

c) Vor der Anordnung einer in der Anklage nicht angeführten *Maßregel* der Besserung und Sicherung ist der Hinweis nach § 265 II in demselben Umfang erforderlich wie nach § 265 I (BayObLG, GA 1982, 325). Dasselbe gilt nach § 265 II für benannte Strafschärfungsgründe und auch dann, wenn die Verurteilung wegen eines besonders schweren Falles aufgrund eines Regelbeispieles in Betracht kommt (BGH NJW 1980, 714 gegen BGH NJW 1977, 1830).

d) Über den Wortlaut des § 265 hinaus muß auch auf die Möglichkeit der Verhängung einer *Nebenstrafe* (Fahrverbot, § 44 StGB) hingewiesen werden (str.; näher BayObLG, JZ 1978, 576).

e) Der Hinweis darf nicht zu allgemein gehalten, sondern muß stets so *substantiiert* sein, daß dem Angeklagten und seinem Anwalt eine sachgemäße Verteidigung gegen den veränderten Vorwurf möglich ist (s. BGHSt *13, 320* u. *18, 56*; wenn z. B. das Gericht von § 212 StGB auf § 211 StGB übergehen will, darf es sich nicht mit dem allgemeinen Hinweis auf eine mögliche Mordverurteilung begnügen, sondern muß das in Betracht kommende Mordmerkmal ausdrücklich nennen (BGH *NStZ 1983, 34*). Ferner ist der Hinweis selbst dann nicht entbehrlich, wenn die Verfahrensbeteiligten diese Änderung schon selbst angesprochen haben (BGH JZ 1976, 790) oder das Gericht in einem Beschluß über die Haftfortdauer (BGHSt 22, 29) auf den neuen rechtlichen Gesichtspunkt eingegangen ist.

f) Zur Aussetzung nach § 265 III, IV s. o. C II, 3.

g) Wird in den Fällen der §§ 231 II, 231a I ohne den Angeklagten verhandelt, so kann der Hinweis dem Verteidiger gegeben werden (§ 265 V); in den übrigen Fällen der Abwesenheit muß dem Angeklagten der Hinweis nach seiner Rückkehr mitgeteilt werden.

h) Der Verstoß gegen § 265 ergibt einen relativen *Revisionsgrund* nach § 337; daß das Urteil auf dem unterlassenen Hinweis beruhen kann, wird sich nur in seltenen Fällen ausschließen lassen.

3. Wenn Auflagen oder Weisungen nach den §§ 56b, 56c, 59a II StGB in Betracht kommen, so ist der Angeklagte in geeigneten Fällen zu befragen, wozu er sich freiwillig erbietet (s. i. e. § 265a).

VI. Wenn während der Hauptverhandlung ein Verfahrensfehler unterläuft, so kann der Instanzrichter einer dadurch in der Regel begründeten Revisibilität vorbeugen, indem er den Mangel noch vor der Urteilsverkündung heilt. Das kann auf verschiedene Weise geschehen: durch Rücknahme einer fehlerhaften Entscheidung (die zu Unrecht erfolgte Ablehnung eines Beweisantrages wird zurückgenommen), durch die Nachholung einer pflichtwidrig unterlassenen Verfahrenshandlung (etwa einer Vereidigung), durch die Wiederholung einer fehlerhaften Verfahrenshandlung (z. B. einer Vernehmung ohne vorherige Belehrung) oder gar die nochmalige Durchführung ganzer Verfahrensteile (etwa bei unberechtigtem Ausschluß der Öffentlichkeit oder des Angeklagten, BGHSt *30, 74*). Zu den dabei entstehenden Fragen im einzelnen W. Schmid, JZ 1969, 757; ders., Maurach-Festschr., 1972, 535.

E. Anwesenheitspflichten

I. 1. Die *zur Urteilsfindung berufenen Personen*, d. h. die Berufs- und Laienrichter, müssen – als Folge aus dem Unmittelbarkeitsprinzip – während der gesamten Hauptverhandlung (d. h. auch noch bei der Urteilsverkündung) *ununterbrochen anwesend* sein (§ 226). Wenn ein Richter während einer länger dauernden Verhandlung infolge Krankheit oder Tod ausfällt, kann sie daher nicht einfach nach Zuziehung eines anderen Richters fortgesetzt werden, sie muß vielmehr von Anfang an wiederholt werden.

2. Daher ist es zulässig und empfehlenswert, daß der Vorsitzende bei umfangreichen Prozessen einen oder mehrere *Ergänzungsrichter* hinzuzieht (§ 192 II GVG, auch Laienrichter, § 192 III GVG!). Ein solcher

Ergänzungsrichter wohnt der Hauptverhandlung mit dem gleichen Fragerecht wie die anderen Beisitzer von Anfang an bei, darf sich aber an Beratungen und Abstimmungen erst dann beteiligen, wenn er für einen zur Entscheidung berufenen Richter wegen dessen Verhinderung eingetreten ist (arg. § 193 GVG).

3. Wenn ein Richter während der Verhandlung den Sitzungssaal auch nur für ein paar Minuten verläßt, so liegt der absolute Revisionsgrund des § 338 Nr. 1, 1. Halbs., vor (h. M., da § 338 Nr. 5 nicht das Gericht betrifft). Da dem Unmittelbarkeitsprinzip durch bloß körperliche Anwesenheit nicht genügt wird, ist auch der regelrecht schlafende oder längere Zeit abgelenkte Richter als nicht anwesend anzusehen (s. u. § 44 B V, 3).

II. Die Anwesenheitspflicht eines *Urkundsbeamten* (§ 226) ist keine Folge des Unmittelbarkeitsgrundsatzes, sondern ergibt sich aus dem Protokollierungszwang (§ 271). Die Ablösung des einzelnen Beamten ist daher zulässig, nur beim völligen Fehlen eines Protokollführers ist der Revisionsgrund des § 338 Nr. 5 gegeben.

III. Dieselbe Ablösungsmöglichkeit besteht für den *Vertreter der Staatsanwaltschaft* (§ 226); es ist sogar möglich, daß in der Hauptverhandlung mehrere Staatsanwälte auftreten und sich ihre Verrichtungen teilen (§ 227).

IV. Während der *Verteidiger* immer ein Anwesenheitsrecht besitzt (zum Ausschluß s. o. § 19 D), besteht für ihn im Fall der *notwendigen* Verteidigung eine *Anwesenheitspflicht* (§§ 145, 228 II, zur einzigen Ausnahme des § 231 c vgl. BGH *NStZ 1983, 34*) mit der Folge, daß sein Fehlen einen absoluten Revisionsgrund nach § 338 Nr. 5 ergibt (vgl. BGHSt *15, 306*!). Ist ein Verteidiger wegen Interessenkollision ausgeschlossen, gilt der Angeklagte als unverteidigt (z. B. wenn er einen Ehemann in einem Verfahren wegen Unterhaltspflichtentziehung verteidigt und gleichzeitig die Ehefrau im Scheidungsverfahren vertritt). Auch dann ist das Urteil nach § 338 Nr. 5 aufzuheben (OLG Koblenz NJW 1980, 1058). Allerdings ist auch bei der notwendigen Verteidigung ein Wechsel der Verteidiger möglich. Während bei der nachträglichen erstmaligen Bestellung nach § 145 eine Wiederholung aller wesentlichen Teile der bisherigen Hauptverhandlung auch dann nötig ist, wenn kein Aussetzungsbeschluß ergeht (BGHSt 9, 243), folgert der BGH aus den §§ 226/7, daß das Gesetz bei nachträglichem Wechsel der Verteidiger nur eine Vertagung nach § 145 III (s. o. C II, 3) und damit bei einer bloßen Unterbrechung keine Wiederholung vorschreibt (BGHSt 13, 337; dazu kritisch Eb. Schmidt, II, § 145 Nr. 11).

V. Die Anwesenheit von *Zeugen* ist im Sinne des § 338 Nr. 5 niemals vorgeschrieben, und auch beim Fehlen des nach § 246 a für den Fall einer zu erwartenden Anstaltsunterbringung notwendigen Sachverständigen kann die Revision nur auf § 337 und nicht auf § 338 Nr. 5 gestützt werden (BGHSt 9, 1).

F. Die Anwesenheit des Angeklagten insbesondere

I. 1. Die *Anwesenheit* des Angeklagten in der Hauptverhandlung ist *grundsätzlich notwendig* (§ 230 I); ein Versäumnisurteil gibt es im Strafverfahren nur in seltenen Fällen (vgl. §§ 329, 412). Damit wird ebensosehr der Wahrheitserforschung wie den Interessen des Angeklagten gedient, denn das Gericht kann ohne seine persönliche Vernehmung kaum gerecht urteilen, und ein abwesender Angeklagter wird niemals alle Verteidigungsmöglichkeiten ausschöpfen können.

2. Wenn der Angeklagte ausbleibt, muß das Gericht daher die Verhandlung normalerweise vertagen. Ist er nicht genügend entschuldigt, kann es für die neue Verhandlung seine Vorführung anordnen oder einen auf die Dauer der Hauptverhandlung beschränkten Haftbefehl erlassen (§ 230 II).

3. Die Verhandlung in Abwesenheit des Angeklagten ist, sofern sie nicht ausnahmsweise vom Gesetz zugelassen wird, ein *absoluter Revisionsgrund* (§ 338 Nr. 5), und zwar auch dann, wenn der Angeklagte nur von einem Teil der Verhandlung unberechtigt ausgeschlossen worden ist (vgl. BGHSt *21, 332*; BGH NStZ 1981, 449).

II. Von dem Grundsatz der notwendigen Anwesenheit des Angeklagten bestehen indes *Ausnahmen.* Dabei unterscheidet die StPO grundlegend Maßnahmen gegen Beschuldigte, die für die deutsche Gerichtsbarkeit nicht erreichbar sind („Abwesende", u. 1), von solchen gegen erreichbare Beschuldigte, und hier wiederum die Verhandlung in gänzlicher Abwesenheit des ausgebliebenen Angeklagten (u. 2) von der Verhandlung in zeitweiliger Abwesenheit des (wenigstens anfangs) erschienenen Angeklagten (u. 3).

1. Gegen *Abwesende* im technischen Sinne, d.h. Beschuldigte, derer das Gericht nicht habhaft werden kann (s. § 276), kann ein Beweissicherungsverfahren durchgeführt werden (§§ 285 ff.), das unter den besonderen Verfahrensformen zu behandeln ist (vgl. unten § 60).

2. Die Hauptverhandlung findet in *gänzlicher Abwesenheit* des *ausgebliebenen* Angeklagten statt:

a) wenn er bei Bagatelldelikten nicht erscheint, nachdem er in der Ladung darauf hingewiesen worden ist, daß auch in seiner Abwesenheit verhandelt werden könne (s.i.e. § 232). War er durch einen unabwendbaren Zufall am Erscheinen verhindert, so kann er Wiedereinsetzung in den vorigen Stand verlangen (§ 235 in Verb. mit §§ 44 ff.), wodurch das in seiner Abwesenheit ergangene Urteil hinfällig wird;

b) wenn er bei leichten Straftaten auf seinen Antrag hin von der Erscheinenspflicht entbunden worden ist (s.i.e. § 233), wobei die Entscheidung darüber im unanfechtbaren (§ 305 I!) Ermessen des Gerichts steht. Im Unterschied zum Fall des § 232 ist hier die richterliche Vernehmung des Angeklagten zwingend vorgeschrieben (vgl. §§ 233 II und 232 III);

c) in der Berufungs- oder Revisionsinstanz (§§ 329, 350);

d) im Privatklageverfahren (§ 387);

e) beim Einspruch gegen einen Strafbefehl (§ 412).

3. Daneben kann die Hauptverhandlung schließlich auch in *zeitweiliger Abwesenheit* des Angeklagten durchgeführt werden (was u. U. sogar geboten ist), nämlich:

a) wenn er sich *nach* seiner *Vernehmung zur Anklage* eigenmächtig entfernt und das Gericht seine weitere Anwesenheit nicht für erforderlich hält (§ 231 II und dazu BGHSt *3, 190*). Als Vernehmung über die Anklage ist dabei lediglich die Ermöglichung der Äußerung zum Anklagesatz zu verstehen; dazu gehört nicht die Erörterung der Vorstrafen, die zumeist erst am Ende der Beweisaufnahme (§ 243 IV) erfolgt (BGHSt *27, 216*, unter Aufgabe von BGHSt *25, 4*). Als *eigenmächtige Entfernung* ist es auch anzusehen, wenn der Angeklagte seine Verhandlungsunfähigkeit vorsätzlich herbeiführt (s. BGHSt *2, 300* und nunmehr § 231 a), nicht aber, wenn sie nur als Folge eines ernstgemeinten Selbstmordversuches eintritt, weil der Täter in solch einem Fall das Verfahren nicht verschleppen, sondern durch seinen Tod abschließen wollte (Franzheim, GA 1961, 108; Schneidewin, JR 1962, 308; a. M. BGHSt *16, 178;* vgl. aber auch BGHSt *19, 144*). Keine eigenmächtige Entfernung ist es auch, wenn der Angeklagte der Hauptverhandlung fernbleibt, weil er sonst seinen Arbeitsplatz verlieren würde (BGH NJW *1980, 950,* StrV *1984, 325*), weil er sich in der Zeit verrechnet (OLG Bremen, StrV 1985, 50) oder weil der Vorsitzende ihm erklärt hat, seine Anwesenheit sei nicht mehr erforderlich (KG StrV 1985, 52). Beruht die Abwesenheit auf einer Anordnung des Vorsitzenden (so bei BGHSt *3, 187*), einer zur Verhandlungsunfähigkeit führenden Übermüdung oder einem plötzlichen Krankheitsfall, so ist § 231 II mangels Eigenmächtigkeit nicht anwendbar, vielmehr muß die Verhandlung unterbrochen werden; andernfalls liegt der absolute Revisionsgrund des § 338 Nr. 5 vor (s. BGHSt *10, 304*), und zwar entgegen BGHSt *15, 263* auch dann, wenn der Angeklagte nur die mündliche Urteilsbegründung versäumt (vgl. auch Poppe, NJW 1954, 1914; die vom BGH getroffene Unterscheidung zwischen wesentlichen und unwesentlichen Teilen der Hauptverhandlung ist im Rahmen des § 338 Nr. 5 bedenklich und allenfalls bei rein formellen Vorgängen wie etwa dem Zeugenaufruf vertretbar). Erst recht liegt keine Eigenmächtigkeit vor, wenn der Angeklagte sich in Strafhaft (BGHSt *25, 317* m. krit. Anm. Küper, NJW 1978, 251) oder U-Haft (BGH NJW 1977, 1928) befindet; denn in solchen Fällen muß der Vorsitzende, wenn der Angeklagte sein Erscheinen verweigert, seine Vorführung veranlassen;

b) wenn sich der *Angeklagte* schon vor seiner Vernehmung zur Anklage vorsätzlich (dolus directus; so BT-Drucks. 7/2989, 6; a. A. BGHSt *26, 228, 240*: dolus eventualis) und schuldhaft *verhandlungsunfähig gemacht* hat (etwa durch Hungerstreik) und hierdurch wissentlich (dolus directus) die ordnungsmäßige Durchführung der Hauptverhandlung verhindert (§ 231 a). Die Hauptverhandlung muß dadurch so langfristig verzögert werden, daß die Grenzen des mit dem allgemeinen Beschleunigungsgebot noch zu vereinbarenden Abwartens überschritten sind (BT-Drucks. 7/2989, 5; Rieß, 269). Aus dem Wort „ordnungsmäßig" ergibt sich dagegen kein Recht, bei nur beschränkter Verhandlungsfähigkeit des Angeklagten die Hauptverhandlung teilweise oder ganz ohne ihn durchzuführen (Rieß, 269; a. A. BGHSt *26, 228*; BVerfGE *41, 146*; Kl./M., § 231 a Rdnr. 6; L.-R.²⁴-Gollwitzer, § 231 a Rdnr. 3; Warda, 415). Denn § 231 a greift einschneidend in das Anwesenheitsrecht des Angeklagten ein und ist daher (wie auch § 231 a II zeigt) eng auszulegen (BT-Drucks. 7/2989, 36). Insbesondere umfaßt die Befugnis, in den Fällen des § 231 a ohne den Angeklagten zu verhandeln, nicht das Recht, ihn gegen seinen Willen von der Verhandlung fernzuhalten (BGHSt *26, 228, 234;* krit. Warda, 415). In jedem Falle muß der Angeklagte wenigstens Gelegenheit gehabt haben, sich vor dem Gericht oder einem beauftragten Richter bei klarem Verstande verteidigend zur Anklage zu äußern (§ 231 a I, 2);

c) wenn der Angeklagte den Ablauf der Hauptverhandlung durch ordnungswidriges Benehmen gestört hat und voraussichtlich auch weiterhin in schwerwiegender Weise beeinträchtigen würde (§§ 231 b StPO, 177 GVG);

d) wenn zu befürchten ist, daß ein *Mitangeklagter* oder *Zeuge* in Gegenwart des Angeklagten *nicht* die *Wahrheit* sagen werde (§ 247, 1), wozu es auch zählt, wenn die Person infolge seiner Gegenwart überhaupt keine Aussage abgeben (RGSt *73, 355*) oder sich auf ein Zeugnisverweigerungsrecht berufen würde (BGHSt *22, 18*). Erweist sich die Befürchtung nachträglich als unbegründet, so braucht nicht die ganze Vernehmung wiederholt zu werden (Fischer, NJW 1975, 2034 gegen OLG Hamburg, NJW 1975, 1573). Von der Beweisperson vorgelegte Urkunden oder Augenscheinsobjekte dürfen nicht in Abwesenheit des Angeklagten zum Gegenstand der Verhandlung gemacht werden (BGHSt *21, 332*). Der Gerichtsbeschluß über die vorübergehende Entfernung ist förmlich zu begründen (s. BGHSt *15, 194*). Nach BGHSt *32, 32*, m. Anm. Geerds, JZ 1984, 46, soll in analoger Anwendung des § 247 S. 1 ein Angeklagter auch ausgeschlossen werden dürfen, wenn anderenfalls ein beamteter Zeuge keine Aussagegenehmigung bekäme (zw.); die Entfernung soll sich auch auf die Vereidigung erstrecken (BGH NStZ *1985, 136*).

e) wenn durch Erörterungen über den Zustand des Angeklagten und die Behandlungsaussichten ein erheblicher Nachteil für seine Gesundheit zu befürchten ist (§ 247, 3) sowie

f) wenn Zeugen unter 16 Jahren vernommen werden, und die Gegenwart des Angeklagten einen erheblichen Nachteil für das Wohl des Zeugen befürchten läßt (§ 247, 2).

In allen Fällen (a–f) ist der Angeklagte, wenn er in die Verhandlung zurückkehrt, durch den Vorsitzenden sogleich von dem wesentlichen Inhalt des in der Zwischenzeit Geschehenen zu unterrichten (§§ 247, 4; 231 a II; 231 b II; vgl. dazu BGHSt *1, 346; 15, 194*). Auch muß er bei der Entscheidung über Vereidigung oder Nichtvereidigung (BGH, *NJW 1976, 1108*; BGH StrV 1983, 3) und bei der Vereidigung selbst (BGHSt *26, 218* m. Anm. Gollwitzer, JZ 1976, 341; BGH NStZ 1983, 181) wieder anwesend sein. Letzteres soll nach BGH, NStZ 1985, 136 bei V-Männern nicht unbedingt nötig sein.

4. Weitere Ausnahmen von der Anwesenheitspflicht bestehen *nicht*, weder im Interesse des Angeklagten noch zum Zwecke der Wahrheitsermittlung. Der Angeklagte darf also nicht etwa mit allseitiger Zustimmung vorübergehend aus dem Gerichtssaal entlassen werden (BGH, *NJW 1973, 522*). Ferner darf das Gericht den Angeklagten weder bei einem peinlichen Ortstermin von seiner Anwesenheitspflicht entbinden (BGHSt *3, 187*) noch ihn zwangsweise entfernen, um die Anpassung seiner Aussage an die eines Mitangeklagten zu verhindern (BGHSt *15, 194*). Auch im Fall einer „Wiedererkennungsprobe", bei der das Gericht vorübergehend eine Versuchsperson auf der Anklagebank Platz nehmen läßt, um die Erinnerungsfähigkeit eines Zeugen zu prüfen, darf der Angeklagte daher nicht aus dem Sitzungssaal entfernt, sondern allenfalls in den Zuhörerraum geschickt werden (bedenklich darum RGSt *60, 179*). Ebenso ist es unzulässig, den § 230 zu umgehen, indem durch eine an sich zulässige zeitweilige Abtrennung des Verfahrens Vernehmungen in Abwesenheit des davon betroffenen Mitangeklagten durchgeführt werden (BGHSt *24, 257*; BGH Holtz, MDR 1979, 80; BGHSt *30, 74* mit

Anm. Maiwald, JR 1982, 34; s.o. § 26 A III, 1). Vielmehr muß die Vernehmung dann in Anwesenheit des Angeklagten wiederholt werden. Dagegen ist eine Abtrennung gestattet, wenn sich die in Abwesenheit eines Mitangeklagten weitergeführte Verhandlung auf einen Punkt beschränkt, der den abwesenden Angekl. nicht berührt (BGHSt 32, *100;* zw., ob dies in concreto der Fall war).

III. Das Gericht braucht freilich nicht ohne den Angeklagten zu verhandeln. Auch wenn z.B. die Voraussetzungen der §§ 232, 233 vorliegen, kann es jederzeit sein *persönliches Erscheinen anordnen* und durch Vorführung oder Haftbefehl erzwingen (§ 236, vgl. auch § 216 I, 2). Ist der Angeklagte zwar erschienen, droht er sich aber entgegen dem Verbot des § 231 I, 1 zu *entfernen,* so kann der Vorsitzende die geeigneten sitzungspolizeilichen Maßnahmen (vgl. § 176 GVG) treffen und ihn etwa bei Unterbrechungen in Gewahrsam nehmen lassen (§ 231 I, 2); derartige Anordnungen werden zur formellen Verhandlungsleitung gerechnet, so daß sie weder nach § 238 II noch mit der Revision angreifbar sind (BGH, *NJW 1957, 271*).

IV. Während der Verteidiger sonst nur Beistand des Angeklagten ist (vgl. § 137), kann er in einer ohne dessen Anwesenheit stattfindenden Hauptverhandlung als sein *Vertreter* auftreten (§ 234), wozu er zwar einer schriftlichen Vollmacht bedarf, in der der Fall der Abwesenheit aber nicht besonders genannt zu sein braucht (BGHSt 9, *356;* str.).

V. Bei Hauptverhandlungen gegen *mehrere Angeklagte* wird die Anwesenheitspflicht in dem durch das StVÄG 1979 eingeführten § 231 c gelockert: Sind einzelne Angeklagte von bestimmten Teilen der Verhandlung nicht betroffen, so kann ihnen sowie ihren notwendigen Verteidigern durch widerruflichen Gerichtsbeschluß gestattet werden, sich während dieser Verhandlungsteile zu entfernen.

G. Zur Reform der Hauptverhandlung

Literatur: D a h s , Reform der Hauptverhandlung, in: Aktuelle Rechtsprobleme, Hubert Schorn zum 75. Geburtstag, 1966, 14; E b . Schmidt, Zur Frage nach der Notwendigkeit von Veränderungen der Hauptverhandlungsstruktur, MDR 1967, 877 (= Aufsätze, S. 201); B l a u u. Fischinger, Die Teilung des Strafverfahrens in zwei Abschnitte, ZStW 81 (1969), 31 u. a. 49; R ö m e r , Das Schuldinterlokut, GA 1969, 333; D a h s sen., Fortschrittliches Strafrecht in rückständigem Strafverfahren, NJW 1970, 1705; H e i n i t z , Zweiteilung der Hauptverhandlung? Festgabe f. U. v. Lübtow, 1970, 835; H e r r m a n n , Die Reform der deutschen Hauptverhandlung nach dem Vorbild des anglo-amerikanischen Strafverfahrens, 1971; D a h s j u n ., Praktische Probleme des Schuldinterlokuts, GA 1971, 353; K l e i n k n e c h t , „Informelles Schuldinterlokut" im Strafprozeß nach geltendem Recht, Heinitz-Festschr., 1972, 651; K n i t t e l , Zweiteilung der Hauptverhandlung nach englischem Vorbild?, Festschr. f. Schwinge, 1973, 215; H o r n , Tatschuld-Interlokut und Strafzumessung, ZStW 85 (1973), 7; Harald U l m e n , Das Schuldinterlokut, Diss. Bonn, 1973; Wolfgang H e c k n e r , Die Zweiteilung der Hauptverhandlung nach Schuld- und Reaktionsfrage, Diss. München 1973; A c h e n b a c h , Zweiteilung des Strafverfahrens – Plädoyer für

eine „kleine Lösung", JR 1974, 401; Beatrice Biland-Zimmermann, Das Schuldinterlokut in der Hauptverhandlung, Diss. Zürich 1975; Roxin, Die Reform der Hauptverhandlung im deutschen Strafprozeß, in: Probleme der Strafprozeßreform (Sammlung Göschen), 1975, 52; Dästner, Zur spezialpräventiven Ausrichtung des Strafverfahrens durch Zweiteilung der Hauptverhandlung, Recht und Politik 1976, 86; ders., Flexibles Schuldinterlokut?, DRiZ 1977, 9; Achenbach, Das „Schuldinterlokut" und die justizielle Praxis, MschrKrim 1977, 242; Roxin, Fragen der Hauptverhandlungsreform im Strafprozeß, in: Schmidt-Leichner-Festschr., 1977, 145; Schöch/Schreiber, Ist die Zweiteilung der Hauptverhandlung praktikabel?, ZRP 1978, 63; Schöch, Strafzumessung und Persönlichkeitsschutz in der Hauptverhandlung – Erfahrungen aus einer Erprobung des informellen Tatinterlokuts, Bruns-Festschr., 1978, 457; Schünemann, Zur Reform der Hauptverhandlung im Strafprozeß, GA 1978, 161; Dölling, Die Zweiteilung der Hauptverhandlung, 1978; Schöch, Die Reform der Hauptverhandlung, in: Schreiber, Hrsg., Strafprozeß und Reform, 1979, 52; Sessar, Wege zu einer Neugestaltung der Hauptverhandlung, ZStW 92 (1980), 698; Wolter, Schuldinterlokut und Strafzumessung, GA 1980, 81; Haddenbrock, Das Sachverständigendilemma im deutschen Strafprozeß ohne Tat- oder Schuldinterlokut, NJW 1981, 1302; Schild, Der Richter in der Hauptverhandlung, ZStW 94 (1982), 37; Maeck, Der Zweiteilungsgedanke im Strafverfahren, Diss. München, 1984.
S. ferner die Literaturnachweise zu § 17.

I. Reformerwägungen kreisen seit Jahrzehnten um die Frage, ob es empfehlenswert sei, den deutschen Strafprozeß de lege ferenda in Anlehnung an das *anglo-amerikanische Modell* zu einem *Parteiverfahren* umzugestalten. In der Tat wirft in unserer Hauptverhandlung die Stellung des Vorsitzenden, der allein die Verhandlung leitet, den Angeklagten vernimmt und die Beweisaufnahme durchführt, manche Probleme auf. Da er sein Vernehmungskonzept im wesentlichen anhand der Ermittlungsakten, also des Anklagematerials, aufbauen muß, kann er leicht in die Sichtweise der Anklagebehörde hineingedrängt werden und die für die Urteilstätigkeit erforderliche kritische Distanz zu den Ermittlungen der StA verlieren. Auch ist es nicht glücklich, daß der inquirierende Richter durch die Pflicht, sich um die Überführung des schuldigen Angeklagten zu bemühen, mit psycho-logischer Notwendigkeit zum Widerpart des Angeklagten wird. Der Vorsitzende muß ihm unbequeme Fragen stellen, Widersprüche aufzudecken versuchen und sich einer möglichst erfolgreichen Vernehmungstaktik bedienen. Beim Angeklagten entsteht dadurch leicht der Anschein, er habe es mit einem Gegner zu tun, ein Umstand, der die innere „Annahme" des Urteils durch den Angeklagten und die friedenstiftende Wirkung des Richterspruchs oft beeinträchtigen wird.

Andererseits hätte ein reines Anklageverfahren, in dem ein aktenunkundiger Richter sich an der Sachverhaltsaufklärung nicht zu beteiligen und nur am Ende über das von StA und Verteidigung beigebrachte Be- und Entlastungsmaterial zu urteilen hätte, noch gewichtigere Nachteile. Zunächst läßt sich ein halbwegs komplizierter Prozeß ohne Kenntnis des gesamten Aktenmaterials heute nicht mehr mit der erforderlichen Genauigkeit übersehen, so daß die Gefahr eines Justizirrtums bei einem aktenunkundigen und in die Verhandlung nicht eingreifenden Richter wohl größer wäre als bisher. Sodann würde die Position des Angeklagten bedeutend verschlechtert werden, wenn die StA als „Partei" nicht mehr wie heute verpflichtet wäre, auch zugunsten des Beschuldigten tätig zu werden. Denn die StA ist dem Verteidiger normalerweise erheblich überlegen, weil ihr ein großer Ermittlungsapparat und Zwangsmittel zu Gebote stehen, mit denen die Verteidigung nicht konkurrieren kann. Es wäre kaum tragbar, wenn dieses Ermittlungspotential künftig nicht mehr auch zugunsten des Beschuldigten eingesetzt werden würde. Hinzu kommt, daß auch das Gericht bei einem solchen Modell nicht entlastend tätig werden könnte. Wenn die StA alles Belastungsmaterial sorgfältig zusammenträgt und der Verteidiger versagt – was bei einem vielbeschäftigten und kärglich entlohnten Pflichtverteidiger nicht selten der Fall sein wird –, könnte das Gericht anders als heute nicht ausgleichend eingreifen, weil es selbst das Ermittlungsmaterial nicht kennt und auch nicht von sich aus ermittelnd tätig werden darf. Diese Folge der an sich erwünschten richterlichen Zurückhaltung könnte kaum hingenommen werden.

So wird sich de lege ferenda am ehesten eine „*Typenmischung*" empfehlen, wie sie sich in vielfach variierender Form heute international überwiegend durchgesetzt hat und teilweise auch die Praxis des anglo-amerikanischen Strafprozesses beherrscht. Auf dem Hintergrund der deutschen Entwicklung würde das bedeuten, daß einerseits die richterliche Aktenkenntnis und Aufklärungspflicht (§ 244 II) sowie die absolut objektive Stellung der StA erhalten bleiben müßten, daß aber andererseits die Vernehmung zur Sache und die Beweisaufnahme in der Hauptverhandlung zunächst dem *Wechselverhör* von StA und Verteidigung zu überantworten wäre und daß das Gericht nur Zusatzfragen zu stellen und erforderlichenfalls anschließend ergänzende Vernehmungen durchzuführen hätte. Dies geschähe dann nicht mehr anhand des Anklagekonzepts, sondern auf Grund des Bildes, das sich bisher in der Hauptverhandlung entwickelt hat; es würde oft vor allem im Interesse des Angeklagten geschehen. Eine nähere Ausführung dieser Konzeption, die die Vorzüge unserer gegenwärtigen Verhandlungsstruktur erhalten und ihre Nachteile ausräumen soll, kann der interessierte Leser in meiner Abhandlung „Die Reform der Hauptverhandlung im deutschen Strafprozeß" finden, die im Sammelband „Probleme der Strafprozeßreform" (Sammlung Göschen), 1975, S. 52, abgedruckt ist, sowie in: „Fragen der Hauptverhandlungsreform im Strafprozeß", Schmidt-Leichner-Festschr., 1977, 145. Weitere Vorschläge finden sich bei Sessar, aaO.

Schünemann, 161 (ähnlich Schlüchter, Rdnr. 459), plädiert demgegenüber dafür, die gegenwärtige Hauptverhandlungsstruktur im wesentlichen beizubehalten, da die richterliche Aktenkenntnis und inquirierende Tätigkeit den Erkenntnisvorgang des Richters nicht etwa störe, sondern gerade umgekehrt erst ermögliche. Schünemann verkennt dabei jedoch, daß das gegenwärtige Hauptverhandlungsmodell nicht die Frage löst, wie der Richter sich von „falschen" Vor-Urteilen der Anklagekonzeption, auf die er sich durch seine inquirierende Tätigkeit festlegt, befreien kann (zur Kritik an Schünemann näher Roxin, Schmidt-Leichner-Festschr., 1977, 145, 149; Schöch, in: Strafprozeß und Reform, 1979, 52, 68 f., 74).

II. Nach geltendem Recht wird über die Tatbegehung und die für die Rechtsfolgenbestimmung erheblichen Umstände in einer einheitlichen Hauptverhandlung Beweis erhoben (vgl. freilich über die Vernehmung zur Person o. § 25 III). De lege ferenda wird demgegenüber häufig nach dem Vorbild namentlich des angelsächsischen Rechts (vgl. dazu Herrmann, aaO., 448 ff.) eine *Zweiteilung* der Hauptverhandlung in gesonderte Erhebungen zur Schuldfrage und (nach deren Bejahung durch ein *Schuldinterlokut*) zur Straffrage gefordert. Eine solche Aufteilung ist im Prinzip dringend zu befürworten. Denn die den Angeklagten oft bloßstellenden Persönlichkeitsermittlungen sind, solange seine Schuld nicht erwiesen ist, überflüssig, in ihren Folgen schädlich und überdies geeignet, den Richter in der Schuldfrage befangen zu machen (vgl. Dahs, NJW 1970, 1705). Außerdem macht die mit der Strafrechtsreform verbundene Hinwendung zu einem konsequenten Resozialisierungsstrafvollzug und zu sozialtherapeutischen Maßnahmen es notwendig, der nach gründlicher Persönlichkeitserforschung zu treffenden Rechtsfolgeentscheidung einen besonderen Verfahrensabschnitt (evtl. unter Ausschluß der Öffentlichkeit) zu widmen. Auch der X. Internationale Strafrechtskongreß in Rom, 1969, hat sich für die Zweiteilung der Hauptverhandlung – mindestens bei schweren Straftaten – ausgesprochen. Die dagegen hauptsächlich vorgebrachten Argumente der drohenden Verfahrensverzögerung und der Untrennbarkeit von Tat und Täter (vgl. insbes. Heinitz, aaO., 837 ff.) lassen sich durchaus entkräften (dazu ausführlich Roxin, aaO., 66 ff.). Allerdings wird man den Zwischenentscheid nicht als gesondert anfechtbares Urteil, sondern nur als Beschluß ausgestalten und Rechtsmittel weiterhin nur gegen das die Instanz abschließende Urteil zulassen dürfen. Außerdem ist zu fordern, daß die Frage der Schuldfähigkeit, die im Zweifelsfalle eine umfassende Persönlichkeitserforschung nötig macht, stets erst im zweiten Teil der Hauptverhandlung im Zusammenhang mit den Rechtsfolgen der Tat erörtert werden darf, während der erste Teil der Tatbegehung unter Einbeziehung aller Rechtfertigungs- und der übrigen Strafausschließungsmöglichkeiten gewidmet ist (sog. *Tatinterlokut*).

Während dieses Modell auf die Reform der Hauptverhandlung abzielt, schlägt Kleinknecht (Kl./M., § 258, Rdnr. 8; Heinitz-Festschrift, aaO.), anknüpfend an die o. B II beschriebenen Möglichkeiten, ein *informelles Schuldinterlokut* nach geltendem Recht vor (ähnlich Bruns, Leitfaden des Strafzumessungsrechts, 1981, 260; Peters, Der neue Strafprozeß, 1975, 170 f.). Er weist zutreffend darauf hin, daß es dem Gericht schon jetzt freistehe, den Verhandlungsstoff nach Schuld- und Straffrage oder im Sinne des Tatinterlokuts aufzuteilen und u.U. nach Abschluß des ersten Teils der Beweisaufnahme Plädoyers zuzulassen und eine Zwischenberatung abzuhalten. Indes wird angesichts der Vorbehalte der Praxis gegen die Zweiteilung auf eine Gesetzesänderung nicht verzichtet werden können. Neuerdings mehren sich die Stimmen, die die baldige gesetzliche Fixierung einer *kleinen Lösung* etwa im Sinne der Vorschläge Kleinknechts fordern, auf Grund derer

zugleich empirische Daten für die endgültige Zweiteilung gewonnen werden
können (Achenbach, JR 1974, 401; Blei, JA 1974, 817; Dästner, Recht und
Politik, 1976, 87, 91 f.); eine solche Konzeption wird auch von den Strafrechts-
kommissionen des Deutschen Richterbundes und der Gewerkschaft ÖTV emp-
fohlen (vgl. dazu Dästner, DRiZ 1977, 9; Achenbach, MschrKrim 1977, 242).
Zur empirischen Erprobung vgl. jetzt umfassend Dölling, aaO. Für das Interlokut vom psychiatrischen Standpunkt aus auch Haddenbrock, NJW 1981, 1302
mit dem Argument, daß Persönlichkeitsbeurteilungen des Sachverständigen sonst
als Indiz für oder gegen eine Täterschaft des Angeklagten mißbraucht werden
könnten. Für das Interlokut unter dem Gesichtspunkt des Sozialstaatsprinzips,
Müller-Dietz, Dünnebier-Festschr., 75.

§ 43. Der Umfang der Beweisaufnahme

Literatur: Beling, Die Beweisverbote als Grenzen der Wahrheitserforschung
im Strafprozeß, 1903, Neudruck 1968; Meyer-Alberti, Der Beweisermittlungsantrag, 1929; Stützel, Der Beweisantrag im Strafverfahren, 1932; Sima-
der, Die Ablehnung von Beweisanträgen in der Hauptverhandlung, 1933; Nü-
se, Zur Ablehnung von Beweisanträgen wegen Offenkundigkeit, GA 1955, 72;
Seibert, Beweisanträge, NJW 1960, 19; Wessels, Die Aufklärungsrüge im
Strafprozeß, JuS 1969, 1; Schroeder, Die Beweisaufnahme im Strafprozeß
unter dem Druck der Auseinandersetzung zwischen Ost und West, ROW 1969,
S. 193; Grünwald, Die Wahrunterstellung im Strafverfahren, Festschr. f. Honig, 1970, 53; Köhler, Inquisitionsprinzip und autonome Beweisführung, 1979;
Engels, Die Aufklärungspflicht nach § 244 Abs. II StPO, Diss. Bonn 1979;
Willms, Zur Problematik der Wahrunterstellung, Schäfer-Festschr., 1980, 275;
Solbach/Fedder, Der Anspruch auf Beweiserhebung in der Hauptverhandlung
in Strafsachen, JA 1980, 99, 161; Tenckhoff, Die Wahrunterstellung im Strafprozeß, 1980; Engels, Beweisantizipationsverbot und Beweiserhebungsumfang
im Strafprozeß, GA 1981, 20; Marx, Die Verwertung präsenter Beweismittel
nach neuem Recht, NJW 1981, 1415; Schulz, Die prozessuale Behandlung des
Beweisermittlungsantrages, GA 1981, 301; Alsberg/Nüse/Meyer, Der Beweisantrag im Strafprozeß (5), 1983; Lüderssen, Zur „Unerreichbarkeit" des
V-Mannes, Klug-Festschr. 1983, 527; Herdegen, Bemerkungen zum Beweisantragsrecht, NStZ 1984, 97, 200, 337; Hilger, Zum Rechtsweg gegen Sperrerklä-
rung und Verweigern der Aussagegenehmigung in V-Mann-Prozessen, NStZ
1984, 145; Maul, Die gerichtliche Aufklärungspflicht in der Sicht der Rspr. des
BGH, Peters-Festg. II, 1984, 47; Quedenfeld, Beweisantrag und Verteidigung
usw., ebda, 215; Schmidt-Hieber, Der Beweisantrag im Strafprozeß, JuS
1985, 291, 458.
Vgl. auch die Angaben vor § 15, § 24 u. § 24 D.

Die Beweisaufnahme in der Hauptverhandlung hat den Zweck, den
Beweis von Grund auf neu zu führen; denn nach § 261 hat sich das
Gericht seine Überzeugung ausschließlich aus dem Inbegriff der Haupt-
verhandlung – nicht aus den Akten – zu bilden (vgl. u. § 44). Daraus
erklärt sich, daß das Gesetz genaue Vorschriften über den Umfang der
Beweisaufnahme in der Hauptverhandlung gibt.

A. Der Grundsatz der richterlichen Aufklärungspflicht

Prinzipiell hat das Gericht „zur Erforschung der Wahrheit die Beweisaufnahme von Amts wegen auf alle Tatsachen und Beweismittel zu

erstrecken, die für die Entscheidung von Bedeutung sind" (§ 244 II). Dieser Grundsatz der *richterlichen Aufklärungspflicht*, der aus der *Instruktionsmaxime* (oben § 15 A) folgt, bedeutet im einzelnen:

1. Das Gericht erforscht den Sachverhalt *von Amts wegen*, ist also nicht an Anträge anderer Prozeßbeteiligter gebunden. Auch rechtfertigende, entschuldigende oder sonst strafausschließende Ausnahmesituationen erforscht es grundsätzlich von sich aus, jedoch müssen irgendwelche Anhaltspunkte diese Prüfung nahelegen. Ist ein solcher Umstand der StA (§ 160 II!) und dem Gericht verborgen geblieben, so ist es Sache des Beschuldigten, eine entsprechende Beweiserhebung anzuregen (BGHSt *16, 389*).

2. Das Gericht erhebt grundsätzlich Beweis über *alle entscheidungserheblichen Tatsachen;* die einzige Ausnahme davon bilden die *offenkundigen* (allgemeinkundigen und gerichtskundigen) Tatsachen, die keines Beweises bedürfen (vgl. o. § 24 C).

3. Das Gericht muß *alle* ihm zur Verfügung stehenden *Beweismittel ausschöpfen,* insbesondere auch solche, deren Benutzung der bisher bekannte Sachverhalt *nahelegt* (vgl. BGHSt *3, 173; 13, 326*), und zwar ohne Rücksicht darauf, ob ein Prozeßbeteiligter einen entsprechenden Antrag gestellt hat. Erst nach Ausnutzung aller Beweismittel greift der Grundsatz „in dubio pro reo" ein (instruktiv dazu BGH, NJW 1978, 113: Fall Weinhold).

4. Die gerichtliche Aufklärungspflicht findet ebenso wie die Pflicht, einem Beweisantrag (s. u. B) stattzugeben, ihre Grenze grundsätzlich in § 244 III, IV (vgl. Wessels, aaO.). Unter Umständen kann mit dieser Generalklausel aber auch die starre Regelung des § 244 III, IV gemildert werden. So hat der BGH im Bartsch-Prozeß ausgesprochen, daß wegen der in ihrer Art einmaligen Triebverirrung des Angeklagten die Herbeiziehung des Sexualwissenschaftlers Giese als „Obergutachters" von der Aufklärungspflicht geboten gewesen sei, obwohl das Landgericht einen dahingehenden Beweisantrag nach dem Wortlaut des § 244 IV, 2 zu Recht abgelehnt hatte (BGHSt *23, 176, 187*; vgl. auch schon BGHSt *10, 116*ff.). Andererseits wird § 244 II durch § 244 III, IV inhaltlich konkretisiert; denn Beweiserhebungen, die durch einen Antrag erzwungen werden können, sind in der Regel durch die Aufklärungspflicht geboten. Eine völlige Übereinstimmung von Beweisantragsrecht und Aufklärungspflicht besteht allerdings nicht (Schmidt-Hieber, aaO., 292ff.; abw. Voraufl.); bei Tausenden von Zeugen gebietet die Aufklärungspflicht nicht die Vernehmung jedes einzelnen, obwohl diese durch einen Beweisantrag (theoretisch) erzwungen werden könnte.

5. Zur Frage, inwieweit „Vereinbarungen" zwischen dem Gericht und den Verfahrensbeteiligten (z.B. Inaussichtstellung von Strafaussetzung zur Bewährung bei Schadenswiedergutmachung) mit der Aufklärungspflicht noch vereinbar sein können, vgl. Schmidt-Hieber, NJW 1982, 1017; ders. Festschr. Richterakademie Trier, 1983, 193.

B. Beweisantrag und Beweisermittlungsantrag

Die grundsätzlich richterliche Sachverhaltsaufklärung soll jedoch die übrigen Prozeßbeteiligten, insbesondere den Beschuldigten (er ist Prozeßsubjekt!), nicht von der Mitwirkung ausschließen.

I. Diese ist in zwei Formen möglich, nämlich

1. durch *Beweisantrag,* d.h. das Begehren, „über eine bestimmte Tatsache ein nach der Prozeßordnung zulässiges bestimmtes Beweismittel zu verwerten" (BGHSt *6, 129*);

2. oder durch *Beweisermittlungsantrag,* d.h. eine bloße, den Erfordernissen eines Beweisantrages nicht entsprechende Anregung an das Gericht auf Vornahme weiterer Beweishandlungen zur Aufklärung der Schuld- oder Straffrage (für andere Fragen gilt Freibeweis; vgl. o. § 24 B); ihr fehlt entweder eine bestimmte Tatsachenbehauptung oder die Benennung eines bestimmten Beweismittels (z.B. wenn erst Tausende von Akten auf bestimmte Tatsachen hin untersucht werden sollen, BGH NStZ 1982, 296; vgl. i.ü. KK – Herdegen, § 244, Rdnr. 57 ff.). Zur Abgrenzung vom Beweisantrag vgl. BGH *NStZ 1981, 309;* StrV 1982, 55; BayObLG StrV 1982, 414 sowie Schmidt-Hieber, 292 f.

II. Diese Unterscheidung ist von *praktischer Bedeutung:* Während der Beweisantrag nur unter engen Voraussetzungen und auch nur durch einen förmlichen Gerichtsbeschluß abgelehnt werden kann (i.e. sogleich u. C), braucht das Gericht einem Beweisermittlungsantrag nur zu folgen, wenn dies im Rahmen der Aufklärungspflicht geboten ist; überdies bedarf es zu einer Ablehnung keines Beschlusses (RGSt 64, 432; abw. Schulz, aaO.).

C. Die Ablehnung von Beweisanträgen

Die Ablehnung von Beweisanträgen ist in §§ 244, 245 sehr differenziert geregelt; dabei findet sich eine Abstufung von den präsenten (I) zu den nicht-präsenten Beweismitteln (II), und dort wieder vom Urkunden- und Zeugenbeweis (1) über den Sachverständigenbeweis (2) bis hin zur Augenscheinseinnahme (3).

I. Bei den sog. *präsenten Beweismitteln* nach § 245 ist seit dem StVÄG 1979 weiter zu unterscheiden:

1. Die Beweisaufnahme ist von Amts wegen auf alle gerichtlich (!) vorgeladenen und erschienenen Zeugen und Sachverständigen sowie auf die vom Gericht oder der StA gemäß § 214 IV herbeigeschafften sachlichen Beweismittel zu erstrecken, sofern nicht die Beweiserhebung unzulässig ist. Der Verzicht auf derartige Beweismittel ist nur im Einverständnis von StA, Angeklagtem und Verteidiger zulässig (§ 245 I; vgl. näher Rieß, NJW 1977, 881).

2. Eine Pflicht des Gerichts zur Ausdehnung der Beweisaufnahme auf die vom Angeklagten (§ 220) oder der StA vorgeladenen und erschienenen Zeugen und Sachverständigen sowie auf die sonstigen sachlichen Beweismittel besteht nur, wenn ein förmlicher Beweisantrag gestellt wird. Die Ablehnung eines solchen Beweisantrages ist obligatorisch bei Unzulässigkeit und fakultativ, „wenn die Tatsache, die bewiesen werden soll, schon erwiesen oder offenkundig ist, wenn zwischen ihr und dem

Gegenstand der Urteilsfindung kein Zusammenhang besteht, wenn das Beweismittel völlig ungeeignet ist oder wenn der Antrag zum Zwecke der Prozeßverschleppung gestellt ist" (§ 245 II). Im Gegensatz zu § 244 IV, 2 wird hier beim Sachverständigenbeweis das Beweisantizipationsverbot nicht eingeschränkt (Engels, GA 1981, 36).

Die Neuregelung hat teilweise die Ablehnungsgründe des § 244 III übernommen (vgl. zur Auslegung u. II). Der zusätzlich eingeführte Ablehnungsgrund des mangelnden Zusammenhanges ist restriktiv auszulegen (vgl. Marx, NJW 1981, 1420). Der Zusammenhang fehlt z. B., wenn ein wegen antisemitischer Äußerungen Angeklagter zum Beweis seiner Behauptungen die Verlesung von Teilen der Bibel beantragt (so die Sachlage in BGHSt *17, 28*).

§ 245 setzt voraus, daß die Zeugen und Sachverständigen „vorgeladen und erschienen" sind; er gilt daher nicht für die vom Angeklagten ohne förmliche Ladung (§§ 220, 38) in die Sitzung mitgebrachten *(„gestellten") Zeugen oder Sachverständigen* (BGH b. Holtz, MDR 1981, 982). Der Antrag auf ihre Vernehmung ist als einfacher Beweisantrag nach § 244 anzusehen und nach § 244 III, IV ablehnbar.

II. Ist ein Beweismittel *nicht präsent,* sondern zielt der Beweisantrag erst auf seine Herbeischaffung ab, so ist seine Ablehnung in weiterem Umfange zugelassen (§ 244).

1. Für den *Zeugen-* und den *Urkundenbeweis* gilt ausschließlich § 244 III. Danach dürfen Beweisanträge unter folgenden vier Voraussetzungen (das Gesetz zählt acht auf, sie lassen sich aber in vier Gruppen zusammenfassen) abgelehnt werden:

a) wegen *Unzulässigkeit;* z. B. wenn die Vernehmung eines Beamten als Zeugen beantragt ist, dem die vorgesetzte Dienstbehörde die Genehmigung zur Aussage verweigert hat (vgl. § 54), oder wenn die Verlesung eines polizeilichen Vernehmungsprotokolls über das Geständnis des Angeklagten beantragt wird (vgl. § 254); im Unterschied zu den Fällen b–d ist das Gericht bei Unzulässigkeit zu einer Ablehnung des Antrages nicht nur befugt, sondern auch verpflichtet (§ 244 III, 1);

b) bei *Überflüssigkeit,* sei es

aa) daß die Tatsache offenkundig (dazu § 24 C II) oder

bb) bedeutungslos oder

cc) schon bewiesen ist, oder

dd) daß eine erhebliche Behauptung, die zur Entlastung des Angeklagten bewiesen werden soll, so behandelt werden kann, als wäre sie wahr (sog. *Wahrunterstellung).* Hält sich das Gericht nicht daran, so liegt darin ein Verstoß gegen § 244 III und gegen das Gebot des fair trial (BGHSt 32, 44 m. abl. Anm. K. Meyer, JR 1984, 173). Die Wahrunterstellung ist eine vorweggenommene Anwendung des Grundsatzes „in dubio pro reo" (eingehend dazu Tenckhoff, 115 ff.; Herdegen, NStZ 1984, 340) und kommt daher erst in Frage, wenn eine Sachaufklärung nicht mehr möglich ist (BGHSt *1, 137*). Das Gericht darf deshalb aus ihr keinesfalls belastende Folgerungen ziehen (a. A. BGH NJW 1976, 1950 m. abl. Anm. Tenckhoff; dag. D. Meyer, NJW 1976, 2355). Umstritten, aber wohl zu verneinen ist die Frage, ob das Gericht an seine ursprüngliche Ansicht, eine (als wahr unterstellte) Behauptung sei erheblich, gebunden ist (wie hier RGSt 65, 322; BGH GA 1972, 72; BGH Holtz MDR 1979, 281; Tenckhoff, 133; a. A. Schröder NJW 1972, 2105; Willms, 275). Jedoch ist aus prozeßökonomischen Gründen und als Folge der gerichtlichen Fürsorgepflicht (vgl. o. § 42 D V) unter analoger Anwendung von § 265 zu verlangen, daß das Gericht auf die nachträgliche Feststellung der Unerheblichkeit hinweist (Tenckhoff, 133 ff; etwas einschränkend OLG Hamm, NStZ 1983, 522). Auch ist das Gericht verpflichtet, die nachträglich festgestellte Unerheblichkeit im Urteil zu begründen (Tenckhoff, 135 f.; vgl. auch BGHSt 28, 310).

c) bei *Zwecklosigkeit*, d. h. wenn das Beweismittel aa) völlig ungeeignet oder bb) unerreichbar ist.

aa) Da die Feststellung *mangelnder Eignung* eine Vorwegnahme der Beweiswürdigung bedeutet, ist sie auf seltene Ausnahmefälle objektiver Evidenz zu beschränken. Ein bereits rechtskräftig abgeurteilter früherer Mitbeschuldigter ist ebensowenig von vornherein als Beweismittel ungeeignet wie die Ehefrau des Angeklagten oder ein mehrfach wegen Meineids Verurteilter. Ein Sachverständiger ist auch dann nicht völlig ungeeignet, wenn er sich nicht über Schuld oder Unschuld, sondern nur über die größere oder geringere Wahrscheinlichkeit der Tatbegehung (BGH *NJW 1983, 404*) oder Beweisbehauptung (BGH *NStZ 1984, 564, StrV 1984, 231*) äußern kann; entsprechendes gilt für Zeugenaussagen (BGH NStZ 1984, 42). Dagegen sollen nach BGH NJW 1978, 1207 ein Hellseher ebenso wie ein parapsychologisches Gutachten als Beweismittel völlig ungeeignet sein. Bedenklich ist es, ein Beweismittel deshalb als völlig ungeeignet anzusehen, weil das Gericht sich vor der Hauptverhandlung die Ansicht verschafft hat, daß ein Zeuge zu sachdienlichen Angaben nicht bereit sein würde (so aber BGH b. Holtz, MDR 1982, 104).

bb) *Unerreichbar* ist ein Zeuge, wenn er nicht auffindbar oder z. B. in Kriegsgefangenschaft in fernen Ländern ist. Nicht schlechthin unerreichbar ist er bei Aufenthalt im Ausland oder in der DDR, da hier u. U. Rechtshilfe möglich und ausreichend ist; ferner ist zu berücksichtigen, daß nach dem EuRHÜbk u. U. die Gewährung freien Geleites möglich ist (BGH StrV 1982, 207). Auch ein der Tatbeteiligung verdächtiger Zeuge, der im Ausland wohnt, ist nicht von vornherein für unerreichbar zu erklären (BGH NJW 1983, 528; BGH NStZ 1983, 276). Hält sich der Zeuge in fernen Ländern auf, ist ggf. die Wichtigkeit seiner Bekundung gegen das Beschleunigungsgebot (vgl. § 16 C) abzuwägen (OLG Schleswig, StrV 1982, 11). Alles in allem ist die Rspr. des BGH streng; die Instanzgerichte werden immer wieder ermahnt, im Ausland wohnende Zeugen nicht vorschnell für unerreichbar zu erklären. Eine mehrmonatige Vernehmungsunfähigkeit des einzigen Belastungszeugen macht diesen nicht unerreichbar (BayObLG, StrV 1982, 412). Daß ein Zeuge bei anderer Gelegenheit von seinem Zeugnis- oder Auskunftsverweigerungsrecht Gebrauch gemacht hat, macht ihn (anders als bei einer Verweigerung der Aussagegenehmigung nach § 54 oder einem Beweiserhebungsverbot) nicht unerreichbar (BGH NStZ 1981, 32). Kann ein Zeuge zwar nicht in der Hauptverhandlung, aber doch von einem beauftragten oder ersuchten Richter gem. § 223 vernommen werden, so darf er nicht deswegen als unerreichbar angesehen werden, weil das Gericht sich von einer kommissarischen Vernehmung nichts verspricht (BGH JR 1984, 129 m. krit. Anm. K. Meyer).

Beruht die Unmöglichkeit der Vernehmung des Zeugen in der Hauptverhandlung (bzw. der richterlichen Vernehmung des Zeugen überhaupt) darauf, daß der Zeuge ein V-Mann („Vertrauensmann") der Abwehr oder der Polizei (dazu näher

§ 44 B IV) ist, dessen Aussage nicht von der zuständigen Behörde genehmigt oder dessen Name und ladungsfähige Anschrift nicht von der obersten Dienstbehörde mitgeteilt wird, so ist das Gericht aufgrund seiner Pflicht zur Sachaufklärung (§ 244 II) gehalten, die Gründe für die Verweigerung der Aussagegenehmigung bzw. der Preisgabe der Personalien zu überprüfen (BVerfGE *57, 250,* 288; BGHSt, *32, 115,* 125 f.), auf die Vernehmung des V-Mannes in öffentlicher Hauptverhandlung hinzuwirken (BGHSt aaO.) und ggf. von der Behörde die Revidierung ihrer Entscheidung zu verlangen (BGHSt *32, 115,* 126; weitergehend Lüderssen, Klug-Festschr., 527). Bei einer Vorenthaltung von Namen und ladungsfähiger Anschrift des Zeugen kommen nur Nachteile für das Wohl des Bundes oder eines deutschen Landes (§ 96 analog) als zulässige Begründung in Betracht; dabei muß die Behörde dem Gericht darlegen, warum solche Nachteile mit der Vernehmung des V-Mannes verbunden sind (BGHSt *30, 34;* BGHSt, *32, 115;* OLG Celle, NStZ 1983, 570). (Auch die StA darf das Ersuchen des Gerichts um Vorlage einer vollständigen Zeugenvernehmung nur unter den Voraussetzungen des § 96 ablehnen, OLG Frankfurt NJW 1982, 1408.) § 96 ist auf nichtbeamtete polizeiliche V-Männer entsprechend anwendbar (BVerfGE 57, 250, 272). Die Verwaltungsbehörde soll davon ausgehen, daß ein Zeuge grundsätzlich in öffentlicher Hauptverhandlung auszusagen hat; sie muß außer den ihr obliegenden Aufgaben die Bedeutung der gerichtlichen Wahrheitsfindung und das Gewicht des Freiheitsanspruches berücksichtigen (BGHSt, *32, 115,* 124; vgl. auch BVerfGE *57, 250,* 283). Die Versagung der Aussagegenehmigung kann vor den Verwaltungsgerichten, die Verweigerung der Personalien des Zeugen vor den Oberlandesgerichten (gem. § 23 EGGVG) angefochten werden (dazu näher Hilger, NStZ 1984, 145 m. w. N.; vgl. auch OLG Stuttgart, NStZ 1985, 136 m. Anm. Hilger). Ist die Sperrung des Zeugen durch die Behörde mißbräuchlich, so darf ein Beweisantrag auf Vernehmung dieser Person nicht wegen Unerreichbarkeit abgelehnt und ein nichtrichterliches Protokoll oder eine schriftliche Äußerung des V-Mannes – jedenfalls gegen den Willen des Angeklagten – nicht gem. § 251 II verlesen werden; auch die Vernehmung eines „Zeugen vom Hörensagen" (dazu § 44 B IV) ist in einem solchen Fall unzulässig, wenn sie dem Willen des Angeklagten widerspricht. Dies ergibt sich aus dem Anspruch des Angeklagten auf ein faires Verfahren (BGH StrV 1983, 49; Bruns, Neue Wege zur Lösung des strafprozessualen „V-Mann-Problems", 1982, 60; Backes, Klug-Festschr., 1983, 447; vgl. auch § 44 B I 2a und § 44 B IV).

d) bei *Verschleppungsabsicht.*

Die Ablehnung wegen Verschleppungsabsicht setzt den zweifelsfreien Nachweis voraus, daß der Antragsteller sich der Unmöglichkeit bewußt ist, durch die Beweiserhebung eine günstige Wendung des Verfahrens herbeizuführen; von dieser Unmöglichkeit muß auch das Gericht selbst überzeugt sein (BGH *NStZ 1984,* 230). Da auch hierin eine vorweggenommene Beweiswürdigung liegt, stellt die Rechtsprechung an den Nachweis der Motive sehr strenge Anforderungen (vgl. BGH *NStZ 1982, 391*); insbesondere darf ein Antrag nicht ohne inhaltliche Prüfung abgelehnt werden (BGHSt 21, 118; BGHSt *29, 149*). Auch kommt objektiv eine Prozeßverschleppung nur dann in Betracht, wenn eine wesentliche Verzögerung des Verfahrens zu erwarten ist (OLG Köln NStZ 1983, 90 m. Anm. Dünnebier).

Durch Umkehrschluß aus § 244 III, 2 folgt, daß die *Ablehnung* eines Beweisantrages auf Zeugenvernehmung oder Urkundenbeiziehung *unzulässig* ist mit der Begründung:

aa) das Beweismittel sei zu spät vorgebracht (so ausdrücklich § 246; BGH *NStZ 1982, 41*). Auch im Urteilsverkündungstermin muß ein Antrag noch entgegengenommen werden (BGH *NStZ 1981, 311*). Ist er allerdings in Verschleppungsabsicht zu spät gestellt, so kann der Antrag nach § 244 III, 2 abgelehnt werden;

bb) das Gericht sei schon vom Gegenteil überzeugt (die Sache sei schon aufgeklärt), und man würde daher dem Zeugen oder der Urkunde doch keinen Glauben schenken. Darin würde eine unzulässige Vorwegnahme des Beweisergebnisses liegen; die Würdigung eines Beweismittels, das man noch gar nicht gesehen hat, wird damit ausgeschlossen, weil man über den Wert eines Beweismittels in der Regel erst nach Erhebung des Beweises entscheiden kann;

cc) ein anderes Beweismittel sei ebenso zuverlässig wie das beantragte (a. A. BGHSt 22, 347: Landkartenbesichtigung anstelle beantragter Zeugenvernehmung; das Urteil ist nur deshalb im Ergebnis richtig, weil die zu beweisende Tatsache offenkundig war, s. o. II, 1 b). Insbesondere darf nicht die Vernehmung eines Zeugen X durch die Vernehmung des Y ersetzt werden mit der Begründung, dieser sei ebenso zuverlässig; eine Ausnahme von diesem Grundsatz soll nach BGH *NStZ 1983, 86* für den Fall gelten, daß lediglich über den Inhalt einer X und Y gleichermaßen zugänglichen Urkunde berichtet werden soll (hierzu und zur Gesamtproblematik Schulz, StrV 1983, 341).

dd) der Antrag auf Beweiserhebung sei rechtsmißbräuchlich gestellt (BGH JZ 1980, 150).

2. Der Antrag auf Vernehmung eines *Sachverständigen* kann darüber hinaus auch mit der Begründung abgelehnt werden (§ 244 IV):

a) daß das Gericht selbst die erforderliche Sachkunde besitze. Dabei ist nicht erforderlich, daß alle Mitglieder eines Kollegialgerichts in gleicher Weise sachkundig sind (BGHSt *12, 18*; BGH NStZ 1983, 325). Das Gericht darf sich aber nicht die erforderliche Sachkunde dadurch verschaffen, daß es sich außerhalb der Hauptverhandlung von einem Sachverständigen beraten läßt; denn dadurch werden die gesetzlichen Vorschriften über den Sachverständigenbeweis umgangen (a. A. OLG Hamm, NJW 1978, 1210). Zur Beurteilung der Glaubwürdigkeit eines Zeugen bedarf es nur in Ausnahmefällen der Beiziehung eines Sachverständigen (BGHSt 23, 1; BGH *NStZ 1982, 42, 170*). Der Richter kann die erforderliche Sachkunde auch durch ein Gutachten erwerben, dem er sich nicht anschließt (BGH NStZ 1984, 467 m. Anm. Brunner und Anm. Eisenberg, NStZ 1985, 84).

b) daß die Sache schon durch ein anderes Gutachten geklärt sei (m. a. W., daß schon durch ein anderes Gutachten das Gegenteil der behaupteten Tatsache erwiesen sei – also anders als bei Zeugen!); Ausnahmen s. § 244 IV, 2.

3. Einen Beweisantrag auf Einnahme eines *Augenscheins* kann das Gericht nach pflichtmäßigem Ermessen ablehnen (§ 244 V). Dieses Ermessen ist überschritten, wenn das Gericht den Antrag auf eine Augen-

scheinseinnahme, durch die bewiesen werden soll, daß sich der Vorgang so, wie in der Anklage behauptet, nicht abgespielt haben kann, nur deshalb zurückweist, weil es eine belastende Zeugenaussage für glaubhaft hält (BGHSt *8, 177; NStZ 1984, 565*).

D. Die *Ablehnung* eines Beweisantrages bedarf eines ausdrücklichen *Gerichtsbeschlusses* (§ 244 VI); ignoriert das Gericht einen Beweisantrag, so führt dieser Verstoß gegen § 244 VI in der Regel zur Aufhebung (BGH NStZ *1983, 422; 568*). Der Ablehnungsbeschluß ist zu begründen (BGH *NStZ 1981, 309, 401*) und vor Schluß der Beweisaufnahme zu verkünden, damit die Beteiligten vor Erlaß des Urteils nochmals Gelegenheit zur Äußerung und zur Stellung etwaiger weiterer Beweisanträge haben. Bei Ablehnung wegen Bedeutungslosigkeit muß die Begründung ergeben, ob die Beweisbehauptung aus tatsächlichen oder rechtlichen Gründen für bedeutungslos gehalten wird (BGH NStZ 1982, 213). Hilfsweise gestellte Anträge, sog. *Eventualanträge* (z.B.: In erster Linie beantrage ich Freisprechung, evtl. Begutachtung nach § 81), brauchen nach der Rechtsprechung (RGSt 62, 76) erst in den Urteilsgründen beschieden zu werden (einschränkend BGHSt 22, 124). Sie bringen also praktisch dem Antragsteller lediglich einen Nachteil, und zwar den, daß er erst in den Gründen erfährt, daß und warum sein (hilfsweise gestellter) Beweisantrag abgelehnt worden ist, also zu einem Zeitpunkt, in dem er keine anderen Beweisanträge mehr stellen kann.

E. Die unzulässige Ablehnung eines Beweisantrags begründet die *Revision* (§ 338 Nr. 8).

§ 44. Mündlichkeit und Unmittelbarkeit der Hauptverhandlung

Literatur: M a a s , Der Grundsatz der Unmittelbarkeit in der Reichsstrafprozeßordnung, 1907; O e t k e r , Mündlichkeit und Unmittelbarkeit im Strafverfahren, GS 105, 1; K r a u s e , Zum Urkundenbeweis im Strafprozeß, 1966, insbes. S. 129ff.; F e z e r , Die Funktion der mündlichen Verhandlung im Zivilprozeß und im Strafprozeß, 1970; L ö h r , Der Grundsatz der Unmittelbarkeit im deutschen Strafprozeßrecht, 1972; S c h r e i b e r , Akteneinsicht für Laienrichter?, Welzel-Festschr., 1974, 941; M e h n e r , Die Vernehmung von Verhörspersonen im deutschen Strafprozeß, 1975; S c h r o t h , Der Vorhalt eigener protokollierter Aussagen an den Angeklagten, ZStW 87 (1975), 103; K u c k u c k , Zur Zulässigkeit von Vorhalten aus Schriftstücken in der Hauptverhandlung des Strafverfahrens, 1977; F e z e r , Grundfälle zum Verlesungs- und Verwertungsverbot im Strafprozeß, JuS 1977, 234, 669, 813; JuS 1978, 104; H a n a c k , Protokollverlesungen und Vorhalte als Vernehmungsbehelf, Schmidt-Leichner-Festschr., 1977, 83; G e p p e r t , Der Grundsatz der Unmittelbarkeit im deutschen Strafverfahren, 1979; J. M e y e r , „Die Gerichtssprache ist deutsch" – auch für Ausländer?, ZStW 93 (1981), 507; B r u n s , Neue Wege zur Lösung des strafprozessualen „V-Mann-Problems", 1982; G r ü n w a l d , Der Niedergang des Prinzips der unmittelbaren Zeugenvernehmung, Dünnebier-Festschr., 1982, 347; K r ü g e r , Verfassungsrechtliche Grundlagen polizeilicher V-Mann-Arbeit, NJW 1982, 855; R e b m a n n , Der Zeuge vom Hörensagen usw., NStZ 1982, 315; B a c k e s , Abschied vom Zeugen vom Hörensagen, Klug-Festschr., 1983, 447; B r u n s , Präjudizierende Randbemerkungen zum „Vorlage"-Beschluß des BGH 2 StR 792/82 vom

4.5.1983, StrV 1983, 382; J. Meyer, Zur prozeßrechtlichen Problematik des V-Mannes, ZStW 95 (1983), 834; Schoreit, Die kommissarische Vernehmung des anonym bleibenden Vertrauensmannes der Polizei usw., MDR 1983, 617; Wömpner, Ergänzender Urkundenbeweis neben §§ 253, 254 StPO?, NStZ 1983, 293; Bruns, Der Beschluß des Großen Senates zum strafprozessualen V-Mann-Problem, MDR 1984, 177; Herdegen, Bemerkungen zum Beweisantragsrecht, NStZ 1984, 97, 200 u. 337; Krüger, Rechtsfragen bei verdeckten Ermittlungen aus verfassungsrechtlicher Sicht, JR 1984, 490; Miebach, Der Ausschluß des anonymen Zeugen aus dem Strafprozeß, ZRP 1984, 81; Schäfer, Das Ende des „V-Mannes"?, JR 1984, 397; Tiedemann/Sieber, Die Verwertung des Wissens von V-Leuten im Strafverfahren, NJW 1984, 753; J. Meyer, Zur V-Mann-Problematik aus rechtsvergleichender Sicht, Jescheck-Festschr., 1985, 1311.

Für die Hauptverhandlung, namentlich für die Beweisaufnahme, gelten die Grundsätze der Mündlichkeit und Unmittelbarkeit.

A. Begriff und Bedeutung

I. Der Grundsatz der *Mündlichkeit* besagt, daß nur der mündlich – in der Regel auf deutsch (§ 184 GVG, beachte aber Art. 6 III a MRK) vorgetragene und erörterte Prozeßstoff dem Urteil zugrundegelegt werden darf. Er findet seinen Ausdruck in §§ 261 und 264; denn wenn diese Vorschriften das Gericht bei der Beweiswürdigung und der Urteilsfindung auf das Ergebnis „der Verhandlung" beschränken, meinen sie damit die in allen Einzelheiten mündlich ausgestaltete Hauptverhandlung (vgl. §§ 226, 231, 243, 249, 257f.).

II. Der Grundsatz der *Unmittelbarkeit* bedeutet zweierlei:

1. Das *Gericht*, das das Urteil fällt, muß *selbst wahrnehmen* (formelle Unmittelbarkeit); es darf grundsätzlich die Beweisaufnahme nicht anderen Personen, etwa einem beauftragten oder ersuchten Richter, überlassen (Ausnahme: die kommissarische Beweisaufnahme nach §§ 223–225; vgl. o. § 41 C).

2. Das Gericht muß die Tatsachen aus der Quelle selbst schöpfen, d. h. es darf *keine Beweissurrogate* benutzen (materielle Unmittelbarkeit). Es muß namentlich den Angeklagten und die Zeugen persönlich vernehmen. Die Vernehmung von Zeugen „darf" nach § 250, 2 prinzipiell „nicht durch Verlesung des über eine frühere Vernehmung aufgenommenen Protokolls oder einer schriftlichen Erklärung ersetzt werden".

III. Die Grundsätze der Mündlichkeit und Unmittelbarkeit stammen aus der Reformgesetzgebung des 19. Jahrhunderts (vgl. u. § 70 C). Mit ihrer Einführung sollten die schweren Mängel beseitigt werden, die die Trennung von inquirierendem und urteilendem Richter in dem schriftlichen Inquisitionsprozeß (Aktenversendung!) mit sich gebracht hatte (eindringlich dazu Eb. Schmidt, I, Rdnr. 426–428). Indem das Gericht in eigener Wahrnehmung ein Bild von dem Angeklagten und sämtlichen Beweispersonen und -gegenständen gewinnt, soll es in den Stand gesetzt werden, aus seinem lebendigen, unmittelbaren Eindruck über die Tat,

„wie sie sich nach dem Ergebnis der Verhandlung darstellt" (§ 264), zu urteilen. Diesem Ziel dient die Pflicht der Verfahrensbeteiligten zu ununterbrochener Anwesenheit (§§ 226, 231) ebenso wie die Konzentrationsmaxime (vgl. § 229; o. § 16 C).

B. Auswirkungen

Im einzelnen wirken sich die Grundsätze der Mündlichkeit und der Unmittelbarkeit folgendermaßen aus:

I. Der *Inhalt der Akten* ist als Urteilsgrundlage prinzipiell *ausgeschlossen.*

1. Die bloße *Kenntnisnahme* von den Akten ist allerdings den Berufsrichtern gestattet (unumgänglich für den Vorsitzenden und den Berichterstatter), den Laienrichtern wegen der größeren Gefahr unbewußter Beeinflussung dagegen grundsätzlich verwehrt (RGSt 69, 120; BGHSt *13, 73*). Eine Ausnahme gilt allerdings, wenn nach § 249 II von der Verlesung eines Schriftstücks abgesehen wird. In diesem Fall müssen die Richter vom Wortlaut Kenntnis genommen haben (entgegen dem Wortlaut einschränkend BGHSt 30, 10; krit. dazu Kurth, NStZ 1981, 232), was den Schöffen freilich erst nach Verlesung des Anklagesatzes (§ 249 II, 3) bzw. in der Berufungsinstanz nach dem Vortrag des Berichterstatters (§ 325 II) gestattet ist. Gänzlich unzulässig ist die über eine bloße Erläuterung des Anklagesatzes hinausgehende Mitteilung von Beweisergebnissen des Vorverfahrens (vgl. RGSt *32, 318*).

2. *Personen,* die als Beweismittel dienen, müssen *selbst vernommen* werden (§ 250). Nur in einigen *Ausnahmefällen* ist die Verlesung (Mündlichkeit!) von *Protokollen* über ihre Vernehmung und anderen *schriftlichen Äußerungen* zulässig:

a) Bei unvermeidbarer *Abwesenheit* von Zeugen, Sachverständigen oder Mitbeschuldigten dürfen richterliche, u. U. auch nicht-richterliche Vernehmungsprotokolle bzw. schriftliche Äußerungen verlesen werden (i. e. s. § 251 I Nr. 1–3, II). Voraussetzung einer solchen Verlesung ist freilich, daß ein derart Vernommener bei seiner früheren Vernehmung prozeßordnungsgemäß über sein Zeugnis- oder Aussageverweigerungsrecht belehrt worden ist (vgl. BGHSt 10, 186, 190). Fehlt es daran, scheidet eine Verwertung seiner Aussagen nach § 251 StPO aus (für einen Sonderfall vgl. BGHSt 27, 139 m. Anm. Hanack, JR 1977, 433).

Zu beachten ist, daß die Verlesung nur dann statthaft ist, wenn die Abwesenheit des Zeugen, Sachverständigen oder Mitbeschuldigten tatsächlich *unvermeidbar* ist. § 251 I Nr. 3 darf nicht zu großzügig ausgelegt werden; in wichtigeren Sachen ist auch das Erscheinen eines Zeugen aus den USA zumutbar (BGH NStZ *1981, 271*).
Das Protokoll der richterlichen Vernehmung eines V-Mannes (dazu näher bei B IV) darf nicht verlesen werden, wenn bei der Vernehmung eine zwingende verfahrensrechtliche Vorschrift verletzt wurde; sei es, daß der Verteidiger unter Verstoß gegen § 168 c II gegen seinen Willen von der Vernehmung ausgeschlossen, sei es, daß entgegen § 68 der Name des Zeugen geheimgehalten oder eine im

Gesetz nicht vorgesehene optische oder akustische Abschirmung vorgenommen wurde. Die genannten Maßnahmen sind auch dann unzulässig, wenn die zuständige Behörde nur unter solchen Bedingungen bereit war, die Aussagegenehmigung zu erteilen oder dem Gericht den Namen des Zeugen bekanntzugeben (BGHSt, GrS, *32, 115* m. Anm. Engels, NJW 1983, 1530; K. Schmid, DRiZ 1983, 474; Fezer, JZ 1984, 433; Frenzel, NStZ 1984, 39 und Grünwald, StrV 1984, 56; vgl. zu dieser Entscheidung auch Bruns, MDR 1984, 177; Tiedemann/Sieber, NJW 1984, 753; Herdegen, NStZ 1984, 97, 200 u. 337; Miebach, ZRP 1984, 81 und Schäfer, JR 1984, 397; vgl. ferner den Vorlagebeschluß des 2. Senates des BGH, NStZ 1984, 32 m. Anm. Günther; dazu Bruns, StrV 1983, 382). Zulässig ist es dagegen, wenn die Voraussetzungen dafür vorliegen (vgl. § 42 F II 3), den Angeklagten während der Vernehmung des V-Mannes zu entfernen (BGHSt, *32, 115;* BGH StrV 1985, 3; vgl. auch BVerfGE *57, 250,* 286f.). Die Entfernung erstreckt sich dann auf die Vereidigung des V-Mannes (BGH StrV 1985, 3).

Entgegen einigen Stellungnahmen im Schrifttum (Grünwald, StrV 1984, 56; Bruns, MDR 1984, 177) hat der BGH bisher aus der erwähnten Grundsatzentscheidung des Großen Senates für Strafsachen (BGHSt *32, 115*) nicht die Folgerung gezogen, die Einführung der Bekundungen des als Zeuge gesperrten V-Mannes in die Hauptverhandlung gem. § 251 II sei schlechthin unzulässig (BGH StrV 1985, 5 und 45). Ob die Rechtsprechung mit Rücksicht auf die besagte Grundsatzentscheidung verlangen wird, daß die Identität des V-Mannes, dessen Bekundungen nach § 251 II in die Hauptverhandlung eingeführt werden sollen, festgestellt wird, bleibt abzuwarten (dafür mit beachtlicher Argumentation Tiedemann/Sieber, NJW 1984, 753, 760; Engels, NJW 1983, 1530, 1532; Frenzel, NStZ 1984, 39, 40f.; dagegen BGH StrV 1985, 45; Herdegen, NStZ 1984, 202f.). Die Zulässigkeit solcher Beweissurrogate muß aber jedenfalls dann verneint werden, wenn sie dem Willen des Angeklagten widersprechen und die Sperrung des Zeugen durch die Behörde mißbräuchlich war (vgl. § 43 C II 1c).

b) *Richterliche Protokolle* über die Vernehmung von Zeugen, Sachverständigen oder Mitbeschuldigten dürfen *auch sonst* verlesen werden, wenn Staatsanwalt, Verteidiger und Angeklagter damit *einverstanden* sind (§ 251 I Nr. 4). Die Annahme des BGH (StrV 1983, 319), dieses Einverständnis könne auch stillschweigend erteilt werden, ist bedenklich, weil sie das Zustimmungserfordernis in eine Widerspruchspflicht umwandelt (Schlothauer, StrV 1983, 320).

c) Bei *Anwesenheit* von Zeugen oder Sachverständigen ist die Protokollverlesung nur zur Gedächtnisunterstützung und zur Feststellung oder Behebung von Widersprüchen zulässig (§ 253).

d) Zur Beweisaufnahme über ein *Geständnis des Angeklagten* (zum Begriff vgl. BGH Holtz MDR 1977, 984) und zur Feststellung oder Behebung von *Widersprüchen* zwischen seiner neuen und einer früheren Aussage dürfen (ausschließlich) richterliche Protokolle über seine früheren Angaben verlesen werden (§ 254). Dies gilt aber entgegen BGHSt 22, 372ff. nicht für Geständnisse eines Mitangeklagten; dieser muß persönlich vernommen werden, damit ihm Fragen und Einwendungen entgegengehalten werden können.

Die Bedeutung der §§ 253, 254 ist umstritten. In Übereinstimmung mit der Rechtsprechung ist anzuerkennen, daß es sich hier um Fälle des *Urkundenbeweises* handelt, die das Unmittelbarkeitsprinzip durchbrechen. Natürlich wird durch eine nach diesen Bestimmungen zulässige Verlesung nicht die Wahrheit des Verlesenen bewiesen; es wird nur die frühere Aussage in den Prozeß eingeführt und zum Gegenstand der freien Beweiswürdigung gemacht.

Demgegenüber vertreten einige Autoren mit beachtlichen Gründen die Ansicht, ein Fall des Urkundenbeweises werde nur in § 254 I („zum Zweck der Beweisaufnahme") geregelt, während die §§ 253, 254 II es lediglich für statthaft erklärten, dem zu Vernehmenden die frühere Aussage durch Verlesen *vorzuhalten*. Nicht der Inhalt der verlesenen Protokolle dürfe in die Urteilsgrundlagen einbezogen werden, sondern für die Urteilsfindung verwertbar sei nur, was der Angeklagte oder Zeuge auf Grund des Vorhaltes in der Hauptverhandlung erkläre (so Eb. Schmidt, II, § 253, Rdnr. 5 ff.; § 254, Rdnr. 10; Krause, aaO., 188 ff.). Diese Differenzierung findet jedoch im Gesetz keine hinreichende Grundlage; daß das Gesetz einen vom Urkundenbeweis zu unterscheidenden „Vorhalt durch Protokollverlesung" überhaupt kennt, ist der StPO nicht zu entnehmen. Die in § 255 für alle Fälle der §§ 253, 254 angeordnete Protokollierung spricht sogar gegen eine unterschiedliche Behandlung (vgl. Sax, JZ 1967, 229 f.).

e) Frühere schriftliche Erklärungen eines Zeugen (z. B. auch die von einem Polizeibeamten erstattete Anzeige) können ferner ohne Einschränkung *neben* dessen Vernehmung im Wege des Urkundenbeweises in den Prozeß eingeführt werden (§ 250, 2 verbietet nur die „Ersetzung" der Vernehmung, vgl. BGHSt 20, 160; eingehend dazu Wömpner aaO.). Wenn der als Zeuge vernommene Polizist in einem solchen Fall aussagt, daß er sich an den fraglichen Vorfall zwar nicht mehr erinnere, daß er aber alle Strafanzeigen nur der Wahrheit gemäß zu erstatten pflege, so ist der Tatrichter nach Auffassung des BGH nicht gehindert, seine Überzeugung von der Schuld des Angeklagten in freier Beweiswürdigung auf die schriftliche Anzeige und die „Blankoversicherung" des Anzeigerstatters zu gründen (BGHSt *23, 213*; BGH NJW 1970, 1558; einschränkend OLG Köln *NStZ 1981, 76*).

f) *Allgemein* können daneben verlesen werden (§ 256):
aa) Zeugnisse oder Gutachten *öffentlicher Behörden* (z. B. Anstellungsurkunden, Steuerbescheide, Strafregisterauszüge, Prüfungszeugnisse, Fahrtschreiberdiagramme, vgl. OLG Celle m. Anm. v. Puppe, JR 1978, 122) sowie der Ärzte eines gerichtsärztlichen Dienstes mit Ausnahme von Leumundszeugnissen. Das Gesetz erachtet in diesen Fällen die Vernehmung der Wahrnehmungsperson wegen der Zuverlässigkeit solcher Erklärungen für unnötig.

bb) *Ärztliche Zeugnisse* über Körperverletzungen, die nicht zu den schweren i. S. des § 224 StGB gehören. Dadurch soll den Ärzten der zeitraubende Weg zum Gericht erspart werden, soweit nicht die Schwere des Delikts ihre Anwesenheit erfordert. § 256 gilt jedoch nur, wenn das Strafverfahren sich auf die Verfolgung der Körperverletzung beschränkt, nicht dagegen, wenn mit der Körperverletzung eine weitere Straftat einherging (etwa Notzucht, vgl. BGHSt *4, 155*, oder § 176 III StGB, BGH NJW 1980, 651 oder Raub, BGH StrV 1982, 59); auf der unterlassenen Beiziehung des Arztes kann ggf. auch bei einem geständigen Angeklagten das Urteil (Strafmaß!) beruhen.

cc) Das 1. StVRG hat die Verlesbarkeit außerdem auf Gutachten über die Auswertung eines Fahrtschreibers, die Bestimmung der Blutgruppe oder des Blutalkoholgehalts einschließlich seiner Rückrechnung sowie auf ärztliche Berichte zur Entnahme von Blutproben erstreckt. Es handelt sich dabei häufig um Routinegutachten. Der dann mögliche Verzicht auf die persönliche Anwesenheit des Sachverständigen dient der Beschleunigung des Verfahrens, weil bei der Terminansetzung auf anderweitige Verpflichtungen des Sachverständigen nicht mehr Rücksicht genommen zu werden braucht. In komplizierteren Fällen freilich gebietet es die gerichtliche Aufklärungspflicht (§ 244 II), den Sachverständigen persönlich vorzuladen, damit ggf. Fragen an ihn gestellt und Zweifel behoben werden können.

3. Über die in den §§ 251–254 geregelten Fälle hinaus hält die Rechtsprechung zudem *Protokollverlesungen* für beliebig zulässig, wenn sie nur zum Zwecke des *Vorhaltes* erfolgen; Urteilsgrundlage werde dann „nicht der Inhalt der vorgehaltenen Urkunde, sondern allein die durch den Vorhalt herbeigeführte Erklärung des Befragten" (so z.B. BGHSt 3, 281; 5, 278; 11, 151; 14, 312; 21, 286). Diese Unterscheidung ist aber „gekünstelt und praktisch undurchführbar" (Niese, JZ 1953, 518). Vor allem den Laienrichtern wird es kaum möglich sein, Protokollverlesungen zu Beweis- und Vorhaltzwecken in ihrer Bedeutung auseinanderzuhalten; daher läßt sich auch die Möglichkeit nicht ausschließen, daß zu Vorhaltzwecken verlesene Protokollinhalte die Überzeugungsbildung der Laienrichter in unzulässiger Weise beeinflussen. Man wird deshalb annehmen müssen, daß wörtliche Protokollverlesungen überhaupt nur gestattet sind, soweit die §§ 251 ff. sie zulassen (vgl. Niese, aaO.; Eb. Schmidt, I, Rdnr. 442 mit Fußn. 230; Krause, aaO., 190 ff., die freilich abweichend von der hier vertretenen Auffassung in den Fällen der §§ 253, 254 Verlesungen zu Vorhaltzwecken von solchen zu Beweiszwecken unterscheiden wollen; dazu s.o. B I, 2d). Will der Richter weitergehende Vorhalte machen, um den Angeklagten zur Aussage zu bewegen, so darf er sich nicht der Verlesung bedienen, sondern muß dem Angeklagten formlose Mitteilungen aus dem ihm ja bekannten Aktenmaterial entgegenhalten (a.A. Hanack, 83; Kuckuck, 224 ff., 241 ff., der auch im formlosen Vorhalt einen faktischen Urkundenbeweis sieht). Außerdem kann die Person, die das frühere Verhör geführt hat, als Zeuge vernommen werden (a.M. Grünwald, JZ 1968, 754; Kuckuck, 196 ff.).

II. Auch alle *sonstigen Erkenntnisquellen* außerhalb der Hauptverhandlung sind als Urteilsgrundlage ausgeschlossen.

1. *Privates Wissen* von der Tat kann der *Richter* nur durch seine Vernehmung als Zeuge in den Prozeß einführen (mit der Folge, daß er fortan als Richter ausgeschlossen ist, § 22 Nr. 5; vgl. o. § 26 A III, 2), er darf es aber nicht einfach bei der Urteilsfindung verwerten. Auch Beweisergebnisse aus einer anderen Hauptverhandlung dürfen nicht ohne weiteres verwertet werden (BGH *NJW 1984, 2172*, m. Anm. Gollwitzer, JR 1985, 126; StrV 1984, 186).

2. Ebensowenig darf sich das Gericht noch *während der Beratungen* neue Erkenntnisse verschaffen, etwa, indem es einen Sachverständigen um Erläuterung seines Gutachtens bittet (RGSt *17, 287*), sich von einem

beauftragten Richter über persönliche Eindrücke während einer Zeugenvernehmung unterrichten läßt (BGH NStZ 1983, 182) oder telefonisch einige ergänzende Auskünfte von einem Zeugen einholt (RGSt *71, 326*). Selbst die Verlegung der Beratungen an den Tatort, die nur den Eindruck einer früheren Augenscheinseinnahme lebendig erhalten soll, ist unzulässig (RGSt *66, 28*); erst recht darf der Richter nicht das Ergebnis privater Tatortbesichtigung in das Urteil einbringen (OLG Frankfurt StrV 1983, 192).

III. 1. Nicht abschließend geklärt ist die Frage, welche Bedeutung der Vorschrift des § 252 zukommt, derzufolge die Aussage eines im Vorverfahren vernommenen Zeugen, der erst in der Hauptverhandlung von seinem *Zeugnisverweigerungsrecht* Gebrauch macht, *nicht verlesen* werden darf. Das RG hat sie ihrem Wortlaut und ihrer systematischen Stellung entsprechend als bloßes Verlesungsverbot gedeutet und hat stattdessen die Vernehmung der früheren Verhörsperson über den Inhalt der Aussage unbeschränkt zugelassen. Die Rechtsprechung entnimmt seit der Entscheidung BGHSt *2, 99* dem § 252 zwar, wie es auch dem Zweck der Vorschrift allein entspricht, ein grundsätzliches Verwertungsverbot, läßt dieses jedoch nur für die Vernehmung nicht-richterlicher Verhörspersonen (Staatsanwalt, Polizeibeamter) gelten; dagegen soll die Vernehmung des Richters (auch des Zivil- bzw. Laienrichters, nicht aber des Urkundsbeamten oder eines Referendars) über die früher vor ihm gemachte Aussage zulässig sein, wenn der Zeuge über sein Zeugnisverweigerungsrecht belehrt worden war (st. Rspr.; vgl. BGHSt *7, 195; 11, 338; 13, 394; 17, 324*; 18, 146). Ob jedoch diese Differenzierung sachlich gerechtfertigt ist, ist fraglich, vollends, seitdem das Gesetz in der Fassung des StPÄG auch dem Staatsanwalt und der Polizei wie dem Richter die Belehrung des Zeugen vorschreibt (§§ 163a III, IV, 136 I); konsequenter wäre es, aus dem Verwertungsverbot die Unzulässigkeit jeder Beweiserhebung über die frühere Aussage zu folgern (ebenso Henkel, 345 m. Fußn. 31; Peters, 299; Eb. Schmidt, I, Rdnr. 454f.; Hanack, JZ 1972, 238; gänzlich abweichend KMR[7]-Paulus, § 252, Rdnr. 2ff.). Gleichwohl hält der BGH an seiner Ansicht fest (BGHSt 21, 218; BGH NJW 1979, 1722; 1984, 621).

2. § 252 greift nicht ein, wenn der Zeuge sich ungefragt vor einer Vernehmung gegenüber Strafverfolgungsbeamten äußert (Fezer, JuS 1977, 815); anders freilich, wenn der Polizeibeamte auf Initiative des Zeugen eine ganze Aussage in amtlicher Eigenschaft entgegennimmt (BayObLG *NJW 1983, 1132*). Hingegen ist ein Zeuge i. S. d. § 252 auch dann „vernommen" worden, wenn ihn die Polizei bloß formlos (informatorisch) oder vertraulich über den Ermittlungsgegenstand befragt hat (BGHSt *29, 230*; LG Lüneburg NJW 1969, 442; a. A. OLG Düsseldorf NJW 1968, 1840 m. abl. Anm. v. Hahnzog).

3. Der Rechtsgedanke des § 252 verbietet die Verlesung und Verwertung einer früheren Zeugenaussage auch dann, wenn der Zeuge in anderer Weise (z. B. dadurch, daß er sich versteckt hält) zu erkennen gibt, daß er in der Hauptverhandlung nicht aussagen will (a. A. BGHSt 25, 176).

4. § 252 gilt nach st. Rspr. des BGH nur für die Fälle des Zeugnisverweigerungsrechts nach den §§ 52, 53, 53a, nicht aber für den Fall des Auskunftsverwei-

gerungsrechts nach § 55 (BGHSt *6, 209;* 17, 245; abw. Eb. Schmidt, II, § 252 Nr. 3; Hanack, JZ 1972, 238). 5. Auch wenn ein Angehörigenverhältnis erst später entstanden ist (z. B. Verlobung), darf die Aussage nicht gemäß § 252 verwertet werden (BGHSt 22, 219; *27, 231;* Fezer, JuS 1977, 814).

6. Wird der Zeugnisverweigerungsberechtigte nicht nur als Zeuge gegen den Angehörigen, sondern gleichzeitig selbst als Beschuldigter vernommen, so darf auch diese zweite Aussage nicht verwertet werden, wenn er in der Hauptverhandlung das Zeugnis nach § 252 verweigert (OLG Koblenz, NJW 1983, 2342).

Nach BGHSt 32, 25 braucht sich im Ermittlungsverfahren die Belehrung nach § 52 auch nicht darauf zu erstrecken, daß bei einer späteren Zeugnisverweigerung der Ermittlungsrichter trotz § 52 als Zeuge vernommen werden kann. (zw.).

IV. Lebhaft umstritten ist die Frage, ob die Vernehmung mittelbarer Zeugen, der sog. „*Zeugen vom Hörensagen*", zulässig ist. Von praktischer Bedeutung ist sie namentlich im Fall der V-Männer („Vertrauensmänner") der Abwehr oder der Polizei, d. h. der Personen (seien es verdeckte Beamte oder nichtbeamtete Personen, unbescholtene Bürger oder Randfiguren des kriminellen Milieus), die vor allem in Staatsschutzsachen sowie im Bereich der Drogenstraftaten und der Bandenkriminalität mit der Abwehr oder der Polizei in der Vorbeugung und Aufdeckung von strafbaren Handlungen nicht nur im Einzelfall zusammenarbeiten. Häufig steht dem Gericht der V-Mann mangels Aussagegenehmigung oder wegen Verweigerung seines Namens und ladungsfähiger Anschrift durch die Behörde (dazu § 43 C II 1 c) nicht selbst zur Verfügung, sondern nur ein Beamter, der seinerseits den anonym bleibenden V-Mann vernommen hat. Aus § 250 StPO läßt sich die Unzulässigkeit des Hörensagenbeweises nicht herleiten, weil diese Norm nur verbietet, den mündlich zu artikulierenden Personalbeweis durch einen Sachbeweis zu ersetzen. Höchstens kommt eine Verletzung der *Aufklärungspflicht* (§ 244 II) in Frage, wenn statt des mittelbaren Zeugen der unmittelbare erreichbar gewesen wäre (BGHSt *6, 209;* 17, 382). Freilich betont der BGH, daß eine solche Aussage wegen ihres geringen Beweiswerts regelmäßig der Bestätigung durch andere wichtige Gesichtspunkte bedarf, wenn das Urteil auf sie gestützt werden soll (BGHSt *17, 386).* Im Gegensatz zur Rspr. des BGH (E *17, 387)* und des BVerfG (JZ *1967, 570* m. Anm. Tiedemann; BVerfGE 57, 250) wird jedoch in der Rechtslehre vielfach aus der Garantie des *rechtlichen Gehörs* in Art. 103 I GG, Art. 6 III d MRK und aus dem Grundsatz des *fair trial* (vgl. § 11 V) die gänzliche Unzulässigkeit der Beweiserhebung mit Hilfe von Zeugen vom Hörensagen hergeleitet; teilweise wird auch ein Verstoß gegen § 261 (Inbegriff der Hauptverhandlung) angenommen, weil es sich um die unzulässige Verwertung der Aussage eines Abwesenden handele (Seebode/Sydow, JZ 1980, 506).

In diesem Sinne hat sich auch der 46. Deutsche Juristentag 1966 ausgesprochen. Die ganze Frage ist freilich außerordentlich kontrovers; vgl. im einzelnen Ad. Arndt, NJW 1962, 1192; ders., NJW 1963, 433; Eb. Schmidt, JZ 1962, 760; ders., I, Rdnr. 452 mit Anm. 248; Tiedemann, MDR 1963, 456; ders., MDR

1965, 870; ders., JuS 1965, 14; Grünwald, JZ 1966, 494; Peters, Gutachten für den 46. DJT, Bd. I, 3a, S. 108, 138f.; Schroeder, ROW 1969, 200; Löhr, aaO., 50ff., 159ff.; Geppert, 216; Grünwald, Dünnebier-Festschr., 347; Körner, StrV 1982, 382; Backes, Klug-Festschrift, II, 1983, 447; Herdegen, NStZ 1984, 200, 202f.; Tiedemann/Sieber, NJW 1984, 753, 760ff.

Nach der Grundsatzentscheidung des BGH (GS) zur kommissarischen Vernehmung eines V-Mannes (BGHSt 32, 115; vgl. dazu § 44 B I 2a) bleibt abzuwarten, ob die Rechtsprechung Konsequenzen für die Zulässigkeit des „Zeugen vom Hörensagen" zieht (dagegen Herdegen, NStZ 1984, 202f.; dafür mit einem ausgewogenen Vorschlag Tiedemann/Sieber, NJW 1984, 761f.). Unzulässig ist die Vernehmung des „Zeugen vom Hörensagen" jedenfalls, wenn sie dem Willen des Angekl. widerspricht und es darum geht, die Bekundungen eines von der Behörde mißbräuchlich gesperrten V-Mannes durch den mittelbaren Zeugen in die Hauptverhandlung einzuführen (dazu § 43 C II 1c).

Zum Verhältnis von StA und Polizei beim Einsatz von V-Männern Geißer, GA 1983, 385.

Wenn ein Lockspitzel in rechtsstaatswidriger Weise Straftaten veranlaßt, ist nach der neueren Rspr. der Strafanspruch gegen den Verleiteten verwirkt, so daß das Verfahren eingestellt werden muß; näher dazu § 21 B III 4.

V. Der Richter muß schließlich stets in der Lage sein, dem Prozeßgeschehen zu folgen, da er sonst seine Überzeugung nicht aus dem Inbegriff der Verhandlung bildet. Deshalb verstoßen konstitutionelle wie vorübergehende *Beeinträchtigungen der vollen Apperzeptionsfähigkeit eines Richters* in aller Regel gegen die Grundsätze der Unmittelbarkeit und Mündlichkeit.

1. Das ist unstreitig für den *tauben Richter;* das Fehlen des Gehörssinnes macht ihn für die mündliche Hauptverhandlung schlechthin ungeeignet. Auch die Beteiligung eines *geisteskranken Richters* ist unzulässig, da diesem eine ordnungsgemäße Überzeugungsbildung nicht möglich ist. In beiden Fällen ist die Revision nach § 338 Nr. 1, 1. Halbs., begründet.

2. Ob die Mitwirkung eines *blinden Richters* gegen den Unmittelbarkeitsgrundsatz verstößt, ist str. Die neuere Rechtsprechung (BGHSt *4, 191; 5, 354; 18, 51;* vgl. BVerfGE 20, 55) läßt sie in Kollegialgerichten grundsätzlich zu, weil das fehlende Sehvermögen im allgemeinen durch eine Schärfung der übrigen Sinne ausgeglichen werde; das soll nur dann nicht gelten, wenn das Gericht optische Wahrnehmungen (Augenschein, Tatortskizze) selbst aufsucht. Daß damit – abgesehen von den praktischen Bedenken – die Anforderungen an die Unmittelbarkeit sachlich eingeschränkt werden, ist nicht zu verkennen; besser wäre es, die Beteiligung blinder Richter auf die Revisionsinstanz zu beschränken.

3. Auch *zeitweilige Beeinträchtigungen* der Aufmerksamkeit können gegen die Grundsätze der Unmittelbarkeit und Mündlichkeit verstoßen.

a) Ein *schlafender Richter* schöpft seine Überzeugung nicht aus dem Inbegriff, sondern nur aus einem Teil der Hauptverhandlung; sein Schlafen begründet daher die Revision nach §§ 337, 261 (weitergehend RGSt 60, 63; BGH NStZ 1982, 41: § 338 Nr. 1). Das soll allerdings nach Ansicht der Rechtsprechung (RGSt 60, 63; *BGHSt 2, 14*) nur dann gelten, wenn der Richter „einen nicht unerheblichen Zeitraum fest geschlafen hat, so daß er wesentlichen Vorgängen ... nicht folgen konnte" (BGHSt 2, *15*).

b) Schreibt ein Richter die Urteilsformel schon während der Schluß-vorträge nieder, so läßt sich nicht ausschließen, daß er diese bei seiner Überzeugungsbildung nicht mehr berücksichtigt; die Revision nach §§ 261, 337 ist daher begründet (str.; a. A. BGHSt *11*, *74*, wonach es sich dabei nur um Urteilsentwürfe handeln soll).

C. Über die Verwertbarkeit von Tonbandaufnahmen vgl. o. §§ 24 D III, 2 d, V; § 28 C und u. § 49 VI.

§ 45. Die Öffentlichkeit der Hauptverhandlung

Literatur: von Campe, Die Öffentlichkeit, GA 73 (1927), 242; Bockel-mann, Öffentlichkeit und Strafrechtspflege, NJW 1960, 217; Kern, Gerichts-verfassungsrecht[4], 1965, §§ 44, 44a; Wettstein, Der Öffentlichkeitsgrundsatz im Strafprozeß, Zürich 1966; Eb. Schmidt, Justiz und Publizistik, 1968; Seibert, Die Öffentlichkeit in großen Strafverfahren, NJW 1970, 1535; Roxin, Aktuelle Probleme der Öffentlichkeit im Strafverfahren, Peters-Festschr., 1974, 393; Alber, Die Geschichte der Öffentlichkeit im deutschen Strafverfahren, 1974; Kuhlmann, Der verschlossene Zuhörerraum, NJW 1974, 1231; Klein-knecht, Schutz der Persönlichkeit des Angeklagten durch Ausschluß der Öffent-lichkeit in der Hauptverhandlung, Schmidt-Leichner-Festschr., 1977, 111; Schmidhals, Wert und Grenzen der Verfahrensöffentlichkeit im Strafprozeß, 1977; Stürner, Schutz des Gerichtsverfahrens vor öffentlicher Einflußnahme?, JZ 1978, 161; Bäumler, Das subjektive öffentliche Recht auf Teilnahme an Gerichtsverhandlungen, JR 1978, 317; Fraube, Die Bildberichterstattung über den Angeklagten und der Öffentlichkeitsgrundsatz im Strafverfahren, 1978; Scherer, Gerichtsöffentlichkeit als Medienöffentlichkeit, 1979; Kohlmann, Die öffentliche Hauptverhandlung – überflüssig, zweckmäßig oder geboten? JA 1981, 581; Gössel, Über die revisionsrichterliche Nachprüfbarkeit von Beschlüssen, mit denen die Öffentlichkeit gemäß §§ 172, 173 GVG im Straf-verfahren ausgeschlossen wird, NStZ 1982, 141; Beulke, Neugestaltung der Vor-schriften über die Öffentlichkeit des Strafverfahrens?, JR 1982, 309; Meyer-Goßner, Verbesserung der Rechtsstellung des Beschuldigten durch weitere nichtöffentliche Verfahrensgänge, ZRP 1982, 237; Rüping, Strafverfahren als Sensation, Dünnebier-Festschr., 1982, 391; Gutachten von Zipf und Referate von Dahs und Volk zum 54. DJT, 1982, Bd. I, II.

A. Die Bedeutung

Der Grundsatz der Öffentlichkeit ist in § 169, 1 GVG niedergelegt. Öffentlich ist danach nur die Hauptverhandlung, nicht das Ermittlungs-verfahren und das Zwischenverfahren. Durch § 169 GVG ist auch die *mittelbare Öffentlichkeit* garantiert, soweit es sich um die Verbreitung mündlicher oder schriftlicher Verhandlungsberichte handelt. Dagegen sind durch § 169, 2 GVG Ton-, Fernseh- und Rundfunkaufnahmen sowie Ton- und Filmaufnahmen zum Zwecke der öffentlichen Vorfüh-rung oder Veröffentlichung ihres Inhalts untersagt. Das gilt allerdings nur für die Verhandlung einschließlich der Urteilsverkündung, nicht auch für Aufnahmen während einer Verhandlungspause (BGHSt 23, 123).

Der Öffentlichkeitsgrundsatz stammt aus dem reformierten Verfahren des 19. Jahrhunderts und „zählt zu den Grundlagen des Strafverfahrens", ja zu „den grundlegenden Einrichtungen des Rechtsstaates" überhaupt (BGHSt *1, 335; 2, 57; 9, 281*). Seine wesentliche Bedeutung liegt darin, das öffentliche Vertrauen in die Rechtsprechung zu festigen (vgl. BGHSt *3, 387;* RGSt *70, 109*), die Verantwortung der Rechtspflegeorgane zu heben und der Möglichkeit vorzubeugen, daß sachfremde Umstände auf das Gericht und damit auf das Urteil Einfluß gewinnen (BGHSt *9, 282;* vgl. i. e. Henkel, 324 f.). Dieser „Unberührtheit des Richterspruchs von sachfremden Einflüssen" drohen nicht nur durch gesetzwidrige Einschränkungen, sondern auch durch unzulässige Erweiterungen der Öffentlichkeit Gefahren. Deshalb ist in § 169 GVG auch nur die „unmittelbare Öffentlichkeit der Gerichtssäle" gewährleistet (krit. Scherer, 88). Denn die Massenöffentlichkeit des Fernseh- oder Rundfunkpublikums kann nicht nur das Verhalten des Angeklagten und der Zeugen in unberechenbarer Weise verändern, sondern auch das Gericht sehr viel eher zum Opfer verbreiteter Vorurteile und Erwartungen machen. Man wird daher den Rechtsgedanken des § 169, 2 GVG auf andere Fälle der Öffentlichkeitserweiterung übertragen und es als unzulässig ansehen müssen, wenn Strafverhandlungen wegen des Publikumsandranges in außergerichtliche Massensäle verlegt, durch Lautsprecher auf die Straße oder durch eine Abhöranlage in das Dienstzimmer des Gerichtspräsidenten übertragen werden (zust. Kissel, § 169, Rdnr. 26 f.). Zur Revisibilität in solchen Fällen vgl. u. C II, 2.

Andererseits ist nicht zu verkennen, daß die Öffentlichkeit dem Angeklagten nicht immer dienlich ist. Die Verhandlung coram populo kann ihn diskriminieren und seiner Resozialisierung abträglich sein. Der AE einer „Novelle zur StPO" (1980) schlägt deshalb für das Verfahren vor dem Strafrichter eine nicht öffentliche Hauptverhandlung vor, wenn der Beschuldigte im wesentlichen geständig ist, das Ergebnis der Ermittlungen damit übereinstimmt und der Beschuldigte damit einverstanden ist. Allerdings sollen in diesem Verfahren keine zu verbüßenden Freiheitsstrafen verhängt werden dürfen. Die Reform der Öffentlichkeitsvorschriften war das Thema des Juristentages 1982, der sich jedoch zu keinen wesentlichen Änderungsvorschlägen durchringen konnte. Speziell zum AE vgl. Baumann, Die Reform der Vorschriften über die Öffentlichkeit der Strafverfahren, NJW 1982, 1558; Engels-Frister, ZRP 1981, 111; Schüler-Springorum, Mehle, Hilger, NStZ 1982, 305, 309, 312; Zipf, Gutachten; Beulke, JR 1982, 309; Meyer-Goßner, ZRP 1982, 237.

B. Einschränkungen

Der Grundsatz der Öffentlichkeit gilt nicht uneingeschränkt. Zunächst kann eine öffentliche Hauptverhandlung nur im Rahmen der vorhandenen räumlichen Möglichkeiten abgehalten werden (I.); daneben kann in einzelnen Fällen die gesamte Öffentlichkeit ausgeschlossen werden (II.), und schließlich ist weitergehend der Ausschluß einzelner Personen von der Verhandlung zulässig (III.).

I. Aus der Natur der Sache folgt die *Begrenzung* der Öffentlichkeit auf die *räumlichen Möglichkeiten,* die dem Gericht zur Verfügung stehen; ein Dienstzimmer, das nur einen (!) Zuhörer aufnehmen kann, genügt aber nicht (BayObLG NJW 1982, 395; OLG Köln, NStZ 1984, 282). Die Rspr. läßt bei übergroßem Publikumsandrang eine unparteiische (!) Auswahl der Zuhörer zu (RGSt *54, 226*). Der Öffentlichkeitsgrundsatz ist ferner auch dann noch nicht verletzt, wenn eine Augenscheinseinnahme wegen der Enge der zu besichtigenden Örtlichkeit überhaupt nur ohne Behinderung durch Zuschauer ordnungsgemäß durchgeführt werden kann (BGHSt *5, 75, 82*). Allerdings darf dann die Verhandlung nicht einfach an Ort und Stelle fortgesetzt werden (BGH aaO.); soll sie im Gerichtsgebäude des Ortes zu Ende geführt werden, wo die Augenscheineinnahme stattgefunden hat, so muß dies vorher beim Gericht der ursprünglichen Verhandlung angekündigt werden (a. A. BGH GA 1982, 126). Dagegen ist es eine unzulässige Beschränkung der Öffentlichkeit, wenn das Gericht, um befürchteten Störungen der Verhandlung vorzubeugen, den Zuhörerraum durch Herausrücken von Stühlen nach Belieben verkleinert; solche Störungen sind abzuwarten und erst nach ihrem Auftreten mit den in §§ 176 ff., 172 GVG vorgesehenen Maßnahmen zu beseitigen (zust. Kissel, § 169, Rdnr. 28). Ebenso unzulässig ist es, wenn die Tür des Sitzungssaals während eines Verfahrensabschnitts geschlossen bleibt, um die mit einem Wechsel der Zuhörer notwendig verbundenen Störungen zu vermeiden; denn solche aus dem Öffentlichkeitsgrundsatz zwangsläufig folgenden Beeinträchtigungen der Ruhe und Ordnung in der Hauptverhandlung hat der Gesetzgeber in Kauf genommen (vgl. Roxin, aaO.; a. M. BGHSt 24, 72, 73 f.). Muß eine Zeugenvernehmung wegen Transportunfähigkeit des Zeugen in einer Strafanstalt stattfinden, so ist auch hier die Öffentlichkeit zuzulassen (BGH JR 1979, 261 mit zust. Anm. von Foth, JR 1979, 262; Bottke, JA 1979, 587). Verhandlungen außerhalb des Gerichtsgebäudes sind in der Regel durch Aushang anzukündigen; bei kurzfristiger Abwesenheit genügt die Bekanntgabe in öffentlicher Verhandlung (vgl. BGH *NStZ 1981, 311;* BayObLG, NJW 1980, 2321; Thym, NStZ 1981, 293 m. w. N.; Fezer, StrV 1984, 277). Nach BGH NStZ 1984, 134 soll das Vertrauen in Terminankündigungen vom Öffentlichkeitsgrundsatz nicht erfaßt sein; das ist bedenklich, weil das Gericht dann die Möglichkeit hat, durch falsche Terminankündigungen die Öffentlichkeit fernzuhalten.

II. Der *allgemeine* Ausschluß der Öffentlichkeit ist

1. *zulässig* in folgenden Fällen:

a) wenn den Gegenstand des Verfahrens die Anstaltsunterbringung des Beschuldigten bildet (§ 171 a GVG);

b) wenn eine Gefährdung der Staatssicherheit, der öffentlichen Ordnung oder der Sittlichkeit zu besorgen ist (§ 172 Nr. 1 GVG).

Von besonderer Bedeutung ist der Ausschluß der Öffentlichkeit wegen „*Gefährdung der öffentlichen Ordnung*". Eine solche Gefährdung hat der BGH angenommen, wenn dem Angeklagten oder den Zeugen bei wahrheitsgemäßer

Aussage für sich oder einen nahen Angehörigen Gefahren für Leib und Leben drohen (BGHSt 3, 344; 9, 284: zu erwartende Verfolgungsmaßnahmen in der DDR). Auch die Gefahr, daß ein V-Mann enttarnt wird, kann einen Ausschlußgrund abgeben (BGHSt 32, 115, 125), allerdings nur, wenn sich die Enttarnung nicht auf andere Weise vermeiden läßt (BGH NStZ 1984, 522). Dagegen reicht die bloße Erwartung, der Angeklagte werde nur bei Ausschluß der Öffentlichkeit die Wahrheit sagen (BGHSt 9, 280), zur Annahme einer Gefährdung der öffentlichen Ordnung ebensowenig aus wie die Ankündigung eines Zeugen, bei Anwesenheit der Öffentlichkeit von seinem Zeugnisverweigerungsrecht Gebrauch machen zu wollen (BGHSt 30, 193).

c) wenn Umstände aus dem persönlichen Lebensbereich eines Prozeßbeteiligten oder Zeugen bzw. ein wichtiges berufliches Geheimnis zur Sprache kommen, durch deren öffentliche Erörterung überwiegende schutzwürdige Interessen verletzt würden, oder wenn ein privates Geheimnis erörtert wird, dessen Offenbarung nach § 203 StGB strafbar wäre (§ 172 Nr. 2, 3 GVG).

Zeuge i. S. des § 172 Nr. 2 GVG ist auch, wer als Zeuge nur in Betracht kommt (§ 81 c I analog), ohne als solcher aussagen zu müssen; denn auch wenn sich seine Vernehmung auf Grund anderer Aussagen erübrigt, bedarf seine Geheimsphäre des Schutzes (Mertens, NJW 1980, 2687, Kl./M., § 172 GVG Rdnr. 16 gegen Sieg, NJW 1981, 963).

Wie § 172 GVG stellt auch Art. 6 I, 2 MRK die Ausschließung der Öffentlichkeit in das Ermessen des Gerichts und gibt dem Angeklagten keinen Anspruch darauf, daß sie – etwa während der Erstattung ärztlicher oder psychologischer Gutachten über seine Person – ausgeschlossen werden müsse (BGH, JZ 1970, 34 m. Anm. Eb. Schmidt; a.A. Herbst, NJW 1969, 546; Kleinknecht, Festschr. f. Schmidt-Leichner, 1977, 111). In der Praxis wird von der Möglichkeit des § 172 Nr. 2 bei Erörterungen, die den Intimbereich betreffen, jedoch zu wenig Gebrauch gemacht (vgl. Böttcher, DRiZ 1984, 17); daher sollte insoweit die Kann-Vorschrift mindestens in eine Soll-Vorschrift umgewandelt werden (Erörterungen und Vorschläge bei Beulke, JR 1982, 315; Rieß, Wassermann-Festschr., 1985, 969; für Muß-Vorschrift Dahs, NJW 1984, 1921).

d) schließlich, wenn eine Person unter 16 Jahren vernommen wird (§ 172 Nr. 4 GVG);

2. *zwingend vorgeschrieben* für das gesamte Jugendstrafverfahren einschließlich der Verkündung der Entscheidungen (§ 48 I JGG).

3. Bei Ausschluß der Öffentlichkeit wegen Gefährdung der Staatssicherheit besteht für Presse, Rundfunk und Fernsehen ein absolutes *Verbot für Berichte* über den Gegenstand der Verhandlung. Wird die Öffentlichkeit gemäß § 172 Nr. 2, 3 GVG ausgeschlossen, so steht es im Ermessen des Gerichts, inwieweit es den Beteiligten ein Schweigegebot auferlegen will (§ 174 II, III GVG). Der Verstoß gegen ein solches Publikationsverbot oder Schweigegebot ist in § 353 d StGB unter Strafe gestellt.

III. 1. *Einzelne Personen* können wegen Ungebühr von der Verhandlung ausgeschlossen werden:

a) von vornherein in den Fällen des § 175 I GVG (Verletzung der Würde des Gerichts);

b) in der Sitzung bei Ungehorsam (§ 177 GVG) und Ungebühr (§ 178 GVG: sofortige Inhaftierung) sowie bei Begehung strafbarer Handlungen (§ 183 GVG: vorläufige Festnahme). Der Begriff der *Ungebühr* ist in letzter Zeit strittig geworden. Man wird das Tragen von Berufskleidung, das Zeitunglesen während der Verhandlung (dazu OLG Karlsruhe, JR 1977, 392) oder das Sitzenbleiben beim Eintreten des Gerichts (a. A. OLG Koblenz, NStZ 1984, 234) bzw. bei der Urteilsverkündung nicht ohne weiteres als ungebührlich ansehen können, wohl aber störendes Zwischenrufen, Beleidigungen und Tätlichkeiten (vgl. hierzu OLGe Stuttgart NJW 1969, 627, Hamm NJW 1969, 1919, NJW 1975, 942; ausführliche Verarbeitung des Fallmaterials bei Schwind, JR 1973, 133).

Eine Übersicht über die rechtlichen Möglichkeiten bei Störungen und Sabotageversuchen in der Hauptverhandlung gibt Greiser, JA 1983, 429.

2. Während die Möglichkeiten eines Ausschlusses der gesamten Öffentlichkeit im Gesetz abschließend geregelt sind, läßt die Rechtsprechung den Ausschluß einzelner Personen über die im Gesetz ausdrücklich genannten Fälle hinaus auch auf Grund allgemeiner übergeordneter Verfahrensgesichtspunkte zu. So hat BGHSt *3, 386* die Entfernung einer Person, gegen die ein Ermittlungsverfahren wegen Hehlerei schwebte, aus der Hauptverhandlung gegen den Dieb der Sache zugelassen, weil der Grundsatz der Heimlichkeit des Vorverfahrens den Vorrang vor dem der Öffentlichkeit des Hauptverfahrens verdiene; ebenso dürfen potentielle Zeugen als Zuhörer ausgeschlossen werden (arg. § 58 I, BGH b. Holtz, MDR 1983, 92). Nicht erlaubt ist es freilich, „störungsverdächtigen" Personen von vornherein den Zutritt zum Gerichtssaal zu versagen (so aber *RGSt 54, 226*). Hier gelten allein die gerichtspolizeilichen Befugnisse der §§ 176 ff. GVG, die nicht durch eine vorweggenommene Öffentlichkeitsbeschränkung erweitert werden dürfen (vgl. auch oben I am Ende). Auch liegt ein Verstoß gegen den Grundsatz der Öffentlichkeit vor, wenn der Vorsitzende unter Überschreitung seiner sitzungspolizeilichen Befugnisse einzelne Personen ausschließt (BGHSt *17, 204:* ratgebender Kriminalbeamter; BGHSt *18, 179:* stenographierende Anwaltsgehilfin; BVerfGE *50, 234:* mißliebiger Reporter; BGH NStZ *1982, 389:* mitschreibende Zuhörerin in auffälliger Kleidung, m. Anm. Deckers, StrV 1982, 458).

Als Rechtsschutz gegen solche richterlichen Anordnungen sieht § 181 GVG die Beschwerde zum OLG nur für den Fall vor, daß ein unteres Gericht Ordnungsmittel i. S. d. § 178 GVG verhängt hat. Gegen Anordnungen nach den §§ 176, 177 GVG, die vielfach Grundrechtseingriffe enthalten können, ist die Beschwerdemöglichkeit nach dem reinen Wortlaut nicht gegeben, doch läßt sich § 181 GVG auf diese Fälle analog anwenden (Amelung, NJW 1979, 1687).

IV. 1. Über den Ausschluß der *gesamten Öffentlichkeit* entscheidet das *Gericht* durch Beschluß (§ 174 I GVG). Auf Antrag eines Beteiligten oder wenn das Gericht es für angemessen erachtet, ist darüber in nichtöffentlicher Sitzung zu verhandeln. Der Beschluß ist in aller Regel, außer bei zu erwartenden erheblichen Störungen, öffentlich zu verkünden (§ 174 I, 2 GVG). Wird die Öffentlichkeit zunächst nur vorübergehend, dann aber auch weiterhin ausgeschlossen, so bedarf dies wiederum

öffentlicher Verkündung (BGH NJW 1980, 2088). Stets ist unmißver-
ständlich anzugeben, welcher Ausschließungsgrund gemeint ist (§ 174 I,
3 GVG; BGHSt *27, 117, 187*). Hat eine Norm mehrere Alternativen (wie
§ 172 Nr. 1, 2 GVG) so muß deutlich gesagt werden, welche von ihnen
gemeint ist (BGH NStZ 1983, 324). Dabei kann auf einen vorhergehenden Ausschließungsbeschluß durch einen ausdrücklichen Hinweis Bezug
genommen werden (BGHSt *30, 298*); stillschweigend darf dies nicht
geschehen (BGH GA 1982, 275). Unterbleibt die Angabe des Ausschluß-
grundes, so ist die Revision nach § 338 Nr. 6 begründet (BGHSt *1, 334;
2, 56;* BGH NJW 1979, 276; BGHSt *30, 212*). Dagegen brauchen die
Tatsachen, aus denen sich der Ausschließungsgrund ergibt, nicht mitgeteilt zu werden, so daß auf deren Unrichtigkeit auch nicht die Revision
gestützt werden kann (BGHSt *30, 212*; näher Gössel, NStZ 1982, 141).

2. Beim Ausschluß *einzelner Personen* wegen Ungebühr und bei der
Verhängung von Ordnungshaft oder Ordnungsgeld gegen sie *differen-
ziert* das Gesetz (§§ 177, 178 GVG): Gegenüber Personen, die bei der
Verhandlung nicht beteiligt sind (Zuhörern!), entscheidet der Vorsitzen-
de, in den übrigen Fällen (also vor allem beim Angeklagten und bei
Zeugen) das Gericht.

3. Der *Befugnis* zum Ausschluß von Störern korrespondiert eine
revisible Ausschließungs*pflicht*, wenn die fortdauernde Störung den Angeklagten in seiner Verteidigung beeinträchtigt oder sonst die Wahrheitsfindung gefährdet (vgl. Roxin aaO.).

V. Die *Verkündung* des Urteilstenors erfolgt in jedem Falle öffentlich
(§ 173 I GVG). Für die Verkündung der Urteilsgründe kann die Öffentlichkeit allerdings wieder ausgeschlossen werden. Dieser Ausschluß der
Öffentlichkeit erfordert aber einen „besonderen" Beschluß (§ 173 II
GVG).

C. Revisibilität

I. Dem Gesetzgeber erschien der Öffentlichkeitsgrundsatz so bedeutsam, daß er seine Verletzung in § 338 Nr. 6 als *absoluten Revisionsgrund*
ausgestaltet hat. Bei einem Verstoß gegen die Öffentlichkeitsvorschriften
muß also das Urteil ohne weitere Prüfung aufgehoben werden. Entgegen
der Meinung des BGH kann es dabei auch nicht darauf ankommen, ob
die Beschränkung der Öffentlichkeit auf einem Verschulden des Gerichts
beruht (so aber BGHSt *21, 72; 22, 297;* h. M.; z. B. Kissel, § 169,
Rdnr. 57; s. u. § 53, E I, 3).

II. Einige Streitfragen bedürfen gesonderter Behandlung:

1. Zur „mündlichen Verhandlung" i. S. von § 338 Nr. 6 gehört auch die
Urteilsverkündung (vgl. § 169, 1 GVG); andernfalls könnte eine Verletzung von
§ 173 I GVG, obwohl das Gesetz dieser Vorschrift ersichtlich einen besonderen
Rang zumißt (vgl. o. B V), mit der Revision überhaupt nicht angegriffen werden,
da das Urteil auf der fehlenden Öffentlichkeit seiner Verkündung niemals i. S. von
§ 337 beruhen kann (so zutreffend BGHSt *4, 279* gegen RGSt 69, 175; 71, 377).

2. Umstritten ist, ob § 338 Nr. 6 nur die unzulässige *Einschränkung* der Öffentlichkeit erfaßt (so die h.M.) oder ob auch ihre gesetzwidrige *Erweiterung* unter die Vorschrift fällt. Ihr Wortlaut würde eine solche Interpretation gestatten, ihr Zweck und ihre Entstehungsgeschichte sprechen dafür, denn eine Massenöffentlichkeit (Schauprozeß!) gefährdet die Unbeeinflußtheit des Richterspruchs nicht weniger als die Heimlichkeit des Verfahrens (vgl. Eb. Schmidt, Justiz und Publizistik, 1968, 38; Roxin, JZ 1968, 803; Gössel, § 20 B V; Kissel, § 169, Rdnr. 59; nun auch Fr. Chr. Schroeder, 19). Der BGH hatte im Falle einer Verletzung des § 169, 2 GVG die Frage zunächst offengelassen und entschieden, daß in der Regel schon § 337 eine Aufhebung gebiete, weil sich ein Einfluß der unbefugten Aufnahmen auf das Urteil (z.B. wegen einer möglichen Irritierung der Verfahrensbeteiligten) nicht ausschließen lasse (BGHSt 22, 83). In seinen beiden letzten Entscheidungen (BGHSt 23, 82 m. Anm. v. Eb. Schmidt, JZ 1970, 35 und Rezension von Zipf, JuS 1973, 350; BGHSt 23, 176) hat der BGH in Fällen unzulässiger Öffentlichkeitserweiterung (z.B. Anwesenheit der Öffentlichkeit trotz § 48 JGG) sowohl eine Revision nach § 338 Nr. 6 als auch nach § 337 in Übereinstimmung mit der älteren Rechtsprechung wieder abgelehnt. Damit beraubt sich das Gericht jeder Möglichkeit, gesetzwidrigen Erweiterungen der Öffentlichkeit entgegenzutreten (vgl. zum Ganzen Roxin, in Peters-Festschrift, 1974, 400).

3. Die Kontrolle, Einziehung oder gar das Fotokopieren von *Ausweisen* stellt wegen der damit verbundenen Einschüchterung der Zuhörer eine unzulässige Öffentlichkeitsbeschränkung dar und ist nach § 338 Nr. 6 revisibel (anders die h.M.; z.B. Kissel, § 169, Rdnr. 40f., BGHSt 27, 13; OLG Karlsruhe, NJW 1975, 2080 m. krit. Anm. Roxin, JR 1976, 385; i.Erg. Roxin zustimmend Bäumler, 317). Dasselbe gilt (entgegen BGH NJW 1980, 249) für das Fotografieren der Zuhörer durch die Kriminalpolizei. Die Durchsuchung nach *Waffen und Sprengstoffen* ist dagegen durch § 176 GVG gedeckt (BVerfG NJW 1978, 1048; OLG Koblenz, NJW 1975, 1333). Bei zulässigen Kontrollmaßnahmen darf mit der Verhandlung erst begonnen werden, wenn alle rechtzeitig erschienenen Zuhörer Einlaß gefunden haben; bei später erscheinenden Zuhörern und nach Unterbrechung der Verhandlung braucht dagegen auf Kontrollmaßnahmen keine Rücksicht genommen zu werden (vgl. BGHSt 28, 341; 29, 258).

9. Kapitel

Urteil, Sitzungsprotokoll und Rechtskraft

§ 46. Begriff und Arten, Gegenstand und Zustandekommen des Urteils

Literatur: Binding, Die Beschlußfassung im Kollegialgericht, Abh. II, 141 (1915); Haymann, Die Mehrheitsentscheidung, Stammler-Festg., 1926, 395; Kern, Die qualifizierten Mehrheiten im Strafverfahren, DJ 1938, 1386. Zur Beschlußfassung bei Kollegialgerichten: Kern, Gerichtsverfassungsrecht[4], § 17 B II.

A. Begriff und Arten

Urteil ist die instanz-erledigende Entscheidung, die das erkennende Gericht aufgrund einer Hauptverhandlung erläßt (vgl. dazu o. § 23 A).

Die freisprechende Entscheidung nach § 371 ist richtiger Ansicht nach ein Beschluß (s. u. § 55 C III 2); sie widerspricht daher unserer Definition nicht.

Man unterscheidet – wie im Zivilprozeß – Prozeßurteil und Sachurteil. Durch *Prozeßurteil* wird das Verfahren für unzulässig erklärt („Das Verfahren wird eingestellt"). Durch *Sachurteil* wird darüber entschieden, ob ein Sanktionsanspruch des Staates besteht oder nicht; diese Urteile lauten daher auf Verurteilung, Freisprechung oder Anordnung einer Maßregel der Besserung und Sicherung.

B. Gegenstand

Gegenstand der Urteilsfindung ist der *Prozeßgegenstand,* also die in dem Eröffnungsbeschluß bezeichnete Tat als historischer Vorgang, wie sie sich nach dem Ergebnis der Hauptverhandlung darstellt (§ 264 I); zum Begriff der Tat vgl. bereits oben § 20. Im einzelnen liegt darin folgendes:

I. Die *Identität des Prozeßgegenstandes* muß gewahrt sein, und zwar die sachliche wie die persönliche (vgl. dazu oben § 20).

Dies bedeutet, daß das Gericht auch im Urteil nur über die im Eröffnungsbeschluß umschriebene „Tat" befinden darf. Gesteht der Angeklagte z.B. während der Hauptverhandlung, daß er weitere, im Eröffnungsbeschluß nicht genannte, Taten begangen habe, so ist das Gericht nicht befugt, auch diese Taten sogleich abzuurteilen. Vielmehr bedarf es hierzu einer erneuten Anklage der StA.

II. § 266 sieht in diesem Fall jedoch eine vereinfachte Form der Klageerhebung vor (sog. *Nachtragsanklage*). Danach kann der Staatsanwalt bereits während der Hauptverhandlung die Anklage mündlich auf weitere Taten des Angeklagten erstrecken (trotz der irreführenden Verwendung des Begriffes „Straftaten" ist auch in § 266 die Tat im prozessualen Sinne gemeint, vgl. Achenbach, MDR 1975, 20). § 266 stellt daher keine Durchbrechung, sondern eine Bestätigung des Anklagegrundsatzes dar.

Eine solche „*Klageerweiterung*" liegt häufig im Interesse des Angeklagten, der bei klar liegendem Sachverhalt mehrere Prozesse vermeiden will und statt dessen bestrebt sein wird, auf einmal die gesamte Schuld feststellen zu lassen.

Die Nachtragsanklage hat folgende vier *Besonderheiten:*

1. Sie kann mündlich erhoben werden (§ 266 II, 1) im Gegensatz zur üblichen Schriftform der Anklage (§ 200) (s.o. § 38 E IV).

2. Der *Angeklagte* muß *zustimmen* (§ 266 I). Dieses Zustimmungserfordernis soll den Angeklagten vor Überraschung sichern. Die Zustimmung muß eindeutig und ausdrücklich sein; die stillschweigende Hinnahme genügt nicht (BGH *NJW 1984, 2172*; m. Anm. Gollwitzer, JR 1985, 126). Die Zustimmung ist als wesentliche Förmlichkeit (§ 273 I) zu protokollieren.

3. Die Erstreckung des Verfahrens erfordert einen dem freien Ermessen des Gerichts unterliegenden *Zulassungsbeschluß* (§ 266 I), der dem Eröffnungsbeschluß weitgehend entspricht. Ob die Nachtragsanklage mangels hinreichenden Tatverdachtes mit der Folge abgelehnt werden kann, daß die beschränkte Sperrwirkung des § 211 eintritt, ist str. (Hilger, JR 1983, 441).

4. Der Angeklagte kann Unterbrechung der Verhandlung verlangen; der Vorsitzende kann sie auch von sich aus anordnen (§ 266 III, 1).

III. Während das Gericht an die im Eröffnungsbeschluß umschriebene Tat bei seiner Urteilsfindung gebunden ist und allenfalls durch Nachtragsanklage neue Tatkomplexe in die Verhandlung mit einbezogen werden können, ist das Gericht in *rechtlicher Beziehung* völlig *frei.* Das Gericht ist an die rechtliche Beurteilung des Eröffnungsbeschlusses nicht gebunden (§ 264 II). Es hat vielmehr das Recht und die Pflicht, die Tat von sich aus nach allen rechtlichen Gesichtspunkten zu prüfen. Entfällt z.B. der Vorsatz, muß ggf. die Möglichkeit einer fahrlässigen Tatbegehung untersucht werden. Infolgedessen kann es die Tat anders würdigen, als es der Eröffnungsbeschluß getan hat. Näher zur Einheit der Tat § 20 B I 2.

Der Angeklagte ist aber auf die Veränderung des rechtlichen Gesichtspunktes hinzuweisen, damit er genügend Gelegenheit zur Verteidigung erhält (§ 265; vgl. dazu im einzelnen oben § 42 D V, 2).

C. Zustandekommen durch Beratung und Abstimmung

I. Die Hauptverhandlung schließt mit der Verkündung des Urteils (§ 260 I). Der Verkündung gehen im Kollegialgericht die *Beratung* und *Abstimmung* voraus. Um die gerichtliche Entscheidung von fremden Einflüssen freizuhalten, gestattet § 192 GVG grundsätzlich nur die An-

wesenheit der hierbei beteiligten Richter; eine Ausnahme gilt nach § 193
GVG für die bei demselben Gericht zu ihrer juristischen Ausbildung
beschäftigten Personen, soweit der Vorsitzende deren Anwesenheit gestattet. Solche Personen sind nicht nur Referendare, sondern auch Studenten, die ihre Ferienpraxis ableisten (für die Beschränkung auf Referendare: OLG Karlsruhe NJW *1969, 628;* Schlüchter, Rdnr. 581 u. die
h. M., deren Standpunkt aber mit dem Wortlaut des Gesetzes nicht zu
vereinbaren ist, so zutreffend Kreft NJW 1969, 1784; wie hier auch
Rüping, Rdnr. 435, Anm. 3).

Tritt das Gericht, nachdem es sich schon zur Beratung zurückgezogen hatte,
erneut in die Verhandlung ein (z. B. um einen Hinweis nach § 265 nachzuholen,
einen Antrag zu bescheiden oder noch eine Frage zu stellen), so darf anschließend
das Urteil nicht sofort verkündet, sondern es muß ein zweites Mal beraten werden
(vgl. § 260 I, 1, wonach die Verkündung „auf die Beratung" folgt). In ganz
einfachen Fällen genügt es dabei, wenn die Gerichtsmitglieder sich ohne Verlassen
des Sitzungssaales in äußerlich erkennbarer Weise darüber verständigen, ob es bei
dem bisherigen Beratungsergebnis verbleiben kann (BGHSt *19, 156*); meist aber
wird eine erneute förmliche Beratung im Beratungszimmer nötig sein (BGHSt *24,
170*). Ein Verstoß gegen die Grundsätze führt in der Regel zur Aufhebung, weil
sich eine Beeinflussung des Urteils durch die Unterlassung nochmaliger Beratung
nicht ausschließen lassen wird.

II. Beratung und Abstimmung leitet der Vorsitzende; Meinungsverschiedenheiten über die Durchführung entscheidet das Gericht (vgl. im
einzelnen § 194 GVG). Der Berichterstatter gibt seine Stimme zuerst ab;
dann stimmen die Schöffen ab (und zwar jeweils der jüngere vor dem
älteren); es folgt der zweite beisitzende Berufsrichter, und zum Schluß
stimmt der Vorsitzende (§ 197 GVG). Soweit noch mehr Berufsrichter
mitwirken (OLG, BGH), wird nach dem Dienstalter, bei gleichem
Dienstalter unter Vorantritt des jeweils jüngeren, abgestimmt. Der Vorsitzende stimmt jedoch immer zuletzt. Der Sinn dieser eingehenden
Regelung liegt darin, die Selbständigkeit der Entscheidung des jeweils
Jüngeren, Rangniederen oder Unerfahreneren zu wahren.

III. § 197 GVG regelt nur die Reihenfolge der Stimmabgabe. Über die
Methode der Abstimmung schweigt das Gesetz.

1. Es lassen sich aber folgende allgemeine Grundsätze aufstellen: Das,
was logischerweise zuerst festzustellen ist, muß auch zuerst Gegenstand
der Abstimmung sein, so also in der Regel das Vorliegen der Prozeßvoraussetzungen vor der Schuldfrage, die Schuldfrage vor der Straffrage.
Soweit ferner verschiedene Mehrheiten vorgeschrieben sind (einfache
Mehrheit oder Zweidrittelmehrheit), ist auch eine getrennte Erörterung
nötig. Daraus ergibt sich folgendes:

a) Zuerst ist über die *Prozeßvoraussetzungen* abzustimmen, und zwar
mit einfacher Mehrheit (z. B. über das Unterfallen des Angeklagten unter
die deutsche Gerichtsbarkeit oder über die Zuständigkeit; § 196 I GVG).
Zu den Prozeßvoraussetzungen zählt auch das Nichtvorliegen der Verjährung (vgl. § 263 III).

b) Dann – bei für den Angeklagten nachteiliger Entscheidung mit Zweidrittelmehrheit – über die *Schuldfrage* (§ 263 I). Die Schuldfrage greift viel weiter als die Frage nach der Schuld im Sinne des materiellen Rechts. Sie umfaßt auch das Vorliegen der objektiven Strafbarkeitsbedingungen (bestr.) und die Gründe, die die Strafbarkeit ausschließen, mindern oder erhöhen (§ 263 II; also z. B. die Frage nach Notwehr, Geisteskrankheit, Rücktritt vom Versuch), ferner die Konkurrenzfragen.

c) Dann, mit Zweidrittelmehrheit, über die *Straffrage*, d. h. die Rechtsfolgen der Tat (§ 263 I). Zur Straffrage gehört auch die Frage nach den Voraussetzungen des Rückfalls (vgl. § 48 StGB) und seit dem EGStGB auch die Frage einer Versagung der Strafaussetzung zur Bewährung.

d) Schließlich mit einfacher Mehrheit über die *Kosten*.

2. Über die verschiedenen Rechtsfolgen ist nicht nach Gründen, sondern nach dem Ergebnis abzustimmen (sog. *Ergebnis-, Total-* oder *Tenorabstimmung*). Innerhalb der Schuldfrage ist also nicht nach Gründen zu fragen (z. B.: Ist der Angeklagte der Täter? Hat er in Notwehr gehandelt? Ist er geisteskrank gewesen? Hat er vorsätzlich gehandelt?), sondern nach dem Ergebnis (soll A wegen Raubes, wegen Diebstahls, wegen unbefugten Fahrzeuggebrauches verurteilt werden?).

Nur die Totalabstimmung gewährleistet, „daß eine Abstimmung zustande kommt, hinter der richterlicher Entscheidungswille mit der gesetzlich geforderten Majorität steht" (vgl. Eb. Schmidt, III, § 194, Rdnr. 12). Denn sonst würde man zu einer Verurteilung kommen, obwohl z. B. einer der drei Richter die Täterschaft verneint, ein anderer die Notwehr bejaht, während der Dritte den Angeklagten für schuldunfähig hält.

Die Richtigkeit der Ergebnisabstimmung bei der Schuldfrage ist heute allgemein anerkannt; bei der Abstimmung über Prozeßvoraussetzungen ist sie dagegen umstritten (vgl. Eb. Schmidt, III, § 194, Rdnr. 10 ff.).

Besonderheiten gelten bei der Abstimmung über Rechtsfragen im Revisionsverfahren (vgl. dazu unten § 53 J IV).

§ 47. Die Verkündung des Urteils und der Nebenentscheidungen

Literatur: Willms, Zur Fassung der Urteilsformel in Strafsachen, DRiZ 1976, 82; Römer, Anspruch auf Urteilsübersetzung im Strafverfahren, NStZ 1981, 474.

A. Die Verkündung

I. Das Urteil wird am Schluß der Hauptverhandlung (zur Frist s. o. § 42 C I) im Namen des Volkes verkündet (§ 268 I), und zwar von dem Vorsitzenden durch Verlesung der Urteilsformel (des sog. *Tenors,* der das Entscheidungsergebnis enthält; s. u. B) und Bekanntgabe der *Urteilsgründe* (§ 268 II, 1). Die Verlesung des vorher schriftlich zu fixierenden Tenors muß wegen seiner Bedeutung und aus Rücksicht auf den Angeklagten vor der Mitteilung der Urteilsgründe geschehen (§ 268 II, 3). Die Verkündung ist aber erst mit der vollständigen Eröffnung der Urteilsgründe abgeschlossen, so daß das Urteil bis dahin von dem erkennenden Gericht noch berichtigt oder ergänzt werden kann. Darum stellt die Mitteilung der Gründe zwar keinen existenznotwendigen Teil des Urteils dar (arg. § 338 Nr. 7; vgl. die im Ergebnis aber zweifelhafte Entscheidung BGHSt *8, 41* u.o. § 42 F II, 3 a), wohl aber entgegen BGHSt *15, 264* einen wesentlichen Teil der Hauptverhandlung. Die Verkündung eines Beschlusses nach §§ 268 a/b gehört nicht mehr zur Urteilsverkündung (BGHSt 25, 333).

II. Die *Eröffnung der Urteilsgründe* ist im Strafprozeß im Gegensatz zum Zivilprozeß (§ 311 III ZPO) *zwingend* vorgeschrieben. Sie erfolgt ausnahmsweise durch Verlesung (vgl. § 268 II, 2 u. IV), üblicherweise in mündlicher, geraffter Darstellung. In ihrer unvollständigen Bekanntgabe liegt ein Verstoß gegen § 268 II, 1, der aber weder nach § 338 Nr. 7 (weil dort völliges Fehlen vorausgesetzt ist) noch nach § 337 (weil das Urteil auf dieser nachträglichen Gesetzesverletzung nicht beruhen kann, BGHSt *8, 42*) einen Revisionsgrund ergibt.

III. 1. Nach der Verkündung des Urteils ist der Angeklagte über die zulässigen *Rechtsmittel zu belehren* (§ 35 a). Dabei gebietet es die gerichtliche Fürsorgepflicht, ihn nicht in seiner durch die Urteilsverkündung verursachten Erregung zu einer Erklärung über Rechtsmitteleinlegung oder -verzicht zu drängen und etwaige Äußerungen darüber unter Erforschung seines wahren Willens zu würdigen (dazu ausführlich u. § 51 B V, 3 b).

2. Wird im Urteil eine freiheitsentziehende Strafe oder Maßregel zur Bewährung ausgesetzt, Führungsaufsicht angeordnet oder der Angeklagte mit Strafvorbehalt verwarnt, so trifft das Gericht die nach §§ 56 a–56 d, 59 a, 68 a–68 c StGB erforderlichen Entscheidungen durch einen zugleich mit dem Urteil zu verkündenden Beschluß (§ 268 a I, II). Zur Belehrung des Angeklagten durch den Vorsitzenden in solchen Fällen s. § 268 a III.

3. Befand sich der Angeklagte in *Untersuchungshaft* oder war er einstweilig untergebracht, so muß von Amts wegen bei der Urteilsfällung über deren Fortdauer entschieden werden, und zwar durch mit dem Urteil zu verkündenden Beschluß (§ 268 b). Ebenfalls möglich ist, daß ein Haftbefehl überhaupt erst bei der Urteilsverkündung erlassen wird (vgl. § 125 II), z. B. wenn wegen einer hohen Strafe Fluchtgefahr entsteht.

4. Wird gegen den Verurteilten ein *Fahrverbot* verhängt, so ist er über den Beginn der Verbotsfrist zu belehren (§ 268 c).

B. Die Urteilsformel (Tenor)

Die Urteilsformel (auch Urteilsspruch genannt) ist der wichtigste Teil des Urteils, da sie die Grundlage der Rechtskraft und der etwaigen Strafvollstreckung ist. Der Urteilsspruch kann entweder eine *Formalent-*

scheidung (Prozeßentscheidung) darstellen, wenn wegen eines Verfahrenshindernisses ein Einstellungsurteil erlassen wird (§ 260 I, III, s. u. V), oder eine *Sachentscheidung*, wofür wiederum die drei Möglichkeiten der Verurteilung (unten I.), der Freisprechung (II.) und der Anordnungen einer Maßregel der Besserung und Sicherung (IV.) bestehen.

I. Bei einer *Verurteilung* muß der Tenor den Rechtsgrund (als Grundlage der Rechtskraft) und die Rechtsfolgen (als Grundlage der Vollstreckung) angeben.

1. a) Die festgestellte Tat muß im Tenor nach ihrer *rechtlichen Bezeichnung* angegeben werden, für welche, soweit möglich, die amtliche Überschrift des Straftatbestandes verwendet werden soll (§ 260 IV 1, 2; etwa: „Der Angeklagte ist einer fahrlässigen Gefährdung des Straßenverkehrs schuldig"). Die angewandten Strafvorschriften sind seit 1975 nicht mehr Bestandteil des Tenors, sondern bilden die Paragraphenliste (u. VI). Im übrigen steht die Fassung des Tenors zwar weitgehend im Ermessen des Gerichts (§ 260 IV, 6). Das Gericht muß jedoch durch den Tenor in „knapper verständlicher Sprache" das begangene Unrecht kennzeichnen sowie die im Urteil getroffenen Anordnungen verlautbaren (BGHSt 27, 287). Daher dürfen keine gesetzlichen Strafzumessungsregeln als selbständige Tatbestände behandelt werden, so daß die Kennzeichnung „als Rückfalltäter" in den Urteilsspruch nicht aufgenommen (BGHSt 23, 237) und der § 243 n. F. StGB nicht als „besonders schwerer Diebstahl" bezeichnet werden darf (zu den Tenorproblemen bei den §§ 242 ff. StGB vgl. i. e. BGHSt 23, 254; NJW 1970, 2120; Börtzler NJW 1971, 682; allgemein bei Erschwerungsgründen Granderath, MDR 1984, 988).

b) Schwierigkeiten bereitet die Tenorierung bei der Wahlfeststellung (über deren Zulässigkeit und Voraussetzungen s. i. e. Blei, Strafrecht I, § 11). Nach BGHSt 1, 302 kann dabei das schwerere Strafgesetz (z. B. bei Bandendiebstahl und Hehlerei) in der Regel (einschränkend BGH bei Herlan MDR 1954, 531) unerwähnt bleiben, weil sich § 260 IV, 1 nur auf Schuldsprüche beziehe, die auf eindeutigen Feststellungen beruhen. Gemäß § 260 IV, 6 ist aber eine Tenorierung „wegen Bandendiebstahls oder Hehlerei" auf jeden Fall zulässig.

c) Bei einer Verurteilung aus mehreren Tatbeständen sind diese unter Angabe ihres Konkurrenzverhältnisses einzeln aufzuführen, z. B. bei Tatmehrheit: „Der Angeklagte wird wegen eines Vergehens des Diebstahls und eines weiteren Vergehens des Widerstandes gegen die Staatsgewalt bestraft", oder bei Tateinheit: „Der Angeklagte ist eines Vergehens der Urkundenfälschung und eines durch dieselbe Handlung begangenen Vergehens des Betruges schuldig." Fortsetzungszusammenhang wird im Tenor im allgemeinen erwähnt („wegen fortgesetzter Untreue"), ohne daß dies vorgeschrieben ist. Ein infolge Gesetzeskonkurrenz zurücktretendes Delikt wird dagegen im Tenor selbst dann nicht erwähnt, wenn deswegen besondere Rechtsfolgen angeordnet werden (Dünnebier GA 1954, 274).

2. a) Außer der festgestellten Tat muß der Tenor die *erkannten Rechtsfolgen* angeben, d. h. die Haupt- und Nebenstrafen, Nebenfolgen und ggf. Maßregeln der Besserung und Sicherung, nach Art und Maß. Z. B.: „Der Angeklagte wird zu einer Geldstrafe von 90 Tagessätzen zu je 80,– DM verurteilt (abw. Naucke, NJW 1978, 407). Er darf das Gewerbe eines Altwarenhändlers für die Dauer von drei Jahren, gerechnet vom Eintritt der Rechtskraft dieses Urteils, nicht ausüben". Auch die Aussetzung der Rechtsfolge zur Bewährung oder die Verwarnung mit Strafvorbehalt sind im Tenor zum Ausdruck zu bringen (§ 260 IV, 4), nicht jedoch deren Einzelheiten (§ 268 a).

b) Rechtsfolgen, die neben anderen nicht vollstreckt werden können, erscheinen nicht im Tenor, sondern nur in den Gründen (§ 260 IV, 5). Treffen eine lebenslange und eine zeitige Freiheitsstrafe zusammen, so müssen jedoch wegen § 57a StGB beide Rechtsfolgen in die Urteilsformel aufgenommen werden (BGH JZ 1984, 55).

c) Bei Tatmehrheit wird regelmäßig nur die Gesamtstrafe im Tenor aufgeführt, während sich die Einzelstrafen erst aus den Gründen ergeben. Ihre Aufnahme in den Tenor wäre aber gleichfalls zulässig (§ 260 IV, 6).

d) Zu den im Tenor anzuordnenden Rechtsfolgen gehört auch die Kostentragungspflicht des Verurteilten (§§ 464, 465).

e) Der Tenor enthält (außer der Kostenregelung, s. § 465 I, 2) überhaupt keine Rechtsfolge, wenn von Strafe abgesehen (vgl. §§ 60, 157f.; 174 IV; 175 II; 233 StGB) oder der Angeklagte für straffrei erklärt wird (vgl. § 199 StGB), also z.B.: „Der Angeklagte ist des Vergehens der leichten Körperverletzung schuldig. Von Strafe wird abgesehen" (vgl. dazu eingehend Wagner, GA 1972, 33). Es handelt sich auch in diesen Fällen um keinen Freispruch, sondern um eine Verurteilung (a.M. Peters, S. 447; s. aber §§ 260 IV, 4; 465 I, 2).

II. Bei einem freisprechenden Urteil lautet der Tenor nur auf *Freispruch;* Zusätze wie „mangels Beweises" oder „wegen erwiesener Unschuld" gehören nicht hierher, sondern sind nur in den Gründen auszuführen (§ 267 V). Ebensowenig gehört die Angabe des in der Anklage vorgeworfenen Delikts in die Urteilsformel, da der Freispruch die Tat unter jedem rechtlichen Gesichtspunkt ergreift. Der Tenor lautet daher: „Der Angeklagte wird freigesprochen. Die Kosten des Verfahrens trägt die Staatskasse" (s. § 467).

III. Für die Tenorierung tauchen Schwierigkeiten auf, wenn der Angeklagte nicht völlig unschuldig ist, die im Urteil getroffenen Feststellungen aber nicht mit dem Eröffnungsbeschluß übereinstimmen. Hier gilt der Grundsatz, daß bei einem einheitlichen historischen Vorgang (d.h. innerhalb desselben Prozeßgegenstandes) nur entweder auf Verurteilung oder auf Freispruch erkannt werden kann, während ein teils verurteilendes, teils freisprechendes Erkenntnis nur bei verschiedenen Taten im prozessualen Sinne möglich ist (a.A. die h.M., vgl. Schäfer, Praxis, 377ff.).

1. Nahm die Anklage statt eines Diebstahls irrig einen Raub an, erfolgt daher nur eine Verurteilung wegen Diebstahls, während sich über die Nichterweislichkeit der Raubmerkmale nur die Gründe aussprechen (§ 267 III). Das Ausbleiben einer Freisprechung kann allerdings leicht zu einem falschen Eindruck führen (s. Henkel[1], S. 413), z.B. bei einer Anklage wegen Mordes und einer Verurteilung wegen Führens einer Waffe ohne Waffenschein (§§ 53 III, 35 BWaffG).

2. Eine teilweise Freisprechung erfolgt auch dann nicht, wenn einzelne Akte einer fortgesetzten Handlung fortfallen (a.M. Peters, S. 448) oder die Folgetaten bei einem Rauschdelikt ausgewechselt werden (BGHSt 13, 223), denn die Identität des Prozeßgegenstandes wird dadurch nicht berührt. Etwas anderes gilt erst dann, wenn sich die Beurteilung der prozessualen Selbständigkeit zweier Taten zwischen Eröffnungsbeschluß und Urteil ändert und eine dieser Taten nicht nachzuweisen ist (vgl. BGH NJW *1952, 433*), oder wenn bei einer Anklage wegen Fortsetzungszusammenhanges alle Einzelakte bis auf einen fortfallen, so daß der Fortsetzungszusammenhang im Urteilsspruch nicht mehr erscheint (BGH NJW 1951, 726). Da hier die ausgeschiedenen Teile von dem Verurteilungstenor nicht mehr erfaßt werden, muß insoweit ein (Teil-)Freispruch erfolgen.

IV. Eine *Maßregel der Besserung und Sicherung* kann nicht nur neben der Verurteilung (s. o. I, 2 a), sondern auch gemäß § 268 a neben einem Freispruch verhängt werden, wenn sich in der Hauptverhandlung herausstellt, daß der Angeklagte schuldunfähig ist. Ein nur auf Anordnung einer solchen Maßregel lautender Tenor ist im Sicherungsverfahren möglich (s. u. § 64).

V. Während die *Einstellung* bei geringer Schuld immer durch Beschluß erfolgt (§§ 153 II, 3; 153 a II, 3), wird die wegen eines *Verfahrenshindernisses* (z. B. bei fehlendem Strafantrag, Verjährung oder Amnestierung der Tat) erforderliche Einstellung nur außerhalb der Hauptverhandlung durch Beschluß ausgesprochen (vgl. § 206 a), in der Hauptverhandlung dagegen durch *Urteil* (§ 260 III). Der Tenor lautet dann: „Das Verfahren wird eingestellt". Ist gleichzeitig die Täterschaft des Angeklagten nicht erwiesen, muß auch bei Vorliegen eines Verfahrenshindernisses Freispruch erfolgen (BGH GA 1959, 17, s. i. e. KMR[7]-Paulus, § 260, Rdnr. 67).

VI. Die angewandten Vorschriften sind nach dem Tenor in einer selbständigen *Paragraphenliste* „nach Paragraph, Absatz, Nummer, Buchstabe und mit der Bezeichnung des Gesetzes" aufzuführen (§ 260 V, also z. B. „§ 315 c Abs. 1 Nr. 1 a, 2 a, Abs. 3 Nr. 2 StGB"). Die Liste, die als Grundlage für die computergerechte Mitteilung an das Bundeszentralregister dient (§§ 20, 5 I Nr. 6 BZRG), wird nicht verlesen (§ 268 II, 1).

§ 48. Die Urteilsurkunde

Literaturverzeichnis: Rieß, Die Urteilsabsetzungsfrist (§ 275 I StPO), NStZ 1982, 441.

Das Urteil wird *schriftlich niedergelegt*. Der Zweck der Urteilsurkunde besteht darin, die Entscheidung des Gerichts und die für sie maßgebenden Gründe aktenkundig zu machen. Urteilsverfasser ist im Schöffengericht der Vorsitzende, in der Strafkammer und anderen Kollegialgerichten der Berichterstatter.

I. Die Absetzung des Urteils

Das Urteil wird meist erst nach der Verkündung abgesetzt; das muß unverzüglich, im Regelfall aber spätestens fünf Wochen nach der Urteilsverkündung geschehen (§ 275 I, 1, 2). Für umfangreiche Verfahren sind Verlängerungen vorgesehen, die sich nach der Zahl der Verhandlungstage richten. Für jeden begonnenen Abschnitt von zehn Hauptverhandlungstagen verlängert sich die Absetzungsfrist um zwei Wochen, wenn die Hauptverhandlung an mehr als drei Tagen stattgefunden hat. Bei einer viertägigen Hauptverhandlung beträgt die Absetzungsfrist also schon sieben Wochen, während bei 100 Verhandlungstagen 25 Wochen, d. h.

ca. ein halbes Jahr, für die Fertigstellung des Urteils zur Verfügung stehen (§ 275 I, 2). Auch diese Frist darf u. U. noch überschritten werden, „wenn und solange das Gericht durch einen im Einzelfall nicht voraussehbaren Umstand an ihrer Einhaltung gehindert worden ist" (§ 275 I, 4); eine Fristüberschreitung würde also etwa bei einer langwierigen, unvorhersehbaren Krankheit des Richters (BGH NStZ 1982, 80), nicht aber bei bloßer Arbeitsüberlastung oder Urlaub, gerechtfertigt sein. Wird das Urteil nicht innerhalb des sich aus § 275 I, 2–4 ergebenden Zeitraums zu den Akten, d. h. in vollständiger, von allen Richtern unterschriebener Form auf den Weg zur Geschäftsstelle gebracht, so ist nach § 338 Nr. 7 ein absoluter Revisionsgrund gegeben; das Urteil wird also bei entsprechendem Antrag, den auch die StA stellen kann (BGH NStZ 1985, 184), ausnahmslos aufgehoben (BGHSt 26, 247; eine nachträgliche Unterschrift ändert daran nichts, BGH StrV 1984, 275). Die Revisionsgerichte haben bei der Überprüfung bisher recht strenge Maßstäbe angelegt (Rieß, NStZ 1982, 441). Um dem Revisionsgericht die Überprüfung zu ermöglichen, ob die Frist zur Urteilsabsetzung eingehalten worden ist, muß die Geschäftsstelle nach § 275 I, 5 den Zeitpunkt des Eingangs der Gründe und einer etwaigen nachträglichen Änderung, die gemäß § 275 I, 3 nur innerhalb der Frist erfolgen darf, schriftlich vermerken. Die Rüge einer Verletzung der in § 275 vorgesehenen Frist muß nach BGHSt 29, 203 (abl. Anm. Peters, JR 1980, 520) die Angabe enthalten, wann das Urteil verkündet und wann es zu den Akten gebracht wurde.

Eine schriftliche Abfassung des ganzen Urteils mit Gründen vor der Verkündung ist immer zulässig und besonders dann erwünscht, wenn die Verkündung des Urteils ausgesetzt war (§ 268 IV).

II. Aufbau des Strafurteils

Das Strafurteil ist folgendermaßen aufgebaut:

1. *Eingang* – das früher mit roter Tinte geschriebene *rubrum* (§ 275 III). Dazu zählen die Bezeichnung des Angeklagten, die Angabe der Straftat, die Bezeichnung des erkennenden Gerichts sowie die Angabe des Tages der Sitzung.

2. Urteilsformel (Tenor, Urteilsspruch; vgl. dazu oben § 47 B).

3. Paragraphenliste (o. § 47 B VI).

4. Gründe.

5. Unterschrift.

III. Urteilsbegründung

1. Die Urteilsbegründung hat mehrfache Bedeutung:
a) Sie soll den Beteiligten zeigen, daß Recht gesprochen worden ist.
b) Sie setzt den Anfechtungsberechtigten in die Lage, eine sachgerechte Entscheidung über die Einlegung von Rechtsmitteln zu fällen.
c) Sie ermöglicht der höheren Instanz, das Urteil nachzuprüfen.

d) Sie gewährleistet durch klare Beschreibung der Tat das „ne bis in idem" (Art. 103 III GG; s. u. § 50 B).

e) Sie gibt der Vollzugsbehörde Anhaltspunkte für die Behandlung des Verurteilten.

2. Das Strafurteil enthält nur einen Abschnitt „*Gründe*" und zerfällt nicht – wie das Zivilurteil – in Tatbestand (d. h. eine gedrängte Darstellung des Sach- und Streitstandes auf Grund der Vorträge der Parteien unter Hervorhebung der gestellten Anträge – § 313 ZPO –) und Entscheidungsgründe. Der Tatbestand im Sinne der ZPO ist eine Folge der Verhandlungsmaxime. Da diese im Strafprozeß nicht gilt, entfällt er hier.

3. Stimmen die mündlich verkündeten Urteilsgründe mit den schriftlichen nicht überein, so sind allein die schriftlichen Urteilsgründe maßgebend. Dabei ist es unerheblich, ob die Abweichung einen wichtigen oder weniger wichtigen Grund betrifft. Die Nichtübereinstimmung ist daher auch kein Revisionsgrund (BGHSt 2, *63*; 7, *363*).

4. Die *Gründe des verurteilenden Erkenntnisses müssen* enthalten (vgl. § 267):

a) die erwiesenen Tatsachen;

b) den Ausspruch über die „besonderen Umstände" des § 267 II (z. B. Notwehr);

c) das angewandte Strafgesetz;

d) die Gründe für die Entscheidung über die mildernden Umstände, falls entweder deren Voraussetzungen angenommen oder ein dahingehender Antrag abgelehnt worden ist;

e) die Strafzumessungsgründe (s. dazu § 267 III, 1–3);

f) die Begründung der Entscheidung über die Strafaussetzung zur Bewährung, falls entweder eine Strafe ausgesetzt wird oder einem Antrag auf Strafaussetzung nicht entsprochen wird; entsprechendes gilt für die Verwarnung mit Strafvorbehalt und das Absehen von Strafe;

g) die Begründung für die Verhängung einer kurzfristigen Freiheitsstrafe (§ 47 StGB).

Das Gesetz verlangt im allgemeinen nur die Angabe der erwiesenen Tatsachen; es brauchen also nicht die Beweismittel und die für die richterliche Überzeugung maßgebenden Gründe angeführt zu werden. Lediglich beim Indizienbeweis sollen die Gründe wenigstens auch die Beweistatsachen angeben (§ 267 I, 2).

Diese Regelung ist verfehlt. In der Praxis enthält – soweit nötig – jedoch jedes Urteil eine Beweiswürdigung; sonst würde nämlich das Revisionsgericht das Urteil auf die Aufklärungsrüge oder auf die behauptete Fehlerhaftigkeit der Beweiswürdigung hin aufheben, da das Revisionsgericht sich keine Sicherheit darüber verschaffen könnte, ob die Beweiswürdigung rechtsfehlerfrei erfolgt ist oder nicht. Dadurch wird ein Druck auf die Untergerichte ausgeübt, in ihren Urteilen eine genaue Beweiswürdigung vorzunehmen (vgl. u. § 53 D II 3 c, bb).

5. Ein *verkürztes verurteilendes Erkenntnis* sieht § 267 IV vor: Verzichten alle zur Anfechtung Berechtigten auf Rechtsmittel oder lassen sie die Rechtsmittelfrist verstreichen, so genügt die Angabe der für erwiesen

erachteten Tatsachen, in denen die gesetzlichen Merkmale der strafbaren Handlung gefunden werden, und des angewendeten Strafgesetzes; bei bestimmten amtsgerichtlichen Urteilen kann dazu auf den Anklagesatz, die Anklage nach § 212 a II, 2 oder den Strafbefehl Bezug genommen werden. Den weiteren Inhalt der Urteilsgründe kann das Gericht unter Berücksichtigung der Umstände des Einzelfalles (z. B. nach den Bedürfnissen des Straf- oder Maßregelvollzuges) ermessensgemäß bestimmen. Ist die Frist unverschuldet versäumt worden und wird dem Anfechtungsberechtigten demgemäß Wiedereinsetzung gewährt, so dürfen die Urteilsgründe nachträglich innerhalb der Frist des § 275 ergänzt werden.

6. Bei einer *Freisprechung* müssen die Gründe ergeben, ob der Angeklagte aus tatsächlichen Gründen (z. B. weil seine Täterschaft nicht hinlänglich bewiesen sei) oder aus rechtlichen Gründen (z. B. weil eine erbetene Sterilisation nach geltendem Recht straflos sei) freigesprochen wird (§ 267 V, 1). Näher dazu BGH NJW 1980, 2423. In den Fällen des § 267 IV kann es nach dem durch das 1. StVRG eingefügten § 267 V, 2 bei dieser Kurzbegründung verbleiben.

7. Über die Begründung eines *Einstellungsurteils* sagt das Gesetz nichts. Die Gründe müssen aber doch so viel enthalten, daß dem Revisionsgericht die Nachprüfung möglich ist, ob die Einstellung zu Recht erfolgt ist (vgl. RGSt *69, 157*).

8. Ein *verurteilendes Erkenntnis* wird in den Gründen demnach regelmäßig wie folgt *aufgebaut:*

a) Erörterungen zur Person: Stets wird in den Urteilsgründen ein Eingehen auf die Persönlichkeit des Angeklagten notwendig sein, einmal weil das für die Begründung des Strafmaßes von Bedeutung ist, außerdem aber, weil das Bild der Persönlichkeit für die Vollzugsbeamten wesentlich und bei etwaigen späteren Straftaten desselben Angeklagten für die Beurteilung der Gesamtpersönlichkeit unerläßlich ist.

b) Feststellung des Sachverhaltes.

c) Vorbringen des Angeklagten zu den Feststellungen und Beweiswürdigung.

d) Rechtsausführungen.

e) Strafzumessung.

f) Begründung der Nebenentscheidungen.

IV. Unterschrift

Das Urteil ist von den Berufsrichtern, die bei der Entscheidung mitgewirkt haben, zu unterschreiben (§ 275 II, 1). Die Unterschrift muß in voller Kenntnis des Urteilsinhalts erfolgen. Im voraus gegebene Blankounterschriften sind unwirksam (BGHSt 27, 334). Dagegen beeinträchtigen Zusätze zur Unterschrift, die eine bloß inhaltlich abweichende Meinung zum Ausdruck bringen, deren Gültigkeit nicht (BGHSt 26, 92). Die ehrenamtlichen Richter unterschreiben das Urteil nicht (§ 275 II, 3), da sie zur Zeit der schriftlichen Urteilsabfassung ja nicht mehr anwesend sind. Zum Zeitpunkt des Erlasses eines Urteils vgl. § 23 II.

V. Beispiel

Geschäftsnummer 7 a Ms 36/82

Im Namen des Volkes!

In der Strafsache gegen den Krankenpfleger K.-B. N. aus Bremen-Osterholz, Wiesenstr. 5, geb. am 23. 3. 1945 in Oyterdam, Kreis Verden, Deutscher, verheiratet,

wegen fahrlässiger Körperverletzung und Straßenverkehrsgefährdung

hat das Schöffengericht in Herzberg am Harz in der Sitzung vom 17. 3. 1982, an der teilgenommen haben

Richter am Amtsgericht R. als Vorsitzender,
Hausfrau L. G. aus Herzberg,
Hausmeister B. H. aus Herzberg als Schöffen,
Staatsanwalt Dr. E. als Beamter der Staatsanwaltschaft,
Rechtsanwalt Dr. K. als Verteidiger,
Referendar S. als Urkundsbeamter der Geschäftsstelle,

für Recht erkannt:

Der Angeklagte ist der fahrlässigen Körperverletzung in Tateinheit mit einer fahrlässigen Straßenverkehrsgefährdung schuldig.

Es wird gegen ihn auf eine Geldstrafe in Höhe von 30 Tagessätzen von je 70 DM erkannt.

Der Angeklagte trägt die Verfahrenskosten.

Angewendete Vorschriften: §§ 230, 315c Abs. 1 Nr. 2a, Abs. 3 Nr. 2, 52 I u. II StGB.

Gründe:

Der bisher nicht bestrafte Angeklagte ist seit drei Jahren kinderlos verheiratet und hat ein monatliches Nettoeinkommen von 2100 DM. Seit sechs Jahren besitzt er den Führerschein der Klasse III, seit vier Jahren einen eigenen Kraftwagen.

In der Hauptverhandlung wurde auf Grund der Angaben des Angeklagten, soweit ihnen gefolgt werden konnte, sowie der beeideten Aussage des Zeugen G. und der unbeeideten Aussagen der Zeugen I., K., St. und G. K. und der zum Gegenstand der mündlichen Verhandlung gemachten polizeilichen Unfallskizze (Bl. 3 d. A.) folgender Sachverhalt als erwiesen festgestellt:

Der Angeklagte befuhr mit seinem Opel-Kraftwagen, polizeiliches Kennzeichen HB–EZ 430, am 3. Januar 1982 gegen 18.25 Uhr in Herzberg die Heidestraße in westlicher Richtung. Als er die vorfahrtberechtigte Göttinger Straße erreichte, bog er, ohne vorher anzuhalten oder seine Geschwindigkeit von ca. 40 km/h wesentlich zu vermindern, nach links in sie ein, obwohl der auf der Göttinger Straße in südlicher Richtung fahrende, für den Angeklagten somit von rechts kommende Zeuge I. mit seinem Omnibus bei einer Geschwindigkeit von etwa 45 km/h nur noch etwa 10–15 m von der Einmündung der Heidestraße entfernt war. Um nicht auf den Kraftwagen des Angeklagten aufzufahren, mußte der Zeuge I. plötzlich und heftig bremsen. Dadurch fuhr der hinter dem Omnibus fahrende Lastwagen des L., der nicht mehr rechtzeitig abgebremst werden konnte, auf die Hinterwand des Busses. Durch diesen Zusammenstoß wurden die auf den hinteren Bänken des Busses sitzenden Zeugen K., G. K. und St. verletzt, und zwar erlitt die Zeugin G. K. Lippenplatzwunden, Schienbeinprellungen und Schulterverletzungen, die Zeugin St. und der Zeuge K. wurden am Schienbein verletzt. Die Verletzungen mußten ambulant behandelt werden; Arbeitsunfähigkeit hatten sie nicht zur Folge. Der an dem Omnibus entstandene Sachschaden betrug etwa 4500 DM, während die Reparaturkosten für den gleichfalls beschädigten Lastwagen 6780,32 DM betrugen.

Der Angeklagte hat sich dahin eingelassen, daß der Omnibus des Zeugen I. noch weit von der Kreuzung entfernt gewesen sei, als er – der Angeklagte – in die Göttinger Straße eingebogen sei; keinesfalls habe der Zeuge I. seinetwegen so scharf abbremsen müssen. Diese Einlassung wird durch die voneinander unabhängigen, sachlich übereinstimmenden Aussagen der Zeugen I. und G. widerlegt, wobei das Gericht vor allem die beeidete Aussage des unbeteiligten Augenzeugen G. in vollem Umfang für glaubwürdig hält. Beide Zeugen haben angegeben, daß der Angeklagte erst unmittelbar vor dem mit erheblicher Geschwindigkeit herannahenden Bus in die Göttiger Straße eingebogen sei und der Omnibus deswegen den Kraftwagen des Angeklagten auf jeden Fall gerammt hätte, wenn der Zeuge I. nicht auf der Stelle scharf gebremst hätte. Da die Kreuzung, wie gerichtsbekannt ist und auch alle Zeugen übereinstimmend bekundet haben, derart unübersichtlich ist, daß man den vorfahrtberechtigten Verkehr nur bei schrittweisem Hineinfahren in die Göttinger Straße rechtzeitig überblicken kann, handelte der Angeklagte grob verkehrswidrig, als er, wie er selbst einräumt, ohne wesentliche Herabsetzung der Geschwindigkeit in die Göttinger Straße einbog. Da er infolge der Unübersichtlichkeit der Kreuzung zu diesem Zeitpunkt noch gar nicht wissen konnte, ob und in welcher Entfernung sich ein vorfahrtberechtigtes Fahrzeug näherte, handelte er auch rücksichtslos, denn er ließ – sei es aus eigensüchtigen Gründen oder aus Gleichgültigkeit – gegen sein Verhalten von vornherein keine Bedenken aufkommen, obwohl es auf der Hand lag, daß die Sichtlinie nur ganz langsam überfahren werden durfte. Als versierter Kraftfahrer konnte der Angeklagte über die grobe Verkehrswidrigkeit seines Verhaltens nicht im unklaren sein, und auch mit dem Herannahen eines vorfahrtberechtigten Fahrzeuges hätte er rechnen müssen und können, ebenso mit der dadurch verursachten Gefährdung des vorfahrtberechtigten Fahrzeugs und seiner Insassen. Die Tatbestandsmerkmale des § 315c Abs. 3 Nr. 2 in Verb. mit Abs. 1 Nr. 2a StGB sind damit zur Überzeugung des Gerichts festgestellt; hingegen konnte weder der volle Vorsatz nach § 315c Abs. 1 noch der beschränkte nach Abs. 3 Nr. 1 mit der für eine Verurteilung erforderlichen Sicherheit erwiesen werden. Die Einlassung des Angeklagten, er habe vor der Einfahrt in die Göttinger Straße auf Grund einer plötzlichen Fehlleistung darauf vertraut, es werde schon kein vorfahrtberechtigtes Fahrzeug da sein, erscheint glaubwürdig; mindestens kann sie ihm nicht widerlegt werden.

Neben der Straßenverkehrsgefährdung hat sich der Angeklagte durch dieselbe Handlung auch dreier fahrlässiger Körperverletzungen zum Nachteil der Zeugen K., St. und G. K. schuldig gemacht (§§ 230, 232 StGB), für die sämtlich Strafantrag gestellt ist. Es lag innerhalb der Lebenserfahrung, daß die von dem Angeklagten verursachte scharfe Abbremsung des Omnibusses zu einem Auffahrunfall durch ein nachfolgendes Fahrzeug führte und daß dadurch Menschen zu Schaden kamen. Ein etwaiges Verschulden des Lastwagenfahrers L. spielt keine Rolle, da die Vorhersehbarkeit des Unfalls dadurch nicht ausgeschlossen wird. Die Abfolge der Ereignisse war auch für den Angeklagten als einen versierten Kraftfahrer voraussehbar und (durch rechtzeitiges Anhalten) vermeidbar, so daß ihm auch in Bezug auf die Körperverletzungen der Schuldvorwurf der Fahrlässigkeit zu machen ist.

Er hat die Verletzungen der drei Zeugen durch dieselbe Handlung herbeigeführt (§ 52 StGB) und dadurch zugleich gegen § 315c Abs. 3 Nr. 2 in Verb. mit Abs. 1 Nr. 2a StGB verstoßen.

Bei der Strafzumessung war zu berücksichtigen, daß der Angeklagte bisher nicht bestraft ist und auf das Gericht einen rechtschaffenen und gewissenhaften Eindruck gemacht hat, so daß die vorliegende Tat wohl als eine bei jedem Kraftfahrer einmal vorkommende Entgleisung anzusehen ist. Da auch dem sorgfältigsten Kraftfahrer einmal ein solcher grober Schnitzer unterläuft, konnte sein erhebliches Verschulden bei der Tat für die Strafzumessung nicht allein entscheidend sein; die Strafe war vielmehr auf Grund seines einwandfreien Vorlebens und der daraus folgenden günstigen Prognose relativ milde zu bemessen. Trotz der erheblichen Schäden, die der Angeklagte angerichtet hat, war daher mit einer Geldstrafe von 30 Tagessätzen auszukommen, deren Höhe gemäß § 40 Abs. 2 StGB mit dem täglichen Nettoeinkommen des Angeklagten, also mit 70 DM, anzusetzen war. Von einem Fahrverbot konnte abgesehen werden, da bereits die Geldstrafe für den Angeklagten als empfindlicher Denkzettel ausreichen dürfte. Eine Entziehung der Fahrerlaubnis kam nicht in Frage, da der Angeklagte nach der Überzeugung des Gerichts trotz seiner einmaligen Entgleisung die zum Führen von Kraftfahrzeugen erforderliche Eignung weiterhin besitzt. Die Kostenentscheidung folgt aus § 465 StPO.   R.

§ 49. Das Sitzungsprotokoll

Literatur: von Stenglein, Das Protocoll der Hauptverhandlung, GS 45, 81; Bohne, Berichtigung des Hauptverhandlungsprotokolls und Verfahrensrüge, SJZ 1949, 760; Deutscher Juristentag 1956, Band II, Sitzungsberichte, Teil G, Referate von Dünnebier, Glanzmann, v. Stackelberg, Diskussion S. 65ff.; W. Schmid, Haben die Verfahrensbeteiligten in der Hauptverhandlung Anspruch auf Protokollierung von Verfahrensfehlern?, GA 1962, 353; Ott, Die Berichtigung des Hauptverhandlungsprotokolls im Strafverfahren und das Verbot der Rügeverkümmerung, Diss. Göttingen 1970; Ulsenheimer, Die Verletzung der Protokollierungspflicht usw., NJW 1980, 2273.

In der Hauptverhandlung ist ein Protokoll aufzunehmen (das sog. *Sitzungsprotokoll*). Darüber treffen die §§ 271–274 Bestimmungen.

I. Inhalt des Protokolls

1. § 272 bestimmt, welche Daten über den *äußeren Rahmen* des Verfahrens aufzunehmen sind: Ort und Tag der Hauptverhandlung, die angeklagte strafbare Handlung, die Namen aller Verfahrensbeteiligten und Öffentlichkeit oder Nichtöffentlichkeit der Hauptverhandlung.

2. § 273 regelt dagegen die Protokollierung des *Verhandlungsablaufes*. Nach Abs. I muß das Protokoll alle für die Justizförmigkeit des Verfahrens bedeutsamen Vorgänge enthalten, also „den Gang und die Ergebnisse der Hauptverhandlung im wesentlichen wiedergeben und die Beobachtung aller wesentlichen Förmlichkeiten ersichtlich machen". Dazu gehört auch die Angabe aller gestellten Anträge, aller verlesenen oder nach § 249 II inhaltlich mitgeteilten Schriftstücke, der ergangenen Entscheidungen und der Urteilsformel.

Der Vermerk „Es wurde das anliegende Urteil verkündet" genügt also nicht. Wohl aber kann das ganze Urteil mit den verkündeten Gründen in das Sitzungsprotokoll aufgenommen werden (§ 275 I). Da der Kopf der Urteilsurkunde z.T. die gleichen Angaben enthält wie das Sitzungsprotokoll, erspart dieses Verfahren mancherlei Schreibarbeit; es ist bei einfachen Urteilen zu empfehlen. Bei Widersprüchen zwischen Urteilsurkunde und Sitzungsprotokoll geht das Urteil vor (RGSt 49, 315).

Nach § 273 II müssen außerdem die *wesentlichen Ergebnisse* der Vernehmungen vor dem Strafrichter (Einzelrichter) und dem Schöffengericht (also die Aussagen des Beschuldigten und der Zeugen) in das Protokoll aufgenommen werden. Für die Verhandlungen vor dem LG und dem OLG ist diese Protokollierungsverpflichtung durch das 1. StVRG wieder aufgehoben worden, weil sie wegen des Fehlens einer weiteren Tatsacheninstanz dem auf Arbeitsentlastung abzielenden Gesetzgeber als überflüssig erschien (dazu mit Recht krit. Sailer, NJW 1977, 24).

Nach § 273 III ist die Protokollierung eines Vorganges oder des Wortlautes einer Äußerung zwingend vorgeschrieben, wenn es darauf für die Entscheidung ankommt. Dabei besteht ein Anspruch auf die wörtliche Protokollierung einer Äußerung nur dann, wenn der Wortlaut selbst (und nicht nur der Inhalt!) für das Urteil wesentlich ist (so Schmid, NJW 1981, 1353; Sieß, NJW 1982, 1625 gegen Ulsenheimer, NJW 1980, 2273). Soweit ein solcher Anspruch besteht, kann auf seine Versagung auch die Revision gestützt werden (Ulsenheimer aaO.; vgl. auch OLG Bremen, NJW 1981, 2827 mit krit. Anm. Foth, JR 1982, 253).

II. Protokollführung, Unterschrift und Fertigstellung

Das Protokoll wird von dem Urkundsbeamten der Geschäftsstelle oder einem Referendar geführt. Es ist von dem Vorsitzenden und dem Protokollführer zu unterschreiben (vgl. § 271). Beide sind dabei gleichberechtigt; der Vorsitzende ist also nicht befugt, dem Protokollführer (Urkundsbeamten) sachliche Weisungen über die inhaltliche Gestaltung des Protokolls zu erteilen. Die ununterbrochene Anwesenheit desselben Urkundsbeamten ist nicht nötig (s. o. § 42 E II); es können sich also mehrere Urkundsbeamte ablösen, wobei sie den jeweils von ihnen gefertigten Protokoll*teil* unterzeichnen müssen. Um der Verteidigung die insbesondere für die Revisionsbegründung notwendige Einsicht in das Protokoll zu sichern, ordnet § 273 IV zwingend (BGHSt *27, 80*) an, daß das Urteil nicht vor der Fertigstellung des Protokolls zugestellt werden darf.

III. Beweiskraft des Protokolls

1. § 274 legt fest, daß die Beobachtung der für die Hauptverhandlung vorgeschriebenen Förmlichkeiten nur durch das Protokoll bewiesen werden kann. Darin liegt eine positive (alles im Protokoll Vermerkte gilt als geschehen) wie negative Beweisvermutung (als nicht geschehen gilt, was im Protokoll nicht behandelt ist). Gegen den diese Förmlichkeiten betreffenden Inhalt des Protokolls ist lediglich der Nachweis der Fälschung zulässig (§ 274, 2).

2. Die weitgehende Beweiskraft des Protokolls bezieht sich nur auf die §§ 272, 273 I (die wesentlichen Förmlichkeiten), nicht auf das nach § 273 II, III Protokollierte. Sie kann nicht auf Protokolle des Ermittlungsrichters nach § 168a analog angewendet werden, sondern gilt nur für das Hauptverhandlungsprotokoll (BGHSt 26, 281 gegen RGSt 5, 266, 268; 55, 1, 5). Denn die formelle Beweiskraft soll nur die Revision

erleichtern. Die Beweisvermutung besteht auch nur für das Verfahren, auf das sich das Protokoll bezieht.

3. Nach den Grundsätzen des Freibeweises ist immer dann zu verfahren, wenn es sich nicht um den Protokollinhalt nach §§ 272, 273 I handelt; aber auch (in Ausnahme von § 274), wenn das Protokoll (bezüglich der wesentlichen Förmlichkeiten) Mängel, z.B. offensichtliche Widersprüche oder offenkundige Lücken aufweist (vgl. BGHSt *16, 306; 17, 220*) oder nicht unterschrieben ist (BGH, NStZ 1984, 181). Gleiches gilt, wenn sich ausweislich des Protokolls Vorsitzender und Urkundsbeamter über die Abfassung bestimmter Punkte des Protokollinhaltes nicht einig geworden sind. Nach BGHSt *4, 364* (noch weitergehend BayObLG MDR 1974, 331) soll die Beweisregel des § 274 sogar dann durchbrochen sein, wenn nur eine der Urkundspersonen nachträglich erklärt, daß das Protokoll unrichtig ist.

IV. *Protokollberichtigung*

Eine nachträgliche Berichtigung des Protokolls ist dann möglich, wenn beide Urkundspersonen (Richter und Urkundsbeamter) übereinstimmend bekunden, daß die bisherige Niederschrift unvollständig oder unrichtig gewesen ist. Doch ist eine solche an sich gestattete Berichtigung nach der Rspr. dann unzulässig, wenn sie erst nach Eingang der Revisionsbegründung vorgenommen wird und damit dieser die Grundlage entzieht (sog. Verbot der *Rügeverkümmerung:* BGHSt *2, 125;* grundlegend RGSt 43, 1 ff.; überholt wegen des neu eingefügten § 273 IV BGHSt 10, 145; 12, 270; vgl. dazu OLG Karlsruhe NJW 1980, 716 mit Anm. Gollwitzer, JR 1980, 518; zur gesamten Problematik krit. Ott, aaO.).

V. *Protokoll und Revision*

1. Die praktische Bedeutung der Beweisregel des § 274 besteht darin, daß der Verteidiger nur zu prüfen braucht, ob die Protokollierung einer wesentlichen Förmlichkeit unterlassen oder ein nicht vorgefallener Verfahrensfehler als geschehen protokolliert worden ist. Ob die Förmlichkeit in Wirklichkeit beachtet worden ist oder nicht, ist unerheblich. Jedoch ist zu beachten, daß „zu einer Verfahrensrüge die bestimmte Behauptung gehört, der geltend gemachte Fehler sei geschehen". Der Hinweis auf einen bloßen, durch das Protokoll hervorgerufenen Anschein genügt dagegen nicht (vgl. BGHSt *7, 162*).

2. Liegt ein Protokoll überhaupt nicht vor (z.B. weil es verlorengegangen ist), so ist dies allein kein Revisionsgrund. Denn die Revision kann nur darauf gestützt werden, daß ein wesentlicher Verfahrensvorgang nicht stattgefunden habe oder daß eine Förmlichkeit unbeachtet geblieben sei, nicht aber darauf, daß nur die Beurkundung unterlassen worden sei. Deshalb kann auch die bloße *Protokollrüge,* d.h. der Hinweis auf Protokollierungsfehler, einer Revision nicht zum Siege verhelfen.

VI. Tonbandprotokolle

Die §§ 271 ff. sehen nur ein schriftliches Hauptverhandlungsprotokoll vor. Tonbandprotokolle sind, anders als neuerdings außerhalb der Hauptverhandlung (§ 168a) sowie im Zivilprozeß (§§ 159, 1; 160a ZPO), nicht vorgesehen. Jedoch ist es zulässig, die ganze Hauptverhandlung auf Tonband aufzunehmen, soweit dies ausschließlich zur Gedächtnisstütze der Richter während der Beratung dienen soll. Der jeweils Sprechende (also insbesondere der Angeklagte) muß aber diesem Verfahren zustimmen. Dabei muß ihm zugesichert werden, daß ein anderer Zweck der Tonbandbenutzung nicht in Frage kommt (vgl. BGHSt 19, 193; Rud. Schmitt, JuS 1967, 19). Über die Zulässigkeit von Tonbandaufnahmen für Zwecke der Verteidigung vgl. Marxen, NJW 1977, 2188.

§ 50. Die Rechtskraft

Literatur: Binding, Das rechtskräftige Strafurteil pp., Abh. II, 1915, 301; Sauer, Zum Streit um die materielle Rechtskraft, Rich. Schmidt.-Festg., 1932, 308; Niese, Doppelfunktionelle Prozeßhandlungen, 1951, insbes. 107ff.; Sauer, Allgemeine Prozeßrechtslehre, 1951, 231ff.; Busch, Zum Verbrauch der Strafklage bei späterer Erkenntnis anderweitiger Tatgestaltung, ZStW 68 (1956), 3; Vogler, Die Rechtskraft des Strafbefehls, 1959; Bruns, Teilrechtskraft und innerprozessuale Bindungswirkung des Strafurteils, 1961; ders., Zur Feststellungswirkung des rechtskräftigen Strafurteils, Eb. Schmidt-Festschrift, 1961, 602; Geerds, Zur Lehre von der Konkurrenz im Strafrecht, 1961, 397; Grünwald, Die Teilrechtskraft im Strafverfahren, 1964; Jescheck, Die internationalen Wirkungen der Strafurteile, ZStW 76 (1964), 68; Gerh. Schmidt, Schuldspruch und Rechtskraft, JZ 1966, 89; Eb. Schmidt, Materielle Rechtskraft – materielle Gerechtigkeit, JZ 1968, 681 (= Aufsätze, S. 273); Grunsky, Zur Bindungswirkung der materiellen Rechtskraft im Strafverfahren, Kern-Festschr., 1968, 223; Tiedemann, Entwicklungstendenzen der strafprozessualen Rechtskraftlehre, 1969; Herzberg, Ne bis in idem – Zur Sperrwirkung des rechtskräftigen Strafurteils, JuS 1972, 113; Grünwald, Die materielle Rechtskraft im Strafverfahren der Bundesrepublik Deutschland, in: Deutsche strafrechtl. Landesreferate zum IX. Intern. Kongreß für Rechtsvergleichung Teheran 1974, Beiheft zur ZStW, 1974, 94; Peters, Fehlerquellen im Strafprozeß, 3. Bd., 1974, §§ 1ff.; Achenbach, Strafprozessuale Ergänzungsklage und materielle Rechtskraft, ZStW 87 (1975), 74; Molière, Die Rechtskraft des Bußgeldbeschlusses, 1975; Loos, Probleme der beschränkten Sperrwirkung strafprozessualer Entscheidungen, JZ 1978, 592.
S. ferner die Literaturnachweise zu § 20.

Mit den Begriffen der formellen und der materiellen Rechtskraft werden verschiedene Wirkungen des Urteils beschrieben. Die *formelle Rechtskraft* bedeutet Unanfechtbarkeit einer Entscheidung im Rahmen desselben Prozesses *(Beendigungswirkung);* daneben zieht sie die Vollstreckbarkeit des Urteils nach sich *(Vollstreckungswirkung).* Die *materielle Rechtskraft* bewirkt, daß die rechtskräftig abgeurteilte Sache nicht noch einmal zum Gegenstand eines anderen Verfahrens gemacht werden darf; das Strafklagerecht ist verbraucht *(Sperrwirkung).*

A. Die formelle Rechtskraft

I. Voraussetzungen des Eintritts

Die formelle Rechtskraft *tritt ein:*

1. sofort mit Abschluß der Verkündung des Urteils bei Urteilen des Revisionsgerichts (§§ 121, 135 GVG),

2. nach ungenutztem Ablauf der Rechtsmittelfrist (§§ 319 I, 322 I, 346 I, 349 I),

3. bei Rechtsmittelverzicht und bei Zurücknahme des Rechtsmittels (vgl. §§ 316, 343),

4. bei unanfechtbaren Beschlüssen (§ 81 c III, 4; Entscheidungen über eine Beschwerde nach §§ 322 II, 346 II oder Revisionsverwerfung gemäß § 349 II) mit Ablauf des Tages der Beschlußfassung (§ 34 a).

II. Hinsichtlich des *Umfangs* der Rechtskraft wird zwischen absoluter und relativer Rechtskraft unterschieden:

1. *Absolute Rechtskraft* ist gegeben, wenn eine Entscheidung in keinem Teil und von keiner Seite mehr angefochten werden kann.

2. Die *relative Rechtskraft ist*

a) eine *objektiv relative,* wenn nur ein Teil der Entscheidung rechtskräftig geworden ist, z. B. bei Tatmehrheit, wenn das Urteil nicht hinsichtlich aller Handlungen angefochten ist, oder wenn nur das Strafmaß oder nur eine Maßregel angefochten ist („*Teilrechtskraft*", s. u. § 51 B III);

b) eine *subjektiv relative* Rechtskraft, wenn eine Entscheidung nur noch von einer Partei angegriffen werden kann, wenn z. B. der Angeklagte nach der Hauptverhandlung erklärt hat, daß er auf die Revision verzichte, während die StA sich noch nicht erklärt hat: Hier ist das Urteil für den Angeklagten rechtskräftig, für die StA dagegen noch nicht. Trotzdem ist das Urteil noch nicht vollstreckbar, weil jedes von der StA eingelegte Rechtsmittel die Wirkung haben kann, daß die angefochtene Entscheidung auch zugunsten des Beschuldigten abgeändert wird (§ 301).

III. Die Rechtskraft tritt für jeden Täter getrennt ein (eine Ausnahme gilt bei der Revision, § 357, vgl. u. § 53 K).

IV. Die formelle Rechtskraft hat im einzelnen folgende *Bedeutung:*

1. Sie ist Voraussetzung der Vollstreckung (§ 449). Im Strafverfahren gibt es im Gegensatz zum Zivilprozeß keine „vorläufige" Vollstreckung, also keine Vollstreckung vor Eintritt der Rechtskraft.

2. Sie ist ferner Voraussetzung für die Eintragung strafgerichtlicher Entscheidungen in das Zentralregister (§ 4 BZRG) und in das Verkehrszentralregister (§ 28 StVG); vgl. dazu u. § 56 C.

3. Schließlich ist sie Voraussetzung für den Eintritt der materiellen Rechtskraft.

B. Die materielle Rechtskraft

I. Bedeutung

1. Der mit der materiellen Rechtskraft eintretende Verbrauch des Strafklagerechts wirkt sich als umfassendes Verfahrenshindernis aus (st. Rspr. seit RGSt 2, 347; vgl. BGHSt 5, 328; BVerfGE 3, 251); ein neues Verfahren ist unzulässig, ein neues Sachurteil ist ausgeschlossen: *ne bis in idem* (= bis de eadem re ne sit actio). Ergeht dennoch ein zweites Sachurteil, so ist es nach h. M. nichtig (vgl. aber u. C II, 3). Dabei ist es gleichgültig, ob das rechtskräftige Erkenntnis verurteilt oder freigesprochen hat.

In diesem vollen Umfang ist der Grundsatz ,ne bis in idem' durch Art. 103 III GG zum Rang eines Verfassungsrechtssatzes erhoben worden. Diese Vorschrift nimmt auf das „vorverfassungsrechtliche Gesamtbild" (BVerfGE 9, 96) des Prozeßrechts Bezug; sie garantiert über ihren zu engen, nur die Doppelbestrafung verbietenden Wortlaut hinaus „dem schon bestraften oder rechtskräftig freigesprochenen Täter Schutz gegen erneute Verfolgung und Bestrafung wegen derselben Tat" (so BVerfGE *12, 66;* grundlegend zum Ganzen BVerfGE *3, 248;* BGHSt 5, 323. [GrS]). Der Grundsatz des ,ne bis in idem' gilt allerdings nur für die Kriminal-, *nicht* auch im Verhältnis zur *Disziplinarstrafe* (BVerfGE 21, 378; 391); nach Ansicht des BVerfG ergibt sich jedoch aus dem Rechtsstaatsprinzip, daß auf die im Strafverfahren verhängte Freiheitsstrafe eine vorher im militärischen Disziplinarverfahren angeordnete Arreststrafe *angerechnet* werden muß.

2. Die materielle Rechtskraft dient, wie namentlich ihre Absicherung durch ein Grundrecht (vgl. Art. 103 III, 93 I Nr. 4a GG) zeigt, dem *Schutz des Angeklagten;* sein Interesse, nach Ergehen einer mit Rechtsmitteln nicht mehr anfechtbaren Sachentscheidung in Ruhe gelassen zu werden, wird damit rechtlich grundsätzlich anerkannt (zu den Rechtskraftdurchbrechungen s. u. IV). Zugleich kommt der Rechtskraft aber auch eine *Sanktionsfunktion* zu: Das Risiko, bei unzulänglicher Sachaufklärung später mit ergänzenden Ermittlungen ausgeschlossen zu sein, soll die Strafverfolgungsorgane zu sorgfältiger tatsächlicher Erforschung und rechtlicher Würdigung der Tat anhalten (vgl. Achenbach, aaO., S. 87ff.; krit. Loos, 592, 593 Fn. 9).

3. Um das *Wesen* der materiellen Rechtskraft streiten sich mehrere Theorien. Die früher vielfach vertretene *materiell-rechtliche Rechtskrafttheorie,* nach der die Rechtskraft unabhängig von der sachlichen Richtigkeit des Urteils einen neuen Strafanspruch selbst schaffen soll, wird heute allgemein abgelehnt. Nach der *prozessualen Gestaltungstheorie* schafft das Urteil zwar keine materielle Strafbarkeit, versetzt aber den Beschuldigten „in die rechtliche Stellung eines Schuldiggesprochenen und Verurteilten", so daß also die Vollstreckung eines unrichtigen Urteils rechtmäßig ist (L.-R.[23]-Schäfer, Einl., Kap. 12, Rdnr. 54; ähnlich Peters, S. 479 m. w. Nachw.). Herrschend ist die *prozeßrechtliche Rechtskrafttheorie* (Niese aaO., S. 121 ff.; Eb. Schmidt, I, Rdnr. 275 ff.), die der Rechtskraft ausschließlich prozessuale Wirkung zugesteht, die Vollstreckung eines Fehlurteils also als rechtswidrig ansieht. Die *praktische Bedeutung*

des Theorienstreits ist jedoch *gering;* denn auch die prozeßrechtliche Rechtskrafttheorie gewährt dem unschuldig Verurteilten kein Notwehr-recht gegen die Vollstreckung, sondern verweist ihn auf die außerordent-lichen und ordentlichen Rechtsbehelfe (vgl. Eb. Schmidt, I, Rdnr. 286).

II. Der Umfang der materiellen Rechtskraft

1. In Rechtskraft erwächst nur der *Tenor,* nicht auch die Begründung des Urteils; eine Feststellungswirkung hinsichtlich der ermittelten Tatsa-chen kommt dem rechtskräftigen Urteil daher nicht zu (vgl. dazu Bruns, Eb. Schmidt-Festschr., S. 602ff.; Grünwald, ZStW-Beiheft Teheran, S. 117ff.).

2. Die Rechtskraft geht so weit wie der Prozeßgegenstand (str., s. o. § 20 A II). Der Begriff *derselben Tat* in Art. 103 III GG bezeichnet also wie in §§ 155 und 264 „den geschichtlichen Vorgang, den das Gericht im Rahmen des Eröffnungsbeschlusses abzuurteilen rechtlich in der Lage war" (BGHSt 6, 95; st. Rspr.); dabei entscheidet über die Tatidentität die Lebensauffassung (i. e. vgl. o. § 20 B I 2, 3).

3. Die Rechtskraft *ergreift den Prozeßgegenstand ungeteilt.*
   a) Sie ergreift auch die *Nebenstrafen und Nebenfolgen.* Wenn z.B. vergessen worden ist, auf Verlust der Amtsfähigkeit (vgl. etwa §§ 45, 92 a StGB) zu erkennen, so kann das nach Rechtskraft nicht nachgeholt werden, auch soweit das Strafgesetz diese Folgen zwingend vorsieht.
   b) Die Rechtskraft eines *verurteilenden* Erkenntnisses umfaßt auch alle vor der Urteilsverkündung begangenen Einzelakte einer *fortgesetzten Handlung,* gleichviel ob sie dem Gericht bekanntgeworden sind oder nicht (RGSt *54, 333;* 66, 26, 72, 212; BGHSt *6, 92, 122;* 15, 268). Dagegen verbraucht ein *freisprechendes* Urteil die Strafklage nur für die tatsächlich untersuchten Einzelhandlungen, weil der Freispruch gerade zeigt, daß er sie gar nicht zu der (dem Gericht unbekannt gebliebenen) fortgesetzten Tat gehören (h. M., s. RGSt *47, 397; 54, 334;* a. M. Eb. Schmidt, I, Rdnr. 302 f.). Nach Urteilsverkündung begangene neue Ein-zelakte derselben Fortsetzungstat können selbständig verfolgt werden (BGHSt 9, 324). Ob allerdings die Taten überhaupt in Fortsetzungszu-sammenhang standen, entscheidet der neue Tatrichter nach seiner eige-nen rechtlichen Überzeugung, unabhängig von dem früheren Urteil (BGHSt *15, 268).*

Die oft unvorhersehbaren Wirkungen der Rechtskraft (BGHSt *6, 122:* 7 entdeckte, 369 unentdeckte Einzelhandlungen!) haben dazu beigetragen, daß die Rechtsprechung am Erfordernis des Gesamtvorsatzes bei der fortgesetzten Hand-lung trotz aller kritischen Stimmen stets festgehalten hat.

4. Die Rechtskraft ergreift die Tat unter *jedem rechtlichen Gesichts-punkt.*
   a) Wird etwa jemand wegen Jagdwilderei (§ 292 StGB) zu Geldstrafe verurteilt, weil er mit einem erfolglosen Schuß im Walde dem Wild nachgestellt habe, während er tatsächlich den Ehemann seiner Geliebten erschossen hatte, so steht die Sperrwirkung des rechtskräftigen Wilderei-

Urteils einer Ahndung des Mordes entgegen. Wird jemand wegen Fahrens ohne Erlaubnis rechtskräftig verurteilt, so ist ein weiteres Verfahren wegen der während dieser Fahrt im Auto begangenen Raub- und Sexualdelikte nicht mehr möglich (BGH, *NStZ 1984, 135*). Da derartige Konsequenzen vielfach als anstößig empfunden werden, hat man sich seit langem bemüht, den Umfang der materiellen Rechtskraft anders zu bestimmen.

So stellt *Henkel* (S. 387, 389 f.) nicht auf die abstrakt-hypothetische, sondern die konkrete Möglichkeit der Sachverhaltsfeststellung ab und sieht die Grenzen der Rechtskraft überschritten, wenn sich dem Gericht der wesentliche Unrechtsgehalt des Tuns auch bei sorgfältiger Erfüllung seiner Kognitionspflicht nicht erschließen konnte (im Ergebnis ähnlich Vogler, aaO., S. 91 ff.). *Peters* (S. 484 f.) will die Identität der Tat „von der Richtung des Tätigkeitsakts her" verstehen. Verschiedene Autoren wollen die Teilidentität der Ausführungsakte oder die *Handlungseinheit* i.S. der materiell-rechtlichen Konkurrenzlehre entscheiden lassen (so Oehler, Rosenfeld-Festschr., 1949, S. 154; Herzberg, aaO.; z.T. auch Schwinge, ZStW 52, 221 ff., 236; Tiedemann, aaO., S. 46 f.) und wieder andere machen die Rechtskraft von der Übereinstimmung des *Unwertgehalts* (Schwinge, ZStW 52, 228 ff., 236; Hruschka, JZ 1966, 703; Baumann, Grundbegriffe, S. 178) bzw. der verletzten Rechtsgüter (Bertel, Die Identität der Tat, 1970) abhängig.

Einige Autoren befürworten in diesem Zusammenhang eine sog. „*Ergänzungsklage*" in Form der *Berichtigungsklage* (vgl. dazu Achenbach, 77 m. ausf. Nachw.), d.h. ein Verfahren, in dem die erste Verurteilung nicht umgestoßen, sondern unter Anrechnung der ersten Strafe berichtigt werden soll.

Nach den meisten dieser Theorien wäre im Ausgangsfall ein erneutes Verfahren wegen des Verdachts des Mordes zulässig. Dieses Ergebnis mag dem Rechtsgefühl stärker entgegenkommen als die von der h.M. vertretene Lösung; es ist jedoch mit dem Gesetz nicht vereinbar. Aus §§ 155 II, 207 II Nr. 3 und 264 II ergibt sich zweifelsfrei, daß die Tat unabhängig von ihrer juristischen Qualifizierung in ihrer Identität feststeht und von dem Gericht in jeder Hinsicht rechtlich frei gewürdigt werden kann. Vor allem aber hat die StPO selbst in dem Institut der Wiederaufnahme des Verfahrens (§§ 359 ff.) festgelegt, in welchen Grenzen ein strafgerichtlich abgeschlossener Vorgang zum Gegenstand erneuter Verfolgung gemacht werden darf, und dabei die Wiederaufnahme zuungunsten des Angeklagten auf Grund neuer Tatsachen oder Beweismittel grundsätzlich ausgeschlossen (mit Ausnahme des glaubwürdigen Geständnisses eines Freigesprochenen, vgl. § 362 Nr. 4). Diese eindeutige Wertentscheidung darf nicht auf dem Wege über einen verengten Tatbegriff in der Sache umgangen werden (vgl. L.-R.[23]-Schäfer, Einl., Kap. 12, Rdnr. 36; Grünwald, ZStW-Beiheft Teheran, S. 112 ff.; Achenbach 83 ff.; krit. Gössel, § 33 A II a).

b) Eine Einschränkung muß allerdings für den Fall gelten, daß eine erst nach der letzten Tatsachenverhandlung eintretende schwerere Tatfolge (z.B. Tod des bei Urteilsfällung nur verletzten Opfers) zu einer anderen juristischen Qualifizierung der Tat (§ 226 statt § 223 a StGB, vollendeter statt versuchter Totschlag) führt. Da das Urteil diese Folgen schlechterdings nicht berücksichtigen konnte, ist hier entgegen einer im Schrifttum vordringenden Meinung eine Ergänzungsklage in Gestalt der *Vervoll-*

ständigungsklage (Achenbach, 76) zuzulassen (wie hier etwa L.-R.[23]- Schäfer, Einl., Kap. 12, Rdnr. 32, Fußn. 6; Rüping, Rdnr. 462; abl. BVerfG *NStZ 1984, 325* m. Anm. Schnarr; Achenbach, 95; Kl./M., Einl. Rdnr. 171; KMR[7]-Sax, Einl. XIII, Rdnr. 28, 34; Schlüchter, Rdnr. 604.2).

5. Es ist zuzugeben, daß der Tatbegriff der StPO in Grenzfällen nicht immer scharfe Konturen aufweist. Um hier zu einer Präzisierung zu gelangen, wird vielfach vorgeschlagen, die Tatidentität von der „Alternativität der Handlungsvorgänge" (Schöneborn, MDR 1974, 529) bzw. davon abhängig zu machen, ob ein Verfahren wegen eines bestimmten Sachverhalts „parallel zu dem ersten die Gefahr materiellrechtlich unvereinbarer Entscheidungen begründet hätte" (Grünwald, ZStW-Beiheft Teheran, S. 107 f., hier 108). So soll in dem viel erörterten Fall RGSt 21, 78 (Freispruch vom Vorwurf der unterlassenen Anzeige des Mordes; erneutes Verfahren wegen Anstiftung zu eben diesem Mord) deshalb *eine* Tat vorliegen, weil der Angeklagte nur entweder wegen unterlassener Anzeige oder wegen Anstiftung hätte bestraft werden können. Diese Alternativitätsformel führt jedoch dort zu sachwidrigen Einengungen der Rechtskraft, wo voneinander unabhängige Handlungsvorgänge, die verschiedene Straftatbestände verwirklichen, wegen ihres engen zeitlichen oder sachlichen Zusammenhanges kumulativ einen einheitlichen Lebensvorgang bilden (z. B. Straßenverkehrsgefährdung und Unfallflucht, vgl. BGHSt 23, 141; einschränkend auch Schöneborn, aaO., 535, soweit mehrere Vorgänge durch eine Fortsetzungs- oder Dauerstraftat verbunden werden). Anderenseits führt der in der Konsequenz der Alternativitätsformel liegende Gedanke, das sogenannte „negative Spiegelbild" eines Sachverhalts sei ein Bestandteil derselben Tat im Sinne der StPO und könne deshalb im selben Strafverfahren abgeurteilt werden, oft auch zu einer unzulässigen Ausdehnung der Rechtskraft auf zeitlich u. U. weit auseinanderliegende Vorgänge (z. B. OLG Celle NJW 1979, 228: der Täter hatte sich entweder durch Drogenkonsum oder durch Vortäuschen dieser Straftat gemäß § 145 d StGB strafbar gemacht; OLG Zweibrücken, NJW 1980, 2144: Der Täter hatte entweder eine fahrlässige Tötung oder durch falsche Selbstbezichtigung eine Strafvereitelung begangen, um den wirklichen Fahrer des Autos zu decken; ähnlich OLG Hamm NJW 1981, 237; StrV 1984, 15). Richtigerweise sollte auch in den Fällen der Alternativität eine Tatidentität nur angenommen werden, wenn es sich um Vorgänge mit nahem zeitlichem und örtlichem Zusammenhang handelt (BGH, StrV 1984, 99; BayObLG, StrV 1984, 14). Mit Recht hat sich daher die neuere Rspr. von der Spiegelbildtheorie wieder abgewandt (BGHSt 32, 146; BayObLG, NStZ 1984, 569, OLG Celle, JZ 1985, 147).

6. Nach der Rspr. (BVerfGE 23, 191; LG Duisburg, StrV 1985, 53) soll im Falle der Zivildienstverweigerung aus Gewissensgründen auch bei mehreren, u. U. zeitlich weit voneinander getrennten Verweigerungshandlungen auf Grund der gleichbleibenden ablehnenden Haltung des Täters nur *eine* Tat i. S. des Art. 103 III GG vorliegen. Damit wird jedoch der Tatbegriff konstruktiv überdehnt. Prozessual ist vielmehr jeder neue Verweigerungsakt auch eine neue Tat. Gleichwohl erlaubt das verfassungsrechtliche Übermaßverbot nur die einmalige Bestrafung der Dienstverweigerung, da die nachfolgenden Verweigerungsakte nur Konkretisierungen einer grundlegenden existentiellen Lebensentscheidung darstellen (ebenso Grünwald, ZStW-Beiheft Teheran, S. 117).

III. Der materiellen Rechtskraft sind *nicht alle Entscheidungen* in Strafsachen fähig.

1. Hinsichtlich der *Arten* der Entscheidungen ist folgendermaßen zu differenzieren:

a) In *volle Rechtskraft* können erwachsen:

aa) Alle Sachurteile sowie Einstellungsurteile nach § 260 III, wenn sie ein endgültiges Verfahrenshindernis, wie etwa Verjährung, aussprechen (str.; wie hier L.-R.[23]-Schäfer, Einl. Kap. 12, Rdnr. 38; a. A. Kl./M., Einl. Rdnr. 172),

bb) alle Beschlüsse, die nur mit der sofortigen Beschwerde angegriffen werden können. Sie gleichen insoweit den Urteilen, wie ja überhaupt manche von ihnen materiell „Urteile ohne Hauptverhandlung" darstellen (etwa die Gesamtstrafenbeschlüsse nach § 460, die zu einer Abänderung rechtskräftiger Urteile führen und die alleinige Grundlage der Strafvollstreckung bilden);

cc) die prozeßabschließenden Beschlüsse nach § 349 II (eingehend dazu Geppert, GA 1972, 165).

b) Nur *beschränkt rechtskraftfähig* sind:

aa) nach der Rspr. der Strafbefehl, der das Strafklagerecht nicht verbrauchen soll, wenn unter einem anderen rechtlichen Gesichtspunkt eine erhöhte Strafbarkeit begründet ist (vgl. jedoch u. § 66 B IV);

bb) die Einstellungsbeschlüsse des Gerichts im Klageerzwingungsverfahren (§ 174 II) und im Zwischenverfahren (§ 211): In beiden Fällen ist ein neues Verfahren nur auf Grund neuer Tatsachen und Beweismittel zulässig. Dasselbe muß, obwohl das Gesetz insoweit schweigt, für gerichtliche Einstellungsbeschlüsse nach § 153 II gelten; bisweilen wird dagegen angenommen, daß in diesem Fall nur die nachträgliche Entdeckung einer schwereren Gesetzesverletzung eine erneute Aufrollung des Falles rechtfertigt (so RGSt 67, 315; BayObLG NJW 1965, 828). Dagegen spricht jedoch neben der Analogie zu §§ 47 III i.V.m. 47 I Nr. 2; 45 II Nr. 2 JGG die Überlegung, daß der Einstellungsbeschluß nach § 153 II anders als der Strafbefehl (§ 410) nicht einem Urteil gleichsteht (wie hier Kleinknecht JR 1965, 350; s. auch o. § 14 B II, 4 c).

c) *Generell rechtskraftunfähig* sind:

aa) gerichtliche Beschlüsse, gegen die nur die einfache (unbefristete) Beschwerde gegeben ist; sie können vom Gericht jederzeit auch von Amts wegen geändert werden (arg. § 306 II);

bb) die Einstellungsverfügungen der StA; diese kann also die Verfolgung von ihr eingestellter Verfahren nach Belieben wieder aufnehmen (LG Gießen, StrV 1984, 327; zweifelnd Loos, 592).

2. Grundsätzlich können nur Entscheidungen *inländischer Gerichte* das Strafklagerecht verbrauchen (vgl. §§ 51 III StGB, 153 c I Nr. 3 StPO). Urteile ausländischer Gerichte entfalten aber dann eine Sperrwirkung für die deutsche Gerichtsbarkeit, wenn ein völkerrechtlicher Vertrag dies ausdrücklich anordnet (s. dazu Grützner NJW 1969, 345).

Ausländische Gerichte waren auch die *Gerichte der Besatzungsmächte*, z. B. der Nürnberger Gerichtshof; daher hatten ihre Urteile das deutsche Strafklagerecht nicht verbraucht (BGHSt 6, 176). Seit Inkrafttreten des Überleitungsvertrages vom 26. 5. 1955 (Schönfelder Nr. 7) sind jedoch die deutschen Gerichte verpflichtet, die Urteile der westlichen Besatzungsmächte als rechtskräftig zu behandeln (Art. 7 I), sofern sie nicht wegen Verbrechen gegen die Menschlichkeit oder Kriegsverbrechen ergangen sind (Art. 6 XI; vgl. dazu BGHSt 12, 36). Dagegen ist der Gerichtshof der *Europäischen Gemeinschaft* kein ausländisches Gericht, so daß seinen Entscheidungen gegenüber grundsätzlich das Verbot der Doppelverfolgung durchgreift (BGHSt 24, 54, 57).

3. Urteile von *Gerichten der DDR* genießen nur eine nach Maßgabe von § 11 RHilfeG *beschränkte Rechtskraft* (vgl. dazu BVerfGE *12, 62*). Danach kann ein in der DDR verurteilter Täter in der Bundesrepublik einer erneuten Strafverfolgung unterworfen werden, wenn die Behörden der DDR weder um Vollstreckung des Urteils noch um Zulieferung zu diesem Zweck ersucht haben oder wenn die nach § 3 RHilfeG erforderliche Genehmigung nicht erteilt worden ist. Die neue Entscheidung unterliegt jedoch dem Verbot der reformatio in peius; überdies ist eine in der DDR verbüßte Strafe anzurechnen (§ 11 III RHilfeG). Gemäß § 15 RHG kann ein in der DDR verurteilter Zuwanderer unter engen Voraussetzungen die Feststellung der Unzulässigkeit der Vollstreckung beantragen (vgl. hierzu Motsch, JZ 1982, 584).

IV. Durchbrechungen der Rechtskraft

Eine starre, ohne Ausnahme geltende Unabänderlichkeit von Urteilen würde der Sicherung des Rechtsfriedens ebensowenig dienlich sein wie die schrankenlose Verwirklichung des materiellen Rechts. Deshalb muß die Rechtsordnung Durchbrechungen der Rechtskraft zulassen.

1. Das geltende Recht sieht folgende *Rechtskraftdurchbrechungen* vor:
a) das Wiederaufnahmeverfahren (§§ 359ff.; vgl. u. § 55);
b) die Wiedereinsetzung in den vorigen Stand (§§ 44ff.; vgl. o. § 22 B V 1);
c) die Revisionserstreckung auf Mitverurteilte (§ 357; vgl. u. § 53 K);
d) die Aufhebung des Urteils durch das BVerfG bei einer erfolgreichen Verfassungsbeschwerde (§ 95 II BVerfGG);
e) die erfolgreiche Beschwerde gem. Art. 25ff. MRK.

2. Eine *Nichtigkeitsbeschwerde*, mit der schwere Rechtsfehler von Urteilen noch nach Eintritt der Rechtskraft geltend gemacht werden können, ist dem geltenden Recht – anders als § 34 der ZustVO von 1940 und dem Recht der DDR (§§ 311ff. StPODDR) – fremd. Bisweilen wird hier die Verfassungsbeschwerde wegen Verletzung von Art. 2, 3 oder Art. 101, 103 GG helfen (vgl. dazu Lampe GA 1968, 41). Die von Lampe vorgeschlagene allgemeine Zulassung der Verfassungsbeschwerde gegen grob ungerechte Entscheidungen stößt dagegen ebenso wie die Wiedereinführung der Nichtigkeitsbeschwerde auf Bedenken, da sie mangels eines objektivierbaren Maßstabes zu einer erheblichen Rechtsunsicherheit führen dürfte (so auch Eb. Schmidt JZ 1968, 681 mit Erwiderung von Lampe JZ 1969, 287).

3. Rechtskraftfähige Beschlüsse (vgl. o. B III 1 a) dagegen können, wenn sie unanfechtbar geworden sind, nach der Rspr. ausnahmsweise auch dann geändert werden, wenn nur so schweres prozessuales Unrecht behoben werden kann (BayObLG JR 1970, 391 mit Anm. Peters; L.-R.[23]-Gollwitzer, Rdnr. 39f. vor § 304). Davon sind nur Fälle offenkundiger Mißachtung prozessualer Normen (RGSt 37, 112) wie z.B. ein Verstoß gegen den Grundsatz des gesetzlichen

Richters (OLG Düsseldorf NStZ 1982, 395) und Irrtümer über die tatsächliche Entscheidungsgrundlage erfaßt, wie z. B. die Verwerfung eines Rechtsmittels auf Grund eines irrtümlich angenommenen Verzichts (OLG Hamburg MDR 1976, 511; RGSt 59, 419; BGH NJW 1951, 771). Eine bloße Fehlanwendung von Gesetzen genügt dagegen nicht (BGHSt 17, 94; BGH MDR 1956, 52); dasselbe gilt für die nachträgliche Auffindung eines Eröffnungsbeschlusses, wegen dessen Fehlens eingestellt worden war (OLG Köln NJW 1981, 2208).

C. Weder in formelle noch in materielle Rechtskraft erwachsen unbeachtliche Urteile.

I. Unbeachtlich sind unstreitig die sog. *Nicht-Urteile*, z. B. Entscheidungen, die nicht von einem Gericht (sondern etwa von der politischen Polizei) gefällt sind, oder Entscheidungen, die nicht ergangen sind, also noch nicht verkündet worden, aber sonstwie in Erscheinung getreten sind.

II. Unbeachtlich sind ferner die *nichtigen Urteile*, d. h. Entscheidungen eines Gerichts, die als Urteile verkündet worden sind und doch keinerlei Rechtswirkung entfalten.

1. Ob und in welchem Umfang eine Nichtigkeit von Urteilen überhaupt anzuerkennen ist, ist, da das Gesetz schweigt, sehr streitig. Bedenklich an dieser Konstruktion ist namentlich, daß sie die Beseitigung gerichtlicher Entscheidungen ohne jegliches Verfahren erlaubt, obwohl § 338 zeigt, daß selbst grobe Verfahrensmängel das Urteil nicht nichtig, sondern nur mit der Revision angreifbar machen. Andererseits verbietet aber die Forderung nach Gerechtigkeit bei schwersten Rechtsverstößen eine Wirksamkeit (Vollstreckung) von Urteilen. Dieser Konflikt ist durch eine Begrenzung der Nichtigkeitsfälle auf den allerengsten Rahmen zu lösen (vgl. zum Ganzen Eb. Schmidt, I, Rdnr. 253ff.; Grünwald, ZStW 76 [1964], 250; ders., ZStW-Beiheft Teheran, S. 123; KMR[7]-Sax, Einl. X, Rdnr. 7ff.; Roeder ZStW 79 [1967], 250; L.-R.[23]-Schäfer, Einl. Kap. 16; für Beschlüsse vgl. Geppert, GA 1972, 165). Auch BGH NStZ 1984, 279 will eine Nichtigkeit nur in den seltenen Ausnahmefällen anerkennen, daß die Bejahung eines Urteils „geradezu unerträglich wäre, weil die Entscheidung dem Geist der StPO und wesentlichen Prinzipien unserer rechtsstaatlichen Ordnung widerspricht".

2. Danach sind als *nichtig* anzusehen:

a) Entscheidungen eines Ausnahmegerichts (vgl. Art. 101 I, 1 GG; § 16 GVG) oder eines „Revolutionstribunals";

b) Entscheidungen mit einem offensichtlich unzulässigen Inhalt (z. B. Verurteilung eines 11jährigen, Verurteilung zu Prügelstrafe oder zu einwöchiger Freiheitsstrafe);

c) Entscheidungen, die gegen eine andere als die tatsächlich vor Gericht erschienene Person ergangen sind.

Ist also anstelle des angeklagten A dessen Freund B vor Gericht erschienen, so ist nach h. M. das Urteil weder gegen A noch gegen B wirksam. Dieses Ergebnis ist unabhängig von der ebenfalls umstrittenen Vorfrage, gegen wen das Urteil überhaupt ergangen ist: Bezieht es sich nämlich auf den Erschienenen, so betrifft es gar nicht den durch die Anklage (§ 155 I) bestimmten Verfahrensgegenstand und ist unbeachtlich, weil Anklage und Eröffnungsbeschluß gegen den „falschen" Angeklagten fehlen (so Henkel, S. 386; Eb. Schmidt, I, Rdnr. 293; KMR[7]-

Müller, § 230, Rdnr. 5); betrifft es dagegen den tatsächlich Angeklagten, so fehlt es, weil dieser nicht erschienen ist, an jeder personalen Beziehung zwischen dem Gericht und dem Angeklagten, und die Entscheidung ist aus diesem Grunde nichtig (so Peters, S. 497f.). Eine Mindermeinung hält dagegen das Urteil, sei es gegen den wirklich Gemeinten (so LG Lüneburg MDR 1949, 768 mit Anm. Grobler; L.-R.[23]-Schäfer, Einl. Kap. 12, Rdnr. 62), sei es gegen den Erschienenen (Lucas-Dürr, S. 243f., 359f.) für wirksam, so daß nach Rechtskraft nur mit der Wiederaufnahme zu helfen ist;

d) Entscheidungen gegen eine verstorbene Person (OLG Schleswig NJW *1978, 1016*; vgl. o. § 21 B III).

3. Nach h. M. sind schließlich auch Entscheidungen in einer schon rechtskräftig entschiedenen Sache nichtig (dahingestellt von BGH NStZ 1984, 279). Da es sich hier jedoch in der Praxis selten um eindeutige Konstellationen handeln dürfte, vielmehr zumeist recht komplizierte Fragen entstehen (Einbeziehung einer Tat in eine Serie selbständiger Delikte, Unterfallen eines Verhaltens unter den in der Anklage bezeichneten Geschehensausschnitt), dürfte es angemessener sein, diese Fragen mit Hilfe der allgemeinen Rechtsmittel im Wege gerichtlicher Verhandlung zu klären.

III. Die Unbeachtlichkeit eines Urteils kann in beliebiger Weise *geltend gemacht* werden. Es braucht nicht angefochten zu werden; jedoch ist um der Rechtsklarheit willen seine Anfechtung durch die allgemeinen Rechtsmittel zulässig. Als Mittel der Geltendmachung kann nach h. M. auch die in § 458 I vorgesehene Einwendung gegen die Zulässigkeit der Strafvollstreckung dienen.

10. Kapitel

Die Rechtsbehelfe
(Die Anfechtbarkeit der gerichtlichen Entscheidungen)

§ 51. Allgemeine Fragen der Rechtsmittellehre

Literatur: v. Kries, Die Rechtsmittel des Zivilprozesses und des Strafprozesses, 1880; Bruns, Sichernde Maßnahmen und Verschlechterungsverbot, JZ 1954, 730; Spendel, Materielle Straffrage und strafprozessuale Teilrechtskraft, ZStW 67 (1955), 556; Arm. Kaufmann, Die Strafaussetzung zur Bewährung und das Verbot der reformatio in peius, JZ 1958, 297; Bruns, Teilrechtskraft und innerprozessuale Bindungswirkung des Strafurteils, 1961; Grünwald, Die Teilrechtskraft im Strafverfahren, 1964; Sieveking, Neue Aspekte und Wege zur Lösung der mit der Teilanfechtung von Strafurteilen verbundenen Probleme, 1967; Dencker, Willensfehler bei Rechtsmittelverzicht und Rechtsmittelzurücknahme im Strafprozeß, 1972; Frisch, Drei Grundprobleme des Verschlechterungsverbots, dargestellt am Beispiel der Sicherungseinziehung, MDR 1973, 715; ders., Das Verschlechterungsverbot – Grundfragen und neue Entwicklungen, JA 1974, StR 26 und 165; Kapsa, Das Verbot der reformatio in peius im Zivilprozeß, 1976; Dahs, Zur Rechtswirksamkeit des nach Urteilsverkündung „herausgefragten" Rechtsmittelverzichts, Festschr. f. Schmidt-Leichner, 1977, 17; Wiedemann, Die Korrektur strafprozessualer Entscheidungen außerhalb des Rechtsmittelverfahrens, 1981; Wittschier, Das Verbot der reformatio in peius im strafprozessualen Beschlußverfahren, o. J. (1984).

A. Die Rechtsbehelfe

I. 1. Falsche Urteile (auch Strafbefehle, Vent, JR 1980, 400) können durch das erkennende Gericht nach Abschluß ihrer Verkündung (s. o. § 47 A I) grundsätzlich nicht mehr berichtigt werden. Wenn die StA oder der Angeklagte eine Änderung der Entscheidung erreichen wollen, müssen sie sich vielmehr dazu der verschiedenen in der StPO geregelten *Rechtsbehelfe* bedienen.

2. Ausnahmsweise, nämlich bei offensichtlichen *Schreib- und Fassungsfehlern*, kann die Urteilsberichtigung durch Beschluß des erkennenden Gerichts erfolgen, z.B. wenn zwischen dem Tenor und den mündlich mitgeteilten Gründen ein offenkundiger unlösbarer Widerspruch besteht (BGHSt 5, 5). Der BGH ist von seiner anfänglich strengen Begrenzung dieser Fälle (vgl. BGHSt 3, 245) immer mehr abgewichen und läßt die Berichtigung nunmehr auch dann zu, wenn sich die offenkundige Unrichtigkeit nicht aus dem Urteil selbst, sondern erst aus anderen Umständen ergibt (BGHSt 12, 374). Ist die Einbeziehung einer Strafe im verkündeten Urteil vergessen worden, so kann dies nicht mehr nachgeholt werden (BGH NStZ 1984, 279).

II. Die Rechtsbehelfe werden in ordentliche und außerordentliche eingeteilt. Zu den *ordentlichen* gehören die Beschwerde (u. § 54), die Berufung (u. § 52), die Revision (u. § 53) und der Einspruch gegen Strafbefehle (u. § 66 B III). *Außerordentliche* Rechtsbehelfe, d.h. solche, die die Rechtskraft durchbrechen, sind die Wiederaufnahme des Verfahrens (u. § 55), die Wiedereinsetzung in den vorigen Stand (o. § 22 B V), die Verfassungsbeschwerde (Art. 93 I Nr. 4a GG, §§ 90 ff. BVerfGG) und die Beschwerde gemäß Art. 25 ff. MRK. Beschwerde, Berufung und Revision bilden die Gruppe der *Rechtsmittel* (§§ 296 ff.).

B. Die Rechtsmittel

I. Arten

1. Von den übrigen Rechtsbehelfen unterscheiden sich die Rechtsmittel dadurch, daß nur sie den Devolutiv- und (ausgenommen die Beschwerde) auch den Suspensiveffekt besitzen.

a) Der *Devolutiveffekt* bedeutet, daß die Sache durch das Rechtsmittel vor die höhere Instanz gebracht wird, d. h. vom Amtsgericht an das Landgericht oder OLG, vom Landgericht an das OLG oder den BGH. Er ist bei den verschiedenen Rechtsmitteln verschieden ausgestaltet (s. u. 2.).

b) Der *Suspensiveffekt* bedeutet, daß die Wirksamkeit der angefochtenen Entscheidung (bei einem Urteil also Rechtskraft und Vollstreckbarkeit) durch die rechtzeitige Einlegung des Rechtsmittels gehemmt, d. h. aufgeschoben wird. Er ist mit der Berufung (§ 316 I) und der Revision (§ 343 I), nicht aber mit der Beschwerde verbunden (§ 307 I).

2. Untereinander weisen die drei Rechtsmittel folgende Unterschiede auf:

a) Die *Beschwerde* richtet sich *gegen Beschlüsse* und *Verfügungen* (§ 304) und führt zur Überprüfung sowohl der Tat- wie der Rechtsfrage (s. § 308 II). Der Devolutiveffekt ist bei ihr teilweise eingeschränkt (§ 306 II, aber auch § 311 III; s. u. § 54).

b) Die *Berufung* richtet sich *gegen Urteile* und führt ebenfalls zur Überprüfung sowohl der Tat- wie der Rechtsfrage (s. § 323). Devolutiv- und Suspensiveffekt sind nur bei einer fristgemäßen Einlegung in vollem Umfang gewährleistet (s. i. e. § 319).

c) Die *Revision* richtet sich ebenfalls *gegen Urteile*, führt aber im Gegensatz zur Berufung *nur* zu einer Nachprüfung der *Rechtsfrage* (§ 337). Bei einer verspäteten oder formwidrigen Einlegung sind Devolutiv- und Suspensiveffekt ebenso eingeschränkt wie bei der Berufung (vgl. i. e. § 346).

3. Zweifelhaft ist, welches Rechtsmittel gegen eine Entscheidung gegeben ist, die irrig in Beschluß- (oder Urteils-)form anstatt in der richtigen Urteils- (oder Beschluß-)form ergangen ist. Nach herrschender Ansicht (BGHSt *8, 384; 25, 242*) ist hier die der StPO entsprechende „Soll-Entscheidung" und nicht die tatsächlich ergangene „Ist-Entscheidung" maßgeblich. Wenn also das Gericht eine Entscheidung als „Urteil" bezeichnet, die richtigerweise als „Beschluß" zu qualifizieren wäre, ist das zulässige Rechtsmittel die Beschwerde (BGH StrV 1982, 61). Eine durch das gerichtliche Versehen verursachte falsche Bezeichnung des

Rechtsmittels (und gemäß BGHSt 2, *67* – a fortiori – auch eine Unklarheit in der Bezeichnung) wäre dann, wenn nur überhaupt der Wille zur Rechtsmitteleinlegung außer Frage steht, nach § 300 ebenso unschädlich wie eine dadurch etwa herbeigeführte Fristversäumung, gegen die nach § 44 ein Anspruch auf Wiedereinsetzung bestünde.

II. Zulässigkeit

1. *Aktivlegitimation:*

a) Zur Einlegung von Rechtsmitteln ist zunächst (und zwar ohne Rücksicht auf seine Geschäftsfähigkeit) der *Beschuldigte* legitimiert (§ 296), neben ihm, aber nicht gegen seinen ausdrücklichen Willen (§ 297), sein Verteidiger wie auch andere Vertreter (OLG Hamm NJW 1952, 1150) und (auch gegen seinen Willen!) sein gesetzlicher Vertreter (§ 298). Wird der Beschuldigte volljährig, so bleibt das von seinem gesetzlichen Vertreter vorher eingelegte Rechtsmittel in Geltung; die Verfügungsbefugnis darüber geht aber auf den Beschuldigten selbst über, der es zurücknehmen, aber auch dann weiterbetreiben kann, wenn er auf sein eigenes Rechtsmittel vorher verzichtet hatte (BGHSt 10, *174*); denn dieser Verzicht kann gerade im Vertrauen auf das vom gesetzlichen Vertreter eingelegte Rechtsmittel erfolgt sein.

Abgesehen von den genannten Ausnahmen kann das Rechtsmittelverfahren von anderen Personen als den Beschuldigten nicht betrieben werden. Insbesondere kann es, wenn der Beschuldigte vor Eintritt der Rechtskraft stirbt, nicht von den Angehörigen mit dem Ziele der Rehabilitierung fortgesetzt werden (BGH *NStZ 1983, 179* m. Anm. Schätzler). Denn in einem solchen Fall ist der Angeklagte als nicht verurteilt und somit als unschuldig anzusehen (Art. 6 MRK).

b) In demselben Umfang wie der Beschuldigte ist auch die *Staatsanwaltschaft* zur Einlegung von Rechtsmitteln befugt (§ 296 I), und zwar, wie aus ihrer unparteiischen Stellung folgt, auch zugunsten des Beschuldigten (§ 296 II). Anstelle bzw. neben der StA dürfen auch der *Privat-* (§ 390, s. u. § 61) und der *Nebenkläger* (§ 401, s. u. § 62) Rechtsmittel einlegen, doch nicht zugunsten des Beschuldigten (vgl. u. § 61 II A 1a). Der eine Entschädigung begehrende Verletzte (§ 406a, s. u. § 63) ist in keinem Fall zur Einlegung von Rechtsmitteln befugt.

c) Rechtsmittel können schließlich auch von weiteren durch die Entscheidung unmittelbar Betroffenen (den sog. *Nebenbeteiligten*) eingelegt werden, z. B.

aa) bei dem eine Einziehung aussprechenden Urteil von den an dem eingezogenen Gegenstand qualifiziert Berechtigten (den sog. *Einziehungsbeteiligten,* s. i. e. § 431); während diese nach dem früheren Recht im subjektiven Verfahren nur auf dem Gebiet des Nebenstrafrechts zur Rechtsmitteleinlegung aktivlegitimiert waren (so die rechtsschöpferische Rechtsprechung des BGH, s. BGHSt [GrS] 19, 7), sind ihre Rechte durch das EGOWiG weit ausgedehnt worden (s. §§ 433, 437 und dazu u. § 65 A I);

bb) von den durch einen Gerichtsbeschluß betroffenen Zeugen u. ä. (vgl. §§ 304 II; 305, 2).

2. *Beschwer*

a) Wer durch die Entscheidung nicht zu seinem Nachteil betroffen ist, hat an ihrer Korrektur kein rechtlich geschütztes Interesse, um dessentwillen ihm ein Rechtsmittel zur Verfügung stehen müßte. Das Vorliegen einer *Beschwer* ist daher allgemeine sachliche Zulässigkeitsvoraussetzung einer Rechtsmitteleinlegung.

Nach Eb. Schmidt, II, Vorb. 14 vor § 296, reicht für die Zulässigkeit die bloße Behauptung einer Beschwer aus, während die Existenz der Beschwer eine Frage der Begründetheit sei. Richtigerweise ist bei der Zulässigkeit ähnlich wie bei § 42 II VwGO zu untersuchen, ob die Entscheidung – ihre Rechtswidrigkeit unterstellt – gerade die Rechte des Beschwerdeführers verletzt; dann zeigt sich, daß die bloße Behauptung einer Beschwer allenfalls bei der StA zur Zulässigkeitsbegründung ausreicht, und auch bei ihr nicht in den unter c) behandelten Fällen.

b) Ob eine Beschwer vorliegt, ist für die StA einerseits und für den Beschuldigten (und andere Rechtsmittelführer) andererseits verschieden zu beantworten. Die *Staatsanwaltschaft* ist als unparteiische, zur Wahrung des Rechts verpflichtete Behörde immer dann beschwert, wenn – sei es zugunsten oder zuungunsten des Beschuldigten – unrichtig entschieden ist. Aus diesem Grunde kann sie sogar dann ein Rechtsmittel einlegen, wenn das Gericht dem Antrag ihres Sitzungsvertreters entsprochen hatte; auch kann sie ein Urteil zu Ungunsten des Angeklagten mit der Revision in vollem Umfange anfechten, obwohl sie sich in der Vorinstanz mit einer Strafmaßberufung begnügt hatte (OLG Koblenz NJW 1982, 1770). Der *Beschuldigte* ist nur beschwert, wenn er zu Unrecht oder zu hart verurteilt worden ist (er kann also kein Rechtsmittel einlegen, um statt einer Geldstrafe die härtere Freiheitsstrafe zu erreichen). Dazu zählt es auch, wenn er für straffrei erklärt oder wenn von Strafe abgesehen wurde, weil dann immerhin ein Schuldspruch vorliegt, nicht aber, wenn das Verfahren nach § 260 III durch Urteil eingestellt wurde, da der staatliche Strafanspruch durch das Einstellungsurteil beseitigt wird (vgl. BGHSt *13, 77;* RGSt *20, 46; 42, 399;* aber auch RGSt *70, 193*).

c) Nach h. M. kann sich die Beschwer nur aus dem *Tenor,* niemals aber allein aus den Urteilsgründen ergeben. Ein Freispruch kann daher nicht deswegen angegriffen werden, weil er, wie die schriftlichen Gründe ergeben, nur mangels Beweises (s. BGHSt *7, 153*), wegen Schuldunfähigkeit (BGHSt *16, 374;* vgl. auch BVerfGE *6, 7*) oder wegen Schuldausschlusses nach § 35 StGB (BGH *NJW 1979, 2053* m. abl. Anm. Hirsch JR 1980, 115) erfolgte. Nach Ansicht von BGHSt *16, 374* darf das Gericht sogar offenlassen, ob überhaupt eine tatbestandsmäßige und rechtswidrige Handlung vorlag, und braucht den Angeklagten (bloß) wegen Schuldunfähigkeit freizusprechen.

Der BGH begründet dies damit, daß das Ziel des Strafverfahrens die Prüfung der Schuld, nicht aber die Rehabilitierung des Angeklagten sei, und daß andernfalls die Gerichte überlastet und die Freisprechung mangels Beweises entwertet würde. Demgegenüber wird im Schrifttum geltend gemacht, daß jegliche Belastung in den Gründen die Menschenwürde (Art. 1 GG) antaste und darum eine Beschwer darstelle (so Henrichs MDR 1956, 196). Zumindest müsse aber ein Freispruch wegen Schuldunfähigkeit anfechtbar sein, sei es, weil er nach § 12 BZRG dem Zentralregister mitzuteilen sei (so Henkel S. 366; Peters S. 584), oder weil die Beschwer in der Feststellung einer rechtswidrigen Tat liege (so KMR[7]-Paulus, vor § 296, Rdnr. 55; gerade umgekehrt OLG Schleswig JZ *1958, 374:* eine Beschwer könne insofern vorliegen, als das Gericht dahingestellt sein lasse, ob der Täter eine tatbestandsmäßige Handlung begangen habe, und ihn von diesem Vorwurf also nicht reinige). Der BGH hat sich durch diese Kritik aber bisher nicht zu einer Änderung seines rigorosen Standpunktes bewegen lassen. Das BVerfG hat dagegen die Verfassungsbeschwerde gegen einen Freispruch für zulässig erklärt, weil schon die Urteilsgründe, sofern sie die Interessen des Betroffenen unzumutbar beeinträchtigen, dessen Grundrechte verletzen könnten (E *28, 151;* vorher schon E *6, 7, 9*).

III. Teilanfechtung

1. Aus den §§ 316, 318, 327, 343, 344, 352 läßt sich entnehmen, daß es *grundsätzlich zulässig* ist, ein Urteil nur *teilweise anzufechten.* (Entsprechendes gilt für Beschlüsse, OLG Frankfurt NJW 1980, 2535). Voraussetzung dafür ist nach st. Rspr. (vgl. RGSt 33, 17; BGHSt 10, 100), daß sich der angefochtene Entscheidungsteil von dem nicht angefochtenen trennen läßt und damit einer selbständigen Beurteilung und Entscheidung zugänglich ist.

a) Eine solche *Selbständigkeit* ist unstreitig dann gegeben, wenn das Urteil über mehrere Prozeßgegenstände (sei es über eine Tat mehrerer Angeklagter oder über mehrere Taten eines Angeklagten) entscheidet. Innerhalb desselben Prozeßgegenstandes wird sie vor allem im Verhältnis von Schuld- und Straffrage angenommen; Berufung und Revision können danach „auf das Strafmaß" beschränkt werden (dagegen Grünwald aaO., S. 155 f.).

b) *Innerhalb der Schuldfrage* ist auch vom Standpunkt der Rechtsprechung aus eine Trennung nach den einzelnen Verbrechensbestandteilen (z.B. hinsichtlich Notwehr, Schuldfähigkeit oder eines mehrerer tateinheitlich zusammentreffender Delikte, dazu RGSt 65, 297) nicht möglich. Bei materiellrechtlicher Tatmehrheit im Rahmen ein und desselben Prozeßgegenstandes (z.B. bei Straßenverkehrsgefährdung mit nachfolgender Unfallflucht, s.o. § 20 B I, 3 c) wird eine Beschränkung des Rechtsmittels auf einen Deliktstatbestand dagegen grundsätzlich zugelassen (BGHSt 24, 185; s. aber auch BGHSt 25, 72).

c) *Innerhalb der Straffrage* ist eine Trennung nach den einzelnen Strafen oder nach Strafen und Maßregeln nur möglich, wenn die Entscheidung in dem angefochtenen Punkt keinen Einfluß auf die übrige Straffrage gehabt haben kann (RGSt 65, 296; BGHSt 10, 331), so in der Regel bezüglich des Tagessatzes bei der Geldstrafe nach § 40 StGB (BGHSt 27, 70), der Bemessung der Gesamtstrafe (OLG Hamburg MDR 1976, 419), der Strafaussetzung zur Bewährung (OLG Hamburg JR 1979, 258 m. zust. Anm. Zipf, JR 1979, 259) oder der Nichtanrechnung der Untersuchungshaft nach § 51 I, 2 StGB (vgl. zu den zahlr. Zweifelsfragen i.e. L.-R.[23] – Gollwitzer/Meyer, § 318, Rdnr. 79ff., § 344, Rdnr. 31ff.).

d) Wird die Anfechtung unzulässigerweise auf bestimmte Punkte beschränkt, so gilt analog § 318, 2 der ganze Inhalt des Urteils als angefochten. Dasselbe gilt nach dem Grundsatz des fair trial, wenn der Angeklagte infolge falscher Beratung durch das Gericht die Anfechtung auf das Strafmaß beschränkt hat (OLG Zweibrücken StrV 1982, 13).

2. a) Der von der Anfechtung zulässigerweise ausgenommene Teil des Urteils erwächst in Rechtskraft (sog. *Teilrechtskraft*). Das Rechtsmittelgericht ist daher in seiner Entscheidung insoweit gebunden und grundsätzlich zu keiner Korrektur befugt. Das ist bei der sog. *vertikalen* Teilrechtskraft, bei der die Trennungslinie zwischen verschiedenen Prozeßgegenständen verläuft (s.o. 1a), einhellig anerkannt; ob und inwieweit es dagegen für die *horizontale* Teilrechtskraft (d.h. innerhalb ein und desselben Prozeßgegenstandes) gilt, ist lebhaft umstritten.

b) Die Bindung an den Schuldspruch bei einer Strafmaßberufung wird nämlich bei den sog. *doppelrelevanten* (d.h. für Schuld und Strafausspruch gleichermaßen bedeutsamen) *Tatsachen* zweifelhaft, z.B. wenn sich in der Berufungsverhandlung die Schuldunfähigkeit des Täter herausstellt. Der *BGH* hat in einem solchen Fall (BGHSt 7, 283) keine Durchbrechung der Teilrechtskraft, sondern lediglich eine Milderung der Strafe auf das sich bei Anwendung des § 21 StGB ergebende geringste Maß zugelassen. Auch die als unrichtig erkannte Feststellung von Regelbeispielen nach § 243 StGB soll bestehen bleiben, wenn nur der Strafausspruch angefochten wird (BGHSt 29, 368; OLG Düsseldorf, JZ 1984, 684). Im Anschluß an *Spendel* (aaO., ebenso Peters S. 476) erscheint es dagegen, soweit man überhaupt eine Teilanfechtung zuläßt, richtiger, daß das Gericht an die Anfechtungsbeschränkung dann nicht mehr gebunden ist, wenn es andernfalls seiner eigenen Entscheidung eine als unrichtig erkannte verurteilende Entscheidung des Untergerichts zu Ungunsten des Angeklagten zugrundelegen müßte, zumal das Institut der Rechtskraftdurchbrechung der StPO geläufig ist (o. § 50 B IV). M.a.W.: Die Teilrechtskraft entbindet das Rechtsmittelgericht von der Verpflichtung, alle Punkte auf ihre Richtigkeit zu überprüfen, nicht aber davon, erkannte Unrichtigkeiten im Rahmen der ihm verbliebenen Entscheidung zu korrigieren. Noch weiter geht die Auffassung *Grünwalds* (aaO. und JZ 1966, 106), der die Trennbarkeit von Schuld- und Straffrage überhaupt bestreitet. Da die Höhe der Strafe vom Ausmaß des Unrechts und der Schuld abhänge, müßten auch bei einer bloßen Strafmaßberufung alle für die Schuld erheblichen Umstände noch einmal festgestellt werden, woraus hervorgehe, daß im Grunde sämtliche Tatsachen doppelrelevant seien und die von der h.M. vertretene Trennbarkeit von Schuld- und Straffrage keinesfalls mit prozeßökonomischen Erwägungen begründet werden könne. Die Forschungen Grünwalds, die der Lehre von der Teilrechtskraft eine neue Wende geben könnten, harren jedoch noch der Verarbeitung durch die Rechtsprechung.

IV. Adressat, Frist und Form der Rechtsmitteleinlegung

1. *Adressat:* Im Strafverfahren sind die Rechtsmittel (im Gegensatz zum Zivilprozeß) gemäß §§ 314, 341 grundsätzlich bei dem Gericht einzulegen, dessen Entscheidung angefochten wird (iudex a quo), und

nicht bei dem, das über das Rechtsmittel entscheiden soll (iudex ad quem). Eine Ausnahme gilt für die Beschwerde (§§ 306 I, 2; 311 II).

2. *Frist:* Berufung, Revision und sofortige Beschwerde können nur binnen einer Woche seit Verkündung bzw. – bei Abwesenheit des Beschuldigten – seit Zustellung der Entscheidung an den Beschuldigten oder seinen Verteidiger (§ 145 a I) eingelegt werden (§§ 311 II, 314, 341). Wird sie nur einem der beiden zugestellt, so muß der andere aber davon unterrichtet werden (§ 145 a IV). Diese Fürsorgepflicht wird von der Rspr. zur bloßen Ordnungsvorschrift degradiert, deren Verletzung weder den Fristablauf hemme noch zur Wiedereinsetzung führen könne (BGH NJW 1977, 640; vgl. auch OLG Hamburg NJW 1965, 1614; für Wiedereinsetzung zu Recht Kl./M., § 44, Rdnr. 17). Die einfache Beschwerde dagegen ist unbefristet möglich (s. i. e. u. § 54).

Bleibt unklar, ob eine Rechtsmittelschrift überhaupt bei Gericht eingegangen ist, so ist das Rechtsmittel als nicht eingelegt anzusehen (OLG Hamm NStZ 1982, 43); es kann dann ggf. eine Wiedereinsetzung beantragt werden. Bleibt die Rechtzeitigkeit des Einganges zweifelhaft, wird überwiegend angenommen, daß keine Verwerfung wegen Verspätung erfolgen darf (BGH NJW 1960, 2202).

3. *Form:* Die Rechtsmittel können schriftlich oder zu Protokoll der Geschäftsstelle oder auch zum Sitzungsprotokoll eingelegt werden (§§ 306 I, 314 I, 341 I); zu den Erfordernissen der Schriftlichkeit s. i. e. o. § 22 B II 3 c.

V. Rechtsmittelverzicht, -zurücknahme und Anfechtung von Rechtsmittelerklärungen

1. *Rechtsmittelverzicht:* Gemäß § 302 I, 1 kann ein Rechtsmittelverzicht, für den als prozessuale Willenserklärung keine Geschäfts-, sondern nur Verhandlungsfähigkeit erforderlich ist, bereits vor Ablauf der Rechtsmittelfrist erklärt werden. Nach BGHSt 25, 234 ist bei Urteilen, die in Abwesenheit des Angeklagten verkündet werden, ein Verzicht sogar schon vor Beginn der erst mit der Zustellung beginnenden Einlegungsfrist möglich, sofern der Angeklagte Gelegenheit hatte, sich über die Urteilsgründe zuverlässig zu unterrichten (a. A. Peters, JR 1974, 249). Für den Rechtsmittelverzicht ist analog §§ 306, 314, 341 dieselbe Form zu fordern wie für die Rechtsmitteleinlegung; dabei genügt für die Schriftlichkeit nach BGH NJW 1984, 1974 ein außerhalb des Protokolls aufgenommener, vom Angeklagten genehmigter Vermerk. Ein telefonischer Verzicht ist unwirksam, vgl. § 22 B II 3 c. Ein Rechtsmittelverzicht ist auch dann wirksam, wenn eine Rechtsmittelbelehrung unterblieben ist; denn auch auf die Belehrung kann verzichtet werden (BGH NStZ 1984, 329).

2. *Zurücknahme*

a) Die Zurücknahme eines Rechtsmittels ist in demselben Umfang möglich wie der Verzicht und bedarf der gleichen Form (§ 302 I, 1); nach Beginn der Hauptverhandlung im Rechtsmittelverfahren ist ferner die

Zustimmung des Gegners erforderlich (§ 303), und zwar auch dann, wenn die Hauptverhandlung ausgesetzt wurde und vollständig von neuem durchgeführt werden muß (BGHSt 23, 277; vgl. auch BayObLG NJW 1973, 2308 mit Anmerkung von Peters, JR 1974, 252). Eine Ausnahme gilt nach § 303, 2 nur für den Nebenkläger, dessen Zustimmung bei einer Zurücknahme des Rechtsmittels durch den Angeklagten nicht erforderlich ist; der Nebenkläger kann also nur auf den StA mit dem Ziel einwirken, daß dieser seine Zustimmung verweigert. Ein von der StA zugunsten des Beschuldigten eingelegtes Rechtsmittel darf von vornherein nur mit dessen Zustimmung zurückgenommen werden (§ 302 I, 2), da er ja möglicherweise im Vertrauen darauf von einer eigenen Rechtsmitteleinlegung Abstand genommen hat. Für die Zurücknahme eines durch den gesetzlichen Vertreter des Beschuldigten eingelegten Rechtsmittels gilt diese Regelung analog.

b) Der Verteidiger bedarf gemäß § 302 II für die Zurücknahmeerklärung einer ausdrücklichen Ermächtigung, die nach richtiger Ansicht (vgl. KMR⁷-Paulus, § 302, Rdnr. 35; str.) nicht zugleich mit der Verteidigervollmacht, sondern erst nach der Verurteilung wirksam erteilt werden kann. Nach BGHSt *3, 46* enthält die Ermächtigung zur Zurücknahme nicht die Befugnis zum Verzicht (a. M. Kl./M., § 302, Rdnr. 15), wofür vielmehr analog § 302 II eine zweite ausdrückliche Ermächtigung erforderlich sein soll.

3. Anfechtung und Widerruf

a) Die Rechtsmittelerklärungen sind – als Prozeßhandlungen – nach h. M. grundsätzlich bedingungsfeindlich (vgl. BGHSt *5, 183*), unwiderruflich (nur die Rechtsmitteleinlegung ist zurücknehmbar, s. o. 2.) und unanfechtbar (s. BGHSt *5, 341;* dagegen allg. Peters S. 249 f.).

b) Von dem *Grundsatz der Unanfechtbarkeit* sind allerdings in Rechtsprechung und Lehre für den Fall des Rechtsmittelverzichts eine Reihe von *Ausnahmen* entwickelt worden, deren Abgrenzung im einzelnen sehr umstritten ist. Der BGH behandelt einen Rechtsmittelverzicht dann nicht nur als anfechtbar, sondern sogar als unwirksam, wenn das Gericht dem Angeklagten keine ausreichende Gelegenheit zur Überlegung und Beratung mit dem Verteidiger gegeben und dadurch seine Fürsorgepflicht verletzt hat (BGHSt *18, 257; 19, 101*; vgl. aber OLG Oldenburg GA 1983, 139; s. ferner Robert Schmidt JuS 1967, 158; Dahs, Festschr. f. Schmidt-Leichner, 1977, 17). Dasselbe gilt, wenn ein der deutschen Sprache nur unzureichend mächtiger Angeklagter in Abwesenheit seines Verteidigers auf Rechtsmittel verzichtet (OLG Hamm NJW 1983, 530). Darüber hinaus wird in der Rechtslehre, wenn ein Rechtsmittelverzicht durch Täuschung oder Drohung herbeigeführt wird, überwiegend die analoge Anwendung des § 136a (so Eb. Schmidt, I, Rdnr. 208 f.; ders., JR 1962, 290) oder des § 123 BGB (L.-R.²³-Meyer, § 136a, Rdnr. 9; vgl. dazu auch L.-R.²⁴-Hanack, § 136a, Rdnr. 14) befürwortet. Der BGH hat dies zwar in einem Fall, wo der Staatsanwalt den Rechtsmittelverzicht durch einen unbegründeten Haftbefehlsantrag erzwang, abgelehnt (BGHSt *17, 14*), dabei aber zu erkennen gegeben, daß auch ihm die Unanfechtbarkeit der Prozeßhandlungen für den Fall besonders schwerwiegender Drohungen kein unverbrüchlicher Grundsatz ist. Die Rspr. der Oberlandesgerichte tendiert dahin, einen Rechtsmittelverzicht schon dann für unwirksam zu erklären, wenn er auf einem von einem Rechtspflegeorgan verursachten Irrtum des Angeklagten beruht (vgl. OLG Frankfurt NJW 1971, 949 m. w. N.; aber auch – weiterhin streng – BGH GA 1969, 281).

Darüber hinausgehend wird in der neueren Literatur die Ansicht vertreten, daß Willensmängel einen Rechtsmittelverzicht grundsätzlich unwirksam machen (vgl. nur Dencker, 57). Dem ist nur zuzustimmen, soweit der Willensmangel innerhalb der Einlegungsfrist für das Rechtsmittel geltend gemacht wird; denn insoweit ist das Rechtssicherheitsinteresse durch die Befristung in hinreichendem Maße gewahrt.

c) Der Widerruf eines Rechtsmittelverzichtes oder einer Rechtsmittelrücknahme ist nach h. M. unzulässig. Demgegenüber will Specht (GA 1977, 72) den Widerruf einer Rücknahme (nicht eines Verzichtes) innerhalb der Rechtsmittelfrist zulassen; das widerspricht aber dem Wortlaut des § 302 I (denn dann würde die Rücknahme entgegen dem Worte „wirksam“ in der Schwebe bleiben).

VI. Verbot der reformatio in peius

1. Das Verbot der reformatio in peius *(Verschlechterungsverbot),* das für die Berufung, Revision und Wiederaufnahme gilt (§§ 331 I; 358 II; 373 II), bedeutet, daß das Urteil in Art und Höhe der Rechtsfolgen nicht zum Nachteil des Angeklagten abgeändert werden darf, wenn lediglich er selbst, sein gesetzlicher Vertreter oder die StA zu seinen Gunsten Rechtsbehelfe ergriffen haben (anders wenn der Angeklagte selbst auf den Schutz des Verschlechterungsverbotes verzichtet: vgl. BGHSt *5, 316;* Seibert, MDR 1954, 341). Damit soll erreicht werden, daß sich niemand von der Einlegung eines Rechtsmittels durch die Befürchtung abhalten läßt, in der nächsten Instanz noch härter bestraft zu werden. Wenn die StA eine höhere Strafe erreichen will, muß sie daher immer selbst ein Rechtsmittel zuungunsten des Beschuldigten einlegen (vgl. BGH JZ 1978, 245). Ein „Verbesserungsverbot“ gilt dann aber nicht, vielmehr kann auch die nur von der StA zuungunsten des Beschuldigten angefochtene Entscheidung zu dessen Gunsten abgeändert werden (§ 301).

2. Nach der ausdrücklichen Gesetzesformulierung bezieht sich das Verschlechterungsverbot nur auf die Strafe, nicht aber auf den Schuldspruch.

a) Die zweite Instanz kann daher selbst dann, wenn nur der Angeklagte ein Rechtsmittel eingelegt hat, ein z. B. wegen Diebstahls zu 60 Tagessätzen von je 50,– DM Geldstrafe verurteilendes Erkenntnis der ersten Instanz im *Schuldspruch* dahin *berichtigen,* daß der Angeklagte wegen Raubes zu derselben Geldstrafe verurteilt (und seine Berufung im übrigen verworfen) wird. Dagegen ist eine nachträgliche Erhöhung der Tagessätze unzulässig (wie hier jetzt auch D. Meyer, NJW 1979, 148; a. A. Schröter NJW 1978, 1302).

b) Die Änderung einer Freiheitsstrafe in eine *Geldstrafe* stellt immer – ohne Rücksicht auf die Höhe – eine mildere Bestrafung dar, sofern die Ersatzfreiheitsstrafe das erstinstanzliche Strafmaß nicht überschreitet (vgl. § 43 StGB). Entsprechend kann bei der Geldstrafe die Höhe eines Tagessatzes (nicht die Anzahl) im Rechtsmittelverfahren erhöht werden, wenn ein nach § 44 StGB verhängtes Fahrverbot fortfällt, sofern dieses – obschon nur Nebenstrafe – die wirtschaftlich schwerere Belastung darstellt (BayObLG NJW *1980, 849).* Dagegen ist die Umwandlung einer Geldstrafe in eine Freiheitsstrafe immer eine Verschlechterung.

c) Eine reformatio in peius liegt auch dann vor, wenn bloß die in einer *Gesamtstrafe* aufgehende Einzelstrafe verschärft wird (BGHSt 1, 252), weil sie bei späterem Wegfall der Gesamtstrafe wieder Bedeutung erlangen kann, nicht aber, wenn trotz Wegfalls einer real konkurrierenden Straftat in der zweiten Instanz dieselbe Gesamtstrafe ausgesprochen wird (BGHSt 7, 86).

d) Das Verschlechterungsverbot ist ferner dann verletzt, wenn die ursprünglich gewährte *Strafaussetzung* gestrichen wird (str., s. Müller-Sax, KMR[7], § 331, 4 a) oder wenn eine kürzere Freiheitsstrafe ohne Strafaussetzung durch eine längere mit Strafaussetzung ersetzt wird (OLG Oldenburg MDR 1955, 436; vgl. auch BGH NJW 1955, 1847), denn bei der Prüfung, ob eine Verschlechterung vorliegt, ist auch die Möglichkeit ins Auge zu fassen, daß die Strafaussetzung widerrufen wird.

Entscheidungen nach §§ 56 a ff. StGB werden nicht im Urteil, sondern durch Beschluß nach § 268 a getroffen. Sie unterfallen nach dem Wortlaut des § 331, der nur auf Urteile abstellt, also nicht dem Verschlechterungsverbot; ob § 331 auf solche Fälle analog anzuwenden ist, ist äußerst str. und aus rechtsstaatlichen Gründen wohl prinzipiell zu bejahen (OLG Hamburg NJW 1981, 470; OLG Koblenz NStZ 1981, 154; Loos, NStZ 1981, 363); dies gilt jedoch nicht für nachträgliche Auflagen und Weisungen, die nach § 56 b StGB ohnehin zulässig sind (BGH JZ 1982, 514).

e) Das Verbot der reformatio in peius gilt auch für die *Maßregeln* der Besserung und Sicherung mit Ausnahme der Unterbringung in einem psychiatrischen Krankenhaus oder einer Entziehungsanstalt, die nach Auffassung des Gesetzgebers dem Angeklagten nur nützlich und niemals schädlich sein kann. Da diese ratio legis für die *Sicherungsverwahrung* nicht zutrifft, unterliegt auch sie dem Verschlechterungsverbot (BGHSt *25, 38* m. zust. Anm. v. Maurach, JR 1973, 162).

§ 52. Die Berufung

Literatur: Beling, Die Wiedereinführung der Berufung in Strafsachen, 1894; Siegert, Berufung und Revision in Strafsachen, Gleispach-Festschr., 1936, 138; Meyer-Goßner, Verwerfung der Berufung wegen Ausbleibens der Angeklagten bei Fehlen von Prozeßvoraussetzungen, NJW 1978, 529; Sieg, Nichterscheinen des Angeklagten im Berufungsverfahren als Verwerfungsgrund, NJW 1978, 1845.

A. Begriff und Zulässigkeit

Die Berufung ist ein umfassendes Rechtsmittel, das zur *Nachprüfung in tatsächlicher und rechtlicher Hinsicht* führt.

Der Berufung unterliegen die Urteile der Amtsgerichte, also des Strafrichters (Einzelrichters) und des Schöffengerichts (§ 312). Erstinstanzliche Urteile der großen Strafkammer und des Schwurgerichts sowie des OLG sind niemals berufungsfähig.

Berufungsgericht ist die Strafkammer, und zwar die kleine, wenn der Strafrichter allein, die große, wenn das Schöffengericht geurteilt hat (vgl. §§ 74 III, 76 II GVG).

B. Rechtspolitische Gesichtspunkte

Die gesetzliche Regelung der Berufung ist in ihrem Wert umstritten. Es erscheint auf den ersten Blick überraschend, daß gerade bei den schweren und bedeutenden Straftaten, die in erster Instanz vor die große Strafkammer, das Schwurgericht oder das OLG gehören, dem Angeklagten eine zweite Tatsacheninstanz versagt wird. Der gesetzlichen Normierung liegt folgende Erwägung zugrunde:

Die zahlenmäßig stärkere Besetzung der oberen Gerichte ermöglicht eine sorgfältigere Urteilsfindung und macht damit eine zweite Hauptverhandlung überflüssig. Auch ist aufgrund der Ermittlungen im vorbereitenden Verfahren in aller Regel der Prozeßstoff schon gründlich aufgeklärt worden. Demgegenüber ist das Verfahren bei der mittleren Kriminalität des Alltags, die in die Zuständigkeit der Amtsgerichte fällt, notwendig summarisch.

Trotzdem wird gerade bei Kapitalverbrechen wegen ihrer besonders einschneidenden Folgen eine zweite Tatsacheninstanz gefordert. Demgegenüber wird von anderen der Berufung überhaupt jeder Wert abgesprochen, weil sich die Beweismöglichkeiten im Laufe der Zeit immer mehr verschlechterten und damit keine Gewähr für eine bessere Rechtsprechung durch die zweite Tatsacheninstanz geboten sei. Auch wird geltend gemacht, daß gerade wegen der Zulassung der Berufung der Richter erster Instanz weniger sorgfältig arbeite, weil er ja wisse, daß es noch eine weitere Tatsacheninstanz gebe. Durch die Zulassung der Berufung werde der Schwerpunkt des Strafverfahrens in die zweite Instanz verlegt.

C. Einlegung der Berufung

I. 1. Die Berufung ist bei dem Gericht erster Instanz (dem *iudex a quo*) binnen einer Woche einzulegen (§ 314).

Ist der Angeklagte im Falle seines Ausbleibens in der Hauptverhandlung in erster Instanz (§ 232) verurteilt worden, so hat er ggf. zwei Rechtsbehelfe: einmal die Wiedereinsetzung in den vorigen Stand (§ 235), zum anderen die Berufung (§ 314). Nach § 315 I wird der Beginn der Frist zur Einlegung der Berufung nicht dadurch hinausgeschoben, daß der Angeklagte um Wiedereinsetzung in den vorigen Stand nachsuchen kann. Der Angeklagte muß daher seinen Antrag auf Wiedereinsetzung mit der Berufung (für den Fall, daß dem Wiedereinsetzungsgesuch nicht stattgegeben wird) verbinden (§ 315 II).

Eine *Begründung* der Berufung ist (im Gegensatz zur Revision – § 344 – und zur Berufung im Zivilprozeß – § 519 ZPO) nicht zwingend vorgeschrieben (§ 317). Eine Beschränkung der Berufung auf bestimmte Beschwerdepunkte ist zulässig (§ 318; vgl. dazu oben § 51 B III).

2. Ist die Berufung *verspätet* eingelegt, so wird sie schon vom Gericht erster Instanz durch Beschluß als unzulässig verworfen (§ 319 I). Gegen diesen Beschluß kann der Beschwerdeführer binnen einer Woche nach Zustellung auf die Entscheidung des Berufungsgerichts antragen (§ 319 II).

Ist die Berufung rechtzeitig eingelegt, so legt das Gericht erster Instanz die Akten der StA vor. Diese übersendet die Akten an die StA bei dem

Berufungsgericht, die die Akten binnen einer Woche dem Vorsitzenden des Gerichtes übergibt (vgl. §§ 320, 321).

II. Der Angeklagte wird sich innerhalb der Einlegungsfrist in der Regel noch nicht festlegen können und wollen, ob er die tatsächlichen und rechtlichen Grundlagen des Urteils oder nur die rechtlichen Erörterungen angreifen soll. Denn meistens werden ihm die schriftlichen Urteilsgründe erst nach Ablauf der Einlegungsfrist vorliegen. Aus diesen Gründen und aus prozeßökonomischen Erwägungen hält es der BGH im Gegensatz zur Rechtsprechung des Reichsgerichtes, das eine zweifelsfreie Eindeutigkeit aller Prozeßhandlungen verlangte, für zulässig, daß ein Urteil zunächst generell angefochten, die genaue Bezeichnung des Rechtsmittels aber erst später *nachgeholt* wird (BGHSt 2, 63), oder daß von einem ursprünglich (BGHSt 5, 338) bzw. nach anfänglichem Offenlassen (OLG Celle JR 1982, 38 m. abl. Anm. Meyer) als Berufung bezeichneten Rechtsmittel noch innerhalb der Revisionsbegründungsfrist zur Revision übergegangen wird (BGHSt *5, 338*). Etwas anders liegt es, wenn der Beschwerdeführer ein ursprünglich als Revision bezeichnetes Rechtsmittel später als Berufung verstanden wissen will. Denn hier wird eine weitere Instanz nicht eingespart, sondern nachträglich erst hinzugefügt. Trotzdem läßt der BGH im Interesse des Verurteilten auch die Umwandlung in eine Berufung zu, wenn die Revision „vorschnell" gewählt und noch keine endgültige Festlegung erfolgt war (BGHSt *13, 388*); dies ist in aller Regel anzunehmen (BGHSt *17, 44*; OLG Düsseldorf, JZ 1984, 756). Erfolgt bei zunächst unbestimmter Urteilsanfechtung innerhalb der Revisionsbegründungsfrist (§ 345) keine Wahl des Rechtsmittels, so ist die Berufung durchzuführen (vgl. L. R.[23]-Meyer, § 335, Rdnr. 9; Kl./M., § 335, Rdnr. 2; OLG Köln MDR 1980, 690).

D. Vorprüfung durch das Berufungsgericht

Das Berufungsgericht kann die Berufung durch Beschluß außerhalb des Berufungsverfahrens als *unzulässig verwerfen*, wenn es die Vorschriften über die Einlegung der Berufung nicht für beobachtet hält (§ 322 I), diese z. B. verspätet eingelegt ist. Bei Zweifeln über die Verspätung bleibt das Rechtsmittel zulässig (BGH NJW 1960, 2202; OLG Karlsruhe NJW 1981, 138, str.). Der Verwerfungsbeschluß ist mit der sofortigen Beschwerde anfechtbar (§ 322 II). Im Gegensatz zum Amtsrichter (vgl. oben C I 2) kann die Strafkammer den Unzulässigkeitsbeschluß nicht nur wegen verspäteter Einlegung erlassen, sondern auch aus allen sonstigen Unzulässigkeitsgründen (z. B. wegen Nichteinhaltung der Form des § 314).

E. Hauptverfahren

I. Vorbereitung der Hauptverhandlung

Die Maßnahmen zur Vorbereitung der Berufungshauptverhandlung decken sich im wesentlichen mit denen zur Vorbereitung in erster Instanz (§ 323 I). Folgende *Besonderheiten* sind zu beachten:

1. Die Ladung der im ersten Rechtszug vernommenen Zeugen und Sachverständigen kann unterbleiben, wenn ihre wiederholte Vernehmung zur Aufklärung der Sache nicht erforderlich scheint. Dabei muß auf die von dem Angeklagten zur Rechtfertigung seiner Berufung benannten Personen Rücksicht genommen werden (§ 323 II, IV).

2. Neue Beweismittel sind unbeschränkt zulässig (§ 323 III).

II. Gang der Hauptverhandlung

Die Hauptverhandlung verläuft im allgemeinen wie in der *ersten Instanz* (§ 332), jedoch mit folgenden *Abweichungen:*

1. Es erfolgt keine Verlesung des Anklagesatzes, sondern ein Vortrag des Berichterstatters über die Ergebnisse des bisherigen Verfahrens. Dabei ist das angefochtene Urteil zu verlesen, soweit es für die Berufung von Bedeutung ist; von der Verlesung der Urteilsgründe kann abgesehen werden, soweit die StA, der Verteidiger und der Angeklagte darauf verzichten (§ 324 I).

2. Der Grundsatz der Unmittelbarkeit (§ 250) ist insofern eingeschränkt, als Protokolle über die Aussagen der in erster Instanz vernommenen Zeugen verlesen werden dürfen (deshalb ist die Aufnahme des wesentlichen Inhalts der Zeugenaussagen in das Sitzungsprotokoll vorgeschrieben; vgl. oben § 49). Diese Verlesung ist ohne Zustimmung beider Prozeßbeteiligten dann nicht zulässig, wenn die wiederholte Vorladung des Zeugen erfolgt ist oder vom Angeklagten beantragt war (§ 325 I). War sie nicht beantragt, darf das Gericht nicht schlechthin alle Aussagen der ersten Instanz verlesen, sondern muß im Rahmen seiner Aufklärungspflicht (§ 244 II) die Zeugen gleichwohl noch einmal anhören (OLG Zweibrücken, NJW 1982, 117; OLG Koblenz, StrV 1982, 65). Im übrigen ist auch im Berufungsverfahren ein Verzicht auf die Verlesung von Schriftstücken möglich (§§ 332, 249 II, 325 II; vgl. dazu o. § 44 B I, 1 b).

3. Bei den Schlußvorträgen hat der Beschwerdeführer das erste Wort (wenn StA und Angeklagter Berufung eingelegt haben, der Vertreter der StA, § 326). Das letzte Wort hat immer der Angeklagte.

III. Gegenstand der Hauptverhandlung

Entsprechend dem Charakter der Berufung erfolgt in der Berufungshauptverhandlung – bei Vorliegen der prozessualen Voraussetzungen – stets eine neue Beurteilung der Sache. Es wird also nicht nur geprüft, ob die Entscheidung der ersten Instanz bei Zugrundelegung des damals vorliegenden Tatsachenstoffs richtig war oder nicht. Vielmehr sind neue Beweismittel zulässig (z.B. neue Zeugen; neu aufgefundene Vorakten, aus denen sich die Rückfälligkeit des Angeklagten ergibt, der in erster Instanz nur wegen einfachen Diebstahls verurteilt war), und es können auch neu eingetretene Tatsachen Berücksichtigung finden, so z.B. der nach dem Urteil erster Instanz eingetretene Tod des durch Fahrlässigkeit

Verletzten. Die Berufungsinstanz ist also gewissermaßen eine zweite Erstinstanz.

F. Die Entscheidung des Berufungsgerichts

I. Das Berufungsgericht *prüft* zuerst die *prozessualen Voraussetzungen.* Fehlen sie, so verwirft es die Berufung als *unzulässig* durch Urteil (Prozeßurteil). Dies ist auch im Falle des § 322 möglich, da das Berufungsgericht von dieser Verwerfungsmöglichkeit keinen Gebrauch machen muß (Kannvorschrift).

II. Sonst erfolgt eine *neue Beurteilung* (vgl. oben E III).

1. Hält das Berufungsgericht dabei das erstinstanzliche Urteil für richtig, so muß es die Berufung *als unbegründet verwerfen.*

2. Hält das Berufungsgericht die Berufung dagegen für begründet, so hat es in der Regel unter Aufhebung des Urteils in der *Sache* selbst zu *erkennen* (§ 328 I).

Nur ausnahmsweise kann (!) die Sache an die untere Instanz *zurückverwiesen* werden (§ 328 II), nämlich dann, wenn in erster Instanz ein prozessualer Fehler gemacht worden ist, der die Revision begründen würde, z.B. Verletzung der Aufklärungspflicht. Der Grund für diese Regelung liegt darin, daß manche prozessuale Verstöße (etwa auch die irrige Annahme eines Verfahrenshindernisses) die Sachaufklärung wesentlich beeinträchtigen oder gar ausschließen können. In solchen Fällen sollen dem Angeklagten zwei Tatsacheninstanzen erhalten bleiben. Zurückverweisung muß an die Abteilung erfolgen, die den Fall in erster Instanz entschieden hat. § 354 II ist nicht analog anzuwenden (OLG Celle, JR 1980, 384 m. Anm. Rieß).

Eine obligatorische Zurückverweisung findet sich in § 328 III: Hat das Amtsgericht seine Zuständigkeit zu Unrecht angenommen (namentlich seine Strafgewalt – vgl. § 24 II GVG u.o. § 7 A III 1 – überschritten), so muß das Berufungsgericht durch Urteil unter Aufhebung des Urteils erster Instanz die Sache an das zuständige Gericht verweisen. Hält sich dabei die als Berufungsgericht entscheidende große Strafkammer selbst für erstinstanzlich zuständig, so kann sie ohne Verweisung ein (erstinstanzliches!) Sachurteil fällen (vgl. dazu Gössel GA 1968, 356). Nach Auffassung des BGH soll die Entscheidung der Strafkammer selbst dann als erstinstanzliches Urteil zu behandeln sein, wenn die Strafkammer ersichtlich als Berufungsgericht verhandeln wollte, sofern nur die Hauptverhandlung im übrigen den Erfordernissen des ersten Rechtszuges entsprochen hat, d.h. vor allem: eine dem Grundsatz der Unmittelbarkeit genügende Beweisaufnahme stattgefunden hat (BGHSt 23, 283; zw. im Hinblick auf die prozeßpsychologischen Unterschiede zwischen erst- und zweitinstanzlichem Verfahren).

Bei Zurückverweisung ist das erstinstanzliche Gericht nicht an die Rechtsauffassung des Berufungsgerichts gebunden. Dies ergibt ein Umkehrschluß aus § 358 I, wo eine Bindung an die rechtliche Auffassung des Revisionsgerichts ausdrücklich festgelegt ist.

3. Legen gegen eine Verurteilung in der ersten Instanz sowohl die StA (mit dem Ziel höherer Bestrafung) als auch der Angeklagte (mit dem Ziel des Freispruchs) Berufung ein, so muß das Berufungsgericht über jede Berufung selbständig entscheiden. Es muß also, falls es der Berufung des Angeklagten entsprechen will, folgendermaßen tenorieren: Die Berufung der StA wird verworfen. Auf die Berufung des Angeklagten hin wird das Urteil des Amtsgerichts – Schöffengerichts – Goslar vom 29. 1. 1983 aufgehoben und der Angeklagte auf Kosten der Staatskasse freigesprochen.

4. Ein dem zivilrechtlichen *Versäumnisurteil* ähnelndes strafprozessuales Urteil findet sich in § 329.

a) Hat der *Angeklagte* Berufung eingelegt und ist bei Beginn einer Hauptverhandlung weder er noch in den Fällen zulässiger Vertretung (§§ 234, 411 II; str. bei Anordnung persönlichen Erscheinens gemäß § 236 vgl. BGHSt 25, 165 einer-, BayObLGSt 1977, 177 andererseits) sein Vertreter erschienen und ist das Ausbleiben nicht genügend entschuldigt, so ist die Berufung *sofort*, d. h. ohne Beweisaufnahme, *zu verwerfen*. Diese Vorschrift soll den Angeklagten daran hindern, die Entscheidung über sein Rechtsmittel dadurch zu verzögern, daß er sich der Verhandlung entzieht. Für eine solche Verletzung der Anwesenheitspflicht (dazu s. o. § 42 F) ordnet § 329 I in Gestalt des Rechtsmittelverlustes eine scharfe prozessuale Sanktion an, die in ihren Wirkungen mit dem sog. zweiten Versäumnisurteil im Zivilprozeß verglichen werden kann (s. §§ 542, 345, 566, 513 II ZPO). Das 1. StVRG hat die Verwerfungspflicht insofern wesentlich erweitert, als sie nicht nur beim Fehlen in der ersten, sondern beim Ausbleiben des Angeklagten in irgendeiner (auch späteren) Hauptverhandlung eintritt. Davon macht der neue § 329 I, 2 nur für den Fall der Zurückverweisung durch das Revisionsgericht eine Ausnahme, um eine Sachentscheidung des Revisionsgerichts nicht wirkungslos zu machen. Ob dies auch dann gilt, wenn das Berufungsurteil ein Prozeßurteil war, ist umstritten (dagegen BGHSt 27, 236 m. zust. Anm. v. Küper JZ 1978, 205; Gollwitzer JR 1976, 379 u. L.-R.[23]-Gollwitzer, Rdnr. 81 zu § 329; dafür OLG Hamburg JR 1976, 378).

Dem Fall des unentschuldigten Fehlens steht der Fall gleich, daß der Angeklagte in einem von ihm verschuldeten *verhandlungsunfähigen Zustand* (namentlich betrunken) zur Hauptverhandlung erscheint. Denn er entzieht sich auch hierdurch der Verhandlung (s. o. § 21 B III 1), und es bestehen auch vom Wortlaut des § 329 her keine Bedenken, einen verhandlungsunfähigen Prozeßbeteiligten als im Rechtssinne nicht erschienen anzusehen (*BGHSt 23, 331;* Küper, JuS 1972, 127; ferner stützt § 231a diese Auffassung, Meyer-Goßner, NStZ 1981, 113). Allerdings muß das Gericht vor der Verwerfung der Berufung stets sorgfältig prüfen, ob sich das erforderliche Verschulden des Angeklagten auch auf das „Platzen" der Hauptverhandlung bezieht oder ob er das nicht voraussehen konnte. Dagegen ist ein ernstgemeinter Selbstmordversuch kein Fall des § 329 I, 1, da eine Verzweiflungstat nicht als schuldhafte Prozeßverschleppung gedeutet werden kann (OLG Koblenz NJW 1975, 322; zur prozessualen Auswirkung von Selbstmordversuchen vgl. auch oben § 42 F I 3a). Wenn der Verteidiger erschienen ist, aber zur Sache nichts aussagen kann, weil der Angeklagte ihn nicht ausreichend instruiert hat, so darf die Berufung nicht nach § 329 I, 1 verworfen werden (BayObLG NStZ *1981, 112* m. abl. Anm. Meyer-Goßner).

b) Hat *die StA* Berufung eingelegt und fehlen der Angeklagte bzw. sein Vertreter unentschuldigt, so kann nach § 329 II ohne den Angeklagten verhandelt werden (über die Zurücknahme einer Berufung durch die StA in solchen Fällen vgl. § 329 II, 2). Verhandelt das Gericht ohne den Angeklagten, so ist es im Strafausspruch nicht an das in §§ 232, 233 angeordnete Strafmaß gebunden. Der Angeklagte ist aber durch § 265 und § 244 II geschützt. Das Gericht muß also den Angeklagten über eine Veränderung des rechtlichen Gesichtspunktes belehren und prüfen, ob nicht die allgemeine Aufklärungspflicht die Zuziehung des Angeklagten im Einzelfall erfordert (so zutr. BGHSt *17, 391,* OLG Hamburg StrV 1982, 558).

c) Die Anwendbarkeit des § 329 setzt in beiden Fallgruppen a) und b) voraus, daß der Angeklagte in der Ladung auf die Folgen seines Ausbleibens ausdrücklich (nicht durch bloße Bezugnahme auf eine frühere Ladung, OLG Koblenz NJW 1981, 2074) hingewiesen worden ist (§ 323 I, 2). Fehlt der Angeklagte trotzdem unentschuldigt und wird die Berufung nicht nach § 329 I verworfen (in den Fällen des § 329 I, 2!) oder nach § 329 II in Abwesenheit des Angeklagten verhandelt, so gestattet § 329 IV erforderlichenfalls die Vorführung oder Verhaftung des Angeklagten.

d) Gegen die unverschuldete Versäumung der Berufungsverhandlung kann der Angeklagte in beiden oben erörterten Fällen binnen einer Woche Wiedereinsetzung in den vorigen Stand beanspruchen (§ 329 III).

Das gilt in analoger Anwendung des § 44 erst recht, wenn er gar nicht oder nicht wirksam geladen wurde (Wendisch, JR 1976, 426; L.-R.[23]-Gollwitzer, Rdnr. 116 zu § 329; OLG Celle JA 1979, 121; OLG Hamm NStZ 1982, 521 beide mit abl. Anm. v. K. Meyer; nach OLG Karlsruhe JR 1981, 129 m. abl. Anm. Wendisch soll das Gericht sein Urteil für gegenstandslos erklären dürfen; anderseits will das KG JR 1976, 425 in einem solchen Fall nur die Revision zulassen).

Daneben kann er auch nach den allgemeinen Vorschriften Revision einlegen, mit der er aber nur geltend machen kann, daß dem Berufungsgericht bei Anwendung des § 329 ein Rechtsfehler unterlaufen sei, etwa wenn es eine rechtzeitig beigebrachte Entschuldigung irrig als ungenügend angesehen hat (vgl. BGHSt *17, 391, 397; 23, 331, 336*).

§ 53. Die Revision

Literatur: B e l i n g , Revision wegen Verletzung einer Rechtsnorm über das Verfahren im Strafprozeß, Binding-Festschr., 1911, II, 87; M a n n h e i m , Beiträge zur Lehre von der Revision wegen materiellrechtlicher Verstöße im Strafverfahren, 1920; P o h l e , Revision und neues Strafrecht, 1930; L a u t e r j u n g , Die Einheit der Rechtsprechung innerhalb der höchsten Gerichte, 1932; L ö w e n s t e i n , Die Revision in Strafsachen (3), 1933; B o e t t i c h e r , Der BGH, DRiZ 1950, 215; G r ü n w a l d , Tatrichterliches Ermessen bei der Strafzumessung, MDR 1959, 713, 808; S e i b e r t , Fehler bei der Strafzumessung, MDR 1959, 258; S c h w i n g e , Grundlagen des Revisionsrechts (2), 1960; v. S t a c k e l b e r g , Über offensichtlich unbegründete Revisionen, NJW 1960, 505; W a r d a, Dogmatische Grundlagen des richterlichen Ermessens im Strafrecht, 1962; H a n a c k, Der Ausgleich divergierender Entscheidungen in der oberen Gerichtsbarkeit, 1962; S a r s t e d t, Konkurrenz von Revisionsrügen, Festschrift für Hellm. Mayer, 1966, 529; B r u n s, Strafzumessungsrecht, Gesamtdarstellung, 2. Aufl., 1974; d e r s., Zum Revisionsgrund der – ohne sonstige Rechtsfehler – ungerecht bemessenen Strafe, Engisch-Festschr., 1969, 708; Z i p f, Die Strafmaßrevision, 1969; R u d o l - p h i, Die Revisibilität von Verfahrensmängeln im Strafprozeß, MDR 1970, 93; B a t e r e a u, Die Schuldspruchberichtigung, 1971; J. B l o m e y e r, Die Revisibili-tät von Verfahrensfehlern im Strafprozeß, JR 1971, 142; H a d d e n h o r s t, Die Einwirkung der Verfahrensrüge auf die tatsächlichen Feststellungen im Strafver-fahren, 1971; S c h w e l i n g, Die Revisibilität der Erfahrung, ZStW 83 (1971), 435; F r i s c h, Revisionsrechtliche Probleme der Strafzumessung, 1971; M o h r b o t - t e r, Grenzen der Bindung an aufhebende Entscheidungen im Strafprozeß, ZStW 84 (1972), 612; W. S c h m i d, Der Revisionsrichter als Tatrichter, ZStW 85 (1973), 360; d e r s., Der revisionsgerichtliche Augenscheinsbeweis, ebda., 893; F r i s c h, Ermessen, unbestimmter Begriff und „Beurteilungsspielraum" im Straf-recht, NJW 1973, 1345; B r u n s, Zum „Toleranzbereich" bei der revisionsge-richtlichen Kontrolle des Strafmaßes, Festschr. f. Henkel, 1974, 273; C r a m e r, Zur Berechtigung absoluter Revisionsgründe, Festschr. f. K. Peters, 1974, 239; G e e r d s, Revision beim Verstoß gegen Denkgesetze oder Erfahrungssätze, ebda., 267; F e z e r, Die erweiterte Revision – Legitimierung der Rechtswirklich-keit?, 1974; S c h ö n e b o r n, Die Behandlung der Verfahrenshindernisse im pro-zessualen Verfahrensgang, MDR 1975, 6; B e n z, Einschränkung der Besetzungs-rüge durch Einführung einer Rügepräklusion, ZRP 1977, 250; K i e ß l i n g, Verzö-gerung statt Beschleunigung – Zu Vorschlägen und Erwägungen um die Beset-zungsrüge des § 338 Nr. 1 StPO, DRiZ 1977, 326; O t t o, Möglichkeit und Grenzen der Revision in Strafsachen, NJW 1978, 1; v. S t a c k e l b e r g, Zur Besetzungsrüge in der strafrechtlichen Revision, Festschr. f. Schmidt-Leichner, 1977, 207; F i s c h e r, Zur Entwicklung des Revisionsrechts, DRiZ 1978, 2; R i e ß, Zur Revisibilität der freien tatrichterlichen Überzeugung, GA 1978, 257; P e t e r s, Der Wandel im Revisionsrecht, Schäfer-Festschr., 1980, 137; D a h s - Dahs, Die Revision im Strafprozeß, 2. Aufl., 1980; K r u s e, Die „offensicht-lich" unbegründete Revision im Strafverfahren, Diss. Göttingen, 1980; B o h -n e r t, Ordnungsvorschriften im Strafverfahren, NStZ 1982, 5; G ö s s e l, Über die Folgen der Aufhebung von Berufungsurteilen in der Revisionsinstanz, JR 1982, 270; H a n a c k, Die Verteidigung vor dem Revisionsgericht, Dünnebier-Festschr., 1982, 301; R i e ß, Über Aufhebungsgründe in Revisionsentscheidun-gen des Bundesgerichtshofs, NStZ 1982, 49; S c h m i d h ä u s e r, Die „Gesetzes-verletzung", Dünnebier-Festschr., 1982, 407; S c h ü n e m a n n, Grundfragen der Revision im Strafprozeß, JA 1982, 71, 123; B o h n e r t, Beschränkungen der strafprozessualen Revision durch Zwischenverfahren, 1983; G r i b b o h m, Das Scheitern der Revision nach § 344 StPO, NStZ 1983, 97; S a r s t e d t - H a m m, Die Revision in Strafsachen, 5. Aufl., 1983; t e r V e e n, Die Beschneidung des Fragerechts der Verteidigung als absoluter Revisionsgrund, StrV 1983, 167; R ö m e r, Die Beschlußverwerfung wegen offensichtlicher Unbegründetheit der Revision (§ 349 Abs. 2 StPO), MDR 1984, 353; P a e f f g e n, „Ermessen" und Kontrolle usw., Peters-Festgabe II, 1984, 61; F r o h n e, Zur Zweckmäßigkeit der absoluten Revisionsgründe im Strafprozeß, Diss. Tübingen, 1984; M ü l l e r, Zum Problem der Verzichtbarkeit und Unverzichtbarkeit von Verfahrensnormen im Strafprozeß, Diss. Göttingen, 1984; S c h ü n e m a n n, Zur Geschichte, Dogma-tik und Reform der Revision in Strafsachen (in Vorbereitung).

Zur Reform vgl. u. § 72 F III.

A. Begriff und Zulässigkeit der Revision

I. Die Revision ist ein *beschränktes Rechtsmittel.* Sie führt nur zur *Nachprüfung in iure.* Dies bedeutet: Der dem Urteil zugrundeliegende Sachverhalt wird als feststehend behandelt, und es wird nur noch untersucht, ob das untere Gericht sich einer Verletzung des materiellen oder formellen Rechts schuldig gemacht hat. Die Revision ist also im Gegensatz zur Berufung, die man als „zweites Erstinstanzverfahren" bezeichnet hat, ein reines Zweitinstanzverfahren.

II. 1. *Revisibel* sind alle Urteile, die nicht schon selbst Revisionsurteile sind, d.h. (vgl. §§ 333, 335)
a) die erstinstanzlichen Urteile des OLG;
b) die Schwurgerichtsurteile;
c) die erstinstanzlichen Urteile der (großen) Strafkammer;
d) die Berufungsurteile der (kleinen und großen) Strafkammer;
e) die Urteile der Amtsgerichte (des Strafrichters und des Schöffengerichts).

2. Bei der Einlegung von Rechtsmitteln gegen Urteile des *Amtsgerichts* bestehen zwei Möglichkeiten:
a) Der Beschwerdeführer kann gegen das amtsgerichtliche Urteil Berufung einlegen und sich gegen das in der Berufungsinstanz ergangene Urteil mit der Revision wenden.
b) Der Beschwerdeführer kann aber auch das amtsgerichtliche Urteil sofort mit der Revision anfechten. Da in diesem Fall das Landgericht als Berufungsgericht übersprungen wird, spricht man von *Sprungrevision* (§ 335). Welche der beiden dargestellten Möglichkeiten – a) oder b) – der Beschwerdeführer wählt, hängt von seiner Entscheidung ab (daher auch *Wahlrevision*). Will er sich nur gegen die tatsächlichen Grundlagen des amtsgerichtlichen Urteils wenden, so wird er Berufung einlegen. Bemängelt er dagegen Verletzung materiellen und formellen Rechts, so wird er Sprungrevision einlegen.
c) Legt gegen ein Urteil ein Beteiligter (z.B. die StA oder der Mitangeklagte) Revision und ein anderer Beteiligter (z.B. der Angeklagte) Berufung ein, so wird die ordnungsgemäß eingelegte Revision als Berufung behandelt (§ 335 III, 1). Weil die Berufung des anderen aber noch zurückgenommen, als unzulässig oder nach § 329 I sofort verworfen werden kann (vgl. dazu Schroeder, NJW 1973, 308), empfiehlt es sich, vorsichtshalber die Revisionsbegründung in der vorgeschriebenen Form anzubringen (§ 335 III, 2); denn nur dann kann der Antragsteller bei Fortfall des anderen Rechtsmittels noch auf die ursprüngliche Revision zurückkommen. Gegen das Berufungsurteil ist die Revision natürlich von neuem zulässig (§ 335 III, 3).

III. Revisionsgerichte sind:
1. die *Oberlandesgerichte*
a) bei den Berufungsurteilen der kleinen und großen Strafkammer (§ 121 I Nr. 1b GVG);

b) bei den mit der Berufung anfechtbaren Urteilen des Amtsgerichts in den Fällen der Sprungrevision (§ 335 II; vgl. BGHSt 2, *64*);

c) bei den Urteilen der großen Strafkammer und des Schwurgerichts, wenn die Revision auf die Verletzung einer in den Landesgesetzen enthaltenen Rechtsnorm gestützt wird (§ 121 I Nr. 1c GVG).

Die zur Zuständigkeit des Oberlandesgerichts gehörenden Entscheidungen in Strafsachen können durch den Landesgesetzgeber nach § 9 EGGVG einem *obersten Landesgericht* zugewiesen werden. Dies ist in Bayern geschehen (Art. 11 bayer. AGGVG);

2. der *Bundesgerichtshof*

a) bei den erstinstanzlichen Urteilen des OLG und des LG (große Strafkammer und Schwurgericht), wenn die Revision auf die Verletzung von Bundesrecht gestützt wird (§§ 135; 121 I Nr. 1c GVG);

b) bei Vorlage nach § 121 II GVG; hierbei ist umstritten, ob der BGH nur die abstrakte Rechtsfrage zu entscheiden hat oder auch in der Sache selbst judizieren darf (vgl. dazu Hanack aaO., S. 71; Baur JZ 1953, 328; JZ 1964, 597).

B. Zweck der Revision

I. Seit langem ist streitig, worin der für die Bestimmung des Revisibilitätsbereiches wichtige Zweck der Revision erblickt werden soll: in der Sicherung der *Rechtseinheit* (so Schwinge, aaO., S. 26ff.), in der Verwirklichung der *Einzelfallgerechtigkeit* oder schließlich in *beiden Momenten* (so die h.M. im Anschluß an Sarstedt-Hamm, aaO., S. 8f., mit der Begründung, daß das Bemühen um eine einheitliche Anwendung des Rechtes und die Verwirklichung der Einzelfallgerechtigkeit sich begrifflich gar nicht trennen ließen).

Alle drei Revisionsthesen sind jedoch unzutreffend: Die Vereinigungstheorie der h.M. verkennt, daß zwar eine materiell gerechte Entscheidung niemals die Rechtseinheit stören, daß umgekehrt aber eine die Rechtseinheit wahrende Entscheidung wegen Verfehlung des tatsächlichen Sachverhalts materiell grob ungerecht sein kann. Die Rechtseinheitstheorie wird durch die Entstehungsgeschichte der StPO widerlegt, und die Einzelfallgerechtigkeit kann schon deswegen nicht alleiniger Revisionszweck sein, weil sie wegen der beschränkten Mittel des Revisionsverfahrens (s. § 351: keine erneute Beweisaufnahme!) in diesem höchstens bruchstückhaft verwirklicht werden kann (vgl. i.e. Schünemann, Zur Geschichte, Dogmatik und Reform der Revision in Strafsachen).

II. Der Zweck der Revision besteht vielmehr nach dem Willen des Gesetzgebers in der Gewährung eines *realistischen Rechtsschutzes*, indem (nur) diejenigen Teile der tatrichterlichen Entscheidung, die vom Zeitablauf unabhängig und daher nicht die natürliche Domäne des tatnäheren Instanzrichters sind, zur Überprüfung des Revisionsgerichts gestellt werden können. Deswegen hat der Gesetzgeber die *Tatfrage* (d.h. die tatsächlichen Feststellungen, die mit zunehmendem Zeitablauf vor allem wegen des den Zeugenbeweis entwertenden Nachlassens des Gedächtnisses immer schwieriger werden) der ausschließlichen Beurteilung durch den Instanzrichter als den „Tatrichter" überantwortet und das Revisionsgericht gem. § 337 auf die Feststellung von *Gesetzesverletzungen* und damit auf die Überprüfung der *Rechtsfrage* beschränkt (vgl. Schünemann aaO.; zur genaueren Abgrenzung s. u. D). Wenn also der Angeklagte mit der Revision besondere Strafmilderungsgründe nach § 267 II geltend macht, das erstinstanzliche Urteil aber nicht erkennen läßt, daß diese Gründe in der Hauptverhandlung vorgebracht worden sind, kann das Revisionsgericht darüber keinen Beweis erheben (BGHSt 31, 139).

C. Sach- und Verfahrensrügen

Dieser Grundsatz gilt allerdings nur für die Verletzung des *materiellen Rechts* durch das angefochtene Urteil, das vom Revisionsgericht auf die sog. *Sachrüge* hin (vgl. § 344 II, 1 2. Alt.) darauf überprüft wird, ob das sachliche Recht auf den vom Instanzgericht festgestellten Sachverhalt richtig angewendet worden ist. Daneben können aber auch *prozessuale Fehler* des Untergerichts mit der sog. *Verfahrensrüge* angegriffen werden (vgl. § 344 II, 1 1. Alt.). Hier prüft das Revisionsgericht nicht nur, ob das Prozeßrecht richtig ausgelegt worden ist, sondern auch, ob das Untergericht den unter eine prozessuale Norm zu subsumierenden Sachverhalt richtig festgestellt hat (s. § 352 I; z. B. ob der vereidigte Jugendliche tatsächlich schon sechzehn Jahre alt gewesen ist). Mit der Verfahrensrüge können daher im Ergebnis auch die tatsächlichen Feststellungen des Instanzgerichts zur Sache selbst angegriffen werden, sofern sie in einem prozeßordnungswidrigen Verfahren zustande gekommen sind.

Diese Regelung dient dem Schutz des Angeklagten gegen richterliche Willkür. Denn in dem heutigen Strafprozeß soll der Angeklagte nicht ohne jede Rücksicht und unter allen Umständen seiner Strafe zugeführt werden, sondern nur in einem seine Persönlichkeitsrechte wahrenden justizförmigen (rechtsstaatlichen) Verfahren (vgl. dazu oben § 1 B). Über die Einhaltung dieser Verfahrensrechte wachen die Revisionsgerichte, die auch unter dem Gesichtspunkt des realistischen Rechtsschutzes für Verfahrensfehler die „tatnächste" Kontrollinstanz darstellen.

D. Begriff der Gesetzesverletzung

Voraussetzung einer erfolgreichen Revision ist in jedem Falle, daß dem Untergericht eine *Verletzung des Gesetzes* vorgeworfen werden kann (s. § 337 I).

I. 1. *Gesetz* ist jede Rechtsnorm (vgl. §§ 337 II StPO, 7 EGStPO). Dazu gehört das geschriebene wie das ungeschriebene Recht, also neben förmlichen Gesetzen und Verordnungen auch das Gewohnheitsrecht sowie allgemeine Regeln des Völkerrechts (Art. 25 GG) und völkerrechtliche Verträge, die in innerstaatliches Recht transformiert sind.

2. Keine Rechtsnormen sind bloße innerdienstliche Anordnungen (z. B. die RiStBV), polizeiliche Verfügungen etc. Auch der Geschäftsverteilungsplan ist keine Rechtsnorm. Seine Nichteinhaltung kann daher nur dann nach Maßgabe von § 338 Nr. 1 i. V. m. §§ 222 a/b die Revision

begründen, wenn sie zugleich zu einer unvorschriftsmäßigen Besetzung des Gerichts führt (s. § 338 Nr. 1 u. dazu u. E II 2a).

3. Auch die Denkgesetze, die Sätze der wissenschaftlichen Erkenntnis und der allgemeinen Lebenserfahrung sowie offenkundige Tatsachen sind entgegen BGHSt 6, 72 keine Rechtsnormen, weil sie keinerlei rechtlich-normativen Gehalt aufweisen; zu ihrer wahren dogmatischen Stellung s. u. III, 3.

II. Ein Gesetz kann *verletzt* sein (s. § 337 II):

1. durch *Nicht-Anwendung:* z. B. wenn das Gericht die Vorschrift über den Rückfall (§ 48 StGB) unbeachtet gelassen oder wenn es eine Vorschrift des Nebenstrafrechts oder ein Straffreiheitsgesetz übersehen hat;

2. durch *nicht richtige Anwendung,* d. h. durch falsche Auslegung des Gesetzes: z. B. wenn das Gericht das Tatbestandsmerkmal „wegnehmen" im Sinne des § 242 StGB falsch auslegt oder einen Beweisantrag unter Verkennung der in § 244 III–V dafür genannten Voraussetzungen ablehnt.

3. Besondere Probleme tauchen bei der Sachrüge auf: hier muß der Fehler, wie bereits bemerkt, gerade in der Handhabung des *Gesetzes* liegen, während die unrichtige Feststellung der darunter zu subsumierenden Tatsachen mit der Sachrüge prinzipiell nicht angreifbar ist. Die hiernach notwendige *Abgrenzung zwischen Tat- und Rechtsfrage* ist bis heute äußerst umstritten geblieben:

a) Die h. M. hält eine *logische* Trennung von Tatsachenfeststellung und rechtlicher Wertung für undurchführbar. Wie sich vor allem bei der Frage der Revisibilität unbestimmter Rechtsbegriffe (z. B. „erhebliche Entstellung" in § 224 StGB) oder bei der Strafzumessung zeige, gingen beide Operationen häufig ununterscheidbar ineinander über (so im Prinzip auch Engisch, Logische Studien zur Gesetzesanwendung[3], 1963, S. 92 ff.). Die Abgrenzung lasse sich mindestens in solchen Fällen nur nach teleologischen Gesichtspunkten vornehmen. Der maßgebende Gesichtspunkt sei dabei, daß das Revisionsgericht zu erneuter Sachprüfung nicht berufen sei. Infolgedessen seien alle Fehler *irrevisibel,* bei denen das Revisionsgericht *die Sache erneut aufklären* müßte. Umgekehrt seien alle diejenigen Fehler *revisibel,* die der Revisionsrichter auch *ohne Beweiserhebung* erkennen kann (vgl. Henkel, S. 375; Warda aaO., S. 60 ff., 174 ff.).

Also: Muß der Revisionsrichter den Verletzten persönlich gesehen haben, um beurteilen zu können, ob er „erheblich entstellt" ist, so wäre eine Revisionsrüge zwecklos. Läßt sich dagegen den Urteilsgründen entnehmen, daß der Tatrichter eine leichte Schramme als Entstellung i. S. des § 224 StGB angesehen hat, so wäre die Revision erfolgreich.

b) Eine weitergehende Auffassung vertritt demgegenüber Peters (S. 565 f.): Weil eine unrichtige Anwendung des Gesetzes auch dann vorliege, wenn eine Rechtsnorm auf einen falsch festgestellten Sachverhalt angewendet werde, müsse, wenn sich die Fehlerhaftigkeit der Tatsachenfeststellung allein aus den *Akten* herleiten lasse, auch solch ein Urteil revisibel sein.

Vgl. folgende Beispiele: A ist wegen Diebstahls im Rückfall verurteilt worden. Den Akten läßt sich entnehmen, daß die Rückfalldaten nicht den A, sondern seinen Vetter betreffen. Das Untergericht hatte dies übersehen. Hat das Revisionsgericht einer auf diese „*Aktenwidrigkeit*" gestützten Revision stattzugeben? A ist wegen sexueller Handlungen mit einem Kind unter 14 Jahren verurteilt worden. Einem den Akten beigefügten Geburtsregisterauszug kann das Revisionsgericht entnehmen, daß das Kind zur Tatzeit bereits 15 Jahre alt war. Ist eine darauf gestützte Revision erfolgreich?

Die h. L. (vgl. Eb. Schmidt, II, § 337, Rdnr. 24; Sarstedt-Hamm, aaO., S. 154 ff.) lehnt hier eine Revision jedoch ab: In solchen Fällen würde das Urteil aufgrund reiner Tatsachenprüfung aufgehoben, die aber im Rahmen der Sachrüge nicht Aufgabe des Revisionsgerichts sei.

c) Die *Revisionsrechtsprechung* läßt seit langem keine einheitliche Konzeption mehr erkennen. Sie beschränkt sich zwar überwiegend auf eine Kontrolle der rechtlichen Erwägungen des Tatrichters, überprüft aber einerseits in wechselnder Intensität auch dessen tatsächliche Feststellungen (Zahlenmaterial bei Rieß, NStZ 1982, 49) und räumt ihm doch andererseits bisweilen sogar bei der Gesetzesauslegung einen Beurteilungsspielraum ein; folgende Fallgruppen sind merkenswert:

aa) Seit vielen Jahrzehnten wird die Beweiswürdigung des Tatrichters daraufhin überprüft, ob die *Denkgesetze* oder die Sätze der allgemeinen *Lebenserfahrung* und der *wissenschaftlichen Erkenntnis* oder schließlich *offenkundige Tatsachen* mißachtet worden sind. Wenn der Tatrichter z. B. nicht das Ergebnis einer wissenschaftlich gesicherten Radarmessung berücksichtigt, so verstößt sein Urteil gegen Sätze der wissenschaftlichen Erkenntnis und wird daher aufgehoben (vgl. BGHSt 6, 72; eingehend Sarstedt-Hamm, aaO., S. 370 ff.). Oder wenn er in den Urteilsgründen ausführt, die Aussagen der Zeugen X und Y ließen sich zwanglos miteinander vereinbaren, obwohl sie sich in Wirklichkeit widersprechen, so widerspricht das Urteil den Denkgesetzen und wird daher ebenfalls aufgehoben (vgl. BGHSt 3, 213, wo der Sachverhalt in dieser Hinsicht unklar war; weitere Beispiele bei Sarstedt-Hamm, aaO., S. 370 ff.).

bb) Über diese „klassische" Gruppe hinaus kontrollieren die Revisionsgerichte häufig auch die *Vollständigkeit* der tatrichterlichen Beweiswürdigung, indem sie ein Urteil, das *naheliegende Möglichkeiten* der tatsächlichen oder rechtlichen Würdigung unerörtert läßt oder die in der Urteilsurkunde selbst mitgeteilten Indizien nicht *lückenlos zusammensetzt*, auf die Sachrüge hin aufheben (vgl. etwa BGH NJW 1953, 1440; BGHSt 12, 312; zahlr. weit. Nachw. bei Fezer, aaO.).

cc) Neuerdings wird vielfach auch der revisionsgerichtliche *Augenscheinsbeweis* bezüglich politischer und pornographischer Bilder und Schriften, die bei den Akten als instrumenta sceleris vorhanden sind, mit der Begründung praktiziert, es könne sonst nicht geprüft werden, ob die rechtliche Beurteilung durch den Tatrichter zutreffend sei (vgl. die Nachw. bei W. Schmid, aaO., 893 ff., aber auch BGHSt 29, 18 und OLGe Karlsruhe u. Frankfurt JZ 1974, 514, 516).

dd) In striktem Gegensatz zu dieser extensiven Rspr. stehen jene nicht seltenen Entscheidungen, in denen die Revisionsgerichte die konkrete Rechtsfrage (z. B. ob das Verhalten des Angeklagten die gebotene Sorgfalt außer Acht gelassen hat) nicht selbst nachprüfen, sondern sich mit ihrer vertretbaren (d. h. nicht offensichtlich unhaltbaren) Beantwortung durch den Tatrichter zufrieden geben (vgl. dazu W. Schmid, aaO., S. 383 ff.).

III. Richtig dürfte folgendes sein (Schünemann, Zur Geschichte, Dogmatik usw.; ders. JA 1982, 74):

1. Entgegen der h. M. ist eine rechtslogische Abgrenzung zwischen Tat- und Rechtsfrage und eine entsprechende Beschränkung der Revision nicht nur vom Gesetzgeber gewollt, sondern auch (von einer genau angebbaren Ausnahme abgesehen) exakt durchführbar. Eine rechtliche Würdigung liegt nämlich immer dann vor, wenn unter *Rechtsbegriffe* (d. h. unter im Rahmen der Rechtssprache verwendete Ausdrücke), eine tatsächliche Feststellung hingegen, wenn unter *Alltagsbegriffe* (d. h. unter im Rahmen der Umgangssprache verwendete Ausdrücke) subsumiert wird.

Die Subsumtion des festgestellten Sachverhalts unter das Gesetz erfolgt dabei durch die Identifizierung der umgangssprachlichen Tatbeschreibung mit dem Bedeutungskern der gleichlautenden, durch Auslegung gewonnenen Gesetzesumschreibung. Beispielsweise kann der nächtliche Abtransport eines Pfluges vom Felde des Bauern B durch den Täter T (Tatbeschreibung) direkt als Fall der Wegnahme (Gesetzesausdruck) durch Aufhebung der für landwirtschaftliches Gerät auf der Flur bestehenden generellen Sachherrschaft des Landwirts (Gesetzesumschreibung) eingeordnet werden, ohne daß die Abgrenzung von Tatfrage (Stand der Pflug noch auf dem Flurstück 47/2, das von der Hofstelle des B zwei Kilometer entfernt ist?) und Rechtsfrage (Erstreckt sich die generelle Herrschaft auch noch auf ein von der Hofstelle um zwei Kilometer entferntes Feld?) irgendwie zweifelhaft werden kann.

2. Eine Ausnahme gilt lediglich für jene vom Tatrichter nicht durch sprachliche Vermittlung, sondern durch direkte Anschauung (d. h. durch *Augenscheinseinnahme*) wahrgenommenen *Gesamtsituationen*, die sich ob ihrer Komplexität einer erschöpfenden sprachlichen Fixierung entziehen (z. B. wenn der pornographische Charakter eines Photos so subtil ist, daß es keine adäquate sprachliche Beschreibung gibt). Hier ist das Revisionsgericht von der Natur der Sache her auf eine Kontrolle innerhalb des sprachlich mitteilbaren Bereiches beschränkt. Weil aber nach dem Grundsatz „nullum crimen sine lege stricta" eine allein wegen eines irrationalen, sprachlich nicht mitteilbaren Eindrucks erfolgende Verurteilung materiellrechtlich ausgeschlossen ist, kommt diese Revisionsbeschränkung im Ergebnis nur bei einer Revision der Staatsanwaltschaft gegen ein wegen eines irrationalen Gesamteindruckes freisprechendes Urteil zum Tragen und ist daher unter dem Gesichtspunkt des „realistischen Rechtsschutzes" unproblematisch.

3. Die o. unter II, 3 c dargestellte Revisionsrechtsprechung verfehlt diese vom Gesetz angeordnete Abgrenzung und ist daher abzulehnen. Mangels einer einheitlichen Linie hat sie auch kein das Gesetz insgesamt abänderndes Gewohnheitsrecht schaffen können, sondern lediglich in zwei Einzelpunkten zu einer (partiellen) Derogation der legislatorischen Abgrenzung geführt: allein bei der Strafmaßrevision (s. u. 4) und bei der Überprüfung der tatrichterlichen Beweiswürdigung

auf die Mißachtung von Denkgesetzen, Erfahrungssätzen und offenkundigen Tatsachen hin (s. o. I, 3 und II, 3 c aa) findet sich eine gleichmäßige und in langen Jahren gefestigte, den Revisibilitätsbereich über den vom Gesetzgeber ursprünglich gesetzten Rahmen hinausdehnende Revisionsjudikatur.

4. Auch die *Strafzumessung* gehört nach heute einhelliger Auffassung nicht – wie früher vielfach angenommen – zur Tatfrage, sondern ist eine (wenn auch besondere) Form der Rechtsanwendung, die freilich wegen der hier stets relevanten „Gesamtsituation" der sprachlich niemals vollständig faßbaren Persönlichkeit des Angeklagten nicht uneingeschränkt revisibel ist (s. etwa Bruns, Strafzumessungsrecht, 1981, 645; ders., Henkel-Festschr., 1974, 287; Frisch, 7, 209; Zipf, 171; BGH JR 1977, 159, 162, 164 jeweils m. Anm. v. Bruns).

a) Da der Tatrichter die seinen Strafausspruch tragenden Zumessungserwägungen gem. § 267 III, 1 im Urteil wiedergeben muß, kann das Revisionsgericht prüfen, ob sich diese im Einklang mit den anerkannten Zumessungsgrundsätzen (§ 46 StGB) befinden oder einen Rechtsfehler enthalten.

Eine rechtsfehlerhafte Strafzumessungserwägung liegt etwa dann vor, wenn der Tatrichter die Erfüllung eines Tatbestandsmerkmals auch bei der Strafzumessung strafschärfend oder -mildernd berücksichtigt. Hier ist ein Verstoß gegen das Verbot der Doppelverwertung (§ 46 III StGB) und damit ein revisibler Rechtsfehler gegeben.

b) Die letzte Phase des Strafzumessungsaktes, die Abwägung der Strafzumessungsfaktoren und die Bildung einer bestimmten Strafe, enthält hingegen einen der Nachprüfung nicht restlos zugänglichen Bereich. Während die Revisionsgerichte hier zumeist erst bei einem „Vergreifen in der Oktave", d. h. beim Vorliegen eines willkürlichen Ober- oder Untermaßes eingreifen (grundlegend BGHSt 17, 354), wird in der neueren Literatur eine Reduzierung des dem Tatrichter vom BGH zugebilligten weiten Beurteilungsspielraumes auf den engeren Einflußbereich der nur begrenzt mitteilbaren Feinheiten der Täterpersönlichkeit gefordert (vgl. i. e. Bruns, Strafzumessungsrecht, S. 705 ff.; Frisch, Probleme, S. 112 ff., 230 ff.; Zipf, aaO., S. 211 ff., 227 ff.).

E. Die Revisionsgründe

Eine vom Tatrichter begangene Gesetzesverletzung reicht allerdings zur Begründung einer erfolgreichen Revision nicht aus. Vielmehr muß diese auch einen relativen oder absoluten Revisionsgrund abgeben.

I. Die relativen Revisionsgründe

1. Nach § 337 I kann die Revision grundsätzlich nur darauf gestützt werden, daß das *Urteil* auf einer Verletzung des Gesetzes *beruhe*. Trotz Gesetzesverletzung ist daher dann kein Revisionsgrund gegeben, wenn ein Fehler gemacht worden ist, der offensichtlich keinen Einfluß auf die Entscheidung gehabt hat, z. B. wenn ein Zeuge zu Unrecht vereidigt

worden ist, in der Urteilsbegründung aber steht, daß das Gericht ihm nicht geglaubt habe.

Es muß demnach ein *Kausalzusammenhang* zwischen Gesetzesverletzung und Urteilsinhalt vorliegen. Hierfür reicht jedoch nach einhelliger Meinung aus, daß das Urteil ohne die Gesetzesverletzung *möglicherweise* anders ausgefallen wäre; eine rein „rein theoretische" Möglichkeit soll allerdings nicht ausreichen (BGH NStZ 1985, 135). Das Ausreichen einer bloßen Möglichkeit ist vor allem für Verfahrensrüge wichtig, weil sich der Einfluß von prozessualen Fehlern auf das Urteil – anders als bei einer Verletzung des materiellen Rechts – zumeist nicht positiv feststellen, andererseits aber auch selten direkt ausschließen lassen wird (vgl. für den Fall einer Nichtgewährung des letzten Wortes BGHSt 22, 278 – s. i. e. o. § 42 B IV –, für eine Überschreitung der in § 229 bei Unterbrechungen der Hauptverhandlung festgesetzten Zehntagesfrist BGHSt *23, 224*). Allein dadurch wird auch die in der Praxis so wichtige *Aufklärungsrüge* ermöglicht, d. h. die Rüge, der Tatrichter habe seine Verpflichtung zur vollständigen Wahrheitserforschung (§ 244 II) verletzt, weil er von sich aufdrängenden weiteren Beweismitteln keinen Gebrauch gemacht habe und deshalb zu einem möglicherweise falschen Beweisergebnis gelangt sei (dazu instruktiv Wessels JuS 1969, 1).

2. Der BGH [GrS] 11, 213 vertritt – unter weiterer Einschränkung der Revisionsgründe – die Auffassung, daß der Beschuldigte nur wegen Verletzung derjenigen Vorschriften, die seinen Rechtskreis berühren, Revision einlegen könne (sog. *Rechtskreistheorie;* vgl. dazu bereits oben § 24 D III 2). Eine nicht minder empfindliche Beschneidung der Revisionsmöglichkeiten erreicht die Rspr. dadurch, daß sie eine Anzahl von Verfahrensnormen als imperfekte *Ordnungsvorschriften* (dis)qualifiziert, deren Verletzung ohne Rechtsfolgen bleiben soll (vgl. RGSt 40, 157; 55, 22; 56, 66; zu den §§ 57f., 68; näher Bohnert, NStZ 1982, 5). Beide Restriktionsversuche sind schweren Bedenken ausgesetzt und erscheinen allenfalls in der gemilderten Form vertretbar, daß man die Revisibilität eines Verfahrensfehlers vom Schutzzweck der verletzten Norm her ermittelt und begrenzt (vgl. Rudolphi u. Blomeyer, aaO.). Für Verfahrensfehler in der Hauptverhandlung sind sie gänzlich abzulehnen, weil hier jede für das Urteil relevante Gesetzesverletzung die *Justizförmigkeit* des Verfahrens zerstört und deswegen nach dem Willen des Gesetzgebers zur Urteilsaufhebung zwingt (vgl. i. e. Schünemann, Zur Geschichte, Dogmatik usw.; ders. JA 1982, 126).

3. Für die Revisibilität eines Verfahrensfehlers spielt es keine Rolle, ob den Tatrichter daran ein Verschulden trifft (so auch BGHSt 22, 266 für den Fall einer gegen § 60 Nr. 1 verstoßenden Vereidigung eines unerkennbar geistesschwachen Zeugen; anders und bedenklich BGHSt *21, 72; 22, 297* für eine vom Richter nicht zu verantwortende, gesetzeswidrige Einschränkung der Öffentlichkeit; vgl. bereits oben § 45 C I).

4. In der Literatur wird häufig die Meinung vertreten, daß die Erhebung einer Verfahrensrüge auch dann wenig sinnvoll sei, wenn sie zur Aufhebung des Urteils

führe. Denn in der neuen, nunmehr ohne Formfehler durchgeführten Hauptverhandlung werde in der Regel dasselbe Ergebnis herauskommen. Die Untersuchung von Haddenhorst zeigt jedoch, daß dies nicht zutrifft; danach (aaO., 107 ff.) hat die neue Hauptverhandlung bei 60,4% der von ihm untersuchten Verfahren zu einer Änderung des früheren Urteils geführt, wobei freilich nur in einem Drittel der Fälle die Abweichungen des zweiten Urteils mit dem früheren Verfahrensverstoß zusammenhingen.

II. Die absoluten Revisionsgründe

1. Nach § 338 wird in acht Fällen der Kausalzusammenhang zwischen Gesetzesverletzung und Urteilsinhalt *unwiderleglich vermutet*. In diesen Fällen besonders schwerwiegender prozessualer Verstöße ist die Revision ohne Rücksicht auf eine konkrete Urteilsbeeinflussung („absolut") begründet, weil die rechtsstaatliche Grundlage des Verfahrens insgesamt nicht mehr gewahrt erscheint (krit. dazu Cramer aaO., nach dessen Auffassung die absoluten Revisionsgründe zum einen Teil zweifelhaft, zum anderen Teil überflüssig sind).

2. Die absoluten Revisionsgründe lassen sich in vier Gruppen einteilen:

a) Um Fehler bei der *Besetzung und Zuständigkeit des Gerichts* geht es bei den Nrn. 1 bis 4. Das Rügerecht nach Nr. 1 ist durch das StVÄG 1979 gegenüber dem früheren Rechtszustand (vgl. dazu Rieß, DRiZ 1977, 289; v. Stackelberg, aaO., 207) wesentlich eingeschränkt worden. Bei Revisionen in erstinstanzlichen Strafsachen des LG oder des OLG, in denen das Verfahren der Besetzungsüberprüfung nach §§ 222a, 222b vorgeschrieben ist (vgl. dazu o. § 41 C), ist eine fehlerhafte Besetzung nach Maßgabe von Nr. 1, 2. Halbs. grundsätzlich nur dann mit der Revision angreifbar, wenn ein frist- und formgerecht vorgebrachter Einwand nicht berücksichtigt worden ist oder wenn keine ausreichenden Überprüfungsmöglichkeiten gewährt wurden. Nur gegenüber erstinstanzlichen Urteilen des AG sowie Berufungsurteilen des LG und in solchen Fällen, die ihrer Natur nach nicht von dem Verfahren nach §§ 222 a/b erfaßt werden können, wie der kurzfristigen Abwesenheit eines Richters während der Hauptverhandlung (o. § 42 E I 3) oder der Mitwirkung eines tauben oder geisteskranken Richters (o. § 44 B V 1), ist die Rüge vorschriftswidriger Gerichtsbesetzung unbeschränkt zulässig (vgl. zum Ganzen Riedel JZ 1978, 374; krit. zur Einführung der Besetzungsrüge Kießling, DRiZ 1977, 396; Benz, ZRP 1977, 250; K. Meyer JR 1978, 211; OLG Hamm, NJW 1979, 135; Ranft, NJW 1981, 1473).
Zu Nr. 2 und Nr. 3 (Mitwirkung eines ausgeschlossenen bzw. abgelehnten Richters) vgl. o. § 9; zu Nr. 4 (Unzuständigkeit des Gerichts) vgl. o. §§ 7, 8 und 21 B I 4.

b) Um Fehler des *gerichtlichen Verfahrens* geht es bei den Nrn. 5 und 6. Zu Nr. 5 (vorschriftswidrige Abwesenheit eines Verfahrensbeteiligten) vgl. o. § 42 E; zu Nr. 6 (Verletzung der Vorschriften über die Öffentlichkeit) vgl. o. § 45 C II, 2.

c) Um *Fehler nach der Urteilsverkündung* geht es bei der Nr. 7. Hiernach ist die Revision begründet, wenn das Urteil keine Entscheidungsgründe enthält oder diese nicht fristgerecht zu den Akten gebracht worden sind; gehen die Urteilsgründe jedoch erst nach ihrer Verbringung zu den Akten verloren, kann die Revision nicht auf § 338 Nr. 7 StPO gestützt werden (OLG Stuttgart JR 1977, 126 m. krit. Anm. v. Lintz; a. A. W. Schmid, Lange-Festschr., 1976, 788 m. w. N.).

d) § 338 Nr. 8 ist überflüssig, soweit das Gericht gegen eine bestimmte Rechtsnorm verstoßen hat; denn, da die Verteidigung in einem für die Entscheidung

22*

wesentlichen Punkt beschränkt wird, greift in einem solchen Fall immer schon § 337 ein (vgl. Cramer, aaO., 241). Teilweise wird versucht, dem § 338 Nr. 8 selbständige Bedeutung zu geben, indem man ihn auf Verteidigungsbeschränkungen anwendet, die nicht gegen eine geschriebene Rechtsvorschrift verstoßen, z.B. wenn dem Angeklagten untersagt wird, sich neben seinen schwerhörigen Verteidiger zu setzen, OLG Köln NJW 1980, 302 (vgl. Baldus, Ehrengabe für Heusinger, 1968, 373; L.-R.[23]-Meyer, § 338, Rdnr. 115f.). Aber in solchen Fällen ist mindestens die gerichtliche Fürsorgepflicht oder der Anspruch auf ein faires Verfahren verletzt; es wird also gegen das Gesetz verstoßen, so daß auch insoweit § 337 eingreift (Meyer-Goßner, NStZ 1982, 362). Andere Autoren wollen sich für § 338 Nr. 8 mit einer abstrakten Wesentlichkeit des Verfahrensfehlers begnügen und auf die für § 337 erforderliche konkrete Möglichkeit eines Kausalzusammenhanges zwischen Verfahrensfehler und Urteil verzichten (vgl. näher Schlüchter, Rdnr. 743; Schünemann, JA 1982, 129; ter Veen, StrV 1983, 170); die Frage harrt noch weiterer Klärung.

III. Trotz Vorliegens einer kausalen Gesetzesverletzung ist kraft ausdrücklicher Gesetzesbestimmung die Revision in einem Fall nicht zugelassen (sog. *Revisionsbeschränkung*):
Die Verletzung von Verfahrensnormen, die lediglich zugunsten des Angeklagten gegeben sind (z.B. letztes Wort, notwendige Verteidigung; nicht aber die Bestimmungen über die Öffentlichkeit), kann von der StA nicht zu dem Zweck geltend gemacht werden, eine Aufhebung des Urteils zum Nachteil des Angeklagten herbeizuführen (§ 339; anders bei Einlegung eines Rechtsmittels zugunsten des Angeklagten).

F. Einlegung der Revision

I. Die Revision ist *binnen einer Woche* bei dem Gericht, dessen Urteil angefochten wird (dem *iudex a quo*), einzulegen (§ 341 I). Eine dem § 315 entsprechende Vorschrift (vgl. dazu oben § 52 C I, 1) enthält § 342. Im Gegensatz zur Berufungsbegründung (vgl. oben § 52 C I, 1) ist die *Revisionsbegründung* – d.h. die Revisionsanträge und deren Begründung – *obligatorisch*. Die Revisionsbegründung ist spätestens binnen eines Monats nach Ablauf der Frist zur Einlegung der Revision anzubringen (für eine Verlängerung der Revisionsbegründungsfrist Dencker, ZRP 1978, 5), und zwar seitens des Angeklagten in einer von dem Verteidiger oder einem Rechtsanwalt unterzeichneten (leserlichen: BGHSt 33, 44) Schrift oder zu Protokoll der Geschäftsstelle (§ 345). Dabei muß der Verteidiger die Revisionsbegründung nicht nur abzeichnen, sondern auch inhaltlich gestalten und verantworten; übernimmt er nur „vollinhaltlich" einen vom Angeklagten aufgesetzten Schriftsatz (BGH NStZ 1984, 563; OLG Köln *NJW 1975, 890*) oder distanziert er sich gar von ihm (BGHSt 25, 272), ist die Revisionseinlegung unwirksam. Auch für nachgeschobene Begründungen gilt die Formvorschrift des § 345 II (OLG Stuttgart JR 1982, 167).

II. Die Revisionsbegründung besteht aus dem Antrag und der Begründung. Der *Antrag* gibt an, inwieweit der Beschwerdeführer das Urteil anficht und er seine Aufhebung beantragt (§ 344 I).

An die *Begründung* sind verschiedene Anforderungen gestellt, je nachdem, ob der Beschwerdeführer die Verletzung materiellen Rechts (Sachrüge) oder verfahrensrechtlicher Vorschriften (Verfahrensrüge) geltend macht (näher Gribbohm, NStZ 1983, 97; Krause, StrV 1984, 483):

1. Bei der *Sachrüge* reicht es aus, wenn ganz global die Verletzung materiellen Rechts gerügt wird (abw. bei Verurteilung wegen mehrerer Straftaten OLG Hamm, NJW 1976, 68, mit abl. Anm. Sarstedt).

2. Bei der *Verfahrensrüge* muß dagegen klar und eindeutig dargelegt werden, durch welche Tatsachen welche verfahrensrechtlichen Normen verletzt sein sollen (vgl. § 344 II). Eine unvollkommen begründete Rüge wird vom Revisionsgericht nicht sachlich geprüft, s. u. I.

III. Die Einhaltung der Fristen und der Form prüft der iudex a quo. Sind sie nicht eingehalten, so verwirft er das Rechtsmittel durch Beschluß als *unzulässig* (§ 346 I). Der Beschwerdeführer kann dagegen binnen einer Woche nach Zustellung des Beschlusses auf die Entscheidung des Revisionsgerichts antragen (§ 346 II, 1).

IV. Sind Frist und Form gewahrt, so wird die Revisionsschrift dem Gegner des Beschwerdeführers zugestellt. Dieser kann dazu innerhalb einer Woche Stellung nehmen (§ 347 I). Über die beteiligten Staatsanwaltschaften gehen die Akten dann an das zuständige Revisionsgericht (§ 347 II).

Das Gericht, an das die Akten versandt worden sind, kann im Einzelfall unzuständig sein: Dem OLG fehlt beispielsweise die Zuständigkeit, wenn die Berufungskammer die Strafgewalt des Amtsgerichts (§ 24 II GVG) überschritten hat und ihr Urteil deshalb als erstinstanzliches zu behandeln ist (vgl. Kl./M., § 348, Rdnr. 1). Dann kann das OLG durch Beschluß seine Unzuständigkeit aussprechen und die Sache bindend an den BGH verweisen (§ 348).

G. Vorprüfung durch das Revisionsgericht

I. Das Revisionsgericht kann ohne mündliche Verhandlung die Revision durch Beschluß *als unzulässig verwerfen*, wenn die Bestimmungen über die Einlegung und Begründung der Revision nicht beachtet sind (§ 349 I, der dem § 322 I entspricht). Sind Frist und Form nicht gewahrt, so wird freilich in der Regel schon der iudex a quo entschieden haben (vgl. oben F III).

II. Das Revisionsgericht kann die Revision durch Beschluß *als offensichtlich unbegründet verwerfen* (§ 349 II). Diese Beschlußverwerfung der Revision ist mit *dreifacher Sicherung* umgeben:

1. Für die Beschlußverwerfung ist ein *Antrag der StA* erforderlich; es müssen also zwei Rechtspflegeorgane – StA und Gericht – die Revision übereinstimmend für offensichtlich unbegründet erachten. Beantragt die StA beim Revisionsgericht die Verwerfung, so kann auch eine Revision als unbegründet verworfen werden, die von der StA am Instanzgericht eingelegt worden ist (BGH bei Dallinger, MDR 1975, 726).

2. Der Beschluß muß einstimmig gefaßt werden.

3. Um zu verhindern, daß der Angeklagte, der mit einer Hauptverhandlung rechnet, durch eine Beschlußfassung überrascht wird, sieht § 349 III vor, daß die StA ihren Antrag mit Gründen dem Beschwerdeführer mitteilt. Dieser kann binnen zwei Wochen eine schriftliche Gegenerklärung einreichen.

In der Praxis werden mehr als 80% aller Revisionen nach § 349 II verworfen. Es ist nicht zu verkennen, daß trotz der genannten Sicherungen von der Beschlußverwerfung zur Entlastung der Gerichte in weit übertriebenem Maße Gebrauch gemacht wird (Peters u. v. Stackelberg, Dünnebier-Festschr., 1982, 67, 365). Bedenklich ist auch, daß eine richterliche Befangenheit, wenn sie in der Beschlußverwerfung zum Ausdruck kommt, wegen der Rechtskraft der Entscheidung nicht mehr gerügt werden kann. Ferner ist es rechtsstaatlich fragwürdig, daß die Entscheidung nicht begründet zu werden braucht (Schünemann, JA 1982, 130; für die Verfassungsmäßigkeit dieses Verzichtes auf die Begründung jedoch BVerfG *NJW 1982, 925*). Eine (einsichtsvolle) „Stellungnahme zur Kritik an der Praxis der Revisionsverwerfung nach § 349 II" liefert Bundesrichter F. Meyer, StrV 1984, 222.

III. Erachtet das Revisionsgericht die zugunsten des Angeklagten eingelegte Revision einstimmig für *begründet,* so kann das angefochtene Urteil *durch Beschluß aufgehoben* werden (§ 349 IV). Das wird namentlich in den Fällen angebracht sein, in denen offenkundig ein absoluter Revisionsgrund vorliegt.

IV. Ferner kann das Revisionsgericht das Verfahren auch in dieser Lage noch durch Beschluß *einstellen,* wenn die Voraussetzungen der §§ 153, 154, 154 a (jeweils Abs. 2: „in jeder Lage") gegeben sind (anders dagegen §§ 153 a/b II) oder – in Analogie zu § 206 a – wenn ein Verfahrenshindernis evident ist (a. A. Meyer-Goßner, GA 1973, 366).

H. Hauptverhandlung

1. Die Hauptverhandlung vor dem Revisionsgericht verläuft ganz anders als eine solche vor dem Gericht erster Instanz oder einem Berufungsgericht, und zwar insbesondere deswegen, weil das Revisionsgericht an die tatsächlichen Feststellungen des Untergerichts gebunden ist und daher die Beweisaufnahme entfällt. Zu einer Beweisaufnahme kann es nur ausnahmsweise dann kommen, wenn ein Verfahrensfehler gerügt wird und sich dessen Vorliegen oder Nichtvorliegen nicht schon aus dem Sitzungsprotokoll ergibt. Aber auch hier ist die Beweisaufnahme mittelbar: Es werden insbesondere schriftliche dienstliche Äußerungen der Prozeßbeteiligten (der Richter, des Staatsanwalts, des Urkundsbeamten) eingeholt, z. B. darüber, ob ein Beweisantrag gestellt worden ist („Freibeweis", nicht „Strengbeweis", vgl. oben § 24 B).

Nach BGHSt 31, 139 (abl. Fezer NStZ 1983, 278) soll das Revisionsgericht allerdings keine Beweise darüber erheben dürfen, ob ein Verstoß gegen § 267 II unterlaufen ist, weil dies auf eine teilweise Wiederholung der tatrichterlichen Verhandlungen hinauslaufe. Doch ist dies eine übertriebene Befürchtung.

2. Nach der gesetzlichen Regelung des § 350 werden der Angeklagte und sein Verteidiger von dem Termin benachrichtigt, brauchen aber nicht zu erscheinen. Der nicht auf freiem Fuß befindliche Angeklagte hat nicht einmal Anspruch auf Anwesenheit (nach BVerfG NJW 1980, 1945 verstößt das nicht gegen Art. 103 I GG); er kann aber vorgeführt werden. Wenn das nicht geschieht und der Angeklagte keinen Verteidiger wählt, muß ihm der Vorsitzende des Revisionsgerichts auf seinen Antrag einen Verteidiger für die Hauptverhandlung vor dem Revisionsgericht bestellen (vgl. § 350 III).

Da die Revisionshauptverhandlung wegen des Rechtsgesprächs zwischen Vorsitzendem, Berichterstatter, Staatsanwalt und Verteidiger großen Wert besitzt (vgl. Sarstedt-Hamm, aaO., S. 352 ff.), erscheint § 350 in seiner engherzigen Fassung reformbedürftig, zumal der auf freiem Fuß befindliche unbemittelte Angeklagte bezüglich des rechtlichen Gehörs schlechter gestellt ist als ein ebenfalls unbemittelter inhaftierter Angeklagter (Verstoß gegen Art. 3 GG, s. eingehend Eb. Schmidt NJW 1967, 853). Für die Revisionshauptverhandlung sollte daher notwendige Verteidigung eingeführt werden (zurückhaltend Schünemann, JA 1982, 130. Nach EUGMR NStZ 1983, 373 hat ein mittelloser Angeklagter gem. Art. 6 III c MRK Anspruch auf unentgeltliche Beiordnung eines Verteidigers, wenn dies im Interesse der Rechtspflege erforderlich ist). Ist ein Pflichtverteidiger bestellt, so muß die Verhandlung in dessen Anwesenheit durchgeführt werden (BVerfGE 65, 171 m. Anm. Pikart, NStZ 1984, 83). Differenzierende Reformvorschläge bei Hanack, Dünnebier-Festschr., 301.

3. Der Gang der Hauptverhandlung ist folgender: Vortrag des Berichterstatters, Plädoyer des Beschwerdeführers, Plädoyer des Gegners, letztes Wort des Angeklagten (§ 351).

I. Umfang der Urteilsprüfung

I. 1. Bei *Prozeßrügen* erfolgt grundsätzlich *nur* eine Nachprüfung des *speziell* gerügten Prozeßfehlers (vgl. § 352 I): Daher müssen in der Revisionsbegründung das verletzte Gesetz und die den Mangel enthaltenden Tatsachen genau angegeben sein. Die Praxis stellt dabei allerdings oft zu strenge Anforderungen (Peters, Dünnebier-Festschr., 63).

2. Entgegen dem Wortlaut des § 352 gilt davon jedoch eine wichtige *Ausnahme:* Das Vorliegen der negativen wie positiven *Prozeßvoraussetzungen* (Strafantrag, Rechtskraft, Niederschlagung, Verjährung) prüft das Revisionsgericht von Amts wegen, also ohne Rüge, nach. Denn es handelt sich hier nicht (jedenfalls nicht in erster Linie) um die Frage, ob der Erstrichter einen Prozeßverstoß begangen hat, sondern zunächst einmal darum, ob das Revisionsgericht überhaupt selbst in der Sache vorgehen darf.

3. Eine Wiedereinsetzung zur Nachholung einzelner Verfahrensrügen wird in der Rspr. nur ausnahmsweise zugelassen (zahlr. Nachw. bei L.-R.[4]-Wendisch, § 44, Rdnr. 15ff.; zu den Ausnahmen vgl. BGH NStZ 1981, 110; *1983, 34*; 1984, 418), sollte aber richtigerweise mittels eines arg. a fortiori aus § 44 zugelassen werden, weil man sonst bei Versäumung der gesamten Revisionsbegründung besser stünde als bei Versäumung eines Teiles davon (BGHSt 31, 161; vgl. Dünnebier aaO., Kaiser, NJW 1975, 338).

II. Bei einer *Sachrüge* wird dagegen die materiellrechtliche Seite *im ganzen Umfang* nachgeprüft, auch wenn nur ein bestimmter Fehler gerügt ist und dieser nicht vorliegt. Ist z. B. nur die Nichtanwendung des § 20 StGB gerügt, so prüft das Revisionsgericht doch den Schuldspruch im ganzen nach (also etwa ob ein Vermögensschaden im Sinne des § 263 StGB zu Recht bejaht worden ist). Entscheidend ist nur, daß überhaupt die Verletzung materiellen Rechts gerügt worden ist. Anders als im Zivilprozeß (vgl. § 559 II ZPO u. dazu RGZ 87, 5; 149, 165) ist dies aber auch für die Sachprüfung unentbehrlich; wenn nur Verfahrensrügen erhoben sind, darf das Revisionsgericht in keine materiellrechtliche Prüfung eintreten (BGHSt 26, 94; L.-R.[23]-Wendisch, § 344, Rdnr. 15).

III. Ist seit dem angefochtenen Urteil eine *Rechtsänderung* erfolgt, so ist das Revisionsgericht verpflichtet, diese seiner Entscheidung zugrunde zu legen: Es muß also prüfen, ob die Entscheidung vom Standpunkt des jetzt geltenden Rechts aufrechterhalten werden kann (§ 354 a). Anderenfalls muß das angegriffene Urteil aufgehoben werden, selbst bei Teilrechtskraft des Schuldspruchs (BGHSt 20, 78, 116) oder wenn nur noch die Entscheidung über die Strafaussetzung anhängig ist (BGHSt 26, 1). Freilich muß dazu eine Sachrüge erhoben sein; bei einer bloßen Verfahrensrüge gibt nach BGHSt 26, 94 auch § 354 a dem Richter keine Möglichkeiten, eine mildere Strafvorschrift anzuwenden (a. A. mit beachtlichen Gründen Küper, NJW 1975, 1329).

J. Die Entscheidung des Revisionsgerichts

I. 1. Das Revisionsgericht prüft zunächst, ob die Vorschriften über die Einlegung der Revision eingehalten sind. Ist dies nicht der Fall, so verwirft es die Revision als *unzulässig,* und zwar in diesem Stadium des Verfahrens durch Urteil (anders als bei der Vorprüfung, vgl. oben G I).

2. Liegen *Verfahrenshindernisse* wie Fehlen des Strafantrags etc. (vgl. oben *JI*) vor, so stellt das Revisionsgericht das Verfahren ein. Dabei ist umstritten, ob diese *Einstellung* zur Voraussetzung hat, daß eine sachlichrechtliche oder verfahrensrechtliche Rüge rechtzeitig und in zulässiger Form (d. h. mit ordnungsgemäßer Begründung innerhalb der Begründungsfrist) erhoben ist. Auf diesem Standpunkt steht BGHSt *16, 115,* doch bestehen dagegen ernsthafte Bedenken: Da die Prozeßvoraussetzungen ohnehin von Amts wegen zu prüfen sind und es daher insoweit auf eine Begründung überhaupt nicht ankommt, ist nicht einzusehen, warum hier das Fehlen der Begründung das Gericht nötigen soll, ein offensichtlich falsches Urteil durch Verwerfung der Revision zu bestäti-

gen (so zutr. BGHSt *15, 203;* Stratenwerth JZ 1961, 392; Eb. Schmidt JZ 1962, 155 = Aufsätze, S. 118; differenzierend BGHSt 22, 213: Einstellung nur bei solchen Verfahrenshindernissen, die erst *nach* Erlaß des erstinstanzlichen Urteils eingetreten seien; ebenso L.-R.[23]-Schäfer, Einl. Kap. 11, Rdnr. 18 ff. m. w. N.).

II. Hält das Revisionsgericht die Revision für *zulässig,* so prüft es die Berechtigung der erhobenen Rügen nach:

1. Hält es das Urteil des Untergerichts für richtig, so muß es die Revision *als unbegründet* (durch Urteil) *verwerfen.*

2. a) Hält es die Revision dagegen für zulässig und begründet, so *hebt* es das angefochtene *Urteil* (§ 353 I) und gleichzeitig die dem Urteil zugrundeliegenden Feststellungen auf, sofern sie durch die Gesetzesverletzung betroffen werden (§ 353 II).

Es werden also *nicht notwendig alle* zugrundeliegenden *tatsächlichen Feststellungen* aufgehoben, sondern nur, soweit sie durch die Gesetzesverletzung betroffen werden. Bezieht sich der Rechtsfehler beispielsweise nur auf die Frage der Schuldfähigkeit, nicht aber auch auf die Feststellungen zum äußeren Tatgeschehen, so bleiben diese aufrecht erhalten und müssen vom Gericht in der neuen Verhandlung dem neuen Urteilsspruch zugrundegelegt werden (vgl. BGHSt *14, 30;* dagegen Grünwald, Die Teilrechtskraft im Strafverfahren, 1964, 358 ff.). Auch eine Maßregelanordnung oder ein Unterbringungsbefehl können bestehen bleiben, wenn sie durch die Aufhebung des Schuldspruches nicht betroffen werden (BGH b. Holtz, MDR 1982, 971). Aus dem Rechtsgedanken des § 353 II ergibt sich auch, daß die Feststellungen, die zu einem Freispruch geführt haben, nicht aufgehoben werden dürfen, wenn mit der Revision zutreffend gerügt wird, daß vor dem Freispruch ein nach § 154 a ausgeschiedener Tatteil wieder hätte einbezogen werden müssen (vgl. § 14 B II); vielmehr ist die neue Hauptverhandlung dann auf die wiedereinzubeziehende Strafvorschrift beschränkt (BGHSt 32, *84* m. Anm. Bruns, NStZ 1984, 130; Maiwald, JR 1984, 479).

b) Da das Revisionsgericht neue Beobachtungen selbst nicht anstellen kann, muß es die Sache *grundsätzlich* an die Vorinstanz *zurückverweisen* (Ausnahmen s. u. II, 3 u. III). Die Zurückverweisung erfolgt aber nicht mehr an die gleiche Abteilung, Kammer oder den gleichen Senat des Gerichtes, dessen Urteil aufgehoben ist, sondern an einen anderen Spruchkörper dieses Gerichts oder an ein demselben Land zugehöriges Gericht gleicher Ordnung (§ 354 II). Dadurch soll dem Anschein der Voreingenommenheit, der bei einer erneuten Verhandlung vor demselben Spruchkörper entstehen könnte, vorgebeugt werden. Nach BVerfGE 20, 336 ist diese Vorschrift mit Art. 101 GG vereinbar. (Krit. dazu Maunz-Dürig-Herzog-Scholz, Art 101 GG Rdnr. 35). Für die Verweisung wegen Unzuständigkeit vgl. auch § 355. Zu der Frage des Ausschlusses bzw. der Ablehnung von Tatrichtern, die schon beim erstinstanzlichen Urteil mitgewirkt haben, vgl. o. § 9 I, 5.

c) Um die Einheitlichkeit der Rechtsprechung durchzusetzen, ist der neue Tatrichter (freilich nur in der konkreten Sache!) rechtlich an die der Aufhebung zugrundeliegende Beurteilung gebunden (358 I). Diese Bindung ist dadurch gewährleistet, daß die erneute Entscheidung des Untergerichts wiederum mit der Revision angegriffen werden kann. Nach h.M. ist das Revisionsgericht in einem solchen Falle an die frühere Entscheidung gebunden („*Selbstbindung* des Revisionsgerichts"); a.A. mit beachtlichen Gründen Mohrbotter, aaO. (s. BGH GemS NJW 1973, 1273, der diese Frage freilich für das Strafverfahrensrecht offen gelassen hat).

Verweist das Revisionsgericht auf die Sprungrevision die Sache zurück und erhält dabei tatsächlich Feststellungen aufrecht, so sind diese nur für die erste Instanz bindend, nicht aber für die zweite Tatsacheninstanz (BGH NJW 1983, 1921).

3. Nur *ausnahmsweise entscheidet* das Revisionsgericht *selbst*, nämlich dann, wenn ohne weitere tatsächliche Erörterung nur auf Freisprechung oder Einstellung oder auf eine absolut bestimmte Strafe zu erkennen ist oder wenn das Revisionsgericht in Übereinstimmung mit dem Antrag der StA die gesetzlich niedrigste Strafe für angemessen erachtet (§ 354 I).

Ist A beispielsweise wegen Beihilfe zum Mord verurteilt worden, legt die StA Revision ein und kommt der BGH zu der Auffassung, daß das Verhalten des A als Täterschaft zu würdigen sei, so darf der BGH in der Schuld- und Straffrage selbst entscheiden, da bei Mord eine absolut bestimmte Strafe angedroht ist (krit. Peters JZ 1978, 230).

III. 1. In Analogie zu § 354 I ist in bestimmten Fällen eine *Schuldspruchberichtigung* durch das Revisionsgericht bei Aufhebung der Verurteilung durch das Untergericht ohne Aufhebung der tatsächlichen Feststellungen zulässig.

Ist z.B. A wegen Diebstahls verurteilt worden, erblickt das Revisionsgericht in der vom Untergericht festgestellten Tat aber einen Betrug, so kann das Revisionsgericht den Schuldspruch ändern und A wegen Betruges verurteilen.

Bei reinen *Subsumtionsfehlern* würde eine Rückverweisung, bei der das neu entscheidende Gericht an die Rechtsauffassung des Revisionsgerichts und an die bestehen gebliebenen Feststellungen gebunden wäre, nur überflüssige Zeitvergeudung mit sich bringen (vgl. §§ 353 II u. 358 I). Voraussetzung für eine Schuldspruchberichtigung ist aber, daß der Angeklagte bereits von dem Tatrichter gemäß § 265 auf die vom Revisionsgericht später angewandte Vorschrift hingewiesen worden ist und jede Gelegenheit zur Verteidigung erhalten hat. Dies gilt auch dann, wenn das Revisionsgericht eine mildere Vorschrift an die Stelle einer schwereren setzen will (vgl. oben § 42 D V, 2 u. BGHSt 2, 250). Außerdem müssen ergänzende, für die Verurteilung etwa wegen Betruges relevante Tatsachenfeststellungen ausgeschlossen sein.

Eine Schuldspruchmilderung oder -verschärfung ist nur dann zulässig, wenn schon das Untergericht zu einer Verurteilung gekommen ist. Bei einem Freispruch in der Tatsacheninstanz ist dagegen ein Schuldspruch durch das Revisionsgericht nicht möglich (a.A. zum Teil die in sich sehr uneinheitliche Rspr.). Ein freisprechendes Urteil bietet nicht die Gewähr dafür, daß dem Revisionsgericht für die Verurteilung ausreichende und erschöpfende Tatfeststellungen unterbreitet worden sind (vgl. § 267 V).

Außerdem hat der Angeklagte nicht die Möglichkeit, gegen ihn belastende Feststellungen, vor allem aber gegen Verfahrensfehler der Tatsacheninstanz vorzugehen, da er durch das freisprechende Urteil des Tatrichters nicht beschwert ist. Es besteht die Gefahr, daß das Revisionsgericht seinen Spruch auf unzutreffende oder verfahrensfehlerhaft zustandegekommene Feststellungen gründet (vgl. Batereau, Schuldspruchberichtigung, S. 64 ff.).

Verneint z. B. das Untergericht die Strafbarkeit des Angeklagten wegen Vorliegens eines unvermeidbaren Verbotsirrtums und meint demgegenüber das Revisionsgericht, die Vermeidbarkeit des Verbotsirrtums bejahen zu können, so kann es doch nicht den Angeklagten wegen des zugrundeliegenden Delikts einfach verurteilen. Es läßt sich nicht ausschließen, daß möglicherweise noch andere Schuldausschließungs- oder auch Rechtfertigungsgründe vorliegen, auf die das Untergericht nicht näher eingegangen war, weil es das Vorliegen eines unvermeidbaren Verbotsirrtums für erwiesen hielt. Das nachzuprüfen ist aber nicht Aufgabe des Revisionsgerichts.

Hat das Untergericht das Verfahren eingestellt, so sollte auch hier das Revisionsgericht davon absehen, den Schuldspruch selbst zu fällen.

In Ausnahmefällen kann auch ein vergessener Schuldspruch durch das Revisionsgericht nachgeholt werden, wenn sich aus den Gründen klar ergibt, auf welche Vorschrift sich die Rechtsfolgenentscheidung stützt (OLG Hamm NJW 1981, 697).

2. Hat das Revisionsgericht den Schuldspruch berichtigt, so muß es die Sache zu neuer Straffestsetzung an das Untergericht zurückverweisen, wenn hinsichtlich des Strafzumessungssachverhalts ergänzende Feststellungen zu erwarten sind. Bleibt der Strafzumessungssachverhalt unverändert, so kann es den tatrichterlichen Strafausspruch aufrechterhalten, sofern es diesen auch hinsichtlich des neuen Schuldspruchs für angemessen erachtet. Die Zumessung einer neuen Strafe durch das Revisionsgericht wird ganz überwiegend abgelehnt. Ob diese Zurückhaltung angebracht ist, ist zumindest in den Fällen zweifelhaft, in denen der Tatrichter die Strafzumessungstatsachen erschöpfend unterbreitet hat und deren Ergänzung oder Änderung auch nach Berichtigung des Schuldspruchs unwahrscheinlich ist; so beim Wegfall eines idealkonkurrierenden Delikts (vgl. Batereau, aaO., S. 83 ff., 118; noch weitergehend Frisch, aaO., S. 299 ff.).

IV. Das Revisionsgericht entscheidet, wenn es nach § 354 I in der Sache selbst zu Lasten des Angeklagten urteilt, mit der Zweidrittelmehrheit des § 263, in allen anderen Fällen aber mit der einfachen Mehrheit des § 196 GVG. Denn die Beurteilung abstrakter Rechtsfragen bei Aufhebung und Zurückverweisung enthält noch keine Entscheidung über Schuld und Strafe im konkreten Fall (a. A. Peters, S. 626 f., der bei einer dem Angeklagten ungünstigen Rechtsauslegung ebenfalls Zweidrittelmehrheit fordert, weil auch das Revisionsgericht stets Einzelfälle entscheide).

K. Revisionserstreckung

1. a) Ficht ein Angeklagter ein Urteil wegen Verletzung materiellen Rechts erfolgreich an und erstreckt sich das angefochtene Urteil auch noch auf andere Angeklagte, die keine Revision eingelegt haben, so wird auch die Verurteilung dieser Angeklagten aufgehoben (sog. *Revisionserstreckung,* § 357).

Beispiel: A und B sind als Mittäter einer Unterschlagung verurteilt worden. A ficht das Urteil mit der Revision an; B läßt es auf sich beruhen, so daß es ihm gegenüber rechtskräftig wird. A hat mit seiner Revision Erfolg. Dann wird auch die Verurteilung des B aufgehoben.

b) Neben dem äußeren Zusammenhang *desselben Urteils* muß nach einhelliger Auffassung auch der innere Zusammenhang *derselben Tat* gegeben sein, wofür es wie bei § 60 Nr. 2 (vgl. o. § 26 B III, 2a) ausreicht, daß zwei Handlungen im selben Erfolg zusammentreffen (Zusammenstoß zweier Wagen: vgl. BGHSt 12, 343).

2. a) Die Revisionserstreckung führt zu einer Durchbrechung der Rechtskraft in Hinsicht auf den Angeklagten, der nicht Revision eingelegt hat. Der Gesetzgeber will damit der Gerechtigkeit dienen: Eine ersichtlich unrichtige Verurteilung soll nicht aus formalen Gründen bestehen bleiben. § 357 gilt deswegen *nicht* für Verstöße gegen das *formelle Recht,* da derartige Fehler nicht notwendig die Richtigkeit des Urteils im Ergebnis antasten müssen.

b) Anders ist es wiederum bei von Amts wegen zu beachtenden *Verfahrensvoraussetzungen;* denn in solchen Fällen steht – anders als bei sonstigen Verfahrensfehlern – mit Sicherheit fest, daß das Urteil im Ergebnis unrichtig ist, so daß die Interessenlage die gleiche wie bei fehlerhafter Anwendung materiellen Rechts ist (vgl. BGHSt 12, 335). Diese Ausnahme gilt auch dann, wenn das Urteil nicht aufgehoben, sondern das Verfahren gemäß § 206a durch Beschluß eingestellt wird (s. o. G IV und jetzt BGH NJW 1972, 2271 entgegen BGH NJW 1955, 1934).

c) Aus dem gleichen Grunde müssen Rechtsänderungen nach Erlaß des Urteils, die nach § 354a (vgl. oben I III) dem Beschwerdeführer zugute kommen, auch zugunsten des Mitangeklagten, der keine Revision eingelegt hat, berücksichtigt werden, denn die sachliche Unrichtigkeit des Urteils liegt auch in diesem Fall klar zu Tage (abw. und zw. BGHSt 20, 77).

§ 54. Die Beschwerde

Literatur: Ferdinand, Das Rechtsmittel der Beschwerde im Strafprozeß, 1908; Ellersiek, Die Beschwerde im Strafprozeß, 1981; Giesler, Der Ausschluß der Beschwerde gegen richterliche Entscheidungen im Strafverfahren, Diss. Bayreuth, 1981.

A. Begriff

Die Beschwerde (§§ 304–311a) richtet sich gegen gerichtliche *Beschlüsse* und *Verfügungen* des Vorsitzenden (s. o. § 23 A I) und des Richters im Vorverfahren. Sie führt zu einer Überprüfung der angefochtenen Entscheidung sowohl in *tatsächlicher* wie in *rechtlicher* Beziehung.

B. Aktivlegitimation, Zulässigkeit und Einlegung

I. Zu ihrer Einlegung ist nicht nur der Beschuldigte und die StA, sondern *jeder Betroffene* befugt (vgl. § 304 II), z.b. ein Zeuge im Zeugniszwangsverfahren, der Gewahrsamsinhaber bei der Beschlagnahme oder der Verletzte bei der Zurückgabe einer beschlagnahmten Sache nach § 111 k.

II. Die Beschwerde ist *zulässig*, soweit sie nicht – wie in den folgenden Fällen – ausdrücklich ausgeschlossen ist (§ 304 I):

1. *Unanfechtbar* sind die Entscheidungen nach §§ 81 c III, 161 a III; 163 a III, 3; 201 und 202; der Eröffnungsbeschluß nach § 210 I und für den Angeklagten auch der Nichteröffnungsbeschluß nach § 210 II, ferner sämtliche Beschlüsse und Verfügungen des BGH und des OLG, sofern es als Revisionsgericht tätig wird. Gegenüber Entscheidungen des OLG in erstinstanzlichen (= Staatsschutz-) Sachen und gegenüber Verfügungen des Ermittlungsrichters beim BGH ist die Beschwerde beschränkt (§ 304 IV, V). Die Ausnahmen, in denen eine Beschwerde zulässig ist, werden vom BGH sehr eng ausgelegt (BGHSt 25, 120; 30, 32; 30, 250; zu eng BGHSt 30, 52; krit. Peters, Dünnebier-Festschr., 62). Weitgehend eingeschränkt ist die Beschwerdemöglichkeit bei Beschlüssen über ein Ablehnungsgesuch (vgl. i. e. § 28).

2. a) Die Beschwerde ist weiterhin generell *ausgeschlossen* gegenüber Entscheidungen der *erkennenden Gerichte*, die der *Urteilsfällung vorausgehen* (§ 305, 1), z.B. über die Vereidigung eines Zeugen oder über einen Beweisantrag. Da diese Maßnahmen in unmittelbarem Zusammenhang mit der Urteilsfällung stehen, hat es der Gesetzgeber, der ein Zerreißen der Hauptverhandlung verhindern wollte, für ausreichend gehalten, wenn sie gemeinsam mit dem Urteil überprüft werden können. Der Umfang des Ausschlusses ist im einzelnen umstritten; vgl. dazu L.-R.[23]-Gollwitzer, § 305, Rdnr. 2; Amelung, Rechtsschutz gegen strafprozessuale Grundrechtseingriffe, 1976, 19. Die Frage, ob die Ablehnung einer Pflichtverteidigerbestellung nach § 305 der Beschwerde entzogen ist, ist str. (dafür OLG Köln, NJW 1981, 1523; OLG Hamburg, NStZ 1985, 88; dagegen OLG München, NJW 1981, 2208).

b) Ausnahmsweise *doch anfechtbar* sind alle Entscheidungen, durch die Dritte betroffen werden, sowie solche über Verhaftungen und einstweilige Unterbringung, Beschlagnahmen, vorläufige Entziehung der Fahrerlaubnis, vorläufiges Berufsverbot oder die Festsetzung von Ordnungs- und Zwangsmitteln (§ 305, 2). Der Grund dafür liegt darin, daß diese Maßnahmen mit den Rechtsmitteln gegen das Urteil überhaupt nicht nachprüfbar (wie Entscheidungen gegen Dritte) oder doch zumindest in ihren Folgen dann nicht mehr zu beseitigen wären (wie Verhaftungen).

c) Zu den der Urteilsfällung vorausgehenden Entscheidungen zählt auch der Beschluß, durch den ein Aussetzungsantrag abgelehnt wird, nicht aber derjenige, durch den die Aussetzung angeordnet wird; diese Maßnahme fördert nämlich nicht die Urteilsfällung, wie es § 305 verlangt, sondern schiebt sie hinaus und ist darum beschwerdefähig, zumal die StA sonst gegen eine auf diese Weise verkappte Verfahrenseinstellung nichts unternehmen könnte (vgl. OLG Stuttgart, NJW 1973, 2309).

III. Die *Einlegung* erfolgt (schriftlich oder zu Protokoll der Geschäftsstelle) normalerweise beim iudex a quo (da dieser der Beschwerde selbst abhelfen kann, s. C II). In dringenden Fällen kann sie unmittelbar beim Beschwerdegericht (d.h. dem iudex ad quem) eingelegt werden (§ 306). Die Beschwerde ist im allgemeinen *unbefristet* (sog. einfache Beschwerde, zu den Ausnahmen s. u. D).

C. Wirkung

I. Die Beschwerde hemmt den Vollzug grundsätzlich nicht, hat also *keinen Suspensiveffekt* (§ 307 I; eine Ausnahme gilt nach § 81 IV, 2 für den Beschluß über die zur Erstellung eines Gutachtens erfolgende Unterbringung des Beschuldigten in einem psychiatrischen Krankenhaus). Zwar können sowohl der iudex a quo wie der iudex ad quem die Aussetzung der Vollziehung anordnen (§ 307 II), sie sind dazu aber nicht verpflichtet.

II. Einer einfachen Beschwerde kann der *iudex a quo* – auch aufgrund neuen Vorbringens (OLG München, NJW 1973, 1143 mit Anmerkung von Gollwitzer JR 1974, 205) – selbst abhelfen; andernfalls muß er die Sache binnen drei Tagen dem nach §§ 73 I; 121 I Nr. 2 GVG zuständigen Beschwerdegericht vorlegen (§ 306 II).

III. Das *Beschwerdegericht* kann Ermittlungen anordnen oder selbst vornehmen (§ 308 II), es gibt dem Gegner des Beschwerdeführers (d.h. bei einer Beschwerde des StA dem Beschuldigten und umgekehrt; vgl. auch § 309 I) Gelegenheit zur Anhörung (§ 308 I) und entscheidet dann im allgemeinen nach Lage der Akten, d.h. ohne mündliche Verhandlung (§ 309 I); lediglich bei der Haftbeschwerde kann das Gericht nach seinem Ermessen eine mündliche Verhandlung durchführen (§ 118 II). Seine Entscheidung ergeht grundsätzlich in der Sache selbst und lautet nur dann auf Zurückverweisung, wenn der Mangel der angefochtenen Entscheidung in der Beschwerdeinstanz nicht zu beheben ist, etwa weil noch gar keine Ermittlungen angestellt sind (weitere Beispiele bei KMR[7]-Paulus, § 309, Rdnr. 10 ff.).

D. Sofortige Beschwerde

I. Die sofortige Beschwerde ist im Gegensatz zur einfachen *befristet;* sie muß binnen einer Woche beim iudex a quo oder – auch in nicht dringlichen Fällen – beim iudex ad quem eingelegt werden (§ 311 II). Der iudex a quo darf der sofortigen Beschwerde nur abhelfen, wenn die angefochtene Entscheidung auf einer Verletzung des rechtlichen Gehörs beruht (§ 311 III).

II. Während die einfache Beschwerde den Normalfall bildet (vgl.
§§ 304 I, 311 I), ist die sofortige Beschwerde in den (zahlreichen) Fällen
vom Gesetzgeber ausdrücklich vorgeschrieben, in denen aus Gründen
der Rechtssicherheit eine rasche, *endgültige* Klärung erforderlich ist.
Dies gilt z.B. für die Einweisung in ein psychiatrisches Krankenhaus
(§ 81 IV) oder bei Verwerfung der Berufung als unzulässig (§ 322 II);
vgl. ferner §§ 210 II, 462 III.

E. Weitere Beschwerde

Die weitere Beschwerde (d.h. ein Rechtsmittel gegen eine Entscheidung des Beschwerdegerichts) ist *nur ausnahmsweise* zulässig (kritisch
dazu Kopp NJW 1979, 2627), nämlich gegen die Beschlüsse des Landgerichts und des Oberlandesgerichts über Verhaftung (jedoch nicht deren
Aussetzung unter einer Auflage, OLG Karlsruhe NStZ 1983, 41) und
einstweilige Unterbringung (§ 310; die Einweisung nach § 81 gehört
nicht dazu, weil sie ohnehin auf sechs Wochen begrenzt ist!). Da dieser
prinzipielle Ausschluß der weiteren Beschwerde in den Fällen, wo das
rechtliche Gehör des Beschwerdegegners (vgl. § 308 I) verletzt wurde,
zu Unzuträglichkeiten führen würde (die Verfassungsbeschwerde würde
dann zu einem ordentlichen Rechtsbehelf denaturiert, soweit eine andere
Anfechtungsmöglichkeit nicht mehr bestünde), ist in § 311a die Möglichkeit einer nachträglichen Anhörung und Korrektur der an sich unanfechtbaren Entscheidung durch das Beschwerdegericht geschaffen
worden.

§ 55. Die Wiederaufnahme des Verfahrens

Literatur: A l s b e r g, Justizirrtum und Wiederaufnahme, 1913; H i r s c h b e r g,
Zur Psychologie des Wiederaufnahmeverfahrens, MSchrKrimPsych 1930, 395;
H. M a y e r, Die konstruktiven Grundlagen des Wiederaufnahmeverfahrens und
seine Reform, GS 99 (1930), 299; v. H e n t i g, Wiederaufnahmerecht, 1930;
N e u m a n n, System der strafprozessualen Wiederaufnahme, 1932; L o b e, Die
Wiederaufnahme im Strafverfahren, GS 110 (1938), 239; M ü l l e r, Die Wiederaufnahmegründe im kommenden Strafverfahren, 1940; B a u e r, Die Wiederaufnahme teilweise abgeschlossener Strafverfahren, JZ 1952, 209; S c h n e i d e w i n,
Konkurrierende Wiederaufnahmegründe, JZ 1957, 537; J. M e y e r, Zum Begriff
der Neuheit von Tatsachen oder Beweismitteln im Wiederaufnahmeverfahren, JZ
1968, 7; P e t e r s, Beiträge zum Wiederaufnahmerecht, Kern-Festschr., 1968,
335; L a n t z k e, Materielle Rechtsfehler als Wiederaufnahmegrund?, ZRP 1970,
201; D i p p e l, Zur Reform des Rechts der Wiederaufnahme des Verfahrens im
Strafprozeß, GA 1972, 97; S c h ü n e m a n n, Das strafprozessuale Wiederaufnahmeverfahren propter nova und der Grundsatz „in dubio pro reo", ZStW 84
(1972), 870; J. M e y e r, Aktuelle Probleme der Wiederaufnahme des Strafverfahrens, ZStW 84 (1972), 909; E c k e r t, Tagungsbericht, ZStW 84 (1972), 937;
H a n a c k, Zur Reform des Rechts der Wiederaufnahme des Verfahrens im
Strafprozeß, JZ 1973, 393; P e t e r s, Fehlerquellen im Strafprozeß, Bd. III, 1974;
J e s c h e c k - M e y e r (Hrsg.), Die Wiederaufnahme des Strafverfahrens im deutschen und ausländischen Recht, 1974; K r ä g e l o h, Verbesserungen im Wieder-

aufnahmerecht durch das 1. StVRG, NJW 1975, 137; Schöneborn, Verfassungsrechtliche Aspekte des strafprozessualen Wiederaufnahmeverfahrens, MDR 1975, 441; J. Meyer, Wiederaufnahmereform, 1977; Deml, Zur Reform der Wiederaufnahme des Strafverfahrens, 1979; Schöneborn, Strafprozessuale Wiederaufnahmeproblematik, 1980; Wasserburg, Die Funktion des Grundsatzes „in dubio pro reo" im Additions- und Probationsverfahren, ZStW 94 (1982), 914; ders., Die Pflichtverteidigerbestellung unter besonderer Berücksichtigung des Wiederaufnahmeverfahrens, GA 1982, 304; ders., Die Wiederaufnahme des Strafverfahrens, 1983; Gössel, Über die Zulässigkeit der Wiederaufnahme gegen teilrechtskräftige Urteile, NStZ 1983, 391; J. Meyer, Wiederaufnahme bei Teilrechtskraft, Peters-Festgabe II, 1984, 375; Dünnebier, Die Berechtigten zum Wiederaufnahmeantrag, ebda., 333; von Stackelberg, Beweisprobleme im strafprozessualen Wiederaufnahmeverfahren, ebda., 453; K. Meyer, Wiederaufnahmeanträge mit bisher zurückgehaltenen Tatsachenvortrag, ebda., 387.

A. Bedeutung und Zulässigkeit

I. Bedeutung

Die Wiederaufnahme des Verfahrens dient zur Beseitigung von Justizirrtümern gegenüber rechtskräftigen Urteilen. Bei Erörterung der materiellen Rechtskraft (o. § 50 B IV) ist gezeigt worden, daß der Rechtsfriede nur aufrechterhalten werden kann, wenn die widerstreitenden Prinzipien der Rechtssicherheit und der Gerechtigkeit in ein ausgewogenes Verhältnis gebracht werden. Das Wiederaufnahmeverfahren ist der wichtigste Fall einer Durchbrechung der Rechtskraft im Interesse einer materiell richtigen Entscheidung. Sein Grundgedanke ist, daß die Rechtskraft zurücktreten muß, wenn nachträglich bekanntwerdende Tatsachen das Urteil in einer für das Gerechtigkeitsempfinden unerträglichen Weise als offensichtlich falsch erscheinen lassen.

II. Zulässigkeit

1. Die Wiederaufnahme gegen ein rechtskräftiges (auch nur teilrechtskräftiges, OLG Frankfurt NStZ 1983, 426; vgl. aber u. 6) Urteil ist nur zulässig, wenn einer der gesetzlich genau fixierten *Wiederaufnahmegründe* vorliegt (u. B).

2. Auch wenn das der Fall ist, ist sie jedoch unzulässig, wenn sie nur dazu dienen soll, eine andere Strafbemessung auf Grund desselben (!) Gesetzes oder eine Milderung der Strafe wegen verminderter Schuldfähigkeit herbeizuführen (§ 363 I, II; zu Abs. II vgl. BVerfGE 5, 22). Ein Fall des § 363 I liegt auch dann vor, wenn der Verurteilte nur aus § 242 StGB anstatt nach § 243 StGB bestraft werden will (OLG Düsseldorf, *NStZ 1984, 571*; str.).

3. Sind diese Voraussetzungen erfüllt, so ist die Wiederaufnahme stets zulässig, gleichgültig ob das Verfahren durch Urteil (§ 359) oder durch Strafbefehl (§ 373a; vgl. dazu u. § 66 B IV) beendet worden ist.

4. Die Wiederaufnahme wird durch die Vollstreckung der Strafe oder durch den Tod des Verurteilten nicht ausgeschlossen (§ 361). Nach dem

Tode des Verurteilten ist aber Wiederaufnahme nur zulässig, wenn sie zur vollen Freisprechung, nicht auch, wenn sie nur zur Strafmilderung führen soll (§ 371 I). Über das Antragsrecht vgl. § 361 II.

5. Die Wiederaufnahme ist – im Gegensatz zum Zivilprozeß (§ 586 ZPO) – nicht befristet.

6. Die neuere Rspr. läßt eine Wiederaufnahme auch gegen teilrechtskräftige Urteile zu, und zwar sowohl bei vertikaler wie bei horizontaler Teilrechtskraft (vgl. dazu § 51 B III 2). Dagegen wendet sich Gössel (aaO.) mit dem Argument, daß es auf diese Weise zu inhaltlich widersprechenden Entscheidungen kommen könne. Dies bestreitet J. Meyer, aaO., 1984. Vom hier vertretenen Standpunkt aus ist ein Wiederaufnahmeverfahren in solchen Fällen nicht nötig, weil schon das Rechtsmittelgericht an einen als unrichtig erkannten rechtskräftigen Schuldspruch nicht gebunden ist (vgl. § 51 B III).

B. Die Wiederaufnahmegründe

I. Die Wiederaufnahme dient in aller Regel nur zur Überprüfung der *tatsächlichen Grundlagen* des Urteils, nicht auch zur Nachprüfung von Rechtsfehlern. Eine Ausnahme davon bilden die Wiederaufnahme nach Nichtigkeitserklärung eines Gesetzes (§ 79 I BVerfGG) und der Fall der vorsätzlich falschen Rechtsanwendung (§§ 359, 362, jeweils Nr. 3).

Die strafprozessuale Wiederaufnahme entspricht so der Restitutionsklage des Zivilprozeßrechts (§ 580 ZPO). Eine *Nichtigkeitsklage* wegen schwerster Verfahrensmängel ist dagegen unserem Strafrecht ebenso fremd wie eine allgemeine Kassation grob ungerechter Urteile durch Nichtigkeitsbeschwerde oder Verfassungsbeschwerde (vgl. dazu o. § 50 B IV).

II. Die Wiederaufnahmegründe im einzelnen

1. Die Wiederaufnahme findet *zugunsten wie zuungunsten* des Verurteilten statt wegen folgender strafbarer Handlungen (*propter falsa:* §§ 359 Nr. 1–3; 362 Nr. 1–3):
    a) wegen einer für die Entscheidung erheblichen Urkundenfälschung,
    b) wegen falscher Aussage von Zeugen oder Sachverständigen und
    c) wegen Richterdelikten (Rechtsbeugung oder Bestechung).
    Einengende Voraussetzung ist jedoch in allen diesen Fällen, daß eine *rechtskräftige Verurteilung* wegen dieser Taten erfolgt ist oder daß die Einleitung oder Durchführung eines Strafverfahrens rechtlich oder tatsächlich (z. B. wegen Verjährung, Abwesenheit oder Tod) nicht möglich ist (§ 364, 1).

2. *Nur zugunsten* des Verurteilten findet die Wiederaufnahme statt:
    a) wegen Aufhebung eines Zivilurteils, auf welches ein Strafurteil sich gründet (§§ 359 Nr. 4; 262),
    b) wenn neue, für den Verurteilten günstige Tatsachen oder Beweismittel beigebracht werden (*propter nova:* § 359 Nr. 5) und
    c) gegen ein Urteil, das auf einer vom BVerfG für verfassungswidrig erklärten Norm beruht (§ 79 I BVerfGG). Seit dem 4. Gesetz zur

Änderung des BVerfGG vom 21. 12. 1970 (BGBl. I S. 1765) gilt dies
auch für den vordem umstrittenen Fall, daß das Urteil auf der vom
BVerfG für verfassungswidrig erklärten *Auslegung* einer Rechtsnorm
beruht (näher Wasserburg, StrV 1982, 237; Wiederaufnahme, 261).

3. *Ausschließlich zuungunsten* des Verurteilten ist die Wiederaufnahme
nur wegen eines einzigen Novum zulässig, nämlich für den Fall, daß der
Freigesprochene vor Gericht oder außergerichtlich ein glaubwürdiges
Geständnis ablegt (§ 362 Nr. 4).

III. Die Wiederaufnahme propter nova

1. Die Auffindung *neuer Tatsachen oder Beweismittel* ist der praktisch
bei weitem wichtigste Fall der Wiederaufnahme zugunsten des Verurteilten. Beispiele solcher neuen Tatsachen sind: wenn der angeblich Getötete
wieder auftaucht, wenn der Kopf des vermeintlich im Ofen Verbrannten
in einem Teich wiedergefunden wird (Fall Rohrbach), wenn ein Dritter
auf dem Sterbebett gesteht, daß er das Haus angezündet hat, oder wenn
sich im Gefängnis herausstellt, daß der Verurteilte schon zur Zeit der Tat
geisteskrank gewesen sein muß. Die Wiederaufnahme ist auch dann
begründet, wenn die neuen Tatsachen und Beweismittel sich nur gegen
die Glaubwürdigkeit von Belastungszeugen wenden; in diesem Fall ist sie
abweichend von der allgemeinen Regel des § 364 S. 1 auch von einer
rechtskräftigen Verurteilung der angegriffenen Belastungszeugen wegen
eines Falschaussagedelikts unabhängig (§ 364 S. 2!). Neues Beweismittel
kann auch das Gutachten eines Sachverständigen sein, wenn es entweder
eine neue Tatsachenfeststellung enthält oder sich auf eine überlegene
Sachkunde berufen kann, so daß es dem das Urteil tragenden Gutachten
den Boden zu entziehen vermag. Eine Feststellung des Sachverständigen
kann auch dann „neu" sein, wenn das Gericht sie im ersten Verfahren
übersehen oder mißverstanden hat (OLG Frankfurt, NJW 1978, 841).
Denn die Erheblichkeit der neuen Umstände ist nach h.M. an den
Bewertungen und Rechtsauffassungen des ersten Tatrichters zu messen
(BGHSt *18, 226*; a.A. J. Meyer, aaO., 1977, 104). Auch der Widerruf
eines Geständnisses durch den Verurteilten oder der Vortrag bisher von
ihm zurückgehaltener Umstände ist eine neue Tatsache; doch wird derart
nachträgliches Vorbringen ohne plausible Erklärung die Hürden der
§§ 368, 369f. nicht überwinden (näher K. Meyer aaO.).

Eine Änderung der Rechtsprechung (z.B. die Aufhebung der lebenslänglichen
Freiheitsstrafe für Mord, die BGHSt *30, 105* für Ausnahmefälle ausgesprochen
hat) ist keine neue Tatsache nach § 359 Nr. 5; auch wenn man darin eine
richterliche Gesetzesänderung sehen wollte, würde sie die Wiederaufnahme
ebensowenig begründen können wie sonstige gesetzgeberische Strafmilderungen
oder Strafaufhebungen (OLG Bamberg *NJW 1982, 1714*).

2. Die Wiederaufnahme zuungunsten eines Freigesprochenen aufgrund
eines *Geständnisses* kann nicht durch einen bloßen Schuldbeweis ersetzt
werden, mag dieser auch noch so eindeutig sein. Anderseits liegt auch
dann ein Geständnis vor, wenn der Freigesprochene zwar die Tat zugibt,

sich aber auf unrechts- oder schuldausschließende Ausnahmesituationen beruft (anders nur, wenn schon der Freispruch auf eine Rechtfertigung oder Entschuldigung gegründet war; dann muß deren Nichtvorliegen eingestanden werden). Ob auch das Geständnis einer erheblich schwereren Tat als der abgeurteilten (z.B. vorsätzlicher statt fahrlässiger Brandstiftung) die Wiederaufnahme begründet, ist str.; eine (im Strafprozeßrecht an sich zulässige) analoge Anwendung des § 362 Nr. 4 auf diesen Fall ist aber abzulehnen (so aber Peters, S. 643; wie hier Schlüchter, Rdnr. 769.2), weil sonst die Grenzen der Wiederaufnahme zu verschwimmen drohen. Schließlich ist anzunehmen, daß die Wiederaufnahme zuungunsten des Freigesprochenen auf die Dauer der Verjährungsfrist für das betreffende Delikt beschränkt ist, obwohl wegen der Rechtskraft des Ersturteils die Verjährung ruht (str., wie hier Schlüchter, Rdnr. 769.2; KK – v. Stackelberg, § 362, Rdnr. 3; a.A. BGH MDR 1973, 191; Eb. Schmidt, II, § 362 Rdnr. 3); denn sonst würde der bisher gänzlich unbehelligte Täter gegenüber dem schon einmal strafrechtlich verfolgten ungerechtfertigt privilegiert.

C. Der Gang des Verfahrens

Das Wiederaufnahmeverfahren gliedert sich in drei Abschnitte: die Prüfung der Zulässigkeit (I), die Prüfung der Begründetheit des Antrags (II) und die Wiederholung der Hauptverhandlung (III).

I. Die Zulässigkeitsprüfung (sog. Additionsverfahren), §§ 366 ff.

Das Wiederaufnahmeverfahren erfordert einen formgebundenen *Antrag*, der die Wiederaufnahmegründe und die Beweismittel angibt und vom Verurteilten nur zusammen mit einem Verteidiger oder zu Protokoll der Geschäftsstelle gestellt werden kann (§§ 365, 366). Dabei kann die prozessuale Fürsorgepflicht dem Gericht gebieten, dem Antragsteller Gelegenheit zu geben, einen unzureichenden Antrag zu vervollständigen. Der Antrag geht gemäß § 367 an das nach § 140a GVG zuständige Gericht; das ist in der Regel ein anderes Gericht mit gleicher sachlicher Zuständigkeit als das Gericht, gegen dessen Entscheidung sich der Wiederaufnahmeantrag richtet. Das Gericht prüft die Form des Antrags, das Vorliegen eines gesetzlichen Wiederaufnahmegrundes und die *Eignung* der Beweise (§ 368). Im Fall des § 359 Nr. 5 bedeutet das: Das Gericht muß in Form einer *Schlüssigkeitsprüfung* untersuchen, ob die neuen Tatsachen oder Beweismittel, ihre Richtigkeit unterstellt, in einer neuen Hauptverhandlung ein dem Angeklagten i.S.d. § 359 Nr. 5 günstigeres Urteil erwarten lassen (zu der Frage, ob insoweit der in dubio pro reo-Grundsatz anwendbar ist, s.u. II). Spricht allerdings alles für die Nutzlosigkeit der erstrebten Beweiserhebung, so soll nach BGHSt 17, 304; NJW 1977, 59, das Wiederaufnahmegericht auch zu einer Prüfung des Beweismittels auf seine inhaltliche Eignung befugt sein (näher K. Meyer, aaO., 393; kritisch Peters, Dünnebier-Festschr., 1982, 71; v. Stackelberg, aaO., 458f.). Das Gericht entscheidet durch *Beschluß*, der entweder auf Verwerfung des Antrags als unzulässig oder auf dessen Zulassung lautet.

II. Die Begründetheitsprüfung (sog. Probationsverfahren), §§ 369 ff.

Der Antrag ist – sofern er zulässig gestellt ist – dem Gegner, also i. d. R. der StA, zur Erklärung zuzustellen (§ 368 II). Das Gericht beauftragt dann einen Richter mit der Erhebung der Beweise (vgl. i. e. § 369). In dieser *Beweisaufnahme* werden die bisher als wahr unterstellten Behauptungen des Wiederaufnahmeführers auf ihre Richtigkeit hin überprüft. Nach Erhebung der Beweise sind Staatsanwalt und Angeklagter zu Erklärungen über das Ergebnis der Beweisaufnahme aufzufordern (§ 369 IV; von dieser zwingenden Vorschrift darf nicht abgesehen werden, OLG Düsseldorf NJW 1982, 839). Sodann ergeht ein *Beschluß* des Gerichts darüber, ob der Antrag auf Wiederaufnahme begründet ist, d. h. ob die in den §§ 359, 362 für eine erneute Prüfung der Sache genannten Voraussetzungen gegeben sind. Entscheidend ist dabei, ob die im Wiederaufnahmeantrag aufgestellten Behauptungen *„genügende Bestätigung"* gefunden haben (§ 370). Rspr. und h. M. verlangen dafür, es müsse nach dem Ergebnis der bisherigen Ermittlungen wahrscheinlich sein, daß eine neue Hauptverhandlung wegen der vorgetragenen Wiederaufnahmegründe zugunsten des Verurteilten ausgehen werde. Es soll also der Grundsatz „Im Zweifel für die Rechtskraft" bzw. „in dubio contra reum" gelten (vgl. Peters, Fehlerquellen, Bd. III, 84 ff.). Damit wird der Weg für eine Beseitigung von Fehlurteilen in zu weitgehendem Maß versperrt. Richtiger wäre es, eine „genügende Bestätigung" schon nach geltendem Recht anzunehmen, wenn „ernstliche Zweifel an der Richtigkeit der Verurteilung in tatsächlicher Hinsicht" begründet sind (diese Formel schlagen Hanack, JZ 1973, 403 und Deml S. 92 für eine Neufassung vor). Schünemann (aaO.) will weitergehend mit beachtlichen Gründen das Prinzip „in dubio pro reo" schon de lege lata anwenden (vgl. auch J. Meyer, 102); doch wird dadurch die Bestandswirkung der Rechtskraft wohl zu sehr beeinträchtigt (vgl. zum ganzen Wasserburg, ZStW 1982, aaO.; Wiederaufnahme, 189).

Der Beschluß, durch den eine neue Hauptverhandlung angeordnet wird (§ 370 II; im gemeinrechtlichen Sprachgebrauch das iudicium rescindens), hat sehr weittragende Bedeutung: Es *beseitigt* die materielle *Rechtskraft* und die *Vollstreckbarkeit* des ersten Urteils (der Wiederaufnahmeantrag als solcher hat dagegen keinen Suspensiveffekt, vgl. § 360 und OLG Hamm MDR 1978, 692). Er kann von der StA nicht angefochten werden (§ 372, 2). Der Beschluß, der den Antrag als unbegründet verwirft (§ 370 I), unterliegt dagegen der sofortigen Beschwerde (§ 372, 1).

Nach KG, JR 1984, 393 soll der Verurteilte, wenn einer seiner Zeugen sich als von ihm gekauft zeigt, nachweisen müssen, daß die anderen von ihm benannten Zeugen nicht ebenfalls bestochen sind (sehr zw.).

III. Die Wiederholung der Hauptverhandlung

1. Ist der Wiederaufnahmeantrag für begründet erklärt worden, so erfolgt in der Regel eine *neue Hauptverhandlung* (§ 370 II). Diese ist ganz unabhängig von der ersten. Es erfolgt keine Umkehrung der Beweislast, vielmehr muß das Beweisgebäude ganz neu aufgeführt werden. Die neue Hauptverhandlung kann, wie jede Hauptverhandlung, mit Verurteilung oder Freisprechung (oder Einstellung) endigen. Freilich darf das frühere Urteil in Art und Höhe nicht zum Nachteil des Verurteilten geändert werden, wenn zu seinen Gunsten die Wiederaufnahme des Verfahrens beantragt worden ist (Verbot der reformatio in peius: § 373 II). Mit einer etwaigen Freisprechung ist die Aufhebung des bisherigen Urteils zu verbinden (§ 371 III, iudicium rescissorium). Gegen das Urteil sind, gleichviel ob es auf Verurteilung oder Freisprechung lautet, die gewöhnlichen Rechtsmittel zulässig.

Str. ist, was geschehen muß, wenn der Verurteilte nach Anordnung der neuen Hauptverhandlung verhandlungsunfähig wird. Das OLG Frankfurt (NJW 1983, 2398) will einstellen, Hassemer (NJW 1983, 2353) in analoger Anwendung des § 371 I weiterverhandeln lassen, während Baumann (Peters-Festgabe II, 1984, 7) – wohl zutreffend – vorschlägt, analog § 371 II nur mit dem Ziel des Freispruchs das Verfahren fortzuführen und andernfalls einzustellen.

2. Eine *Freisprechung* kann auch *ohne Hauptverhandlung* erfolgen:
a) wenn der Verurteilte verstorben ist (§ 371 I; dann ist eine Hauptverhandlung stets ausgeschlossen);
b) in anderen Fällen bei Zustimmung der StA (Ausnahme: Privatklage) nach dem Ermessen des Gerichts, wenn eine eindeutige Beweislage den Verzicht auf die Hauptverhandlung erlaubt (vgl. § 371 II StPO u. Nr. 171 RiStBV).

Die Rechtsnatur der Entscheidung nach § 371 II ist sehr streitig. Mit BGHSt *8*, *383* (grundlegend!) ist sie als Beschluß und nicht als Urteil zu qualifizieren, so daß sie mit der sofortigen Beschwerde nach § 372 statt mit der Berufung und Revision angefochten werden muß (anders die früher h. M.). Denn „es wäre ungereimt, in einer Hauptverhandlung und mit Laienrichtern über Rechtsmittel gegen eine Entscheidung zu verhandeln, die ihrerseits mit voller Absicht der Hauptverhandlung und der Mitwirkung von Laienrichtern entzogen worden ist" (BGH aaO., 387).

Bei Freispruch ohne Hauptverhandlung kann der Antragsteller die Bekanntmachung durch den Bundesanzeiger und ggf. durch andere Blätter verlangen (§ 371 IV), um so seine Rehabilitierung öffentlich kundzumachen.

3. Fällt die strafgerichtliche Verurteilung im Wiederaufnahmeverfahren fort oder wird sie gemildert, so ist nach dem Gesetz über die Entschädigung für Strafverfolgungsmaßnahmen vom 8. 3. 1971 aus der Staatskasse *Entschädigung* zu gewähren (vgl. i. e. u. § 58 A).

D. Zur Reform

I. Die äußerst restriktive Auslegung, die die §§ 359 ff. in der Praxis gefunden haben, hat seit langem die Forderung nach einer Reform des Wiederaufnahmerechts „an Haupt und Gliedern" genährt und im Anschluß an einige spektakuläre Wiederaufnahmeverfahren (in den Fällen Rohrbach, Hetzel und Meinberg) zu einem Gemeingut forensischer Berichterstattung werden lassen. In Wahrheit besteht jedoch, sofern sich die hier befürwortete Interpretation (s. o. C II) durchsetzt, für eine Totalreform keinerlei Anlaß (vgl. Deml, 173). Allerdings bedarf die Wiederaufnahme einzelner Änderungen. So sollte die Wiederaufnahme propter nova auf alle prozessualen Tatsachen erstreckt werden, aus denen sich das Fehlen einer dauernden Prozeßvoraussetzung ergibt (Deml, 173; vgl. zur Reform ferner die „Denkschrift zur Reform des Rechtsmittelrechts und der Wiederaufnahme des Verfahrens im Strafprozeß" 1978, 82, 100; Hanack, 393; J. Meyer, Wiederaufnahmereform, 1977). Weitergehende Forderungen, etwa nach Umwandlung der Wiederaufnahme in eine unbefristete Revision (vgl. Lantzke, aaO.), sind entschieden abzulehnen; sie würden praktisch zu einer endlosen Dauer jedes einzelnen Strafverfahrens führen und verfehlen daher die wichtige *Befriedungsfunktion* des Strafprozesses (s. o. § 1 B).

II. Daneben besteht die wichtigste Reformforderung in der materiellen Besserstellung des Wiederaufnahmeführers, der zumeist – von allen Hilfsmitteln abgeschnitten – seine Freiheitsstrafe abbüßt. Die Forderung nach Beiordnung eines Pflichtverteidigers zur Vorbereitung und Durchführung des Wiederaufnahmeverfahrens (vgl. 12. Aufl., S. 293) ist nunmehr durch das 1. StVRG weitgehend erfüllt worden. Danach muß das Gericht dem Verurteilten auf Antrag einen Verteidiger bestellen, wenn dessen Mitwirkung wegen der Schwierigkeit der Sach- oder Rechtslage geboten erscheint (§ 364 a). Darüber hinausgehend schreibt § 364 b für die Ermittlung neuer Tatsachen oder Beweismittel i.S. des § 359 Nr. 5 die Bestellung eines Verteidigers schon für die Vorbereitung des Wiederaufnahmeverfahrens vor, wenn der Verurteilte selbst mittellos ist und die Bestellung beantragt (wichtig für Wiederaufnahmebemühungen Inhaftierter!).

11. Kapitel

Strafvollstreckung; Kosten; Entschädigung

§ 56. Die Strafvollstreckung und das Zentralregister

A. Strafvollstreckung und Strafvollzug

Literatur: Schüler-Springorum, Strafvollzug im Übergang, 1969; Arth. Kaufmann (Hrsg.), Die Strafvollzugsreform, 1971; Alternativ-Entwurf eines Strafvollzugsgesetzes, 1973; Müller-Dietz, Strafvollzugsrecht, 2. Aufl., 1978; Malchow, Strafvollzugsbehörde und Strafvollstreckungskammer, Diss. München, 1978; Müller-Dietz, Die Strafvollstreckungskammer, JA 1981, 57 u. 113; Calliess, Strafvollzugsrecht, 2. Aufl., 1981; Kaiser/Kerner/Schöch, Strafvollzug, 3. Aufl., 1982; Grunau/Tiesler, Strafvollzugsgesetz, Taschenkommentar, 2. Aufl., 1982; Wassermann, Hrsg., Kommentar zum Strafvollzugsgesetz, Alternativkommentar, 2. Aufl., 1982; Calliess/Müller-Dietz, Strafvollzugsgesetz, Kurzkommentar, 3. Aufl., 1983; Schwind/Böhm, (Hrsg.) Strafvollzugsgesetz, Großkommentar, 1983.

I. An den Strafausspruch schließt sich die *Strafverwirklichung* an (Strafvollstreckung i.w.S.). Sie zerfällt in die *Strafvollstreckung* i.e.S. (d.i. Einleitung und generelle Überwachung der Urteilsdurchsetzung) und den *Strafvollzug* (Durchführung des Urteils im einzelnen, d.h. praktisch: Vollzug der Freiheitsstrafe).

II. 1. Die *Strafvollstreckung* i.e.S. umfaßt bei einer Freiheitsstrafe zunächst das Verfahren von der Rechtskraft des Urteils bis zum Strafantritt, ferner die *generelle* Überwachung ihrer Durchführung (die von ihrem *speziellen* Vollzug zu unterscheiden ist). Bei einer Vermögensstrafe gehört ihre gesamte Beitreibung zur Strafvollstreckung, so daß für einen besonderen Vollzug hier kein Raum bleibt.

2. *Rechtsquellen* sind die §§ 449–463 d, die durch die Strafvollstreckungsordnung vom 15. 2. 1956 (s.o. § 3 D, 2) und die Justizbeitreibungsordnung (s.o. § 3 B, 16) ergänzt werden.

III. Während die Strafvollstreckung herkömmlich als (letzter) Teil des Strafverfahrens angesehen wird, steht der *Vollzug* außerhalb des Strafprozesses.

1. Das Strafvollzugsrecht ist geregelt im *Strafvollzugsgesetz (StVollzG)* vom 16. 3. 1976 (BGBl. I S. 581), das im wesentlichen seit dem 1. 1. 1977 in Kraft ist (vgl. zum Inkrafttreten i.e. die §§ 198 ff. StVollzG). Es enthält vor allem eine umfassende Regelung für den Vollzug der Freiheitsstrafe (§§ 2–107) und der freiheitsentziehenden Maßregeln der Besserung und Sicherung (§§ 123–138) an Erwachsenen und über die Organisation der Justizvollzugsanstalten und der übrigen Vollzugsbehörden (§§ 139–161). Es gilt nicht für den Vollzug der U-Haft (vgl. o. § 30 D) sowie den des Jugendarrests und der Jugendstrafe, für die §§ 90, 91, 115 JGG eine eigene Regelung vorsehen (vgl. aber § 176 StVollzG).

2. Der *Rechtsschutz* gegen Maßnahmen der Vollzugsbehörden ist nunmehr in §§ 108ff. StVollzG geregelt. Danach hat der Gefangene neben einem Recht zur Beschwerde an den Anstaltsleiter (§§ 108 I, vgl. auch II) vor allem das Recht, gegen Verwaltungsakte auf dem Gebiet des Strafvollzuges – nach Maßgabe des Landesrechts u. U. erst nach einem Verwaltungsvorverfahren – einen *Antrag auf gerichtliche Entscheidung* an die Strafvollstreckungskammer beim LG (vgl. dazu u. B I 2) zu richten (§§ 109–115 StVollzG). Gegen den Beschluß des Gerichts (s. dazu i. e. § 115 StVollzG) ist die *Rechtsbeschwerde* an den Strafsenat des OLG gegeben (§§ 116ff. StVollzG).

B. Die Durchführung der Strafvollstreckung

I. Die *Zuständigkeiten* für die Strafvollstreckung sind durch das EGStGB vom 2. 3. 1974 folgendermaßen geregelt worden:

1. Vollstreckungsbehörde ist die *Staatsanwaltschaft* (§ 451). Die Vollstreckungsgeschäfte werden dort grundsätzlich von Rechtspflegern erledigt, die nur in besonderen Fällen die Sache dem StA vorlegen müssen (vgl. § 31 II RPflG).

2. Schon seit jeher behalten StGB und StPO eine Reihe besonders bedeutsamer Entscheidungen im Rahmen der Strafvollstreckung dem Gericht vor. Die Strafrechtsreform hat hier jedoch zu einer wesentlichen Änderung in der Gerichtsverfassung und gerichtlichen Zuständigkeit geführt, indem sie (nach dem Vorbild des besonderen Vollstreckungsleiters gem. §§ 82ff. JGG) eigene *Strafvollstreckungskammern* geschaffen hat. Diese werden bei den Landgerichten (u. U. auch bei einem zentralen LG für die Bezirke mehrerer LGe) gebildet und sind bei Freiheitsstrafen bis zu zwei Jahren mit einem Richter, sonst mit drei Richtern besetzt (§§ 78 a/b GVG). Sachlich zuständig sind sie im wesentlichen für die bei der Vollstreckung von Freiheitsstrafen nötigen nachträglichen gerichtlichen Entscheidungen (etwa Widerruf der Strafaussetzung, Aussetzung des Strafrestes, s. i. e. §§ 453, 454, 458, 459 d/f/h); nur in wenigen Fällen (etwa bei Verwarnung mit Strafvorbehalt, §§ 59ff. StGB, 453, oder bei nachträglicher Gesamtstrafenbildung, § 460) bleibt das *Gericht des ersten Rechtszuges* zuständig (im einzelnen s. § 462a). Die örtliche Zuständigkeit der Strafvollstreckungskammern richtet sich nach dem Ort der Strafanstalt, in die der Verurteilte eingewiesen wird (§ 462a I, 1); sie ändert sich, wenn dieser auf Dauer in eine andere Anstalt verlegt wird (BGHSt 26, 278). Bis dahin anhängige Fragen entscheidet aber noch die ursprünglich zuständige Kammer (BGHSt 26, 165).

3. Staatsanwaltschaft und Gericht können sich zur Vorbereitung ihrer Entscheidungen auch im Rahmen der Strafvollstreckung der *Gerichtshilfe* bedienen (§ 463d). Nähere Einzelheiten regelt die StPO jedoch hier ebensowenig wie in § 160 III für den Bereich des Ermittlungsverfahrens (s. o. § 10 B III).

II. *Voraussetzung* der Strafvollstreckung ist die *formelle Rechtskraft* (§ 449), die vom Urkundsbeamten auf einer als Grundlage der Vollstreckung dienenden beglaubigten Abschrift der Urteilsformel zu bescheinigen ist (§ 451 I; sog. Rechtskraft- oder Vollstreckbarkeitsbescheinigung). Die Vollstreckung ist *unverzüglich* nach Eintritt der Rechtskraft einzuleiten; nur zur Vermeidung erheblicher, mit dem Strafzweck nicht zu vereinbarender Nachteile kann ein höchstens viermonatiger *Strafaufschub* bewilligt werden (§ 456; zum Aufschub beim Berufsverbot vgl. § 456 c). Die Vollstreckung von Freiheitsstrafen kann auch bei Krankheit oder Schwangerschaft aufgeschoben werden (§ 455), und in den Fällen der Auslieferung und der Ausweisung kann von ihr sogar völlig abgesehen werden (§ 456 a).

III. Für die Vollstreckung der einzelnen Strafarten ist folgendes hervorzuheben:

1. a) Befindet sich der zu einer *Freiheitsstrafe* Verurteilte auf freiem Fuß, so wird er von der Vollstreckungsbehörde, die zugleich die Strafanstalt um Aufnahme ersucht, zum Strafantritt geladen. Stellt er sich daraufhin nicht, so kann die StA von sich aus (!) einen Vorführungs- oder Haftbefehl oder auch einen Steckbrief erlassen (§ 457), gegen den der Beschuldigte den Rechtsweg nach den §§ 23 ff. EGGVG beschreiten kann (OLG Hamm NJW 1968, 169).

b) Die Strafzeitberechnung bereitet der Vollstreckungspraxis manche Schwierigkeiten. In der StPO ist die Anrechnung der nach Urteilserlaß verbüßten Untersuchungshaft und eines Krankenhausaufenthaltes (s. §§ 450, 461) sowie seit dem 1. StVRG auch der im Ausland in einem Auslieferungsverfahren erlittenen Freiheitsentziehung (§ 450 a) geregelt.

2. Die für die Freiheitsstrafen geltenden Bestimmungen sind bei der Vollstreckung von *Maßregeln* entsprechend anzuwenden (vgl. i. e. § 463). Über die Reihenfolge der Vollstreckung beim Zusammentreffen von freiheitsentziehenden Strafen und Maßregeln s. § 67 StGB.

3. Für die Vollstreckung von *Geldstrafen* gelten die Vorschriften der Justizbeitreibungsordnung (Schönfelder 122), die durch die §§ 459 a ff. ergänzt und zum Teil modifiziert werden (§ 459). Vgl. ferner § 111 d (s. o. § 34 D I, 2).

IV. Die *Rechtsbehelfe* in der Strafvollstreckung sind ähnlich geregelt wie im StVollzG. Bei Zweifeln über die Auslegung des Strafurteils oder die Zulässigkeit der Strafvollstreckung sowie bei Einwendungen gegen Maßnahmen der Vollstreckungsbehörde entscheidet die Strafvollstrekkungskammer, die jedoch die Sache an das Gericht erster Instanz abgeben kann (§§ 462 a I, 462, 458). Die Entscheidung ergeht ohne mündliche Verhandlung durch Beschluß; sie ist mit sofortiger Beschwerde anfechtbar (§ 462).

C. Zentralregister und Verkehrszentralregister

Literatur: G ü l l e m a n n / S p e l l e n b e r g, Neuregelung des Strafregisterrechts durch das Bundeszentralregistergesetz, NJW 1972, 1969; B r e s s e r, Der Sachverständige und das Bundeszentralregistergesetz, NJW 1973, 573; G ö t z, Aktuelle Fragen des Bundeszentralregistergesetzes, GA 1973, 193; C r e i f e l d s, Straftilgung und Verwertungsverbot, GA 1974, 129; Haffke, Hat das BZRG eine Konzeption?, GA 1975, 65; Schoreit, Die gesetzgeberische Konzeption des BZRG, GA 1975, 362; Pryzwansky, Auswirkungen des Vorhalte- und Verwertungsverbots des Bundeszentralregistergesetzes im Strafrecht, Diss. Göttingen, 1977; Götz, Kommentar zum Bundeszentralregistergesetz, 5. Aufl., 1980; Sawade/Schomburg, Ausgewählte Probleme des Bundeszentralregistergesetzes, NJW 1982, 551; Rebmann, Einhundert Jahre Strafregisterwesen in Deutschland, NJW 1983, 1513.

I. 1. Weitere Folge einer rechtskräftigen Verurteilung ist ihre Eintragung in das **Zentralregister**. Dabei handelt es sich um eine auf dem BundeszentralregisterG vom 18. 3. 1971 (Schönfelder 92) beruhende Kartei, die von dem Generalbundesanwalt in Berlin (§§ 1, 2 BZRG) geführt wird (zur Geschichte und zur lex ferenda Rebmann aaO.).

2. In das Zentralregister (§ 3 BZRG) werden alle rechtskräftigen Verurteilungen eingetragen, durch die ein deutsches Gericht auf Strafe erkannt, eine Maßregel der Besserung und Sicherung angeordnet, jemanden nach § 59 StGB mit Strafvorbehalt verwarnt oder nach § 27 JGG die Schuld eines Jugendlichen oder Heranwachsenden festgestellt hat. (Über Verurteilungen durch ausländische Gerichte vgl. § 54 ff. BZRG und OLG Karlsruhe, NJW 1984, 572). Ferner werden in das Register aufgenommen: Entmündigungen (§ 9 BZRG); Entscheidungen von Verwaltungsbehörden, die strafrechtlich bedeutsam sein können, wie z.B. Ausweisung eines Ausländers, Untersagung der Gewerbe- und Berufsausübung, Paßentzug etc. (vgl. i. e. § 10 BZRG); Vermerke über Schuldunfähigkeit, z.B. Freispruch eines Beschuldigten wegen § 20 StGB (§ 11 BZRG), sowie nachträgliche, vor allem Strafvollstreckung und Straferlaß betreffende Entscheidungen, etwa die Aussetzung des Strafrestes nach § 57 StGB (vgl. i. e. §§ 12, 13 BZRG). Alle Gerichte und Behörden sind verpflichtet, dem Bundeszentralregister die einzutragenden Entscheidungen, Feststellungen und Tatsachen mitzuteilen (§ 20 BZRG).

3. Jeder Person über 14 Jahren wird auf Antrag ein Zeugnis über den sie betreffenden Inhalt des Zentralregisters erteilt, das sog. *Führungszeugnis* (§ 30 BZRG). Auch Behörden (nicht aber Privatleute!) erhalten über eine Person ein Führungszeugnis, wenn sie es zur Erledigung ihrer hoheitlichen Aufgaben benötigen und eine Aufforderung an den Betroffenen, das Führungszeugnis vorzulegen, nicht sachgemäß ist oder erfolglos bleibt (§ 31 BZRG). Bestimmte relativ geringfügige Verurteilungen (insbesondere auf dem Gebiet des Jugendstrafrechts) dürfen von vornherein nicht in das Führungszeugnis aufgenommen werden (s.i.e. § 32 BZRG). Nach Ablauf bestimmter Fristen (3 oder 5 Jahre) dürfen auch andere Verurteilungen nicht mehr im Führungszeugnis erscheinen (§§ 33, 34 BZRG). Eintragungen, die nach dem Dargelegten nicht in das Führungszeugnis aufgenommen werden, dürfen ausnahmsweise bestimmten Behörden, insbesondere Gerichten und Behörden der StA für Zwecke der Rechtspflege, zur Kenntnis gebracht werden (*unbeschränkte Auskunft* aus dem Zentralregister: § 41 BZRG).

4. Eintragungen über Verurteilungen werden nach Ablauf von bestimmten Fristen *getilgt.* Die Tilgungsfristen betragen – abgestuft nach der Schwere der Verurteilung – 5, 10 oder 15 Jahre. Bei Verurteilung zu lebenslanger Freiheitsstrafe ist eine Tilgung ausgeschlossen (§§ 45, 46 BZRG). Auf Antrag oder von Amts wegen kann der Generalbundesanwalt auch eine vorzeitige Tilgung der Eintragung anordnen, falls die Vollstreckung erledigt ist und das öffentliche Interesse der Anordnung nicht entgegensteht. Bei Ablehnung des Antrags hat der Antragsteller ein Beschwerderecht (§ 49 III BZRG).

5. Sind die Eintragungen getilgt oder zu tilgen, so dürfen die Tat und die Verurteilung dem Betroffenen im Rechtsverkehr nicht mehr vorgehalten und nicht zu seinem Nachteil verwertet werden (§ 51 BZRG mit Ausnahmen in § 52 BZRG; s. dazu bereits oben § 24 D III, 2). Der Verurteilte darf sich als unbestraft bezeichnen und braucht den der Verurteilung zugrundeliegenden Sachverhalt nicht zu offenbaren, wenn die Verurteilung nicht in das Führungszeugnis aufzunehmen oder zu tilgen ist (§ 53 I BZRG). Dies gilt nicht, wenn Gerichte oder Behörden ein Recht auf unbeschränkte Auskunft aus dem Zentralregister haben (vgl. o. C I, 3) und der Verurteilte darüber belehrt worden ist (§ 53 II BZRG).

6. Die wesentliche Bedeutung des nicht öffentlichen Zentralregisters liegt darin, daß die zuständigen Gerichte und Behörden sich durch ein Auskunftsersuchen beim Generalbundesanwalt jederzeit über etwaige Vorstrafen eines im Verfahren vor ihnen Beteiligten vergewissern können (vgl. o. C I, 3 a. E.). Andererseits hat der Gesetzgeber der auch nach der Strafverbüßung feststehenden, ständigen „Bemakelung" des Verurteilten, die einer wirksamen Resozialisierung abträglich ist, dadurch entgegenzuwirken versucht, daß die Fristen für die Nichtaufnahme in das Führungszeugnis und die Tilgungsfristen gegenüber dem früheren Rechtszustand erheblich verkürzt worden sind (zur Kritik des neuen Gesetzes vgl. aber auch Güllemann/Spellenberg aaO.).

II. Das Zentralregister wird ergänzt durch das **Verkehrszentralregister,** das beim Kraftfahrt-Bundesamt in Flensburg geführt wird (§§ 28–30 StVG, §§ 13–13 d StVZO). Darin werden eingetragen (§§ 28 StVG, 13 StVZO):

a) die rechtskräftigen Entscheidungen der Strafgerichte und Verwaltungsbehörden über Straftaten und wichtigere Ordnungswidrigkeiten im Straßenverkehr;

b) sämtliche rechtskräftigen Entscheidungen, die Fahrerlaubnisse und Fahrlehrerlaubnisse betreffen (Fahrverbot, Entziehung der Fahrerlaubnis u.ä.);

c) schließlich gewisse Verwaltungsentscheidungen im Güterkraftverkehrs- und Personenbeförderungswesen.

Die Eintragungen sind nach bestimmten Fristen zu tilgen (§§ 29 StVG; 13 a StVZO). Die Auskunft aus dem Register ist nach Maßgabe des § 30 StVG beschränkt.

§ 57. Die Kosten

Literatur: Friedenreich, Die Lehre von den Kosten im Strafprozeß, 1901; Leiss-Weingartner, Strafvollstreckung (Handbuch der amtsgerichtlichen Praxis, Bd. 9; 2. Buch: Kosten des Strafverfahrens), 2. Aufl. 1958; Wangemann, Das Risiko der Staatskasse im Strafverfahren, 1971; Hassemer, Dogmatische, kriminalpolitische und verfassungsrechtliche Bedenken gegen die Kostentragungspflicht des Angeklagten, ZStW 85 (1973), 651; Kühl, Zur Beurteilung der Unschuldsvermutung bei Einstellungen und Kostenentscheidungen, JR 1978, 490; Rieß, Thesen zur Reform des strafprozessualen Kostenrechts, in: Schreiber, Strafprozeß und Reform, 1979, 150; H. Schmidt, Streitfragen im Recht der „Kosten des Verfahrens", §§ 464 ff., Schäfer-Festschr., 1980, 231; Michaelowa, Die Notwendigkeit von Kostenentscheidungen in sog. Zwischen- oder Nebenverfahren, ZStW 94 (1982), 969.

A. Begriff der Kosten

I. Die Kosten des Strafverfahrens zerfallen in *Gebühren* (§§ 40–47 GKG) und *Auslagen* der Staatskasse (Nr. 1900 ff. Kostenverzeichnis – Anlage 1 zum GKG; vgl. § 464 a I, 1). Gebühren sind dazu bestimmt, die Kosten der Strafrechtspflege wenigstens teilweise zu decken (die Höhe der Gebühr richtet sich dabei nach der Höhe der erkannten Strafe; § 40 I GKG). Auslagen, die nur in gesetzlich bestimmten Fällen erhoben werden können, weil sie im allgemeinen durch die Gerichtsgebühren abgegolten sind, erwachsen dem Staat oder Privatpersonen (z. B. Dienstreisekosten bei einem auswärtigen Augenschein, Zeugen- und Sachverständigengebühren, Gebühren für den bestellten Verteidiger).

II. Zu den Kosten des Verfahrens gehören auch die durch die Vorbereitung der öffentlichen Klage entstandenen Kosten sowie die Kosten der Vollstreckung einer Rechtsfolge der Tat (§ 464 a I, 2).

III. Von den Verfahrenskosten i. e. S. sind die *Auslagen* eines Beteiligten zu unterscheiden, für die das Gesetz an anderen Stellen besondere Regelungen getroffen hat (vgl. §§ 467, 467 a, 469–473); sie bestehen in der Hauptsache aus den Verteidigergebühren und der Zeitversäumnis des Beschuldigten (s. § 464 a II).

B. Entscheidung über Kosten und notwendige Auslagen

Jede abschließende Entscheidung muß bestimmen, wer die Verfahrenskosten zu tragen hat (§ 464 I), z. B. „Der Angeklagte hat die Kosten des Verfahrens zu tragen" oder „Die Kosten des Verfahrens fallen der Staatskasse zur Last". Das gleiche gilt für die Entscheidungen über die notwendigen Auslagen eines Beteiligten (§ 464 II).

C. Pflicht zur Kostentragung

I. 1. Der Angeklagte hat die Kosten des Verfahrens insoweit zu tragen, als er *verurteilt* worden ist (§ 465 I, 1). Sind durch Untersuchungen zur

Aufklärung bestimmter belastender oder entlastender Umstände besondere Auslagen entstanden und sind die Untersuchungen zugunsten des Angeklagten ausgegangen, so hat das Gericht die entstandenen Auslagen teilweise oder auch ganz der Staatskasse aufzuerlegen, wenn es unbillig wäre, den Angeklagten damit zu belasten (§ 465 II). Dies gilt namentlich bei einem *Teilfreispruch*, in welchem Fall die Kosten und Auslagen im Kostenfestsetzungsverfahren (s. u. E) angemessen zu verteilen sind (vgl. i. e. BGH NJW 1973, 665).

2. Die Einziehung der Kosten des Verfahrens und der Haftkosten führt sehr häufig zu einer *Gefährdung der Resozialisierung*. Der mit der Eintreibung verbundene Arbeitsaufwand steht außerdem in gar keinem Verhältnis zu dem geringen Ertrag. Deswegen wird – z.T. schon seit einer Reihe von Jahren – in einigen Ländern von der Erhebung der Haftkosten allgemein abgesehen (so in Baden-Württemberg). In anderen Ländern, z.B. in Nordrhein-Westfalen, ist bis zur bundesgesetzlichen Neuregelung des Haftkostenrechts angeordnet, daß der Kostenbeamte von dem Ansatz der Haftkosten nicht nur bei Zahlungsunfähigkeit des Verurteilten abzusehen hat, sondern auch dann, wenn die Erhebung der Haftkosten zu einer Gefährdung seiner Resozialisierung führen kann (vgl. Amelunxen, Sinn und Aufgabe neuzeitlicher Strafrechtspflege, DRiZ 1956, 165); vgl. auch § 10 der Justizverwaltungskostenordnung (Schönfelder 120). De lege ferenda ist bei einer Gefährdung der Resozialisierung die gänzliche Aufhebung der kriminalpolitisch zweifelhaften und fiskalisch unbedeutenden Kostentragungspflicht des Verurteilten zu erwägen (vgl. Hassemer, aaO.; krit. Rieß, 150, 155).

II. Nach § 467 I fallen die Kosten des Verfahrens und die notwendigen Auslagen des Angeschuldigten bei Freispruch, Ablehnungsbeschluß gemäß § 204 und gerichtlicher Einstellung des Verfahrens grundsätzlich der Staatskasse zur Last.

1. Davon gilt eine *obligatorische Ausnahme* dann, wenn der Angeschuldigte besondere Kosten oder Auslagen durch schuldhafte Säumnis verursacht hat (§ 467 II) oder durch die Täuschung, die ihm zur Last gelegte Tat begangen zu haben, zur Klageerhebung Anlaß gegeben hat (§ 467 III, 1).

2. Eine *fakultative* Ausnahme gilt dann, wenn der Angeschuldigte sich wahrheitswidrig oder unter Verschweigen wesentlicher entlastender Umstände geäußert hat (§ 467 III, 2 Nr. 1) oder wenn er wegen einer strafbaren Handlung nur deshalb nicht verurteilt wird, weil ein Verfahrenshindernis vorliegt (§ 467 III, 2 Nr. 2).

3. Schließlich kann das Gericht davon absehen, die notwendigen Auslagen des Angeschuldigten der Staatskasse aufzuerlegen, wenn es das Verfahren nach einer Vorschrift einstellt, die dies nach seinem Ermessen zuläßt, etwa bei Einstellung wegen Geringfügigkeit nach § 153 II (§ 467 IV); nach OLG Frankfurt NJW 1980, 2031 verstößt das nicht gegen die Unschuldsvermutung des Art. 6 II MRK (krit. Anm. Kühl, NStZ 1981, 114). Wird das Verfahren nach vorangegangener vorläufiger Einstellung gemäß § 153a (vgl. o. § 14 B II, 2b) endgültig eingestellt, so fallen sie ausnahmslos dem Angeschuldigten zur Last (§ 467 V), nicht

aber die Auslagen des Nebenklägers (vgl. Kühl, NJW 1980, 1834 m. w. N.).

III. Die Kosten eines erfolglos eingelegten *Rechtsmittels* treffen den, der es eingelegt hat (§ 473 I). Erfolglos ist ein Rechtsmittel nach h. M. (L.-R.[23]-Schäfer, § 473, Rdnr. 24 ff. m. zahlr. Nachw.) dann, wenn es verworfen wird oder schließlich doch wieder zu dem gleichen oder einem für den Beschwerdeführer im wesentlichen gleichen Ergebnis führt. Legt also der Angeklagte etwa wegen unvorschriftsmäßiger Besetzung des Gerichts Revision ein, verweist das Revisionsgericht die Sache zurück und bestätigt das Gericht, an das zurückverwiesen worden ist, das angefochtene Urteil, so muß der Angeklagte auch die Kosten der von ihm erfolgreich eingelegten Revision tragen. Richtiger wäre es, bei Aufhebung des erstinstanzlichen Urteils in der zweiten Instanz deren Kosten immer der Staatskasse aufzuerlegen (vgl. Warburg, NJW 1973, 23).

Bei teilweisem Erfolg des Rechtsmittels hat das Gericht die Gebühr zu ermäßigen und die Auslagen ganz oder teilweise der Staatskasse aufzuerlegen. Entsprechendes gilt für die notwendigen Auslagen der Beteiligten (vgl. § 473 IV).

IV. Der *Anzeigeerstatter* hat die Kosten und notwendigen Auslagen zu tragen, wenn er die Anzeige wider besseres Wissen oder grobfahrlässig erstattet hat (§ 469).

V. Der *Antragsteller* hat bei Zurücknahme des Strafantrags die Kosten und notwendigen Auslagen zu tragen. Sie können aber auch dem Angeklagten auferlegt werden, soweit er sich zur Übernahme bereit erklärt hat, oder der Staatskasse, soweit es unbillig wäre, die Beteiligten damit zu belasten (§ 470).

VI. Nimmt die *Staatsanwaltschaft* eine einmal erhobene *Klage zurück* und stellt sie dann das Verfahren ein, so fallen die notwendigen Auslagen in der Regel der Staatskasse zur Last (vgl. § 467 a). Nach dem klaren Willen des Gesetzes soll also für den Fall, daß das Verfahren bereits *vor dem förmlichen Abschluß* der Ermittlungen eingestellt wird, kein Anspruch auf Auslagenerstattung bestehen; dahinter steht der (nicht völlig überzeugende) Gedanke, daß die Beiziehung eines Rechtsanwalts in einem so frühen Verfahrensabschnitt nicht unbedingt erforderlich sei und daher auf eigene Kosten des Beschuldigten erfolgen müsse (vgl. LG München I, NJW 1973, 2305).

D. Anfechtung der Kostenentscheidungen

Gegen die Entscheidung über die Kosten und notwendigen Auslagen ist (auch bei einem Urteil, aber nur soweit dieses mit Rechtsmitteln noch anfechtbar ist; OLG Koblenz MDR 1978, 595) nur die sofortige Beschwerde zulässig (§ 464 III, 1; vgl. BGHSt 25, 77). Dagegen ist die Kosten- u. Auslagenentscheidung bei einer Einstellung nach § 153 nach jetzt wohl h. M. unanfechtbar (vgl. OLG Braunschweig NJW 1974,

1575); entsprechendes gilt nach LG Karlsruhe, NJW 1976, 121 auch bei einer Einstellung nach § 206 a.

E. Kostenfestsetzungsverfahren

Die Höhe der Kosten und Auslagen, die ein Beteiligter einem anderen Beteiligten zu erstatten hat, wird auf Antrag eines Beteiligten in einem Kostenfestsetzungsbeschluß durch den Urkundsbeamten der Geschäftsstelle festgesetzt.
Auf das Verfahren – insbesondere die Anfechtung dieses Beschlusses – sind die Vorschriften der ZPO entsprechend anzuwenden (§ 464 b, 3 StPO i. V. m. § 104 III, 2, 5 ZPO). Dabei gilt bei Beschwerdeentscheidungen das Verbot der reformatio in peius (vgl. Schmidt, NJW 1980, 682).

§ 58. Entschädigung

A. Die Entschädigung des Beschuldigten

Literatur: B ö i n g , Das Recht des Beschuldigten auf Entschädigung für unschuldig erlittene Haft, in: Dtsch. strafrechtl. Landesreferate zum IX. Intern. Kongreß f. Rechtsvergleichg. Teheran 1974, Beiheft z. ZStW, 1974, 73; D. M e y e r , Kommentar zum StrEG, 1978; K ü h l , Haftentschädigung und Unschuldsvermutung, NJW 1980, 806; S c h ä t z l e r , Gesetz über die Entschädigung für Strafverfolgungsmaßnahmen (StrEG), Kommentar, 2. Aufl., 1982.

Rechtmäßige oder rechtswidrige Strafverfolgungsmaßnahmen können dem Betroffenen vielfältige Schäden zufügen.

I. Ist die Strafverfolgungsmaßnahme von vornherein *rechtswidrig*, also unter Verstoß gegen die StPO (etwa bei der Untersuchungshaft unter Verletzung des Verhältnismäßigkeitsgrundsatzes nach § 112 I, 2) angeordnet worden, so hat der Betroffene bei Verschulden der staatlichen Organe einen Anspruch aus Amtspflichtverletzung (§ 839 BGB, Art. 34 GG). Bei bloß objektiver Rechtswidrigkeit ist u. U. ein unmittelbar einklagbarer Anspruch auf Schadensersatz aus Art. 5 V MRK gegeben (grundlegend dazu BGHZ 45, 58).

II. Auch für formal *rechtmäßig* erlittene Strafverfolgungsmaßnahmen gewährt das *Gesetz über die Entschädigung für Strafverfolgungsmaßnahmen* vom 8. 3. 1971 (StrEG) Entschädigungsansprüche (zur Kritik und weiteren Reformen s. Baumann, Heinitz-Festschr., 1972, 705).

1. Ist der Beschuldigte *verurteilt* worden, verpflichtet § 1 StrEG den Staat grundsätzlich zur Entschädigung, wenn die Verurteilung im Wiederaufnahmeverfahren oder sonst, nachdem sie rechtskräftig geworden ist, fortfällt oder gemildert wird. Die Entschädigung ist u. a. ausgeschlossen, wenn der Beschuldigte die Strafverfolgungsmaßnahme vorsätzlich oder grob fahrlässig verursacht oder dadurch veranlaßt hat, daß er sich selbst in wesentlichen Punkten wahrheitswidrig belastet hat (vgl. §§ 5, 6

StrEG). Die Ersatzpflicht umfaßt außer dem vollen Vermögensschaden auch den immateriellen Schaden, der mit einer Pauschale von DM 10.– für jeden angefangenen Tag Freiheitsentziehung abgegolten wird (§ 7 StrEG). Außer dem Beschuldigten haben auch die Personen, denen er zum Unterhalt verpflichtet war, Anspruch auf Entschädigung (§ 11 StrEG).

2. Ist der Beschuldigte *nicht verurteilt* worden, ist ihm gemäß § 2 II StrEG für Untersuchungshaft, einstweilige Unterbringung, vorläufige Festnahme, Beschlagnahme und vorläufige Entziehung der Fahrerlaubnis Entschädigung zu gewähren, wenn er freigesprochen wurde (§ 2 I StrEG). Bei Einstellung des Verfahrens ist zu differenzieren: *Muß* das Verfahren eingestellt werden, so ist grundsätzlich immer Entschädigung zu gewähren. Bei Einstellung des Verfahrens nach einer Ermessensvorschrift (etwa § 153 I) *kann* eine Entschädigung gewährt werden, soweit dies der Billigkeit entspricht (§ 3 StrEG). Entsprechendes gilt, wenn das Gericht von Strafe absieht oder wenn die in der strafgerichtlichen Verurteilung angeordneten Rechtsfolgen geringer sind als die darauf gerichteten Strafverfolgungsmaßnahmen (sog. überschießende Strafverfolgungsmaßnahme) (§ 4 StrEG). Unzulässig ist es, die Einstellung von einem Verzicht auf Haftentschädigung abhängig zu machen (näher Seebode, NStZ 1982, 144).

3. Bei *Mitverschulden* des Beschuldigten oder eigener Veranlassung der Strafverfolgungsmaßnahme ist der Entschädigungsanspruch *ausgeschlossen* (§§ 5, 6 StrEG).

4. *Verfahrensmäßig* ist zwischen der Entscheidung über den Grund der Entschädigungspflicht und über die Höhe der Entschädigung zu unterscheiden. Die Entscheidung *dem Grunde nach* trifft das Gericht regelmäßig in dem das Verfahren abschließenden Urteil oder Beschluß; hat die StA das Verfahren eingestellt, so entscheidet das Amtsgericht am Sitz der StA (vgl. i. e. § 9 StrEG). Gegen die gerichtliche Entscheidung ist die sofortige Beschwerde zulässig (§ 8 StrEG). Ist die Entschädigungspflicht dem Grunde nach rechtskräftig festgestellt, so ist der Anspruch auf Entschädigung (also *der Höhe nach*) innerhalb einer Ausschlußfrist von 6 Monaten bei der StA geltend zu machen, die die Ermittlungen im ersten Rechtszug geführt hat. Über dieses Recht ist der Betroffene zu belehren. Über den Antrag entscheidet die oberste Behörde der Landesjustizverwaltung, die diese Entscheidungsbefugnis freilich auf nachgeordnete Behörden delegieren kann (§§ 10, 12 StrEG). Gegen diese Entscheidung ist innerhalb von 3 Monaten der Rechtsweg an die Zivilkammern der Landgerichte gegeben (§ 13 StrEG).

III. Entschädigungsberechtigt nach dem StrEG ist, wenn man von § 11 StrEG absieht, nur der Beschuldigte selbst, gegen den sich die Maßnahme gerichtet hat. Dritte, in deren Rechte eingegriffen worden ist (etwa bei der Beschlagnahme von Beweismitteln), haben also keinen Anspruch nach dem StrEG, eventuell aber nach §§ 74f StGB, 28 OWiG oder aus Amtspflichtverletzung (§ 839 BGB, Art. 34 GG).

B. Die Entschädigung für Opfer von Gewalttaten

Literatur: Schoreit, Entschädigung der Verbrechensopfer als öffentliche Aufgabe, 1973; Schoreit/Düsseldorf, Gesetz über die Entschädigung für Opfer von Gewalttaten (OEG), Kommentar, 1977; Schulz-Lüke/Wolf, Gewalttaten und Opferentschädigung, Kommentar zum OEG, 1977; Weintraud, Staatliche Entschädigung für Opfer von Gewalttaten in Großbritannien und in der Bundesrepublik Deutschland, 1980; Frank Ebert, Hilfe für Verbrechensopfer, Diss. München 1981; Kunz, OpferentschädigungsG, Kommentar, 1981.

Durch das Gesetz über die Entschädigung für Opfer von Gewalttaten (OEG) i. d. F. der Bek. vom 7. 1. 1985 (BGBl. I S. 1) ist auch die *Opferentschädigung* gesetzlich geregelt worden, die hier des Zusammenhanges wegen in ihren Grundzügen kurz geschildert werden soll:

Wer durch einen vorsätzlichen und rechtswidrigen tätlichen Angriff oder dessen rechtmäßige Abwehr, durch vorsätzliche Giftbeibringung oder durch ein Verbrechen mit gemeingefährlichen Mitteln eine gesundheitliche Schädigung erlitten hat, erhält nach § 1 OEG wegen der gesundheitlichen und wirtschaftlichen Folgen Versorgung nach den Regeln des Bundesversorgungsgesetzes, d. h. vor allem medizinische und berufliche Rehabilitationsleistungen, Beschädigtenrente oder Hinterbliebenenversorgung (§§ 9 ff. BVG). Ausgenommen davon sind sämtliche Taten mittels eines Kraftfahrzeuges oder Anhängers (§ 1 VI OEG), doch greift insofern nach § 12 PflVersG i. d. F. von § 9 OEG ein Entschädigungsfonds der deutschen Versicherungswirtschaft ein. Die Versagung des Anspruchs sieht § 2 OEG obligatorisch vor für die Fallgruppen der Verursachung des Schadens durch den Geschädigten und der sonstigen, namentlich in seinem eigenen Verhalten wurzelnden, Unbilligkeit der Entschädigung sowie fakultativ bei unterlassener Mitwirkung an der Sachaufklärung. Generell ausgeschlossen bleibt schließlich der Ersatz von Sachschäden. Weitere Vorschriften des OEG betreffen die Anspruchskonkurrenz (§ 3) und den Übergang gesetzlicher Schadensersatzansprüche (§ 5) sowie Verfahren und Rechtsweg (§§ 6, 7).

Näher zum Inhalt des Gesetzes neben den oben angeführten Kommentaren Jung, JuS 1976, 478; Rüfner, NJW 1976, 1249; Röhmel, JA 1977, 39, 87.

12. Kapitel

Besonderheiten des ordentlichen Verfahrens

§ 59. Das beschleunigte Verfahren

Literatur: Siegert, Kritische Bemerkungen zum Schnellverfahren, GS 102, 30; Gallrein, Das schleunige Verfahren im Strafprozeß, 1934; Töwe, Neugestaltung der besonderen Verfahrensarten, GS 107, 48; Dünnebier, Das beschleunigte Verfahren, GA 1959, 272; Schünemann, Das beschleunigte Verfahren im Zwiespalt von Gerechtigkeit und Politik, NJW 1968, 975; Rud. Schmitt, Das Strafverfahren zweiter Klasse, ZStW 89 (1977), 639; Rieß, Vereinfachte Verfahrensarten für die kleinere Kriminalität, in: Schreiber, Strafprozeß und Reform, 1979, 113.

A. Zweck und Grenzen

Im beschleunigten Verfahren (§§ 212–212 b) folgt das Urteil dem Delikt gewissermaßen auf dem Fuße. So ist es in Großstädten nicht selten, daß die in der Nacht vorläufig Festgenommenen schon am anderen Morgen im Polizeigebäude abgeurteilt werden. Dieser unbestreitbare Vorzug der Raschheit wird jedoch mit erheblichen Einbußen an der Justizförmigkeit des Verfahrens erkauft (s. i. e. unten B.). Außerdem ist im beschleunigten Verfahren eine Erforschung der Täterpersönlichkeit und der darauf beruhenden Strafzumessungsgründe praktisch ausgeschlossen. Dieses „Schnellverfahren" ist daher nur dann empfehlenswert, wenn der Sachverhalt ohne umfangreiche Beweiserhebung und -würdigung schematisch ermittelt werden kann, während es etwa bei laufenden aufrührerischen Demonstrationen unangebracht wäre, weil dann bei der Strafzumessung die Gefahr einer einseitigen Bevorzugung der Generalprävention bestünde.

B. Die gesetzliche Regelung

I. 1. Das beschleunigte Verfahren ist vor dem Strafrichter (Einzelrichter) und dem Schöffengericht *zulässig,* sofern
    a) die StA es nach ihrem unüberprüfbaren Ermessen beantragt,
    b) der Sachverhalt einfach und die sofortige Aburteilung möglich ist und
    c) keine höhere Strafe als ein Jahr Freiheitsstrafe zu erwarten ist (§ 212 b I).

Verhängt das Gericht im beschleunigten Verfahren eine höhere Strafe, so soll dadurch nach OLG Celle NStZ 1983, 233 ein Verfahrenshindernis begründet werden, das auch ohne Prozeßrüge zu berücksichtigen ist, aber nicht zur Einstellung, sondern zur Zurückverweisung an die Erstinstanz führt (dagegen nimmt Treier, NStZ 1983, 234 nur einen gewöhnlichen Verfahrensverstoß an, während Meyer-Goßner, JR 1984, 75 eine Einstellung befürwortet).

2. Das Gericht muß den Antrag der StA durch unanfechtbaren Beschluß (§ 212 b II, 2) ablehnen oder die Verhandlung noch bis zur Urteilsverkündung abbrechen, wenn die gesetzlichen Voraussetzungen nicht vorliegen, d. h., wenn sich die Sache zur Verhandlung im beschleunigten Verfahren nicht eignet oder sich während der Hauptverhandlung zeigt, daß eine höhere Strafe als ein Jahr Freiheitsstrafe verhängt werden müßte (§ 212 b I, II); in diesem Falle hat die StA im ordentlichen Verfahren eine neue Anklageschrift einzureichen (§ 212 b III). Außerdem darf im beschleunigten Verfahren nur eine einzige Maßregel verhängt werden: die Entziehung der Fahrerlaubnis (§ 212 b I, 2, 3).

II. Das beschleunigte Verfahren weist im Vergleich zum Regelverfahren *vier* zur Vereinfachung und Verkürzung führende *Besonderheiten* auf:

1. Die Anklage kann in der Hauptverhandlung mündlich erhoben werden, ohne daß vorher eine Anklageschrift eingereicht werden muß (§ 212 a II).

2. Es ergeht kein Eröffnungsbeschluß, m. a. W., das gesamte Zwischenverfahren fällt fort (§ 212 a I).

3. Die Ladungsfrist ist auf vierundzwanzig Stunden verkürzt (§ 212 a III, 3), wobei sich eine Ladung überhaupt erübrigt, wenn der Beschuldigte freiwillig erscheint oder vorgeführt wird (§ 212 a III, 1).

4. Im übrigen weicht das beschleunigte Verfahren vom Regelverfahren nicht ab; die Vorschriften über die Verteidigung, Rechtsmittel u. a. m. gelten hier unverändert.

§ 60. Das Verfahren gegen Abwesende

Literatur: Dünnebier, Das Kontumazialverfahren ist abgeschafft, Heinitz-Festschrift, 1972, 669; Oppe, Das Abwesenheitsverfahren in der Strafprozeßreform, ZRP 1972, 56.

A. Abwesende und Ausgebliebene

Es ist ein wichtiger Grundsatz des heutigen Strafverfahrensrechts, daß niemand verurteilt werden kann, der nicht vorher *gehört* worden ist (Art. 103 I GG); darüber hinaus erfordert der Grundsatz der Unmittelbarkeit, daß der urteilende Richter nicht bloß die Zeugen, sondern auch den Angeklagten persönlich vor sich sieht, um sich das richtige Bild von seiner Persönlichkeit zu machen. Deswegen kann *grundsätzlich* eine Verhandlung ohne den Angeklagten *nicht* stattfinden.

Von diesem Grundsatz gibt es Ausnahmen:

1. das Verfahren gegen *Ausgebliebene:* In einigen Fällen kann eine Hauptverhandlung gegen einen nicht erschienenen Angeklagten durchgeführt werden, der sich im Bereich der deutschen Gerichtsgewalt befindet

und dessen Aufenthalt bekannt ist, so daß eine ordnungsmäßige Ladung möglich war (§§ 232 ff.; vgl. dazu o. § 42 F II, 2, 3);

2. das Verfahren gegen *Abwesende* im technischen Sinn, d. h. gegen Beschuldigte, deren Aufenthalt unbekannt ist oder die sich im Ausland aufhalten und deren Gestellung vor das Gericht nicht ausführbar oder nicht angemessen erscheint (§ 276). Seit dem 1. 1. 1975 läßt die StPO hier nur noch die unter B) zu schildernden Maßnahmen zu. Die früher in bestimmten Fällen bestehende Möglichkeit einer Hauptverhandlung gegen Abwesende ist durch das EGStGB vom 2. 3. 1974 abgeschafft worden.

B. Beweissicherung, Gestellung, sicheres Geleit

I. Das Verfahren gegen einen Abwesenden dient vor allem dazu, für den Fall seiner künftigen Gestellung die Beweise zu sichern (§ 285 I). Zu diesem Zweck läßt das Gesetz ein eigenes *Beweissicherungsverfahren* zu (s. im einzelnen §§ 285–289); dieses endet bei Abschluß der Ermittlungen mit vorläufiger Einstellung nach § 205.

II. Ist gegen den Abwesenden bereits die öffentliche Klage erhoben und liegen die Voraussetzungen eines Haftbefehls vor, so kann sein *Vermögen beschlagnahmt* werden, um seine *Gestellung* zu erzwingen (§§ 290–294). Sobald sich der Abwesende stellt oder seine Gestellung unmöglich wird, muß die Beschlagnahme aufgehoben werden.

III. Schließlich kann das Gericht dem Abwesenden nach Maßgabe von § 295 ein sog. *sicheres Geleit* erteilen. Da dies jedoch nur eine begrenzte Befreiung von der Untersuchungshaft gewährt und zudem bei Verurteilung zu Freiheitsstrafe erlischt, wird es den Abwesenden wenig locken.

Zur Möglichkeit eines freien Geleits für Zeugen vgl. Art. 12 I, III EuRHÜbK.

13. Kapitel

Die Beteiligung des Verletzten am Strafverfahren

Vorbemerkung

Literatur: Jung, Die Stellung des Verletzten im Strafprozeß, ZStW 93 (1981), 1147; Rieß, Die Rechtsstellung des Verletzten im Strafverfahren, Gutachten zum 55. Deutschen Juristentag, 1984; Rössner/Wulf, Opferbezogene Strafrechtspflege, O. J. (1984); Schöch, Die Rechtsstellung des Verletzten im Strafverfahren, NStZ 1984, 385; Weigend, Viktimologische und kriminalpolitische Überlegungen zur Stellung des Verletzten im Strafverfahren, ZStW 96 (1984), 761; Ostendorf, Alternativen zur strafverurteilenden Konflikterledigung, ZRP 1983, 302 (306); Geerds, Zur Rechtsstellung des Verletzten im Strafprozeß, JZ 1984, 786; Jung, Zur Rechtsstellung des Verletzten im Strafverfahren, JR 1984, 309; Luther, Die Rechtsstellung des Geschädigten (Verletzten) im Strafverfahren der DDR, JR 1984, 312; Meyer-Goßner, Die Rechtsstellung des Verletzten im Strafprozeß, ZRP 1984, 228; Hammerstein, Odersky, Die Rechtsstellung des Verletzten im Strafverfahren, Referate zum 55. Deutschen Juristentag 1984, mit Diskussion und Beschlüssen, 1985.

Die Beteiligung des Verletzten im Strafverfahren ist in der StPO nur höchst unzureichend geregelt. Denn die Privatklage (vgl. § 61) und das Adhäsionsverfahren (vgl. § 63) verhelfen dem Verletzten in der Praxis nur sehr selten zu seinem Recht, während die Nebenklage (vgl. § 62) zwar häufig erhoben wird, aber sehr unbefriedigend ausgestaltet ist. Erst die kriminologischen Untersuchungen zur Viktimologie (zur Lehre vom Verbrechensopfer) haben lebhafte rechtspolitische Bemühungen um eine Verbesserung der Verletztenstellung hervorgerufen. Die am weitesten gehenden Vorschläge zielen darauf, die Privat- und die Nebenklage in ihrer bisherigen Form abzuschaffen und durch eine Regelung zu ersetzen, die jedem durch eine Straftat Verletzten (oder wenigstens denen, bei denen eine Verletzung von Leben, Körper, Freiheit, Ehre oder sexueller Selbstbestimmung vorliegt) angemessene Beteiligungsrechte (Akteneinsicht, anwaltlichen Beistand, Anwesenheits- und Anhörungsrechte, Rechtsmittelbefugnisse bei Freispruch und Einstellung) gewährt, ohne durch eine zusätzliche Kostenbelastung des Verurteilten dessen Resozialisierung zu erschweren (vgl. näher Rieß aaO., Rdnr. 115ff.).

Neben der Schaffung einer solchen „einheitlichen Verletztenstellung" empfiehlt es sich, die bisher in der StPO nur geringen Ansätze für einen Täter-Opfer-Ausgleich (§ 153a I Nr. 1, das Sühneverfahren des § 380 und das Adhäsionsverfahren der §§ 403ff.) zu der völlig neuen Konzeption eines „strafrechtlichen Restitutionsverfahrens" zusammenzufassen. Dieses Verfahren könnte bei geständigen Beschuldigten unter richterlicher Leitung stattfinden, und ggf. mit einer „Wiedergutmachungsvereinbarung" zwischen dem Verletzten und dem Beschuldigten enden, bei deren Zustandekommen von Strafe abgesehen oder die Strafe mindestens wesentlich herabgesetzt werden könnte (näher Schöch aaO., 390). Diese Vorschläge sind zu begrüßen, bedürfen aber noch weiterer Ausarbeitung. Auch eine Erweiterung der Klageerzwingungsmöglichkeiten durch den Verletzten wird anzustreben sein (vgl. § 39, B, I, 3).

§ 61. Die Privatklage

Literatur: Gerland, Die systematische Stellung des Privatklageverfahrens im Strafprozeß, GS 60, 157; Werthauer, Die Privatklage, 1930; Oetker, Fragen des Privatklageverfahrens, GS 102, 262; Töwe, Die Privatklage, GS 106, 145; Schorn, Das Recht der Privatklage, 1967; Maiwald, Die Beteiligung des Verletzten am Strafverfahren, GA 1970, 33; Doering, Beleidigung und Privatklage, 1971; Dürwanger-Dempewolf, Handbuch des Privatklagerechts[3], 1971; Koewius, Die Rechtswirklichkeit der Privatklage, 1974; v. Schacky, Das Privatklageverfahren und seine Berechtigung heute, Diss. München, 1975; Hirsch, Gegenwart und Zukunft des Privatklageverfahrens, Lange-Festschr., 1976, 815; W. Schmid, Zur Prozeßfähigkeit des Privat- und Nebenklägers, SchlHA 1981, Teil A Nr. 10 S. 153; Grebing, Abschaffung oder Reform der Privatklage?, GA 1984, 1.

A. Entwicklung und Eigenart des Privatklageverfahrens

I. Nachdem der inquisitorische gemeine Strafprozeß, der seit der CCC über 300 Jahre geherrscht hatte, in Deutschland in der Mitte des 19. Jahrhunderts durch den Anklageprozeß abgelöst worden war, stand die Befugnis zur Anklage zunächst nur der StA zu, die sie (nach dem Vorbild des französischen Rechts) nach ihrem Ermessen erhob oder nicht erhob. Aber bald wurde zum Schutz der Verletzten gegen eine etwaige Justizverweigerung eine allgemeine subsidiäre Privatklage verlangt. Die Forderung hat sich in der StPO nicht durchgesetzt; vielmehr wurde die Privatklage nur bei bestimmten einzelnen Delikten (Beleidigung und leichter Körperverletzung), später (nach 1921) auch bei anderen Antragsdelikten zugelassen und noch später auch über den Kreis dieser Antragsdelikte hinaus auf gefährliche Körperverletzung und Bedrohung ausgedehnt.

II. 1. Der Privatklageprozeß zeigt *Einschläge des Parteiverfahrens:*
a) So hat der Privatkläger im Gegensatz zur StA weder eine Verfolgungspflicht noch eine Pflicht zur Objektivität. Daher darf er – anders als die StA – auch nicht Rechtsmittel zugunsten des verurteilten Angeklagten einlegen (s. § 296 II u. OLG Hamburg JZ 1958, 251).
b) Der Privatkläger kann auch nach Eröffnung des Hauptverfahrens – u. U. allerdings nur im Einvernehmen mit dem Angeklagten – die Privatklage zurücknehmen (vgl. § 391 I). Anders als im Offizialverfahren (vgl. § 156) ist beim Privatklageverfahren also eine Verfügung der „Parteien" über den Prozeßgegenstand auch nach Eröffnung des Hauptverfahrens möglich (sog. *Dispositionsmaxime*).
2. Andererseits ist das Privatklageverfahren auch *kein echtes Parteiverfahren.* So muß auch im Privatklageverfahren das Gericht selbst inquirieren, d. h. den seiner Urteilsfindung zugrundeliegenden Tatsachenstoff in eigener Verantwortung zusammentragen. Es gilt also auch hier die

Inquisitions-(Instruktions-)maxime, nicht dagegen die Verhandlungsmaxime.

III. Der *Gesetzgeber* steht der Privatklage *nicht freundlich* gegenüber. Dies zeigt sich in mehrfacher Hinsicht:

1. Nach § 67 GKG (vgl. § 379a) ist der Privatkläger zur Zahlung eines Prozeßkostenvorschusses verpflichtet (eventuell muß der Privatkläger auch Sicherheit für die dem Beschuldigten erwachsenden Kosten leisten; vgl. § 379 StPO i.V.m. §§ 108–113 ZPO).

2. Nach § 383 II kann das Gericht das Verfahren jederzeit einstellen, wenn es die Schuld des Täters für gering hält. In Verbindung mit der Kostentragungspflicht nach § 471 III Nr. 2 ist diese Vorschrift sehr geeignet, von der Erhebung einer Privatklage abzuschrecken.

3. Nach § 384 III bestimmt das Gericht den Umfang der Beweisaufnahme. Etwaige Beweisanträge kann das Gericht u.U. unbeschadet des § 244 II ablehnen.

4. Unterliegt der Privatkläger, d.h. wird die Klage gegen den Beschuldigten zurückgewiesen oder wird dieser freigesprochen oder das Verfahren eingestellt, so muß der Privatkläger nach § 471 II neben den Kosten des Verfahrens auch die dem Beschuldigten erwachsenen notwendigen Auslagen zahlen.

IV. Rechtssoziologische Untersuchungen haben gezeigt, daß das geltende Recht den Interessen des Verletzten einer Straftat nicht gerecht wird (Doering aaO.; Koewis aaO.; Rieß [Vorbem. zu § 61.], Rdnr. 1ff.). Nur ca. 6% aller Privatklagen führen zu einer Verurteilung. Daher erheben überhaupt nur noch 10% der auf den Privatklageweg verwiesenen Verletzten die Privatklage. Diese Entwicklung hat den Stimmen in der Literatur Gewicht verschafft, die für eine tiefgreifende Reform des Privatklageverfahrens oder seine Ersetzung durch andere Formen der Verletztenbeteiligung eintreten (Hirsch, Lange-Festschr., aaO.; von Schacky, 341; Jung, ZStW 93, 1981, 1166; Grebing aaO.; vgl. ferner Vorbem. zu § 61).

B. Privatklagefähige Delikte

I. Die Privatklage ist nur bei bestimmten leichten Vergehen zulässig (§ 374 I). Es handelt sich dabei um folgende acht Delikte oder Deliktsgruppen: Hausfriedensbruch (§ 123 StGB), Beleidigung (§§ 185–187a, 189 StGB), Verletzung des Briefgeheimnisses (§ 202 StGB), Körperverletzung (§§ 223, 223a, 230 StGB), Bedrohung (§ 241 StGB), Sachbeschädigung (§ 303 StGB), Wettbewerbsvergehen sowie patent-, urheber-, warenzeichen-, gebrauchs- und geschmacksmusterrechtliche Vergehen. Mit Ausnahme der §§ 223a, 241 StGB sind alle privatklagefähigen Delikte zugleich Antragsdelikte.

II. Steht das Privatklagedelikt in Ideal- oder Gesetzeskonkurrenz mit einem Offizialdelikt (z.B. Beleidigung und Sittlichkeitsdelikt; Hausfriedensbruch und schwerer Diebstahl), so ist eine Privatklage nicht zulässig. Vielmehr ist das Privatklagedelikt dann von Amts wegen mit zu verfolgen.

C. Verhältnis der Privatklage zur öffentlichen Klage

Im Verhältnis zur öffentlichen Klage ist die Privatklage weder exklusiv noch subsidiär.

I. Sie ist *nicht exklusiv*, d.h. der Staat bleibt neben dem Privatkläger berechtigt, seinerseits die Klage zu erheben. Die öffentliche Klage wird aber nach dem wichtigen Grundsatz des § 376 bei privatklagefähigen Delikten nur erhoben, wenn das im öffentlichen Interesse liegt (Opportunitätsprinzip).

Für die *Staatsanwaltschaft* bestehen drei Möglichkeiten (§ 377):
a) Sie kann auf jede Mitwirkung verzichten.
b) Sie kann im Termin erscheinen und sich beobachtend und abwartend verhalten.
c) Sie kann die öffentliche Klage erheben; und zwar entweder von vornherein, so daß es gar nicht mehr zur Erhebung einer Privatklage kommen kann, oder nachträglich durch Übernahme, und zwar in der Lage, in der sich der Prozeß befindet.

II. Die Privatklage ist *nicht subsidiär*, d.h. sie kann von vornherein erhoben werden. Es ist also nicht so, daß der Privatklageberechtigte sich zunächst an die StA wenden muß und Privatklage erst dann erheben kann, wenn die StA die Erhebung der öffentlichen Klage abgelehnt hat.

D. Verhältnis der Privatklage zum Strafantrag

I. Soweit die Privatklagedelikte Antragsdelikte sind, liegt in der Erhebung der Privatklage auch schon der Strafantrag, d.h. das eindeutig ausgedrückte Verlangen des Verletzten, daß eine Bestrafung eintreten solle.

II. Die Privatklage ist nicht befristet. Ist also der Strafantrag, der befristet ist, rechtzeitig gestellt oder bedarf es überhaupt keines Strafantrages (wie z.B. bei der Bedrohung), so ist die Privatklage noch nach Jahren möglich. Erst die Verjährung setzt ihr ein Ende.

III. Die Privatklage (§ 391) und der Strafantrag (§ 77d StGB) können bis zum rechtskräftigen Abschluß des Verfahrens zurückgenommen werden. Jedoch bedarf die Zurücknahme der Privatklage vom Beginn der erstinstanzlichen Vernehmung des Angeklagten zur Sache an seiner Zustimmung (vgl. u. F IV, 1), während der Strafantrag stets ohne weiteres zurückgenommen werden kann.

E. Privatklageberechtigte

I. Primär privatklageberechtigt ist der „*Verletzte*" (§ 374 I). Die Auslegung dieses Begriffes entspricht derjenigen im Klageerzwingungsverfahren (vgl. o. § 39 B I 2).

II. Sodann haben der Dienstvorgesetzte und die Familienangehörigen eines Verstorbenen, die nach §§ 194, 232, 77 II, 77 a StGB ein selbständi-

ges Strafantragsrecht haben, neben dem Verletzten auch das Privatklagerecht (§ 374 II).

III. Ist der Verletzte nicht prozeßfähig im zivilprozessualen Sinn
(näher dazu Schmidt, aaO.), so steht das Privatklagerecht an seiner Stelle
dem *gesetzlichen Vertreter* zu (§ 374 III). Dies ist in zwei Fällen von
Bedeutung:

1. wenn ein Minderjähriger oder Geschäftsunfähiger verletzt ist und
2. wenn eine (rechtsfähige oder nicht rechtsfähige) Personenvereini-
gung verletzt ist, z. B. bei Patentverletzungen, Beleidigungen etc. Der
gesetzliche Vertreter erhebt dann die Privatklage im Namen des Verletzten.

IV. Bei *mehreren Verletzten,* wenn also z. b. eine Äußerung mehrere
Personen beleidigt hat („ihr Schurken"), ist jeder einzelne zur Privatklage berechtigt. Doch können, um eine Mehrheit von Verfahren und
Verurteilungen wegen einer Handlung zu vermeiden, nach Erhebung der
Privatklage durch einen der Verletzten die übrigen keine selbständigen
Klagen mehr erheben, sondern nur dem Verfahren in der Lage beitreten,
in der es sich gegenwärtig befindet. Jede in der Sache ergangene Entscheidung äußert zugunsten des Beschuldigten ihre Wirkung gegen alle
(§ 375).

F. Besonderheiten des Verfahrensablaufes

I. Bei den meisten privatklagefähigen Delikten (Ausnahme: § 223 a
StGB und die nebenstrafrechtlichen Privatklagedelikte) ist Voraussetzung, daß ein *Sühneversuch* vor einer von der Justizverwaltung bestimmten Vergleichsbehörde stattgefunden hat und erfolglos geblieben ist
(§ 380).

Welche Behörden Vergleichsbehörden sind, ist durch Landesrecht geregelt.
Über die Zuständigkeit in den einzelnen Bundesländern vgl. Kl./M., § 380, Rdnr.
1. Auch das Verfahren vor den Vergleichsbehörden ist landesgesetzlich geregelt.
Dabei kann angeordnet werden, daß von einem Sühneversuch abgesehen werden
kann, wenn die Parteien nicht in demselben Gemeindebezirk wohnen (§ 380 IV).

Durch einen solchen Sühneversuch, bei dem ein Vergleich anzustreben
ist, soll im Interesse des Rechtsfriedens wie der Gerichtsentlastung ein
Strafprozeß möglichst vermieden werden. Zu dem Sühneversuch muß
der Kläger erscheinen; sonst gilt der Sühneversuch als nicht erfolgt.
Erscheint der Beklagte nicht, so ist der Sühneversuch mißlungen.

Es genügt nicht, daß der Privatkläger – oder der ihn vertretende
Rechtsanwalt – die Privatklage mit dem Versprechen, den nach § 380
erforderlichen Sühneversuch nachzuholen, einreicht. Eine Privatklage,
die eingereicht wird, ohne daß der erforderliche Sühneversuch stattgefunden hat, ist vielmehr durch Beschluß als unzulässig abzuweisen, weil
sonst der Zweck des § 380, Privatklagen tunlichst zu vermeiden, nahezu
unmöglich gemacht würde. Jedoch kann nach Durchführung des Sühne-

versuches eine neue Privatklage eingereicht werden (OLG Hamm, NJW 1984, 149, str.).

Hat das Gericht das Hauptverfahren eröffnet, ohne daß ein Sühneverfahren stattgefunden hat, so ist das Verfahren fortzusetzen und nicht wegen Fehlens einer Prozeßvoraussetzung einzustellen (h. L., abw. Eb. Schmidt, II, § 380, Rdnr. 1). Denn bei dem Sühneversuch handelt es sich nicht um eine echte Prozeßvoraussetzung, sondern nur um eine *Klagevoraussetzung*, deren Vorliegen zwar auch von Amts wegen zu prüfen ist, aber nicht wie das Vorliegen einer echten Prozeßvoraussetzung in jedem Abschnitt des Verfahrens, sondern nur in dem Stadium, das mit der Erhebung der Klage beginnt und mit dem Eröffnungsbeschluß endigt.

II. 1. Ein Vorverfahren wie im ordentlichen Verfahren gibt es nicht; das Verfahren beginnt mit der *Klageerhebung*. Die Klageerhebung erfolgt schriftlich oder mündlich zu Protokoll des Urkundsbeamten. Erforderlichenfalls ist das Zeugnis über das Mißlingen des Sühneversuchs mit einzureichen (§ 380 I, 2). Die Privatklageschrift muß den in § 200 I bezeichneten Erfordernissen entsprechen; ein wesentliches Ergebnis der Ermittlungen muß also nicht angegeben werden (§ 381).

2. Fehlt eine formgerechte Klage, so ist die Klage durch Beschluß zurückzuweisen. Der Privatkläger kann nach Beseitigung des Mangels von neuem klagen.

3. Ist die Klage vorschriftsmäßig erhoben, so teilt das Gericht sie dem Beschuldigten unter Bestimmung einer Frist zur Erklärung mit (§ 382).

4. Sodann erfolgt die *Entscheidung* des Gerichts über die *Eröffnung des Hauptverfahrens* wie im Offizialverfahren (§ 383 I). Ist die Schuld des Täters gering, so kann das Gericht das Verfahren einstellen (§ 383 II, 1).

Das Gericht hat bei der Entscheidung über die Eröffnung des Hauptverfahrens auch zu prüfen, ob das Delikt überhaupt im Privatklageverfahren verfolgt werden kann. Erhebt z.B. der Privatkläger Klage wegen Beleidigung und kommt das Gericht zu der Überzeugung, daß mit der Beleidigung eine versuchte Nötigung konkurriere, so muß es die Eröffnung des Hauptverfahrens ablehnen. Denn bei Konkurrenz von Offizial- und Privatklagedelikt wird das Privatklagedelikt von Amts wegen mit verfolgt (s. OLG Neustadt MDR 1961, 955 u.o. B II).

III. Die *Hauptverhandlung* entspricht im allgemeinen der im ordentlichen Strafverfahren (§ 384). Jedoch sind folgende *Besonderheiten* zu beachten:

1. Anders als im Offizialverfahren (vgl. § 243 III, 1) liest im Privatklageverfahren der Vorsitzende den Eröffnungsbeschluß vor (§ 384 II).

2. Die Stellung der StA erhält der Privatkläger (§ 385 I), aber mit einer wichtigen Einschränkung: Das Recht der Akteneinsicht kann der Privatkläger nur durch einen Anwalt ausüben (§ 385 III).

3. Die Anwesenheitspflicht ist erheblich eingeschränkt: Privatkläger und Angeklagter können sich durch einen Anwalt vertreten lassen (§§ 378, 387 I). Doch kann das Gericht das persönliche Erscheinen sowohl des Klägers wie des Angeklagten anordnen und den Angeklagten notfalls auch vorführen lassen.

4. Die gerichtliche Aufklärungspflicht (§ 244 II) gilt auch im Privatklageverfahren (§ 384 III). Das Gericht ist aber nicht an die strengen Regeln der §§ 244 III–V, 245 gebunden, sondern bestimmt selbst den Umfang der Beweisaufnahme.

5. Der Angeklagte ist auch auf eine Veränderung des rechtlichen Gesichtspunktes hinzuweisen. Doch entfällt sein Recht, die Aussetzung der Hauptverhandlung nach § 265 III zu verlangen (§ 384 IV).

6. Im Urteil dürfen Maßregeln der Besserung und Sicherung nicht angeordnet werden (§ 384 I, 2).

IV. Die *Beendigung* des Privatklageverfahrens weist folgende Besonderheiten auf:

1. Die Privatklage kann bei allen Delikten *zurückgenommen* werden, auch noch in der Revisionsinstanz. Nach Beginn der Vernehmung des Angeklagten zur Sache in der Hauptverhandlung des ersten Rechtszuges bedarf die Zurücknahme der Zustimmung des Angeklagten, da dieser u. U. ein beachtenswertes Interesse an der Durchführung des Verfahrens hat. Ist der Kläger nicht da oder nicht vertreten oder bleibt er aus, obwohl sein persönliches Erscheinen angeordnet war, so gilt dies als Zurücknahme der Privatklage (§ 391).

Bei Zurücknahme der Privatklage wird das Verfahren durch Beschluß eingestellt. Die zurückgenommene Privatklage kann nicht erneuert werden (§ 392).

2. Der *Vergleich* ist im Gesetz nicht als Beendigungsgrund erwähnt. Er ist aber sehr erstrebenswert und praktisch nicht selten (Kühne, Rdnr. 120). Der in der Hauptverhandlung abzuschließende Vergleich enthält die Zurücknahme der Privatklage, meist eine Ehrenerklärung – z. B. der Angeklagte nimmt seine beleidigenden Äußerungen mit Bedauern zurück – und eine Vereinbarung über die Kosten. Er ist Vollstreckungstitel (§ 794 Nr. 1 ZPO).

Von dem eben erörterten *gerichtlichen* Vergleich ist der *außergerichtliche* Vergleich zu unterscheiden. Nach der heute im Vordringen begriffenen Lehre ist jedoch auch der formlose außergerichtliche Vergleich (also nicht nur der vor einer staatlichen Vergleichsbehörde abgeschlossene Vergleich), wenn er dem Gericht nachgewiesen wird, zu beachten und muß zur Einstellung des Verfahrens führen (KG NJW *1960, 2207;* L.-R.[23]-Wendisch, § 391, Rdnr. 27).

3. Bei Tod des Privatklägers wird das Verfahren durch (deklaratorischen) Einstellungsbeschluß beendigt (§ 393 I). Doch kann eine Privatklage wegen Beleidigung und Körperverletzung von den Angehörigen des Verstorbenen (§ 77 II StGB) fortgesetzt werden (§ 393 II i. V. m. §§ 194, 232 I, 2 StGB).

4. Wenn sich die Sache als nicht privatklagefähig erweist (z. B. ein Schuß, den man zunächst als Schreckschuß – Bedrohung i. S. des § 241 StGB – angesehen hatte, erweist sich als versuchter Totschlag, oder ein Privatklagedelikt konkurriert mit einem Offizialdelikt – s. o. B II),

erfolgt Einstellung des Privatklageverfahrens durch Urteil und Übergabe der Akten an die StA (§ 389).

5. Schließlich kann das Gericht das Verfahren auch noch in der Hauptverhandlung wegen Geringfügigkeit einstellen (§ 383 II, 2). Dieser Beschluß kann mit sofortiger Beschwerde angefochten werden (§ 383 II, 3).

6. Das Privatklageverfahren kann auch dadurch endigen, daß die StA das Verfahren *übernimmt* (vgl. bereits o. C I). Wenn die StA das öffentliche Interesse an der Strafverfolgung bejaht, geht das Verfahren in der prozessualen Lage, in der es sich befindet, in ein ordentliches Verfahren über (vgl. BGHSt *11, 56*). Der Privatkläger wird ohne weiteres Nebenkläger (§ 377 III).

Hat also A Privatklage wegen Beleidigung erhoben, ist das Hauptverfahren noch nicht eröffnet und übernimmt dann die StA die Verfolgung, so kann sie das Verfahren nicht mehr einstellen (nach § 170 nicht, weil Klage erhoben ist; nach § 153 I nicht, weil die Zustimmung des Gerichts erforderlich ist; vgl. LG Göttingen, NJW *1956, 882*). Die StA könnte nicht einmal die Klage zurücknehmen, obwohl dies nach § 156 an sich bis zur Eröffnung des Hauptverfahrens möglich wäre. Doch da die Zurücknahme praktisch einer Einstellung gleichkommt, diese der StA aber versagt ist, ist hier ausnahmsweise die Klage nicht zurücknehmbar.

Um sicherzustellen, daß die StA von dem anhängigen Verfahren und möglichen Übernahmegründen Kenntnis erhält, ordnet § 377 I, 2 an, daß das Gericht der StA die Akten vorzulegen hat, wenn es die Übernahme der Verfolgung durch sie für geboten hält. Auch der Privatklagerichter hat also auf Übernahmegründe zu achten.

G. Widerklage

§ 388 I sieht vor, daß der Beschuldigte in einem Privatklageverfahren bis zur Beendigung des letzten Wortes im ersten Rechtszug Widerklage erheben kann, wenn er seinerseits Privatklage gegen den Kläger hätte erheben können. Privatklage und Widerklage müssen miteinander in Zusammenhang stehen.

Die Widerklage ist ihrem Wesen nach gleichfalls Privatklage; nur sind die §§ 379, 379 a, 380 (Sicherheitsleistung, Gebührenvorschuß, Sühneversuch) nicht anwendbar.

Über Klage und Widerklage wird gleichzeitig entschieden (§ 388 III).

§ 62. Die Nebenklage

Literatur: Rosenfeld, Die Nebenklage des Reichsstrafprozesses, 1900; Wolffing, Die rechtliche Stellung des Nebenklägers im deutschen Strafverfahren, 1900; Oetker, Nebenklage und Adhäsionsprozeß, GS 105, 177; Henkel, Die Beteiligung des Verletzten im künftigen Strafverfahren, ZStW 56, 227; Kirchhoff, Die Nebenklage in der Rechtsprechung des BGH, GA 1954, 364; Sauer, Zur Verfassungsmäßigkeit der Nebenklagebestimmungen, DRiZ 1970,

349; Prinz, Die Nebenklage – ein überholtes Rechtsinstitut, ZRP 1971, 128; Bringewat, Die Nebenklage – ein wirksames Verfahren zur „privaten Kontrolle" staatsanwaltschaftlicher Strafverfolgung?, GA 1972, 289; Berz, Zur Reform der Nebenklage, DAR 1978, 1; Gollwitzer, Die Stellung des Nebenklägers in der Hauptverhandlung, Schäfer-Festschr., 1980, 65; Hölzel, Das Institut der Nebenklage, Diss. Erlangen/Nürnberg, 1980; Jung, Die Stellung des Verletzten im Strafprozeß, ZStW 93 (1981), 1147; Rüth, Ist die Nebenklage noch zeitgemäß?, JR 1982, 265; Schulz, Beiträge zur Nebenklage, 1982; Hüsing, Die Rechtswirklichkeit der Nebenklage, Diss. Göttingen, 1983.

A. Begriff und Zweck

Bei der Nebenklage (§ 395–402) tritt neben der StA eine mit eigenen prozessualen Rechten ausgestattete Privatperson als sog. Nebenkläger auf. Theoretisch soll damit Personen, die durch eine Straftat verletzt sind, zu ihrer Genugtuung und zur Kontrolle der StA eine Verfahrensbeteiligung eingeräumt werden (vgl. Schulz, 67, 172). Praktisch dient die Nebenklage daneben auch zur Vorbereitung eines zivilen Schadensersatzprozesses (zur rechtstatsächlichen Bedeutung der Nebenklage vgl. Schulz, 75) und allenfalls zur Durchsetzung eines Vergeltungsbedürfnisses. Da der Vergeltungsgedanke und die dem Beschuldigten erwachsenden Nebenklagekosten resozialisierungsfeindlich sind und auch die Auswahl der Nebenklageberechtigten kein klares Konzept erkennen läßt (vgl. C 1), sollte die Nebenklage in ein allgemeines Beteiligungsrecht jedes Verletzten umgewandelt werden, das die Nachteile der bisherigen Regelung vermeidet (vgl. Vorbem. vor § 61).

B. Stellung des Nebenklägers

Der Nebenkläger hat dieselben Rechte wie ein Privatkläger (§ 397 I; er kann also Anträge stellen und Rechtsmittel einlegen, § 401), aber nicht dessen Pflichten (vgl. i. e. Gollwitzer, 65, 76); er braucht daher in der Hauptverhandlung nicht zu erscheinen und auch keine Sicherheit zu leisten (§ 396 III). Nach h. M. (str., s. o. § 26 A III, 4b) kann der Nebenkläger auch als Zeuge vernommen werden; praktisch stellt er meist den Hauptbelastungszeugen dar, dessen Aussage wegen seines persönlichen Interesses an einer Verurteilung behutsam gewürdigt werden muß.

C. Zulässigkeit

Als Nebenkläger kommen in Frage:
1. jeder Privatklageberechtigte (§ 395 I);

Eine Nebenklageberechtigung nach § 395 I besteht nach h. M. (dagegen Eb. Schmidt II, § 395, 5–7) auch dann, wenn in derselben Tat im prozessualen Sinne ein Privatklage- und ein Offizialdelikt konkurrieren, eine Privatklage daher nicht zulässig wäre. Dagegen spricht zwar der Wortlaut des Gesetzes („Wer als Privatkläger *aufzutreten* berechtigt ist", ...). Da jedoch der Verletzte bei schwereren Delikten ein noch größeres Interesse an der selbständigen Wahrnehmung seiner Rechte hat als bei den harmlosen reinen Privatklagedelikten, erscheint die extensive Auslegung der h. M. vertretbar, zumal für sie auch die Regelung des

§ 395 II Nr. 1 spricht. Wenn man das zuläßt, ist es rechtspolitisch allerdings wenig überzeugend, die Nebenklageberechtigung auf Privatklagedelikte und die in § 395 II u. III genannten Fälle zu beschränken. Ein Verstoß gegen Art. 3 GG liegt darin nach Ansicht des BVerfG aber nicht, vgl. BVerfGE 26, 66. Doch ist eine Reform dieser Regelung nötig (vgl. Vorbem. vor § 61 u. oben A).

2. nahe Angehörige eines Getöteten (§ 395 II Nr. 1, s. dazu BGHSt 6, 103);

3. der Verletzte nach erfolgreicher Durchführung des Klageerzwingungsverfahrens (§ 395 II Nr. 2); dadurch wird der Gefahr entgegengewirkt, daß die gegen ihren Willen zur Anklage gezwungene StA das Verfahren zu nachlässig weiterbetreibt;

4. die in den Fällen der §§ 90, 90b StGB verletzten Amtsträger (§ 395 III).

D. Verfahren

I. Der Beitritt einer zur Nebenklage berechtigten Person erfolgt durch eine schriftliche *Anschlußerklärung,* deren Rechtmäßigkeit durch einen (deklaratorischen) *Zulassungsbeschluß* des Gerichts festgestellt werden muß (§ 396 I, II). Der Beitritt hemmt den Fortgang des Verfahrens nicht (§ 398) und kann auch noch nach Urteilserlaß (aber natürlich nur bis zum Eintritt der Rechtskraft!) zum Zweck der Rechtsmitteleinlegung erfolgen (§ 395 I, 2). Eine besondere Anschlußerklärung ist nur dann nicht erforderlich, wenn die StA ein Privatklageverfahren übernimmt; in diesem Fall rückt der bisherige Privatkläger automatisch in die Rolle des Nebenklägers ein (nach § 377 III).

II. Legt nur der Nebenkläger, nicht aber die StA ein Rechtsmittel ein, so muß diese gleichwohl in der nächsten Instanz weiter mitwirken, und sei es auch nur dadurch, daß sie die Verwerfung des Rechtsmittels beantragt. Die Verfügungsbefugnis über das Rechtsmittel liegt aber allein beim Nebenkläger, der das Verfahren durch Zurücknahme des Rechtsmittels (nach Maßgabe von § 303!) oder durch Widerruf seiner Anschlußerklärung (s. § 402) jederzeit beenden kann. Etwas anderes gilt jedoch nach Aufhebung der angefochtenen Entscheidung; dann obliegt der Betrieb der Sache wieder in vollem Umfang der StA (§ 401 IV), so daß ein Ausscheiden des Nebenklägers den Prozeßfortgang nicht berührt.

III. Nach Widerruf einer Anschlußerklärung kann der Beitritt erneut erklärt werden, da eine dem § 392 entsprechende Vorschrift bei der Nebenklage nicht existiert.

IV. Beim Tod des Nebenklägers verliert die Anschlußerklärung ihre Wirkung (§ 402). Eine Fortführung des Verfahrens durch hinterbliebene Angehörige ist nicht zulässig, da § 393 II für die Nebenklage nicht gilt (OLG Nürnberg NJW 1978, 1017; str.).

§ 63. Die Entschädigung des Verletzten (Adhäsionsprozeß)

Literatur: Schönke, Beiträge zur Lehre vom Adhäsionsprozeß, 1935; Oetker, Nebenklage und Adhäsionsprozeß, GS 105, 177; Töwe, Der Adhäsionsprozeß, GS 106, 85; Nagler, Das Adhäsionsverfahren pp., GS 113, 1, 177; Schönke, Einige Bemerkungen zum Adhäsionsprozeß, DRZ 1949, 121; ders., Studien zum Adhäsionsprozeß, Redenti-Festschr., II, 1950, 347; Kern, Die Buße und die Entschädigung des Verletzten, Mezger-Festschr., 1954, 407; Würtenberger, Über Rechte und Pflichten des Verletzten im deutschen Adhäsionsprozeß, Pfenninger-Festschr., 1956, 193; Jescheck, Die Entschädigung des Verletzten nach deutschem Strafrecht, JZ 1958, 591; Kübler, Die Entschädigung des Verletzten in der Rechtspflege, ZStW 71 (1959), 617; von Holst, Der Adhäsionsprozeß, Diss. Hamb. 1969; Scholz, Erweiterung des Adhäsionsverfahrens – rechtliche Forderung oder rechtspolitischer Irrweg?, JZ 1972, 725; Amelunxen, Die Entschädigung des durch eine Straftat Verletzten, ZStW 86 (1974), 457; Granderath, Opferschutz – Totes Recht?, NStZ 1984, 399.

A. Entwicklung und Bedeutung

I. Entwicklung

Der Adhäsionsprozeß, der schon auf gemeinrechtliche und partikularrechtliche Vorbilder zurückblicken kann (vgl. dazu Schönke, S. 8 ff.), ist erst sehr spät in die StPO eingefügt worden. Nach der RStPO von 1877 konnte der Verletzte im Strafverfahren nur in sehr beschränktem Umfang Schadensersatz erhalten, nämlich nur, soweit das materielle Strafrecht eine „Buße" zuließ, also nur bei übler Nachrede und Verleumdung (§ 188 StGB a.F.), bei Körperverletzung (§ 231 StGB a.F.) und nach einigen Nebengesetzen. Der Bußberechtigte konnte seinen Anspruch mittels Privatklage oder mittels Nebenklage geltend machen. Im Anschluß an ausländische Vorbilder (Frankreich, Österreich) wurde auf der Grundlage früherer Entwürfe 1943 das jetzige Adhäsionsverfahren eingeführt. Das Vereinheitlichungsgesetz von 1950 hat es mit geringen Änderungen beibehalten.

II. Zweck und Bedeutung

Das Adhäsionsverfahren beruht auf dem Gedanken des _Sachzusammenhangs:_ Wenn aus einer Straftat vermögensrechtliche Ansprüche erwachsen, so liegt es nahe, zur Vermeidung von Doppelarbeit, aber auch von widersprechenden Entscheidungen, die Entschädigungsansprüche des Verletzten bereits im Strafverfahren zu erledigen; damit wird zugleich dem Interesse des Geschädigten an einer raschen Wiedergutmachung Rechnung getragen. Gleichwohl hat das Verfahren bisher _kaum Bedeutung_ erlangt. Es stößt bei der Anwaltschaft wegen einiger für sie nachteiliger Bestimmungen (kein Anwaltszwang; nur die Hälfte der sonstigen Gebühren, § 89 BRAGO) auf Vorbehalte und dürfte auch häufig, namentlich in schwierigen Sachen, wegen mangelnder Eignung vom Richter nach § 405, 2 abgelehnt werden.

Für eine Wiederbelebung des Adhäsionsverfahrens und eine gesetzliche Erweiterung seines Anwendungsbereichs Granderath aaO. Ein solcher Ausbau wäre zu begrüßen; denn auch wenn ein Teil der Fälle in einem noch zu schaffenden

Restitutionsverfahren erledigt werden könnte (vgl. Vorbem. vor § 61), würde für die Fälle nicht geständiger Beschuldigter dem Adhäsionsverfahren eine wichtige Funktion gegeben werden können.

B. Das geltende Recht im einzelnen

I. Zulässigkeit (§ 403)

1. Im Adhäsionsverfahren kann *jeder vermögensrechtliche Anspruch* verfolgt werden, der aus einer Straftat erwächst (etwa der Anspruch auf Schadensersatz in Geld oder auf Rückgabe der gestohlenen Sache).
2. Im Verfahren vor dem Amtsgericht kann man den Entschädigungsanspruch jedoch nur insoweit geltend machen, als er zur Zuständigkeit der Amtsgerichte in Zivilsachen gehört (z. Z. bis 5000 DM, § 23 Nr. 1 GVG).
3. Das Verfahren erfordert einen besonderen *Antrag* des Verletzten oder seiner Erben. Die Antragsberechtigten sollen so früh wie möglich auf dieses Recht hingewiesen werden.

II. Verfahren

1. Die Stellung des Antrags kann schriftlich oder zu Protokoll, in der Hauptverhandlung auch mündlich bis zum Beginn der Schlußvorträge erfolgen. Der Antrag entspricht einer Zivilklage, hat also die Wirkung der Rechtshängigkeit (§ 404).
2. Über den Antrag wird in der *Hauptverhandlung* selbst, nicht etwa in einer angehängten eigenen Verhandlung entschieden (die Bezeichnung „Adhäsionsprozeß" ist also mißdeutig!); allerdings ist eine besondere Beweisaufnahme in der Hauptverhandlung zulässig. Für das Verfahren gelten die strafprozessualen Grundsätze, namentlich die Inquisitionsmaxime.
3. Der Antragsteller hat nicht die Stellung eines Nebenklägers. Er wird lediglich von der Hauptverhandlung benachrichtigt und kann daran teilnehmen (§ 404 III); er kann sich auch von einem Rechtsanwalt vertreten lassen, muß es aber nicht (auch vor dem LG kein Anwaltszwang!). Er ist in der Hauptverhandlung zu hören.
4. Für die *Entscheidung* des Gerichts gibt es folgende Möglichkeiten:
a) Es kann von vornherein von einer Entscheidung absehen, wenn der Antrag für die Erledigung im Strafverfahren ungeeignet erscheint oder unzulässig ist (§ 405, 2).
b) Nach Beweisaufnahme in der Hauptverhandlung kann es entweder dem Antrag ganz oder zum Teil stattgeben oder (ganz oder zum Teil) von einer Entscheidung absehen (§§ 405 I; 406 I); zurückweisen darf es den Antrag dagegen nicht, auch nicht teilweise. Mangels einer rechtskräftigen Sachentscheidung kann daher ein nicht zugesprochener Anspruch (Teilanspruch) weiterhin vor dem Zivilgericht geltend gemacht werden (§ 406 III, 2).

5. Ein strafprozessuales *Rechtsmittel* steht dem *Antragsteller* nicht zu (§ 406a I). Dagegen kann der *Angeklagte* den Teil des Urteils, der auf Schadensersatz lautet, mit den im Strafprozeß zugelassenen Rechtsmitteln anfechten (vgl. § 406a II, III) und auch insoweit die Wiederaufnahme betreiben (§ 406c).

14. Kapitel

Die besonderen Verfahrensarten

§ 64. Das Sicherungsverfahren

Literatur: H e n k e l, Das Sicherungsverfahren gegen Gemeingefährliche, ZStW 57, 702; 58, 167; B a u m a n n, Unterbringungsrecht, 1966; d e r s., Unterbringung und Freiheitsentziehung, in: Handbuch der forensischen Psychiatrie I, 1972, 358.

A. Anwendungsbereich

I. 1. Die Zweispurigkeit unseres materiellen Strafrechts, das neben der repressiven Strafe als Rechtsfolge einer rechtswidrigen Tat auch die präventiven Maßregeln der Besserung und Sicherung (§§ 61 ff. StGB) kennt, hat auf prozessualem Gebiet dazu geführt, daß in der StPO neben dem eigentlichen Strafverfahren ein besonderes sog. *Sicherungsverfahren* geregelt ist (§§ 413–416). Während in diesem Verfahren früher allein die Unterbringung des Beschuldigten in einer Heil- oder Pflegeanstalt ausgesprochen werden konnte (§§ 429 a–d a. F.), können nach neuem Recht alle Maßregeln verhängt werden, deren selbständige Anordnung § 71 StGB zuläßt, d. h. die Unterbringung in einem psychiatrischen Krankenhaus oder einer Entziehungsanstalt, die Entziehung der Fahrerlaubnis und das Berufsverbot. Die Eröffnung des Sicherungsverfahrens setzt voraus, daß ein Strafverfahren wegen Schuld- oder Verhandlungsunfähigkeit des Täters undurchführbar und die Anordnung der Maßregel nach dem Ergebnis der Ermittlungen zu erwarten ist (§ 413).

2. Nach BGHSt 22, *1* kann das Sicherungsverfahren auch dann eingeleitet werden, wenn die Schuldunfähigkeit des Täters einerseits nicht feststeht, andererseits aber auch nicht ausgeschlossen werden kann. Das geht zwar über den Wortlaut der §§ 71 StGB, 413 hinaus, ist aber geboten, da ein Strafverfahren mangels hinreichender Verurteilungswahrscheinlichkeit nicht in Frage kommt (a. A. Sax, JZ 1968, 533).

II. 1. Im Sicherungsverfahren ist die Straftat nicht Grund, sondern bloßer Anlaß der Maßregelverhängung; der Richter übt also inhaltlich Verwaltungstätigkeit aus. Mehrere Maßregeln haben daher auch eine *verwaltungsrechtliche Parallele,* so die Entziehung der Fahrerlaubnis in dem Verfahren nach §§ 4 StVG, 3 StVZO, das Berufsverbot in der Untersagung der Gewerbeausübung nach § 35 GewO und die Unterbringung in einem psychiatrischen Krankenhaus in dem landesrechtlich geregelten, an polizeirechtlichen Grundsätzen ausgerichteten *Unterbringungsverfahren* für gemeingefährliche Geisteskranke (vgl. dazu Baumann, aaO.). Im Unterbringungsverfahren entscheidet im allgemeinen der Richter der freiwilligen Gerichtsbarkeit, der die Unterbringung –

anders als der Strafrichter – auch dann aussprechen kann, wenn die Gefährlichkeit des Kranken noch nicht zu einer Straftat geführt hat.

2. Während die *Konkurrenz* des strafprozessualen und des verwaltungsrechtlichen Verfahrens in den beiden ersten Fällen durch § 4 StVG und § 35 III GewO im Sinne eines Vorranges der strafgerichtlichen Feststellungen gelöst ist, war sie für das Unterbringungsverfahren lange Zeit streitig. Der Streit ist jedoch heute weitgehend geklärt: Das Sicherungsverfahren wird ohne Rücksicht darauf durchgeführt, ob bereits nach Landesrecht die Unterbringung angeordnet worden ist (a. M. Peters, S. 540, der das Prioritätsprinzip anwenden möchte). Nachdem auch der BGH nach längerem Zweifeln auf diesen Standpunkt eingeschwenkt ist (BGHSt *24, 98* m.w.N.), beschränkt sich die Kontroverse nunmehr auf seine Begründung. Während im Schrifttum die prozessuale Auffassung vorherrscht, daß bei Unterbringung anläßlich von Straftaten das Sicherungsverfahren als das spezielle, bundesrechtliche Verfahren (vgl. Art. 31 GG) den Vorrang habe (Baumann, aaO., S. 45ff.; dieses Lehrbuch seit der 9. Aufl.), will der BGH das Problem materiellrechtlich lösen: Eine landesrechtliche Unterbringung lasse wegen ihrer geringeren Absicherung gegen eine vorzeitige Entlassung des Gemeingefährlichen die Erforderlichkeit einer Maßnahme nach § 63 StGB nicht entfallen.

III. Nach Ansicht des BGH (BGHSt *5, 140*) setzt die Einleitung des strafprozessualen Sicherungsverfahrens nicht voraus, daß sich die Gefährlichkeit des Täters in den begangenen Taten ausgedrückt hat, d.h. es braucht sich nicht um *Symptomtaten* zu handeln (z.B. Unterbringung eines gefährlichen Geisteskranken anläßlich einer ungefährlichen Beleidigung). Ferner soll das Sicherungsverfahren bei Antragsdelikten sogar dann zulässig sein, wenn der Verletzte (etwa in dem eben genannten Fall der Beleidigung) keinen Strafantrag gestellt hat, weil der Schutz der Allgemeinheit nicht vom Willen des Verletzten abhängen könne (a. M. RGSt *71, 218; 73, 155* u. Peters S. 540). Mindestens in den Fällen, wo die Tat mit der Gefährlichkeit des Täters in keinem Zusammenhang steht, dürfte aber entgegen dem BGH nicht das an der Tat orientierte strafprozessuale Sicherungsverfahren, sondern das entsprechende verwaltungsrechtliche Verfahren am Platze sein.

B. Besonderheiten des Verfahrens

I. Für das Sicherungsverfahren gelten, soweit nichts anderes bestimmt ist, die Vorschriften über das Strafverfahren sinngemäß (§ 414 I). Z.B. tritt der Unterbringungsbefehl (§ 126a) an die Stelle des Haftbefehls, der Antrag auf Durchführung des Sicherungsverfahrens an die Stelle der Klageerhebung (§ 414 II). Der Betroffene wird vom Gesetz „Beschuldigter" genannt (§§ 415f.)!

II. Zuständig ist, soweit die Unterbringung des Beschuldigten in einem psychiatrischen Krankenhaus oder Sicherungsverwahrung in Frage kommt, die Große Strafkammer beim LG, wenn dagegen die Unterbringung in einer Entziehungsanstalt, die Entziehung der Fahrerlaubnis oder ein Berufsverbot zu erwarten sind, das Schöffengericht (§§ 24, 25, 74 I 2, 76 II GVG).

25*

III. Die *Hauptverhandlung,* bei der die Öffentlichkeit ausgeschlossen werden kann (§ 171a GVG), kann auch in Abwesenheit des Beschuldigten durchgeführt werden, wenn dies wegen seines Zustandes oder aus Gründen der öffentlichen Sicherheit und Ordnung angebracht ist (§ 415 I, III), und er vorher durch einen beauftragten Richter des erkennenden Gerichts unter Zuziehung eines Sachverständigen vernommen worden ist (§ 415 II, IV). In jedem Fall muß der Beschuldigte durch einen Verteidiger vertreten sein (notwendige Verteidigung, § 140 I Nr. 7). Außerdem ist ein Sachverständiger über den Zustand des Beschuldigten zu vernehmen (§ 415 V); ihm soll Gelegenheit gegeben werden, den Beschuldigten zur Vorbereitung seines Gutachtens vor der Hauptverhandlung zu untersuchen (§§ 414 III, 415 V).

IV. Ergibt sich im Laufe der Hauptverhandlung, daß der Beschuldigte die Tat doch als Schuldfähiger begangen hat, so ist das Sicherungsverfahren in das allgemeine Strafverfahren *überzuleiten,* d.h. je nach der dann gegebenen Zuständigkeit als gewöhnlicher Strafprozeß weiterzuführen (s.i.e. § 416 II) oder an das zuständige Gericht zu verweisen (§ 416 I). Kann dagegen nicht geklärt werden, ob die Schuldfähigkeit des Beschuldigten ausgeschlossen oder nur erheblich vermindert war, ist das Sicherungsverfahren fortzusetzen (vgl. BGHSt *18, 167*).

V. Die *Entscheidung* im Sicherungsverfahren erfolgt durch Urteil, das auf Verhängung der Maßregel (vgl. § 71 StGB) oder auf Ablehnung des Antrags lauten kann. Durch das rechtskräftige Sicherungsurteil wird die Strafklage wie bei einer Freisprechung verbraucht, so daß der Beschuldigte später nicht mehr mit der Begründung angeklagt werden kann, daß er in Wahrheit schuldfähig gewesen sei (allenfalls käme – bei Vorliegen ihrer allgemeinen Voraussetzungen – eine Wiederaufnahme des Verfahrens in Frage). Ob das Urteil auch den staatlichen Sicherungsanspruch verbraucht, so daß ein abgelehnter Antrag auch dann nicht wiederholt werden kann, wenn sich nachträglich die Gemeingefährlichkeit des Täters herausstellt, ist umstritten (dafür BGHSt *11, 322;* dagegen mit beachtlichen Gründen Peters S. 543 und Henkel S. 418). Die praktische Bedeutung dieser Streitfrage ist, soweit die Unterbringung in einem psychiatrischen Krankenhaus oder einer Entziehungsanstalt in Frage kommt, allerdings deswegen gering, weil die Unterbringung im landesrechtlichen Freiheitsentziehungsverfahren auf jeden Fall zulässig bleibt.

§ 65. Das Verfahren bei Verfall, Einziehung und Vermögensbeschlagnahme

Literatur: Bode, Das neue Recht der Einziehung im Strafrecht nach dem EGOWiG, NJW 1969, 1052.

A. Das Verfahren bei Verfall und Einziehung

Auf Verfall, Einziehung, Vernichtung und Unbrauchbarmachung ist in der Regel „im Urteil" zu erkennen, also in einem Strafurteil, das eine bestimmte Person zur Strafe verurteilt (d.h. im *subjektiven Verfahren*).

In § 76 a StGB ist jedoch vorgesehen, daß diese Maßnahmen unter gewissen Bedingungen „selbständig", d.h. ohne daß ein Strafprozeß gegen eine bestimmte Person durchgeführt wird, ausgesprochen werden können. Voraussetzung hierfür ist, daß die Verurteilung einer bestimmten Person nicht ausführbar ist; so kann z.b. Falschgeld eingezogen werden (§ 150 StGB), auch wenn der Falschmünzer flüchtig oder unbekannt ist (sog. *objektives Verfahren*).

I. Das Gesetz regelt in den §§ 430–439 das Verfahren der Einziehung bei einem gegen eine bestimmte Person gerichteten Strafverfahren (*subjektives* Strafverfahren).

Besonders bedeutsam ist dabei, daß Dritte, die möglicherweise einen rechtlichen Anspruch auf den Gegenstand der Einziehung haben (sog. *Einziehungsinteressenten*), im Vorverfahren tunlichst zu hören (§ 432) und am Zwischen- und Hauptverfahren zu beteiligen sind (i.e. § 431). Durch die gerichtliche Beteiligungsanordnung werden sie zu „*Einziehungsbeteiligten*" (§ 431 I, 1), die prinzipiell die gleichen Befugnisse haben, die einem Angeklagten zustehen (§ 433 I). Sie können also Einwendungen gegen die Einziehung vorbringen, in der Hauptverhandlung erscheinen, Beweisanträge stellen und Rechtsmittel einlegen (Einschränkungen in §§ 436 II, 437).

II. Das *objektive Verfahren* ist in §§ 440, 441 geregelt:

1. An die Stelle der Klage tritt der Antrag, die Einziehung eines Gegenstandes oder des Wertersatzes selbständig anzuordnen.

2. Die Entscheidung über die selbständige Einziehung trifft das Gericht, das im Falle der Strafverfolgung einer bestimmten Person zuständig wäre bzw. in dessen Bezirk der Gegenstand sichergestellt worden ist (§ 441 I).

3. Das Gericht entscheidet durch Beschluß, der mit der sofortigen Beschwerde anfechtbar ist (§ 441 II).

4. Auf Antrag der StA oder eines sonstigen Beteiligten oder bei Anordnung des Gerichts wird mündlich verhandelt und durch Urteil entschieden (§ 441 III, 1). Wird gegen das Urteil eine zulässige Berufung eingelegt, so ist die Möglichkeit der Revision nicht mehr gegeben (§ 441 III, 2).

III. Beide Verfahrensarten gelten für Verfall, Vernichtung, Unbrauchbarmachung und Beseitigung eines gesetzwidrigen Zustandes entsprechend (§ 442 I). Richtet sich der Verfall gegen einen Dritten, so ist dieser am Verfahren zu beteiligen (s. im einzelnen § 442 II).

B. Das Verfahren bei Vermögensbeschlagnahme

Bei bestimmten Verbrechen des Hochverrats, des Verfassungsverrats und des Landesverrats (s.i.e. § 443) kann das gesamte im Geltungsbereich der StPO befindliche Vermögen des Beschuldigten mit Beschlag belegt werden, wenn die öffentliche Klage erhoben oder Haftbefehl erlassen ist. Es handelt sich dabei nicht um eine Beschlagnahme i.S. der §§ 94ff., 111bff., vielmehr soll diese Vermögensbeschlagnahme verhindern, daß der Beschuldigte noch während des Verfahrens von seinem Vermögen zum Nachteil des von ihm angegriffenen Staates Gebrauch macht, z.B. Propaganda treibt, Bestechungen vornimmt oder Mörder oder Truppen anwirbt.

Die Beschlagnahme ist vom Richter anzuordnen; bei Gefahr im Verzug ist eine vorläufige Anordnung durch die StA möglich. Der Beschlagnahmebeschluß ist im Bundesanzeiger bekannt zu machen. Die Vermögensbeschlagnahme endet automatisch mit der rechtskräftigen Beendigung des Verfahrens.

Die Vorschrift des § 443 ist rechtsstaatlich nicht unbedenklich, weil der legitime Zweck der Verfahrenssicherung und der Verhinderung weiterer Straftaten eine Beschlagnahme des ganzen Vermögens nur in den seltensten Fällen rechtfertigen wird.

§ 66. Das Strafbefehlsverfahren

Literatur: Vogler, Die Rechtskraft des Strafbefehls, 1959; Bruns, Erlaubt die Rechtskraft des Strafbefehls die zusätzliche Verfolgung nachträglich eingetretener strafschärfender Tatfolgen?, JZ 1960, 585; Schorn, Das Strafbefehls- und Strafverfügungsverfahren, 1962; Kohlhaas, Die Rechtskraft des Strafbefehls, ZStW 77 (1965), 563; Eser, Das rechtliche Gehör im Strafbefehls- und Strafverfügungsverfahren, JZ 1966, 660; Achenbach, Neue Impulse bei der Rechtskraft des Strafbefehls, ZRP 1977, 86; Groth, Die Rechtskraft des Strafbefehls, NJW 1978, 197; Rieß, Vereinfachte Verfahrensarten für die kleinere Kriminalität, in: Schreiber, Strafprozeß und Reform, 1979, 113; Vent, Zur Frage der Korrektur eines rechtswidrigen, aber rechtskräftigen Strafbefehls, JR 1980, 400.

A. Bedeutung und Problematik

I. Von dem Grundsatz der StPO, daß eine Kriminalstrafe nur auf Grund einer mündlichen Verhandlung verhängt werden darf, in welcher der Beschuldigte von dem erkennenden Gericht gehört wird und Gelegenheit zu seiner Verteidigung hat, gibt es eine praktisch sehr bedeutende Ausnahme im Strafbefehlsverfahren, in dem auf Antrag der StA durch schriftlichen Strafbefehl Geldstrafe, aber auch so wichtige Rechtsfolgen wie Fahrverbot und Entziehung der Fahrerlaubnis bis zu zwei Jahren verhängt werden können (§§ 407ff.). Das Strafbefehlsverfahren ist schon jetzt der wichtigste Verfahrenstyp für die Ahndung der einfach gelagerten kleinen und mittleren Kriminalität. Seine Bedeutung ist noch dadurch gesteigert worden, daß das StVÄG 1979 nunmehr auch in Schöffengerichtssachen (§ 24 GVG, § 407 I) bei Vergehen den Erlaß des Strafbefehls zugelassen hat (§ 407 I; vgl. u. B I 2).

II. Gegen dieses summarische Verfahren wird *eingewandt,* daß die Strafen hier meist vorschnell und ohne hinreichendes rechtliches Gehör des Beschuldigten ausgesprochen würden, daß sich die Betroffenen oft aus den verschiedensten Gründen (Gleichgültigkeit, Ängstlichkeit, Unkenntnis) selbst gegen ungerechte Strafaussprüche nicht wehrten und daß dem Schuldigen der Ernst seiner Straftat durch einen bloßen Strafbefehl nicht genügend zum Bewußtsein gebracht werde. Ferner bestehe die

Gefahr, daß Staatsanwaltschaft und Gericht eine Sache häufig nur zwecks Arbeitsersparnis durch Strafbefehl erledigten und daß dabei die Strafe absichtlich zu niedrig bemessen werde, um einen Einspruch des Beschuldigten zu verhindern (vgl. Schmidt-Hieber NJW 1982, 1020). Diesen Bedenken wird man die Berechtigung nicht völlig absprechen können. Gleichwohl ist ein summarisches Verfahren unentbehrlich. Angesichts der großen Masse bagatellarischer Straftaten wäre unsere Justiz völlig überfordert, wenn in jedem Fall eine Hauptverhandlung durchgeführt werden müßte. Die dringend benötigte Zeit für die sorgfältige Aufklärung der komplizierteren und schwereren Delikte wäre dann nicht mehr gegeben. Man wird daher auf das Strafbefehlsverfahren nicht verzichten können.

B. Zulässigkeit und Verfahrensgang

I. Zulässigkeit und Zuständigkeit

1. Das Strafbefehlsverfahren ist grundsätzlich bei allen Vergehen *zulässig* (§ 407 I). Da jedoch nur Geldstrafe und verschiedene Nebenstrafen und -folgen verhängt werden dürfen, nicht jedoch Freiheitsstrafe (§ 407 II Nr. 1), ist sein Anwendungsbereich begrenzt. An Maßregeln kann nur die Entziehung der Fahrerlaubnis angeordnet werden, bei der die Sperrfrist nicht mehr als zwei Jahre betragen darf (§ 407 II Nr. 2; wichtig für die Ahndung der zahlreichen Verkehrsdelikte im Strafbefehlsverfahren).

2. *Zuständig* für den Erlaß des Strafbefehls ist in Strafsachen von minderer Bedeutung (§ 25 GVG; BVerfGE 22, 254) der Strafrichter, in Schöffengerichtssachen (§ 24 GVG) der Vorsitzende des Schöffengerichts (§§ 30 II GVG, 408 I). Hält dieser den Strafrichter für zuständig, so gibt er die Sache mit bindender Wirkung über die StA an ihn ab; im umgekehrten Fall legt der Strafrichter dem Schöffengerichtsvorsitzenden die Akten durch Vermittlung der StA zur Entscheidung vor (§ 408 I, 3, 4).

II. Das eigentliche Strafbefehlsverfahren

1. Das Strafbefehlsverfahren ist gegenüber dem Regelverfahren in vierfacher Weise *abgekürzt*:

a) Es bedarf nach § 407 III keiner richterlichen Anhörung des Beschuldigten vor Erlaß des Strafbefehls (berechtigte Bedenken dagegen im Hinblick auf Art. 103 I GG bei Eser aaO.).

b) An die Stelle der Anklageschrift tritt der *Strafbefehlsantrag* (§ 407 I), der (im Gegensatz zur Anklageschrift!) auf eine bestimmte Rechtsfolge gerichtet sein muß (§ 408 I, 1).

c) Der Eröffnungsbeschluß fällt weg.

d) Der Strafbefehl wird ohne vorherige *Hauptverhandlung* (u. U. aber nach ergänzenden richterlichen Ermittlungen analog § 202; str.) erlassen (s. § 408 I, 2) und dem Beschuldigten schriftlich zugestellt (§ 409 I).

2. Der Strafbefehl muß außer der verhängten Strafe die strafbare Handlung und ihre rechtliche Qualifikation sowie die Beweismittel angeben und eine Rechtsmittelbelehrung enthalten (§ 409 I). Er ist formell ein Beschluß, materiell ein auf Strafe lautendes Urteil und stellt, wenn er rechtskräftig wird, die alleinige Grundlage der Strafvollstreckung dar (s. § 410).

Strafbefehlsmuster finden sich bei Henkel, S. 429, und Marquardt, Strafprozeß, 3. Aufl., 1977, S. 113 f.

3. Wenn der *zuständige* Richter gegen den Erlaß des beantragten Strafbefehls *Bedenken* hat, so stehen ihm folgende Möglichkeiten zur Verfügung:

a) Hält er eine Entscheidung auf Grund der Akten mangels hinreichender Aufklärung des Sachverhalts für unangemessen (und erscheinen auch keine Zwischenermittlungen analog § 202 angebracht), so beraumt er *Hauptverhandlung* an (§ 408 II, 1); ein besonderer Eröffnungsbeschluß ist dann nicht erforderlich, der Strafbefehlsantrag gilt als Anklage. Mit der Ladung ist dem Angeklagten eine Abschrift des Strafbefehlsantrages ohne die beantragte Rechtsfolge mitzuteilen (§ 408 II, 2).

b) Möchte er in der *Straffrage* von dem Antrag abweichen, so muß er sich darüber mit der StA zu einigen versuchen, da ein Strafbefehl nur bei *völliger Übereinstimmung* von Richter und StA zustandekommen kann (§ 408 I, 2; II, 1; eine besondere Kautele des Strafbefehlsverfahrens, wodurch die Gefahr einer Fehlentscheidung vermindert werden soll!). Wenn der Einigungsversuch mißlingt, ist Hauptverhandlung anzuberaumen (§ 408 II, 1).

c) Schließlich kann der Richter den Strafbefehlsantrag auch (analog §§ 203/4) ohne Hauptverhandlung völlig *ablehnen,* wenn er den Antrag für unzulässig oder den Tatverdacht für unzureichend hält; gegen einen solchen Beschluß steht der StA analog § 210 II die sofortige *Beschwerde* zu. Wenn daraufhin das Beschwerdegericht die Zurückweisung des Strafbefehlsantrags für unbegründet hält, kann es gleichwohl (entgegen § 309 II!) weder selbst den Strafbefehl erlassen (das kann nach § 407 I nur *der zuständige* Richter *am Amtsgericht!)* noch den Richter gegen seine Bedenken zum Erlaß des Strafbefehls, sondern nur zur Anberaumung der Hauptverhandlung anweisen (arg. § 408 II, str., s. L.-R.[23]-Schäfer, § 408, Rdnr. 28, 29).

III. Der Übergang ins Regelverfahren

1. Der Beschuldigte kann gegen den Strafbefehl binnen einer Woche ab Zustellung *Einspruch* erheben (s.i.e. § 409 I Nr. 7; nach BGHSt 25, 187 mit Anmerkung von Hanack JR 1974, 296 ist der Einspruch schon vor Zustellung zulässig, sofern der Strafbefehl bereits erlassen, d.h. vom Richter unterzeichnet und in den Geschäftsgang gegeben ist). Durch den Einspruch wird die Durchführung einer Hauptverhandlung vor dem Strafrichter oder Schöffengericht erzwungen (§ 411 I), sofern nicht die Staatsanwaltschaft die Klage vorher fallen läßt. Nach dem durch das

1. StVRG eingefügten § 411 III können Klage und Einspruch sogar noch bis zur Verkündung des erstinstanzlichen Urteils zurückgenommen werden, nach Beginn der Hauptverhandlung allerdings nur mit Zustimmung des Gegners. Wird das Urteil in der Rechtsmittelinstanz aufgehoben und die Sache zur erneuten Verhandlung an die Erstinstanz zurückverwiesen, so ist eine Einspruchsrücknahme mit Zustimmung der StA auch jetzt noch möglich, denn ein erstinstanzliches Urteil ist nicht mehr vorhanden (Groth, NStZ 1983, 9; sehr str.).

2. Für die *Hauptverhandlung* nach dem Einspruch gelten grundsätzlich die allgemeinen Regeln. Ausnahmen bestehen nur insoweit, als einerseits der Angeklagte zwar nicht zu erscheinen braucht, wenn er durch einen mit schriftlicher Vollmacht versehenen Verteidiger vertreten ist (§ 411 II), andererseits aber der Einspruch ohne weiteres *verworfen* wird, wenn der Angeklagte weder selbst erscheint noch wirksam vertreten wird (§ 412, der auf die für das Berufungsverfahren geltende Regelung des § 329 verweist).

3. Der *Urteilstenor* hat dieselbe Fassung wie im Regelverfahren; auf den früheren Strafbefehl, der bereits durch den Einspruch hinfällig geworden ist, wird kein Bezug genommen. Das Gericht beurteilt die Tat, ohne an den Strafbefehl irgendwie gebunden zu sein. Dabei ist sogar eine *reformatio in peius* zulässig, indem der Strafausspruch gegenüber dem Strafbefehl verschärft wird (§ 411 IV). Da diese Regelung nur mit dem summarischen Charakter des eigentlichen Strafbefehlsverfahrens erklärt werden kann, erscheint eine reformatio in peius aber dann unzulässig, wenn sich in der Hauptverhandlung im Vergleich zu dem im Strafbefehl angenommenen Sachverhalt keine Erschwerungen ergeben (s. Ostler, NJW 1968, 486).

IV. Die Rechtskraft des Strafbefehls

1. Wird gegen den Strafbefehl nicht rechtzeitig Einspruch erhoben, so erlangt er nach dem Gesetzeswortlaut die Wirkung eines rechtskräftigen Urteils (§ 410). Aber schon das RG hat die materielle Rechtskraft eines Strafbefehls außerordentlich *eingeschränkt* (RGSt 56, 253; 65, 292), und der BGH (grundlegend BGHSt *3, 13;* ferner *6, 122; 9, 10; 18, 141*) ist ihm darin gefolgt, daß die bereits im Strafbefehl gewürdigte Tat nochmals verfolgt werden könne, sofern ein rechtlicher Gesichtspunkt auftauche, der im Strafbefehl *nicht berücksichtigt* sei und eine *erhöhte Strafbarkeit* begründe (so zuletzt noch BGHSt *28, 69*).

Diese aus § 410 nicht zu entnehmende Rechtskraftbeschränkung folgt nach bisher h. M. aus der summarischen Natur des Strafbefehlsverfahrens, in dem der Richter nicht in der Lage sei, die Tat über die Grenzen des Strafbefehlsantrages hinaus zu würdigen; der Strafklageverbrauch könne vernünftigerweise aber immer nur innerhalb des bei der richterlichen Beurteilung einzuhaltenden Rahmens wirken. In dieser Auslegung des § 410 soll auch nach Ansicht des BVerfG (in BVerfGE *3, 248*) kein Verstoß gegen Art. 103 III GG (ne bis in idem) liegen, weil bei Entstehung des Grundgesetzes die Rspr. des RG bekannt gewesen und stillschweigend gebilligt worden sei; Art. 103 III GG verweise insoweit lediglich auf die im Strafprozeßrecht entwickelten Rechtskraftprinzipien und erhebe sie zu Verfassungsgrundsätzen, ohne den Umfang der Rechtskraft sachlich zu erweitern (krit. dazu Maunz-Dürig-Herzog-Scholz, GG, Art. 103, Rdnr. 130ff.). Auch § 373a stehe dieser Rspr. nicht entgegen, weil diese Vorschrift praktisch nur die Wiederaufnahme zugunsten des Verurteilten betreffe (BGHSt *3, 16*; BVerfGE *3, 254*).

Die erneute Strafverfolgung kommt nach dieser Judikatur durch schlichte Anklageerhebung gemäß §§ 170 I, 199 II in Gang; der Strafbefehl wird spätestens mit der Verurteilung gegenstandslos. Ist die im Strafbefehl verhängte Strafe noch nicht vollstreckt, so ist sie für gegenstandslos zu erklären, anderenfalls nach Maßgabe von § 51 StGB auf die neue Strafe anzurechnen, (vgl. dazu i.e. Kl./M., § 410, Rdnr. 13; L.-R.[23]-Schäfer, § 410, Rdnr. 31ff. m.w.N.).

2. Diese von der bisher h.L. gebilligte Auffassung wird in jüngster Zeit *im Schrifttum zunehmend aufgegeben,* und das mit Recht: Sie steht in einem Wertungswiderspruch dazu, daß der gerichtliche schriftliche Bußgeldbeschluß i.S. von § 72 OWiG nach § 84 II, 2 OWiG in volle Rechtskraft erwächst, die gemäß § 85 III, 2 OWiG allein im Wege der Wiederaufnahme und auch nur dann durchbrochen werden kann, wenn die Verurteilung wegen eines Verbrechens zu erwarten ist; ferner zu der Regelung in § 153a I, 4, derzufolge selbst die Einstellung in dem höchst summarischen Verfahren nach § 153a zu einem Verfahrenshindernis führt, das nur bei dem Verdacht eines Verbrechens zurücktritt. In Analogie dazu muß daher angenommen werden, daß die Rechtskraft des Strafbefehls von vornherein nicht beschränkbar ist, aber im Wege der Wiederaufnahme zuungunsten des Angeklagten dann durchbrochen werden darf, wenn neue Tatsachen und Beweismittel seine Verurteilung wegen eines Verbrechens erwarten lassen.

In diesem Sinne fast einhellig das neue Schrifttum: Molière, Die Rechtskraft des Bußgeldbescheides, 1975, 72ff.; ders., JZ 1977, 192; Achenbach, ZRP 1977, 86 m.w. Nachw.; ders., NJW 1979, 2021; Blei JA 1977, 47; Kleinknecht JR 1977, 479; Kl./M., Einl., Rdnr. 181, § 410, Rdnr. 7; Herrmann ZStW 89 (1977), 758; Groth NJW 1978, 197; L.-R.[23]-Schäfer, § 410, Rdnr. 22ff.; Kausch JA 1979, 222; für den BGH aber Schlüchter, Rdnr. 793; zweifelnd KK – Müller, § 410, Rdnr. 6. Bedenken gegen die bisherige Rspr. äußert auch BVerfG *NStZ 1984, 325.*

3. Die für die Rechtsprechung entscheidende Frage, ob ein neuer, eine erhöhte Strafbarkeit begründender rechtlicher Gesichtspunkt vorliegt und somit ein neues Verfahren möglich ist, ist oftmals nicht einfach zu beantworten. Eine bloße tatsächliche Veränderung (bei einer fortgesetzten Tat werden neue Einzelakte entdeckt) reicht dafür ebensowenig aus wie das Hinzutreten eines ideell konkurrierenden, keinen höheren Strafrahmen aufweisenden Tatbestandes (von BGHSt *9, 12; 17, 103* bisher offengelassen; wenn man aber nicht auf die abstrakten Strafrahmen, sondern auf die konkrete Strafrerwartung abstellt, könnte auch das Hinzutreten eines minderschweren Delikts die „höhere Strafbarkeit" begründen, womit die Rechtskraft eines Strafbefehls vollständig ausgehöhlt wäre). Ein neuer, strafbarkeitserhöhender Gesichtspunkt liegt dagegen vor, wenn ein neuer, reell konkurrierender Tatbestand hinzutritt (wegen §§ 53, 55 StGB; s. BGHSt *9, 10*), oder wenn ein qualifizierender Tatumstand bekannt wird. Tritt ein qualifizierender Umstand erst nach Rechtskraft des Strafbefehls ein (z.B. der Verletzte stirbt an den Tatfolgen), so hat die frühere Rspr. ebenfalls ein neues Verfahren zugelassen (*BGHSt 18, 141*). Das BVerfG (*NStZ 1984, 325* m. Anm. Kühne, JZ 1984, 376) hat das nunmehr wegen Verstoßes gegen Art. 3 GG als unzulässig

beurteilt, weil eine solche Rechtskraftdurchbrechung nicht auf der summarischen Natur des Strafbefehlverfahrens beruht. Dem ist zuzustimmen, soweit man davon ausgeht, daß im Regelverfahren die Rechtskraft der Berücksichtigung später eingetretener Tatfolgen entgegensteht. Richtiger wäre es freilich, auch im Regelverfahren in solchen Fällen eine Begrenzung der Rechtskraft anzunehmen und eine Ergänzungsklage zuzulassen, die dann folgerichtig auch beim Strafbefehl zulässig sein würde (s. o. § 50 B II, 4 b).

Zweites Buch

Geschichte und Rechtsvergleichung

15. Kapitel

Zur Geschichte

Literatur: *1. Allgemeines Schrifttum zur deutschen Rechtsgeschichte:*
Stintzing-Landsberg, Geschichte der Deutschen Rechtswissenschaft, 1880–1910, Neudruck 1957; Brunner-v. Schwerin, Deutsche Rechtsgeschichte (2), 1928; Schröder-Künssberg, Lehrbuch der deutschen Rechtsgeschichte (7), 1932; v. Schwerin, Germanische Rechtsgeschichte (2), 1943; Kern, Geschichte des Gerichtsverfassungsrechts, 1954; Mitteis, Der Staat des hohen Mittelalters (6), 1959; Fehr, Deutsche Rechtsgeschichte (6), 1962; Conrad, Deutsche Rechtsgeschichte, Bd. I (2), 1962, Bd. II, 1966; Planitz-Eckhardt, Deutsche Rechtsgeschichte, 3. Aufl., 1971; Coing, Epochen der Rechtsgeschichte in Deutschland, 3. Aufl., 1976; Mitteis-Lieberich, Deutsche Rechtsgeschichte (16), 1981.

2. Schrifttum zur Geschichte des Strafverfahrensrechts:
a) Aus dem *allgemeinen* Schrifttum des Strafprozeßrechts sind für die Geschichte besonders bedeutsam:
Planck, Systematische Darstellung des deutschen Strafverfahrens auf der Grundlage der neueren Strafprozeßordnungen, 1857; Zachariä, Handbuch des deutschen Strafprozesses, 2 Bde., 1861, 1868; Glaser, Handbuch des Strafprozesses, I, 1883; v. Hippel, Der deutsche Strafprozeß, 1941; Geppert, Der Grundsatz der Unmittelbarkeit im deutschen Strafverfahren, 1979.
b) *Speziell* für die Geschichte des Strafverfahrens:
Helbing-Bauer, Die Tortur, 1926; Hall, Die Lehre vom corpus delicti, 1933; Nottarp, Gottesurteile, 1949; Döhring, Geschichte der deutschen Rechtspflege seit 1500, 1953; Eb. Schmidt, Einführung in die Geschichte der deutschen Strafrechtspflege (3), 1965; Schild, Alte Gerichtsbarkeit. Vom Gottesurteil bis zum Beginn der modernen Rechtsprechung, 1980 (hervorragender Bildband mit 530 historischen Abbildungen und instruktiven Erläuterungen); Rüping, Grundriß der Strafrechtsgeschichte, 1981.

Vorbemerkung: Unser Strafverfahrensrecht ist, wie die Zeichnung verdeutlicht, entstanden aus der einheimischen Wurzel und aus einer doppelten Aufnahme fremden Rechts, nämlich:

1. der Aufnahme des römischen oder besser des *mittelalterlich-italienischen* Rechts im 15. Jahrhundert und

2. um 1800 der Aufnahme *englisch-französischer* Rechtsgedanken und Rechtseinrichtungen.

Durch die Aufnahme des mittelalterlich-italienischen Rechts ist der *gemeine deutsche Strafprozeß* entstanden, der seinen Hauptniederschlag in der Peinlichen Gerichtsordnung von 1532 gefunden hat; die Übernahme des englisch-französischen Rechts hat den modernen sog. *reformierten deutschen Strafprozeß* geschaffen, der sich zuerst als partikulares Recht in den verschiedenen einzelnen deutschen Staaten durchgesetzt hat und mit der RStPO von 1877 Reichsrecht geworden ist. ·

Die Wurzeln des in der Bundesrepublik geltenden Strafprozeßrechts

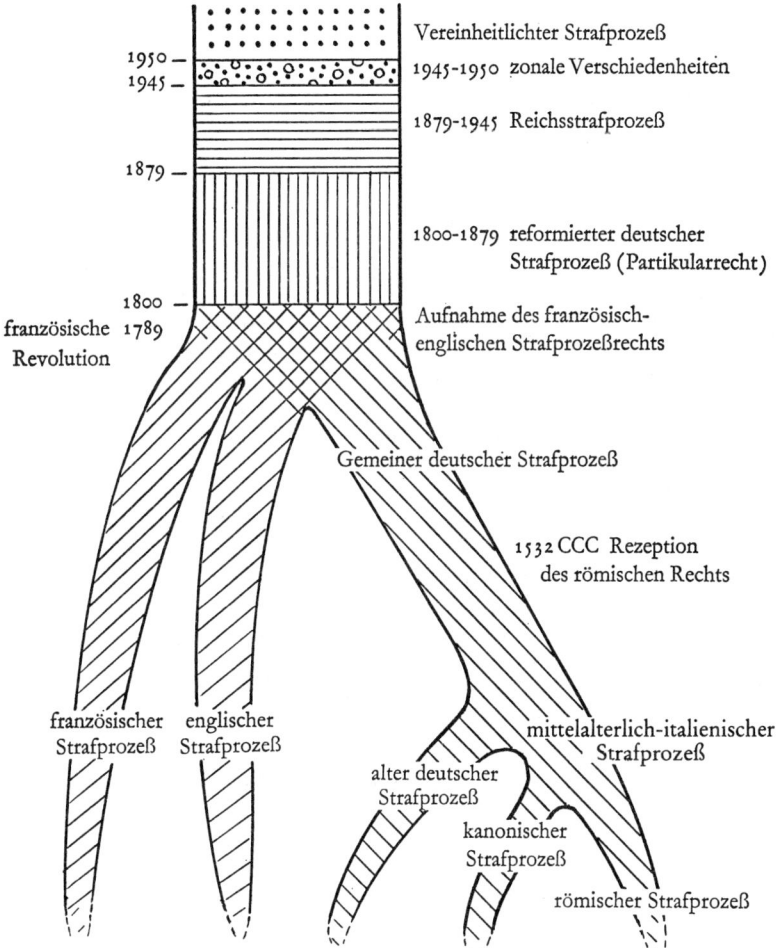

§ 67. Bis zum Beginn der Rezeption

Literatur: Planck, Das deutsche Gerichtsverfahren im Mittelalter, 1879; Binding, Die Entstehung der Strafe im germanisch-deutschen Rechtskreis, 1909; His, Das Strafrecht des deutschen Mittelalters, 2 Bde., 1920, 1935; ders., Geschichte des deutschen Strafrechts bis zur Karolina, 1928, Neudruck 1967; Genzmer, Rache, Wergeld und Klage im germanischen Rechtsleben, 1941; Gernhuber, Die Landfriedensbewegung in Deutschland bis zum Mainzer Landfrieden von 1235, 1952.

A. In der **ältesten Zeit** finden wir keinen Unterschied zwischen Straf- und Zivilprozeß. Die *Gerichtsverfassung* war demokratisch: Die Gesamtheit der Volksgenossen sprach in der Volksversammlung, im Thing, Recht, und zwar auf Vorschlag rechtskundiger Männer, die vom Volk zunächst nur für den einzelnen Fall oder für kürzere Zeit bestimmt waren (in der späteren Zeit rachimburgi genannt) und deren Vorschlag der Zustimmung der übrigen Versammelten (des Vollbortes) bedurfte.

Das *Verfahren* war mündlich und öffentlich. Das Gericht wurde im Freien gehalten, auf Hügeln, unter alten Bäumen (Gerichtseichen oder Gerichtslinden), an bestimmten Tagen (Gerichtstag war am Neumond oder am Vollmond; außerdem war der Dienstag – Zius-Tag – Gerichtstag). Vor Beginn der Sitzung wurden die drei Gerichtsfragen gestellt: ob Ort und Zeit recht sei, ob das Gericht richtig besetzt sei und ob man den Gerichtsfrieden gebieten solle.

Das *Strafverfahren* fiel mit dem Zivilverfahren zusammen: Es war *rein akkusatorisch*, durch die Klage des Verletzten und seiner Sippe bedingt (also eine Privatklage). Sie ging auf Ersatz, und zwar auf Geld, insbes. auf das Wergeld (den Ersatz für einen getöteten Mann), außerdem auf das Fredus (das an die Gemeinde zu zahlende Friedensgeld). Daneben kam aber bei schwersten Delikten auch eine Friedloslegung in Frage, durch die der Betroffene aus der Stammesgemeinschaft ausgestoßen und zum „Werwolf“ wurde, zu dessen Tötung alle Stammesgenossen aufgerufen waren.

Das *Beweisrecht* stand unter strengen gesetzlichen Regeln. Es war äußerst primitiv: Der Angeklagte konnte zu seiner Verteidigung schwören, daß er unschuldig sei (Reinigungseid); von ihm beigebrachte Eideshelfer beschworen ihre Überzeugung von der Reinheit (= der Wahrheit) dieses Eides; sie waren nicht etwa Entlastungszeugen, die über eigene Wahrnehmungen aussagten. Vielfach waren auch Gottesurteile üblich, so der Zweikampf oder die Wasserprobe (der Angeklagte wurde gefesselt in das Wasser geworfen; ging er unter, so war er unschuldig und wurde herausgeholt; schwamm er oben, so wurde er für schuldig angesehen, weil ihn das reine Wasser nicht aufnahm). Besonders lang hat sich das Bahrrecht erhalten: Der des Mordes Verdächtige mußte die Leiche des Erschlagenen küssen; fingen dessen Wunden zu bluten an, so war er schuldig.

B. Die fränkische Zeit. Die Rechtsprechung durch das Volk hat sich bis zu Karl dem Großen erhalten. Den Vorsitz führte ein königlicher Beamter, der Gaugraf. Neben die alten Hundertschaftsgerichte traten aber Sendgrafengerichte unter der Leitung königlicher Beamter (missi dominici), die über dem Gericht des Gaugrafen standen, und das Königsgericht, das der König an seinem festen Hof oder auf seinen Reisen abhielt. Dieses Königsgericht wurde Berufungsgericht gegenüber den Urteilen der Grafengerichte. Der König konnte aber auch selber eine strafrechtliche Untersuchung in Gang bringen (im sog. Rügeverfahren).

Die von *Karl dem Großen* durchgeführte Reform der Gerichtsverfassung, die in der Unterscheidung von echten Thingen (an denen die gesamte Bevölkerung teilnehmen mußte) und gebotenen Thingen (wo die Urteilsfindung sieben Schöffen, scabini, übertragen war) bestand, sollte das Volk von der drückenden Thingpflicht entlasten. Diese erste *Schöffenverfassung* hat sich nicht überall durchgesetzt und ist in der nachkarolingischen Zeit wieder außer Gebrauch gekommen.

C. Erst in der zweiten Hälfte des Mittelalters (also in der Zeit zwischen 900–1450) finden wir in den *Städten Reformen des Strafverfahrens:* An die Stelle des Anklageverfahrens trat mehr und mehr ein Offizialverfahren mit Inquisition. Dabei wurde der Richter Kläger und Urteiler in einer Person; der Verletzte wurde zum Zeugen, der Verdächtige zum Untersuchungsobjekt (Inquisit). Im Beweisverfahren strebte man nach materieller Wahrheit: Die Eideshelfer verschwanden; an ihre Stelle traten Leute, die aus eigener Wahrnehmung aussagten; damit begann der Zeugenbeweis. Im Mittelpunkt des Beweisverfahrens stand das Geständnis. Um dieses zu erzielen, bediente man sich der peinlichen Frage, d.h. der Folter, die schon nach dem Schwabenspiegel (1270) zulässig war. Der Prozeß wurde allmählich heimlich und schriftlich. An die Stelle von Bußen und Wergeldern traten immer mehr die peinlichen Strafen („zu Hals und Hand"), die in den zahlreichen Landfriedensgesetzen gegen „landschädliche Leute" vorgesehen wurden.

Auf dem *Lande* blieb alles beim alten. Die Strafverfolgung war nach wie vor Privatsache; das Beweisverfahren blieb formell; Gottesurteile haben sich noch lange erhalten.

§ 68. Die Rezeption

Literatur: Eb. Schmidt, Inquisitionsprozeß und Rezeption, Studien zur Geschichte des Strafverfahrens in Deutschland vom 13.–16. Jahrhundert, 1940; ders., Strafrechtspflege und Rezeption, ZStW 62 (1943), 232.

I. Der *einheimische deutsche Prozeß* des ausgehenden 15. Jahrhunderts wies schwere Mängel auf: So war insbesondere die Anwendung der Folter an einen bestimmten Verdachtsgrad nicht gebunden, sondern letztlich in das Ermessen des Inquirenten gestellt. Das deutsche Prozeßrecht war wissenschaftlich und systematisch kaum entwickelt.

_II._ Demgegenüber fand sich in _Italien_ ein hoch entwickeltes Recht. Das italienische Recht war weder rein römisches noch kanonisches Recht, sondern das oberitalienische Stadtrecht. Es war dadurch entstanden, daß die Schriften der Postglossatoren (also namentlich des Gandinus, Bartolus, Baldus und Angelus Aretinus) römisches und kanonisches Recht zu einer Einheit verschmolzen hatten. Dieses Recht war außerdem durch die Gerichtspraxis wesentlich beeinflußt.

III. Die Kenntnis dieses mittelalterlich-italienischen Rechts wurde in Deutschland auf zweierlei Wegen vermittelt; einmal durch die deutschen doctores iuris, die ihre Studien an den oberitalienischen Universitäten absolvierten, und sodann durch die populärwissenschaftliche Literatur: durch zwei Rechtsspiegel, nämlich den richterlichen Klagspiegel, der etwa 1425 verfaßt, 1470 gedruckt und 1516 von Sebastian Brant neu herausgegeben wurde (Brant schöpfte namentlich aus Gandinus), und durch den Laienspiegel von Tengler aus dem Jahre 1509; beides waren private Rechtsaufzeichnungen.

_IV._ Das italienische Recht wies gegenüber dem einheimischen Recht den Vorzug klarer Begrifflichkeit und Systematisierung auf. Infolge dieser Überlegenheit _wurde_ das _italienische Recht_ Ende des 15. Jh., Anfang des 16. Jh. für das deutsche Strafprozeßrecht _bestimmend._ Übernommen („rezipiert") wurde dabei weniger die inhaltliche Regelung des italienischen Strafverfahrensrechts als vielmehr die juristisch-wissenschaftliche Methode der italienischen Rechtswissenschaft. Durch die Rezeption wurden im Bereich des Strafverfahrensrechts zum ersten Mal Normen geschaffen, die den Einsatz obrigkeitlicher Gewalt regelten und damit das richterliche Ermessen begrenzten.

§ 69. Die Peinliche Gerichtsordnung und der Gemeine deutsche Strafprozeß

Literatur: B e n e d i c t C a r p z o w, Practica nova imperialis Saxonica rerum criminalium, 1635; M a l b l a n k, Die Geschichte der PGO Karls V., 1783; G ü - t e r b o c k, Die Entstehung der Carolina, 1876; B r u n n e n m e i s t e r, Die Quellen der Bambergensis, 1879; S c h o e t e n s a c k, Der Strafprozeß der Carolina, 1904; E b. S c h m i d t, Die Carolina, ZRG Germ. Abt., 53 (1933), 1; H. v. W e b e r, Die peinliche Gerichtsordnung Kaiser Karls V., ZRG Germ. Abt., 77 (1960), 288; F r.-C h r. S c h r o e d e r, Die Peinliche Gerichtsordnung Kaiser Karls V. (Carolina) von 1532, Regensburg – Stadt der Reichstage (Hrsg. Albrecht), 1980, 25.
Z a c h a r i ä, Grundlinien des gemeinen deutschen Criminalprozesses, 1837; H e g l e r, Die praktische Tätigkeit der Juristenfakultäten des 17. und 18. Jahrhunderts, 1899; R i c h. S c h m i d t, Die Herkunft des Inquisitionsprozesses, Freib. Festschr. f. Großherzog Friedrich, 1902; H. v. W e b e r, Benedict Carpzow, Rosenfeld-Festschr., 1949, 29; d e r s., Juristen-Jahrbuch 7 (1966/67), 1.
Zur Aktenversendung: B ü l o w, Das Ende des Aktenversendungsrechts, AcP 65, 1; L ö n i n g, Spätes Lob der Aktenversendung, ZRG Germ. Abt., 63 (1943), 333; K l u g k i s t, Die Aktenversendung an Juristenfakultäten, JZ 1967, 155.

A. Die Peinliche Gerichtsordnung

Auf der Rezeption beruht die Peinliche Gerichtsordnung Kaiser Karls V., die Constitutio Criminalis Carolina (PGO oder CCC), von 1532. *I.* Ihre *Vorgänger* waren bedeutende Rezeptionsgesetze: die Wormser Reformation von 1498, die Constitutio Criminalis Bambergensis von 1507 (die sog. mater Carolinae) und die ihr im wesentlichen gleichende Brandenburgica von 1516 (die sog. soror Carolinae). Dagegen können die übrigen Gesetze des ausgehenden 15. und frühen 16. Jahrhunderts, etwa die Nürnberger Halsgerichtsordnungen von 1481 und 1526 oder die Maximilianischen Halsgerichtsordnungen (Tirol 1499, Radolfzell 1506, hrsg. v. Eb. Schmidt, 1949), *nicht* zu den Vorläufern der Carolina gerechnet werden. Wie Eb. Schmidt (Inquisitionsprozeß und Rezeption, 1940) überzeugend nachgewiesen hat, sind sie ganz vom Stil mittelalterlicher Rechtssatzungen geprägt und lassen „noch keinen Hauch des Rezeptionsgeistes" spüren.

Von besonderer Bedeutung ist die Bambergensis. Ihr Verfasser war Johann Erich Freiherr von *Schwarzenberg* und Hohenlandsberg – der Landhofmeister des Bischofs von Bamberg –, der später, nach Übertritt zur Reformation, in brandenburgische Dienste trat, kein Jurist, sondern ein tapferer Kriegsmann (1463–1528), der unter dem Einfluß der italienischen Literatur stand (über ihn vgl. bes. Erik Wolf in: Große Rechtsdenker[4], (4), 1963, 102; ferner Hellmer JuS 1965, 48).

II. Die PGO ist zugleich das erste deutsche Strafgesetzbuch und die erste deutsche Strafprozeßordnung, eine Reichskodifikation, die mitten in der Reformation entstanden ist.

Ihr Text ist in einer von Radbruch/Arth. Kaufmann besorgten und eingeleiteten preisgünstigen Ausgabe erschienen [Reclam], die jeder Student besitzen sollte (6. Aufl. 1984, mit ausführl. Literaturnachw.). Eine für Studenten sehr geeignete Einführung in die Carolina liefert Schroeder aaO.

1. *Anlaß* zu dieser Kodifikation gaben zahlreiche Klagen über Willkür in Strafsachen und über Justizmorde an das Reichskammergericht, das 1495 auf dem Reichstag zu Worms ins Leben gerufen worden war; hierauf erfolgte ein Bericht des Reichskammergerichts an den Reichstag, der 1498 in Freiburg i. Br. zusammentrat und beschloß, „eine gemeine Reformation und Ordnung im Reich fürzunehmen, wie man in criminalibus procedieren solle". Bei der Ausarbeitung des Gesetzes wurde Schwarzenberg hinzugezogen, der aber das endgültige Zustandekommen des Gesetzes nicht mehr erlebte; da sich die PGO jedoch sehr eng an die Bambergensis anlehnt, ist sie gleichwohl entscheidend von seinem Geist geprägt. Sie wurde auf den Reichstagen zu Augsburg (1530) und Regensburg (1532) beraten und beschlossen. Wegen des Widerstandes der Reichsstädte und mächtiger Territorialstaaten mußte ihr jedoch die „*salvatorische Klausel*" beigefügt werden, die ihr „alten wohlherbrachten rechtmessigen vnnd billichen gebreuchen" des Landesrechts gegenüber nur subsidiäre Geltung verlieh; lediglich einige handfeste „Mißbräuche" (vgl. Art. 218) sollten zwingend beseitigt sein.

2. Die PGO ist in erster Linie eine Strafprozeßordnung; nur in dem Abschnitt über das Urteil („wie man Missetaten peinlich strafen solle") ist das materielle Strafrecht eingeschoben. Sie bedeutete einen *Fortschritt* nicht nur im materiellen Strafrecht, sondern auch auf dem Gebiet des Verfahrens.

a) Sie drängte das Anklageverfahren zurück. Das Anklageverfahren war zwar an sich noch möglich, aber auch da, wo ein Kläger auftrat, war das *Verfahren* im Grunde *inquisitorisch;* zudem suchte man den Kläger mit Erfolg abzuschrecken, einmal durch die Pflicht zur Sicherheitsleistung, zum anderen dadurch, daß man ihn ebenfalls in Haft nahm, solange der Beschuldigte noch nicht abgeurteilt war. In aller Regel wurden die Verbrecher jetzt „von Amts wegen angenommen". Die Fürsten wie die Städte hatten die Verfolgung des Verbrechers als eine staatliche Aufgabe erkannt. Durch die PGO wurde der privatrechtliche Strafanspruch endgültig beseitigt.

Der Richter griff auf Grund einer Anzeige oder eines Verdachtes zu und setzte den Verdächtigen in Untersuchungshaft. Das Verfahren bestand ausschließlich in einer Untersuchung durch den Richter, den Inquirenten, der das Bestreben hatte, den von ihm zur Untersuchung Gezogenen, den Inquisiten, zu überführen.

b) Das *Beweisrecht* war noch immer formal, d.h. der Richter war an bestimmte *gesetzliche Beweisregeln* gebunden: Die Verurteilung setzte das Geständnis oder den Beweis durch zwei einwandfreie („klassische") Zeugen voraus. Das Hauptziel des Verfahrens war daher das Geständnis; um den Verdächtigen hierzu zu bewegen, konnte zur peinlichen Frage geschritten werden. Die Zulässigkeit der *Folter* wurde jedoch jetzt an das Vorliegen *erheblicher Indizien* geknüpft, deren Beschreibung von Schwarzenberg sorgsam ausgearbeitet und mit plastischen Beispielen anschaulich gemacht wurde. Dem lag der Gedanke zugrunde, daß der reine Indizienbeweis unzuverlässig sei und durch das Geständnis ergänzt werden müsse; wurde dieses Geständnis von dem eigentlich schon durch die Indizien als überführt angesehenen Angeklagten hartnäckig verweigert, so hielt man sich für berechtigt, ihn zu foltern. Die vom Gesetz für die Voraussetzungen und die Ausführung der Tortur gezogenen Grenzen wurden aber vielfach nicht eingehalten. Der Angeklagte mußte übrigens sein Geständnis nach der Folterung wiederholen; das während der Folterung abgegebene Geständnis galt nicht; blieb er allerdings bei der Beteuerung seiner Unschuld, so wurde er, u.U. in einem höheren Grad, weitergefoltert.

Das Verfahren war schriftlich und geheim; es mußten aber auch bei den Vernehmungen einige Schöffen – gewissermaßen als des Richters Zeugen – zugegen sein. Nur am Schluß des Verfahrens fand eine öffentliche und mündliche Verhandlung statt; der sog. *endliche Rechtstag;* an diesem Termin wurde aber in Wirklichkeit nicht verhandelt, Beweis erhoben und das Urteil gefunden, sondern es wurde nur das Urteil, das schon vorher im schriftlichen, geheimen Verfahren längst gesprochen war, durch Verlesung öffentlich verkündet und öffentlich vollstreckt.

Die Richter und Schöffen waren nicht notwendig rechtsgelehrt und vielfach ihrer Aufgabe nicht gewachsen; insbesondere kannten sie die „Kayserlichen Rechte" (das römische Recht) nicht, auf die die PGO an vielen Stellen verwies. Daher befahl die PGO in allen zweifelhaften und schwierigen Fällen dem Gericht die *Aktenversendung* an einen Oberhof oder an eine Juristenfakultät zur Ratseinholung. Nach Rückkunft der Akten wurde das Gutachten einfach als Urteil veröffentlicht, so daß die Personen, die das Urteil in Wirklichkeit fällten, den Angeklagten – der inzwischen im Turm in Untersuchungshaft saß – überhaupt nicht zu Gesicht bekamen.

B. Auf Grund der PGO hat sich der **gemeine deutsche Strafprozeß** entwickelt. Die Strafverfolgung war *ausschließlich* Sache des Staates. Das Verfahren war *inquisitorisch*, d. h. der Verdächtige, der alsbald in Untersuchungshaft genommen wurde, stand so gut wie wehrlos als Objekt der Untersuchung dem Untersuchungsführer gegenüber; die Verteidigung war im wesentlichen darauf beschränkt, zu dem vom Inquirenten gesammelten und schriftlich festgelegten Material eine schriftliche juristische Würdigung abzugeben; auf die Beibringung des Prozeßstoffs hatte die Verteidigung keinen Einfluß.

Das *Beweisrecht* war nach wie vor formal; die ganze Untersuchung zielte auf ein Geständnis, das erforderlichenfalls durch die peinliche Frage erpreßt wurde.

Gelang der formale Vollbeweis der Schuld nicht, blieben aber auch Zweifel an der Unschuld des Inquisiten, so wurde gegen ihn entweder eine – mildere – sog. *Verdachtsstrafe* verhängt, oder er wurde unter Vorbehalt jederzeitiger Erneuerung des Strafverfahrens vorläufig freigesprochen *(absolutio ab instantia)*.

In besonders schweren Strafsachen (delicta excepta) wie Hexen- und Ketzerprozessen sowie für das crimen laesae majestatis war nach der Auffassung der damaligen Zeit das Strafverfahren (also insbesondere die peinliche Befragung) überhaupt an keine Schranken gebunden – anstatt daß man sich auf den Standpunkt gestellt hätte, daß das Verfahren um so gründlicher und sorgfältiger sein müsse und dem Beschuldigten um so mehr Gelegenheit zu seiner Verteidigung gegeben werden müsse, je schwerer die Beschuldigung war.

Im *absoluten Staat* wurde das Volk durch beamtete – abhängige – Richter aus den Richterbänken verdrängt. Die Strafurteile bedurften in schweren Fällen der Bestätigung durch den Landesherrn, der sie aufheben, mildern, aber auch schärfen konnte; und während der Monarch in Zivilsachen auf „Kabinettsjustiz" verzichtete, behielt er sich die oberste richterliche Gewalt in Strafsachen noch bis ins 19. Jahrhundert hinein vor.

Noch im *18. Jahrhundert* war es vielfach zu *Kodifikationen* des materiellen Strafrechts und des Strafprozeßrechts gekommen, und zwar meist in einem und demselben Gesetz. Von diesen Kodifikationen hielten insbesondere der „Codex Maximilianeus iuris Bavarici Criminalis" von

1751 (dessen Verfasser Kreittmayr war) und die österreichische „Constitutio Criminalis Theresiana" von 1768 an dem alten schriftlichen, geheimen, inquisitorischen Strafprozeß mit Folter und äußerster Beschränkung der Verteidigung fest.

§ 70. Der Einfluß der Aufklärung und der Französischen Revolution. Der reformierte deutsche Strafprozeß

Literatur: Haeberlin, Sammlung der neuen deutschen Strafprozeßordnungen, 1852, ergänzt durch Sundelin, 1861; Planck, Systematische Darstellung des deutschen Strafverfahrens auf der Grundlage der neuesten Strafprozeßvorlagen für 1848, 1857; Esmein, Histoire de la procédure criminelle en France, 1882; Gneist, Die Bildung der Geschworenengerichte in Deutschland, 1849; Schwinge, Der Kampf um die Schwurgerichte bis zur Frankfurter Nationalversammlung, 1926, Neudruck 1970; Waider, Fehlerquellen im Strafverfahren, dargestellt nach Spees „Cautio Criminalis" von 1631/32, Peters-Festschr., 1974, 473; Haber, Probleme der Strafprozeßgeschichte im Vormärz, ZStW 91 (1979), 590; Geppert, Der Grundsatz der Unmittelbarkeit im deutschen Strafverfahren, 1979.

A. Einen grundlegenden Wandel im Strafprozeßrecht hat erst die **Aufklärung** gebracht.

I. Als *Vorläufer* der Aufklärung in Deutschland ist namentlich Christian *Thomasius* hervorgetreten (1655–1728; erst Professor der Philosophie in Leipzig, dann 1690 wegen seines Freimuts in Sachsen verfolgt, in Preußen aufgenommen, 1694 an der Gründung der Universität Halle beteiligt und dort Professor der Rechte), ein tapferer Vorkämpfer gegen eingewurzelte Mißbräuche und Aberglauben. Wie schon 1631 der auch als Dichter bekannte Jesuit Friedrich von Spee in seiner „Cautio criminalis", hat Thomasius sich in seiner 1701 erschienen Schrift „De crimine magiae" gegen die Hexenprozesse gewandt, während sein Schüler Bernhardi in seiner Dissertation „De tortura e foris Christianorum prohibenda" von 1705 die Folter bekämpfte.

II. Mit ihren Forderungen nach Vernunft, Menschlichkeit und Achtung vor der menschlichen Persönlichkeit verlangte die *Aufklärung* die Abschaffung des Inquisitionsprozesses und der Folter. In *Frankreich* hat namentlich Voltaire (1694–1778) anläßlich des Justizmordes an dem Kaufmann Jean Calas in Toulouse (der 1762 wegen angeblicher Ermordung seines Sohnes unschuldig zum Tode verurteilt und gerädert worden war) das Volk auf die schlimmen Zustände in der Strafjustiz aufmerksam gemacht. „Les formes en France ont été inventées pour perdre les innocents."

Von *italienischen* Aufklärern ist *Beccaria* (1738–1794) mit seinem berühmten Buch: „Dei delitti e delle pene" (1764, deutsche Neuausgabe 1966) zu nennen. Er hat nicht nur als erster seine Stimme gegen die Todesstrafe erhoben und die Folter erbittert bekämpft; auch seine übrigen auf die Rechtsstaatlichkeit des Strafverfahrens gerichteten Forderungen haben die europäische Reformbewegung nachhaltig beeinflußt. Der zusammenfassende Schlußsatz seines Werkes: „Damit die Strafe nicht die Gewalttat eines oder vieler gegen einen einzelnen Bürger sei, muß sie durchaus öffentlich, rasch, notwendig, die geringstmögliche unter den gegebenen Umständen, dem Verbrechen angemessen und vom Gesetze vorgeschrieben sein", hat bis heute nichts von seiner Gültigkeit verloren.

In *Deutschland* hat Friedrich der Große im ersten Jahr seiner Regierung (1740) in Preußen die Folter abgeschafft, die aber in der Praxis noch lange durch zahllose Verhöre (torturae spirituales) und durch lange und qualvolle Untersuchungshaft ersetzt wurde, durch die man den Beschuldigten mürbe machen wollte.

B. In **Frankreich** hatte bis zur **Revolution** ebenso wie in Deutschland ein geheimer, schriftlicher Inquisitionsprozeß geherrscht. Nachdem namentlich Montesquieu für Gerichtsverfassung und Strafverfahren englische Rechtseinrichtungen als Vorbilder gepriesen hatte, wurden diese im Verlauf der Revolution übernommen, so insbesondere das Anklageprinzip mit der Popularklage, die Beweispflicht der Parteien, die Mündlichkeit und Öffentlichkeit, vor allem aber das Schwurgericht (die Jury) mit zwei verschiedenen Geschworenenkommissionen, der großen 23köpfigen Anklagejury, die über die Zulassung der Klage zu beraten hatte, und der kleinen, 12köpfigen Urteilsjury, die ohne Trennung zwischen Tatfrage und Rechtsfrage darüber zu entscheiden hatte, ob der Ankläger seine Anklage bewiesen hatte. Der Richter hatte den Geschworenen vor ihrem Spruch ein résumé, also einen Überblick über das Ergebnis der Beweisaufnahme, zu geben; er war nicht, wie später im deutschen Recht, auf eine Rechtsbelehrung beschränkt; damit war sein Einfluß auf den Spruch der Geschworenen natürlich ein wesentlich größerer.

Die Kodifikation des französischen Strafprozesses im *code d'instruction criminelle* von 1808 wies dem Staatsanwalt (procureur d'état) eine führende Rolle im Strafverfahren zu; die englische Popularklage wurde nicht übernommen, ebensowenig die Anklagejury. Die Entscheidung über die Zulassung der Anklage wurde in die Hand einer besonderen Anklagekammer (eines beschließenden Gerichts) gelegt. Der kennzeichnende Zug des französischen Strafverfahrens war sonach ein Anklageverfahren, bei dem die Anklage von einer besonderen staatlichen Strafverfolgungsbehörde, der Staatsanwaltschaft, erhoben wurde. Dazu kamen weitgehend eine Führung des Vorverfahrens durch einen unabhängigen Richter, den Untersuchungsrichter (juge d'instruction), die Dreiteilung der erstinstanzlichen Gerichte je nach der Schwere der Tat in Polizeigerichte, Strafkammern und Schwurgerichte, wobei die Verhandlung vor den Schwurgerichten ein besonderes Verfahren erforderte, endlich die Grundsätze der Öffentlichkeit, Mündlichkeit und Unmittelbarkeit sowie der freien Beweiswürdigung; die gesetzlichen Beweisregeln wurden abgeschafft; so hatten sich die Geschworenen lediglich zu fragen, ob sie die „intime conviction", d.h. die innere Überzeugung von der Schuld des Angeklagten, erlangt hatten.

C. Deutschland

I. Die Napoleonische Gesetzgebung und damit der code d'instruction criminelle wurde im linksrheinischen Deutschland, insbesondere im preußischen Rheinland, eingeführt und blieb dort auch nach dem Sturz Napoleons bis 1849 in Geltung. Der französische Strafprozeß wies gegenüber dem in Altpreußen (auf Grund der Criminalordnung von 1805) geltenden schriftlichen, geheimen Inquisitionsverfahren unbestreitbare sachliche Vorzüge auf. Er trug aber auch den Interessen der bürgerlichen Freiheit besser Rechnung. Der Liberalismus verlangte daher auch in Deutschland, außer der Unabhängigkeit der Gerichte, Beseitigung der Kabinettsjustiz in jeder Form und Einführung von Schwurgerichten ein Strafverfahren mit Anklagegrundsatz und Staatsanwalt. Diese Forderungen wurden in die Grundrechte der Paulskirche vom 27. 12. 1848 und die Frankfurter Reichsverfassung vom 28. 3. 1849 aufgenommen. Dort wurde neben dem Schwurgericht der Anklageprozeß und damit die Staatsanwaltschaft festgelegt (§ 179); außerdem verlangte man auf Grund der bitteren Erfahrungen aus der Reaktionszeit, namentlich der „Demagogenverfolgungen", ein Verbot der Ausnahmegerichte (§ 174 II, 2) und die richterliche Anordnung der Verhaftung, zum Schutz gegen polizeiliche Willkür (§ 138 II).

II. Nach 1848 haben die meisten deutschen Einzelstaaten (Bayern 1848 und 1861, Preußen 1849, Baden 1864, Württemberg 1868 u. a.) neue Strafprozeßordnungen geschaffen, die alle die Mitwirkung von Laien (Geschworenen oder Schöffen), die Staatsanwaltschaft, Öffentlichkeit, Mündlichkeit und freie Beweiswürdigung, z. T. auch die Führung des Vorverfahrens durch einen Untersuchungsrichter einführten (vgl. speziell zur Entwicklung des Unmittelbarkeitsprinzips Geppert, 67). Dieser moderne, zunächst nur partikulare Strafprozeß wird als *„reformierter"* *deutscher Strafprozeß* bezeichnet. Die österreichische Strafprozeßordnung von 1873 und die RStPO von 1877 stehen auf dem Boden des reformierten Strafprozesses.

§ 71. Die Entstehung der RStPO und die Entwicklung bis 1945

Literatur: D o c h o w , Die Deutsche Strafprozeßordnung vom 1. Februar 1877, in v. Holtzendorffs Handbuch des Strafprozesses, 1879, Bd. I, 103; H a h n (Hrsg.), Die gesammten Materialien zur Strafprozeßordnung und zum Einführungsgesetz zu derselben, I. Abt. 1880, II. Abt. 1881; L.-R.[23]-S c h ä f e r , Einl. Kap. 2; M ü l l e r , 100 Jahre Wahrheit und Gerechtigkeit, KritJ 1977, 11; R i e ß , Der Beschuldigte als Subjekt des Strafverfahrens in Entwicklung und Reform der Strafprozeßordnung, in: Vom Reichsjustizamt zum Bundesministerium der Justiz, 1977, 373; S e l l e r t , Die Reichsjustizgesetze von 1877 ... pp., JuS 1977, 781; I n g o M ü l l e r , Verteidigungsrechte, in: Holtfort, Strafverteidiger als Interessenvertreter, 1979, 69; I n g o M ü l l e r , Rechtsstaat und Strafverfahren, 1980.

A. Entstehung

Nachdem die Reichsverfassung von 1871 in Art. 4 Nr. 3 dem Reich die Zuständigkeit zur Gesetzgebung über Strafrecht und Strafverfahren zugesprochen hatte, wurden in den Jahren 1873–1877 in Beratungen des Reichsjustizamtes und des Bundesrats, in Reichstagsverhandlungen und in Sitzungen der Reichsjustizkommission (d. h. eines 28köpfigen, aus 27 Juristen und einem Arzt bestehenden Ausschusses des Reichstags) das GVG und die StPO und die übrigen Reichsjustizgesetze beraten und beschlossen. Dabei ergaben sich starke Meinungsverschiedenheiten zwischen der liberalen Reichstagsmehrheit und der konservativen, auch von Bismarck im Bundesrat vertretenen Staatsauffassung, namentlich über die Laienbeteiligung am Strafverfahren und die Berufung; so wollte die Regierung die erst 1848 eingeführten Schwurgerichte wieder abschaffen und für alle Strafsachen die Schöffengerichtsverfassung durchführen, während der Reichstag an den Schwurgerichten festhielt. Das Ergebnis war ein Kompromiß, der namentlich in der Strafgerichtsverfassung eine eigenartige Lösung brachte: für die leichteren Sachen Schöffengerichte, für die mittelschweren die ausschließlich mit Berufsrichtern besetzten Strafkammern, für die schwersten Sachen die Schwurgerichte, bei denen die Aufgaben der Rechtsfindung unter die mit 3 Berufsrichtern besetzte Richterbank und die mit 12 Geschworenen besetzte Geschworenenbank geteilt waren. Berufung gab es nur gegen Urteile der Schöffengerichte; sie ging an die Strafkammer, was zur Folge hatte, daß in der höheren Instanz die Laien ausgeschlossen waren.

Das GVG ist am 27. Januar 1877, die StPO am 1. Februar 1877 ausgefertigt worden. Beide Gesetze sind zusammen mit den übrigen Reichsjustizgesetzen am 1. Oktober 1879 in Kraft getreten. Die Reichsjustizgesetze haben auf einem wichtigen Teilstück des Rechts die deutsche Rechtseinheit gebracht. Sie entsprechen auf dem Gebiet des Strafverfahrens den Zielen, die der deutsche Liberalismus zum Teil in zähem Kampf erreicht hat.

B. Die Entwicklung bis 1933

I. Das Strafverfahren der RStPO ist bis zum Ende des Kaiserreichs im wesentlichen unverändert geblieben (die wenigen Ergänzungen und erste Reformversuche sind in der 8. Aufl. dieses Lehrbuchs, S. 308 f., geschildert).

II. In den Jahren *1919–1933* hat das deutsche Strafverfahrensrecht auf Teilgebieten erste wesentliche *Änderungen* erfahren.

1. Auf Grund des Art. 106 WV wurde im Jahre 1920 die Militärgerichtsbarkeit in Friedenszeiten außer für Kriegsschiffe aufgehoben.

2. Das Jahr 1923 brachte mit dem *Jugendgerichtsgesetz* eine umfassende Neuregelung des Jugendstrafverfahrens.

3. Zu grundlegenden Änderungen führte die nach dem damaligen Reichsjustizminister benannte *Emminger'sche Reform* vom 4. 1. 1924.

Sie brachte vor allem die Abschaffung der echten Schwurgerichte, die in der Sache – wenn auch nicht dem Namen nach – in ein großes Schöffengericht umgewandelt wurden (vgl. o. § 7 B I); durch die Übertragung aller bisherigen Strafkammersachen auf die Amtsgerichte ermöglichte sie die Berufung gegen alle erstinstanzlichen Urteile (mit Ausnahme der neuen Schwurgerichte). Im Verfahren brachte die Verordnung u. a. Durchbrechungen des Verfolgungszwanges; außerdem konnten jetzt Freiheitsstrafen bis zu 3 Monaten durch Strafbefehl ausgesprochen werden.

Ein Teil dieser Reformen wurde später durch Notverordnungen von 1931 und 1932 wieder aufgehoben; namentlich wurde die erstinstanzliche Zuständigkeit der Strafkammern wieder hergestellt.

4. Durch die sog. *lex Höfle* vom 27. 12. 1926 wurde die mündliche Verhandlung über die Untersuchungshaft sowie die obligatorische gerichtliche Haftprüfung eingeführt.

III. In die Zeit von 1919 bis 1933 fallen zwei große *Anläufe* zu umfassenden *Reformen* des Strafverfahrens, nämlich die von dem Berliner Strafrechtslehrer James Goldschmidt aufgestellten Entwürfe einer Novelle zum GVG und einer völlig neuen Strafprozeßordnung von 1920 und der (im Rahmen der geplanten Reform des materiellen Strafrechts aufgestellte) Entwurf eines Einführungsgesetzes zu einem Allgemeinen deutschen Strafgesetzbuch von 1930, der Änderungen des GVG und der StPO in nahezu 300 Ziffern vorschlug.

C. Die Zeit des Nationalsozialismus

Literatur: S c h o r n, Der Richter im Dritten Reich, 1959; S c h o r n, Die Gesetzgebung des Nationalsozialismus als Mittel der Machtpolitik, 1963; W e i n - k a u f f u. W a g n e r, Die deutsche Justiz und der Nationalsozialismus, Bd. I, 1968; B a d e r, Strafverteidigung vor deutschen Gerichten im 3. Reich, JZ 1972, 6; L e n g e m a n n, Höchstrichterliche Strafgerichtsbarkeit unter der Herrschaft des Nationalsozialismus, 1974; W a g n e r, Der Volksgerichtshof im nationalsozialistischen Staat, 1974; K o l b e, Reichsgerichtspräsident Dr. Erwin Bumke, 1975; M a j e r, Justiz und NS-Staat, DRiZ 1978, 47; R ü p i n g, Nationalsozialistische Rspr. am Beispiel der SS- und Polizeigerichte, NStZ 1983, 112; O s t e n d o r f, Strafverteidigung im „Dritten Reich", StrV 1983, 120; R ü p i n g, Strafjustiz im Führerstaat, GA 1984, 2.

I. Nicht jede Veränderung des Strafverfahrensrechts nach der nationalsozialistischen „Machtergreifung" war auch nationalsozialistisch geprägt. Namentlich mit dem bedeutenden Ausführungsgesetz zum Gewohnheitsverbrechergesetz vom 24. 11. 1933 (RGBl. I S. 1000) wurden noch ältere Reformvorstellungen verwirklicht, die teils die Konsequenzen aus der Einführung der Maßregeln der (wie es damals noch hieß) Sicherung und Besserung zogen, teils aber auch davon unabhängig waren, wie etwa die neu geschaffenen §§ 81 a–81 d.

II. Nachdem schon während der Jahre 1933–1935 verschiedene Einzelmaßnahmen das Strafverfahrens- und Gerichtsverfassungsrecht in nationalsozialistischem Sinne verändert hatten (vgl. L.-R.[23]-Schäfer, Einl. Kap. 3, Rdnr. 22 ff.), brachte dann das Gesetz zur Änderung von Vorschriften des Strafverfahrens und des GVG vom 28. 6. 1935 (RGBl. I S. 844) eine Zusammenfassung von Maßnahmen, die den neuen Machthabern im Vorgriff auf die geplante Gesamtreform des Strafverfahrensrechts besonders dringend erschienen; sie führten durchweg zu einem Abbau der mit der RStPO erreichten rechtsstaatlichen Sicherungen (vgl. i.e. die 14. Aufl. S. 350).

III. Während in den Jahren 1936 bis 1939 mit Rücksicht auf die Tätigkeit einer Reformkommission unter der Leitung des Reichsjustizministers Dr. Gürtner die Gesetzgebungstätigkeit weitgehend erlahmt war, häuften sich mit dem Ausbruch des Zweiten Weltkrieges die Vereinfachungs- und Kriegsmaßnahmenverordnungen, die zu einem rasch fortschreitenden weiteren Abbau des justizförmigen Strafverfahrens führten (vgl. dazu die 14. Aufl., S. 350 f., und L.-R.[23]-Schäfer, Einl., Kap. 3, Rdnr. 34 ff.).

IV. Noch wesentlich schlimmere Ausmaße erreichte die Perversion des Verfahrensrechts in den Sondergerichtsbarkeiten des Dritten Reiches. Der *Volksgerichtshof*, von dem die politischen Strafsachen abgeurteilt wurden, die zuvor in die erstinstanzliche Zuständigkeit des RG gefallen waren, war mit Richtern besetzt, die unmittelbar von Hitler berufen wurden; er war ein von gesetzlichen Bindungen weitgehend gelöstes Instrument zur Liquidierung von Regimegegnern und hat allein im Jahre 1944 mehr als 2000 Todesurteile gefällt. (Zur Frage, ob der Volksgerichtshof als Gericht beurteilt werden kann, Rüping, Wassermann-Festschr., 1984, 983). Für die politischen Delikte der unteren Instanz waren *Sondergerichte* zuständig, deren Prozesse sich ebenfalls als „Scheinverfahren ohne alle Garantien und mit vorher feststehendem Ergebnis" kennzeichnen lassen (Rüping, Grundriß der Strafrechtsgeschichte, S. 105). Dazu kamen „SS- und Polizeigerichte" sowie „Ehrengerichtsbarkeiten" der NSDAP, der HJ und der SA, die die nat.-sozialistische Ideologie in den Gliederungen der Partei umfassend durchsetzen sollten. Begleitet wurden diese Umstrukturierungen der Strafjustiz von einer „Entfesselung der Polizeigewalt" (Eb. Schmidt, Einführung in die Geschichte der deutschen Strafrechtspflege, 3. Aufl., 1965, S. 439), die mißliebige Personen in „Schutzhaft" nehmen und durch Verbringung in Konzentrationslager jeglichem Rechtsschutz entziehen konnte.

§ 72. Zur Geschichte des Strafprozeßrechts seit 1945 und zur weiteren Reform

Literatur: L.-R.[23]-Schäfer, Einl. Kap. 4 und 5; Rudolphi, Strafprozeß im Umbruch, ZRP 1976, 165; Zipf, Reform des Strafverfahrensrechts, in: Handwörterbuch der Kriminologie, 2. Aufl., Erg.-Bd., 1977, S. 121; Rieß, Gesamtreform des Strafverfahrensrechts – eine lösbare Aufgabe?, ZRP 1977, 67; Achenbach, Kriminalpolitische Tendenzen in den jüngeren Reformen des Besonderen Strafrechts und des Strafprozeßrechts, JuS 1980, 81; Rieß, Prolegomena zu einer Gesamtreform des Strafverfahrensrechts, Schäfer-Festschr., 1980, 155; Ingo Müller, Rechtsstaat und Strafverfahren, 1980; Wolter, Strafverfahrensrecht und Strafprozeßreform, GA 1985, 49.

A. Die Entwicklung bis zum Vereinheitlichungsgesetz

Nach 1945 führte die Kontrolle der Besatzungsmächte über die Straf-prozeßgesetzgebung zu tiefgreifenden Verschiedenheiten zwischen den einzelnen Besatzungszonen und damit zu einer weitgehenden Rechts-zersplitterung. Während die Entwicklung in der Sowjetischen Besat-zungszone, der späteren DDR, einen eigenen Weg nahm (vgl. unten Kap. 16), hat für die Bundesrepublik das *Vereinheitlichungsgesetz* vom 12. 9. 1950 (BGBl. S. 455) die Rechtseinheit wieder gebracht (zu seiner Vorgeschichte und Bedeutung vgl. die eingehenden Ausführungen der 8. Aufl. dieses Lehrbuchs, S. 8 ff., 315 ff.). Es hat im wesentlichen die nationalsozialistischen Änderungen des Strafverfahrensrechts wieder ab-geschafft. Außerdem wurde auf Grund der Erfahrungen der NS-Zeit die Vorschrift des § 136 a eingefügt, welche die Achtung der menschlichen Würde im Strafverfahren sicherstellen soll.

B. Das Strafprozeßänderungsgesetz von 1964

Die nächste eingreifende Änderung, die sog. *Kleine Strafprozeßreform*, hat das Strafprozeßänderungsgesetz (StPÄG) vom 19. 12. 1964 (BGBl. I, S. 1067) gebracht. Seine wesentlichen Neuerungen waren:

1. Das *Haftrecht* ist mit dem Ziel einer Einschränkung der Verhaftun-gen tiefgreifend umgearbeitet worden; dabei wurde namentlich auf die Verwirklichung des Verhältnismäßigkeitsgrundsatzes Wert gelegt. Die Einführung der neuen Haftgründe von § 112 III und IV (jetzt §§ 112 III, 112a; vgl. o. § 30 B II, 2) steht freilich im Widerspruch zur sonstigen Zielsetzung des StPÄG.

2. Das *rechtliche Gehör* vor Gericht (§§ 33, 33 a) wurde verstärkt.

3. Durch Ausdehnung der notwendigen Verteidigung (§§ 140 f.) und Erweiterung des Akteneinsichts- und Besuchsrechts (§§ 147 f.) wurde die *Rechtsstellung des Verteidigers* verbessert.

4. Die Pflicht zur *Belehrung des Beschuldigten* über seine Aussagefrei-heit wurde auf alle Vernehmungsorgane ausgedehnt (§§ 136, 163 a, 243 IV).

5. Im *Wiederaufnahmeverfahren* wurde die Möglichkeit der Mitwir-kung eines Richters, der schon an der angefochtenen Entscheidung beteiligt war, durch Einführung des § 23 II n. F. abgeschafft.

6. Schließlich wurde der frühere *Eröffnungsbeschluß*, der positiv den hinreichenden Tatverdacht aussprach, durch den Beschluß über die Zulassung der Anklage ersetzt (§ 207; zu den Bedenken gegen diese Regelung vgl. o. § 40 A II 2).

Eine ausführliche Darstellung der Vorarbeiten und der Beratungen über das StPÄG findet sich in der 7. Aufl. auf S. 302 ff.

C. Die Entwicklung bis 1973

Das 8. Strafrechtsänderungsgesetz vom 25. 6. 1968 hat durch Einfüh-rung des neuen § 153 c (heute § 153 d) das Legalitätsprinzip bei Staats-

schutzdelikten ausgeschaltet. Durch das sog. Abhörgesetz vom 13. 8.
1968 wurde in den §§ 100 a, 100 b die bis dahin unzulässige Telefonüberwachung erstmals geregelt. Wichtig ist auch die Neugestaltung der
Kostenvorschriften, die das Einführungsgesetz zum OWiG in den
§§ 467, 467 a StPO mit Wirkung vom 1. 10. 1968 an gebracht hat; danach
werden nunmehr bei Freispruch und z. T. ebenso bei einer Verfahrenseinstellung auch die notwendigen Auslagen des Beschuldigten der Staatskasse überbürdet. Ferner hat das „Gesetz zur allgemeinen Einführung
eines zweiten Rechtszuges in Staatsschutzsachen" vom 8. 9. 1969 dem
Übelstand abgeholfen, daß gerade bei den besonders schwierigen „politischen" Delikten eine richterliche Überprüfung des Urteilsspruches bisher unmöglich war. Das StrEG vom 9. 3. 1971 hat die Entschädigung für
nicht zur Verurteilung führende Strafverfolgungsmaßnahmen auf eine
völlig neue gesetzliche Grundlage gestellt (vgl. oben § 58 A). Ebenso hat
das BZRG vom 18. 3. 1971 (dazu oben § 56 C) die registerlichen Folgen
strafrechtlicher Sanktionen in einer zusammenfassenden Regelung refor-
miert. Die wichtigste Neuerung des Jahres 1972 schließlich besteht in der
Einführung des § 112 a durch Gesetz vom 7. 8. 1972, das den Haftgrund
der Wiederholungsgefahr auf einige Gewalt-, Vermögens- und Rauschgiftdelikte ausgedehnt hat (vgl. oben § 30 B II 2 d).

D. Die Strafprozeßreform 1975

Literatur: Grünwald, in: Verh. d. 50. DJT, Band I, 1974, C 20 ff.; Dahs,
Bewältigung großer Strafprozesse – um welchen Preis?, NJW 1974, 1588; Grünwald, Die Strafprozeßreform – Sicherung oder Abbau des Rechtsstaats?, Vorgänge 18, 1975, 36; Peters, Der neue Strafprozeß, 1975; Schmidt-Leichner,
Strafverfahren 1975 – Fortschritt oder Rückschritt?, NJW 1975, 417; Herrmann, Die Strafprozeßreform vom 1. 1. 1975, JuS 1976, 413.

Die Jahre 1974 und 1975 haben mit dem Ersten Gesetz zur Reform des
Strafverfahrensrechts (1. StVRG) vom 9. 12. 1974 und dem Gesetz zur
Ergänzung des 1. StVRG vom 20. 12. 1974, daneben aber auch dem
Einführungsgesetz zum Strafgesetzbuch (EGStGB) vom 2. 3. 1974
(sämtliche Gesetze sind im wesentlichen am 1. 1. 1975 in Kraft getreten)
besonders einschneidende Umgestaltungen des Strafverfahrensrechts gebracht.

I. Das 1. StVRG verfolgt vor allem das Ziel, eine Beschleunigung der
Strafprozesse zu ermöglichen. Das soll durch ein ganzes Bündel von
Maßnahmen erreicht werden: vor allem durch die Abschaffung der
gerichtlichen Voruntersuchung, der staatsanwaltschaftlichen Schlußan-
hörung und des Schlußgehörs, sodann auch dadurch, daß der Beschuldigte, die Zeugen und Sachverständigen verpflichtet werden, auch den
Ladungen der StA Folge zu leisten (vgl. oben §§ 25 II, 26 B I, 27 C II)
und durch zahlreiche, die Geschwindigkeit des Verfahrensablaufs beein-
flussende Einzelbestimmungen, auf die im Text jeweils hingewiesen
worden ist.

Weitere Bestimmungen dienen der Beseitigung von Unzuträglichkeiten, die sich aus den Fristenregelungen des bisherigen Rechtes in der Praxis ergeben haben. So soll der ehedem nicht seltenen monatelangen Verzögerung von Urteilsabsetzungen dadurch begegnet werden, daß die frühere (aber kaum jemals eingehaltene) Wochenfrist des § 275 auf fünf Wochen (bei Großverfahren auch noch weiter) verlängert, die Verletzung dieser Frist dann aber als absoluter Revisionsgrund (§ 338 Nr. 7!) ausgestaltet worden ist (vgl. oben § 48 I).

Außerdem ist, um die Wiederholung von Monstreverfahren zu vermeiden, die früher zehntägige Unterbrechungsfrist des § 229 bei Großverfahren durch die zweimalige Zulassung einer dreißigtägigen Unterbrechung ersetzt worden (vgl. oben § 42 C II). Unter den übrigen Neuerungen sind besonders bemerkenswert die Erweiterung der Anwesenheitsrechte bei richterlichen Vernehmungen (§ 168c, s.o. § 37 C II, 2), die Einführung einer Verteidigerbestellungspflicht in einigermaßen aussichtsreichen Wiederaufnahmeverfahren (§§ 364a/b, vgl. oben § 55 D II) und die Umwandlung des früher periodisch tagenden Schwurgerichts in einen ständig tagenden Spruchkörper des LG unter Herabsetzung der Zahl der Schöffen von bisher sechs auf zwei (§ 76 GVG).

II. Das Gesetz zur Ergänzung des 1. StVRG *(ErgG 1. StVRG)*, das unter dem Eindruck der Baader-Meinhof-Ermittlungsverfahren vom Gesetzgeber in großer Eile verabschiedet worden ist, hat vor allem die Ausschließung des Verteidigers einer ersten gesetzlichen Regelung zugeführt (vgl. o. § 19 D I), die Möglichkeit der gemeinschaftlichen Verteidigung mehrerer Beschuldigter durch einen Verteidiger völlig abgeschafft (§ 146) und die Zahl der Verteidiger für einen Beschuldigten auf drei begrenzt (§ 137 I, 2) sowie die Möglichkeit der Verhandlung in Abwesenheit des Angeklagten geschaffen, wenn dieser seine Verhandlungsunfähigkeit vorsätzlich herbeigeführt hat (§ 231a). Ferner sind die Erklärungsrechte in der Hauptverhandlung präzisiert (§ 257), die Ordnungsmittel der §§ 177f. GVG verschärft und zum Teil in die Hand des Vorsitzenden allein gelegt (vgl. o. § 45 B IV, 2), und schließlich ist die Möglichkeit eröffnet worden, einen die Öffentlichkeit ausschließenden Beschluß u.U. auch in nicht-öffentlicher Sitzung zu verkünden (§ 174 GVG). Außerdem ist die Vereidigung (vgl. o. § 26 C II, 3) und die Vernehmung von Kindern und Jugendlichen unter 16 Jahren (§§ 241a, 247 I) neu geregelt worden.

III. Das *EGStGB* sieht die Anpassung zahlreicher strafprozessualer Einzelvorschriften an das neue materielle Strafrecht vor, geht aber in vielen Punkten auch darüber hinaus. So ist die Sicherstellung von Gegenständen oder Vermögensvorteilen, die der Einziehung bzw. dem Verfall (§§ 73ff. StGB) unterliegen, völlig neu geregelt und der Schadloshaltung des Verletzten dienstbar gemacht worden (§§ 111bff.). Die Einstellungsmöglichkeiten im Bereich der kleinen Kriminalität sind wesentlich erweitert worden (vgl. § 153a und o. § 14 B II, 2b). Das Verfahren gegen Abwesende ist auf das bloße Beweissicherungsverfahren nach §§ 285ff. beschränkt, die Hauptverhandlung gegen Abwesende abgeschafft worden. Mit der Beseitigung der Übertretungen im materiellen Strafrecht ist auch das Strafverfügungsverfahren weggefallen. Im Bereich der Strafvollstreckung (s. o. § 56 B) hat das EGStGB neben einer genaueren Regelung der Vollstreckung von Geldstrafen die alleinige Zuständigkeit der Staatsanwaltschaft als Vollstreckungsbehörde und die Einrichtung von Strafvollstreckungskammern (§§ 78 a/b GVG) geschaffen, die im wesentlichen für die nachträglichen gerichtlichen Entscheidungen bei Freiheitsstrafen zuständig sind. Erwähnung verdient schließlich, daß die Möglichkeit eines Ausschlusses der Öffentlichkeit nach § 172 GVG ausgedehnt worden ist auf die Erörterung privater Lebensumstände eines Prozeßbeteiligten sowie eines weiter gezogenen Kreises beruflicher bzw. privater Geheimnisse und auf die Vernehmung von Kindern unter 16 Jahren.

IV. Das Gesetz über das *Zeugnisverweigerungsrecht* der Mitarbeiter von *Presse und Rundfunk* vom 25. 7. 1975 löste die frühere strafprozessuale Regelung dieser Materie ab, die dem Gedanken des Informantenschutzes nur unzureichend Rechnung trug, und füllte die Lücke, die bestand, seit das BVerfG (E 36, 193, 314) die weitergehenden Vorschriften der landesrechtlichen Pressegesetze für nichtig erklärt hatte (vgl. o. §§ 26 B II 2c, 34 C II 1e und die 13. Aufl., S. 126, 174f.).

E. Die nachfolgende Entwicklung

Die nachfolgenden Gesetzesänderungen zielen darauf ab, den Terrorismus wirksamer zu bekämpfen und den Strafprozeß zu beschleunigen; vor allen Dingen dient das StVÄG 1979 dem zuletzt genannten Ziel. So notwendig es auch ist, beide Ziele anzusteuern, so wichtig ist es auch, bei ihrer Verfolgung keine rechtsstaatlich gebotenen Garantien eines justizförmigen Strafprozesses zu gefährden oder gar preiszugeben.

I. Das *Gesetz zur Änderung des StGB, der StPO usw.* vom 18. 8. 1976 hat neben Präzisierungen in der Frage des Verteidigerausschlusses (§ 138 a IV, V) vor allem gezielte Maßnahmen für Verfahren wegen der Bildung oder Unterstützung einer terroristischen Vereinigung (§ 129 a StGB) gebracht: Der dringende Verdacht einer solchen Straftat begründet die Verhängung der U-Haft nach § 112 III zu verfahrenssichernden Zwecken (vgl. o. § 30 B II 2c), der Schriftverkehr zwischen Verteidiger und Beschuldigtem in Verfahren wegen § 129 a StGB unterliegt gemäß §§ 148 II, 148 a richterlicher Kontrolle, und der Ausschluß des Verteidigers von der Mitwirkung in einem Terrorismus-Verfahren macht es ihm auch in anderen Verfahren wegen § 129 a StGB unmöglich, inhaftierte Beschuldigte zu verteidigen (§ 138 a V, 1).

Sehr krit. zu diesem Gesetz Dahs, NJW 1976, 2145, vgl. aber H.-J. Vogel, NJW 1978, 1217.

II. Das sog. *„Kontaktsperregesetz"* vom 30. 9. 1977 ermächtigt die Landesregierungen, eine von ihnen bestimmte oberste Landesbehörde oder den Bundesminister der Justiz, den Kontakt zwischen Anwalt und

Mandanten während laufender terroristischer Aktivitäten zu unterbinden
(vgl. i. e. §§ 31 ff. EGGVG und o. § 19 E V).

III. Das *Gesetz zur Änderung der StPO vom 14. 4. 1978* läßt bei der
Aufklärung terroristischer Taten die Wohnungsdurchsuchung in erwei-
tertem Maße zu (§ 103), schafft die Möglichkeit, auf Straßen und anderen
öffentlichen Plätzen Kontrollstellen zu errichten (§ 111) und stellt die
Befugnis der Strafverfolgungsorgane, Personen zu identifizieren und
vorläufig festzuhalten, auf eine neue gesetzliche Grundlage (§ 163 b,
§ 163 c; vgl. o. § 31 A I 3, § 33 A III). Außerdem verpflichtet es die
Justizvollzugsanstalten zur Einführung der sog. „Trennscheibe" bei
Gesprächen zwischen mutmaßlichen Terroristen und Verteidigern (§ 148
II) und erweitert die Möglichkeiten, Verteidiger von Strafverfahren
auszuschließen (§ 138 a ff.; vgl. o. § 19 D, E V).

Literatur: H.-J. Vogel, NJW 1978, 1217.

IV. Das *Strafverfahrensänderungsgesetz* (StVÄG 1979) vom 5. 10.
1978, in Kraft getreten am 1. 1. 1979, verfolgt im wesentlichen den
Zweck, das Strafverfahren zu beschleunigen. Um dieses Ziel zu erreichen, engt es das Recht ein, die richterliche Unzuständigkeit zu rügen
(§§ 6 a, 16) und die Befangenheit von Richtern geltend zu machen (§ 29
II). Um die Rügen vorschriftswidriger Gerichtsbesetzungen in der Revisionsinstanz einzuschränken, ist in §§ 222 a, 222 b für erstinstanzliche
Strafsachen des LG oder OLG eine Besetzungsüberprüfung während der
Hauptverhandlung vorgeschrieben (vgl. zum Ganzen o. § 41 C, 53 E II
2 a). Darüber hinaus bringt es eine Fülle arbeitsersparender Regelungen.
So erweitern die §§ 154, 154 a wesentlich die Einstellungsmöglichkeiten
der StA (vgl. o. § 14 B II 2 a bb), läßt § 168 a außerhalb der Hauptverhandlung vorläufige Tonbandprotokolle zu (vgl. o. § 49 VI), und erlaubt
§ 267, bei bestimmten amtsgerichtlichen Urteilen auf den Anklagesatz,
die Anklage nach § 212 a II, 2 oder den Strafbefehl sowie den Strafbefehlsantrag zu verweisen (vgl. o. § 48 III 5).

Literatur: Zum StVÄG Rieß, NJW 1978, 2265; Katholnigg, NJW 1978,
2375; Kurth, NJW 1978, 2481; Hamm, NJW 1979, 135; Köhler, NJW 1979,
348; Schroeder, NJW 1979, 1527.

F. Weitere Reformpläne

I. Die Bemühungen um eine Totalreform des Strafprozeßrechts durch
die Vorlage eines geschlossenen neuen StPO-Entwurfes sind inzwischen
zugunsten einer Reform in Teilschritten aufgegeben worden, deren erster
in den am 1. 1. 1975 in Kraft getretenen Veränderungen (o. D) zu sehen
ist. Die längerfristigen Pläne zielen vor allem auf eine durchgreifende
Reform der Hauptverhandlung und des Rechtsmittelsystems. Wertvolle
Überlegungen für eine künftige Gesamtreform liefern Rieß, Prolegomena, und Wolter aaO. Grundsätzliche kritische Überlegungen „Über die
Beziehungen zwischen Rechtswissenschaft und Gesetzgebung im heutigen Strafprozeßrecht" bei Rieß, ZStW 95 (1983), 529.

II. Bei den Bestrebungen zur Neugestaltung der Hauptverhandlung ist die Absicht leitend, die Vorzüge des anglo-amerikanischen Systems mit denen des bisherigen deutschen Rechtes zu vereinigen. Während das Prinzip der materiellen Wahrheit erhalten und die Verhandlungsleitung im übrigen in den Händen des (wohl weiterhin mit Aktenkenntnis auszustattenden) Richters bleiben soll, wird daran gedacht, die Beweisaufnahme einem „Wechselverhör" von Staatsanwalt und Verteidiger zu überantworten. Auch die Zweiteilung der Hauptverhandlung durch ein Schuld- oder Tatinterlokut wird im Schrifttum nahezu einhellig befürwortet. Vgl. zum Ganzen o. § 42 G m. ausführl. Literaturnachweisen. Der Alternativ-Entwurf einer neu gestalteten öffentlichen Hauptverhandlung (mit Wechselverhör und Tatinterlokut) ist im Frühjahr 1985 vorgelegt worden.

III. Als Ergebnis der jahrelangen Diskussion über die Rechtsmittelreform hat im Dezember 1975 eine Bund-Länder-Arbeitsgruppe „Strafverfahrensreform" den „Diskussionsentwurf für ein Gesetz über Rechtsmittel in Strafsachen" vorgelegt. Der Entwurf sieht vor, daß gegen Urteile aller Spruchkörper vom Schöffengericht aufwärts ein als „Urteilsrüge" bezeichnetes einheitliches Rechtsmittel gegeben sein soll, das in der Sache eine erweiterte Revision darstellt. Zugleich wird für die mündliche Verhandlung vor dem Strafrichter (Einzelrichter) in Sachen der einfach gelagerten Kleinkriminalität ein vereinfachtes Strafbescheidsverfahren vorgeschlagen, das neben das Strafbefehlsverfahren treten soll; als Rechtsbehelf gegen den Strafbescheid ist wie beim Strafbefehl der Einspruch vorgesehen, mit dem die Sache in das förmliche Urteilsverfahren vor dem Schöffengericht überführt wird. Die Verwirklichung solcher Pläne ist zur Zeit in weite Ferne gerückt.

Im Jahre 1980 hat der Arbeitskreis AE den Alternativ-Entwurf einer „Novelle zur Strafprozeßordnung" vorgelegt, der für kleinere Delikte ein „Strafverfahren mit nichtöffentlicher Hauptverhandlung" vorsieht (näher dazu § 45 A).

Schließlich hat die Bundesregierung den Entwurf eines Strafverfahrensänderungsgesetzes 1984 (StVÄG 1984) veröffentlicht. Er setzt vor allem die Bemühungen um eine Entlastung der Strafjustiz und eine Beschleunigung der Strafprozesse (vgl. oben D I, E IV) fort. U. a. sollen künftig Ablehnungsgründe stets unverzüglich geltend gemacht werden müssen; die Möglichkeiten zur Unterbrechung der Hauptverhandlung und zum Verzicht auf die Verlesung von Urkunden sollen erweitert werden; auch wird ein häufigerer Einsatz des Strafbefehlsverfahrens angestrebt. Daneben werden auch einige Streitfragen gesetzlich klargestellt; so soll die Rechtskraft des Strafbefehls gegen die bisherige Rspr. im Sinne der wissenschaftlich herrschenden Meinung geregelt werden (vgl. § 66 B IV). Ob und in welcher Form der Entwurf des StVÄG 1984 Gesetz wird, ist zur Zeit nicht abzusehen.

Für die Reform spezieller Materien sei auf die Behandlung im Textzusammenhang verwiesen; vgl. etwa zur Verteidigung § 19, zur Untersuchungshaft § 30 D IV und zur Verletztenstellung die Vorbem. zu § 61.

Literatur: Denkschrift zur Reform des Rechtsmittelrechts und der Wiederaufnahme des Verfahrens im Strafprozeß (hrsg. von der BRAK unter Mitarbeit von Hanack, von Gerlach und Wahle), 1971; Reform der Rechtsmittel in Strafsachen, Bericht über die Entstehung der gegenwärtigen Rechtsmittelvorschriften und die Bemühungen um ihre Reform (verfaßt von Fezer, herausgegeben vom Bundesjustizministerium), 1974; Fezer, Möglichkeiten einer Reform der Revision in Strafsachen, 1975; Tröndle, in: Probleme der Strafprozeßreform, 1975, 73. *Speziell zum Diskussionsentwurf:* Rieß, Seib, Lisken, Enzian, DRiZ 1976, 3, 48, 197, 374; Sarstedt, Krauth, in: Dreher-Festschr., 1977, 681, 697. Das Thema: „Empfiehlt es sich, das Rechtsmittel in Strafsachen grundlegend, insbesondere durch Einführung eines Einheitsrechtsmittels, zu ändern?" war Gegenstand des 52. Deutschen Juristentages 1978 (Gutachten von Peters, Referate von Rieß und Sarstedt), der sich gegen ein Einheitsrechtsmittel aussprach. Vgl. weiter Meyer-Gossner, JZ 1978, 329. „Zur Rechtstatsachenforschung im Zusammenhang mit der Rechtsmittelreform" vgl. Bender/Heissler, ZRP 1978, 30; Helmken, Zweifelhafte Rechtstatsachenforschung zur Dauer von Strafverfahren, ZRP 1978, 133; Teyssen, Empfiehlt sich eine Erweiterung der Revision im Strafprozeß?, JR 1978, 309; Dahs, Die Urteilsrüge ein Irrweg, NJW 1978, 1551; Gössel, Überlegungen zur Beschleunigung des Strafverfahrens, GA 1979, 241; Schreiber, Tendenzen der Strafprozeßreform, in: Schreiber, Hrsg., Strafprozeß und Reform, 1979, 15; Moos, Zur Reform des Strafprozeßrechts und des Sanktionsrechts für Bagatelldelikte, 1981; Baumann, Die Situation des deutschen Strafprozesses, Klug-Festschr., 1983, 459; Frohn, Zum Entwurf des Strafverfahrensänderungsgesetzes 1984, GA 1984, 554.

16. Kapitel

Das Strafverfahrensrecht der DDR

§ 73. Die Grundlagen des Verfahrens

Literatur: Bechthold, Die Prozeßprinzipien im Strafverfahren der DDR, 1967; Strafprozeßrecht der DDR, Lehrkommentar, hrsg. v. Ministerium der Justiz, 1968; Bechthold, Gerechtigkeit und sozialistische Gesetzlichkeit im neuen Strafverfahren der DDR, ZStW 81 (1969), 277; Hartwig u.a., Kommentar zum Ordnungswidrigkeitsrecht der DDR, 1969; Jahn, G., Schöffenmitwirkung pp., Der Schöffe 1969, 370; Maurach, Das neue Jugendstraf- und -strafverfahrensrecht der DDR, Jahrbuch f. Ostrecht, 1969, 7; Schattenberg, Prinzipien der Gerichtsverfassung in der DDR, Diss. Köln 1969; Schmidt, H. T., Straf- und Strafverfahrensrecht, Bibliographie mit Literatur über die DDR, Deutschland-Archiv 1969, 728; Szkibik, Sozialistischer Strafvollzug pp., 1969; Benjamin, Volksrichter, „Staat und Recht", 1970, 726; Eser, Gesellschaftsgerichte in der Strafrechtspflege pp., 1970; Keil, Die Verwirklichung der Leninschen Ideen über die gesellschaftlichen Gerichte, NJ 1970, 236; Müller-Rodig, Das Klagerecht des Staatsanwalts pp., „Staat und Recht" 1970, 1970; Bechthold, Die Rolle des Strafverteidigers in der DDR, Deutschland-Archiv 1971, 262; Müller, F., Kriminalitätsvorbeugung und Gesetzlichkeitsaufsicht, 1971; Probst, Schöffen und Rechtspflege, Der Schöffe 1971, 177; Kellner, Zur Herausbildung, Durchsetzung und Weiterentwicklung sozialistischer Prozeßprinzipien in der DDR, NJ 1972, 185, 217; Schroeder, Ernüchterung in der Strafrechtspflege der DDR, JZ 1973, 656; Heidrich, Die Funktion des Strafverteidigers in der DDR, NJW 1974, 265; Willamowski, Ziel und Hauptrichtungen der Änderung der StPO, NJ 1975, 97; Küchler/Müller/Plitz, Differenzierte und wirksamere Mitwirkung gesellschaftlicher Kräfte am Strafverfahren, NJ 1975, 130; Müller/Stranovsky/Willamowski, Rationelle Verfahrensweise und Beschleunigung des Strafverfahrens – wichtiges Anliegen der StPO-Novelle, NJ 1975, 155; Kittke/Kringe, Das neue Gerichtsverfassungsgesetz der DDR, NJW 1975, 150; Schroeder, Die Strafrechts- und Strafprozeßreform der DDR von 1974/75, NJW 1977, 169, 174; v. Lindheim, Das Prinzip der Öffentlichkeit des Verfahrens im Strafprozeß der DDR, ROW 1978, 65; Heck, Das Strafensystem im StGB DDR, Diss. München, 1975.

A. Die „Strafprozeßordnung der Deutschen Demokratischen Republik" (StPODDR) vom 12. 1. 1968 gilt ab 1. 4. 1975 i.d.F. vom 19. 12. 1974 (Neubekanntmachung GBl. 1975 I S. 61). Die wichtigsten *weiteren Rechtsquellen* für das Strafverfahren in der DDR sind:

1. der Rechtspflegeerlaß vom 4. 4. 1963 (GBl. I S. 49), der für die neueren Gesetzgebungswerke richtungweisend geworden ist;

2. das Gerichtsverfassungsgesetz (GVGDDR) vom 27. 9. 1974 (GBl. I S. 457);

3. das Gesetz über die Staatsanwaltschaft der DDR (StAG) vom 7. 4. 1977 (GBl. I S. 93);

4. das Gesetz über die gesellschaftlichen Gerichte der DDR (GGG) vom 11. 6. 1968 (GBl. I S. 229);

5. das Gesetz zur Bekämpfung von Ordnungswidrigkeiten (OWG) vom 12. 1. 1968 (GBl. I S. 101) i.d.F. des Gesetzes vom 19. 12. 1974 (GBl. I S. 591);

6. die Militärgerichtsordnung (MGO) vom 27. 9. 1974 (GBl. I S. 481);

7. das Strafregistergesetz vom 11. 6. 1968 i.d.F. vom 19. 12. 1974 (Neubekanntmachung GBl. 1975 I S. 118);

8. das Wiedereingliederungsgesetz vom 7. 4. 1977 und das Strafvollzugsgesetz vom 7. 4. 1977 (GBl. I S. 98, 109).

B. Ein Vergleich zwischen den Verfahrensordnungen der DDR und der Bundesrepublik ist deshalb sehr schwierig, weil die gesellschaftlichen und verfassungsrechtlichen Grundlagen ganz unterschiedlich sind (zur Einführung empfehlenswert: Böckenförde, Die Rechtsauffassung im kommunistischen Staat, 1967). Das liberale Konzept unseres Prozeßrechtes, das auf dem Bemühen um einen Ausgleich zwischen staatlichen Strafverfolgungs- und individuellen Freiheitsinteressen beruht, hat in der DDR keine unmittelbare Entsprechung, weil nach der dort maßgebenden Lehre von der „*Interessenidentität*" derartige Konflikte durch den stetigen Abbau der Klassengegensätze überwunden sind. Ebenso gibt es in der DDR keine Gewaltenteilung im Sinne der westlichen Rechtstradition. Vielmehr hat sich die Rechtsprechung vor allem an den Beschlüssen der die Arbeiterklasse repräsentierenden Sozialistischen Einheitspartei zu orientieren, die als zur Erkenntnis der objektiven historischen Gesetzmäßigkeit in erster Linie befähigt gilt. Die gerichtliche Entscheidung muß nach § 11 I, 2 StPODDR „den Grundsätzen der Gerechtigkeit und der sozialistischen Gesetzlichkeit" entsprechen; da aber die „*sozialistische Gesetzlichkeit*" als höchstes Prinzip der Rechtspflege in der DDR mit dem gesetzmäßigen Geschichtsprozeß stets in genauem Einklang stehen muß, empfängt sie ihren materialen Gehalt aus der Einsicht der Partei. Das bedeutet eine Politisierung des Strafprozesses und führt in Anpassung an den jeweiligen innenpolitischen Kurs zu einer wechselnden Ausdeutung der gesetzlich niedergelegten Prozeßgrundsätze, die nach westlichen Begriffen oftmals als Umdeutung zu bezeichnen wäre. Es ist deshalb zu beachten, daß selbst ihrem Wortlaut nach gleichartige Gesetzesvorschriften durch ihre Anwendung in der DDR und der BRD sehr verschiedenen Inhalt bekommen können. Immerhin zeigt die Strafrechtspflege der DDR in den letzten Jahren manche Annäherung an nach unseren Maßstäben liberale Vorstellungen. Inwieweit sich dieser Prozeß unter der Geltung der neuen StPO fortsetzen wird, bleibt abzuwarten.

Mit dem geschilderten Vorbehalt läßt sich – wie es ja auch für das sowjetrussische Strafverfahrensrecht gilt – eine erhebliche Ähnlichkeit zwischen den leitenden Prozeßmaximen und strukturellen Grundlagen der beiden deutschen Prozeßordnungen feststellen. Auch die StPODDR kennt das Offizialprinzip (§§ 22, 23), die Instruktionsmaxime (§ 101), den Anklagegrundsatz (§ 187 I) und das Legalitätsprinzip (§ 154). Es gelten die Grundsätze „in dubio pro reo" (§ 6 II) und „ne bis in idem" (§ 14 I) sowie das Verbot der reformatio in peius (§§ 11 III, 285, 321 II,

335 II). Die Hauptverhandlung folgt den Prinzipien der Mündlichkeit, Öffentlichkeit (§ 10) und Unmittelbarkeit (§§ 224/5; allerdings noch weiter eingeschränkt als bei uns); feste Beweisregeln fehlen (§ 23 II).

C. Die **Gerichtsverfassung** der DDR weicht von der unseren wesentlich ab. Während die schwereren Delikte der ordentlichen Gerichtsbarkeit zugewiesen sind, wird über Vergehen, die „nicht erheblich gesellschaftswidrig" sind (§ 58 StPODDR), von einer *außerordentlichen Gerichtbarkeit,* den sog. „gesellschaftlichen Organen der Rechtspflege", entschieden. Diese *Gesellschaftsgerichte,* die im Sinne der marxistischen Doktrin den beginnenden Abbau der Staatsgewalt in der sozialistischen Gesellschaft erkennen lassen, werden als „Konfliktkommissionen" (vor allem in volkseigenen Betrieben oder staatlichen Organisationen) oder „Schiedskommissionen" (vor allem in Wohngebieten und landwirtschaftlichen Genossenschaften) tätig und können als „gewählte Organe der Erziehung und Selbsterziehung der Bürger" vom „Gesetz bestimmte Erziehungsmaßnahmen festlegen" (§§ 1 I, 11 II GGG). Die *ordentliche Gerichtsbarkeit* gliedert sich in Kreisgerichte, Bezirksgerichte und das Oberste Gericht. Die Kreisgerichte sind mit einem Richter und zwei Schöffen besetzt und entscheiden über die große Menge weniger schwerer Delikte (§§ 25 II, 23 GVGDDR). Hervorhebung verdient, daß seit der Neufassung der StPODDR von 1974 anstelle des Kollegiums der Einzelrichter (§ 9 II, 2 StPODDR) zuständig ist für die wichtigen besonderen Verfahrensarten: das Strafbefehls- und Strafverfügungsverfahren (§§ 270 III, 279 I StPODDR), das Einziehungsverfahren (§ 282, 2 StPODDR), i.d.R. das beschleunigte Verfahren (§ 257 II StPODDR) und u.U. auch im Strafvollstreckungsverfahren (§ 357 II StPODDR). Die Bezirksgerichte entscheiden erstinstanzlich mit einem Richter und zwei Schöffen vor allem über Staatsverbrechen, vorsätzliche Tötungsdelikte und solche Strafsachen, die wegen ihrer besonderen Bedeutung dort angeklagt oder vom Gericht an sich gezogen werden; ferner fungiert das Bezirksgericht mit drei Berufsrichtern als zweite Instanz in Strafsachen (§§ 30, 33 III GVGDDR). Das Oberste Gericht schließlich kennt keine Laienbeteiligung und ist nach § 37 GVGDDR als Gericht erster und letzter Instanz in Strafsachen tätig, die wegen ihrer überragenden Bedeutung vom Generalstaatsanwalt dort angeklagt werden, ferner als zweite Instanz zur Überprüfung der Entscheidungen des Bezirksgerichts. Außerdem sind das Präsidium des Bezirksgerichts und das Oberste Gericht der DDR als Kassationsgerichte zuständig (§§ 32 II, 37 GVGDDR; zur Kassation vgl. unten § 74 E).

D. Über Stellung und Art der **Verfahrensbeteiligten** läßt sich zusammenfassend sagen:

1. Zwar sind *Richter und Schöffen* nach § 5 II GVGDDR „in ihrer Rechtsprechung unabhängig" und nur an die Rechtsvorschriften der DDR gebunden. Doch ist dies nicht in unserem Sinne zu verstehen. Wichtigste Aufgabe der Gerichte ist es vielmehr, „zur Lösung der

Aufgaben der sozialistischen Staatsmacht bei der Gestaltung der entwik-
kelten sozialistischen Gesellschaft beizutragen" (§ 3 GVGDDR). Hierzu
besteht eine die sachliche Unabhängigkeit der Richter aufhebende Weisungsgebundenheit: Nach § 39 I GVGDDR kann das Plenum des Obersten Gerichts zur Sicherung der „einheitlichen und wirksamen Anwendung" der Gesetze und anderer Rechtsvorschriften Richtlinien erlassen,
die für alle Gerichte verbindlich sind (vgl. auch § 20 GVGDDR). Ebenso
leitet das Bezirksgericht die Tätigkeit der Kreisgerichte (§ 29 II
GVGDDR). Auch eine persönliche Unabhängigkeit der Richter besteht
nicht; denn sie werden von der jeweils zuständigen örtlichen Volksvertretung für die Dauer ihrer Wahlperiode gewählt (§§ 5 I, 44 ff.
GVGDDR) und können, namentlich „wegen Verstoßes gegen Gesetze,
wegen gröblicher Verletzung der Grundpflichten oder anderer Diszipli-
narvergehen", von der Volksvertretung, die sie gewählt hat, abberufen
werden (§ 53 GVGDDR).

2. Die *Staatsanwaltschaft* der DDR „leitet" als „zentrales Organ der
Staatsmacht" den „Kampf gegen Straftaten" (§ 1 StAG). Sie ist hierarchisch aufgebaut (§§ 5–8 StAG). Sie soll gewährleisten, daß „die Wahrheit allseitig und unvoreingenommen festgestellt …, die Persönlichkeit
des Beschuldigten, seine Beweggründe, die Art und Schwere seiner
Schuld, sein Verhalten vor und nach der Tat in be- und entlastender
Hinsicht aufgeklärt werden" und daß „die Würde der Bürger gewahrt
und niemand unbegründet beschuldigt wird" (§ 15 StAG). Anders als
beim Richter wird eine juristische Ausbildung vom StA nicht notwendig
verlangt (§ 35 II StAG).

3. Der *Verteidiger* hat auch in der DDR die Aufgabe, den Beschuldigten zu beraten und „alle entlastenden oder die Verantwortlichkeit min-
dernden Umstände vorzutragen und dem Beschuldigten … die erforderliche Unterstützung zur Wahrnehmung seiner Rechte zu gewähren"
(§ 16 I StPODDR). Die notwendige Verteidigung, das Akteneinsichts-
und Besuchsrecht des Verteidigers sind aber im Verhältnis zum westdeutschen Recht nur eingeschränkt gewährleistet, und zwar in dem Umfange
wie bei uns vor Erlaß des StPÄG 1964 (§§ 63, 64 StPODDR).

4. Weitere Verfahrensbeteiligte sind die *„Vertreter der Kollektive"*, vor
allem der „sozialistischen Brigaden", Arbeits- und Hausgemeinschaften.
Sie sollen „zur allseitigen Aufklärung der Straftaten, ihrer Ursachen und
Bedingungen und der Persönlichkeit" des Beschuldigten an der Hauptverhandlung mitwirken und dem Kollektiv über deren Ergebnisse berichten (§ 53 StPODDR).

5. Schließlich können noch *„gesellschaftliche Ankläger und Verteidiger"* am Verfahren beteiligt werden (§§ 54–57 StPODDR). Es handelt
sich dabei um Vertreter von Kollektiven oder gesellschaftlichen Organen,
deren Mitwirkung als Ankläger vor allem bei besonders schwerwiegenden oder die Öffentlichkeit empörenden Straftaten mit der Wirkung
beantragt werden kann, daß sie zu den gesellschaftlichen Auswirkungen
der Tat vor Gericht Stellung nehmen und Beweisanträge stellen können.

Entsprechende Rechte haben auch die gesellschaftlichen Verteidiger, die bei schwerwiegenden Zweifeln an der Schuld, beim Vorliegen außergewöhnlich mildernder Umstände und der Möglichkeit einer Strafe ohne Freiheitsentzug beauftragt werden können, die den Angeklagten entlastenden Gesichtspunkte dem Gericht vorzutragen; das Kollektiv kann, wenn die Strafe zur Bewährung ausgesetzt oder eine Strafe ohne Freiheitsentzug ausgesprochen wird, durch den gesellschaftlichen Verteidiger auch die „Bürgschaft" für den Verurteilten mit der Verpflichtung übernehmen, seine weitere Erziehung zu gewährleisten. Die weitgehende „Mitwirkung der Bürger am Strafverfahren" (§ 4 StPODDR) macht die Vergesellschaftung des einzelnen und die sozialistische Erziehungs- und Bildungsaufgabe des Strafverfahrens deutlich; sie soll außerdem dazu beitragen, „das sozialistische Staats- und Rechtsbewußtsein zu entwikkeln".

6. Der *Beschuldigte* hat das „Recht auf aktive Mitwirkung am gesamten Strafverfahren" und das Recht auf Verteidigung; er ist darüber auch zu belehren (§ 15 StPODDR). Ein Schweigerecht des Beschuldigten oder gar die Pflicht, ihn darüber zu belehren, sind im Gesetz nicht niedergelegt. Auch eine unserem § 136a entsprechende Vorschrift enthält die StPODDR nicht; doch wird man ein Verbot solcher Vernehmungsmethoden aus der die Rechtspflegeorgane treffenden Pflicht ableiten müssen, „die Grundrechte und die Würde der Bürger zu achten" (§ 3 StPODDR).

§ 74. Der Ablauf des Verfahrens

A. Das **Ermittlungsverfahren** (3. Kapitel, §§ 87–155 StPODDR) liegt weitgehend in der Hand der *Staatsanwaltschaft*, die wie bei uns die Polizei („Untersuchungsorgane" nach der Terminologie der StPODDR) unterstützend heranzieht und durch Weisungen leitet. Die Einschaltung eines Richters ist nur für den Erlaß eines Haftbefehls (§ 124 StPODDR) und für die Bestätigung staatsanwaltschaftlicher Beschlagnahmen, Durchsuchungen und Arrestbefehle (§ 121 StPODDR) erforderlich, nicht aber bei der Einweisung zur Beobachtung in ein psychiatrisches Krankenhaus und bei der Anordnung körperlicher Untersuchungen (§§ 43, 44 StPODDR). Die Ermittlungsverfahren sollen grundsätzlich innerhalb von drei Monaten abgeschlossen werden (§ 103 StPODDR).

Das *Haftrecht* der DDR ist verglichen mit der in der Bundesrepublik geltenden Regelung rigoros. Denn bei dringendem Tatverdacht ist ein Haftgrund außer im Falle von Flucht-, Verdunkelungs- oder Wiederholungsgefahr schon dann gegeben, wenn die Tat mit Haftstrafe oder als Militärstraftat mit Strafarrest bedroht ist, wenn ein Verbrechen den Gegenstand des Verfahrens bildet oder wenn bei fahrlässigen Vergehen eine Freiheitsstrafe von über zwei Jahren zu erwarten ist (§ 122 StPODDR). Eine dem § 116 StPO entsprechende Aussetzung des Vollzuges des Haftbefehls gibt es nicht. Die Übergabe einer Abschrift des

Haftbefehls bei der Verhaftung ist nicht vorgesehen, wohl aber seine Bekanntgabe (§ 124 III StPODDR).

Die *Untersuchungsorgane* haben in der DDR, wenn sich das Nichtvorliegen einer Straftat herausstellt, eine selbständige Einstellungsbefugnis (§ 141 StPODDR) und können die Sache auch an ein gesellschaftliches Organ der Rechtspflege abgeben, wenn dessen Zuständigkeit begründet ist (§ 142 StPODDR). Sonst haben sie nach Beendigung ihrer Ermittlungen das Verfahren mit einem Schlußbericht der Staatsanwaltschaft zu übergeben, die nun ihrerseits die Sache zur Anstellung weiterer Ermittlungen zurückreichen, sie einstellen, an ein gesellschaftliches Organ der Rechtspflege übergeben oder auch Anklage erheben oder einen Strafbefehl beantragen kann (§§ 146–155 StPODDR).

B. Das Zwischen- und Hauptverfahren (4. Kapitel, §§ 156–256 StPODDR) entspricht in den Grundzügen der bei uns geltenden Regelung. Auch in der DDR kann das Gericht im Zwischenverfahren die Eröffnung des Hauptverfahrens entweder beschließen oder ablehnen (§§ 192, 193 StPODDR); es kann ferner die Sache u. U. einstellen, an die Staatsanwaltschaft zurück- oder an die Gesellschaftsgerichtsbarkeit übergeben (§§ 189–191 StPODDR). Die Hauptverhandlung läuft dann in ununterbrochener Anwesenheit der zur Urteilsfindung berufenen Personen (§ 214 StPODDR) in ähnlichen Formen wie bei uns ab und endet meist mit dem Urteil, das in der Regel auf Verurteilung oder Freispruch lautet (§§ 240 ff. StPODDR). Erwähnung verdient vielleicht, daß im Vergleich mit der westdeutschen StPO die Zeugnisverweigerungsrechte eingeschränkt sind (§§ 26, 27 StPODDR) und daß die Sachverständigen nur vom Gericht, der Staatsanwaltschaft oder den Untersuchungsorganen angefordert und nicht abgelehnt werden können (§§ 38 ff. StPODDR).

C. An besonderen Verfahrensarten sind vorgesehen: das beschleunigte Verfahren (§§ 257–261 StPODDR), das Verfahren gegen Flüchtige und Abwesende (§§ 262–269 StPODDR; anders als bei uns unbeschränkt zulässig!); das Strafbefehlsverfahren (§§ 270–275 StPODDR) und das selbständige Einziehungsverfahren (§§ 281 f. StPODDR). Strafverfügungen kann die Polizei selbständig erlassen; doch kann der Betroffene Antrag auf gerichtliche Entscheidung stellen (§§ 278–280 StPODDR). Eine Privatklage gibt es in der DDR nicht; doch kann der Geschädigte am Strafverfahren mitwirken, dort Schadensersatzansprüche geltend machen, Beweisanträge stellen und auch Beschwerde einlegen (§ 17 StPODDR).

D. Das Rechtsmittelsystem der DDR ist von dem unseren wesentlich abweichend gestaltet (5. Kapitel, §§ 283–310 StPODDR). Es beruht auf dem Zweiinstanzenprinzip, kennt also nicht den Unterschied zwischen Berufung und Revision. Gegen Beschlüsse, die in erstinstanzlichen Verfahren (nur in diesen!) erlassen werden, ist binnen einer Woche (also unserer *sofortigen* Beschwerde entsprechend) die Beschwerde zulässig, und zwar etwa in den Grenzen, die ihr auch § 305 der westdeutschen StPO setzt (im einzelnen §§ 305 ff. StPODDR). Gegen erstinstanzliche Urteile der Kreis- und Bezirksgerichte steht dem Angeklagten das Rechtsmittel der Berufung, der Staatsanwaltschaft der sog. „Protest" zu (§§ 287 ff. StPODDR). Berufung und Protest, die binnen einer Woche einzulegen sind, stellen insoweit eine Synthese von Berufung und Revision dar, als das Urteil in der zweiten Instanz zwar in vollem Umfange überprüft, eine erneute Beweisaufnahme aber nur ausnahmsweise nach dem Ermessen des Gerichts durchgeführt wird (§ 298 II StPODDR). Über Berufung und Protest ist regelmäßig auf Grund einer Hauptverhandlung durch Urteil zu entscheiden; nur die Berufung kann ohne Hauptverhandlung durch Beschluß verworfen werden, wenn sie nach einstimmiger Auffassung des Rechtsmittelgerichts offensichtlich unbegründet ist (§ 293 StPODDR).

E. Gewissermaßen als „Ersatz" für die Revision kennt die StPODDR nach russischem Vorbild die *Kassation* (6. Kapitel, §§ 311–327), die sich gegen rechtskräftige Entscheidungen richtet und bei Gesetzesverletzungen, bei gröblich unrichtigem Strafausspruch und unrichtiger Begründung der Entscheidung stattfinden kann. Sie kann vom Bezirks- und Generalstaatsanwalt sowie vom Direktor des Bezirksgerichts und vom Präsidenten des Obersten Gerichts bei den ihnen jeweils zugeordneten Gerichten innerhalb eines Jahres nach Rechtskraft (zugunsten des Verurteilten in Ausnahmefällen auch noch später) beantragt und muß innerhalb von drei Monaten begründet werden. Der Antrag kann also, obwohl er zugunsten wie zuungunsten des Verurteilten möglich ist, nicht von diesem selbst gestellt werden. Der Angeklagte braucht auch in der Hauptverhandlung, die ohne Beweisaufnahme durchgeführt wird, nicht zu erscheinen. Ist der Kassationsantrag begründet, wird das Urteil aufgehoben; das Kassationsgericht kann dann nach Maßgabe des § 322 StPODDR entweder in der Sache selbst entscheiden oder sie an das frühere oder ein anderes Gericht zurückverweisen.

Neben der Kassation gibt es auch in der DDR den außerordentlichen Rechtsbehelf der *Wiederaufnahme* (7. Kapitel, §§ 328–337 StPODDR). Sie ist ebenfalls zugunsten wie zuungunsten des Verurteilten möglich, bei einem Freispruch des Angeklagten allerdings nur binnen fünf Jahren seit Rechtskraft des Urteils. Anders als in der Bundesrepublik können neue Tatsachen und Beweismittel unbeschränkt auch eine Wiederaufnahme zuungunsten des Verurteilten rechtfertigen. Schlechter gestellt als bei uns ist der Verurteilte auch insofern, als er ein Wiederaufnahmeverfahren nicht selbst, sondern nur durch ein beim Staatsanwalt einzureichendes Gesuch betreiben darf. Dieser stellt dann Ermittlungen an, bei deren negativem Ausgang er die Einleitung des Wiederaufnahmeverfahrens ablehnen kann, so daß das Gericht in diesem Fall gar nicht erst mit der Sache befaßt wird. Auch sind die Richter, die bei der früheren Entscheidung beteiligt waren, anders als nach § 23 II der westdeutschen StPO von der Mitwirkung am Wiederaufnahmeverfahren nicht ausgeschlossen.

17. Kapitel

Rechtsvergleichung

§ 75. Die Grundgedanken wichtiger ausländischer Verfahrensordnungen

Literatur: Jescheck-Krümpelmann (Hrsg.), Die Untersuchungshaft im deutschen, ausländischen und internationalen Recht, 1971; Jescheck-Meyer (Hrsg.), Die Wiederaufnahme des Strafverfahrens im deutschen und ausländischen Recht, 1974; Jescheck, Rechtsvergleichung als Grundlage der Strafprozeßreform, ZStW 86 (1974), 761; Geppert, Der Grundsatz der Unmittelbarkeit im deutschen Strafverfahren, 1979; Jescheck-Leibinger, Hrsg., Funktion und Tätigkeit der Anklagebehörde im ausländischen Recht, 1979. S. ferner die allgemeinen Darstellungen der Rechtsvergleichung (vgl. dazu den Literaturbericht von F. C. Schroeder, ZStW 86]1974§, 783).

Für die Reform des Strafverfahrens gewinnt die Rechtsvergleichung immer mehr an Bedeutung. Im folgenden wird ein Überblick über einige der wichtigsten europäischen Strafverfahrensordnungen gegeben. Über die hier behandelten Rechtsordnungen hinaus haben neuerdings besonders die Verfahrensmodelle *Spaniens, Japans* und der *skandinavischen* Länder auf die deutsche Reformdiskussion eingewirkt. In diesen Ländern wird der Untersuchungsgrundsatz mit einem „Wechselverhör" von Staatsanwalt und Verteidigung (vgl. dazu o. § 42 G I) verbunden.

Vgl. zu *Spanien:* Tackenberg, Kreuzverhör und Untersuchungsgrundsatz im spanischen Strafprozeß, 1960; Volkmann-Schuck, Der spanische Strafprozeß zwischen Inquisitions- und Parteiverfahren 1979 (ihm zufolge ist der spanische Strafprozeß als Vorbild für eine Reform ungeeignet); Quintano Ripollés, Grundzüge und Methoden der Beweiserhebung im spanischen Strafprozeß, ZStW 72 (1960), 618; zum *skandinavischen* Rechtskreis: Dix, Das Wechselverhör nach dem Recht der skandinavischen Länder, ROW 1957, 177; Andenaes, Grundsätze und Methoden der Beweiserhebung im skandinavischen Strafprozeß, ZStW 72 (1960), 606; ders., Die neue norwegische StPO, Jescheck-Festschr., 1985, 715; zu *Japan:* Dando, Japanese Criminal Procedure (Publications of the comparative criminal law project, New York University, Vol. 4), 1965; Die Japanische Strafprozeßordnung (Nr. 91 der Sammlung Außerdeutscher Strafgesetzbücher); Nose, Fehlerquellen im japanischen Strafprozeß, Peters-Festgabe II, 1984, 399; zu *Italien* und zur *Schweiz,* wo das Strafprozeßrecht kantonal geregelt ist, vgl. die 11. Auflage dieses Lehrbuches (1972, S. 376 ff. m. zahlr. Nachw.) sowie Noll, Strafprozeßrecht, Zürich 1977; Schultz, Die Strafprozeßreform in der Schweiz, JR 1981, 45; zur *Sowjetunion* s. die 13. Aufl., 1975, S. 371 ff.

A. Das englische Strafverfahren

Literatur: Allen, Grundsätze und Methoden der Beweiserhebung im englischen Strafprozeß, ZStW 72 (1960), 650; Reynold, Der englische Strafprozeß, DRiZ 1962, 74; Romberg, Die Richter Ihrer Majestät, Porträt der englischen

Justiz[3], 1971, insbes. S. 77 ff; Reynold, Justiz in England, 1968; Herrmann, Beweisaufnahme durch die Parteien und Kreuzverhör im anglo-amerikanischen Strafverfahren, ZStW 80 (1968), 775; Knittel, Das englische Schwurgericht, 1968; Bartsch, Mehrheitsentscheidungen der Geschworenen in England, MDR 1969, 275; Kayser, Die Auswahl der Richter in der englischen und amerikanischen Rechtspraxis, 1969; J. Henkel, England – Rechtsstaat ohne „gesetzliche Richter", 1971; Herrmann, Die Reform der deutschen Hauptverhandlung nach dem Vorbild des anglo-amerikanischen Strafverfahrens, 1971; Middendorf, Der Kronzeuge, ZStW 85 (1973), 1102.

Vgl. *auch* Hirschberg, Das amerikanische und deutsche Strafverfahren in rechtsvergleichender Sicht, 1963; Paulsen, Grundzüge des amerikanischen Strafprozesses, ZStW 77 (1965), 637; Radbruch, Der Geist des englischen Rechts (5), 1965; Honig, Beweisverbote und Grundrechte im amerikanischen Strafprozeß, 1967; Schwinge, Richter und Strafverteidiger in den USA, DRiZ 1976, 300.

Das englische Strafverfahrens- und Gerichtsverfassungsrecht beruht zum einen Teil auf einer Vielzahl von – bisweilen sehr alten – Einzelgesetzen, zum anderen auf Richterrecht. Seit einiger Zeit sind rege Reformbestrebungen in Gang gekommen, die namentlich in dem „Criminal Justice Act" von 1967 und dem „Courts Act" von 1971 zu bedeutsamen Änderungen geführt haben.

I. Die englische Gerichtsverfassung ist besonders unübersichtlich. Für die kleine Kriminalität sind in erster Instanz die *Magistrates' Courts* zuständig, die weitaus überwiegend mit (mehreren) ehrenamtlich tätigen Nichtjuristen (den Friedensrichtern), nur in einigen Großstädten mit berufsmäßigen Richtern (den Stipendiary Magistrates) besetzt sind (etwa 19000 : 50). Alle höheren Gerichte erster Instanz sind echte *Schwurgerichte*, bei denen eine Jury von 12 Geschworenen über die Schuldfrage, ein einzelner juristisch gebildeter Richter über die Straffrage sowie alle Rechtsfragen entscheidet; in besonders bedeutsamen Sachen wird das Richteramt von einem der Mitglieder der Queen's Bench am Crown Court ausgeübt. Etwa 98% aller Delikte werden im sog. summarischen Verfahren vor den Magistrates' Courts, also ohne Jury, abgeurteilt.

II. Eine Staatsanwaltschaft gibt es nicht. Für die *Anklage* besteht kein behördliches Anklagemonopol, freilich auch keine Anklagepflicht, vielmehr herrscht die Popularklage: Theoretisch kann *jedermann* die Anklage *erheben*. In der Praxis wird die Strafverfolgung meist von der Polizei betrieben; diese steht dabei unter dem kontrollierenden Einfluß des „Director of Public Prosecutions", der in bestimmten Fällen auch selbst die Anklage übernehmen oder veranlassen kann. Im Prozeß *vertreten* wird die Anklage im summarischen Verfahren meist von der Polizei selbst, im Geschworenenverfahren dagegen von einem Anwalt.

III. Der *Strafprozeß* ist dem Zivilprozeß sehr ähnlich: Es gilt die Verhandlungsmaxime; Elemente des Inquisitionsprozesses, wie sie bei uns noch erkennbar sind (namentlich in der Vernehmung des Beschuldigten und der Zeugen durch den Vorsitzenden in der Hauptverhandlung), gibt es in England nicht. Daraus erklären sich die auffallenden und grundlegenden Unterschiede des englisch-amerikanischen Strafverfahrens gegenüber dem deutschen und überhaupt gegenüber dem kontinental-europäischen Strafverfahren.

1. Das *polizeiliche Ermittlungsverfahren* steht unter der Herrschaft der von den Richtern der Queen's Bench formulierten *Judges' Rules* (in der Fassung von 1964), die das Fragerecht und die Belehrungspflicht der Polizei regeln (wiedergegeben bei Reynold, Justiz in England, S. 139 ff.).

2. Das *gerichtliche Strafverfahren* beginnt mit der Einreichung der Strafanzeige oder der Vorführung des Beschuldigten, und zwar stets bei einem *Magistrates' Court*. Ist dieser zuständig, so verhandelt er ohne weiteres zur Sache. Ist er sachlich unzuständig, so hat er eine *Vorprüfung* (Preliminary Examination) abzuhalten, eine Verhandlung in der Art einer Hauptverhandlung, die seit 1967 in schriftlicher und vereinfachter Form durchgeführt werden kann. Hier wird geklärt, ob der prima-facie-Beweis der Schuld erbracht ist. Bejahendenfalls überweisen die Friedensrichter die Sache an das zuständige Schwurgericht.

3. Die *Hauptverhandlung* vor dem *Schwurgericht* ist geteilt in die Erörterung der Schuldfrage und die der Straffrage.

Nach Verlesung der Anklage bzw. des Eröffnungsbeschlusses (indictment) wird der Angeklagte gefragt, ob er sich schuldig bekenne oder nicht. Im ersteren Fall entfällt die Beweisaufnahme über die Schuldfrage, und der Richter verhandelt ohne Zuziehung von Geschworenen sogleich über das Strafmaß. Sonst bildet der Gerichtsbeamte aus den von ihm geladenen Personen eine Bank von 12 Geschworenen. Die Ablehnung von Geschworenen ist möglich, kommt aber selten vor.

Die *Beweisaufnahme* beginnt mit einem Vortrag des Anklägers; dann ruft dieser seine Belastungszeugen, der Angeklagte seine Entlastungszeugen auf. Die Vernehmung teilt sich in das Hauptverhör (examination-in-chief) durch die Partei, die den Zeugen geladen hat, das Kreuzverhör (cross-examination) durch den Gegner und ein Wiederverhör (re-examination), in dem die Aussage im Kreuzverhör geklärt werden kann. Der *Richter* kann ergänzend in die Beweisaufnahme eingreifen; im übrigen beschränkt er sich darauf, unzulässige Fragen zurückzuweisen. Die Beweisaufnahme steht nämlich unter strengen *Beweisregeln* (rules of evidence); unzulässig sind insbesondere:

a) die Frage nach Vorstrafen bei der Beweisaufnahme zur Schuldfrage,

b) alle Suggestivfragen außerhalb des Kreuzverhörs und

c) alle Fragen, die der Zeuge nicht aus eigener Wahrnehmung beantworten kann („Zeugen vom Hörensagen" sind also grundsätzlich ausgeschlossen, sog. „hearsay evidence", vgl. Geppert, 36).

Nach den Plädoyers des Anklägers und des Verteidigers gibt der Richter den Geschworenen in einer bisweilen stundenlangen Rede eine Rechtsbelehrung sowie eine Zusammenfassung und Würdigung des Beweisergebnisses (summing up); er hat damit natürlich einen sehr starken Einfluß auf die Geschworenen. Diese dürfen in der Regel nicht auseinandergehen, ehe sie zu einem einstimmigen Spruch gekommen sind; seit

1967 genügt allerdings unter bestimmten Voraussetzungen eine Mehrheit von 10 Stimmen. Einigen sie sich nicht, so werden sie vom Richter entlassen und die Sache kommt vor eine neue Geschworenenbank; kann sich auch diese nicht einigen, so wird die Klage fallengelassen. Lautet der Spruch der Geschworenen „Nicht schuldig", so wird der Angeklagte sofort entlassen. Bei Schuldspruch folgt der *zweite Verhandlungsabschnitt* mit Beweisaufnahme und Plädoyers zum *Strafmaß;* dabei entscheidet der Richter allein. Das Urteil wird mündlich verkündet und begründet. Nur wenn der Verurteilte ein Rechtsmittel einlegt, muß der Richter einen schriftlichen Bericht machen.

4. Gegen die Entscheidung der *Magistrates' Courts* ist appeal an den Crown Court oder der (auf Rechtsfragen beschränkte) „appeal by case stated" an den High Court möglich. Gegen die Urteile der *Schwurgerichte* kann nur der Verurteilte appeal bei der Criminal Division des Court of Appeal in London einlegen; dieser ist bei Rüge von Gesetzesverletzungen unbeschränkt zulässig, bei Angriffen auf die Tatsachenfeststellung und auf die Strafzumessung nur mit richterlicher Erlaubnis (regelmäßig der des iudex ad quem). Gegen eine Entscheidung des Court of Appeal kann sich der Angeklagte oder der Ankläger ausnahmsweise mit einem weiteren appeal an das House of Lords wenden.

Im übrigen zeichnet sich das Rechtsmittelrecht im Vergleich zu unserer Strafprozeßordnung durch eine zweifache Besserstellung des Angeklagten aus: Ein Freispruch der Geschworenen kann überhaupt nicht nachgeprüft werden. Ferner muß bei schweren prozessualen Verstößen der ersten Instanz (sei es sogar zugunsten des Angeklagten!) in der zweiten Instanz grundsätzlich Freispruch erfolgen! Dafür ist der Gedanke maßgebend, daß einem Angeklagten die Qualen eines Verfahrens nicht noch einmal zugemutet werden dürfen. Eine Zurückverweisung an das Schwurgericht kann jedoch angeordnet werden, wenn die Verurteilung wegen neuer Beweismittel aufgehoben wird.

Ein Wiederaufnahmeverfahren kennt das englische Recht nicht. Statt dessen kann der Verurteilte beim Home Secretary (Innenministerium) beantragen, seinen Fall zur erneuten Nachprüfung an den Court of Appeal zu überweisen oder Verurteilung und Strafe im Gnadenwege aufzuheben.

IV. Charakteristisch ist dem englischen Recht der Strafschutz des Gerichts gegen *Contempt of Court:* ein Begriff, der sehr weit ist und zu dem außer Ungebühr falsche Gerichtsberichterstattung, Beeinflussung der Öffentlichkeit, private Mitteilungen an Richter und Nichterfüllung der Zeugenpflicht gehören.

B. Der französische Strafprozeß

Literatur: Esmein, Histoire de la procédure criminelle en France, 1882; Vouin und Léauté, Droit pénal et procédure pénale, 1960; Roth, Das Französische Strafverfahrensrecht und seine Reform, Diss. Freiburg 1963; Doris Cramer, Das französische Schwurgericht, Diss. Marburg 1967; Bouzat-Pinatel, Traité de droit pénal et de criminologie, Bd. II (von Bouzat) Procédure pénale[2], 1970; Merle-Vitu, Traité de droit criminel, Bd. II: Procédure pénale[2], 1973; Juris-Classeur de Procédure Pénale, Kommentar (Losebl.-Ausg.); Stéfani-Levasseur-Bouloc, Procédure pénale[12], 1984.

I. Zur Geschichte

Bis zur Französischen Revolution hatte in Frankreich im wesentlichen ein schriftlicher, geheimer Inquisitionsprozeß mit gesetzlicher Beweisregelung und Folter geherrscht.

Im Jahre 1791 hat Frankreich sein Strafprozeßrecht weitgehend nach englischem Muster umgestaltet: von der englischen Gerichtsorganisation übernahm es die große und die kleine Jury, vom Verfahren die Mündlichkeit, die Öffentlichkeit, die kontradiktorische Hauptverhandlung und die freie Beweiswürdigung; es beseitigte die Verdachtsstrafen und die Entbindung von der Instanz (absolutio ab instantia, s. o. § 69 B). Auf der anderen Seite baute Frankreich das auf seinem Boden gewachsene Institut der Staatsanwaltschaft zur öffentlichen Anklagebehörde aus und behielt die inquisitorische Voruntersuchung bei.

Der *Code d'Instruction Criminelle* von *1808* (CIC) ließ die Anklagejury fallen und übertrug ihre Aufgaben einer aus Berufsrichtern bestehenden Eröffnungskammer, deren Beschluß den Beschuldigten in den Anklagezustand versetzte. Die die Urteilsjury bildenden Geschworenen, die sich ursprünglich nur aus den wohlhabendsten und gebildetsten Bürgerschichten rekrutierten, waren nur juges de fait, nicht auch juges de droit, d. h. sie hatten nur über die Tatfrage und nicht auch über die Rechtsfrage zu entscheiden. Die Beweisaufnahme erfolgte (im Gegensatz zum englischen Recht) durch den Vorsitzenden des Gerichts (d. h. einen Berufsrichter).

Der französische Strafprozeß hat in Italien, in der französischen Schweiz, in Holland, Belgien, Rumänien, Rußland, Portugal und Spanien Aufnahme gefunden. In Deutschland ist er im linksrheinischen Gebiet unmittelbar Gesetz geworden und hat von dort aus die Entwicklung des deutschen Strafprozeßrechts auf das stärkste beeinflußt. Der Aufbau der Gerichte, die Staatsanwaltschaft und die Grundsätze des Verfahrens zeigen infolgedessen in Deutschland das gleiche Bild wie in Frankreich.

Der CIC wurde zwar oft geändert oder ergänzt, blieb aber insgesamt 150 Jahre in Geltung. Er wurde *1958* durch den *Code de Procédure Pénale* (CPP) ersetzt, der im wesentlichen nur eine Neufassung des alten, im Laufe der Zeit unübersichtlich gewordenen CIC darstellt.

II. Das geltende Recht

Das Strafverfahren zerfällt in drei Abschnitte: Ermittlungsverfahren, Voruntersuchung und Hauptverfahren.

1. Im *Ermittlungsverfahren* klärt die Kriminalpolizei (la police judiciaire) die Verbrechen auf, sammelt die Beweise und legt ihr Material der

Staatsanwaltschaft vor (s. Art. 14, 75 CPP). Für diese gilt bei der Anklageerhebung (im Gegensatz zu Deutschland) das Opportunitätsprinzip; zum Ausgleich dient die stets zulässige Privatklage durch Geltendmachung der zivilen Ersatzansprüche vor dem Strafgericht (action civile), deren Erhebung automatisch, auch gegen den Willen der StA, die öffentliche Strafklage auslöst, also Klageerzwingungscharakter hat.

2. Die *Voruntersuchung* ist bei Verbrechen obligatorisch, bei Vergehen und bei Übertretungen fakultativ. Ein besonderes *Eröffnungsverfahren* ist bei den in die Zuständigkeit des Schwurgerichts fallenden Verbrechen vorgeschrieben: Die Versetzung in den Anklagezustand kann hier nur von der *Chambre d'accusation* ausgesprochen werden, die zugleich auch über Beschwerden gegen Anordnungen des Untersuchungsrichters entscheidet.

3. Während das Ermittlungsverfahren und die Voruntersuchung rein inquisitorisch ausgestaltet sind, ist die *Hauptverhandlung* öffentlich, mündlich und kontradiktorisch, d.h. die Beweiserhebung erfolgt zwar grundsätzlich wie im deutschen Strafprozeß durch den Gerichtsvorsitzenden, den Prozeßbeteiligten muß aber Gelegenheit gegeben werden, zu ihren Ergebnissen Stellung zu nehmen (vgl. für das deutsche Recht § 257). Das *Schwurgericht* (die Cour d'assises) besteht jetzt aus drei Berufsrichtern (la cour) und neun Geschworenen (le jury, s. Art. 296 CPP), die in Wahrheit Schöffen sind (keine Trennung von Berufs- und Laienrichtern bei der Beratung!). Jede dem Angeklagten nachteilige Entscheidung bedarf einer Mehrheit von mindestens 8 : 4 Stimmen (Art. 359 CPP). Der Hörensagenbeweis ist im französischen Strafprozeß als zwangsläufige Folge uneingeschränkter amtlicher Aufklärungspflicht grundsätzlich zulässig; vgl. Geppert, 61.

4. Als ordentliches *Rechtsmittel* gibt es den unserer Berufung entsprechenden appel, als außerordentliche Rechtsmittel den pourvoi en cassation (der unserer Revision entspricht) und den pourvoi dans l'intérêt de la loi (vergleichbar der Nichtigkeitsbeschwerde zur Wahrung des Gesetzes in Österreich, vgl. u. C V). Das pourvoi en révision ähnelt unserer Wiederaufnahme; von ihm kann aber nicht zuungunsten eines Freigesprochenen Gebrauch gemacht werden!

5. Besondere Vorschriften gelten für das Verfahren bei handhafter Tat, die in besonders kurzer Frist abgeurteilt wird.

6. Das Verfahren gegen *Abwesende* ist in weitem Umfang zugelassen und so geregelt, daß der Flüchtige zunächst unter Druck gesetzt und, wenn er auch dann noch nicht erscheint, nach Aktenlage abgeurteilt wird (bei Vergehen jugement par defaut, Art. 487 ff. CPP, bei Verbrechen jugement par contumace, Art. 627 ff. CPP).

7. 1972 hat Frankreich das ursprünglich nur in Elsaß-Lothringen aus dem deutschen Recht fortgeltende *Strafbefehls*verfahren (ordonnance pénale, Art. 524 ff. CPP) eingeführt. Die Möglichkeit einer Befreiung von der Strafverfolgung durch Zahlung einer amende de composition (vgl. dazu die 13. Aufl., S. 368) gibt es nicht mehr.

C. Das österreichische Strafverfahrensrecht

Literatur: M o o s, Die Parteistellung der Staatsanwaltschaft im österreichischen Strafverfahren, in: Kaiser/Vogler (Hrsg.) Kolloquium – Strafrecht und Strafrechtsvergleichung, 1975; H a r t m a n n, Aktuelle Fragen des Strafverfahrens aus österr. Sicht, in: Kriminologie und Strafverfahren (Hrsg. Göppinger/Kaiser), 1976, 28; K o d e k / G e r m, Strafprozeßordnung 1975 (Kurzkommentar)[2], 1976; R o e d e r, Lehrbuch des österr. Strafverfahrensrechts[2], 1976; M o o s, Zur Reform des Strafprozeßrechts und des Sanktionenrechts für Bagatelldelikte, 1981; J o l m e s, Der Verteidiger im deutschen und österreichischen Strafprozeß, 1982; F o r e g g e r / S e r i n i, Die österr. Strafprozeßordnung (StPO 1975)[3], 1982; B e r t e l, Grundriß des österr. Strafprozeßrechts[2], 1984; P l a t z g u m m e r, Grundzüge des österr. Strafverfahrens, 1984; M o o s, Beschuldigtenstatus und Prozeßverhältnis im österr. Strafverfahrensrecht, Jescheck-Festschr., 1985, 725.

I. Geschichte und Rechtsgrundlagen

In Österreich herrschte wie in Deutschland bis zur Mitte des 19. Jh. der Inquisitionsprozeß. Erst 1873 wurde in Österreich das moderne Strafverfahren auf der Grundlage des reformierten deutschen Strafprozesses (vgl. oben § 70 C II) endgültig eingeführt. Auf der Strafprozeßordnung von 1873 beruht auch das derzeit geltende Strafprozeßrecht.

Die ÖStPO 1873 ist nach ihrem Erlaß mehrfach geändert und ergänzt worden, insbesondere – als Folge der Eingliederung Österreichs in das Deutsche Reich – in den Jahren 1938–1945. Im Jahre 1945 wurde die ÖStPO – nach Aufhebung der Änderungen seit 1938 – neu bekanntgemacht. Wegen zahlreicher zwischenzeitlicher Veränderungen und Ergänzungen erließ die Bundesregierung am 20. April 1960 eine erneute Kundmachung über die „Wiederverlautbarung der österreichischen Strafprozeßordnung 1945" (ÖBGBl. Nr. 98). Diese „Strafprozeßordnung 1960" gilt ab 1. 1. 1975 in der Fassung des Strafprozeßanpassungsgesetzes vom 11. 7. 1974 (ÖBGBl. Nr. 423), welches vor allem die gerichtliche Zuständigkeitsordnung neu geregelt hat. Wie das GG für die deutsche StPO, so ist das Bundesverfassungsgesetz i.d.F. v. 1929 (BVG) auch für die österreichische StPO von grundlegender Bedeutung.

II. Grundsätze des österreichischen Strafprozesses

Die Prinzipien des österreichischen Strafverfahrens decken sich weitgehend mit denen des Strafverfahrens der BRD (vgl. oben § 11). Allerdings betont die ÖStPO nach h. L. stärker die Parteistellung der StA (vgl. i. e. Moos, aaO.); auch tritt an die Stelle des in der BRD das Legalitätsprinzip sichernden Klageerzwingungsverfahrens (vgl. oben § 39) in Österreich die subsidiäre Privatklage (§§ 2, 48 ÖStPO).

III. Gerichtsverfassung

1. Zur Rechtsprechung in Strafsachen sind in Österreich berufen (§ 8 ÖStPO):

a) die Bezirksgerichte;
b) die Gerichtshöfe erster Instanz;

c) die Geschwornengerichte;
d) die Gerichtshöfe zweiter Instanz;
e) der Oberste Gerichtshof.

2. Das Verfahren bei den Bezirksgerichten führen Einzelrichter (§ 9 ÖStPO); die Gerichtshöfe erster Instanz üben ihre Tätigkeit durch Einzelrichter oder als Schöffengerichte aus, die mit zwei Richtern und zwei Schöffen besetzt sind (§ 13 ÖStPO). Das Geschwornengericht besteht aus dem Schwurgericht (drei Richter) und der Geschwornenbank (acht Geschworne; § 300 I, II ÖStPO). Die Gerichtshöfe zweiter Instanz entscheiden durch drei, der Oberste Gerichtshof idR. durch fünf Berufsrichter (§ 15 ÖStPO, § 6 I des österr. Bundesgesetzes über den Obersten Gerichtshof).

3. *Sachlich zuständig* sind in erster Instanz die Bezirksgerichte für alle nicht den Geschwornengerichten zur Aburteilung zugewiesenen Vergehen, für die keine höhere Freiheitsstrafe als sechs Monate angedroht ist (§ 9 ÖStPO); bei den Gerichtshöfen erster Instanz gehören in die Kompetenz des Schöffengerichts i.d.R. alle im Höchstmaß mit drei Jahren Freiheitsstrafe bedrohten Straftaten sowie einige besonders aufgezählte Vergehen (meist Amtsdelikte, vgl. i.e. § 13 ÖStPO), und den Geschwornengerichten sind die meisten Staatsschutzdelikte sowie alle mit einer Mindeststrafe von fünf Jahren oder einer Höchststrafe von mehr als zehn Jahren bedrohten Verbrechen zugewiesen (§ 14 I ÖStPO). Die Gerichtshöfe zweiter Instanz sowie der Oberste Gerichtshof sind lediglich Rechtsmittelgerichte (§§ 15, 16 ÖStPO).

4. *Örtlich zuständig* ist das Gericht des Tatortes, subsidiär das Gericht des Wohnsitzes (vgl. i.e. §§ 51ff. ÖStPO).

IV. *Ablauf des erstinstanzlichen Verfahrens*

Wie bis 1974 die StPO der BRD kennt die ÖStPO ein einfaches unter der Herrschaft der Staatsanwaltschaft stehendes Vorverfahren (mit sog. Vorerhebungen) und ein Verfahren mit einer (unter der Verantwortung des Gerichts stehenden) *Voruntersuchung.* Die Voruntersuchung ist in den zur Zuständigkeit der Geschwornengerichte gehörenden Fällen zwingend vorgeschrieben (§ 91 ÖStPO). Untersuchungsgerichte sind die Bezirksgerichte und die Gerichtshöfe erster Instanz (§§ 9, 10, 11 ÖStPO).

Die Entscheidung der StA lautet auf Einstellung des Verfahrens, Einleitung der Voruntersuchung oder Erhebung der Anklage (§ 90 ÖStPO). Der Beschuldigte wird schon durch die Anklage, nicht erst durch einen Beschluß des Gerichts (Eröffnungsbeschluß; vgl. oben § 40), „in den Anklagezustand versetzt" (§ 207 ÖStPO). Er kann aber gegen die Anklageschrift Einspruch erheben, über den dann der Gerichtshof zweiter Instanz entscheidet (§§ 208ff.; 15 ÖStPO).

Der Ablauf der Hauptverhandlung deckt sich im wesentlichen mit dem Ablauf der Hauptverhandlung nach der deutschen StPO. Jedoch kann die StA auch noch in der Hauptverhandlung von der Anklage zurücktreten; dann hat Freispruch zu erfolgen (§ 259 Nr. 2 ÖStPO).

Zu einer dem Angeklagten nachteiligen Entscheidung genügt die absolute Stimmenmehrheit (§§ 20, 331 ÖStPO).

Das *Verfahren vor den Geschwornengerichten* ähnelt weitgehend dem alten Schwurgerichtsverfahren (vgl. oben § 7 B). Über die Schuldfrage entscheidet die Geschwornenbank allein, nachdem der Schwurgerichtshof die an die Geschwornen zu richtenden Fragen formuliert hat. Über die Straffrage entscheiden Schwurgerichtshof und Geschwornenbank gemeinsam (vgl. i. e. §§ 302ff. ÖStPO).

V. Rechtsmittel

Gegen Urteile der Bezirksgerichte ist nur das Rechtsmittel der *vollen Berufung* zulässig, die zu einer umfassenden Nachprüfung der Tat- und Rechtsfrage führt (§ 463 ÖStPO). Rechtsmittelgericht ist der Gerichtshof erster Instanz in der Besetzung mit drei Berufsrichtern (§§ 13 III, 463 ÖStPO).

Gegen Urteile der Gerichtshöfe erster Instanz stehen nur die Rechtsmittel der *Nichtigkeitsbeschwerde* und der *Strafberufung* offen. Die Nichtigkeitsbeschwerde geht an den Obersten Gerichtshof, die Berufung an den Gerichtshof zweiter Instanz (§ 280 ÖStPO). Entsprechendes gilt für die Rechtsmittel gegen Urteile der Geschwornengerichte (§§ 344ff. ÖStPO). Die Nichtigkeitsbeschwerde (§ 281 ÖStPO) entspricht im wesentlichen der Revision nach dem Recht der BRD; die Strafberufung ist eine auf das Strafmaß bzw. die Strafart beschränkte Berufung (§§ 283, 294ff. ÖStPO).

Als außerordentliches Rechtsmittel kennt das österreichische Recht anders als das Recht der BRD die *Nichtigkeitsbeschwerde zur Wahrung des Gesetzes* (§§ 33, 292 ÖStPO). Diese Beschwerde kann vom Generalprokurator (dem Staatsanwalt beim Obersten Gerichtshof) bei dem Obersten Gerichtshof gegen jede gesetzeswidrige, sogar rechtskräftige Entscheidung eingelegt werden. Der Oberste Gerichtshof stellt in der Regel nur die Verletzung des Gesetzes fest, kann aber auch freisprechen, die Strafe mildern oder die Erneuerung des Verfahrens anordnen.

Außerdem gibt es in Österreich neben der gewöhnlichen eine sog. *außerordentliche Wiederaufnahme* des Strafverfahrens (§ 362 ÖStPO). Gibt ein dem Obersten Gerichtshof vom Generalprokurator unterbreitetes Urteil zu erheblichen Bedenken gegen die Richtigkeit der dem Urteil zugrunde gelegten Tatsachenfeststellungen Anlaß, so kann dieses Gericht, ohne an die üblichen, dem deutschen Recht entsprechenden Wiederaufnahmegründe (§ 353 ÖStPO) gebunden zu sein, zugunsten des Verurteilten die Wiederaufnahme des Strafverfahrens verfügen.

Gesetzesverzeichnis

Die fetten Zahlen bedeuten die Gesetzesparagraphen bzw. -artikel, die mageren Zahlen verweisen auf die Paragraphen dieses Buches und ihre Gliederung. Die kursiv gesetzten Nachweise geben wichtige und ausführliche Fundstellen an. Nachgewiesen werden die Vorschriften des in der Bundesrepublik Deutschland geltenden Rechts; früher geltende Normen sowie Rechtsvorschriften der DDR und des Auslands sind in den einschlägigen Kapiteln (o. §§ 67 bis 75) zu finden.

BZRG

s. § *56 C;* im übrigen:
4: 50 A IV
5: 47 B VI
20: 47 B VI
27 ff.: 32 C
51: 15 C II; *24 D III*
54: 56 C I

DAG

54: 21 B I

DRiG

25: 2 B
45: 7 B I
122: 10 A I

EBBO

56: 31 A I

EGStGB

s. § 72 D III; ferner:
6: 26 B IV
21: 36 B III
294: 10 B III
315: 56 B I

ErgG-1.StVRG

s. § 72 D II

EurHubK

12: 60 B III

Gesetz über die Errichtung eines Bundeskriminalamtes

s. § 10 B I

Gesetz über die Zusammenarbeit des Bundes und der Länder in Angelegenheiten des Verfassungsschutzes

s. § 10 B I

GewO

35: 36 D III; 64 A II

GG

s. § *3 C I,* ferner:
1: 11 V; 18 B II, C; 22 B II; 24 D II, III; 25 IV; 26 B II; 34 C II; 51 B II
2: 18 B II, C; 24 D II, III; 26 B II; 29 B; 30 D III; 31 A III; 33, vor A; 34 C II; 50 B IV
3: 14 A I; 50 B IV; 53 H; 62 C
4: 26 B III
5: 26 B II; 30 D III; 34 C II
6: 24 D II; 30 D III
10: 18 B II; 24 D IV; 29 B; 30 D III; 34 C IV
11: 29 B
12: 19 D I; 29 B; 36 D II
13: 18 B II; 29 B; 31 A II
14: 29 B
17: 39 B I
19: 29 D; 31 A II; 39 A II, B I
20: 2 A II; 11 V; 14 B II
25: 53 D I
28: 11 V
31: 3 E I; 64 A II
35: 10 B II; 27 B III
38: 30 D III
40: 34 C II
46: 21 B III; 31 A I
47: 26 B II; 34 C II
72: 31 A III
73: 10 B I
74: 31 A III
87: 10 B I
92: 10 A III; 14 B II
93: 50 B I; 51 A II
97: 2 B; 10 B II
101: 2 B; *7 A IV;* 9, vor I; 11 II; 50 B IV, C II; 53 J II
102: 31 A III
103 I: 2 B; 11 II; 14 A I; 14 B II; *18 B I;* 20 B I; 22 B V; 24 C II, D III; 37 C II; 39 B I; 42 B III, D IV, V; 44 B IV; 53 H; 60 A; 66 B II
103 III: 2 B; 20 B I; 48 III; *50 B;* 66 B IV
104: 2 B; 18 B II; 24 D II; 29 C; 30 C II; 31 A I–IV, C II; 33 vor A
140: 26 B III
142: 3 E I

GKG

s. § 3 B
40–47: 57 A I
67: 61 A III

JGG

27: 56 C I
33: 7, Tabelle
38: 10 B III
39–41: 7, Tabelle
42: 8 A II
45: 14 B II; 50 B III
47: 14 B II; 50 B III
47a: 7 A III
48: 45 B II, C II
68: 19 B
69: 19 F
70: 10 B III
73: 19 B; 33 A I
82 ff.: 56 B I
90: 56 A III
91: 56 A III
103: 7 A III
104: 33 A I
109: 33 A I
115: 56 A III

JustizbeitreibungsO

s. §§ 3 B; 56 A II, B III

138/139: 20 B III; 37 A
I, II
142: 14 B II; 20 B I
150: 34 D I; 65 A
153/154: 26 B II, III
157: 14 B II; 47 B I
158: 47 B I
174: 30 B II; 47 B I
174a: 30 B II
175: 30 B II; 47 B I
176–179: 30 B II
182: 12 B II
183/183a: 30 B II
184: 34 C IV
185: 20 B I
185ff.: 12 B II; 61 B I
186: 15 D
190: 15 C II
194: 12 B II; 21 B II; 61
E II, F IV
199: 15 D; 47 B I
201: 24 D III
202: 61 B I
203: *19 A II;* 26 B II; 45
B II
211: 47 B I
213: 15 D
218b: 34 C II
223: 1 D II; 20 B I; 61 B I
223a: 30 B II; 50 B II;
61 B I, F I
224: 30 B II; 44 B I; 53
D II
225: 30 B II
226: 30 B II; 50 B II
230: 48 V; 61 B I
232: 12 B II; 48 V; 61 E
II, F IV
233: 47 B I
237: 20 B I
238: 15 C II
240: 1 D II
241: 61 B I, F IV
242: 30 B III; 38 E V; 53
D II
243: 30 B II; 47 B I
244: 12 B II; 30 B II; 47
B I
247: 12 B II
248a: 12 B II
249–255: 30 B II
258: *19 A II, E I;* 26 B
II; 37 A I
258a: 10 A III; 14 B I;
37 A I

260: 20 B I; 30 B II
263: 12 B II; 30 B II; 53
I II
267: 28 B
292: 50 B II
295: 34 D I
303: 12 B II; 61 B I
306–308: 30 B II
311: 30 B II
315c: 14 B II; 48 V
316: 20 B I
316a: 30 B II
323a: 21 A
353a: 12 B II
353b: 12 B II; 26 B II
353d: 18 C; 45 B II
356: 19 C

StPÄG

s. §§ 30 B II, 72 B

StPO DDR

s. §§ 73 f
311ff: 50 B IV

StrEG

s. §§ 58; 72 C

StrVollstrO

s. §§ 3 D; 56 A II

StVÄG 1979

s. § 72 E

StVollzG

s. § 56 A III

1. StVRG

s. § 72 D

StVG

4: 64 A II
21: 34 D I
28: 50 A IV; 56 C II
28–30: 56 C II

StVZO

3: 64 A II
13–13d: 56 C II

Truppenstatut

VII: 6 I

**Zustimmungsgesetz zum
Truppenstatut**

3: 6 I

Überleitungsvertrag

3ff.: 6 I
6, 7: 50 B III

UrhG

s. § 12 B II

UVollzO

s. § 30 D III

UWG

s. § 12 B II

UZwG

s. § 31 A II, im übrigen:
7: 10 B I

UZwGBw

s. § 31 A III

Sachverzeichnis

Die Zahlen verweisen auf die Paragraphen dieses Buches und ihre Gliederung.
Hauptstellen sind *kursiv* gedruckt.

Buchanzeigen

Zur Ergänzung dieses Kurzlehrbuches
vom selben Verfasser:

Strafprozeßrecht

Von Dr.Dr. h. c. Claus Roxin, o. Professor an der Universität
München

10., neubearbeitete Auflage. 1984
XIII, 480 Seiten 8°. Kartoniert DM 34.50
ISBN 3-406-30135-5

(Prüfe dein Wissen, Heft 11)

Dieser PdW-Band bildet insofern eine Ergänzung zum Kurzlehrbuch, als er eine Fallsammlung dazu liefert und namentlich die
Rechtsprechung mit Sachverhalt und Gründen der wesentlichen
Entscheidungen sehr viel ausführlicher vorträgt, als es in einer
systematischen Darstellung möglich und angebracht ist. Um jedoch auch dieses Material dem interessierten Leser zu erschließen,
sind solche Entscheidungen, die im PdW-Band weiterführend behandelt werden, bei der Fundstellenangabe im vorliegenden Kurzlehrbuch kursiv gedruckt und mit Hilfe des beigefügten Entscheidungsregisters dann in der Fallsammlung mühelos aufzufinden.

ESJ-Strafrecht – Allgemeiner Teil

Ausgewählte Entscheidungen mit erläuternden Anmerkungen
Von Dr. Dr. h. c. Claus Roxin, o. Professor an der Universität
München

2., völlig neubearbeitete Auflage. 1984
308 Seiten 8°. Im Plastik-Schnellhefter DM 26.80
ISBN 3-406-09756-1

Verlag C. H. Beck München

Kleinknecht/Meyer

Strafprozeßordnung

Gerichtsverfassungsgesetz, Nebengesetze
und ergänzende Bestimmungen

Erläutert von Dr. Theodor Kleinknecht, Professor an der Universität Erlangen-Nürnberg, bis 1975 Generalstaatsanwalt in Nürnberg. Fortgeführt von Karlheinz Meyer, Vorsitzender Richter am Kammergericht

37., neubearbeitete Auflage. 1985
des von Otto Schwarz begründeten Werkes
LIII, 1836 Seiten kl. 8°. In Leinen DM 89.–
ISBN 3-406-30722-1

Die Neuauflage dieses **anerkannten Standardkommentars zur Strafprozeßordnung** hat die Flut von Veröffentlichungen durchweg berücksichtigt.

Neu gefaßt wurden insbesondere die Erläuterungen zu den Abschnitten
– Zeugen (§§ 48–71)
– Sachverständige und Augenschein (§§ 72–93)
– Beschlagnahme, Überwachung des Fernmeldeverkehrs und Durchsuchung (§§ 93–111 n)
– Vernehmung des Beschuldigten (§§ 133–136 a)
– Wiederaufnahme des Verfahrens (§§ 359–373 a).

Von den Vorschriften zur **Hauptverhandlung wurden die** §§ 250–256 und von denen zur **Revision die** §§ 33–338 völlig neu bearbeitet.
Auch in dieser Auflage ist der »Kleinknecht/Meyer« der **zuverlässige und bewährte Helfer** in allen Fragen der Strafprozeßordnung. Mit ihm befinden sich **Strafrichter, Staatsanwälte und Strafverteidiger** auch zukünftig immer auf aktuellem Rechtsstand.
Er ist aber auch für **Referendare** und **Studenten** eine wichtige Hilfe während des Studiums und zur Examensvorbereitung.

Verlag C. H. Beck München